KB080879

네트워크 사이언스

Korean edition copyright ⓒ 2023 by acorn Publishing Co. All rights reserved.

Copyright ⓒ 2016 by Albert-László Barabási
Title of Network Science, ISBN 9781107076266.

이 책은 Albert-László Barabási와 에이콘출판㈜가 정식 계약하여 번역한 책이므로
이 책의 일부나 전체 내용을 무단으로 복사, 복제, 전재하는 것은 저작권법에 저촉됩니다.

네트워크 사이언스

이미진·윤진혁·이상훈·이은·조항현·김희태·손승우 옮김

알버트 라슬로 바라바시 지음

i!i
에이콘

에이콘출판의 기틀을 마련하신 故 정완재 선생님 (1935-2004)

| 옮긴이 소개 |

이미진(mijinlee@hanyang.ac.kr)

성균관대학교 물리학과에서 물리학으로 학·박사 학위를 받았
다. 네트워크 과학과 데이터를 활용해 복잡계를 이해하는 연구
에 관심이 많다. 전염병 확산, 시설 배치 등 우리 주변에서 일어
나는 현상을 관찰하고 분석하는 것이 주된 관심사다. 인하대학
교 박사후연구원을 거쳐 현재 한양대학교 ERICA 캠퍼스 응용
물리학과 교수로 재직 중이다.

윤진혁(jinhyuk.yun@ssu.ac.kr)

카이스트KAIST 물리학과를 졸업하고 동 대학에서 복잡계 네트워
크 및 데이터 과학으로 물리학 박사 학위를 받았다. 통계물리 및
네트워크 방법론과 데이터 과학을 결합해 대용량 데이터에서
사회의 보편적 패턴과 편향성에 대한 연구를 주로 수행 중이며,
특히나 물리학적 관점에서 AI를 이해하려는 시도를 하고 있다.
네이버 데이터사이언티스트, 한국과학기술정보연구원KISTI 선임
연구원을 거쳐 현재 숭실대학교 AI융학학부의 교수로 재직 중
이다.

이상훈(lshlj82@gnu.ac.kr)

카이스트 물리학과를 졸업하고, 동 대학에서 통계물리학 관점으
로 바라본 네트워크 과학에 대한 연구로 물리학 박사 학위를 받
았다. 학부 연구생 시절부터 자연계와 사회의 상호작용 양상에
대한 네트워크 과학 연구를 해오고 있으며, 특히 최근에는 군집
구조와 같은 네트워크의 중간 크기 성질과 그것의 머신러닝에
많이 쓰이는 인공신경망으로의 응용 가능성에 대한 연구를 수
행 중이다. 현재 진주에 있는 경상국립대학교 교수로 근무하며

통계물리학, 네트워크 과학 등을 가르치고 있다.

이 은(eunlee@pknu.ac.kr)
이화여자대학교 정보통신학과를 졸업하고, 성균관대학교에서 복잡계 및 네트워크 과학으로 박사 학위를 받았다. 사회연결망과 그 연결망 내에서의 집단적 의견 형성 및 인지 편향에 대한 연구를 수행해왔고, 특별히 불균등하게 분포된 자원, 특성, 연결망의 구조가 사회에 미치는 영향에 큰 관심을 갖고 있다. 현재 부경대학교 과학컴퓨팅학과 교수로 재직 중이며, 학벌 등의 개별 학자의 특성이 진로 선택에 미치는 영향과 사회에서의 집단적 의견 형성 과정 등을 연구하고 있다.

조항현(h2jo@catholic.ac.kr)
카이스트 물리학과에서 학·석·박사 학위를 받았다. 통계물리학과 복잡계 연구의 다양한 주제들, 특히 자기조직화임계성[SOC], 네트워크 과학, 시계열분석, 사회물리학 등에 관심을 갖고 연구하고 있다. 한국고등과학원[KIAS] 연구원, 핀란드 알토대학교 박사후연구원, 포스텍[POSTECH] 연구조교수, 아시아태평양이론물리센터[APCTP] 그룹장을 거친 후 현재 가톨릭대학교 물리학과 교수로 재직 중이다.

김희태(hkim@kentech.ac.kr)
고려대학교 유전공학과를 졸업하고, 성균관대학교 에너지과학과에서 네트워크 과학으로 박사 학위를 받았다. 전력망을 복잡계 네트워크적인 관점으로 분석하는 연구를 수행해왔으며, 특히 동기화 안정성과 지속 가능성에 관심이 많다. 아시아태평양이론물리센터에서 박사후연구원을 마치고 칠레 Universidad de Talca와 Universidad del Desarrollo를 거쳐 현재 한국에너지공과대학교 에너지공학부 교수로 재직 중이다.

손승우(sonswoo@hanyang.ac.kr)

포스텍 물리학과를 졸업하고, 카이스트에서 물리학으로 석·박사 학위를 받았다. 복잡계 네트워크를 포함한 복잡계 연구를 진행 중으로 집단 거동, 동기화 현상에 관심이 많다. 캐나다 캘거리대학에서 박사후연구원 과정을 마친 후, 한양대학교 ERICA 캠퍼스 응용물리학과 교수로 재직 중이다. 현재 APCTP 과학문화위원, 한국복잡계학회와 한국데이터사이언스학회의 운영이사로 활동하고 있다.

20여 년 전은 새천년이 시작된 순간이기도 하지만 네트워크 과학이 태동하기 시작한 시기이기도 하다. 그 서막에서 첫 번째 장막을 걷어낸 연구자들 중 영향력 면에서 가장 두드러지는 사람이 바로 이 책의 저자인 알버트 라슬로 바라바시다. 사회학과 수학의 그래프 이론 분야에서 별도로 연구되던 네트워크 현상을 통합하고, 그간 알려진 바가 없었던 연결망 구조를 새로이 밝히며 축포를 쏘아 올렸다. 이 중요한 발견을 필두로 이후 이십 년 동안 네트워크 과학은 독자적인 학문 분야로서 크게 성장했다. 새로운 방법론으로서 역할을 톡톡히 하며, 기존에 많이 연구하던 시스템을 새로운 관점에서 바라볼 수 있는 안경을 제시하기도 했고, 그 전에는 이해하지 못했던 현상의 근원을 파헤치는 데 중요한 교두보 역할을 하기도 했다. 특정 분야에 한정되지 않고 여러 분야를 넘나들며 적용할 수 있는 방법론이라는 특성 덕분에, 서로 다른 학문 분야 사이의 공통점과 차이점을 구분할 수 있는 통찰력을 제공하기도 한다. 이는 최근 학제 간 경계를 무너뜨리며 융합을 권장하는 학문 분위기에 상응하는 것이며, 현 시점에서 네트워크 과학을 긴요하게 다뤄야 하는 이유다. 이 책의 첫 장, 첫 문구에서 말하는 것처럼, "인터넷에서 사회연결망, 우리의 생물학적 실재를 결정하는 유전자 네트워크까지, 네트워크는 어디에나 있다." 그러므로 우리가 사는 세상을 이해하려면 네트워크를 이해해야만 한다. 특히, 데이터가 쏟아지는 이 시점에서 데이터가 산재된 채 흩어져 있기보다 데이터 사이의 유기적인 관계성을 파악하려면 네트워크 활용에 숙달하는 것은 반드시 필요한 일이다.

이 책에서 흥미로운 부분은, '들어가며'에 있는 '네트워크 과학 가르치기'다. 저자인 바라바시는 이 책에 담은 자료를 기반으로, 실제 대학에서 네트워크 과학 강의를 했다. 이 책으로 한 학기 강의를 진행하려면 수업을 어떻게 꾸리면 좋을지를 제안한다. 수업계획서부터 강의 초반 설정, 강의 중간에 수행해야 하는 작은 과제, 학기를 마무리하는 최종 과제의 설계까지, 학생이 수업에 적극적으로 참여해 네트워크 과학을 체험하도록 수업안을 고민한 흔적이 역력하다. 특히 인상 깊었던 부분은 바로 강의 중간에 수행하는 작은 과제인 '위키 과제'다. 네트워크 과학 강좌를 중간 정도까지 학습한 학생들이, 이 분야에서 중요한 개념이 무엇인지 스스로 파악해 위키백과에 문서를 작성하도록 하는 과제다. 일정한 양식을 갖추어 정제된 설명과 정보를 전달하는 경험을 하도록 한다. 이는 학술적 글쓰기를 하며 글을 가다듬는 능력을 배양시킨다는 점에서도 중요한데, 개인적으로 더욱 인상 깊었던 부분은 저자가 무심한 듯 던진 한 문장 때문이었다.

> "다른 언어로 이러한 네트워크 과학을 가르치는 사람은 자신의 모국어로 위키백과를 구성하는 것을 고려할 필요가 있다."

사실 이 문장에 우리가 네트워크 과학 서적을 번역하고자 하는 이유가 담겨 있다. 영어를 모국어로 사용하는 학생이 위의 위키 과제를 수행하려면, 자신이 흥미를 보이는 개념의 대부분은 이미 기존 위키백과 문서로 존재한다는 사실을 발견할 것이다. 새로운 문서로 작성하기도 어려울 뿐만 아니라, 기존 문서의 내용이 이미 충실해서 추가 내용을 보충하기도 어려울 것이다. 같은 개념을 우리말로 바꾸어 위키백과에서 검색해보면 어떨까? 먼저, 그 개념을 가리키는 우리말 용어가 무엇인지 파악하기 어려울 것이고, 어렵게 검색을 해도 관련 문서가 전혀 없거나 존재하더라도 그 내용이 상당히 부실할 것이다. 위키 과제를 수행할 만한 놀이터가 광활하게 펼쳐진 것이다. 과제를 하는 학생 입장에서는 반가운 소식이지만, 이는 사실 네트워크 과학의 전문지식을 우리말로 전달하고 공급하는 시도가 거의 없었다는 방증이기도 하다. 네트워크가 우리 주변 어디에나 있다는 주장을 떠올린다면, 우리에게 가까이 있다는 네트워크에 관한 지식을 정작 우리말로 쉽게 접근할 수 없다는 것은 겉보기에 모순이기도 하고 안타까운 일이기도 하다. 이것이 역자들이 네트워크 과학 서적을 번역하는 동기다.

이 책을 번역한 일곱 명은 선단에서 네트워크 과학을 활발하게 연구하는 젊은 연구자들이다. 십여 년 이상을 연구하며 네트워크 과학의 여러 모형과 우리가 사는 세상, 사회, 자연을 이해하고자 끊임없이 활동 중이다. 연구자로서 연구 활동도 중요하지만, 우리가 공부하고 배웠던 지식을 우리말로 대중에게 널리 알리며 사회에 기여하는 것 역시 중요한 역할이라 판단하여 뜻을 모아 서적들을 하나둘 번역하기 시작했다. 비록 전문 번역가가 아니어서 번역한 글이 매끄럽지 않을 수 있겠으나, 원서에 있는 수식을 포함한 오탈자들을 번역본에서 수정할 수 있었던 건 이 분야의 전문가이기 때문에 가능했다.

보통의 사람이라면, 일생을 살면서 어떤 하나의 분야를 개척한다는 선구자가 될 것이라는 생각은 쉽사리 할 수 없을 것이다. 특히 학문 분야가 깊이와 너비 모두 점점 고도화되며 전문성을 확고히 하는 현대 사회에서, 새로운 패러다임을 구축할 만한 새로운 분야를 개발한다는 것은 더더욱 어려운 일이다. 바라바시와 동시대의 동료 연구자들은 대단한 통찰력으로 네트워크 과학이라는 이 젊은 분야를 개척했고, 그들의 중요한 발견 이후 훨씬 더 많은 연구자가 이 분야를 향한 여정에 합류하면서 그 몸집을 성공적으로 키워나갔다. 역자들이 네트워크 과학자로 분야의 발전에 나름대로 기여하고 활동하며 이렇게 번역할 기회를 얻은 것 역시, 바라바시와 주변 동료들이 초창기에 이 분야를 잘 닦아둔 덕분이다. 이십여 년을 축적해온 선후배 동료 연구자들의 귀중한 발견이, 이 책을 읽는 독자에게도 잘 전달되기를 바란다.

| 지은이 소개 |

알버트 라슬로 바라바시 Albert-László Barabási

노스이스턴대학교 네트워크 과학 학과의 특훈 교수이자 복잡계 네트워크 센터의 소장으로, 하버드 의학전문대학원과 헝가리 부다페스트의 중앙유럽대학교 겸직 교수이기도 하다. 바라바시는 척도 없는 네트워크를 발견해서 네트워크 과학의 포문을 열었고, 견고성부터 제어까지 다양한 주요 네트워크 성질을 밝혔다.

| 차례 |

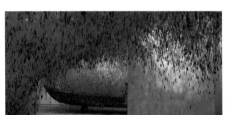

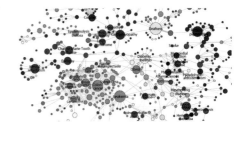

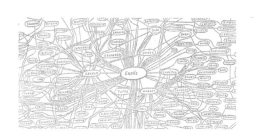

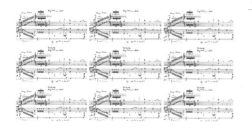

제9장   커뮤니티   418

놈코어

옛날 사람들은 공동체에서 태어나 개성을 찾아야 했다.

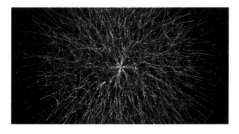

제10장   확산 현상   488

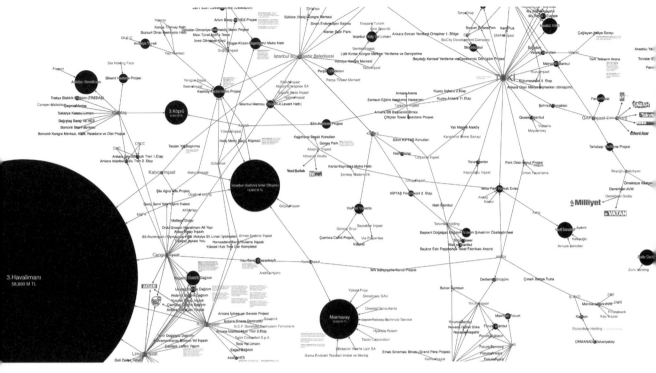

그림 0 예술과 네트워크: 강탈 네트워크

활동가와 시위자 수천 명이 게지 공원(Gezi Park)을 서둘러 떠났던, 2013년 튀르키예를 뒤흔든 대중 시위. 이 시위는 지지자를 동원하고자 트위터나 WWW를 이용한 온라인 캠페인을 동반했다. 이 캠페인에서 핵심 요소는 **강탈 네트워크**(Networks of Dispossession)다. 이는 이스탄불의 정치 엘리트와 비즈니스 엘리트 배후에서 복잡한 재정 관계를 형성한 예술가, 변호사, 활동가, 언론인 연합을 구성한다. 2013년 이스탄불 비엔날레에서 처음 나타난, 여기에서 재현한 이 지도 그림은 검은 원으로 '강탈'을 표시했다. 각 원의 크기는 이 프로젝트의 금전적 가치를 의미한다. 파란색으로 표시한 기업과 언론 매체는 이 프로젝트에 화살표로 연결했다. 업무 관련 범죄는 빨간색으로 표시했고, 튀르키예 올림픽 유치를 지지하는 사람은 보라색으로 표시한 반면, 이스탄불 비엔날레 후원자는 청록색으로 표현했다. 이 지도 그림은 야사르 아다날리(Yaşar Adanalı), 부락 아르칸(Burak Arıkan), 오즈굴 센(Özgül Şen), 제이노 유스튠(Zeyno Üstün), 오즐렘 징길란드(Özlem Zıngıland)와 익명의 참여자들이 Graph Commons(http://graphcommons.com/)를 이용해 만들었다.

들어가며

네트워크 과학 가르치기

오늘날 서로 연결된 세상을 이해하길 바라는 독자에게는 네트워크가 제공하는 관점은 필수 요소다. 이 책은 이런 관점을 공유하는 최고의 방안이고, 네트워크 과학자가 될 수 있는 기회를 제공하기도 한다. 주제를 선정하고 자료를 보여주는 과정에서 많은 부분을 선별했는데, 이런 선별 과정은 정량적이지만 따라가기 쉽게 이 분야를 소개하려는 열망에서 비롯됐다. 동시에, 우리를 둘러싼 수많은 복잡계에 관해 네트워크가 제공하는 많은 시야를 전달하고자 노력했다. 이러한 열망이 종종 충돌하는 것을 해결하고자 역사적 기록과 기술 진보를 함께 기술하고, 근원을 설명하는 글상자와 주요 발견을 응용한 것을 함께 기술했다.

'들어가며'에는 두 가지 목적이 있다. 한편에서는 이 교재에 동기를 부여한 수업을 소개해 이 책을 최선으로 사용하는 실용적인 방법을 제공한다. 그리고 중요한 부분인데, 다른 한편으로는 이 책을 발전시키는 데 함께한 많은 사람의 도움에 고마움을 표하고자 한다.

온라인 개요서

네트워크 과학은 온라인에서 최고라고 평가하는 콘텐츠와 지식이 풍부하다. 따라서 여러 장에서 비디오, 소프트웨어, 대화형 도구, 데이터셋, 데이터 출처 등 적절한 온라인 자료를 가리키는

온라인 자료 1

http://barabasi.com/NetworkScienceBook

이 웹사이트는 이 책과 각 장에서 언급한 비디오, 소프트웨어, 대화형 도구와 필자가 네트워크 과학을 가르칠 때 사용한 슬라이드, 이 책에서 분석한 데이터셋을 제공한다.

수많은 '온라인 자료'를 만날 것이다. 이 자료는 웹사이트(http://barabasi.com/NetworkScienceBook)에서 사용할 수 있다.

또한 이 웹사이트에는 필자가 네트워크 과학을 가르칠 때 사용하는 파워포인트 슬라이드도 있으며, 이 교재의 내용을 반영했다. 네트워크를 가르치는 누구라도, 교실에서 최고의 수업을 제공하기에 적절한 방향으로 이 슬라이드를 자유롭게 이용하고 수정할 수 있다. 교육 현장에서 이 슬라이드를 사용할 때는 필자에게 허가를 받을 필요가 없다.

네트워크 과학의 실증적 뿌리를 감안할 때, 이 책은 실제 네트워크 분석에 강하게 초점을 맞춘다. 따라서 다양한 네트워크 성질을 테스트하고자, 여러 문헌에서 자주 사용하는 10개의 네트워크 지도를 수집했다. 이 네트워크들은 네트워크 과학에서 네트워크의 다양성을 표현하려고 수집했으며, 사회, 생물, 기술, 정보 시스템을 기술한다. 이 온라인 개요서는 이러한 데이터셋에 접근할 수 있게 하고, 이 책 전체를 통틀어서 네트워크 과학 도구를 설명할 때 사용한다.

마지막으로, 다른 언어로 이 책을 가르치는 사람은 웹사이트에서 현재 진행 중인 번역 프로젝트를 찾아볼 수 있다.

네트워크 과학 수업

필자는 두 가지 환경에서 네트워크 과학을 가르쳤다. 첫 번째는 한 학기 수업이었고, 물리학, 컴퓨터 과학, 공학 전공인 대학원생과 심화 과정 학부생이 참여했다. 두 번째는 3주, 2학점 수업이었고 경제학과 사회과학 전공인 학생이 대상이었다. 이 교재는 두 가지 수업 경험을 기반으로 한다. 한 학기 수업에서는 심화 주제에 포함된 증명과 유도를 통합해 교재 전 범위를 가르쳤다. 기간이 더 짧은 수업에서는 심화 주제와 링크수 상관관계(7장)를 생략하고 본문만 다뤘다.

두 수업 환경에서 중요한 요소는 이어서 서술하는 과제와 연구 프로젝트다.

과제

기간이 더 긴 수업에서는 자료를 다루는 학생들의 기술적 숙련도와 문제 해결 능력을 테스트하고자 각 장 맨 끝에 나오는 문제 목록의 일부를 과제로 할당했다. 수업을 진행하면서 과제를 두 차례 내며 자료를 다뤘다.

위키 과제

각 학생에게 네트워크 과학과 관련 있는 개념이나 용어를 선택하도록 하고 이를 다루는 위키백과^Wikipedia 페이지를 작성하게 했다(그림 1). 이 과제에서 다소 어려운 부분은 위키백과에서 그 주제를 이미 다뤘으면 안 되고 충분히 다룰 만한 것이어야 한다는 점이다. 이 위키 과제는 이해하기 쉬운 백과사전 유형으로 자료를 종합하고 정제하는 학생의 능력을 테스트한다. 잠재적으로는 이 학생들이 위키백과의 정규 기고자가 될 수도 있다. 동시에 이 과제는 네트워크 과학 콘텐츠로 위키백과를 풍부하게 만들어서 전체 커뮤니티에 서비스를 제공한다. 다른 언어로 이러한 네트워크 과학을 가르치는 사람은 자신의 모국어로 위키백과를 구성하는 것을 고려할 필요가 있다.

사회연결망 분석

네트워크 분석을 하는 준비 운동 단계로, 학생들에게 이 수업의 사회연결망을 분석하도록 요청한다. 이는 약간의 준비와 조교의 도움이 필요하다. 가장 첫 수업에서 교수자는 학생에게 학급 명부를 나눠주고, 모든 학생에게 자신의 이름이 명단에 있는지 확인하고 만일 없다면 이름을 추가하라고 부탁한다. 조교가 최종 명단을 들고서, 수업 동안 모든 학생의 이름이 담긴 정확한 학급 출석부를 출력한다. 수업 끝 무렵 각 학생에게 이 수업에 들어오기 전부터 이미 알고 있던 모든 사람을 표시하라고 요청한다. 이름과 얼굴을 일치시키는 데 도움을 주고자 각 학생은 간단히 자신을 소개한다(이는 또한 교수자가 수강생을 좀 더 알 수 있는 기회를 제공한다). 이 명단들을 이 수업의 사회연결망으로 엮어낸다. 성별,

---

위키 과제

1. 네트워크 과학과 관련 있는 핵심어를 선택하고 위키백과에서 이를 이미 다루고 있는지 점검한다. '관련 있다'는 폭넓게 정의하는데, 기술적 개념(링크수 분포), 네트워크와 관련된 개념(테러범 네트워크), 네트워크 응용(금융에서 네트워크)을 선택할 수 있고, 네트워크 과학자에 대해 적을 수도 있고, 또는 네트워크와 관련이 있다고 설득력 있게 말할 수 있는 그 어떤 것을 적을 수도 있다.

2. 아마도 독창적인 자료를 만들지는 못할 것이다. 대신, 그 주제와 관련한 2~5가지의 출처(연구 논문, 책 등)를 명시하고, 출처, 그래프, 표, 그림, 사진 등 그 주제를 가장 잘 다루려면 필요한 것들을 활용해서 간결하고 독립적인 백과사전 유형의 요약본을 적는다.

3. 자신이 만든 페이지를 위키백과에 업로드하고 교수자에게 링크를 보낸다. 익명의 편집자는 새 페이지를 추가할 수 없기 때문에, 위키백과에 계정을 등록해야 할 것이다. 개념을 잘 문서화하지 않았거나 참고문헌을 잘 구성하지 않았고, 또는 백과사전 유형으로 쓰지 않았을 경우 위키백과 관리자가 그 페이지를 삭제하지는 않았는지 확인한다.

4. 작성한 페이지의 내용이 얼마나 잘 이해되는지, 적절한지, 독립적이고 정확한지를 반영해 점수를 부여할 예정이다.

그림 1 위키백과 과제 지침

전공 학과 이름으로 노드 정보를 풍부하게 한다. 익명 처리를 한 네트워크를 수업 중간에 돌려주고 그 시점까지 학생이 습득한 네트워크 과학 도구를 활용해 해당 네트워크의 성질을 분석하는 과제를 낸다. 학생들은 시간과 노력을 덜 투자하고 이해할 수 있는, 상대적으로 크기가 작은 네트워크를 탐구해볼 수 있다. 이 과제는 학생들이 최종 연구 프로젝트에서 수행해야 할 더 많은 네트워크 분석을 준비하는 기회를 제공한다. 학생들이 네트워크 분석에 사용하는 온라인 도구에 이미 익숙해 있도록, 이 과제는 소프트웨어를 직접 다뤄보는 수업 이후에 할당한다.

최종 연구 프로젝트

최종 프로젝트는 이 수업에서 가장 보람 있는 부분으로, 학생에게 지금까지 습득한 모든 지식을 조합하고 활용할 기회를 제공한다. 학생은 관심 있는 네트워크를 선택하고 네트워크로 변환하고 분석해야 한다. 절차상 세부사항 몇 가지를 반영하면 이 과제가 풍부해진다.

(a) 이 프로젝트는 두 명이 수행한다. 만일 수업 구성에서 허락한다면, 학생에게 서로 다른 능력을 지닌 사람과 조를 구성하도록 요청한다. 학부생과 대학원생이 조를 구성하거나, 물리학과 학생이나 생물학과 학생처럼 다른 학과 학생들이 함께 하도록 한다. 학생들에게 자신의 전문지식 수준과 편안한 지식 영역 밖에서 협력하도록 강제하는 것인데, 이는 학제 간 연구의 필수 요소다. 교수자가 조를 구성하지 않고 학생이 스스로 자신의 상대를 찾도록 권장한다.

(b) 몇 주차 수업에 돌입하면 **예비 프로젝트 발표**를 진행한다. 각 조는 5장 이내의 슬라이드로 5분 발표를 하고, 자신이 선택한 데이터셋을 간단히 소개한다(그림 2). 학생 스스로 데이터를 수집하도록 조언한다. 이미 네트워크 분석 용도로 준비된 데이터를 단순히 다운받는 것은 허락하지 않는다. 실제로, 이 프로젝트의 목표 한 가지는 네트워크로 변환할 때 해야만 하는 선택과 타협을 경험하는 것이다. 요리책에서

예비 프로젝트

5분 이내로 슬라이드 5장을 발표한다.

- 자신의 네트워크를 소개하고 노드와 링크가 무엇인지 논의한다.
- 이 데이터를 어떻게 수집했고 네트워크의 크기(N, L)를 어떻게 추정했는지 이야기한다. $N > 1000$이어야 한다.
- 자신이 하고자 하는 질문이 무엇인지 이야기한다. 프로젝트와 수업을 진행하면서 그 질문이 바뀔 수 있다는 점은 모두가 이해한다.
- 자신의 네트워크에 관심 있는 이유가 무엇인지 이야기한다.

그림 2 예비 프로젝트 지침

레시피의 재료, 소설이나 역사 문헌에서 등장인물 간의 상호작용을 찾는 것처럼, 수작업 변환도 허용한다. 이왕이면 디지털 변환을 권장하는데, 예를 들면 웹사이트에 있는 데이터나 네트워크 형태로 명확히 구성하지 않은 데이터 베이스를 수집하는 것 말이다. 그러나 학생들은 반드시 그 데이터를 네트워크 분석용으로 잘 처리할 수 있도록 재해석하거나 가공해야만 한다. 예를 들어, 위키백과에서 체계적으로 데이터를 수집하여 작가나 과학자와 개념 사이의 관계를 찾아볼 수 있다.

(c) 이 최종 프로젝트의 목표는 학생이 네트워크를 분석하는 능력을 테스트하려는 것임을 항상 강조하는 것이 중요하다. 그 결과, 학생은 데이터를 네트워크 관점에서 탐구한다는 초점을 유지해야만 하고 이 목표에서 멀리 동떨어질 수도 있는 유혹적인 질문을 멀리해야만 한다.

(d) 이 수업은 최종 프로젝트 발표로 마무리한다. 수업 규모에 따라, 한 번 또는 두 번에 걸쳐 발표를 진행한다(그림 3).

교수자는 모든 학생이 올바른 방향으로 가도록 위키백과 핵심어 선별, 연구 프로젝트의 조원 선택, 최종 프로젝트 주제 선정 과정에 피드백을 반복해서 제공한다. 그러려면 각 수업의 마지막 십 분 동안은 모든 학생에게 질문을 던져야 한다. 분석하고 싶은 네트워크를 선택했는가? 노드와 링크는 무엇인가? 데이터를 얻는 방법을 아는가? 최종 프로젝트를 함께 할 조원이 있는가? 위키 단어는 무엇인가? 위키백과에서 그 단어를 이미 다루는지 점검했는가? 그 단어와 관련된 문헌을 수집했는가? 답은 '아직 아니다'에서 학생이 즐겁게 실현할 수 있는 확고하거나 모호한 아이디어까지, 다양하게 걸쳐 있다. 학생의 계획이 적합한지 또는 실현 가능한지, 많은 사람이 피드백을 제공하면 그 아이디어를 구체화하고 공통 관심사가 있는 잠재적 조원을 알아내려는 학생에게 도움이 된다. 수업이 몇 번 지나면, 일반적으로 모두가 조를 구성하고 연구 프로젝트와 위키백과 핵심어를 식

최종 프로젝트

각 조는 최종 프로젝트를 10분씩 발표한다. 시간 제한은 엄격히 준수한다. 슬라이드 첫 장에는 제목과 이름, 학과를 기입한다.

데이터와 데이터 수집 방법을 소개한다. 어디에서부터 시작했는지 알 수 있도록 데이터 출처 항목을 보여준다.

측정: N, L, 만일 시간에 의존하는 네트워크를 다룬다면 시간 의존성, 링크수 분포, 평균 경로 길이, 뭉침 계수 $C(k)$, 만일 가중치가 있는 네트워크를 다룬다면 가중치 분포 $P(w)$. 커뮤니티를 시각화하고, 네트워크의 견고함과 확산, 링크수 상관관계 등 자신의 프로젝트와 적합하다면 그 무엇이든 논의한다.

이런 것들을 단순히 측정하는 것만으로는 충분하지 않다. 자신이 얻은 통찰을 논의해야 하며, 항상 질문을 던져야 한다.

- 예상했던 결과는 무엇인가?
- 적절한 무작위 모형은 무엇인가?
- 자신의 예상과 이 결과를 어떻게 비교하는가?
- 각 양에서 배운 것은 무엇인가?

채점 기준:

- 네트워크 도구 활용(완전성/정확성)
- 네트워크 도구를 사용해 자신의 데이터에서 정보와 통찰을 추출하는 능력
- 프로젝트와 발표의 전반적인 우수함

보고서를 작성할 필요는 없고, 발표 파일을 pdf 파일로 이메일로 보낸다.

그림 3 최종 프로젝트 지침

복잡계 네트워크[1]: 수업계획서

1주차
- **1차시** 1장: 네트워크 과학 소개
- **2차시** 2장: 그래프 이론

2주차
- **1차시** 3장: 무작위 네트워크
- **2차시** 3장: 무작위 네트워크

3주차
- **1차시** 4장: 척도 없는 성질
- **2차시** 4장: 척도 없는 성질
유인물 과제 1(1~5장 문제)

4주차
- **1차시** 5장: 바라바시-알버트 모형
- **2차시** 5장: 바라바시-알버트 모형

5주차
- **1차시** 예비 프로젝트 발표
- **2차시** 실습 수업: 그래프 표현, 묶기, 맞춤

6주차
- **1차시** 실습 수업: 게피(Gephi)와 파이썬(Python)
과제 1 수집
유인물 과제 2: 학급 네트워크 분석
- **2차시** 초청 연사

7주차
- **1차시** 6장: 변화하는 네트워크
- **2차시** 6장: 변화하는 네트워크

8주차
- **1차시** 초청 연사
과제 2 수집
- **2차시** 7장: 링크수 상관관계
유인물 과제 3(6~10장 문제)

9주차
- **1차시** 8장: 네트워크의 견고함
유인물 과제 4: 위키백과 페이지
- **2차시** 8장: 네트워크의 견고함

10주차
- **1차시** 9장: 커뮤니티
- **2차시** 9장: 커뮤니티
영화의 밤: 〈커넥티드〉(안나마리아 탈라스)

11주차
- **1차시** 10장: 확산 현상
- **2차시** 10장: 확산 현상

12주차
- **1차시** 초청 연사
- **2차시** 10장: 확산 현상
과제 4 수집

13주차
- **1차시** 초청 연사
- **2차시** 오픈 클래스(연구 프로젝트 논의)
과제 3 수집

14주차
- **시험 주간** 최종 프로젝트 발표(한 조당 10분)

그림 4 수업계획서

일주일에 두 번 만나는 4학점짜리 네트워크 과학
수업의 주간 일정

---

1 'complex network'의 'complex'는 그 자체로 네트워크의 복잡한 특성을 드러내는 말이기
도 하지만 'networks of complex systems'를 'complex networks'라고 줄여서 부르는 경
우가 많고, 네트워크로 다루는 대상이 복잡계인 경우가 많아 보통 '복잡계 네트워크'로 번
역한다. – 옮긴이

별한다. 이 지점에서 수업 종료의 의례적 절차가 마무리된다.

소프트웨어

게피^{Gephi}, 사이토스케이프^{Cytoscape}, 네트워크엑스^{NetworkX}처럼 다양한 네트워크 분석 소프트웨어와 시각화 소프트웨어에 수업한 차시를 할애한다. 더 긴 수업 과정에서는 또 다른 차시를 맞춤^{fitting}, 로그 묶기$^{log-binning}$, 네트워크 시각화$^{network \ visualization}$ 같은 수치 과정에 할애하기도 한다. 이런 도구를 즉시 시도해볼 수 있도록, 학생들에게 수업에 노트북을 가져오도록 권장한다.

영화의 밤

수업 시간 외 하루는 영화의 밤으로 계획한다. 여기서는 안나마리아 탈라스$^{Annamaria \ Talas}$ 감독의 다큐멘터리인 〈커넥티드^{Connected}〉를 상영한다. 이 한 시간짜리 다큐멘터리에는 네트워크 과학에 기여한 수많은 사람이 등장하고, 이 분야의 중요성을 설득력 있게 설명한다. 영화의 밤을 대학 전체에 광고하면 더 넓은 커뮤니티에 있는 사람에게 다가갈 수 있는 기회를 제공한다.

초청 연사

한 학기 수업에서는 네트워크와 관련 있는 연구자를 초청해서 연구 세미나를 제공한다. 이는 학생에게 이 분야에서 최첨단 연구가 어떤 모습일지 그 감각을 제공한다. 일반적으로(그러나 항상 그렇지는 않다) 이론적인 도구를 가장 많이 습득하고 학생이 자신의 최종 프로젝트에 초점을 맞출 시기인, 수업이 끝날 무렵 진행한다. 지역 연구 커뮤니티에 이런 강연을 광고하고 공개하면, 최종 프로젝트에 추가 관점과 아이디어를 떠올리는 데 종종 영감을 얻기도 한다.

그림 5는 한 학기 수업에서 사용할 평가 시스템의 세부 사항을 보여준다. 그림 4에서는 수업 계획에 도움이 되고자 이 책을 출판하기 전에 필자가 함께 가르쳤던 한 학기 수업 일정을 제공한다.

평가 비중

(1) 과제 1(숙제 1): 15%
(2) 과제 2(숙제 2): 15%
(3) 과제 3(학급 네트워크): 15%
(4) 과제 4(위키백과): 15%
(5) 예비 프로젝트 발표: 평가 없음. 오직 피드백만 제공
(6) 최종 프로젝트: 40%

그림 5 평가
한 학기 수업에서 사용한 평가 시스템

감사의 글

어떤 책이든, 책을 쓰는 것은 외로운 인내의 연습이다. 2011년부터 2015년 동안 모든 자유 시간을 할애했던 이 프로젝트 역시 다르지 않았다. 보스턴과 부다페스트에서 자주 방문하던 많은 카페에서, 전 세계 어디에서든 아침에 필자를 찾을 수 있는 곳에서 작업하며 주로 혼자 시간을 보냈다. 그렇지만 이 책이 외로움의 결과물은 아니다. 4년 동안 이 프로젝트를 진전시키는 것을 도우려고 여러 사람이 자신의 시간과 전문성을 기부했다. 동료, 친구, 연구실 구성원들과 이 주제로 토론을 했다. 또한 모든 사람이 사용할 수 있도록 여러 장을 인터넷에 공유했고 여러 사람에게 가치 있는 피드백을 받았다. 이 절에서는 이 긴 여정의 다양한 단계에서 도움을 준 전문가 네트워크에 감사를 전하고 싶다.

수식, 그래프, 시뮬레이션

교재는 모든 것이 약속한 대로 잘 작동하는지 반드시 확인해야만 한다. 중요한 수식이 유도 가능한지, 본문에서 소개한 측정량을 실제 데이터에 적용할 때 이론에서 예측하는 대로 작동하는지 말이다. 이를 성취할 방법은 한 가지뿐이다. 각 계산, 측정, 시뮬레이션을 점검하고 반복하는 것이다. 이것은 엄청난 작업이었고, 이 중 대부분은 **마르톤 포스파이**Márton Pósfai(그림 6)가 수행했다. 마르톤 포스파이는 보스턴에 있는 필자 연구실의 방문 학생이었을 때 이 프로젝트에 합류했고 부다페스트에서 박사 과정을 하는 동안 이를 계속했다. 필요하다면 중요한 공식을 다시 유도하며 모든 유도 과정을 점검하고, 모든 시뮬레이션과 측정을 수행했으며, 이 책의 그림과 표를 준비했다. 수많은 그림과 표는 소규모 연구 프로젝트에 해당했다. 이 프로젝트의 결과물은 예상대로 작동하지 않아서 어떤 양은 덜 강조해야만 했거나 다른 프로젝트의 중요성을 인식하고 이해하는 데 도움을 주기도 했다. 마르톤 포스파이는 네트워크 과학 문헌을 깊게 이해했고 신중하게 작업했기 때문에 그는 이 책을 풍부하게 하는 많은 예리

그림 6 수학 팀
마르톤 포스파이는 이 책에서 계산, 시뮬레이션, 측정을 담당했다.

한 통찰을 제공했다. 만일 마르톤의 지칠 줄 모르는 공헌이 없었다면 이런 깊이와 신뢰성을 성취할 방법이 없었을 것이다.

디자인

필자 연구실의 데이터 시각화 전문가인 마우로 마르티노[Mauro Martino]는 분명한 미학과 시각적 호소력을 지닌 책을 만들고자 하는 의욕을 심어줬다. 마우로는 모든 장의 첫 면을 만들었고 마우로가 디자인한 많은 시각 요소는 이 책 끝까지 함께했다. 마우로가 IBM 리서치[IBM Research]의 디자이너 팀장으로 이직한 후, 가브리엘레 무셀라[Gabriele Musella]가 디자인을 인수받았다. 가브리엘레는 색상 팔레트를 표준화했고 이 책 전체에서 나타나는 인포그래픽[info-graphics]의 기본 요소를 디자인했다. 가브리엘레도 자신이 꿈꾸던 직업을 잡고자 런던으로 돌아가야 했기에, 2014년 가을까지 함께 일했다. 그때는 니콜 사마이[Nicole Samay]가 디자인을 인수했고, 이 책의 최종선에 가까워질 때까지 끝없는 노력과 섬세함으로 책 전체를 수정했다(그림 7). 이 책의 웹사이트는 킴 알브레히트[Kim Albrecht]가 디자인했다. 킴은 현재 마우로와 협업하며 이 책의 내용을 뒷받침하는 온라인 체험물을 디자인한다.

시각 디자인의 중요한 요소는 각 장의 초입에 삽입된 이미지로, 네트워크와 예술 사이의 상호작용을 묘사한다. 이런 이미지를 선별할 때 여러 예술가와 디자이너, 학자, 현직 예술가의 조언과 토론으로 도움을 받았다. 예술, 데이터, 네트워크 과학의 경계를 탐색하는 데 도움을 준 노스이스턴대학교 예술 디자인 학과의 이사벨 메이렐레스[Isabel Meirelles], 디트마르 오펜후버[Dietmar Offenhuber], 콜롬비아대학교의 매튜 리치[Mathew Ritchie], 샌프란시스코 미술학교의 메러디스 트롬블[Meredith Tromble]에게 수많은 감사를 전한다.

매일 반복 작업: 타자, 편집

필자는 구식 작가로, 컴퓨터보다는 연필로 글을 쓴다. 그러므로

그림 7 디자인 팀
마우로 마르티노, 가브리엘레 무셀라, 니콜 사마이는 책의 외관과 분위기를 발전시켜 이 책에 우아하고 일관된 스타일을 부여했다. 킴 알브레히트는 책의 내용을 뒷받침하는 온라인 체험물을 디자인했다.

그림 8 편집 팀
파얌 파르시네자드, 아말 알 후세이니, 사라 모리슨은 매일 이 책의 기반을 닦고 편집, 수정 작업을 했다.

수기 노트, 수정사항, 추천사항을 각 장으로 통합해주는 편집자와 타이피스트가 없었다면, 필자는 길을 잃었을 것이다. 사브리나 라벨로Sabrina Rabello, 갈렌 윌커슨Galen Wilkerson의 도움으로 이 프로젝트를 시작했고, 대부분의 편집은 다음 세 명의 어깨 위에 있었다(그림 8). 파얌 파르시네자드Payam Parsinejad는 이 프로젝트 첫해에 함께 일했다. 파얌이 자신의 연구로 다시 초점을 돌리고 난 후, 필자의 네트워크 과학 수업의 수강생이었던 아말 알 후세이니Amal Al-Husseini가 합류하고 끝까지 함께했다. 필자의 이전 조교였던 사라 모리슨Sarah Morrison도 이 프로젝트에 합류해서 동일한 도움을 줬고, 이후에는 이탈리아 루카로 옮겼다. 사라의 정확하고 시의 적절한 편집은 이 책을 마무리하는 데 필수였다.

그림 9 정확성과 저작권
필립 호벨은 첫 번째 독자이자 마지막 편집자의 역할을 했다. 브렛 커먼은 저작권을 획득하고 관리했다.

웹 페이지를 공개하기 전, 필립 호벨Philipp Hoevel이 각 장을 최종 점검했다(그림 9). 필립은 필자의 연구실에 방문했을 때 프로젝트에 합류했고 자신의 연구실을 운영하러 베를린으로 돌아간 이후에도 작업을 지속했다. 필립은 과학부터 기호까지, 체계적으로 모든 것을 재검토했고 이 책의 첫 번째 독자이자 최종 검수자였다.

브렛 커먼Brett Common은 이 교재 전체를 통틀어 사용한 시각 자료의 모든 저작권을 확보하는 데 끝없는 노력을 기울였다. 이는 그 자체로 규모와 난이도를 예측하기 어려운 주요 프로젝트였다.

과제

각 장 마지막에 있는 과제는 로베르타 시나트라^{Roberta Sinatra}가 제안하고 기획했다(그림 10). 로베르타는 필자의 연구실에서 연구 교수로서 2014년 가을 학기에 필자와 함께 네트워크 과학 수업을 같이 가르쳤다. 또한 이 자료로 직접 수업을 하면서 마주한 많은 오타와 오해 요소를 잡아내고 수정하는 데 도움을 줬다.

그림 10 과제
로베르타 시나트라는 이 교재의 각 장 마지막에 있는 과제를 고안하고 기획했다.

과학적 도움

이 프로젝트 전 과정 동안, 많은 과학자와 학생에게 논평, 추천, 조언, 명확한 설명, 주요 자료를 받았다. 모든 사람을 언급하는 것은 불가능하지만 시도해보려고 한다.

샤오밍 송^{Chaoming Song}은 척도 없는 네트워크의 링크수 지수를 측정하고 연쇄적 고장과 관련 있는 문헌을 찾는 것을 도와줬다. 엔드레 초카^{Endre Csóka}는 볼로바스 모형^{Bollobás model}의 미묘한 세부 사항을 명확히 하는 데 도움을 줬다. 라이샤 드소자^{Raissa D'Souza}는 최적화 모형, 지네스트라 비안코니^{Ginestra Bianconi}는 적합성 모형^{fitness model}, 에르제베트 라바즈 레이건^{Erzsébet Ravasz Reagan}은 라바즈 알고리듬^{Ravasz algorithm}에 대해 훌륭한 토론을 해서 도움을 주었다. 알레산드로 베스피냐니^{Alessandro Vespignani}는 확산 과정과 링크수 상관관계에 관한 훌륭한 자료를 제공했다. 마리안 보구냐^{Marian Boguñá}는 가라데 클럽 트로피의 사진을 찍어줬다. 화웨이 셴^{Huawei Shen}은 연구 논문의 추후 인용 수를 계산했다. 게르겔리 팔라^{Gergely Palla}와 타마스 빅섹^{Tamás Vicsek}은 CFinder 알고리듬을 이해하는 데 도움을 줬고, 마틴 로스발^{Martin Rosvall}은 인포맵 알고리듬^{InfoMap algorithm}에 관한 몇 가지 중요한 자료를 알려줬다. 게르겔리 팔라^{Gergely Palla}, 수네 레만^{Sune Lehmann}, 산토 포르투나토^{Santo Fortunato}는 커뮤니티 찾기 장에서 비판적 논평을 제공했다. 안용열^{Yong-Yeol Ahn}은 확산 현상에 관련한 자료의 초기 버전을 개발하는 것을 도와줬고, 케이트 코롱지스^{Kate Coronges}는 처음 4개 장을 명료하게 향상하는 데 도움을 줬다. 래미스 모바사그^{Ramis Movassagh}, 히로키 사야마^{Hiroki Sayama}, 시드니 레드너^{Sideny Redner}는 여러 장에 신중한 피드백을 제공했다.

마지막으로, 사라 슈거^{Sarah Sugar}, 바라트^{R. Bharath}, 수잔느 니스^{Susanne Nies}, 하르샤 과라니^{Harsha Gwalani}, 외르크 프랑케^{Jörg Franke}는 연달아 나오는 오타를 전달해주며 이 책에 가능한 한 오류가 없도록 도와줬다.

출판

케임브리지대학교 출판부에서 필자와 긴 시간 함께하는 편집자 사이먼 카펠린^{Simon Capelin}은 이 책을 쓰려고 준비하기 전부터 이 프로젝트를 독려했다. 또한 마감일을 수없이 놓치며 책이 완성되기까지 많은 인내심을 기울였다. 로이신 먼넬리^{Róisín Munnelly}는 이 책을 생산하는 데 도움을 주었다.

기관

만일 여러 기관에서 영감을 주는 환경을 조성하고 든든히 뒷받침하는 기반 시설을 제공하지 않았다면 이 책의 출판은 불가능했을 것이다. 가장 먼저 노스이스턴대학교의 대표부에 감사한다. 총장인 조셉 아운^{Joseph Aoun}, 교무처장인 스티브 디렉터^{Steve Director}, 학장인 머레이 깁슨^{Murray Gibson}과 래리 핀켈스타인^{Larry Finkelstein}, 학과장인 폴 챔피언^{Paul Champion}에게 감사한다. 폴 챔피언은 네트워크 과학의 진짜 챔피언인데, 노스이스턴 내에서 네트워크 과학이 여러 학문 분야에 걸치는 주요 주제가 되도록 했다. 이들의 수그러들지 않는 지지 덕분에, 물리학과 수학부터 사회학, 정치학, 컴퓨터 과학, 보건학까지 모든 영역에 걸쳐 네트워크에 초점을 둔 최상의 교수를 여러 명 고용할 수 있었고, 이로 인해 노스이스턴이 이 분야를 선두하는 기관이 됐다. 또한 네트워크 과학의 박사 과정 프로그램을 만들도록 강력히 권장하고 지원했고, 알레산드로 베스피냐니가 이끄는 네트워크 과학 연구소^{Network Science Institute}를 설립하는 데 도움을 줬다.

브리검 앤 위민스 병원Brigham and Women's Hospital의 네트워크 의학 부서와 다나-파버 암 연구소DFCI, Dana Farber Cancer Institute의 암 시스템 생물학 센터Center for Cancer Systems Biology 덕분에 하버드 의학전문대학원Harvard Medical School에 임명되면서 세포 생물학과 의학에서 네트워크 과학을 응용할 수 있는 창을 마련할 수 있었다. DFCI의 마크 비달Marc Vidal과 브리검의 조 로스칼조Joe Loscalzo에게 많은 감사를 전한다. 이 둘은 동료이자 멘토이고, 필자의 연구를 이 분야에서 정의한 사람들이다. 이 책에서 그 경험도 발견할 수 있을 것이다.

중앙유럽대학교CEU, Central European University에 방문 학자로서 여름 학기에 네트워크 과학 수업을 가르친 덕분에 경제학과 사회과학 배경인 학생 집단을 마주했고 그 경험이 이 책의 형태를 만들었다. 발라즈 베드레스Balázs Vedres는 네트워크 과학을 CEU에 가져오려는 비전이 있었고, 조지 소로스George Soros는 필자가 이 대학에 참여하도록 설득했다. 꺼지지 않는 지원을 한 총장인 존 샤턱John Shattuck과 교무처장인 파르카스 카탈린Farkas Katalin과 리비우 마테이Liviu Matei는 이 분야에서 CEU의 최상의 프로그램이 되도록 길을 연마해줬고, 이것이 CEU의 네트워크 과학 박사과정 프로그램을 탄생시켰다.

이 모든 것은 이를 시작했던 곳이 있었기 때문에 가능했다. 필자가 젊은 조교수였을 때, 노터데임대학교는 다른 무언가를 생각할 수 있는 지지와 평온한 환경을 제공했다. 그리고 노터데임에서 노스이스턴으로 이동할 때 함께 따르고 필자가 방해받지 않으며 과학에만 집중할 수 있는 환경을 조성하는 데에 십여 년 이상을 끊임없이 일해준 수잔 알레바Suzanne Aleva에게도 큰 감사를 전한다.

마지막으로, 셀 수 없는 시간을 이 책에 바친 나를 이해해준 필자의 아이들인 다니엘Dániel, 이자벨라Izabella, 레너드Lénárd와 아내 자넷Janet에게 정말로 큰 빚을 졌다. 가족의 이해와 인내심이 없었다면 이 책은 절대로 마무리할 수 없었을 것이다.

그림 0.0   예술과 네트워크: 치하루 시오타

치하루 시오타(Chiharu Shiota)는 베를린에서 활동하는 일본인 설치 예술가다. 치하루는 양모를 엮어서 평범한 물건을 완전히 집어삼키는 망을 만든다. 이 네트워크에서 분명하게 드러나는 무작위성은 바로 네트워크 과학의 주제인 질서와 무질서 사이의 본질적인 긴장감을 포괄한다.

제 0 장
개인적인 소개

소개

오늘날, 매년 12개 정도의 콘퍼런스, 워크숍, 스쿨[1]이 네트워크 과학에 초점을 두고, 백여 권의 책과 4개의 저널이 이 분야에 기여하며, 대부분의 대학이 네트워크 과학 수업을 개설해 세 대륙에서 네트워크 과학 박사 학위를 취득할 수 있고, 기금 지원 기관이 이 주제에 수억 달러를 배정할 때, 십 년 된 네트워크 과학 분야가 성공으로 가는 지름길을 따라간다고 보는 것은 매우 솔깃하다. 그렇지만 이 축적된 영향에 눈이 어두워지면 다음과 같은 가장 흥미로운 질문을 놓칠 수도 있다. 이 분야는 어떻게 이렇게 빨리 성장했을까?

이 장의 제목을 '개인적인 소개'라고 붙인 이유는 간단하다. 이 질문에 편견 없는 답을 할 생각이 없기 때문이다. 그와 반대로, 네트워크 과학이 어떻게 출현했는지를 가장 잘 알고 있는 참여자 관점에서 네트워크 과학의 출현을 회상할 예정이다. 이는 승리의 행진은 아니지만, 필자의 목표는 수많은 좌절과 함께 필자가 경험했던 굴곡진 여정을 회상하는 데 있다. 조감도 대신에, 숲을 가로지르는 동안 반복해서 부딪혔던 잊기 힘든 나무들에 초점을 맞출 것이다. 그 이유는 과학적 발견이 이 책과 같은 교재가 때때로 시사하는 것처럼 간단하고 매끄럽지 않다는 사실을 상기시키기 위해서다.

---

1 'school'은 워크숍과 같은 형태로 특정 학문 분야의 최신 기술을 배우고자 개최하는 학술 행사다. – 옮긴이

첫 네트워크 논문(1994)

필자가 네트워크에 매료되기 시작한 때는 1994년 12월이었는데, IBM의 전설적인 왓슨 연구소^{T. J. Watson Research Center}에서 짧은 박사후연구원 생활을 한 지 몇 달이 지났을 때였다. 휴일이 다가오면서 왓슨에서의 생활이 중단될 것을 예상했기에, 휴가를 활용해 고용주에 대해 좀 더 알아보기로 결정했다. 당시에 IBM은 컴퓨터의 대명사였기 때문에, 왓슨 도서관에 들러 컴퓨터 과학을 소개하는 글을 찾았다.

이 분야에 지적인 호기심이 생겨 불 논리^{Boolean logic}부터 NP완전^{NP-completeness} 알고리듬까지, 일련의 문제를 다루는 책을 들고 걸어나왔다. 특히, 최소 신장 트리^{minimum spanning tree} 문제에 초점을 맞춘 장이 호기심을 자극했다. 그럴 만한 좋은 이유가 있는데, 책에서 설명한 크루스칼 알고리듬^{Kruskal algorithm}을 침입 스미기^{invasion percolation}라 부르는 통계물리학에서 잘 알려진 모형으로 매핑할 수 있다는 점을 깨달았기 때문이다. 그래서 정확히 크리스마스 두 달 뒤인 1995년 2월 24일, 네트워크에 관한 첫 논문을 「피지컬 리뷰 레터스^{Physical Review Letters}」[2][1]에 투고했다. 이 논문에서는 물리학과 컴퓨터 과학에서 많이 연구된 2개의 네트워크 문제가 등가 문제임을 보였다(그림 0.1). 명망 있는 물리학 저널에 게재한 단독 저자 논문은 의심할 여지 없이 경력에 있어 현명한 행보였지만, 진정한 영향력은 더 광범위했다. 숨어 있던 지적인 수문을 해제한 이 논문은 수십 년 동안 네트워크에 애정을 쏟을 토대를 마련했다.

실패 1: 두 번째 논문(1995)

더 공부할수록, 실제 네트워크에 관해 아는 것이 없어서 더 혼란스러웠다. 뉴욕에 살 때, 맨해튼 포장도로 아래에 비좁게 있는 수만 개의 전선, 전화선, 인터넷 케이블이 얼마나 놀라울 만큼

---

2   미국 물리학회(American Physical Society)에서 발간하는 학술지 시리즈 중 하나로, 물리학 분야에서 가장 권위 있는 학술지다. – 옮긴이

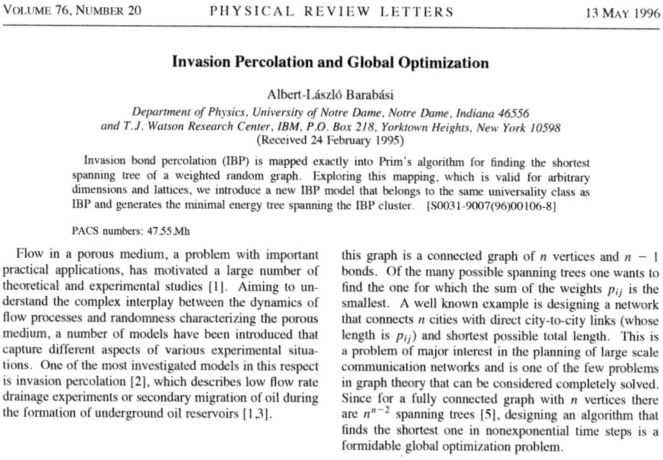

Volume 76, Number 20　　PHYSICAL REVIEW LETTERS　　13 May 1996

Invasion Percolation and Global Optimization

Albert-László Barabási

Department of Physics, University of Notre Dame, Notre Dame, Indiana 46556
and T.J. Watson Research Center, IBM, P.O. Box 218, Yorktown Heights, New York 10598
(Received 24 February 1995)

Invasion bond percolation (IBP) is mapped exactly into Prim's algorithm for finding the shortest spanning tree of a weighted random graph. Exploring this mapping, which is valid for arbitrary dimensions and lattices, we introduce a new IBP model that belongs to the same universality class as IBP and generates the minimal energy tree spanning the IBP cluster.　[S0031-9007(96)00106-8]

PACS numbers: 47.55.Mh

Flow in a porous medium, a problem with important practical applications, has motivated a large number of theoretical and experimental studies [1]. Aiming to understand the complex interplay between the dynamics of flow processes and randomness characterizing the porous medium, a number of models have been introduced that capture different aspects of various experimental situations. One of the most investigated models in this respect is invasion percolation [2], which describes low flow rate drainage experiments or secondary migration of oil during the formation of underground oil reservoirs [1,3].

this graph is a connected graph of n vertices and $n - 1$ bonds. Of the many possible spanning trees one wants to find the one for which the sum of the weights p_{ij} is the smallest. A well known example is designing a network that connects n cities with direct city-to-city links (whose length is p_{ij}) and shortest possible total length. This is a problem of major interest in the planning of large scale communication networks and is one of the few problems in graph theory that can be considered completely solved. Since for a fully connected graph with n vertices there are n^{n-2} spanning trees [5], designing an algorithm that finds the shortest one in nonexponential time steps is a formidable global optimization problem.

그림 0.1 1994~1995년: 필자의 첫 네트워크 논문

1994년 겨울 휴가 동안 구상해서 나온 첫 네트워크 논문[1]에서는 컴퓨터 과학에서 잘 알려진 알고리듬인 최소 신장 트리 문제를 통계물리학에서 많이 연구된 문제인 침입 스미기로 매핑하는 것을 다뤘다. 네트워크 과학에 발을 담근 기나긴 참여의 서막을 보여준다.

복잡할지 상상해봤다. 그래프 이론은 이런 네트워크가 무작위로 연결됐다고 간주했다. 이것은 말이 되지 않았다. 사람이 의지하는 수많은 네트워크에는 그것을 관장하는 조직 원칙이 있어야만 한다. 이 원칙을 찾는 것은 질서와 무작위성의 경계에서 훈련된 통계물리학자에게 적합한 도전이었다.

그래서 그 이후 몇 달은 벨라 볼로바스Béla Bollobás가 쓴 무작위 그래프에 관한 훌륭한 책[2]을 공부했고, 이 책에서 에르되시Erdős와 레니Rényi의 오랜 연구[3]를 알게 됐다. 동시에, 스튜어트 카우프만Stuart Kaufmann의 환상적인 글은 생물학에서 네트워크의 중요성을 일깨웠다[4]. 이론이 주도하는 건조한 수학 세계와 수학의 한계를 모르는 스튜어트의 상상의 나래, 매우 다른 두 관점이 서로 충돌했다(그림 0.2).

박사후연구원 8개월 차에 노터데임대학교의 교수직을 수락했고, IBM에서는 남은 네 달 동안 두 번째 네트워크 논문에 전념할 수 있었다. 제목은 '무작위 네트워크의 동역학: 연결과 1차 상전이Dynamics of random networks: Connectivity and first order phase transitions'[5]로, 네트워크의 구조topology3를 변경하는 것이 어떤

3　수학의 한 분야인 위상(topology)과 동일한 용어인데, 네트워크에서는 본질적인 네트워크 구조를 지칭하는 맥락으로 자주 쓰인다. 향후 마주할 에르되시-레니 네트워크와 바라바시-알버트 네트워크는 본질적인 연결 구조가 매우 달라서, 구조 또는 위상이 다르다고 표현한다. – 옮긴이

그림 0.2 1995년: 질서와 무작위?

네트워크 과학을 향한 필자의 초기 여정에 감화를 일으킨 세 권의 책 중 두 가지. 첫 번째 책의 제목(또는 부제)은 '컴퓨터 과학의 50가지 문제' 같은 것이었는데, 도저히 찾을 수가 없었다. 그 책은 1994년 IBM 왓슨 연구소 도서관에서 대여했다.

의미를 지니는지 조사한 첫 시도였다. 이 논문은 네트워크 구조가 바뀔 때 불^{Boolean} 시스템에 어떤 영향을 미치는지 질문을 던지며, 볼로바스^{Bollobás}와 카우프만^{Kauffmann}의 세계를 통합했다(그림 0.3). 기저에 있는 관찰은 간단했다. 만일 어떤 무작위 네트워크의 평균 링크수^{degree}를 바꾸면 불 시스템에 동적 상전이 dynamic phase transition가 일어난다는 것이다. 따라서 시스템 뒤에 있는 네트워크 구조를 완전히 고려하지 않으면 그 시스템의 행동을 해석할 수 없다.

이 논문은 셀룰러 네트워크$^{cellular\ network4}$와 인터넷 및 월드와이드웹$^{WWW,\ World\ Wide\ Web}$에 뿌리를 둔 아이디어를 혼합한 것이 동기였지만, 보통 필자의 연구를 출판하던 물리 저널에서는 이 주제는 거의 찾아볼 수 없었다. 그래서 필자의 연구 분야 내에서 분명히 실재하는 몇 가지 응용을 찾아내려 고군분투했다. 그러던 끝에, 이미 물리학자 사이에서 많이 연구된 문제였던 신경망의 맥락에서 이 연구 결과를 도입했다. 이 분야는 네트워크를 긍정적으로 생각해야만 한다고 판단했다. 물론 필자는 틀렸고, 이

---

4 '셀(cell)'은 이동 통신에서 하나의 기지국이 관리하는 지역 단위로, 이 셀이 무선으로 연결된 것을 셀룰러 네트워크라고 부른다. 휴대폰을 가리키는 '셀룰러'는 여기서 유래했다. 또한 생물학에서는 세포 간 신호의 전달 등을 설명하기 위한 세포 사이 네트워크를 셀룰러 네트워크라 부른다. 여기서는 전자에 해당하는 것으로 보인다. – 옮긴이

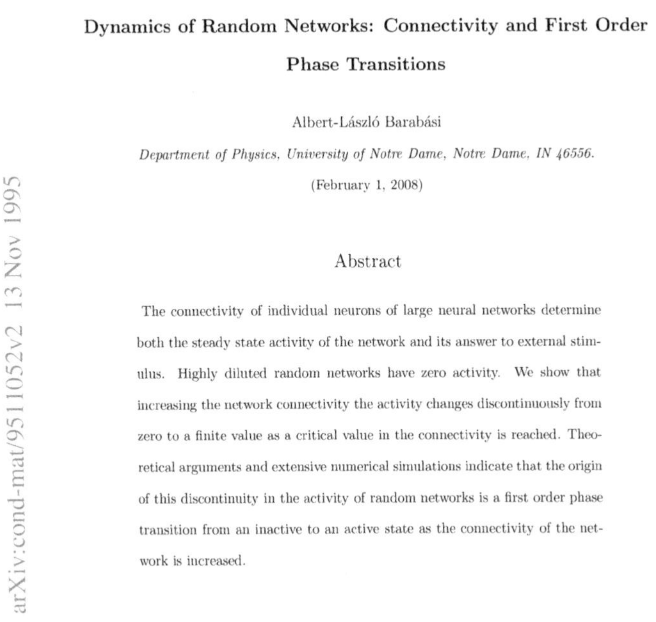

Dynamics of Random Networks: Connectivity and First Order Phase Transitions

Albert-László Barabási

Department of Physics, University of Notre Dame, Notre Dame, IN 46556.

(February 1, 2008)

Abstract

The connectivity of individual neurons of large neural networks determine both the steady state activity of the network and its answer to external stimulus. Highly diluted random networks have zero activity. We show that increasing the network connectivity the activity changes discontinuously from zero to a finite value as a critical value in the connectivity is reached. Theoretical arguments and extensive numerical simulations indicate that the origin of this discontinuity in the activity of random networks is a first order phase transition from an inactive to an active state as the connectivity of the network is increased.

arXiv:cond-mat/9511052v2 13 Nov 1995

그림 0.3 1995~1997년: 끝내 출판하지 못한 네트워크 논문

네트워크에 관한 두 번째이자 네트워크 구조의 역할을 탐색한 첫 번째 논문. 4개의 저널에서 거절당한 뒤, 이 논문은 1995년 11월 아카이브(arXiv)의 온라인 서버에 게재됐다. 결국 저널에 게재하는 것을 포기했다.

결정은 향후 4년 동안 네트워크 과학을 향한 여정을 따라다니는 여러 실패 중 첫 번째 실패로 흔적을 남겼다.

1995년 11월 10일, 완성된 논문 초고를 「사이언스Science」[5]에 보냈고 미국 재료 학회Materials Research Society의 연례 학회에 참석하고자 보스턴으로 돌아갔다. 마침 「네이처Nature」[6]의 편집자인 필리프 볼Philipp Ball이 그 학회에 있었고 그는 학제 간 주제에 관심이 있었다. 즉, 필자의 새 연구 주제인 네트워크에 대한 열정을 말할 수 있는 기회가 생겼다. 그래서 「사이언스」에서 심사 없이 이 논문을 거절한 지 몇 주 뒤, 「네이처」에서는 더 많은 관심을 보이리라 기대하며 필리프에게 다시 이 논문을 보냈다. 그리고 논문이 심사를 위해 심사자에게 발송됐다.

그렇지만 심사자는 이 연구에 매료되지 않았다. 한 심사자는 심사 보고서를 다음과 같이 노골적으로 작성했다.

1. 연구 동기가 좋지 않다.

---

5 과학의 전 분야를 다루는 최고 저널 중 하나다. – 옮긴이
6 역시나 과학 전 분야를 다루는 최고 저널 중 하나다. – 옮긴이

2. 기술적으로 매우 제한됐다.
3. (진화와 인터넷을) 추측한 내용을 구체화하지 않았다.

물론 심사자의 말이 옳았다. 왜 네트워크에 관심을 둬야 하는지 처음부터 설명하지 못했다. 이 모든 것은 머릿속에 있었다. 그러나 박사 학위를 받은 지 1년도 채 되지 않아, 4년 전 겨우 습득한 언어(영어)에 의지한 채로는 아직 아이디어를 하나의 이야기로 풀어낼 수 없었다.

실망하며 1996년 4월 25일 이 논문을 「피지컬 리뷰 레터스」에 다시 투고했다. 긴 심사평과 함께 거절됐기 때문에 상황은 더 나아지지 않았다. 첫 투고 이후 2년이 지난 1997년 11월 21일 「유로피직스 레터스Europhysics Letters」에 재투고했는데, 이미 네트워크에 묶인 여정에서 두 번째 큰 실패를 경험하던 중이었다.

실패 2: 웹의 지도 그리기(1996)

두 번째 논문을 출판하려고 고군분투하는 동안, 지금까지 추구했던 그래프 이론 기반의 여정을 포기해야 한다고 점점 더 확신했다. 대신 물리학자가 잘하는 일, 즉 영감을 얻고자 실제 세상을 바라보는 일을 해야만 했다. 따라서 지도가 필요하다고 판단했다. 정확히는 실제 네트워크의 지도 말이다.

팀 버너스리Tim Berners-Lee가 WWW의 코드를 공개한 지 4년 뒤이자 구글이 설립되기 2년 전, 웹Web이 막 활발해지기 시작했다. JumpStation, RBSE Spider, Webcrawler 같은 이름의 기이한 검색 엔진이 연구실에서 만들어지고, 인터넷 연결 구조를 지도로 그리려고 했다. 1996년 2월, 이런 크롤러crawler를 운영하는 몇몇 연구자에게 데이터 샘플을 일부 얻을 수 있을지 기대하며 이메일을 보냈다(그림 0.4). 완전한 전체 지도를 그리는 것이 이상적이나, 일부만 있어도 각 노드의 링크 수를 얻기에는 충분했다. "이전 데이터로 간단한 히스토그램histogram7을 그려보고 싶다."

---

7 막대로 도수분포를 그리는 그래프 형식이다. – 옮긴이

Date: Fri, 09 Feb 1996 10:34:17 -0500
From: Albert-Laszlo Barabasi <alb@nd.edu>
To: ▒▒▒▒▒▒▒▒▒▒▒▒.gov
Cc: alb@nd.edu
Subject: Robots
X-Url: ▒▒▒▒▒▒▒▒▒▒▒▒▒▒▒▒.html

Dear ▒▒▒▒,

I am doing some research on random networks and their statistical mechanical properties.
The best available real word example of such networks is the WWW with its almost ran-
dom links. To try out my approach I need some data that that Robots could provide without
much difficulty. I friend of mine (who knows much more about the dangers of writing and
operating a poorly working- robot) convinced me that instead of attempting to write my
own robot, I should rather check if somebody with an already running robot could either (i)
help me with the data I need or (ii) allow me to use his/her robot for this purpose.

    I wonder if you are willing to give me a help in this direction? Of course, any help will
be carefully acknowledged when the results of this research will be published (this is all-
academic, non-profit basic research).

When a robot visits a new site, it finds a number of external links (pointing to other home
pages). I need statistics regarding this number. Robots regularly collect this information,
since this is how they assemble their database. Thus the only thing I need is to have the
robot write this info into a file in a structured form, that would
allow me to extract this information. Maybe some of the robots do save the obtained data in
a format that would allow me to simply collect these numbers.

For example, if the robot visits the home page http://www.new.homepage.edu/bbb.html it
finds that there are for example four
links there, pointing to the addresses:
http://www.aps.org/xxx.html
http://www.my.best.friend/home.html
http://www.my.hobby/joke.html
http://www.my.preffered.newspaper/news.html

So the type of list I could most use is this one (or something
equivalent):
http://www.new.homepage.edu/bbb.html
HAS LINKS TO:
http://www.aps.org/xxx.html
http://www.my.best.friend/home.html
http://www.my.hobby/joke.html
http://www.my.preffered.newspaper/news.html

Moreover, to start with it would be enough less information, for
example a just listing the number of links he found:

4

After visiting a fair number of home pages the table would look
like this:

4
2
3
2
0
19
10
1
0
1

How many datapoints do I need? Well, I wish to make a simple histogram of the previous
data, thus I need enough data to obtain a smooth histogram. This histogram will be the
starting point of my investigation.

    I hope you are willing to help me to obtain this information. If you are not running your
robot currently, but are willing to lend me your code so that I can run from my computer
to collect this data (I have an IBM RISC 6000 that I could use for this purpose), that is also
a solution. Again, I do not plan to use the robot for any other purpose than collecting this
(and similar) statistics on the connectivity of the web. If you are interested in more details
regarding the nature of the scientific questions I am investigating. I am happy to provide it
to you.

laszlo

Albert-Laszlo Barabasi
Assistant Professor

그림 0.4 1996년: 데이터 요청

1990년대 중반, 웹의 구조[8]에 관한 데이터를 공유해주기를 바라며 웹 크롤러를 만든 컴퓨터 과학자들에게 보냈던 이메일 중 하나. 지나고 나서 보니, 그다지 설득력 있는 편지가 아니다. 아무도 응답하지 않았던 것이 당연하다. 정하웅(Hawoong Jeong)이 연구실에 합류하고 독자적인 웹 크롤러를 구축해서 척도 없는 네트워크를 발견한 데이터를 얻기 전까지, 2년을 더 기다렸다. 1996년에 데이터를 얻었다면 원래 바라던 대로 아마도 3년 더 빨리 이걸 발견했을 것이다.

라고 적으며 데이터를 요청했고, 이 데이터의 히스토그램은 3년 뒤에 WWW의 링크수 분포degree distribution라고 이름을 지었다.

그 누구도 안 된다고 대답하지 않았지만, 관심을 갖고 대답한 사람도 없었다. 그리고 이 답장을 기다리는 동안 두 번째 네트워크 논문은 결정타를 맞았고 「유로피직스 레터스」에서도 거절했다.

이 시점까지, 네트워크를 향한 여정은 상당히 실망적이었다. 4개의 저널을 통해 세 번에 걸쳐 심사자들이 두 번째 네트워크 논문을 봤다. 누구도 이 논문이 잘못됐다고 말하지 않았다. 심사자들의 메시지는 간단했다. 누가 관심을 보일까? 그래서 실제 데이터에 접근하려던 대안은 서서히 막다른 골목길에 다다랐다. 논문 출판과 연구비 수주의 압박과 실망감 때문에, 필자는 점차 네트워크 연구를 좀 더 안전한 선에 있는 양자점 연구로 대체했다.

정말로 다른 선택지가 없었다. 조교수로 부임한 지 2년이 됐을 때, 연구 자금은 줄어들었고 정년 보장의 가능성이 희박했다. 네트워크를 믿었지만 지난 3년 동안 보여줄 수 있었던 건 논문 한 편과 일련의 실패뿐이었다. 그렇지만 더 전통적인 주제로 바꾸며 성과를 거뒀다. 그리고 1997년 말에 2개의 연구 과제를 수주했고 더 많은 학생과 박사후연구원을 고용할 수 있었다.

다시, 시동을 걸다(1998)

1997년에는 시카고에 거주했는데, 이틀에 한 번 노터데임으로 통근했다. 두 시간을 운전하며 지루함을 달래고자 오디오북을 듣기 시작했다. 하루는 어린 시절 빠져들며 읽었던 아이작 아시모프Isaac Asimov의 『파운데이션Foundation』을 도서관에서 집었다(그림 0.5). 『제2파운데이션Second Foundation』의 마법 세계에 빠져들었을 때는 몇백 년 후 인류의 운명을 예측하는 해리 셀던Hari Seldon의 능력에 매료됐다. 이는 최고의 과학 소설이었고, 추상적인 차원에서는 여전히 그럴듯하다.

그림 0.5 1997년: 다시 시작하다.
필자가 다시 네트워크 과학으로 돌아가도록 영감을 준 아이작 아시모프의 과학 소설 3부작

노터데임과 시카고를 연결하는 90번 국도를 둘러싼 거대한 옥수수밭을 보며, 마음에 돈키호테 같은 온갖 생각이 떠올랐다. 아시모프의 소설을 현실로 바꾸려면 무엇이 필요할까? 사회처럼 복잡한 시스템의 미래를 예측하는 여러 방정식을 정말로 공식으로 만들 수 있을까? 이를 성취하고자 도울 수 있는 것이 있을까? 필자가 양자점 연구를 꽃 피우는 동안, 아시모프는 계속해서 필자를 매료시키는 질문으로 필자의 마음을 끌어들였다. 이전에 이미 여러 번의 차질이 있었지만, 네트워크와 복잡계에 관한 질문 말이다.

1998년 초, 다시 시도할 준비를 했다. 네트워크와 관련된 새로운 연구 프로젝트의 윤곽을 그리기 시작했고, 3월에 노터데임에서 가장 우아한 레스토랑인 소린스^{Sorins}에서 점심을 함께 하기 위해 레카 알버트$^{Réka\ Albert}$를 초대했다. 대학원에 들어간 지 1년 반이 된 레카는 경력이 뛰어났다. 알갱이 매체$^{granular\ media}$를 다룬 레카의 논문은 「네이처」의 표지를 장식했고 레카가 진행하는 프로젝트의 초기 결과도 조짐이 좋았다. 따라서 이 점심 식사의 목적은 모든 현명함을 거역하는 것이었다. 아주 성공적이었던 레카의 연구 분야를 포기하도록 설득하고 싶었다. 그 대신 레카가 네트워크를 탐험하길 원했다.

최고의 학생에게 네트워크 십자군에 합류해달라고 부탁할 때, 격려의 말을 거의 할 수 없었다. 이 주제를 다룬 두 번째 논문이 4개의 저널에서 거절당하고 이를 전혀 출판할 수 없었다[5]는 말을 해야만 했다. 네트워크에는 연구 커뮤니티가 없었고, 저널과 연구비 지원이 없었다. 솔직해야만 했고, 아무도 이 주제에 관심이 없을지도 모른다고 레카에게 고백해야 했다. 따라서 레카는 지금까지 경험한 성공 이야기를 갑자기 끝내야 할지도 모른다는 각오를 해야 했다.

그렇지만 성공하려면 반드시 위험을 감수해야 한다고도 말했다. 그리고 필자의 관점에서 네트워크는 도박을 걸 만한 가치가 있었다.

점심식사가 끝날 무렵, 네트워크 과학에 관한 초기 비전을 빽빽하게 적은 문서를 레카에게 건넸다. 네트워크의 구조를 정량화하는 데 대략 여섯 달이, 네트워크의 구조가 네트워크 동역학에 미치는 영향을 이해하는 데 또 여섯 달이 소요될 것이라 추측했다. 그러면 네트워크의 구조와 동역학의 공동 진화를 탐구하면서 실제 문제로 넘어갈 수 있을 것이다.

물론 필자는 완전히 기준을 벗어났다. 구조가 가져다줄 환상적인 풍부함을 예상할 수 없었다. 그러나 그것은 그 당시에 요점이 아니었다. 중요한 건 레카가 조용하고 우아한 태도로 네트워크에 묶인 이 위험천만한 여정에 합류하는 데 동의했다는 점이다.

실패 3: 좁은 세상(1998)

1999년 이전, 네트워크를 다루던 연구 커뮤니티가 얼마나 분리됐는지를 생각하면 여전히 혼란스럽다. 한편에는, 작지만 활발한 사회연결망 커뮤니티가 있었는데 그 기원은 1940년대로 거슬러간다. 실제로 오늘날 잘 알려진 좁은 세상small-world 문제의 대부분은 사회학자 이티엘 드 솔라 풀Ithiel de Sola Pool과 수학자 만프레드 코헨Manfred Kochen이 1960년 쯤 작성한 거의 알려지지 않은 논문에 담겨 있다. 이들의 연구가 1978년까지 출판되지 않은 채로 있는 동안[6], 사회연결망 커뮤니티에서 이 연구의 출판전논문preprint9을 널리 회람했고, 이것이 1967년 스탠리 밀그램Stanley Milgram의 좁은 세상 실험에 영감을 줬다[7]. 그리고 밀그램의 실험은 25년 뒤 극작가 존 구아레John Guare가 '여섯 단계 분리six degrees of separation'라는 문구를 쓰도록 영감을 줬다.

풀과 코헨이 그래프 이론가인 에르되시와 레니가 동시에 탐구했던 동일한 모형에 의존하는 동안, 사회학 논문에서는 무작위 그래프에 등장하는 방대한 수학 문헌을 안다는 가장 희미한 증거조차 나타나지 않았다. 반면 에르되시와 레니의 선구자적 연구에 감화된 무작위 그래프의 문헌은 방대하게 많았다. 그러

---

9 논문이 출판되기 전에 연구자들에게 본인의 연구를 홍보하기 위해 보내던 문서다. – 옮긴이

나 그래프 이론을 연구한 그 누구도 사회연결망 커뮤니티를 거의 인식하지 못했고 좁은 세상도 언급하지 않았다.

이 학문적 차이는 두 커뮤니티가 묻는 질문이 다르다는 것을 반영한다. 그래프 이론학자는 상전이$^{phase\ transition}$, 부분그래프^{subgraph}, 거대 덩어리$^{giant\ component}$에 관심이 있고, 사회과학자는 좁은 세상, 약한 유대감$^{weak\ ties}$, 커뮤니티^{community}에 흥미가 있었다. 사회과학자에게 노드 100개인 네트워크는 이해의 범주를 벗어난 것이라면, 수학자는 오직 $N \rightarrow \infty$인 극한에만 흥분한다.

와츠^{Watts}와 스트로가츠^{Strogatz}가 좁은 세상 네트워크를 다룬 논문을 1998년 「네이처」에 출판할 때[8], 3년 전 같은 저널에 출판을 시도했다가 실패한 두 번째 네트워크 논문의 기억이 처음으로 떠올랐다. 이 논문을 읽으면서 실패의 근원이 고통스럽게 명확해졌다. 구성에 엄청난 문제가 있었다. 두 논문 모두 무작위 네트워크 패러다임을 이용했지만 필자는 물리학자가 관심을 보일 질문을 하면서 논문은 신경과학자를 겨냥했다. 반대로 던컨[10]과 스티브[11]가 한 질문은 사회학에 깊은 뿌리를 둔 것이었는데, 여섯 단계는 이들의 논문에 아주 뛰어난 이야기를 제공했다.

동시에 좁은 세상 모형은 레카와 필자가 추구하는 질문에서는 막다른 골목인 것 같았다. 물리학자로서, 무작위로 형성되지 않은 패턴에 관심이 있었다. 따라서 고체 상태 물리학에서 과도하게 탐구된, 빵과 버터처럼 아주 기본적인 정규 격자$^{regular\ lattice}$와 에르되시와 레니의 순수한 무작위 네트워크 모형을 뛰어넘는 현상을 찾는 중이었다. 와츠-스트로가츠 모형은 두 극한인 정규 네트워크와 무작위 네트워크 사이를 연결했는데, 이는 정확히 우리가 피하려고 한 두 극한이었다. 그래서 그 논문은 우리가 들어선 길에 집중을 방해하는 것 같아 한쪽으로 치워뒀다. 불과 몇 달 후, 이 여정에서 좁은 세상 프레임이 예상치 못한 도움을 제공했을 때 그 논문을 다시 꺼냈다.

---

10 던컨 와츠(Duncan Watts) – 옮긴이
11 스티브 스트로가츠(Steve Strogatz) – 옮긴이

웹의 지도를 그리기(1998)

1998년 정하웅이 박사후연구원으로 연구 그룹에 합류했을 때, 레카와 나는 이미 네트워크 연구에 깊이 몰두했다. 한국 최고의 대학인 서울대학교를 졸업한 하웅의 컴퓨터 지식은 경이로웠다. 1998년 가을 어느 밤, 당시 하웅의 주요 프로젝트였던 양자점 연구 진척사항을 이야기하려고 그의 사무실에 들렀다. 이유는 알 수 없지만, 우리는 네트워크 이야기로 빠져들었고 WWW의 구조와 관련된 실제 데이터에 접근하려다 실패했던 이야기를 했다. 일상 용어로는 웹 크롤러$^{Web\ crawler}$라고 부르는 로봇을 만드는 방법을 아는지 하웅에게 물어봤다. 그는 만들어본 적이 없지만 기꺼이 시도해보겠다고 했다. 그리고 그는 시도했다. 몇 주 뒤 하웅이 만든 로봇이 바쁘게 웹을 크롤링했고, WWW의 구조를 탐구하려다가 실패했던 대안이 다시 활기를 찾았다.

하웅이 수집한 데이터를 이용해, 1996년에 중단했던 부분(그림 0.4)을 계속 진행하여 WWW의 링크수 분포를 측정하기로 했다. 간단한 질문이 연구 동기였다. WWW가 스미기 문턱값$^{percolation\ threshold}$에 도달했을까? 에르되시와 레니는 임계 링크 밀도$^{critical\ link\ density}$하에서 어떤 네트워크가 단절된 덩어리들로부서진다고 예측했다. 그러나 일단 밀도가 임계 문턱값에 도달하면, 네트워크로 인식할 수 있는 거대 덩어리가 출현한다.

WWW도 여전히 분리된 여러 덩어리로 부서질까? 아니면 당시에 모두가 인식했던 것처럼 이미 하나의 큰 네트워크였을까? 결과가 어떻든 간에 흥미로운 질문이었다. 이에 답하려면 웹의 링크수 분포가 필요했고, 하웅의 로봇이 그 분포를 제공했다. 그 데이터는 첫 번째 진정한 놀라움을 선사했다. 무작위 네트워크 이론에서 예측했던 푸아송 분포$^{Poisson\ distribution}$를 볼 수 없었다. 대신에 거듭제곱$^{power\ law}$이 우리를 반겼다.

하웅의 데이터는 지난 4년간 네트워크로 가는 여정 동안 배웠던 모든 것에서 충격적인 출발이었다. 거듭제곱 링크수 분포인 네트워크를 다룬 문헌은 흔적도 없었다. 사실 그때까지 누구도 링크수 분포에 관심을 많이 기울이지 않았던 것 같다. 무작위 그래프와 사회연결망 문헌 둘 다 푸아송 분포를 당연하게 여겼다. 우리가 발견한 거듭제곱은 웹에 허브hub가 있다는 사실을 예측했고, 허브란 링크가 거대하게 많은 노드로 무작위적 세상에서는 금지된 이상치outlier다. 현존하는 모형 중 어떤 것도 이를 설명할 수 없었다.

하웅에게 보냈던 이메일에 따르면, 1999년 3월 30일 32번째 생일에 세 번째 네트워크 논문을 쓰기 시작했다. WWW는 이전에 인식되지 않은 형태로 조직된 새로운 종류의 네트워크를 나타낸다는, 진정한 발견에 집중하고 싶었다. 그렇지만 이것이 실수일 것이라고 직감했다. 그때까지 두 번째 네트워크 논문이 실패한 이유는 네트워크 과학과 거의 관련이 없고 프레임의 문제 때문이라 확신했다. 이 발견의 본질적인 과학적 가치에 초점을 맞추는 것은 너무 건조해서 「네이처」의 편집자를 흥분시키기가 어려웠다. 그래서 대신에 트로이 목마를 사용하기로 결심했다. 이 발견을 여섯 단계 아래로 숨겼다(그림 0.6). 논문의 제목을 '월드와이드웹의 지름The diameter of the World Wide Web'으로 지었고, 웹에서는 이 여섯이 사실 열아홉이라는 사실을 으뜸패로 내놓고 이를 「네이처」에 우편으로 보냈다[9].

그림 0.6 열아홉 단계 팀

2000년, WWW의 위상을 다룬 논문 출판 직후에 잡지 「비즈니스 2.0(business 2.0)」에서 레카 알버트, 정하웅과 필자를 찍은 사진

발견(1999)

투고 직후, 스페인과 포르투갈로 2주의 여행을 시작했고 마지막 여정은 포르투대학교의 워크숍이었다. 이베리아 반도를 가로질러 운전하는 동안 질문이 떠나지 않았다. 왜 허브일까? 왜 거듭제곱 규칙일까?

무엇이 WWW를 아주 특별하게 만들었는지 이해하려면 다른 네트워크를 더 많이 배워야만 했다. 그래서 유럽으로 가는 비행기에 탑승하기 전, 다른 네트워크의 지도를 적극적으로 추격하기 시작했다. 첫 번째 지도는 노터데임의 컴퓨터 과학 교수인 제이 브록맨Jay Brockman이 제공했는데, IBM에서 제조한 컴퓨터 칩

의 배선도였다. 던컨 와츠는 전력망 지도를 보내줬고, 브렛 제
이든Brett Tjaden은 할리우드 영화 배우 데이터베이스를 공유했다.
필자가 여행하는 동안 데이터를 분석하고자 이 모든 것을 레카
에게 넘겼다.

1999년 6월 14일, 레카가 진행 중인 몇 가지 사항을 자세하게
기록한 메시지를 필자에게 보냈을 때는 이미 포르투대학교에
있었다. 레카는 메일 끝에 다음과 같은 말을 덧붙였다. "연결선
분포를 살펴봤는데, 거의 모든 시스템(IBM, 배우, 전력망)에서 분
포의 꼬리tail12가 거듭제곱을 따른다."

레카의 문장이 벼락처럼 내리쳤다. 더는 대화에 집중할 수 없
었다. 그 의미가 무엇일지 마음이 빙글빙글 돌았다. 만일 웹과
할리우드만큼이나 서로 다른 네트워크에서 거듭제곱 링크수 분
포가 똑같이 나타난다면, 이전에 WWW에서 봤던 성질은 보편
적인 것이다! 따라서 분명히 어떤 공통 법칙이나 메커니즘이 이
현상을 만들어낼 것이다! 그리고 만일 이를 배우, 컴퓨터 칩, 웹
만큼이나 다른 시스템에 적용하려면, 그 설명은 기본적이고 단
순해야 한다.

이에 관해 생각할 수 있는 조용한 장소가 필요해서, 워크숍을
떠나 학회 기간 동안 숙소로 머무르던 신학교인 카사 디오세사
나Casa Diocesana로 철수했다.

그러나 멀리 가지 못했다. 대학교에서 신학교로 걸어가는 15
분 동안 그 설명이 무엇인지 발견했다. 이 아이디어를 수학 용어
로 공식화하고자 방에서 몇 가지 계산을 미친 듯이 했고, 레카에
게 팩스를 써서 보내며 재빠르게 얻은 이 결론을 입증하고자 수
치 시뮬레이션을 수행해달라고 요청했다(그림 0.7).

몇 시간 뒤 레카가 이메일로 답장을 보냈다. 놀랍게도, 그 아
이디어가 작동했다. **성장**growth과 **선호적 연결**preferential attachment,
두 가지 요소에만 의존하는 간단한 모형이 웹과 할리우드를 조
명했던 거듭제곱을 설명할 수 있었다.

---

12 그래프의 오른쪽 끝으로 늘어지는 부분을 흔히 '꼬리'라 한다. – 옮긴이

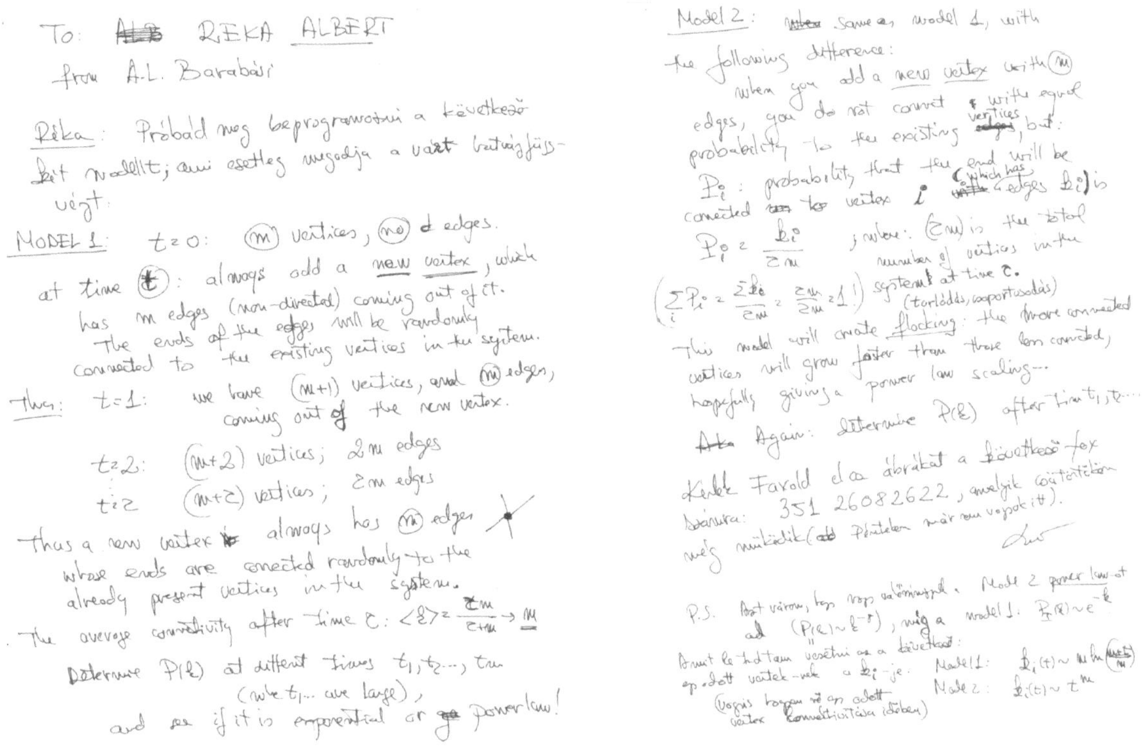

To: RÉKA ALBERT
from A.L. Barabási

Réka: Próbáld meg beprogramozni a következő két modellt; ami esetleg megadja a várt hatványfüggést:

MODEL 1: t=0: (m) vertices, (no) edges.
at time (t): always add a new vertex, which has m edges (non-directed) coming out of it. The ends of the edges will be randomly connected to the existing vertices in the system.
Thus: t=1: we have (m+1) vertices, and (m) edges, coming out of the new vertex.
t=2: (m+2) vertices; 2m edges
t=t (m+t) vertices; tm edges
Thus a new vertex always has (m) edges whose ends are connected randomly to the already present vertices in the system.
The average connectivity after time t: $\langle k \rangle = \frac{tm}{t+m} \to m$
Determine P(k) at different times $t_1, t_2, \ldots, t_n$ (where $t_1 \ldots$ are large), and see if it is exponential or power law!

Model 2: same as model 1, with the following difference:
when you add a new vertex with (m) edges, you do not connect with equal probability to the existing vertices, but:
P_i: probability that the end will be connected to vertex i (which has edges k_i) is
$P_i = \frac{k_i}{tm}$, where: (tm) is the total number of vertices in the system at time t.
$\left(\sum_i P_i = \frac{\sum k_i}{tm} = \frac{tm}{tm} = 1!\right)$
This model will create flocking (torlódás, csoportosodás): the more connected vertices will grow faster than those less connected, hopefully giving a power law scaling...
Again: determine P(k) after time $t_1, t_2 \ldots$
Kérlek faxold el az ábrákat a következő fax számra: 351 26082622, amelyik csütörtökön még működik (pénteken már nem vagyok itt).
Laci

P.S. Azt várom, hogy vagy valószínűleg Model 2 power law-ot ad ($P(k) \sim k^{-\gamma}$), míg a model 1: $P(k) \sim e^{-k}$
Amit le tudtam vezetni az a következő: Model 1: $k_i(t) \sim m \ln\left(\frac{m+t}{m}\right)$
egy adott vertek-nek a k_i-je. Model 2: $k_i(t) \sim t^{m}$
(vagyis hogyan nő egy adott vertex konnektivitása időben)

그림 0.7 1999년: 척도 없는 팩스

1999년 6월 14일, 포르투갈의 포르투에서 레카 알버트에게 보낸 팩스. 헝가리어와 영어를 혼용해 작성한 이 팩스는 오늘날 바라바시-알버트 모형(Barabási-Albert model)이라 부르는 알고리듬을 서술한다. 이 모형은 척도 없는 네트워크의 기원을 설명하고 링크수 지수를 계산하는 연속체 이론(continuum theory)의 개요를 잡았다(5장).

돌진(1999)

포르투갈에서 돌아온 후, 트란실바니아로 한 달간 휴가를 떠나기 전까지, 노터데임에서는 7일밖에 시간이 없었다. 그러나 이 발견을 남겨둔 채 한 달 내내 가만히 앉아 있는 자신을 두고 볼 수가 없었다. 결국 논문을 쓰기 위해 포르투갈에서 이틀, 미국에서 일주일을 더 보냈다.

곧바로 시작하고 싶었다. 그러나 여자친구가 여행 중 마지막 이틀 동안은 일을 하지 않기로 한 약속을 상기시켰다. 리스본으로 휴가를 가기로 계획했다. 그래서 리스본에서 뉴욕으로 가는 여덟 시간의 비행이 시작될 때까지 글 쓰는 것을 미루고, 대신에 여자친구와 함께 도시를 구경했다. 그렇지만 머리는 계속해서 네트워크를 생각했다. 두 발로 산타크루즈의 좁은 거리를 걷는 동안 마음속에서는 논문의 윤곽을 서서히 잡았다.

비행기가 이륙하자마자 정신없이 쓰기 시작했다. 초고의 서론을 막 끝냈을 때, 승무원이 옆에 앉은 승객에게 콜라를 따른 유리잔을 건네다가 키보드에 흘렸다. 새 노트북은 물론이고 비행기에서 초고를 완성하려던 꿈이 모두 망가졌다.

그렇지만 포기하지 않았다. 사고 직후에, 안타까워하던 승무원이 메모 패드를 건넸고 그 노트에서 초고 작성을 마쳤다. 그 주말에 논문을 「사이언스」에 투고했다.

그러나 피해망상이 있었다. 그 시점에 투고 중인 논문 초고 2개가 있었다. 첫 번째 초고에서는 WWW의 맥락에서 척도 없는 네트워크를 발견했다는 사실을 보고했고 「네이처」에서 심사 중이었다. 막 「사이언스」에 투고한 두 번째 초고에서는 척도 없는 성질이 보편적임을 보였고 그 기원을 설명하는 이론을 제안했다. 확실히 「네이처」와 「사이언스」는 가장 권위 있는 저널이었다. 그렇지만 이 두 저널은 엄청난 거절률로 똑같이 유명했다. 투고한 것 중 10% 미만을 출판했으므로, 두 논문이 모두 거절될 가능성이 81%를 웃돌았다. 더 충격적인 점은 두 논문이 게재를 수락할 공산이 1% 미만이라는 점이었다.

네트워크를 포기하기 전 2년 동안, 이전 네트워크 논문은 수난을 겪었다. 이 두 초고가 똑같은 운명을 겪으면 어떻게 될까? 그리고 그 사이 누군가가 똑같은 것을 발견하면 어떻게 될까? 이 현상은 꽤 견고하고 명백해서 또 다른 사람이 독립적으로 발견할 가능성이 있었다. 보완 계획이 필요했다.

물리학 커뮤니티에서는 「네이처」, 「사이언스」, 「피지컬 리뷰 레터스」에 출판한 짧은 논문은 더 자세한 설명을 담은 '긴 논문'이 후속으로 나온다는 기대가 있었다. 그래서 그 7일 동안 레카, 하웅과 필자는 긴 논문도 썼다. 「피지카 A$^{Physica A}$」의 편집장인 유진 스탠리$^{Eugene Stanley}$에게 전화를 걸어서, 만일 이 따끈따끈한 논문의 출판 여부를 기꺼이 빨리 결정해줄 수 있다면 그 논문을 보내겠다고 말했다. 이게 뜨거운 이슈라는 점에서 유진이 필자를 믿었는지는 의심스럽다. 그럼에도 불구하고 유진은 빨리 처리해주겠다고 약속했다.

필자의 피해망상이 근거 있는 망상임을 학습하는 데 걸린 시간은 단 며칠이었다. 트란실바니아 내에 있는 고향인 칙체레다에 막 도착했을때, 「사이언스」에서 거절 연락을 받았다. 실망했지만 이 논문은 중요한 일이라고 확신했고, 그래서 전에 해본 적 없던 일을 해봤다. 이 논문을 거절한 편집자에게 전화를 걸어 필사적으로 편집자의 마음을 바꿔보려 시도했다.

놀랍게도 성공했고 편집자는 이 논문을 심사자에게 보냈다. 몇 달 뒤 1%의 시나리오가 실현됐다. 「네이처」, 「사이언스」, 「피지카 A」 모두에 논문이 게재됐다[9, 10, 11]. 지난 5년간의 좌절 끝에 얻은, 예상치 못했지만 아주 기쁜 보상이었다.

믿음의 도약(1999)

네 명의 학생과 한 명의 박사후연구원으로 구성된 필자의 연구 그룹은 당시 평범했다. 레카를 제외한 모두가 표면 성장과 양자점 연구를 했다. 「사이언스」에 논문이 수락된 지 며칠 뒤, 그룹 미팅에서 이 소식을 전했고 여러 구성원이 충격을 받았다. 필자는 구성원에게 재료과학 연구를 그만둘 것이라고 말했다. 이유는 간단했다. 필자의 열정과 비용을 지불한 연구 주제 사이에서 더 이상 시간과 열정을 분산하고 싶지 않았다. 그래서 정년 심사를 3년 남겨두고 양자점에서 네트워크로 분야를 전환하기로 결정했다. 각 구성원에게 선택지를 제안했다. 새로운 여정에 동참할지, 떠날지 말이다.

학생 두 명이 이 배를 떠났다. 남은 구성원은 새롭고도 검증되지 않은 항해를 따르기로 했다.

실패 4: 연구비 지원(1999)

기반이 닦인 분야에 들어서면 좋은 연구를 하고자 연구비를 얻는 것은 그저 시간 문제다. 그러나 존재한 적 없는 분야에 들어서면 몇 가지 혼란스러운 어려움이 발생한다.

좋은 소식은 미국 국립과학재단NSF: National Science Foundation에

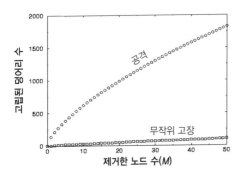

그림 0.8 1999년: 견고성 연구비

1999년 11월 1일 DARPA에 제출한 제안서에 포함한 그림으로, 네트워크 구조가 네트워크의 고장 내성(error tolerance)과 공격 내성(attack tolerance)에 미치는 영향을 보여준다. 원본 캡션에서는 1년 뒤 「네이처」에 출판했던 고장 내성 논문[12]을 예고했다.

"거듭제곱 네트워크 연결성에 공격이나 우연한 고장이 미치는 효과. 각 노드의 링크가 k일 확률이 $P(k) \sim k^{-3}$을 따르도록 해서, 40,000개의 노드로 거듭제곱 네트워크를 구축했다. 공격은 일반적으로 이 시스템에서 가장 연결이 많은 노드를 대상으로 한다.

이 효과를 조사하고자, 네트워크에서 링크수가 가장 큰 M개의 노드를 제거했다. 위 곡선은 M의 함수로 그린 고립된 덩어리(isolated islands)[14] 수다. 예를 들어, 링크수가 가장 큰 10개의 노드만 제거해도 시스템이 500개의 작은 덩어리로 쪼개지는데 이 작은 덩어리들은 서로 전혀 교신하지 못한다. 무작위 고장은 시스템에 있는 어떤 노드에게든 균일하게 영향을 미친다. 노드 대부분은 링크가 아주 적기 때문에, 무작위로 M개의 노드를 제거하면 시스템은 오직 몇 개의 클러스터로만 분열되고 전반적인 연결성은 실질적으로 변하지 않은 채 그대로다."

서 양자점 연구와 관련된 새 연구 과제에 막 선정됐다는 것이었다. 나쁜 소식은 이 주제를 더 이상 추구할 흥미가 사라졌다는 점이었다. 물론 이 주제에 연구비가 쏟아진 채로 둘 수도 있었고 이 주제를 연구하는 척할 수도 있었다. 그렇지만 그 선택지는 불편했다. 그래서 NSF 프로그램 관리자에게 전화해서, 이 연구비로 네트워크 연구를 대신 해도 될지 문의했다.

안 된다는 답변이 돌아왔다. 양자점을 계속 연구하거나 NSF에 돈을 돌려줘야 했다. 그야말로 진퇴양난이었다.[13] 완전히 흥미를 잃은 프로젝트를 진전시킬 돈은 있었지만, 잠재적으로 변혁적인 연구를 진행할 돈은 없었다.

고심 끝에 꿈을 좇기로 하고 연구비를 반환했다. 그러나 이 때문에 연구 그룹이 위태로운 상황에 빠졌다. 새로운 연구비가 절실히 필요했지만 네트워크를 합법적인 연구 주제로 보는 지원 기관은 없었다. 방위고등연구계획국^{DARPA, Defense Advanced Research Projects Agency}에서 '미래 네트워크가 공격에 잘 견디고 네트워크 서비스를 지속해서 제공할 수 있는' 기술을 요청하는 전화를 받기 전까지, 이 상황은 계속됐다.

뒤늦게 알았는데, 이 전화는 컴퓨터 과학의 활발한 분야인 네트워킹 전문가에게 걸려던 것이 확실했다. 그렇지만 네트워크의 구조와 내재된 취약성을 먼저 이해하지 않으면 누구도 결함을 잘 견디는 네트워크^{fault-tolerant network}를 구축할 수 없다는 것을 확신했다. 막 발견했던, 허브를 포함하는 척도 없는 성질이 DARPA가 개발하려는 기술에 영향을 줄 것이 분명했다. 「네이처」와 「사이언스」에 보고했던 바로 그 통찰로 이를 확실히 밝힐 수 있었고, 제안서를 작성하는 데 몰두하기로 결정했다.

그렇지만 '명백한 증거^{smoking gun}'가 필요하다는 느낌이 왔다. 프로그램 관리자에게 네트워크 구조가 견고함에서 중요한 역할

---

13 원문에는 "This was a Catch 22."라고 적혀 있는데, 캐치 22는 조지프 헬러(Joseph Heller)의 소설 제목으로 '답이 없는 상황', '진퇴양난' 등의 의미로 쓰기도 한다. – 옮긴이

14 네트워크에서 섬(island)이라는 표현은 대개 링크수가 0인 노드를 가리킬 때 많이 쓴다. 여기서는 맥락상 노드 하나가 아닌 적은 노드로 구성된 연결된 덩어리(connected component)를 의미한다. – 옮긴이

을 하리라는 것을 설득할 무언가 말이다. 그래서 레카가 기기 고장을 흉내 내고자 척도 없는 네트워크에서 무작위로 노드를 제거하기 시작했다. 그리고 고장의 영향을, 오직 허브만 지워서 공격했을 때와 비교했다. 차이가 극명했다. 척도 없는 네트워크는 무작위적인 고장에는 놀랍게도 잘 견뎠지만 공격에는 충격적으로 민감하다는 사실을 입증했다. 재빠르게 이 발견을 포함한 제안서를 작성했고, 이제 네트워크 구조가 결함 감내 시스템에 작용하는 핵심 역할을 의심의 여지 없이 입증했다고 확신했다(그림 0.8).

11월 11일 마감일에 제안서를 제출한 후에, 이 제안서에서 던진 질문은 DARPA 연구비 지원 결과를 기다리기에는 너무 흥분되는 것이라고 레카와 하웅에게 말했다. 이를 곧바로 추적해야만 했다. 그래서 이 발견을 더 확장해서 「사이언스」에 초고를 보냈고 또다시 심사 없이 거절당했다.

편집자에게 한 번 더 전화를 걸었는데, 편집자 관점에서는 이 논문이 이전의 「사이언스」 논문보다 약간만 향상된 정도라고 말했다. 당황했지만 편집자를 설득하지 못했다. 그래서 이를 「네이처」에 다시 투고했다.

DARPA가 제안서를 거절한 지 몇 달이 지났지만, 「네이처」는 이 논문 게재를 수락했고 표지를 장식했다(그림 0.9)[12].

실패 5: "우스꽝스럽게도 틀렸다"

과학에서 주요 발견이 있을 때마다, 어떤 연구자는 인생에서 자신의 임무는 온 힘을 쏟아부어 지구 표면에서 그 주제를 지워 없애서 우주의 균형을 회복하는 것이라고 생각할 것이다. 만약 네트워크 과학이 변혁의 힘을 발휘하려면 자신만의 천적이 있어야만 했다.

"우스꽝스럽게도 틀렸다"는 말은 캘리포니아공과대학의 제어 이론학자이자 자칭 네트워크 전문가인 존 도일John Doyle이 10년 동안 했던, 네트워크 과학에 반대하는 수많은 인터뷰 중 하

그림 0.9 2000년: 아킬레스건

「네이처」의 2000년 7월 27일 호의 표지. (실패했던) DARPA 제안서에서 영감을 받았던 우리의 논문 '복잡계 네트워크의 공격과 고장 내성(Attack and error tolerance of complex networks)'[12]을 조명했다.

나에서 사용한 문구였다. 좁은 세상 성질은 처음에는 놀라웠지만 쉽게 유도할 수 있고 수십 년의 연구 결과가 그를 뒷받침했다. 척도 없는 성질은 완전히 다른 이야기였으며 원래 우리가 답할 수 없는 수없이 많은 질문을 제기했다. 만일 그렇게 보편적이라면, 왜 십여 년간 이를 놓쳤을까? 성장과 선호적 연결은 가능성 있는 수많은 설명 중 그저 하나가 아닐까? 거듭제곱은 이미 파레토Pareto 시절부터 알았는데, 무엇이 다른가? 벨라 볼로바스는 훨씬 더 무뚝뚝했다. 부다 캐슬Buda Castle에서 처음 만났을 때, 정확한 수학적 증명이 결여된 척도 없는 성질은 "존재하지 않는다"고 말했다.

이는 정말 중요하고도 정당한 질문이었다. 수학 훈련을 강력하게 받은 연구자만이 척도가 없다는 개념을 구축할 수 있었다. 그 결과로 초래된 이해의 공백은 혼란과 오인의 여지를 줬다. 기자가 존 도일의 앞에서 마이크를 흔들 때마다 했던 과격한 발언이 이 공백을 채웠다.

그런 다음 천천히 형세가 변했다. 호세 멘데스José Mendes, 세르게이 도로고브체프Sergey Dorogovtsev, 시드 레드너Sid Redner가 비율 방정식rate-equation 접근법을 이용해 척도 없는 네트워크의 연속 방정식에 견고한 수학적 토대를 마련했다[13, 14]. 벨라 볼로바스와 여러 동료가 획기적인 논문에서 척도 없는 성질을 정확하게 증명했다[15]. 슐로모 하블린Shlomo Havlin과 그의 학생은 견고함robustness과 스미기 이론percolation theory을 연결했고[16], 볼로바스와 올리버 리오단Oliver Riordan은 정확한 증명을 하는 데 무게추를 실었다[17]. 로무알도 파스토어-자토라스Romualdo Pastor-Satorras와 알레산드로 베스피냐니Alessandro Vespignani가 발견한 감염병 문턱값이 소멸한다는 고전적 결과[18]와 같은 연이은 발견이 시작되며, 척도 없는 성질이 네트워크의 행동을 얼마나 깊게 바꿀지를 기록했다. 커뮤니티에서 네트워크의 링크수 분포가 핵심 역할을 한다는 점을 인지하기 시작했다. 이 책에서 보게 될 것처럼, 여섯 단계부터 견고함과 커뮤니티 구조까지, 거의 모든 네트워크 성질을 이런 맥락에서 해석해야만 한다. 이 분야에 던질 수 있는 수많은 근본적인 질문 때문에 네트워크에 매료된 수백 명의 연구자와 함께 천천히 네트워크 과학의 형태를 잡았다.

정리

위에서 이야기한 사건은 일련의 성공으로 쉽게 볼 수 있다. 그다음 10년 후 1999년 「사이언스」에 출판한, 척도 없는 연결망을 다룬 논문은 물리학자가 가장 많이 이용한 논문이 됐다. 2000년 「네이처」에 출판한 고장과 공격 내성을 다룬 논문은 저널의 표지가 됐을 뿐만 아니라[12] 네트워크 견고함을 이해하는 데 깊은 영향을 끼쳤다. 레카와 필자는 네트워크 분야의 지적인 기반을 구체화하고자 네트워크를 다룬 총설 논문^{review paper}15을 쓰는 데 그다음 한 해를 보냈고, 이는 결국 「리뷰 오브 모던 피직스 Review of Modern Physics」16에서 가장 많이 인용된 논문[19]이 됐다. 미국 국립 아카데미^{US National Academies}에서 발간하는 2005년 국립 연구 회의^{National Research Council} 보고서에서 **네트워크 과학**^{network science}이라는 용어를 만들었고 이 새로운 연구 분야를 새롭고 독립된 학문 분야로서 지지하고자 수억 달러를 지원해달라고 미국 정부를 설득했다. 결국 가장 신망 있는 출판사인 케임브리지대학교 출판부^{Cambridge University Press}, 옥스퍼드대학교 출판부 ^{Oxford University Press}, 스프링거^{Springer}와 최고의 공학 협회인 IEEE에서 이 분야의 발전을 다루는 저널을 창간했다. 학제 간 커뮤니티의 활발한 지지와 함께, 모든 면에서 새로운 분야가 탄생했다.

과학이 성공으로 직진하는 일은 드물다(그림 0.10). 새로운 아이디어에는 수년간의 구상 기간이 필요하다. 척도 없는 연결망 이론은 불꽃처럼 구상 단계에서 논문 투고까지 단 열흘이 걸렸기 때문에 예외로 볼 수도 있다. 그러나 이 문제에 관해 명백한

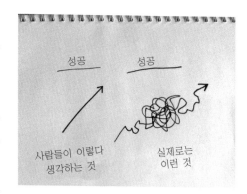

그림 0.10 성공으로 가는 다른 경로

성공으로 가는 복잡하게 얽힌 경로를 생생하게 포착한 만화가의 시선. 실패와 막다른 골목이 마침표를 찍었는데, 네트워크에서 필자의 초기 연구를 잘 표현한다.

---

15 한 분야의 전반적인 논의를 한데 묶어서 설명하는 논문을 말한다. - 옮긴이

16 미국물리학회지에서 발간하는 「피지컬 리뷰(Physical Review)」 시리즈로, 한 분야에서 중요한 주제의 전반적인 내용을 요약해 정리하는 총설 논문을 게재하는 명망 있는 저널이다. - 옮긴이

성과가 없던 5년의 시간이 선행되지 않았다면 그 불꽃은 절대로 큰 불이 될 수 없었을 것이다.

네트워크 과학은 과학에서 협업과 멘토링의 중요한 역할을 상기시킨다. 레카와 하웅이 이 여정에 합류하기 전에, 필자가 만들어낸 모든 것은 아이디어와 실패의 연속이었다. WWW의 지도를 그리는 하웅의 기술이 없었다면 절대로 척도 없는 성질을 발견할 수 없었을 것이다. 수학을 자유자재로 굴리는 레카의 능력은 척도 없는 모형 뒤에 있는 이론을 발전시키는 데 필수 요소였다. 노스이스턴대학교의 의학 박사이자 연구원인 졸탄 올트바이$^{Zoltán\ Oltvai}$가, 우리가 단백질과 대사물질의 미로를 통과할 수 있도록 참을성 있게 안내하며 네트워크를 세포 생물학에 적용해보자고 설득하지 않았다면 생물학적 네트워크를 다룬 후속 연구는 절대 나타나지 못했다[20, 21, 22]. 이는 한 개인의 성과가 아니고, 진실로 공동으로 한 발견이었다.

오늘날 많은 분야가 네트워크 과학이 자신의 분야라고 생각한다. 수학자는 그래프 이론을 제기하며 정확히 소유권과 우선권을 주장한다. 사회과학자가 다룬 사회연결망 탐구는 수십 년 전으로 거슬러 올라간다. 물리학자는 보편성 개념을 빌려서, 지금 네트워크 연구해서 피할 수 없는 많은 해석적 도구를 불어넣었다. 생물학은 세포 내 네트워크 지도를 만드는 데 수억 달러를 투자했다. 컴퓨터 과학은 알고리듬 관점을 제공하며 매우 큰 네트워크를 탐험할 수 있도록 했다. 공학에서는 기반 시설 네트워크 탐색에 상당한 노력을 기울였다. 어떻게 이렇게 많은 이질적인 단편이 함께 조화를 이뤄서 이 새로운 분야를 탄생시켰는지 놀라운 일이다.

이 책은 이 커뮤니티가 이 매혹적인 여정에서 성취했던 놀라운 발전의 산물이다. 네트워크 과학에서 계속 나타나는 성공은 각 연구자가 고유한 관점을 지니는 것을 허용하며 다학제적 천성을 유지하는 능력 때문이다. 이런 아이디어와 관점의 충돌은 여전히 이 분야의 강점이자 지적 엔진이다.

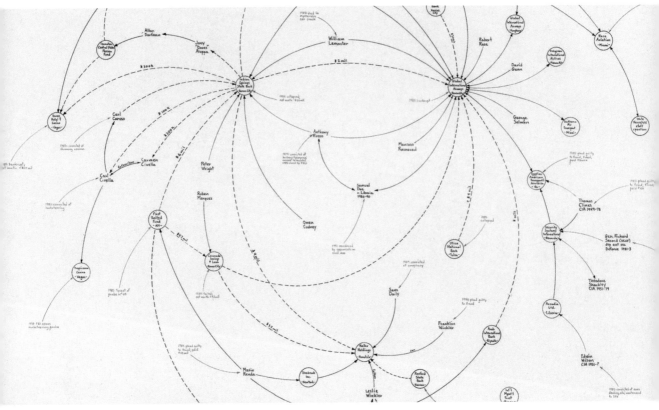

그림 1.0 예술과 네트워크: 마크 롬바르디

마크 롬바르디(Mark Lombardi, 1951~2000)는 '권력의 사용과 남용'을 문서로 기록한 미국 예술가다. 아주 신중한 조사를 거쳐 수천 장의 색인 카드를 만들어서 작업했는데, 이 수는 그가 처리할 수 있는 능력을 넘어선 개수였다. 그래서 롬바르디는 작업에 집중하고자 수천 장의 카드를 손으로 그린 다이어그램으로 조립하기 시작했다. 결국 해당 다이어그램은 그 자체로 예술의 한 형태가 됐다[23]. 이 사진은 그러한 손 그림 중 하나로, 제목은 '세계 국제 항공사와 인디언 스프링 주립 은행(Global International Airway and Indian Spring State Bank)'으로 1977년과 1983년 사이에 창작했으며 종이에 연필과 흑연으로 그렸다.

제1장
네트워크 과학 소개

1.1 상호 연결 때문에 나타나는 취약성

그림 1.1에 있는 두 위성사진은 인구가 밀집한 지역은 밝게 빛나도록 표시하고 사람이 살지 않는 광활한 숲과 대양은 어둡게 표시해 보여주는데, 얼핏 보면 두 사진은 구분할 수 없다. 그렇지만 더 가까이 들여다보면 차이점을 눈치챌 수 있다. 토론토, 디트로이트, 클리블랜드, 콜럼버스, 롱아일랜드는 그림 1.1(a)에서 밝게 빛나지만 그림 1.1(b)에서는 어둡다. 이는 영화 〈아마겟돈〉에서 조작한 사진이 아니라 2003년 8월 14일 발생한 대정전 전후 미국 북동부의 실제 사진이다. 미국 8개 주의 4,500만 명, 온타리오에서는 1,000만 명으로 추정되는 사람이 정전을 겪었다.

2003년 대정전은 연쇄적 고장cascading failure[1]의 전형적인 예다. 네트워크가 운송 시스템 같은 역할을 한다면, 일부 구간에서

---

1 '연쇄적 실패'라고도 한다. – 옮긴이

그림 1.1 2003년 미국 북부 대정전

(a) 2003년 8월 13일 저녁 9:29(EDT), 대정전 발생 20시간 전, 미국 북동부의 위성사진

(b) 대정전 발생 5시간 후, 미국 북동부의 위성사진

고장이 날 때 그 부하가 다른 노드로 이동한다. 만일 그 추가 부하가 무시할 만하다면, 시스템은 이 부하를 매끄럽게 흡수할 수 있고 해당 고장은 눈에 띄지 않고 넘어간다. 그렇지만 추가 부하가 이웃에 연결된 노드에 과하게 부담된다면, 그 노드는 자신의 이웃에게 이 부하를 덜어내고 재분배하려 할 것이다. 순식간에 연쇄 사건에 직면하는데, 사건의 규모는 초기에 고장 난 노드의 위치와 수용력에 따라 달라진다.

연쇄적 고장은 복잡계에서 많이 관찰됐다. 트래픽이 고장 난 라우터를 우회해서 다시 지나갈 때 인터넷에서도 연쇄적 고장이 발생한다. 이 평범한 작업은 때때로 서비스 거부 공격$^{DoS, Denial-of-Service}$을 생성할 수도 있는데, 이 공격은 완전히 제 기능을 하는 라우터에 트래픽을 과도하게 부과해서 라우터를 이용할 수 없게 만드는 것이다. 금융 시스템에서도 이런 연쇄 사건을 목격했다. 1997년, 국제 통화 기금$^{IMF, International Monetary Fund}$이 여러 태평양 국가의 중앙 은행에게 신용을 제한하도록 압박했고 여러 기업이 채무를 불이행해서 결국 주식 시장이 전 세계적으로 폭락했다. 2009년부터 2011년에 나타난 금융 붕괴는 미국 신용 위기가 수많은 은행, 기업, 심지어는 국가까지도 파산시키며 전 세계 경제를 마비시켰던 연쇄적 고장의 고전적인 예시로 볼 수 있다. 연쇄적 고장은 인위적으로 발생하기도 한다. 테러리스트 조직의 자금 조달을 고갈시키려는 전 세계적 노력이 한 예다. 마찬가지로, 암 연구자는 암 세포를 죽이려고 세포 내에서 연쇄적인 고장을 유도하기도 한다.

미국 북동부의 대정전은 이 책에서 여러 가지 중요한 주제로 기술된다. 첫째, 연쇄 사건의 손상을 피하려면 그 연쇄가 퍼져나갈 네트워크 구조를 반드시 이해해야만 한다. 둘째, 이런 네트워크 위에서 발생하는 (전력 흐름 같은) 동역학 과정을 모형으로 만들 수 있어야만 한다. 마지막으로, 네트워크 구조와 동역학의 상호작용이 전체 시스템의 견고함에 어떤 영향을 미치는지 밝혀낼 필요가 있다. 연쇄적 고장이 무작위적이고 예측할 수 없는 것처럼 보일지라도, 네트워크 과학의 도구를 활용하면 정량화할 수 있으며 심지어는 예측할 수 있고 재현할 수도 있는 법칙을 따른다.

대정전은 **상호 연결 때문에 나타나는 취약성**vulnerability due to interconnectivity이라는 더 큰 주제를 기술하기도 한다. 실제로, 전력 시스템의 초기 몇 년 동안은 각 도시별 발전소와 전력 네트워크가 있었다. 그렇지만 전력은 저장할 수 없기에 일단 만들면 그 즉시 전력을 소비해야만 했다. 그래서 경제적인 관점에서 이웃 도시와 네트워크를 연결해 추가 생산분을 공유하고, 필요하다면 전력을 빌릴 수 있게 했다. 오늘날 전력망에서 전력 가격이 저렴한 이유는 단일 네트워크에서 모든 생산자와 모든 소비자를 쌍으로 연결한 네트워크가 출현했기 때문이다. 이런 네트워크 때문에 값싸게 생산한 전력을 어느 곳에든 즉시 보낼 수 있다. 따라서 전력은 네트워크가 우리 일상에 미친 거대한 긍정적인 영향의 멋진 예를 제공한다.

그렇지만 네트워크 구조에도 단점은 있다. 오하이오 어디선가 퓨즈가 망가지는 것 같은 지엽적인 고장이 더 이상 그 지역에만 한정되지 않을지도 모른다. 그 영향이 네트워크 링크를 따라 흘러가서 소비자와 개인 같은 그 밖의 노드에 영향을 미칠 수 있다. 이는 네트워크가 아닌 곳에서 발생한 원래의 국소적 고장이었다면 명백히 일어나지 않았을 부분이다. 일반적으로, 상호 연결성은 놀랄 만한 비국소성non-locality을 유발한다. 정보, 밈, 비즈니스 관행, 전력, 에너지, 바이러스가 관련 있는 사회연결망 또는 기술 네트워크 위에서 퍼져나갈 수 있는데, 확산의 근원지에서 멀리 떨어져 있어도 도달할 수 있다. 따라서 네트워크는 이로운 점과 취약성을 모두 지닌다. 긍정적이라 여기는 현상은 더 많이 확산되도록 증진시킬 수 있는 요소를 밝히고, 네트워크를 취약하게 만드는 현상은 제한하는 요소를 밝히는 것이 이 책의 주된 목적 중 하나다.

1.2 복잡계의 중심에 있는 네트워크

"다음 세기는 복잡성의 시대가 될 것이다."

— 스티븐 호킹^{Stephen Hawking}

인류는 어찌할 도리가 없을 만큼 복잡한 시스템에 둘러싸여 있다. 예를 들어, 수십억 명의 사람이 협동하길 요구하는 사회라든지, 컴퓨터와 인공위성과 수십억 개의 휴대전화를 통합하는 통신 기반 시설 등이 있다. 뇌에 있는 수십억 뉴런이 일관되게 행동해야 사고하고 세상을 이해하는 능력을 갖춘다. 사람의 생물학적 존재는 세포 내에 있는 수천 개의 유전자와 대사물질 사이의 원활한 상호작용에 뿌리를 둔다.

글상자 1.1 복잡하다(complex)

[형용사]

1. 수많은 상호 연결된 부분들로 구성되다. 복합체, 합성물. 예: 복잡한 고속도로 시스템

2. 여러 부분, 단위 등으로 아주 복잡하게 배열되다. 예: 복잡한 기계

3. 이해하거나 다루기 어렵도록 너무 얽혀 있다. 예: 복잡한 문제

출처: Dictionary.com

이런 시스템을 통틀어서 **복잡계**^{complex system}라고 부르는데(글상자 1.1), 시스템 구성요소들에 관한 지식으로는 요소들의 집단 거동을 도출하기 어렵다는 사실이 포착된다. 사회, 경제 등 우리의 일상에서 복잡계가 중요한 역할을 한다는 점을 고려하면 수학적 기술과 예측, 결국엔 제어까지, 복잡계를 이해하는 것은 21세기에 주요한 지적 도전이자 과학적 도전 중 하나다.

21세기의 여명에서 네트워크 과학이 출현한 것은 과학이 이러한 도전에 부응할 수 있으리라는 생생한 증거다. 실제로, 각 복잡계 뒤에는 시스템 구성요소 사이의 상호작용을 표현하는 복잡한 네트워크가 있다.

(a) 유전자, 단백질, 대사물질 사이의 상호작용을 표현하는 네트워크는 이 구성요소를 생체 세포로 통합한다. 바로 이런 **세포 네트워크**^{cellular network2}의 존재 자체가 삶의 전제 조건이다.

(b) **신경망**^{neural network}이라고 부르는 뉴런 사이의 연결을 포착하는 배선도는 뇌가 어떻게 기능하는지와 의식을 이해하는 데 핵심 열쇠를 쥐고 있다.

---

2 앞에서 기지국 관련 네트워크를 뜻했던 'cellular network'와 영어 단어가 똑같지만 분야마다 의미가 다르다. – 옮긴이

(c) 종종 **사회연결망**social network이라고 부르는 전문가, 친구, 가족 등 모든 유대의 총체는 사회의 기본 구조이고 지식, 행동, 자원의 확산을 결정한다.

(d) 통신 장치가 유선 인터넷 연결이나 무선 링크에서 서로 어떻게 상호작용하는지 기술하는 **통신 네트워크**communication network는 현대 통신 시스템의 중심에 있다.

(e) 발전기와 송전선 네트워크인 **전력망**power grid은 사실상 에너지와 관련된 모든 현재 기술을 공급한다.

(f) **무역 네트워크**trade network는 상품과 서비스를 교환하는 능력을 유지시키며, 2차 세계대전 이후 세계가 누렸던 물질적 번영을 책임진다(그림 1.2).

네트워크는 구글Google부터 페이스북Facebook, 시스코Cisco, 트위터Twitter에 이르는 모든 것에 힘을 실어주며 21세기 가장 혁명적인 몇 가지 기술의 중심에 있기도 하다. 결국, 네트워크는 가벼운 조사에서 드러나는 수준보다 더 높은 수준으로 과학, 기술, 상업, 자연에 침투한다. 따라서 **만일 그 뒤에 숨은 네트워크를 깊게 이해하지 않는다면 복잡계를 절대로 이해할 수 없다.**

21세기 중 첫 십 년 동안 네트워크 과학에 보인 폭발적인 관심은, 복잡계가 뚜렷하게 다양해졌는데도 공통된 기본 법칙과 원리가 개별 시스템 뒤에 있는 네트워크의 구조와 시간 변화를 이끌어낸다는 발견에 뿌리를 둔다. 따라서 실제 네트워크의 형태, 크기, 특성, 나이, 범위에서 놀라운 차이가 보이는데도 불구하고 공통의 조직 원리가 대부분의 네트워크를 형성한다. 만일 구성요소의 특징과 요소 간 상호작용의 정확한 본질을 무시한다면, 획득한 네트워크들은 서로 다른데도 불구하고 더 비슷하게 보일 수 있다. 이어지는 절에서는 이 새로운 연구 분야의 출현을 이끈 원동력과 이것이 과학, 기술, 사회에 미친 영향을 논의하고자 한다.

그림 1.2 경제 뒤에 숨겨진 미묘한 네트워크

『History of the World in 100 Objects(100대 유물로 보는 세계사)』에서 99번째 유물로 선정된 신용카드는 대영 박물관(British Museum)에 전시됐다. 이 카드는 보통은 눈에 띄지 않는 미묘한 경제적 사회적 연결에 의존하는 현대 경제의 고도화된 상호 연결의 본질을 보여주는 생생한 증거다.

이 카드는 런던에 기반을 둔 은행인 홍콩 상하이 은행(Hong Kong and Shanghai Banking Corporation) HSBC가 2009년 아랍에미리트에서 발급했다. 이 카드는 미국에 기반을 둔 신용협회인 비자(VISA)가 제공하는 규약을 따르며 작동한다. 그러나 이 카드는 피끄흐 무아말랏(Fiqhal-Muamalat, 이슬람 거래 규약)에 부합하며 작동하는 이슬람 은행 원칙을 고수하는데, 이 원칙에서는 특히 이자와 **리바**(riba)[3]를 제거했다. 이 카드는 아랍에미리트에 있는 무슬림에만 국한하지 않았고, 이 엄격한 윤리 지침을 준수하는 사람이라면 무슬림이 아닌 국가에 있는 누구에게든 발급됐다.

---

3 아랍어로, 주로 고리대금업을 뜻한다. – 옮긴이

1.3 네트워크 과학을 도운 두 가지 힘

네트워크 과학은 새로운 학문 분야다. 정확히 시작한 시점이 언제인지 논의할 수도 있지만, 모든 정황을 보면 이 분야는 21세기에 와서야 별도의 학문 분야로 나타났다.

왜 200년 전에는 네트워크 과학이 없었을까? 결국 이 분야가 탐구한 수많은 네트워크는 새로운 것이 아니다. 물질대사 네트워크는 생명의 근원을 이해하고자 40억 년 전으로 거슬러 올라가며, 사회연결망은 인류만큼이나 오래됐다. 더욱이 생화학과 사회학, 뇌과학에 이르는 많은 학문 분야에서 수십 년 동안 각자의 네트워크만을 다뤘다. 수학에서 아주 많은 부분을 차지하는 하위 분야인 그래프 이론graph theory은 1735년부터 그래프를 탐구했다. 그러면 네트워크 과학을 **21세기의 과학**이라고 부르는 이유는 무엇일까?

21세기 서막에 개별 연구 분야를 초월하고 새 학문 분야의 출현을 촉진하는 특별한 일이 발생했다(그림 1.3). 왜 이런 일이 200년 전이 아닌 지금 일어났는지 이해하려면, 네트워크 과학의 출현에 기여한 두 가지 힘을 논의해야 한다.

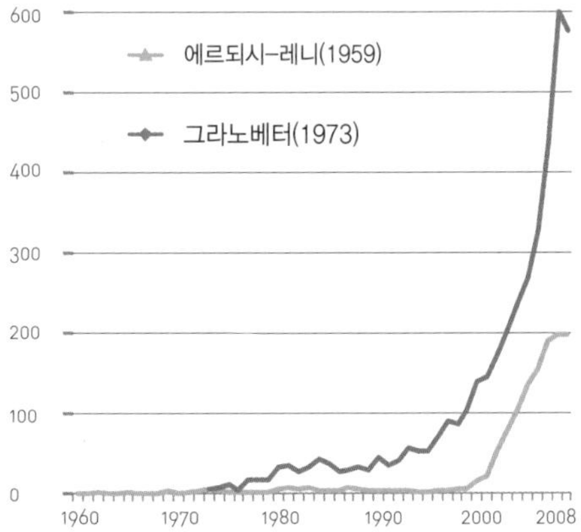

1.3.1 네트워크 지도의 출현

수백만에서 수십억에 이르는 요소가 상호작용하는 시스템의 상세한 행동을 기술하려면, 해당 시스템의 배선 지도가 필요하다. 사회 시스템에서는 친구, 친구의 친구 등의 정확한 목록이 필요하다. WWW에서 이런 지도는 웹 페이지가 누구와 연결됐는지를 알려준다. 세포에서 이런 지도는 유전자, 단백질, 대사물질의 결합 상호작용과 화학 상호작용의 상세한 목록에 해당한다.

과거에는 이런 네트워크 지도를 그릴 수 있는 도구가 부족했다. 마찬가지로 네트워크 뒤에 있는 방대한 양의 데이터를 추적하는 것도 어려웠다. 효율적이고 재빠른 데이터 공유 방법과 저렴한 디지털 저장공간을 제공한 디지털 혁명은 본질적으로 실제 세상 네트워크와 관련한 데이터를 수집하고, 조립하고, 공유

그림 1.3 네트워크 과학의 출현

그래프 이론과 사회학에 뿌리를 둔 네트워크 연구는 역사가 긴 반면, 네트워크 과학의 현대에 해당하는 장(modern chapter)은 21세기의 첫 십 년 동안에만 등장했다.

네트워크에 대한 폭발적인 관심은 두 고전 논문을 인용한 패턴으로 잘 나타난다. 하나는 1959년 폴 에르되시(Paul Erdős)와 알프레드 레니(Alfréd Rényi)가 그래프 이론에서 무작위 네트워크 연구의 시작점을 찍었던 논문[3]이고, 또 다른 하나는 가장 많이 인용한 사회연결망 논문인 마크 그라노베터(Mark Granovetter)의 1973년 논문[24]이다. 이 그림은 각 논문 출판 이후의 연간 인용 수를 보여준다. 두 논문 모두 각 분야 내에서 높이 평가되는 논문이지만, 각자의 분야 바깥에서는 영향력이 거의 없었다. 21세기에 이런 두 논문의 인용이 폭발적으로 증가한 것은 이 고전 논문에 학제 간 연구의 새로운 관심을 이끌어낸 네트워크 과학이 출현한 결과다.

하고, 분석하는 능력 자체에 변화를 일으켰다.

이런 기술적 진보 덕분에, 밀레니엄으로 들어서면서 네트워크 지도 작성이 폭발적으로 이뤄지는 것을 목격했다(글상자 1.2). 넓은 범위의 예시들이 있다. CAIDA 또는 DIMES 프로젝트는 처음으로 큰 규모의 인터넷 지도를 제공했다. 생물학자들은 사람 세포의 단백질–단백질 상호작용을 실험으로 그리고자 수억 달러를 소모했다. 페이스북, 트위터, 링크드인LinkedIn 같은 사회 연결망 기업이 들인 노력으로 친구 관계와 직업적 유대를 정확히 기록하는 보관소를 개발했다. 그리고 미국 국립 보건원National Institute of Health이 추진하는 커넥톰Connectome 프로젝트는 포유류 뇌 안의 신경 연결을 체계적으로 추적하는 것을 목표로 한다. 21세기 초에 갑자기 이런 지도를 사용할 수 있게 되면서 네트워크 과학의 출현을 촉진했다.

글상자 1.2 네트워크 지도의 기원

네트워크 과학자는 네트워크를 연구하는 목적으로 몇 가지 지도를 만들었다. 대부분은 다른 프로젝트의 부산물이었고 오로지 네트워크 과학자의 손길로 지도로 변형됐다.

(a) 생화학자들이 150년에 걸친 기간 동안 하나씩 세포 내 화학반응 목록을 발견했다. 1990년대, 중앙 데이터베이스에 이 목록이 수집됐고 세포 내 생화학 네트워크biochemical network를 조립할 수 있는 첫 번째 기회를 제공했다.

(b) 어떤 영화에 출연한 배우 목록은 전통적으로 신문, 책, 백과사전에 흩어진 상태였다. 인터넷의 등장으로 이 데이터가 imdb.com 같은 중앙 데이터베이스에 모였고, 영화광의 호기심을 충족시켰다. 이 데이터베이스로 네트워크 과학자는 할리우드에 숨겨진 소속 네트워크affiliation network를 재구성할 수 있었다.

(c) 수백만 개 연구 논문의 저자 목록이 전통적으로 수천 개 저널의 목차로 흩어진 상태였다. 최근 들어 웹 오브 사이언스Web of Science, 구글 스칼라Google Scholar 또는 다른 서비스가 이 목록을 종합 데이터베이스로 구성했고, 네트워크 과학자는 정확한 과학적 협업 네트워크scientific collaboration network 지도를 재구성할 수 있었다.

네트워크 과학의 초기 역사 중 많은 부분이, 이미 존재하는 데이터베이스에서 네트워크를 인식하고 추출했던 연구자의 독창성에 의존했다. 네트워크 과학이 바꾼 것은 오늘날 자금 지원이 풍부한 연구 협업 분야에서는 생물학적, 통신, 사회 시스템의 정확한 배선도를 포착하며 지도를 만드는 일에 초점을 맞춘다는 것이다.

1.3.2 네트워크 특성의 보편성

자연 또는 사회에서 마주하는 다양한 네트워크 사이의 차이를 서술하는 것은 쉽다. 물질대사 네트워크의 노드는 작은 분자이고 링크는 화학과 양자역학이 지배하는 화학반응이다. WWW의 노드는 웹 문서이고 링크는 컴퓨터 알고리듬이 보장하는 URL이다. 사회연결망의 노드는 개인이고 링크는 가족, 직업, 친구, 지인 관계를 나타낸다.

이런 네트워크를 만드는 과정 역시 대단히 다르다. 물질대사 네트워크는 수십억 년 동안의 진화로 형성됐고, WWW는 수백만의 개인과 조직의 단체 행동을 기반으로 한다. 사회연결망은 그 뿌리가 수천 년 전으로 거슬러 올라가는 사회 규범으로 형성된다. 규모, 속성, 범위, 역사, 진화 관점에서 다양하다는 점을 감안하면, 이런 시스템 뒤에 숨은 네트워크가 대단히 다르다는 것은 놀랄 만한 일이 아니다.

네트워크 과학의 중요한 발견은 **과학, 자연, 기술의 다양한 영역에서 출현한 네트워크 구조가 동일한 조직 원리를 따른 결과물로서 서로 유사하다는 점이다. 따라서 이런 시스템을 탐구하고자 공통된 수학 도구를 사용할 수 있다.**

이런 보편성은 이 책의 지침 원리 중 하나다. 특정한 네트워크 성질을 밝히는 것을 추구할 뿐만 아니라, 매 순간 이를 어떻게 널리 적용할지도 추구한다. 또한 네트워크의 진화와 네트워크 거동에서 나타나는 결과를 만들어내는 법칙이 무엇인지 발견하고자, 그 기원을 이해하는 것을 목표로 한다.

요약하자면, 많은 학문 분야가 네트워크 과학에 중요한 공헌을 했지만 그 출현을 가능하게 한 것은 부분적으로는 다른 분야에서 마주치는 네트워크의 정확한 지도를 제공하는 데이터를 이용할 수 있기 때문이기도 하다. 다양한 지도 덕분에 네트워크 과학자는 다양한 네트워크 성질에서 나타나는 보편적 성질을 확인할 수 있었다. 이 보편성은 네트워크 과학이 새 분야로 자리매김하는 기반을 제공한다.

1.4 네트워크 과학의 특성

네트워크 과학은 주제뿐만 아니라 방법론으로도 적용된다. 이 절에서는 복잡계에 적용하려고 채택하는 네트워크 과학 접근법의 주요 특징을 논의한다.

1.4.1 학제 간 연구 특성

네트워크 과학은 다른 분야가 서로 매끄럽게 상호작용할 수 있도록 하는 언어를 제공한다. 실제로 세포 생물학자, 뇌 과학자(그림 1.4), 컴퓨터 과학자는 비슷하게도 자신이 다루는 시스템 뒤에 있는 배선도의 특징을 잡는 업무에 직면한다. 불완전하고 잡음이 있는 데이터셋에서 정보를 추출하고 자신의 시스템이 고장과 공격에 견고한지 이해해야 한다.

확실히 하자면, 각 분야는 그 분야에서 중요한 서로 다른 목표, 기술적 세부사항, 도전과제가 있다. 그러나 이런 분야에서 고군분투하는 많은 문제의 공통적인 특징이 학문의 간극을 넘는 도구와 아이디어의 상호 교류로 이어졌다. 예를 들어, 1970년대 사회연결망 문헌에서 출현한 사이 중심도^{betweenness} ^{centrality} 개념은 오늘날 인터넷에서 트래픽이 과도하게 몰린 노드를 발견하는 데 중요한 역할을 한다. 비슷하게, 컴퓨터 과학자들이 발전시킨 그래프 분할 알고리듬은 의약에서 질병 모듈을 찾아내거나 큰 사회연결망 내에서 커뮤니티를 탐지하는 데 새로이 응용할 수 있다는 사실을 발견했다.

1.4.2 실증적, 데이터 기반 특성

네트워크 과학의 여러 가지 중요한 개념은 수학에서 비옥한 분야인 그래프 이론에 그 뿌리를 둔다. 네트워크 과학과 그래프 이론의 차이점은 그 실증적 특성에 있는데, 이는 데이터, 기능, 유용성에 초점을 둔 것이다. 이어질 장에서 보게 될 것처럼, 네트워크 과학에서는 특정 네트워크 성질을 기술하는 추상적인 수학 도구를 개발하는 것만으로는 만족할 수 없다. 개발한 각 도구

그림 1.4 뇌 지도 그리기

네트워크 과학을 폭발적으로 응용하는 분야는 뇌 연구다. 작은 회충인 예쁜꼬마선충(C. elegans)의 신경계 배선도는 오랜 기간 동안 완전한 형태로 사용했지만, 최근까지도 더 큰 동물의 경우에는 신경 연결을 전부 알지는 못한다. 뇌의 배선도 지도를 그리는 기술을 발전시키고자 과학 커뮤니티에서 많은 노력을 기울인 덕분에 이것이 바뀌었다. 이 사진은 2014년 4월 10일 호 「네이처」의 표지를 보여주는데, 시애틀의 알렌 연구소(Allen Institute) 연구원들이 만든 실험용 쥐의 광범위한 지도를 보고했다[25].

는 실제 데이터에서 검증하고, 그 도구가 제공하는 시스템의 성질과 행동에 관한 통찰로 그 가치를 판단한다.

1.4.3 정량적, 수학적 특성

네트워크 과학의 발전에 공헌하고 이 도구가 적절히 사용되도록 하려면, 그 뒤에 숨은 수학적 형식주의를 숙달하는 것이 필수다. 네트워크 과학은 그래프 이론에서 그래프를 다루는 형식과 통계물리학에서 무작위성을 다루고 보편적 조직 원리를 찾는 개념적 체제를 빌렸다. 최근 이 분야는 (제어와 정보 이론 같은) 공학에서 빌린 개념의 도움을 받아서 네트워크의 제어 원리를 이해하고, 통계학에서 빌린 개념으로는 불완전하고 잡음이 있는 데이터셋에서 정보를 추출하도록 도움을 받았다.

네트워크 분석 소프트웨어의 발전은 네트워크 과학의 도구가 더 넓은 커뮤니티에서 사용될 수 있게 했다. 심지어는 이 분야의 지적 기초와 수학적 깊이에 익숙하지 않은 사람에게도 말이다. 그러나 이 분야가 더 나아가고 그 도구를 더 효율적으로 사용하려면 이론적 형식에 숙련될 필요가 있다.

1.4.4 계산적 특성

실제 관심 있는 많은 네트워크의 규모와 그 뒤에 있는 엄청난 양의 보조 데이터를 감안할 때, 네트워크 과학은 일련의 어마어마한 계산 도전과제를 종종 마주한다. 따라서 이 분야는 계산적 특성이 강한데, 알고리듬, 데이터베이스 관리와 데이터 마이닝을 적극 활용한다. 일련의 소프트웨어 도구로 이런 계산 문제에 접근할 수 있고, 실무자가 관심 두는 네트워크를 분석하고자 다양한 계산 기술을 습득해야 한다.

요약하자면, 네트워크 과학에 숙달하려면 이 분야의 각 측면을 잘 알아야 한다. 네트워크 과학은 실제 세상 네트워크의 성질을 이해하려는 다면적 도구와 관점을 제공하는 여러 측면을 조합한 것이다.

1.5 사회에 미친 영향

새 연구 분야의 영향은 그 분야의 지적 성취뿐만 아니라, 적용 범위와 잠재력으로 나타나는 사회적 영향 두 가지 모두로 측정한다. 네트워크 과학은 젊은 분야이지만 그 영향은 어디에나 있다.

1.5.1 경제적 영향: 웹 검색에서 소셜 네트워킹까지

구글에서 페이스북, 트위터, 링크드인, 시스코, 애플^{Apple}, 아카마이^{Akamai}까지, 21세기 가장 성공한 기업은 그들의 기술과 사업 모형을 네트워크에 기반을 둔다. 실제로 구글은 꾸준히 갱신되는 WWW의 완전한 지도를 생성하며 현재까지 인류가 구축할 수 있는 가장 큰 네트워크의 지도를 만드는 작업을 할 뿐만 아니라, 구글 검색 기술은 웹의 네트워크 특징과 깊이 상호 연결된다.

네트워크는 전 세계의 사회연결망 지도를 그리려는 야망을 지닌 회사인 페이스북의 출현과 함께 특히 인기를 얻었다. 페이스북은 최초의 소셜 네트워킹 사이트도 아니고 최후의 기업일 가능성도 낮다. 트위터에서 링크드인까지, 소셜 네트워킹 도구의 인상적인 생태계가 수백만 사용자의 관심을 끌고자 싸우고 있다. 네트워크 과학자가 구상한 알고리듬은 친구 추천과 광고에 이르는 모든 것을 도우며 해당 사이트가 돌아가게 한다.

1.5.2 보건: 약물 설계부터 물질대사 공학

2001년에 완성한 인간 유전자 프로젝트는 최초로 사람의 모든 유전자에 대한 완전한 목록을 제공했다[26, 27]. 그러나 세포가 어떻게 기능하는지와 질병의 기원을 완전히 이해하려면 유전자 전체 목록만으로는 불충분했다. 유전자, 단백질, 대사물질, 다른 세포 요소가 어떻게 서로 상호작용하는지 표현하는 정확한 지도도 필요하다. 실제로 음식을 처리하고 환경 변화를 감지하는 대부분의 세포 과정은 분자 네트워크$^{molecular\ network}$에 의존한다. 이런 네트워크가 붕괴되면 사람에게 질병이 생긴다.

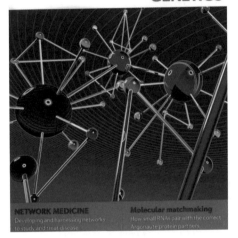

그림 1.5 　네트워크 생물학과 네트워크 의학

유전학에서 가장 선두에 있는 총설 논문 저널인 「네이처 리뷰 제네틱스(Nature Reviews Genetics)」의 두 호 표지. 이 저널은 네트워크의 영향에 예외적인 관심을 기울였다. 2004년 표지는 **네트워크 생물학**[22]에 초점을 두고(위), 2011년 표지는 **네트워크 의학**[29]을 보여준다(아래).

분자 네트워크의 중요성 인식이 증가하면서 **네트워크 생물학**network biology이 출현했다. 이는 생물학의 하위 분야로, 세포 네트워크의 행동을 이해하는 데 목표를 둔다. 의학 내에서도 **네트워크 의학**network medicine이라 부르는 유사한 움직임이 있었고, 사람의 질병에서 네트워크의 역할을 밝히는 데 목표를 둔다(그림 1.5). 2012년 하버드대학교가 네트워크 의학부Division of Network Medicine를 출범시켰다는 사실은 이러한 발전의 중요성을 설명한다. 이 분과에서는 사람의 질병을 이해하는 데 네트워크 기반의 아이디어를 적용하는 연구자와 의학 박사를 고용한다.

네트워크는 특히 의약 개발에서 중요한 역할을 한다. **네트워크 약리학**network pharmacology의 궁극적 목표는 눈에 띄는 부작용 없이 질병을 치료할 수 있는 약물을 개발하는 것이다. 다양한 수준에서 이 목표를 추구하는데, 세포 네트워크cellular network 지도를 그리는 데 투자한 수백만 달러부터 환자와 유전자 데이터를 저장, 구성, 분석하는 도구와 데이터베이스의 개발이 있었다.

여러 새로운 회사는 건강과 의학에 네트워크가 제공하는 기회를 활용한다. 예를 들어 진고GeneGo는 과학 문헌에서 세포 상호작용의 지도를 수집하고, 제노마티카Genomatica는 박테리아와 사람의 약물 표적을 확인하고자 대사 네트워크 뒤에 있는 예측적 도구를 이용한다. 최근 들어, 존슨앤존슨Johnson & Johnson 같은 주요 제약 회사는 네트워크 의학을 미래 약물이 나아갈 길로 보고 이 분야에 상당한 투자를 하고 있다.

1.5.3 　보안: 테러와의 싸움

테러는 21세기의 매우 심각한 문제로, 이를 퇴치하려면 전 세계적으로 상당한 자원이 필요하다. 네트워크 사고방식은 테러 활동에 대응하는 다양한 법 집행 기관의 무기로 점점 더 많이 나타난다. 테러 조직의 재정 네트워크financial network를 방해하고 테러 집단 구성원의 역할과 역량을 밝히는 데 도움을 얻고자 적대적 네트워크adversarial network의 지도를 활용한다. 이 분야에서 많

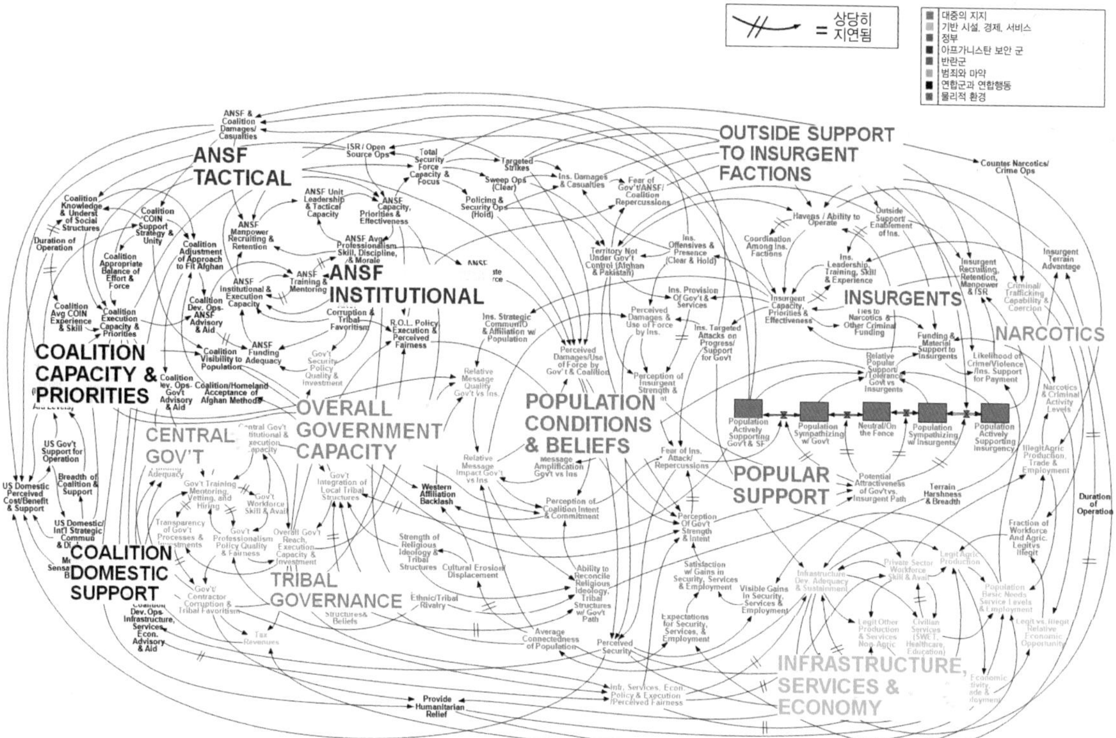

그림 1.6 군사 교전 뒤에 있는 네트워크

2012년 아프간 전쟁 동안 아프가니스탄에서 미국 작전 계획을 묘사하려고 그린 그림이다. 차트 하나에 복잡한 내용을 너무 많이 담아서 언론의 조롱을 받았지만 상호 연결된 현대 군사 교전의 성질을 생생하게 묘사한다. 의사결정과 작전 배치에서 나타나는 네트워크 모형의 힘과 유용성을 증명하고자, 오늘날 장교나 군사학도가 이 사례를 공부한다. 실제로 장군의 임무는 필수 군사 능력을 보장하는 데 국한되지 않고 지역 인구의 신념이나 생활 조건, 반란군 운영 자금을 지원하는 마약 거래의 영향을 고려하는 것도 포함한다. 출처: 『뉴욕 타임스(New York Times)』

은 작업을 분류했는데, 잘 기록한 몇 가지 사례 연구를 대중에게 공개했다. 예시에는 사담 후세인Saddam Hussein을 발견[30]하거나 2004년 3월 11일 마드리드 폭탄 테러에 가담한 사람을 밝히는 휴대전화 네트워크를 조사해 사회연결망을 활용한 사례도 포함한다. 네트워크 개념은 군사 교리에도 영향을 미쳤는데, 탈중앙화된 유연한 네트워크 조직을 이용하는 테러범과 범죄자 네트워크에 대항한 저강도 분쟁low-intensity conflict을 목표로 하는 **네트워크 중심의 전쟁**network-centric warfare이란 개념을 이끌어냈다(그림 1.6).

네트워크가 군사에서 응용될 수 있는 막대한 잠재력을 감안할 때, 미국 육군사관학교Army Military Academy가 있는 웨스트포인트West Point에서 네트워크 과학의 최초 학술 프로그램을 시작했다는 점은 놀라운 일이 아니다. 더욱이 2009년부터 육군 연구소Army Research Lab는 미국 전역의 네트워크 과학 센터를 지원하는

온라인 자료 1.1
H1N1 전염병 예측

2009년 동안 H1N1 팬데믹에서 예측된 확산 과정. 팬데믹을 성공적으로 실시간으로 예측한 첫 사례다[33]. 전 세계적 수송 네트워크의 구조와 동역학을 기술하는 데이터가 관건이었던 이 프로젝트는 H1N1이 2009년 10월에 최고치를 경신하리라 예견했는데, 인플루엔자의 경우와 같이 예측한 1~2월 최고조기와는 대조된다. 이는 2009년 11월로 예정된 백신 접종이 너무 늦었고 결국 전염병 결과에 거의 영향을 미치지 못했다는 뜻이다. 이 프로젝트의 성공은 인류에게 중요한 분야의 발전을 촉진하는 데 있어 네트워크 과학의 힘을 보여준다.

데 3억 달러 이상을 사용했다.

네트워크가 제공한 지식과 역량은 남용될 수도 있다. 미국 국가안보국NSA, National Security Agency이 무분별하게 네트워크 지도를 운용했던 사례가 이런 남용을 잘 보여준다[32]. 미래의 테러범 공격을 멈춘다는 구실하에, NSA는 미국에서 해외까지 수억 명의 통신을 감시해서 이들의 사회연결망을 재구축했다. 이를 계기로 네트워크 과학자는 도구와 지식을 윤리적으로 사용해야만 한다는 새로운 사회적 책임감에 눈떴다.

1.5.4 전염병: 생명을 앗아가는 질병을 예측하고 멈추기까지

H1N1 팬데믹pandemic4은 2009년 발병 초기에 두려워했던 것처럼 절망적이지는 않았지만 전염병 역사에서 특별한 역할을 했다. 그 규모가 최고치에 도달하기 전, 몇 달 동안 전염병의 확산 경로와 시간 변화를 정확하게 예측했던 최초의 팬데믹이다(온라인 자료 1.1)[33]. 이는 바이러스 확산에서 수송 네트워크transportation network의 역할을 이해하는 데 근본적인 발전이 있었기 때문에 가능했다.

2000년 전에는 전염병 모형화는 구획 기반 모형compartment-based model이 지배적이었는데, 여기서는 모든 사람이 같은 사회물리적 구획socio-physical compartment에 있는 다른 모든 사람을 감염시킬 수 있다는 가정을 한다. 네트워크 기반 체계가 출현하면서 본질적인 변화가 생겼고 새로운 예측 수준을 제공했다. 오늘날 전염병 예측은 네트워크 과학을 가장 활발하게 응용하는 것 중 하나인데[33, 34], 인플루엔자의 확산을 예측하거나 에볼라Ebola를 억제하는 데 사용한다. 이는 또한 이 책에서 다루는 여러 가지 근본적인 결과의 원천이기도 한데, 생물학적, 디지털, 사회적 바이러스(밈meme)의 확산을 모형화하고 예측할 수 있게 한다.

---

4 전 세계적인 규모로 확산되어 수많은 감염자와 사망자를 야기하는 질병을 일컫는다. - 옮긴이

이러한 발전의 영향력은 감염학을 넘어섰다. 실제로 2010년 1월, 네트워크 과학 도구는 휴대전화에서 확산된 바이러스 출현의 필요 조건을 예측했다[35]. 2010년 가을 중국에서 최초의 휴대전화 전염이 발발하면서 매일 300,000개 이상의 휴대전화를 감염시켰고 미리 예측한 시나리오를 밀접하게 따랐다.

1.5.5 뇌과학: 뇌 지도 그리기

상호 연결된 수백억 개의 뉴런으로 구성된 인간의 뇌는 네트워크 과학 관점에서는 가장 이해하지 못한 네트워크 중 하나다. 그 이유는 간단하다. 어떤 뉴런이 함께 연결됐는지 알려주는 지도가 부족하다. 연구에서 사용할 수 있도록 모든 지도를 완전히 그린 뇌는 예쁜꼬마선충인데, 302개의 뉴런만으로 구성된다. 포유류의 자세한 뇌 지도가 있으면 수많은 신경학적 질환과 뇌질환을 이해하고 치료할 수 있기 때문에, 뇌과학에서는 혁명으로 이어질 수도 있다. 이에 따라서 뇌 연구는 네트워크 과학에서 가장 풍부한 응용 분야 중 하나가 될 수 있다[36]. 이러한 네트워크의 잠재적인 혁신적 영향에 탄력을 받아, 2010년 미국 국립 보건원은 **커넥톰**Connectome 프로젝트에 시동을 걸었다. 이 프로젝트는 포유류 뇌의 뉴런 수준으로 정확한 지도를 제공하는 기술 개발을 목표로 한다(그림 1.4).

1.5.6 경영: 조직의 내부 구조 밝히기

경영진은 공식 지휘 체계에 의존하는 경향이 있지만, 실제로 누가 누구와 의사소통하는지 포착하는 비공식 네트워크가 그 조직의 성공에서 가장 중요한 역할을 한다는 사실은 명백하다. 이런 **조직 네트워크**organizational network의 정확한 지도는 중요 구성 단위 사이에서 상호작용의 잠재적 부재를 드러내고, 다른 부서와 상품을 하나로 모으는 데 중요한 역할을 하는 사람을 식별하고, 고위 경영진이 다양한 조직 문제를 진단하는 것을 돕는다. 더욱이, 비공식적 조직 네트워크에서 고용자의 위치가 고용자의 생

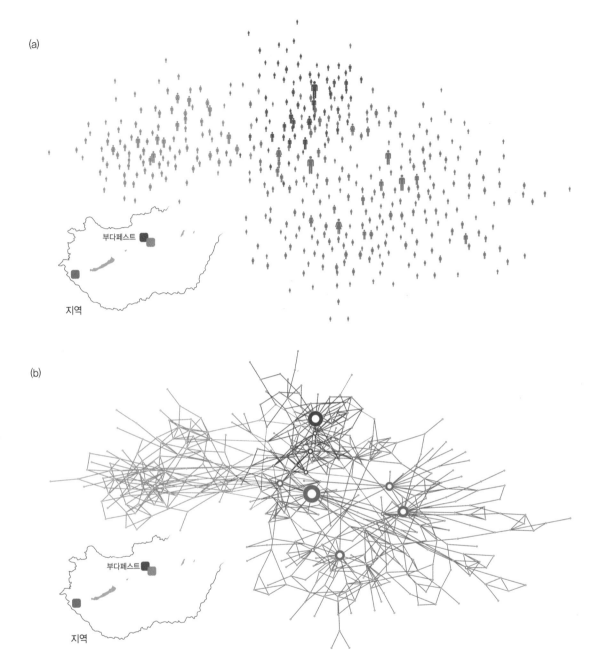

그림 1.7 조직 지도 그리기

(a) 3개의 주요 위치(보라색, 노란색, 파란색)에 있는 한 헝가리 회사의 고용자. 경영진은 고위 경영진의 의도와 관련된 정보가 노동자에게 도달할 때 종종 실제 계획과 전혀 상관없는 내용이 전달되는 것을 발견했다. 회사 내에서 정보 흐름을 원활하게 하는 방법을 찾고자 필자가 설립한 회사인 메이븐 7을 찾아왔다. 이 회사의 조직 환경에 네트워크 과학을 적용했다.

(b) 메이븐 7이 각 고용자에게 회사에 영향을 미치는 결정을 할 때 누구에게 조언을 구하는지 질문을 하고자 온라인 플랫폼을 개발했다. 이 플랫폼은 지도를 제공하는데, 이 지도에서는 만일 한 명이 다른 사람을 조직과 전문성 문제 관련 정보의 출처로 지목했다면 이 두 사람을 연결한다. 이 지도에서 큰 허브로 나타나는 사람을 가장 영향력이 있는 사람으로 식별한다.

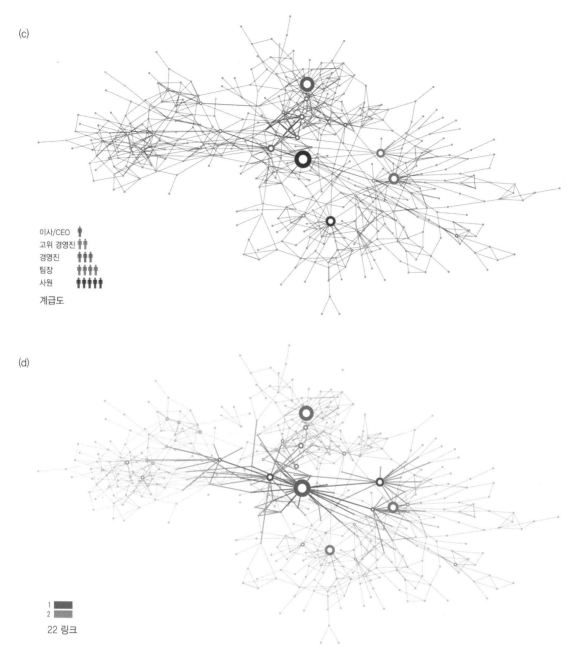

(c) 회사의 비공식 네트워크에서 리더의 위치로, 회사 내 순위에 따라 노드에 색을 입혔다. 허브 중 빨간색으로 표시된 이사는 전혀 없다는 점에 주목하자. 파란색으로 표시한 고위 경영진도 없다. 순위가 낮은 데에서 허브가 나타난다. 이들은 경영진, 팀장, 사원이다. 가장 큰 허브, 그러니까 가장 영향력 있는 사람은 평범한 고용자다. 그래서 회색 노드로 표시했다.

(d) 가장 큰 허브의 링크(빨간색)와 이 허브에서 두 단계 떨어진 링크(주황색)가 보여주는 것은 직원의 상당수가 많아 봐야 이 2개의 링크로 연결된다는 점이다. 그런데 누가 허브일까? 이 사람은 안전과 환경 문제를 담당하는 고용자다. 따라서 이 사람은 정기적으로 각 지역을 방문하고 직원들과 이야기를 한다. 이 사람은 최고 경영진을 제외한 모든 사람과 연결됐다. 경영진의 본의에 관해서는 거의 아는 바가 없이, 이 사람은 자신의 흔적을 따라 수집한 정보를 전달하며 소문 중심지를 효과적으로 운영했다.

    가장 큰 허브를 해고하거나 승진시켜야만 할까? 이 문제를 해결할 최적의 해결책은 무엇일까?

산성을 결정한다는 경영학 문헌의 증거가 점점 증가한다[37].

따라서 메이븐 7[Maven 7], 액티베이트 네트웍스[Activate Networks], 오르그넷[Orgnet] 같은 수많은 회사가 이런 조직의 실제 구조 지도를 그릴 수 있는 도구와 방법론을 제공한다. 이런 회사는 여러 서비스를 제공하는데, 여론 주도자를 식별하는 것부터 직원 이탈 감소, 지식과 제품 확산의 최적화, 다양성, 규모, 전문성을 갖춘 팀을 설계해 특정한 업무를 가장 효율적으로 수행하게 하는 것까지 포함한다(그림 1.7). IBM[5]에서 SAP[6]까지, 기존 회사는 자신의 비즈니스에 소셜 네트워킹 역량까지 추가했다. 전반적으로 네트워크 과학 도구는 경영과 비즈니스에서 필수 불가결한 요소로, 조직 내에서 생산성을 향상하고 혁신을 촉진한다.

1.6 과학에 미친 영향

과학 커뮤니티만큼 네트워크 과학의 영향력이 명백히 드러난 곳은 어디에도 없다. 「네이처」부터 「사이언스」, 「셀[Cell]」, 「PNAS」[7]까지, 명망 있는 과학 저널에서는 생물부터 사회과학까지 다양한 주제에 네트워크가 미친 영향력을 다루는 총설과 사설을 다뤘다. 예를 들어, 「사이언스」는 네트워크 특집호를 출판하며 척도 없는 연결망 발견의 10주년을 기념했다(그림 1.8).

지난 십 년 동안, 매해 약 12개의 콘퍼런스, 워크숍, 여름학교와 겨울학교[8]가 네트워크 과학을 주제로 하여 개최됐다. 가장 성공적인 네트워크 과학 학술대회인 넷싸이[NetSci]는 2005년부터 이 분야의 실무자를 끌어들였다. 몇몇 대중 서적이 여러 나라에서 베스트셀러 목록에 이름을 올리며 네트워크 과학을 일반 대

그림 1.8 복잡계와 네트워크

네트워크를 다룬 「사이언스」의 특집호. 2009년 7월 24일에 출판됐고, 1999년에 발견한 척도 없는 연결망의 10주년을 기념했다.

---

5 IBM 컴퓨터로 흔히 알고 있는 'International Business Machines'로, 미국의 IT 기업이다. – 옮긴이

6 독일에 본사를 둔 소프트웨어 회사 'Systems Applications and Products'다. – 옮긴이

7 'Proceedings of the National Academy of Sciences'의 약자로 미국 국립과학원회보라 불린다. – 옮긴이

8 연구자들은 학문 분야에 중요한 특정 연구 주제를 빠르게 전달하고자 여름이나 겨울에 워크숍과 유사한 스쿨(school)을 개최한다. – 옮긴이

- 혼돈 이론: 로렌츠[1963]
- 스핀 유리: 에드워드-앤더슨[1975]
- 재규격화: 윌슨[1975]
- 신경망: 홉필드[1982]
- 프랙탈: 망델브로[1982]
- 네트워크: 와츠-스트로가츠[1998]
- 네트워크: 바라바시-알버트[1999]

그림 1.9　복잡계와 네트워크 과학

인용 패턴으로 보는 네트워크 과학의 과학적 영향력. 복잡계에서 가장 많이 인용된 논문의 인용 패턴과 비교했다. 1960년대와 1970년대 복잡계 연구는 에드워드 로렌츠(Edward Lorenz)가 1963년에 수행한 혼돈(chaos)에 관한 고전적 연구[38], 케네스 윌슨(Kenneth G. Wilson)의 재규격화 그룹 연구[39], 사무엘 에드워즈(Samuel F. Edwards)와 필립 앤더슨(Philip W. Anderson)의 스핀 유리 연구[40]가 지배적이었다. 1980년대, 프랙탈을 다룬 브누아 망델브로(Benoit Mandelbrot)의 책[41]이 출판되고 토마스 위튼(Thomas Witten)과 렌 샌더(Len Sander)가 확산 제한 응집 모형(diffusion-limited aggregation model)[42]을 소개한 이후, 이 커뮤니티는 패턴 형성으로 초점을 옮겼다. 존 홉필드(John Hopfield)의 신경망 연구[43]와 페르 박(Per Bak), 차오 탕(Chao Tang), 커트 비젠펠트(Kurt Wiesenfeld)의 자기조직화 임계성(self-organized criticality) 연구[44]도 동일한 영향력이 있었다. 이 논문들은 복잡계를 이해하는 방법을 계속해서 정의한다. 이 그림에서는 이 역사적 문헌의 연간 인용 수와 네트워크 과학에서 가장 인용이 많이 된 두 논문(와츠와 스트로가츠가 좁은 세상 네트워크에 관해 쓴 논문과 바라바시와 알버트가 척도 없는 연결망을 발견한 것을 보고한 논문)의 인용을 비교한다.

중에게 알렸다. 대부분의 주요 대학에서는 네트워크 과학 강좌를 제공하며 다양한 학생들을 모았고, 2014년 보스턴의 노스이스턴대학교와 부다페스트의 중앙유럽대학교에서는 네트워크 과학 박사 과정 프로그램을 설치했다.

　과학 커뮤니티에 네트워크가 미친 영향을 보려면 복잡계 분야에서 가장 많이 인용된 논문의 인용 패턴을 조사하는 것이 유용하다. 이 논문들 각자는 나비 효과butterfly effect, 재규격화 그룹renormalization group, 스핀 유리spin glass, 프랙탈fractal, 신경망 같은 발견을 보고하는 고전이며 누적 인용 횟수가 2,000번에서 5,000번 사이다. 네트워크 과학에 보이는 관심과 이 고전 논문들의 영향력을 어떻게 비교할지 살펴보고자, 그림 1.9에서 가장 많이 인용된 네트워크 과학 논문 2개의 인용 수와 이 고전 논문들의 인용 패턴을 비교했다. 1998년 좁은 세상 현상small-world phenomena에 관련된 「네이처」 논문과 척도 없는 네트워크scale-free network 발견을 보고한 1999년 「사이언스」 논문을 비교했다. 보다시피 이 두 논문은 연간 인용 수가 급증했고, 이런 패턴은 복잡계 분야에서 전례가 없다.

　네트워크 과학이 수많은 학문 분야에 본질적인 방식으로 영향을 미쳤다는 것은 다른 여러 측정법으로도 나타난다. 예를 들어, 여러 연구 분야에서 네트워크 논문은 각자의 선두 저널에서 가장 많이 인용된 논문이 됐다.

(a) 톰슨로이터Thompson-Reuters에 따르면, 와츠Watts와 스트로가츠Strogatz가 좁은 세상 현상에 관해 「네이처」에 출판한 1998년 논문과 바라바시Barabási와 알버트Albert가 척도 없는 연결망에 관해 「사이언스」에 출판한 1999년 논문은 각자의 출판 이후 10년 동안 물리학에서 가장 많이 인용된 논문 상위 10위 안에 든다. 2011년, 와츠-스트로가츠 논문은 1998년 「네이처」에서 출판한 모든 논문 중 두 번째로 가장 많이 인용된 논문이 됐고, 바라바시-알버트 논문은 1999년 「사이언스」에서 출판한 모든 논문 중 가장 많이 인용된 논문이었다.

(b) 출판 4년 후, 마크 뉴만Mark Newman이 네트워크 과학을 다룬 「SIAM 리뷰」 논문은 미국 산업응용수학회SIAM, Society of Industrial & Applied Mathematics[45]에서 출판한 어떤 저널 중에서도 가장 많이 인용된 논문이 됐다.

(c) 1929년부터 출간한 「리뷰 오브 모던 피직스」는 영향력 지수impact factor가 가장 높은 물리학 저널이다. 2012년, 이 저널에서 가장 많이 인용된 논문은 노벨상 수상자인 수브라마니안 찬드라세카르Subrahmanyan Chandrasekhar가 1944년에 쓴 '물리학과 천문학에서 확률적 문제Stochastic problems in physics and astronomy'라는 제목의 논문이다[46]. 이 논문은 출판 이후 70년이 지나는 동안 5,000번 이상 인용됐다. 그러나 2012년에는, 2001년에 출판된 첫 번째 네트워크 과학 총설 논문인 '복잡계 네트워크의 통계물리학Statistical mechanics of complex networks'이 이를 따라잡았다[19].

(d) 파스토어-자토라스Pastor-Satorras와 베스피냐니Vespignani가 척도 없는 연결망에서 전염병 문턱값이 사라진다는 발견을 보고한 논문은 2001년 「피지컬 리뷰 레터스」에서 출간한 모든 논문 중 양자 컴퓨터 관련 논문과 함께 가장 많이 인용된 논문이다.

(e) 미셸 거번Michelle Girvan과 마크 뉴만이 네트워크에서 커뮤니티를 발견한 논문[47]은 2002년 「PNASProceedings of the

National Academy of Science, USA」에서 2002년 출판한 논문 중 가장 많이 인용된 논문이다.

(f) '네트워크 생물학Network biology'이라는 제목으로 2004년에 출판된 총설 논문[22]은 유전학에서 최상위 총설 논문 저널인 「네이처 리뷰 제네틱스」의 역사상 두 번째로 가장 많이 인용된 논문이다.

과학 커뮤니티 내에서 이 비범한 열정에 힘입어, 미국 정부에 정책 추천을 제안하는 미국 국립 아카데미US National Academies 산하의 국립 연구 회의NRC, National Research Council에서 네트워크 과학을 조사했다. NRC는 두 패널을 구성해 두 NRC 보고서에 요약된 추천사항을 작성하며[48, 49] 네트워크 과학 분야를 정의했다(그림 1.10). 이 보고서는 새로운 연구 분야의 출현을 기록했을 뿐만 아니라 과학, 국가 경쟁력, 안보에서 이 분야의 역할을 강조하기도 했다. 이런 보고서 이후에 미국 국립과학재단NSF, National Science Foundation은 네트워크 과학 부서를 만들었고, 미국 육군 연구소는 미국 대학의 여러 네트워크 과학 센터에 연구비를 지원했다.

네트워크 과학은 대중을 흥분시키기도 했다. 이는 『링크: 21세기를 지배하는 네트워크 과학』(동아시아, 2002), 『넥서스: 여섯 개의 고리로 읽는 세상』(세종연구원, 2003), 『Small World: 여섯 다리만 건너면 누구와도 연결된다』(세종연구원, 2004), 『행복은 전염된다: 하버드대가 의학과 과학으로 증명해낸 인간관계의 비밀』(김영사, 2010)과 같이, 여러 일반 대중 서적의 성공으로 이어졌다(그림 1.11). 호주 영화 감독인 안나마리아 탈라스Annamaria Talas가 제작한 다큐멘터리 영화 〈커넥티드Connected〉는 TV 스크린으로 이 분야를 가져왔고, 전 세계에 방송되며 여러 권위 있는 상을 수상했다(온라인 자료 1.2).

네트워크는 예술가에게도 영감을 주었는데, 네트워크 관련 예술 프로젝트가 다양한 범위에서 나타났고 예술가와 네트워크 과학자가 한 자리에 모이는 예술 심포지엄 시리즈로 이어졌

그림 1.10　미국 국립 연구 회의

네트워크를 다룬 2개의 NRC 보고서는 새 분야의 출현을 기록했고 연구와 국가경쟁력에서 이 분야의 장기간 영향력을 강조했다[48, 49]. 두 보고서는 미국 대학에 네트워크 과학 센터를 설립하고 NSF 내에 네트워크 과학 프로그램을 설치하는 것을 촉진해 이 분야를 세세하게 지원할 것을 권장한다.

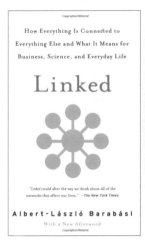

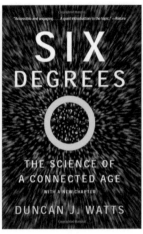

그림 1.11 드넓은 영향력

20개 이상의 언어로 번역되어 널리 읽힌 4권의 책은 네트워크 과학을 일반 대중 앞으로 가져왔다[50, 51, 52, 53].

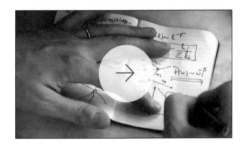

온라인 자료 1.2
〈커넥티드〉

안나마리아 탈라스가 감독하고, 다큐멘터리 상을 수상한 〈커넥티드〉 트레일러. 네트워크 과학의 소개를 제공한다. 이 영화에는 배우 케빈 베이컨(Kevin Bacon)과 잘 알려진 여러 네트워크 과학자가 등장한다.

다[54]. 영화 〈소셜 네트워크The Social Network〉나 〈5번가의 폴 포이티어Six Degrees of Separation〉 같은 성공적인 영화, 여러 공상 과학 소설 시리즈와 네트워크 패러다임을 이용하는 짧은 이야기들에 힘입어, 오늘날 네트워크는 대중문화에 깊숙이 박혔다.

1.7 정리

네트워크 과학의 출현이 다소 갑작스러워 보일지라도(그림 1.3과 그림 1.9), 이 분야는 네트워크의 역할과 중요성을 사회에 더 널리 인식시키고자 부응했다. 이는 그림 1.12에 나타나는데, 지난 200년간 2개의 중요한 과학 혁명을 포착하는 단어의 사용 빈도를 보여준다. 하나는 다윈Darwin의 진화 이론을 가리키는 가장 일반적인 용어인 **진화**evolution이고, 다른 하나는 양자 역학을 언급할 때 가장 자주 사용하는 용어인 **양자**quantum다. 예상대로 '진화'라는 용어의 사용은 1859년 다윈의 『종의 기원』 출판 이후 증가했다. 1902년 처음 사용한 '양자'라는 단어는 양자 역학이 물리학자 사이에서 인정받고 대중에게 인식되던 때인 1920년대

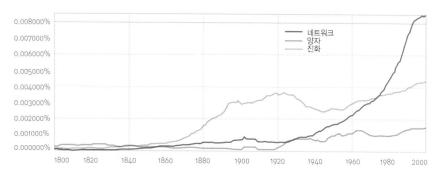

그림 1.12 네트워크의 증가

1880년 이후 책에서 사용한 '진화', '양자', '네트워크'라는 단어의 사용 빈도. 이 그림은 20세기의 마지막 십 년에서 나타난 네트워크에 관한 사회적 인식이 폭발적으로 증가했고 네트워크 과학이 출현하는 토대를 마련했음을 보여준다. 이 그림은 구글의 엔그램(ngram) 플랫폼에서 그렸고, 매해 출판된 책에서 '진화', '양자', '네트워크'를 언급한 책의 비율을 계산했다.

까지 사실상 존재하지 않은 것처럼 있었다.

이 그림은 이런 단어들과, 1980년대에 눈부시게 증가하며 진화와 양자 두 단어를 모두 능가한 **네트워크**라는 단어의 사용을 비교했다. '네트워크'라는 용어는 여러 용도로 사용하지만(진화와 양자가 그러한 것처럼), 이 극적인 성장은 네트워크의 사회적 인식이 증가했다는 것을 포착한다.

진화 이론, 양자 역학, 네트워크 과학으로 촉진된 발달 사이에는 어떤 공통점이 있다. 이들은 자신만의 지적 핵심과 지식 체계를 구축한 중요 과학 분야일 뿐만 아니라, 플랫폼을 가능하게 한다. 실제로 현재 유전학에서 혁명은 진화 이론을 기반에 두고, 양자 역학은 화학부터 전자에 이르기까지 당대 과학의 다양한 범주의 발달을 이룰 수 있는 플랫폼을 제공한다. 이와 유사한 맥락에서 네트워크 과학은 소셜 네트워킹과 약물 설계에 이르는 광범위한 과학 문제를 다루는 새로운 도구와 관점을 제공하는 **활성화 플랫폼**enabling platform이다.

네트워크가 과학과 사회에 미치는 이 비범한 영향력을 감안할 때, 이를 공부하고 정량화하는 도구를 능숙하게 익혀야만 한다. 이 책의 남은 부분에서는 이러한 가치 있는 주제를 다룬다.

1.8 과제

1.8.1 어디에나 있는 네트워크

3개의 실제 네트워크 목록을 작성하고 각 네트워크에서 노드와 링크가 무엇인지 기술하라.

1.8.2 당신의 흥미는?

개인적으로 가장 흥미로운 네트워크는 무엇인가? 이어지는 다음 질문에 답하라.

(a) 해당 네트워크의 노드와 링크는 무엇인가?

(b) 규모가 얼마나 큰가?

(c) 지도를 그릴 수 있을까?

(d) 왜 흥미가 생겼는가?

1.8.3 영향력

향후 십 년 동안 네트워크 과학의 영향력이 가장 큰 분야는 무엇이 될까? 본인의 답을 설명하라.

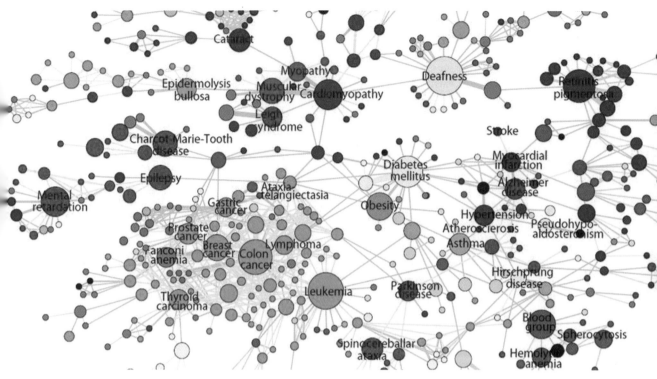

그림 2.0 예술과 네트워크: 인간 질병 네트워크

유전적 기원이 동일한 질병을 노드로 하여 서로 연결한 인간 질병 네트워크. 이 지도는 서로 다른 질병들이 유전적으로 어떻게 연관되는지 보여주고자, 「PNAS」의 보충 자료로 출판됐다[55]. 시간이 흐르며 이 그림은 학문의 경계를 넘나들며 독자적인 삶을 영위했다. 『뉴욕타임스』는 이 지도를 상호작용이 가능하게 만들었으며, 세계 최고의 현대미술 갤러리 중 하나인 런던의 서펜타인 갤러리(Serpentine Gallery)에서는 네트워크와 지도를 다루는 주제의 전시에 소개됐다 [56]. 이 그림은 또한 디자인과 지도를 서술하는 많은 책에 소개되기도 했다[57, 58, 59].

제 2 장

그래프 이론

2.1   쾨니히스베르크의 다리

연구 분야의 탄생 역사를 특정 장소와 시간으로 짚을 수 있는 경우는 거의 없다. 하지만 네트워크 과학의 수학적 비계[1]라 할 수 있는 그래프 이론은 역사를 추적할 수 있다. 그래프 이론은 1735년 당시 상업으로 번창했던 동부 프로이센의 수도 쾨니히스베르크Königsberg로 거슬러 올라간다. 바쁘게 돌아다니는 무역 함대들을 지원하고자, 시 공무원들은 마을을 둘러싸고 있는 프레겔Pregel강을 가로지르는 7개의 다리를 건설했다. 이 중 5개는 아름다운 중심가인 크나이호프Kneiphof섬과 본토를 연결하고 있었다. 나머지 2개는 강의 또 다른 지류 2개를 가로질렀다(온라인

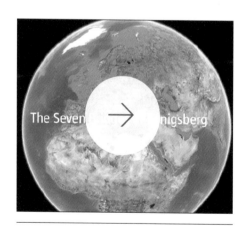

온라인 자료 2.1
쾨니히스베르크의 다리

쾨니히스베르크의 다리 문제와 오일러의 풀이를 소개하는 짧은 비디오를 시청할 수 있다.

---

1   건축 현장에서 높은 곳에서 작업하기 위해 파이프 등으로 만든 구조물을 비계라고 부른다. – 옮긴이

(a)

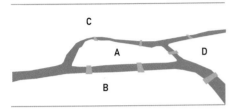

(b)

C

A

D

B

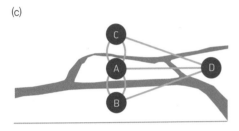

(c)

C

A

D

B

그림 2.1 쾨니히스베르크의 다리

(a) 오일러 시기의 쾨니히스베르크 지도(현재는 러시아의 칼리닌그라드(Kaliningrad)다.)

(b) 쾨니히스베르크의 4개 지역과 이를 연결하는 7개의 다리를 나타낸 약도

(c) 오일러는 4개의 노드(A, B, C, D)가 있는 그래프를 만들었다. 각 노드는 4개의 지역을 나타내고 7개의 링크는 각각 다리를 나타낸다. 그런 다음 같은 다리를 두 번 건너지 않고 7개의 다리를 건너는 연결된 길이 없음을 보였다. 쾨니히스베르크의 사람들은 무익한 고민을 그만두고 1875년에 B와 C 사이에 새로운 다리를 건설해 두 노드의 링크 수를 4개로 늘렸다. 이제 링크가 홀수 개인 노드는 2개만 남았다. 즉, 원하는 경로를 찾을 수 있어야 한다. 직접 찾아보자.

자료 2.1, 그림 2.1). 이 독특한 배열로 현대적인 수수께끼가 하나 탄생했다. 7개의 다리를 모두 건너면서 같은 다리를 두 번 건너지 않을 수 있는 방법이 있을까? 많은 시도에도 불구하고 아무도 그런 길을 찾을 수 없었다. 그리고 이 문제는 스위스 태생의 수학자 레온하르트 오일러Leonhard Euler가 그러한 경로가 없다는 엄밀한 수학적 증명을 할 때까지 해결되지 못했다[60, 61].

오일러는 강으로 나누어져 있는 땅 4개를 각각 A, B, C, D로 구분했다(그림 2.1). 다음으로 각각의 땅을 연결하는 다리를 선으로 나타내어 각 부분을 연결했다. 다시 말해, 노드가 땅의 부분을 나타내고 링크가 다리를 나타내는 그래프를 만든 것이다. 그리고 오일러는 간단한 사실 하나를 발견했다. 만약 모든 다리를 지나는 경로가 존재하고 동시에 같은 다리를 두 번 지나지 않으려면 다리 건너기의 시작 노드와 끝 노드에만 홀수 개의 링크가 있어야 한다는 것이다. 실제로 만약 링크가 홀수 개인 땅에 도달한다면, 다리를 전부 사용해서 떠날 수 없는 상태가 언젠가는 꼭 발생한다.

모든 다리를 지나는 경로에는 반드시 하나의 시작점과 종료점이 있다. 그래서 링크가 홀수 개인 노드가 2개 이상인 경로는 존재할 수가 없다. 쾨니히스베르크의 그래프는 4개의 노드 모두 링크가 홀수 개다. 즉, 이 그래프에서는 모든 다리를 한 번씩만 지나는 경로는 존재하지 않는다(온라인 자료 2.1).

오일러의 증명은 그래프로 수학 문제를 해결한 최초의 사례다. 이 증명은 우리에게 두 가지 중요한 의미가 있다. 첫 번째는 몇 가지 문제는 그래프로 표현하면 더 간단하고 다루기 쉽다는 것이다. 두 번째는 길이 존재하는지 여부는 우리의 독창성과는 무관하다는 것이다. 오히려 그래프의 고유한 속성에 가깝다. 실제로 쾨니히스베르크의 그래프 구조를 고려한다면 우리가 아무리 똑똑하더라도 원하는 경로를 찾을 수 없다. 다시 말해, 네트워크는 그 구조에 행동을 제한하거나 강화하는 성질을 표현한다.

네트워크가 시스템의 성질에 영향을 미칠 수 있는 여러 가지

방식을 이해하려면 오일러의 증명에서 시작된 수학 분야인 그래프 이론에 익숙해져야 한다. 이 장에서는 네트워크를 그래프로 표현하는 방법, 링크수와 링크수 분포, 경로와 거리 같은 네트워크의 기본 특성을 소개하고, 가중치 네트워크, 방향성 네트워크, 이분 네트워크 등을 구별하는 방법을 익힌다. 이를 통해 이 책에서 사용될 그래프 이론의 이론적 형식과 용어를 소개할 것이다.

2.2 네트워크와 그래프

만약 복잡계를 이해하려면, 그 구성성분들이 서로 어떤 방식으로 상호작용하는지 알아야 한다. 다시 말해, 이들의 연결관계를 그린 지도가 필요하다. 네트워크는 주로 **노드**^{node}나 **버텍스**^{vertex}라 부르는 한 시스템의 구성성분 목록과 그들의 직접적인 상호작용을 나타내는 **링크**^{link}나 **에지**^{edge}로 구성된다(글상자 2.1). 이러한 네트워크 표현법 덕분에 성질, 모양, 대상이 크게 다를 수 있는 연구 대상 시스템을 공통적인 언어로 말할 수 있다. 실제로 그림 2.2처럼 세 가지의 꽤나 다른 시스템은 정확히 같은 네트워크 표현으로 기술된다.

그림 2.2는 2개의 가장 기본적인 네트워크 매개변수를 보여준다.

- **노드의 수**$^{\text{number of node}}$, 즉 N은 시스템의 구성성분 수를 나타낸다. 때때로 N을 **네트워크의 크기**$^{\text{size of the network}}$라고 부를 것이다. 노드를 구분하고자 각 노드에 $i = 1, 2, \cdots, N$이라는 이름표를 붙인다.
- L이라고 쓰는 **링크의 수**$^{\text{number of link}}$는 노드 사이의 총 관계 수를 의미한다. 링크는 대부분 이름표를 안 붙이고, 그 링크가 잇는 노드 쌍으로 구분한다. 예를 들어 (2, 4) 링크는 노드 2번과 4번을 연결해준다.

글상자 2.1 네트워크인가 그래프인가?

과학 문헌에서 **네트워크**와 **그래프**는 다음과 같이 서로 혼용해서 사용한다.

네트워크 과학	그래프 이론
네트워크	그래프
노드	버텍스
링크	에지

하지만 두 가지 용법에는 미묘한 차이가 있다. **네트워크, 노드, 링크**의 조합은 주로 현실 시스템을 이야기하는 경우가 많다. 예를 들어 인터넷 문서의 네트워크인 월드와이드웹, 가족, 친구, 직업 관계로 이어진 네트워크인 사회, 세포 안의 모든 화학작용을 나타내는 물질대사 네트워크 등이 있다. 반대로 **그래프, 버텍스, 에지** 조합은 이런 네트워크의 수학적 표현에서 주로 사용한다. 예를 들어 웹 그래프, 사회 그래프(페이스북 때문에 유명해진 표현이다), 물질대사 그래프 등이 있다. 하지만 이런 구분은 거의 쓰이지 않으며, 두 용법은 주로 동의어로 사용한다.

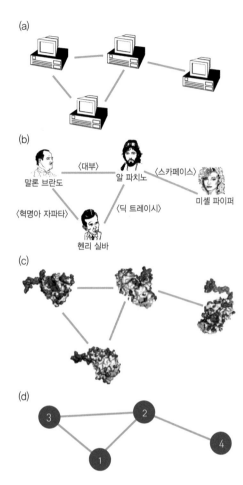

(a)

(b)

〈대부〉
말론 브란도   알 파치노   〈스카페이스〉
                                          미셸 파이퍼
〈혁명아 자파타〉   〈딕 트레이시〉
            헨리 실바

(c)

(d)

그림 2.2 서로 다른 네트워크, 같은 그래프

이 그림은 (a) 라우터(특별한 종류의 컴퓨터)를 서로 연결한 인터넷, (b) 동일한 영화에 출연한 배우끼리 연결한 할리우드 배우 네트워크, (c) 세포 안에서 2개의 단백질이 서로 결합할 수 있다는 실험 증거에 기반해 연결한 단백질-단백질 상호작용 네트워크의 작은 부분집합을 보여준다. (d) 이 각각의 네트워크가 나타내는 노드와 링크의 성질은 다르지만, 이 모든 네트워크는 모두 노드 N = 4개와 링크 L = 4개인 동일한 그래프 표현으로 기술한다.

그림 2.2의 네트워크는 $N = 4$이고 $L = 4$다.

네트워크의 링크는 방향이 있거나 없을 수 있다. 어떤 문서와 다른 문서를 URL로 연결한 월드와이드웹, 어떤 사람이 다른 사람에게 건 전화 기록과 같은 몇몇 시스템은 **방향 있는 링크**directed link로 구성한다. 연애 관계(내가 자넷과 데이트한다면 자넷도 나와 데이트를 한다), 전력망의 전송 선(전류는 양방향으로 모두 흐를 수 있다) 같은 몇몇 시스템은 **방향 없는 링크**undirected link로 구성되기도 한다.

네트워크의 모든 링크가 방향이 있다면 **방향성 네트워크**directed network(혹은 **디그래프**digraph)라고 부른다. 모든 링크가 방향이 없다면 **방향성 없는 네트워크**undirected network라고 부른다. 몇몇 경우에는 방향이 있는 링크와 없는 링크가 동시에 있는 네트워크도 있다. 예를 들어 물질대사 네트워크에서 일부 반응은 되돌릴 수 있고(다시 말해 양방향이거나 방향이 없다), 그 외에는 되돌릴 수 없어서 한 방향으로만 반응이 일어난다(방향이 있다).

어떤 시스템을 네트워크로 나타낼 때 선택하는 조건은 네트워크 과학을 사용해 특정 문제를 풀 수 있는지 여부를 결정한다. 예를 들어, 두 사람 사이의 연결을 정의하는 방법에 따라 풀 수 있는 문제의 성격이 달라진다.

(a) 업무에서 정기적으로 상호작용하는 사람들을 연결하면 회사 또는 기관의 성공에 핵심 역할을 하는 **조직 네트워크**organizational network 혹은 **전문가 네트워크**professional network를 얻을 수 있다. 이 네트워크는 조직 연구에서 주로 관심을 보인다.

(b) 친구들과 다른 사람들을 연결하면 **친구 네트워크**friendship network를 얻는다. 이 네트워크는 아이디어, 제품, 습관 등이 퍼져나가는 데 중요한 역할을 하고 사회학, 마케팅, 건강과학에서 주로 관심을 보인다.

(c) 친밀한 관계를 갖는 사람들을 연결하면 **성적 네트워크**sexual network를 얻을 수 있는데, AIDS 같은 성병의 확산에 중요

한 역할을 하며 전염병학에서 주로 관심을 보인다.

(d) 전화나 이메일 등의 통신 기록을 통해 서로에게 연락하는 사람들을 연결하면 직업, 친구, 친밀한 연결을 포괄하는 **지인 네트워크**acquaintance network를 얻을 수 있다. 이는 마케팅과 의사소통에 중요한 역할을 한다.

이 네 가지 네트워크의 많은 링크가 중복된다(일부 동료는 친구이거나 친밀한 관계를 동시에 가질 수 있다). 하지만 이러한 네트워크는 서로 목적과 용도가 다르다.

때로는 그래프 이론 관점에서는 유효하지만 실제로는 거의 쓸모가 없는 네트워크를 구축할 수도 있다. 예를 들어, 이름이 동일한 모든 개인(존과 존, 마리와 마리)을 연결하면 네트워크 과학의 도구로 성질을 분석할 수 있는 잘 정의된 그래프를 구할 수 있다. 하지만 그 쓸모는 의심스럽다. 따라서 네트워크 이론을 시스템에 적용하려면 노드와 링크를 선택하기 전에 문제에서 어떤 형태의 링크와 노드가 중요한지 신중하게 고려해야 한다.

앞으로 이 책에서는 네트워크 과학의 도구를 설명하고자 10개의 네트워크를 사용한다. 표 2.1에 나열한 이러한 **참고 네트워크**reference network는 사회 시스템(휴대전화 그래프와 이메일 네트워크), 협업과 소속 네트워크(과학 공동연구 네트워크와 할리우드 배우 네트워크), 정보 시스템(월드와이드웹), 기술과 인프라 시스템(인터넷과 전력망), 생물 시스템(단백질 상호작용과 물질대사 네트워크), 참고문헌 네트워크(인용)를 포괄한다. 이 네트워크는 대장균 네트워크의 $N = 1,039$개 노드부터 거의 50만 노드가 있는 인용 네트워크까지 크기가 매우 다양하다. 이 예시 네트워크는 네트워크를 활발하게 사용하는 다양한 분야를 아우르는데, 연구자들이 핵심적인 네트워크 속성들을 보여주려고 사용하는 '표준적인canonical' 데이터셋을 나타낸다. 표 2.1에서 알 수 있듯이, 일부 네트워크는 방향이 있고 나머지는 방향이 없다. 앞으로 나올 장에서는 이 데이터 각각의 특징을 이야기하고, 이들을 복잡계 네

표 2.1 표준 네트워크의 지도

이 책 전체에서 네트워크 과학의 도구를 설명하려고 사용한 10개 네트워크의 기본 특성. 이 표는 링크가 방향이 있는지 여부, 노드의 수(N)와 링크의 수(L), 각 네트워크의 평균 링크수 같은 노드와 링크의 특성을 보여준다. 방향성 네트워크에서 표시한 평균 링크수는 들어오는 링크수 혹은 나가는 링크수와 같다($\langle k \rangle = \langle k_{in} \rangle = \langle k_{out} \rangle$, 식 (2.5) 참고).

네트워크	노드	링크	방향성	N	L	$\langle k \rangle$
인터넷	라우터	인터넷 연결	없음	192,244	609,066	6.34
월드와이드웹	웹 페이지	(하이퍼)링크	있음	325,729	1,497,134	4.60
전력망	발전소, 변압기	케이블	없음	4,941	6,594	2.67
휴대전화 통화	사용자	전화	있음	36,595	91,826	2.51
이메일	이메일 주소	이메일	있음	57,194	103,731	1.81
과학 공동연구	과학자	공저 관계	없음	23,133	93,439	8.08
배우 네트워크	배우	함께 출연한 관계	없음	702,388	29,397,908	83.71
인용 네트워크	논문	인용	있음	449,673	4,689,479	10.43
대장균 물질대사	대사물질	화학반응	있음	1,039	5,802	5.58
단백질 상호작용	단백질	결합 상호작용	없음	2,018	2,930	2.90

트워크를 이해하는 기니피그[2]로 쓰게 될 것이다.

2.3 링크수, 평균 링크수, 링크수 분포

각 노드의 핵심 속성은 다른 노드에 연결된 링크의 수를 나타내는 **링크수**degree다. 링크수는 통화 그래프에서 개인 휴대전화 연락처의 수(다시 말해, 그 사람과 통화한 사람의 수) 또는 연구 논문이 인용 네트워크에서 받은 피인용 수를 나타낼 수 있다.

2.3.1 링크수

네트워크에서 i번째 노드의 링크수는 k로 표현한다.[3] 예를 들어 그림 2.2의 방향성 없는 네트워크라면 $k_1 = 2$, $k_2 = 3$, $k_3 = 2$,

---

2 실험용으로 자주 쓰이는 남아메리카 원산지의 설치류 동물이다. – 옮긴이
3 i번째를 나타낼 때는 k_i로 표현하는 것이 더 정확할 수 있으나, 원 저자의 표현을 남겨둔다. – 옮긴이

$k_4 = 1$이다. 방향성 없는 네트워크에서 **총 링크 수**total number of link L은 다음과 같은 합계로 표현될 수 있다.

$$L = \frac{1}{2} \sum_{i=1}^{N} k_i \tag{2.1}$$

여기서는 모든 링크를 두 번씩 더하는 것을 보정하고자 $\frac{1}{2}$로 나눴다. 예를 들어 그림 2.2에서 노드 2와 4를 연결하는 링크는 노드 2의 링크수를 계산할 때 한 번, 노드 4의 링크수를 계산할 때 한 번 더한다.

2.3.2 평균 링크수

평균 링크수average degree는 네트워크의 중요한 속성 중 하나이며 (글상자 2.2), 방향성 없는 네트워크에서는 다음과 같이 쓴다.

$$\langle k \rangle = \frac{1}{N} \sum_{i=1}^{N} k_i = \frac{2L}{N} \tag{2.2}$$

방향성 네트워크에서는 노드 i를 가리키는 링크를 셈한 **들어오는 링크수**incoming degree k_i^{in}와 노드 i에서 시작하는 링크를 셈한 **나가는 링크수**outgoing degree k_i^{out}를 구분한다. 그리고 노드의 **전체 링크수** total degree k_i는 다음과 같다.

$$k_i = k_i^{\text{in}} + k_i^{\text{out}} \tag{2.3}$$

예를 들어 월드와이드웹에서 어떤 문서가 가리키는 페이지 수는 나가는 링크수 k_i^{out}로 표현하고, 이 문서를 가리키는 문서의 수는 들어오는 링크수인 k_i^{in}로 표현한다. 그리고 방향성 네트워크 안의 전체 링크수는 다음과 같이 구할 수 있다.

$$L = \sum_{i=1}^{N} k_i^{\text{in}} = \sum_{i=1}^{N} k_i^{\text{out}} \tag{2.4}$$

방향성 네트워크에서는 들어오는 링크수와 나가는 링크수를 별도로 셈하므로 식 (2.1)에서 곱한 $\frac{1}{2}$은 식 (2.4)에서는 찾을 수

글상자 2.2 간략한 통계 되새기기

N개의 값 $x_1, ..., x_N$으로 구성된 샘플을 계량하는 네 가지의 중요한 값은 다음과 같다.

평균

$$\langle x \rangle = \frac{x_1 + x_2 + ... + x_N}{N} = \frac{1}{N} \sum_{i=1}^{N} x_i$$

n번째 모멘트

$$\langle x^n \rangle = \frac{x_1^n + x_2^n + ... + x_N^n}{N} = \frac{1}{N} \sum_{i=1}^{N} x_i^n$$

표준편차

$$\sigma_x = \sqrt{\frac{1}{N} \sum_{i=1}^{N} \left(x_i - \langle x \rangle \right)^2}$$

x의 분포

방향성 네트워크에서는 **들어오는 링크수** k_i를 다음과 같이 구분한다.

$$p_x = \frac{1}{N} \sum_{i} \delta_{x, x_i}$$

여기서 p_x는 다음과 같은 규칙을 따른다.

$$\sum_{i} p_x = 1 \left(\int p_x \, dx = 1 \right)$$

없다. 그래서 방향성 네트워크의 평균 링크수는 다음과 같이 쓴다.

$$\left\langle k^{\mathrm{in}}\right\rangle = \frac{1}{N}\sum_{i=1}^{N}k_i^{\mathrm{in}} = \left\langle k^{\mathrm{out}}\right\rangle = \frac{1}{N}\sum_{i=1}^{N}k_i^{\mathrm{out}} = \frac{L}{N} \tag{2.5}$$

2.3.3 링크수 분포

링크수 분포degree distribution p_k는 어떤 노드를 임의로 고를 때 그 노드의 링크가 k개일 확률을 나타낸다. p_k가 확률이므로 이 값은 다음과 같이 정규화가 되어야만 한다.

$$\sum_{k=1}^{\infty}p_k = 1 \tag{2.6}^4$$

노드가 N개인 네트워크에서 링크수 분포는 다음 수식으로 구한 정규화된 히스토그램(그림 2.3)으로 쓸 수 있다.

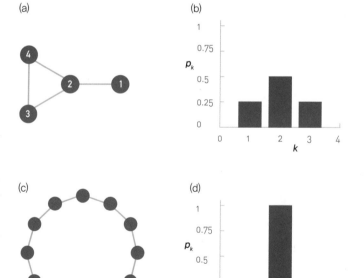

그림 2.3 링크수 분포

식 (2.7)로 구한 링크수 분포

(a) 노드 수가 4개인 (a)의 네트워크 링크수 분포는 (b)처럼 나타낼 수 있다.

(b) 4개 중 1개의 노드가 링크수 $k_1 = 1$이므로 p_1은 1/4이고, 2개 노드의 링크수가 $k_3 = k_4 = 2$이므로 $p_2 = 1/2$이며, $k_2 = 3$이므로 $p_3 = 1/4$가 된다. 링크수 $k > 3$인 노드는 없으므로 p_k는 $k > 3$인 모든 경우에서 0이다.

(c) 모든 노드의 링크수 $k = 2$로 동일한 1차원 격자 구조

(d) 그림 (c)의 링크수 분포는 크로네커 델타 함수로 $p_k = \delta(k-2)$ 형태로 쓸 수 있다.

---

4 누구와도 연결되지 않은 고립된 노드(isolated node)까지 고려하면 $k = 0$부터 시작한다.
   – 옮긴이

$$p_k = \frac{N_k}{N} \qquad (2.7)$$

여기서 N_k는 링크수가 k개인 노드의 수를 뜻한다(그림 2.4). 다시 말해, 링크수가 k개인 노드의 총수는 링크수 분포에서 $N_k = Np_k$ 형태로 구할 수 있다.

링크수 분포는 척도 없는 네트워크[10]의 발견 이후 네트워크 이론에서 중심 역할을 하게 됐다. 한 가지 이유는 대부분의 네트워크 속성들을 계산하려면 p_k를 알아야만 하기 때문이다. 예를 들어, 평균 링크수는 다음과 같이 쓸 수도 있다.

$$\langle k \rangle = \sum_{k=0}^{\infty} k p_k \qquad (2.8)$$

또한 견고함부터 바이러스의 전파까지 다양한 네트워크 현상은 p_k의 정확한 함수 형태가 결정하기 때문에 중요하기도 하다.

2.4 인접 행렬

네트워크를 완전히 기술하기 위해서는 네트워크의 링크를 모두 추적해야 한다. 가장 단순한 방법은 전체 링크의 목록을 사용하는 것이다. 예를 들어 그림 2.2의 네트워크는 {(1, 2), (1, 3), (2, 3), (2, 4)}로 4개의 고유한 링크를 나열해 표현할 수 있다. 때로는 수학적인 이유로 네트워크를 **인접 행렬**^{adjacency matrix}로 표현할 때도 있다. 노드가 N개이며 방향성 네트워크의 인접 행렬은 N개의 행과 N개의 열로 구성하며, 각각의 성분은 다음과 같은 역할을 한다.

- 만약 j에서 노드 i를 가리키는 링크가 있을 때 $A_{ij} = 1$
- 만약 j에서 노드 i를 가리키는 링크가 없을 때 $A_{ij} = 0$[5]

---

5 원 저자는 서로 연결되지 않았을 때 $A_{ij} = 0$이라고 표현했지만, 방향성 네트워크라면 $A_{ji} = 1$일 때 두 노드는 연결됐으나 A_{ij}는 0일 수 있다. - 옮긴이

(a)

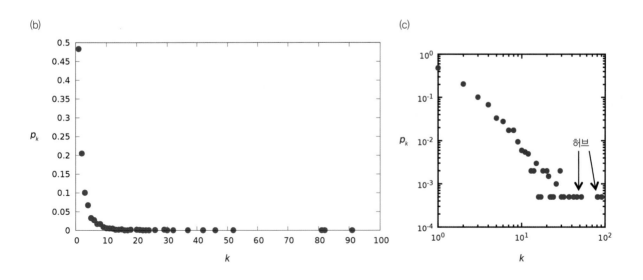

그림 2.4 현실 네트워크의 링크수 분포

현실 네트워크는 노드마다 링크수가 크게 다를 수 있다.

(a) 효모의 단백질 상호작용 네트워크의 배치도(표 2.1). 각 노드는 효모 단백질을 나타내고, 링크는 실험적으로 찾아낸 결합 상호작용을 표현한다. 바닥 쪽에 있는 단백질은 자기 연결이 있으므로 $k = 2$라는 점을 유념하자.

(b) (a)에서 그린 단백질 상호작용 네트워크의 링크수 분포. 링크수는 $k = 0$(고립된 노드들)부터 $k = 92$(가장 많이 연결된 노드, **허브**(hub)라고 부른다)까지 관측된다. 또한 각 링크수에 해당하는 노드 수도 큰 차이를 보인다. 거의 절반의 노드가 링크수 1이며(정확히 $p_1 = 0.48$) 링크수가 가장 많은 노드는 단 하나만 있다($p_{92} = 1/N = 0.0005$).

(c) 링크수 분포는 종종 $\ln k$에 대한 함수로 $\log p_k$를 그리는(혹은 축을 모두 로그축으로 그리는) 로그-로그 그래프로 표현한다. 이런 표현 방법의 장점은 4장에서 다룰 것이다.

(b)

p_k (세로축: 0, 0.05, 0.1, 0.15, 0.2, 0.25, 0.3, 0.35, 0.4, 0.45, 0.5)

k (가로축: 0, 10, 20, 30, 40, 50, 60, 70, 80, 90, 100)

(c)

p_k (세로축: 10^{-4}, 10^{-3}, 10^{-2}, 10^{-1}, 10^0)

허브

k (가로축: 10^0, 10^1, 10^2)

방향성 없는 네트워크에서는 한 링크당 행렬 성분이 2개다. 예를 들어 링크 (1, 2)는 $A_{12} = 1$과 $A_{21} = 1$로 두 번 표현된다. 즉, 방향성 없는 네트워크의 인접 행렬은 $A_{ij} = A_{ji}$인 대칭이다(그림 2.5(b))

노드 i의 링크수인 k_i는 인접 행렬의 성분에서 바로 구할 수 있다. 방향성 없는 네트워크에서 노드의 링크수는 한 열의 값을 다 더하거나 한 행의 값을 다 더하여 다음과 같이 구할 수 있다.

$$k_i = \sum_{j=1}^{N} A_{ji} = \sum_{i=1}^{N} A_{ji} \qquad (2.9)$$

방향성 네트워크에서는 다음과 같이 인접 행렬의 한 행을 다 더하면 들어오는 링크수를, 한 열을 다 더하면 나가는 링크수를 구할 수 있다.

$$k_i^{\text{in}} = \sum_{j=1}^{N} A_{ij}, \quad k_i^{\text{out}} = \sum_{j=1}^{N} A_{ji} \qquad (2.10)$$

방향성 없는 네트워크에서 들어오는 링크수와 나가는 링크수가 같으므로, 다음과 같은 식을 구할 수 있다.

$$2L = \sum_{i=1}^{N} k_i^{\text{in}} = \sum_{i=1}^{N} k_i^{\text{out}} = \sum_{ij}^{N} A_{ij} \qquad (2.11)$$

인접 행렬의 0이 아닌 성분의 수는 링크 수의 2배인 $2L$이 된다. 실제로 방향성 없는 네트워크에서는 한 링크가 $A_{ij} = 1$(j에서 출발해 i를 향하는 링크)과 $A_{ji} = 1$(i에서 출발해 j로 향하는 링크) 두 성분으로 나타난다(그림 2.5(b)).

2.5 현실 네트워크의 성김

현실 네트워크들의 노드 수(N)와 링크 수(L)는 크게 차이 날 수 있다. 예를 들어, 완전하게 신경계 지도를 그린 유일한 생명체인

그림 2.5   인접 행렬

(a) 인접 행렬의 각 성분에 이름표를 붙일 수 있다.
(b) **방향성 없는 네트워크**의 인접 행렬. 그림처럼 한 노드의 링크수는 인접 행렬의 적절한 행이나 열의 성분을 더하는 것으로 구할 수 있다(여기서는 노드 2의 예를 보여준다). 또한 몇몇 네트워크의 기본 특성값인 총 링크 수 L이나 평균 링크수 $\langle k \rangle$를 인접 행렬의 성분으로 표현할 수 있다는 것도 보여준다.
(c) (b)와 동일하지만 방향성 네트워크의 경우를 보여준다.

(a) 인접 행렬

$$A_{ij} = \begin{pmatrix} A_{11} & A_{12} & A_{13} & A_{14} \\ A_{21} & A_{22} & A_{23} & A_{24} \\ A_{31} & A_{32} & A_{33} & A_{34} \\ A_{41} & A_{42} & A_{43} & A_{44} \end{pmatrix}$$

(b) 방향성 없는 네트워크

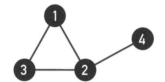

(c) 방향성 네트워크

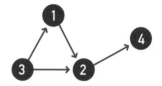

$$A_{ij} = \begin{pmatrix} 0 & 1 & 1 & 0 \\ 1 & 0 & 1 & 1 \\ 1 & 1 & 0 & 0 \\ 0 & 1 & 0 & 0 \end{pmatrix}$$

$$A_{ij} = \begin{pmatrix} 0 & 0 & 1 & 0 \\ 1 & 0 & 1 & 0 \\ 0 & 0 & 0 & 0 \\ 0 & 1 & 0 & 0 \end{pmatrix}$$

$$k_2 = \sum_{j=1}^{4} A_{2j} = \sum_{i=1}^{4} A_{i2} = 3$$

$$k_2^{\text{in}} = \sum_{j=1}^{4} A_{2j} = 2, \; k_2^{\text{out}} = \sum_{i=1}^{4} A_{i2} = 1$$

$$A_{ij} = A_{ji} \qquad A_{ii} = 0$$

$$A_{ij} \neq A_{ji} \qquad A_{ii} = 0$$

$$L = \frac{1}{2} \sum_{i}^{N} \sum_{i=1}^{} A_{ij}$$

$$L = \sum_{i,j=1}^{N} A_{ij}$$

$$\langle k \rangle = \frac{2L}{N}$$

$$\langle k^{\text{in}} \rangle = \langle k^{\text{out}} \rangle = \frac{L}{N}$$

예쁜꼬마선충의 신경망은 뉴런(노드)이 $N = 302$개다. 반면 인간의 뇌는 대략적으로 100억 개($N \approx 10^{11}$)의 뉴런이 있는 것으로 추산된다. 인간 세포의 유전 네트워크는 대략 20,000개 유전자가 노드다. 사회연결망은 70억 명의 개인($N \approx 7 \times 10^9$)으로 구성되고 월드와이드웹은 대략 1조 개 이상의 웹 문서가 있는 것으로 추정된다($N > 10^{12}$).

이러한 크기의 차이는 몇몇 네트워크의 N과 L을 나열한 표 2.1에서 확인할 수 있다. 이 네트워크 중 일부는 설명하고자 하는 시스템의 완전한 연결 구조를 보여주지만(예: 배우 네트워크나 대장균 물질대사 네트워크) 어떤 네트워크는 전체 네트워크의 작은 부분집합으로 구성된 표본만 보여준다(예: 월드와이드웹과 휴대전화 통화 네트워크).

표 2.1은 링크의 수도 크게 다르다는 것을 보여준다. N개의 노드가 있는 네트워크에서 전체 링크의 수는 0개부터 크기 N인 **완전 그래프**complete graph의 총 링크 수인 L_{max}까지 가능하다(그림 2.6).

$$L_{max} = \binom{N}{2} = \frac{N(N-1)}{2} \qquad (2.12)$$

완전 그래프에서 각 노드는 다른 모든 노드와 연결된다.

현실 네트워크에서 L은 L_{max}에 비해 매우 작으며, 이는 대부분의 네트워크는 성기다는 것을 의미한다. 우리는 네트워크가 $L \ll L_{max}$일 때 **성기다**sparse라고 표현한다. 예를 들어, 표 2.1의 월드와이드웹 그래프는 대략 150만 개의 링크가 있다. 하지만 월드와이드웹이 완전 그래프라면 식 (2.12)에 의해 $L_{max} \approx 5 \times 10^{10}$개의 링크가 있어야 한다. 결과적으로 월드와이드웹 그래프는 가능한 최대 링크 수에 비해 3×10^{-5} 비율만큼의 링크만 있다. 이것은 표 2.1의 모든 네트워크가 동일하다. 각 네트워크의 실제 링크 수는 노드 수가 동일한 완전 그래프의 링크 수에 비해 아주 적다는 것을 누구나 확인할 수 있을 것이다.

이런 현실 네트워크의 성김은 인접 행렬 또한 성기다는 사실

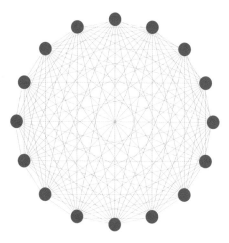

그림 2.6 완전 그래프

$N = 16$ 노드와 $L_{max} = 120$ 링크로 구성된 완전 그래프. 완전 그래프의 인접 행렬은 i와 j가 같지 않은 모든 경우($i, j = 1, ..., N$) $A_{ij} = 1$이고 $A_{ii} = 0$이다. 완전 그래프의 평균 링크수는 $\langle k \rangle = N - 1$이다. 종종 완전 그래프는 **클리크**(clique)라 부르는데, 9장에서 다룰 문제인 커뮤니티 찾기에서 자주 이렇게 부른다.

그림 2.7 인접 행렬은 성기다.
2,018개의 효모 단백질을 노드로 하는 효모의 단백질-단백질 상호작용 네트워크의 인접 행렬(표 2.1). 그림에서 점은 인접 행렬 $A_{ij} = 1$인 값이며 상호작용이 존재하는 위치에 놓였다. $A_{ij} = 0$이면 점이 존재하지 않는다. 점의 비율이 적은 것은 단백질-단백질 상호작용 네트워크의 성긴 특성을 보여준다.

을 내포한다. 실제로 완전 네트워크는 모든 (i, j)에 대해 $A_{ij} = 1$이므로, 각각의 행렬 성분이 1이다. 반면 현실 네트워크는 매우 적은 비율의 행렬 성분만 0이 아니다. 이 사실은 표 2.1과 그림 2.4(a)에 있던 단백질-단백질 상호작용 네트워크의 인접 행렬을 보여주는 그림 2.7에서 확인할 수 있다. 행렬은 거의 비어 있다.

성김은 현실 네트워크를 탐색하고 저장하는 방식에 중요한 영향을 준다. 예를 들어 컴퓨터에 대규모 네트워크를 저장할 때, 거의 대부분의 행렬 성분은 0이므로 전체의 인접 행렬보다 링크의 목록(즉, 전체 인접 행렬보다는 $A_{ij} \neq 0$인 성분)을 저장하는 것이 좋다. 행렬 표현을 쓰면, 주로 0으로 채워진 값 때문에 엄청나게 많은 메모리 공간을 사용한다(그림 2.7).

2.6 가중치 네트워크

지금까지는 모든 링크가 동일한 가중치, 그러니까 $A_{ij} = 1$인 네트워크에 대해서만 이야기했다. 하지만 많은 경우에 각 링크 (i, j)의 가중치가 w_{ij}인 **가중치 네트워크**weighted network를 연구해야 한다. 휴대전화 통화 네트워크에서는 가중치가 두 사람이 전화로 대화하는 총 시간(분)을 나타낼 수 있다. 전력망에서 가중치는 전송선을 따라 흐르는 전류의 양을 나타낸다.

가중치 네트워크의 인접 행렬의 성분은 다음과 같이 링크의 가중치를 표현한다.

$$A_{ij} = w_{ij} \tag{2.13}$$

과학적으로 관심 있는 네트워크 대부분은 가중치가 있지만, 항상 적절한 가중치를 측정할 수는 없다. 결과적으로 이런 네트워크를 가중치 없는 네트워크로 근사한다. 이 책에서는 주로 가중치가 없는 네트워크에 초점을 맞추지만, 적절할 때마다 가중치가 해당 네트워크 속성을 어떻게 바꾸는지 이야기하고자 한다(글상자 2.3).

글상자 2.3 메트칼프의 법칙: 네트워크의 가치

메트칼프의 법칙 Metcalfe's law은 어떤 **네트워크의 가치**가 노드 수의 제곱(즉, N^2)에 비례한다는 주장이다. 이 법칙은 1980년대에 통신 장비에 대한 내용으로 로버트 메트칼프Robert M. Metcalfe가 주창했으며[62], 더 많은 사람이 네트워크를 사용할수록 해당 네트워크가 더 가치 있다는 아이디어에서 시작한다. 사실 지금 이 책을 읽는 당신의 많은 친구들이 이메일을 사용할수록 당신에게 이메일 서비스의 가치는 더 커질 것이다.

1990년대에 인터넷이 크게 성장하는 동안 인터넷 회사의 가치를 측정하는 데 메트칼프의 법칙을 자주 사용했다. 다르게 말하면 이 법칙은 어떤 서비스의 가치는 그 서비스가 만들어낼 수 있는 연결의 수에 비례한다는 것인데, 그 수는 사용자의 제곱이 된다. 반면 비용은 N에 선형으로 비례해 증가한다. 결국 N^2은 N이 충분히 크다면 N보다 커지기 때문에(그림 2.8)[6] 그 서비스가 사용자를 충분히 많이 끌어들일 수 있다면 궁극적으로는 서비스가 수익을 낼 수 있을 것이다. 메트칼프의 법칙은 다시 말해 '만들면 언젠가 올 것이다'라는 정신을 지지하는데[63], 수익이 점점 더 빠르게 성장할 것이란 믿음을 준다.

메트칼프의 법칙은 N명의 사용자를 연결하는 통신 네트워크에서 '모든 링크'의 가치가 동일하다면 네트워크의 전체 가치는 $N(N - 1)/2$, 다시 말해 대략 N^2에 비례한다는 식 (2.12)에 기반을 둔다. 만약 네트워크에 $N = 10$인 사용자가 있다면 그 사이에는 $L_{max} = 45$개의 서로 다른 가능한 연결이 있다. 만약 네트워크가 그 크기를 두 배로 늘려 $N = 20$이 된다면, 가능한 연결의 수는 단순히 두 배가 되는 것이 아니라 네 배가 되어 190이 된다. 이러한 현상을 경제학에서는 네

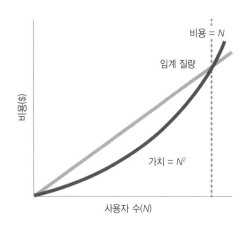

그림 2.8 메트칼프의 법칙

메트칼프의 법칙은 네트워크에 기반한 서비스의 비용이 노드 수(사용자나 기기의 수)에 비해 선형으로 증가한다는 것을 시사한다. 반면 이익이나 수입은 기술적으로 가능한 최대의 링크 수 L_{max}에 좌우되며, 이 값은 식 (2.12)에 따르면 N^2으로 증가한다. 결국 사용자나 기기의 수가 일단 **임계 질량**(critical mass)을 넘어서면 그 기술은 수익성을 창출한다.

트워크 외부성network externality이라고 부른다.

메트칼프의 법칙에는 두 가지 한계가 있다.

(a) 대부분의 현실 네트워크에서 노드는 아주 적은 수만 실제로 존재하며 성기다. 결국 네트워크의 가치는 N^2에 비례해서 증가하지 않고, 단순히 N에 비례해서 증가한다.

(b) 네트워크의 링크는 가중치가 있기 때문에 모든 링크의 가치가 동등하지는 않다. 몇몇 링크는 아주 많이 쓰이는 반면, 대부분의 링크는 거의 사용하지 않는다.

---

6 N과 N^2에는 기본적으로 한 단위가 늘어날 때마다 들어가는 비용이나 수익에 관련한 계수가 있을 것이다. 즉, aN^2과 bN을 비교하게 되는데, N이 충분히 크다면 항상 aN^2은 bN보다 크다. – 옮긴이

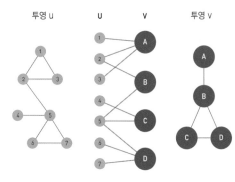

그림 2.9 이분 네트워크

이분 네트워크에는 U와 V라는 두 가지 노드 집합이 있다. U 집합의 노드는 V 집합의 노드에만 직접 연결된다. 따라서 U-U와 V-V를 직접 연결하는 링크는 없다. 이 그림은 모든 이분 네트워크에서 만들 수 있는 두 가지 투영을 보여준다. U 투영은 2개의 U 노드가 이분 표현법에서 동일한 V 노드에 연결됐으면 U 노드 2개를 서로 연결해 얻는다. V 투영은 2개의 V 노드가 이분 네트워크에서 동일한 U 노드에 연결됐을 때 서로 연결해 얻는다.

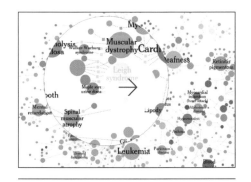

온라인 자료 2.2
인간 질병 네트워크

인간 질병 네트워크[55]의 고해상도 버전을 다운받거나, 『뉴욕타임스』에서 만든 온라인 인터페이스로 탐색해보라.

2.7 이분 네트워크

이분 그래프bipartite graph(또는 **바이그래프**bigraph)는 노드가 서로소인 2개의 집합 U와 V로 구분되며, 모든 링크는 U 노드에서 V 노드로 이어진 네트워크를 뜻한다. 다르게 표현해서 U 노드는 초록색, V 노드는 보라색이라면 모든 링크는 서로 다른 색을 연결해야 한다(그림 2.9).

모든 이분 네트워크에서 2개의 **투영**projection을 만들 수 있다. 첫 번째 투영은 이분 표현에서 동일한 V 노드에 연결된 2개의 U 노드를 링크로 연결하는 방법이다. 두 번째 투영은 2개의 V 노드가 동일한 U 노드에 연결되면 V 노드 2개를 링크로 연결한다(그림 2.9).

네트워크 이론에서 우리는 많은 이분 네트워크를 만난다. 잘 알려진 예는 한 세트의 노드가 영화(U)에 해당하고, 다른 노드 세트가 배우(V)에 해당하는 할리우드 **배우 네트워크**actor network다. 배우가 해당 영화에서 연기하면 영화와 배우가 연결된다. 이 네트워크는 표 2.1에 있다. 또 다른 투영법은 두 영화에 한 명 이상의 같은 배우가 출연한다면 연결하는 **영화 네트워크**movie network다.

의학 분야는 이분 네트워크의 또 다른 중요한 예를 보여준다. **인간 질병 네트워크**human disease network는 어떤 유전자의 돌연변이가 질병을 유발하거나 영향을 미치는 경우 유전자와 질병을 연결한다(그림 2.10).

마지막으로 그림 2.11에 나와 있는 요리법-재료-화합물 **삼분 네트워크**tripartite network와 같이 **다분 네트워크**multipartite network를 정의할 수도 있다.

2.8 경로와 거리

물리적 거리는 물리계에서 2개의 구성성분이 상호작용하는 것을 결정하는 데 핵심적 역할을 한다. 일례로 결정구조의 두 원자 사이의 거리나 우주의 두 은하 사이의 거리는 그들 사이에 작용

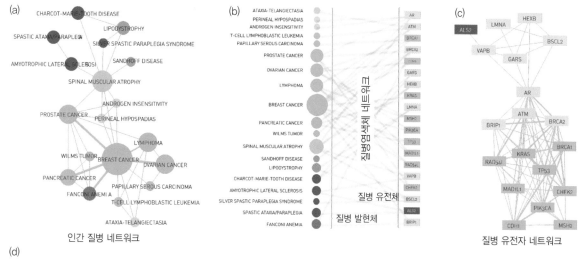

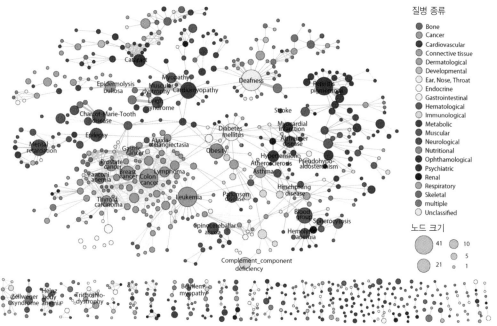

그림 2.10 인간 질병 네트워크

(a) 질병염색체 네트워크(diseaseome)[7]의 한 가지 투영은 각 노드가 질병인 **질병 네트워크**(disease network)다. 2개의 질병이 동일한 유전자와 연관되면 두 질병을 연결하는데, 이는 두 질병의 유전적 근원이 동일하다는 것을 의미한다.

(b) 인간 질병 네트워크(혹은 **질병염색체 네트워크**)는 질병(U)과 유전자(V)로 구성된 이분 네트워크다. 어떤 유전자의 변이가 특정 질병과 연관이 있으면 그 질병과 유전자가 연결된다[58].

(c) 두 번째 투영은 유전자가 노드이고 두 유전자가 같은 질병과 연관이 있으면 연결되는 **유전자 네트워크**(gene network)다. 그림 (a)~(c)는 암에 대한 질병염색체 네트워크의 부분집합을 보여준다.

(d) 1,283개의 질병을 1,777개의 공유 유전자로 연결한 전체 질병 네트워크다[55]. 온라인 자료 2.2에서 더 자세한 지도를 볼 수 있다.

---

7 'disease'와 'chromosome'의 합성어이며, 질병과 유발 유전자의 상호작용 네트워크를 나타내는 합성어로 쓰였다. – 옮긴이

(a)

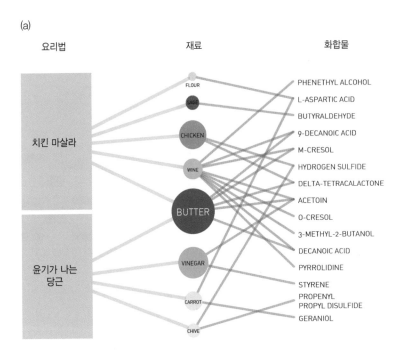

요리법   재료   화합물

치킨 마살라

윤기가 나는
당근

FLOUR
SAGE
CHICKEN
WINE
BUTTER
VINEGAR
CARROT
CHIVE

PHENETHYL ALCOHOL
L-ASPARTIC ACID
BUTYRALDEHYDE
9-DECANOIC ACID
M-CRESOL
HYDROGEN SULFIDE
DELTA-TETRACALACTONE
ACETOIN
O-CRESOL
3-METHYL-2-BUTANOL
DECANOIC ACID
PYRROLIDINE
STYRENE
PROPENYL
PROPYL DISULFIDE
GERANIOL

그림 2.11 삼분 네트워크

(a) 요리법-재료-화합물 네트워크의 구축. 첫 번째 노드 집합은 치킨 마살라와 같은 요리법이고, 두 번째 집합은 요리법에 나타난 재료에 해당한다(예를 들면 치킨 마살라를 위한 밀가루, 세이지[8], 닭, 와인, 버터 같은 것들이다). 세 번째 집합은 각 재료의 맛을 내는 풍미 화합물이나 화학물질로 구성된다.

(b) 삼분 네트워크의 투영으로 **재료** 혹은 **맛 네트워크**(flavor network)를 표현할 수 있다. 노드의 색상은 음식의 종류를 나타내고 노드의 크기는 요리법에서 그 재료의 비율을 의미한다. 2개의 재료가 동일한 풍미 화합물을 많이 공유한다면 연결한다. 링크의 굵기는 얼마나 많은 화합물을 공유하는지를 나타낸다.

출처: [64]

(b)

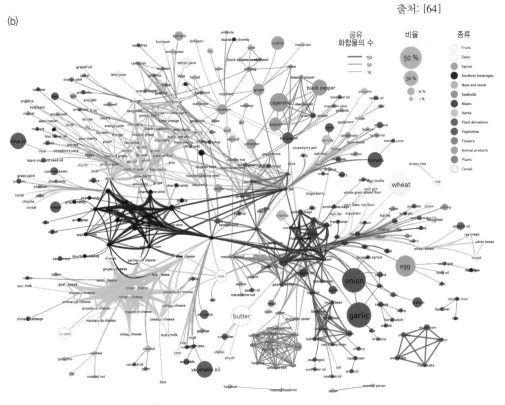

하는 힘을 결정해준다.

네트워크에서 거리는 도전적인 주제가 된다. 두 웹 페이지나 서로 알지 못하는 두 개인 사이의 거리는 도대체 무엇일까? 물리적 거리는 여기에서 큰 관련이 없다. 두 웹 페이지가 서로 지구 반대편에 있는 컴퓨터에 있다고 해도 둘 사이에는 링크가 있을 수 있다. 동시에 두 사람이 같은 건물에 살고 있더라도 서로를 모를 수도 있다.

네트워크에서는 물리적 거리가 **경로 길이**$^{\text{path length}}$로 대체된다. **경로**^{path}는 링크를 따라 이어지는 길을 의미한다. 그리고 경로의 **길이**^{length}는 경로에 포함되는 링크의 수로 표현한다(그림 2.12(a)). 일부 교재에서는 경로에서 방문하는 노드가 고유해야 한다는 조건을 준다는 것을 기억해두자.

네트워크에서 경로는 핵심적인 역할을 한다. 지금부터는 경로의 중요한 속성을 이야기하고자 한다. 그림 2.13에 더 많은 내용을 요약했다.

2.8.1 최단 경로

노드 i와 j 사이의 최단 경로$^{\text{shortest path}}$는 가장 적은 수의 링크를 포함하는 경로를 뜻한다(그림 2.12(b)). 최단 경로는 i와 j 사이의 거리^{distance}(주로 d_{ij}로 쓰거나 간단히 d로 쓴다)라고 부르곤 한다. 노드 사이에는 동일한 길이 d의 최단 경로가 여러 개 존재할 수 있다(그림 2.12(b)). 최단 경로에는 고리 구조나 교차하는 경로가 없다.

방향성 없는 네트워크에서는 i에서 j까지의 거리와 j에서 i까지의 거리가 같으므로 $d_{ij} = d_{ji}$다. 방향성 네트워크에서는 $d_{ij} \neq d_{ji}$일 때가 종종 있다. 심지어 방향성 네트워크에서는 i부터 j까지의 경로가 있다고 해도, j부터 i까지의 경로가 있음을 보장하지 못한다.

현실 네트워크에서는 두 노드 사이의 거리를 재야 할 때가 많다. 그림 2.12와 같은 작은 네트워크에서는 쉬운 문제다. 하지만

(a)

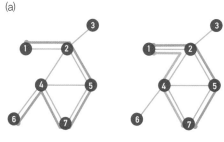

그림 2.12　경로

(a) 노드 i_0에서 i_n으로 이어지는 경로는 n개 링크의 집합 $\mathrm{P} = \{(i_0, i_1), (i_1, i_2), (i_2, i_3), ..., (i_{n-1}, i_n)\}$으로 구성한다. 이 경로의 길이는 n이다. 주황색으로 표현된 경로는 $1 \to 2 \to 5 \to 7 \to 4 \to 6$이라는 길을 따라가며 길이는 $n = 5$다.

(b) 1부터 7까지 이어지는 최단 경로, 즉 거리 d_{17}은 노드 1과 7을 잇는 링크 수가 가장 적은 경로를 뜻한다. 길이가 동일한 경로가 여럿 존재할 수 있는데, 그림에서 회색과 주황색으로 된 두 경로는 길이가 같다. 네트워크의 지름은 네트워크에서 가장 큰 거리를 의미하는데, 여기서는 $d_{\max} = 3$이다.

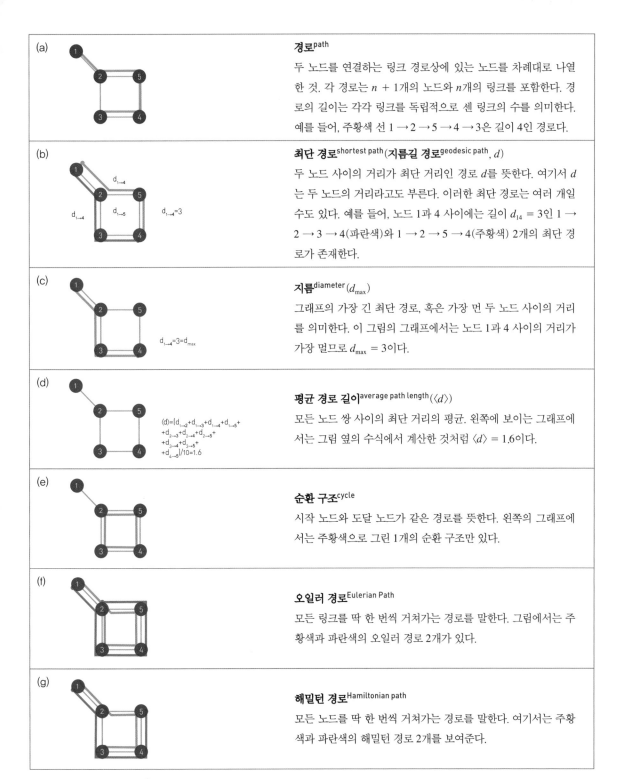

(a)	**경로**path
	두 노드를 연결하는 링크 경로상에 있는 노드를 차례대로 나열한 것. 각 경로는 $n + 1$개의 노드와 n개의 링크를 포함한다. 경로의 길이는 각각 링크를 독립적으로 센 링크의 수를 의미한다. 예를 들어, 주황색 선 $1 \rightarrow 2 \rightarrow 5 \rightarrow 4 \rightarrow 3$은 길이 4인 경로다.
(b)	**최단 경로**shortest path(**지름길 경로**geodesic path, d)
	두 노드 사이의 거리가 최단 거리인 경로 d를 뜻한다. 여기서 d는 두 노드의 거리라고도 부른다. 이러한 최단 경로는 여러 개일 수도 있다. 예를 들어, 노드 1과 4 사이에는 길이 $d_{14} = 3$인 $1 \rightarrow 2 \rightarrow 3 \rightarrow 4$(파란색)와 $1 \rightarrow 2 \rightarrow 5 \rightarrow 4$(주황색) 2개의 최단 경로가 존재한다.
(c)	**지름**diameter(d_{max})
	그래프의 가장 긴 최단 경로, 혹은 가장 먼 두 노드 사이의 거리를 의미한다. 이 그림의 그래프에서는 노드 1과 4 사이의 거리가 가장 멀므로 $d_{max} = 3$이다.
(d)	**평균 경로 길이**average path length($\langle d \rangle$)
	모든 노드 쌍 사이의 최단 거리의 평균. 왼쪽에 보이는 그래프에서는 그림 옆의 수식에서 계산한 것처럼 $\langle d \rangle = 1.6$이다.
(e)	**순환 구조**cycle
	시작 노드와 도달 노드가 같은 경로를 뜻한다. 왼쪽의 그래프에서는 주황색으로 그린 1개의 순환 구조만 있다.
(f)	**오일러 경로**Eulerian Path
	모든 링크를 딱 한 번씩 거쳐가는 경로를 말한다. 그림에서는 주황색과 파란색의 오일러 경로 2개가 있다.
(g)	**해밀턴 경로**Hamiltonian path
	모든 노드를 딱 한 번씩 거쳐가는 경로를 말한다. 여기서는 주황색과 파란색의 해밀턴 경로 2개를 보여준다.

(b) $d_{1 \rightarrow 4}$, $d_{1 \rightarrow 4}$, $d_{1 \rightarrow 5}$, $d_{1 \rightarrow 4}=3$

(c) $d_{1 \rightarrow 4}=3=d_{max}$

(d) $\langle d \rangle = [d_{1 \rightarrow 2}+d_{1 \rightarrow 3}+d_{1 \rightarrow 4}+d_{1 \rightarrow 5}+d_{2 \rightarrow 3}+d_{2 \rightarrow 4}+d_{2 \rightarrow 5}+d_{3 \rightarrow 4}+d_{3 \rightarrow 5}+d_{4 \rightarrow 5}]/10=1.6$

그림 2.13 경로학(pathology)[9]

---

9   경로를 뜻하는 'path'라는 말에 착안해 저자는 병리학을 뜻하는 'pathology'라는 단어로 경로에 대한 정리 표를 표현했다. – 옮긴이

노드가 수백만 개인 네트워크에서 두 노드 사이의 최단 거리를 측정하는 것은 시간 소모가 크다. 최단 경로 길이와 이러한 경로의 수는 인접 행렬을 이용해 수학으로 구할 수 있다(글상자 2.4). 실제로는 글상자 2.5에서 이야기할 너비 우선 탐색$^{\text{BFS, Breadth-First-Search}}$ 알고리듬을 사용한다.

2.8.2 네트워크 지름

네트워크의 **지름**^{diameter}은 주로 d_{max}로 쓰며 네트워크의 가장 긴 최단 경로를 의미한다. 다르게 말하자면 모든 노드 쌍 중 가장 먼 쌍의 거리다. 그림 2.13의 네트워크 지름은 $d_{max} = 3$임을 확인할 수 있다. 더 큰 네트워크에서는 글상자 2.5에서 이야기할 BFS 알고리듬으로 구할 수 있다.

2.8.3 평균 경로 길이

평균 경로 길이$^{\text{average path length}}$(주로 $\langle d \rangle$로 쓴다)는 네트워크의 모든 노드 쌍에 대한 경로의 평균 거리를 의미한다. N개의 노드로 구성된 방향성 네트워크에서 $\langle d \rangle$는 다음과 같이 쓴다.

$$d = \frac{1}{N(N-1)} \sum_{\substack{i,j=1,N \\ i \neq j}} d_{i,j} \qquad (2.14)$$

식 (2.14)에서는 같은 덩어리에 있는 노드 쌍만 거리를 잰다는 것을 유념하자(2.9절). BFS 알고리듬을 사용하면 큰 네트워크의 평균 경로 길이를 잴 수 있다. 그러려면 글상자 2.5의 알고리듬을 사용해서 한 노드부터 다른 모든 노드까지의 거리를 잰다. 그 다음으로는 (방향성 없는 네트워크일 때) 다른 노드와 첫 노드를 제외한 나머지 노드의 거리를 잰다. 그 이후에는 모든 노드를 거칠 때까지 이 과정을 반복한다.

글상자 2.4 두 노드 사이의 최단 경로의 수

두 노드 i와 j 사이의 최단 경로의 수 N_{ij}와 거리 d_{ij}는 인접 행렬 A_{ij}로 바로 구할 수 있다.

- 만약 직접 링크가 있다면 $d_{ij} = 1$이며, A_{ij}는 1이다(아닌 경우 $A_{ij} = 0$이다).
- 만약 i와 j 사이에 길이 2인 경로가 있다면 $d_{ij} = 2$이며, $A_{ik}A_{kj} = 1$이다(아닌 경우 $A_{ik}A_{kj} = 0$)이다. 노드 i와 j 사이에 거리 $d_{ij} = 2$인 경로의 수는 다음과 같이 쓴다.

$$N_{ij}^{(2)} = \sum_{k=1}^{N} A_{ik}A_{kj} = A_{ij}^2$$

여기서 $[...]_{ij}$는 행렬의 (ij)번째 성분을 의미한다.

- i에서 j까지 거리 d인 경로가 존재한다면 $d_{ij} = d$이므로 $A_{ik} \ldots A_{lj} = 1$이다(아닌 경우 $A_{ik} \ldots A_{lj} = 0$이다). 노드 i와 j 사이의 거리 d인 경로의 수는 다음과 같이 구할 수 있다.

$$N_{ij}^{(d)} = A_{ij}^d$$

이 식은 방향성 네트워크와 방향성 없는 네트워크에 모두 사용할 수 있다. 두 노드 i와 j 사이의 **거리**는 $N_{ij}^{(d)} > 0$인 가장 작은 d를 의미한다. 이 접근법이 우아하긴 하지만, 큰 네트워크에서는 글상자 2.5에서 다룰 BFS 알고리듬이 더 효율적이다.

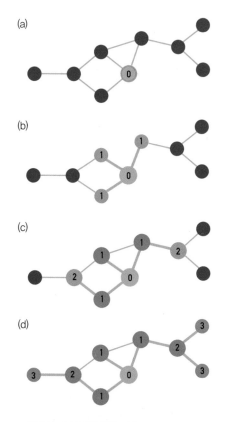

(a)

(b)

(c)

(d)

그림 2.14 BFS 알고리듬 사용

(a) 주황색의 노드에 이름표를 '0'으로 붙여서 시작하고, 이 노드의 모든 이웃에 '1'이라는 이름표를 붙인다.

(b)~(d) 그다음에는 '1'이 붙은 모든 노드의 이웃에 '2'라는 이름표를 붙이고, 한 번 반복할 때마다 이름표의 숫자를 하나씩 늘려 모든 노드에 이름표가 붙을 때까지 이러한 과정을 반복한다. 노드 0과 i 사이의 최단 경로 혹은 거리 d_{0i}는 이 과정에서 붙은 노드 i의 이름표와 같다. 예를 들어, 노드 0과 가장 왼쪽의 노드 사이의 거리는 $d = 3$이다.

글상자 2.5 너비 우선 탐색 알고리듬

너비 우선 탐색BFS은 네트워크 과학에서 흔히 쓰이는 알고리듬이다. 연못에 조약돌을 던지고 물결이 퍼져나가는 것을 관찰하는 것처럼, BFS는 한 노드에서 시작해 그 노드의 이웃에 이름을 붙인다. 그 이후에 원하는 목적지 노드에 도달할 때까지 이웃의 이웃으로 계속 동일한 작업을 수행한다. 여기서 목적지까지 도달하는 데 필요한 '물결'의 수가 거리를 알려준다.

노드 i와 j 사이의 최단 경로를 찾아내는 방법은 다음과 같은 형태로 구성한다(그림 2.14).

1. 노드 i의 거리에 '0'이라는 값을 써넣으며 시작한다.

2. 노드 i와 직접 연결되는 노드를 찾는다. 이 노드까지의 거리를 '1'이라고 써놓고, 이들을 큐queue10에 저장한다.

3. 큐에서 첫 번째 노드를 꺼낸다. 노드에는 거리 n을 적었고, 첫 번째로 꺼낸다면 $n = 1$일 것이다. 이 노드의 이웃 노드 중 거리를 계산하지 않은 모든 노드를 찾아 이름표에 $n + 1$이라고 기록하고 큐에 넣는다.

4. 원하는 목적 노드 j를 찾거나 큐에 남은 노드가 없을 때까지 3번 과정을 반복한다.

5. j를 찾았다면 j의 이름표가 i와 j 사이의 거리다. 만약 j가 이름표가 없다면[11] $d_{ij} = \infty$다.

컴퓨터가 BFS 알고리듬으로 노드 N개와 링크 L개인 네트워크에서 거리를 구할 때, 대략적인 계산 절차의 수인 계산 복잡도는 $O(N + L)$이다. 이것은 N과 L 모두에 선형인데, 모든 노드가 최대로 큐에 한 번씩 들어가고 모든 링크를 한 번씩 거쳐가는 상황을 가정한다.

---

10 컴퓨터 과학에 쓰는 기본적인 자료 구조로, 먼저 저장한 값이 먼저 나오는 선입 선출(FIFO, Firs-In-First-Out) 구조로 저장하는 방법을 말한다. – 옮긴이

11 다시 말해, 큐에 들어간 적이 없다면 – 옮긴이

2.9 연결상태

만약 유효한 전화번호로 전화를 걸 수 없다면, 전화는 통신 장치로 거의 쓸모가 없을 것이다. 만약 모든 이메일 주소가 아닌 일부 주소로만 메일을 보낼 수 있다면 이메일은 그다지 쓸모없을 것이다. 네트워크 관점에서 보자면 전화나 인터넷 뒤에 있는 네트워크가 모든 노드 사이에 경로를 만들 수 있어야만 한다는 것을 의미한다. 사실 이것이 대부분의 네트워크에서 가장 중요한 유용성이다. 네트워크는 **연결상태**connectedness를 보장해야 한다. 이 절에서는 그래프 이론 관점에서 네트워크의 연결상태를 공식화하는 방법을 논의한다.

방향성 없는 네트워크에서 노드 i와 j는 두 노드를 연결하는 경로가 있다면 **연결됐다**connected고 한다. 만약 그런 경로가 없고 $d_{ij} = \infty$인 경우라면 **단절됐다**disconnected고 한다. 이런 상황을 네트워크에서 연결되지 않은 두 클러스터로 예를 들어 그림 2.15(a)에 도식화했다. 한 클러스터 안의 두 노드 사이에는 경로가 존재하지만(예: 노드 4와 6) 다른 클러스터의 노드 사이에는 경로가 존재하지 않는다(예: 노드 1과 6).

만약 네트워크의 모든 쌍이 연결됐다면 **네트워크가 연결됐다**고 말한다. 네트워크의 어떤 한 노드 쌍이라도 $d_{ij} = \infty$라면 **네트워크는 단절됐다**고 한다. 그림 2.15(a)에서 제시한 네트워크는 명확히 단절됐고, 각각의 부분 네트워크를 **덩어리**component 혹은 **클러스터**cluster라고 한다. 덩어리는 네트워크 노드의 부분집합으로 그 안의 모든 노드 사이에는 경로가 존재하지만, 속성이 동일한 노드를 이 덩어리에 더 추가할 수는 없다.

만약 네트워크가 2개의 덩어리로 구성되어 있더라도 적절한 위치에 링크를 하나 만든다면 네트워크를 연결할 수 있다(그림 2.15(b)). 이런 링크를 **다리**bridge라고 부른다. 일반적으로 다리는 링크를 끊었을 때 네트워크를 단절시키는 링크를 의미한다.

작은 네트워크에서는 단절됐는지 연결됐는지 눈으로 확인하는 것이 판별하는 데 도움이 되겠지만, 수백만 개의 노드로 구성

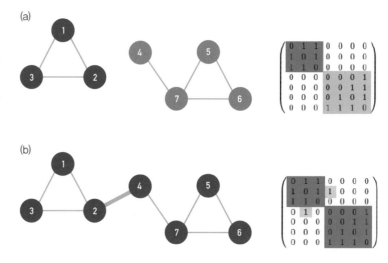

그림 2.15 연결된 네트워크와 단절된 네트워크

(a) 1개의 단절된 덩어리로 구성된 네트워크. (1, 2, 3) 노드 사이에는 어떤 조합으로든 경로를 찾을 수 있고 (4, 5, 6, 7) 사이에도 경로를 찾을 수 있다. 하지만 다른 덩어리에 있는 노드 사이에는 경로가 없다.

그림 오른쪽에는 네트워크의 인접 행렬을 표시했다. 만약 단절된 덩어리가 있다면 인접 행렬은 대각선을 따라 있는 작은 정사각형 블록 안에 0이 아닌 모든 성분이 들어 있는 블록 대각 형태로 표현할 수 있다. 이때 다른 모든 성분은 0이다.

(b) 만약 **다리**라고 부르는 링크 하나를 회색 링크처럼 추가한다면 단절된 네트워크는 하나의 연결된 덩어리로 바뀐다. 이제 네트워크의 모든 노드 사이에서 경로를 찾을 수 있다. 이에 따라 네트워크의 인접 행렬은 블록 대각 형태로 표현할 수 없다.

글상자 2.6 네트워크의 연결된 덩어리를 찾아내는 방법

1단계: 무작위로 노드 i를 골라서 그 노드부터 **BFS**를 수행한다(글상자 2.5). 이 과정에서 거치는 모든 노드에는 1이라는 이름표를 붙인다.

2단계: 만약 이름표가 붙은 노드가 N개라면 네트워크는 연결되어 있다. 만약 이름표가 붙은 노드가 N개보다 적다면 네트워크는 여러 개의 덩어리로 구성되어 있다. 다른 덩어리를 찾으려면 3단계를 수행한다.

3단계: 이름표의 값을 $n \rightarrow n + 1$로 증가시킨다. 이름표가 아직 없는 노드 j를 찾아서 n이라는 이름표를 붙인다. BFS를 사용해 j에서 도달할 수 있는 모든 노드에 n이라는 이름표를 붙인다. 그리고 다시 2단계로 돌아간다.

된 네트워크에서는 어려운 문제다. 연결된 덩어리를 찾으려면 수학적이고 알고리듬적인 접근법이 도움을 줄 수 있다. 예를 들어, 네트워크가 단절됐으면 인접 행렬은 모든 0이 아닌 성분이 대각선을 따라 놓인 정사각형 블록 안에만 있는 블록 대각 행렬로 표현이 가능하고, 이때 다른 모든 성분은 0이다(그림 2.15(a)). 각각의 정사각형 블록은 덩어리에 대응한다. 선형대수학적 방법을 사용하면 인접 행렬이 블록 대각인지 확인할 수 있으며, 연결된 덩어리를 찾는 데 쓰일 수 있다.

실제로는 큰 네트워크에서 덩어리를 찾아내는 경우에 BFS 알고리듬을 사용하는 것이 더 효율적이다(글상자 2.6).

2.10 뭉침 계수

뭉침 계수는 주어진 노드의 이웃끼리 연결된 정도를 측정한다. 링크수가 k_i인 노드 i의 **국소 뭉침 계수**local clustering coefficient는 다음과 같이 정의된다[8].

$$C_i = \frac{2L_i}{k_i(k_i - 1)} \tag{2.15}$$

여기서 L_i는 노드 i의 k_i개 이웃 노드들의 실제 링크의 수를 의미한다. C_i는 0과 1 사이의 값이다(그림 2.16(a)).

- 노드 i의 이웃 중 아무도 서로 이웃이 아닌 경우 $C_i = 0$이다.
- 노드 i의 이웃이 완전 그래프, 다시 말해 모두 서로 링크가 있는 경우 $C_i = 1$이다.
- C_i는 i의 **두 이웃이 서로 연결됐을 확률**을 의미한다. 결국 $C = 0.5$는 50%의 확률로 두 이웃이 서로 연결됐음을 의미한다.

요약하자면 C_i는 네트워크의 국소적인 밀도를 의미한다. 노드 i의 이웃이 더 촘촘하게 연결될수록 국소 뭉침 계수가 더 커진다.

전체 네트워크의 뭉침 정도는 모든 노드 $i = 1, …, N$의 C_i를 평균한 **평균 뭉침 계수**average clustering coefficient $\langle C \rangle$로 측정할 수 있다[8].

$$\langle C \rangle = \frac{1}{N} \sum_{i=1}^{N} C_i \qquad (2.16)$$

확률적인 해석을 이어받으면, $\langle C \rangle$는 어떤 노드에서 임의로 두 이웃을 골랐을 때 연결됐을 확률을 의미한다.

식 (2.16)은 방향성 없는 네트워크에서 정의했지만 방향과 가중치가 있는 네트워크에서도 일반화할 수 있다[65, 66, 67, 68]. 네트워크 문헌에서 가끔 **전역 뭉침 계수**global clustering coefficient를 마주칠 수도 있는데, 이는 [심화 주제 2.A]에서 다룬다.

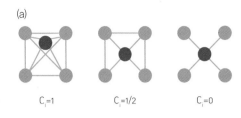

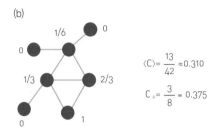

그림 2.16 뭉침 계수

(a) 가운데 있는 노드가 링크수 $k_i = 4$이고 이웃이 세 가지 구조로 배열됐을 때 국소 뭉침 계수의 변화. 국소 뭉침 계수는 노드의 인근에 있는 링크의 국소적 밀도를 측정한다.

(b) 노드들의 국소 뭉침 계수를 바로 옆에 표시한 작은 네트워크. 식 (2.16)으로 계산한 평균 뭉침 계수 $\langle C \rangle$와 2.12절의 식 (2.17)에서 다룰 전역 뭉침 계수 C_Δ도 옆에 표기해뒀다. 링크수가 $k_i = 0, 1$인 노드의 뭉침 계수는 0이라는 점을 유념하자.

2.11 정리

2장에서는 네트워크 과학에서 사용하는 기본적인 그래프 이론 개념과 도구를 소개하는 짧은 집중 수업을 제공했다. 그림 2.17에 요약된 기본 네트워크 특성은 네트워크를 탐색하는 규격화된 언어를 제시한다.

네트워크 과학에서 연구하는 많은 네트워크는 수천 혹은 수백만 개의 노드와 링크로 구성된다(표 2.1). 그런 네트워크를 이

(a)	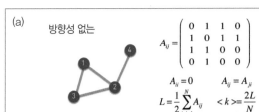 $$A_{ij} = \begin{pmatrix} 0 & 1 & 1 & 0 \\ 1 & 0 & 1 & 1 \\ 1 & 1 & 0 & 0 \\ 0 & 1 & 0 & 0 \end{pmatrix}$$ $A_{ii}=0 \qquad A_{ij}=A_{ji}$ $L=\frac{1}{2}\sum_{i,j=1}^{N}A_{ij} \quad <k>=\frac{2L}{N}$	**방향성 없는 네트워크**undirected network 링크의 방향을 특정하게 정의하지 않은 네트워크 예: 인터넷, 전력망, 과학 공동연구 네트워크
(b)	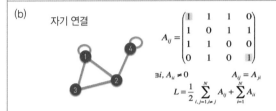 $$A_{ij} = \begin{pmatrix} 1 & 1 & 1 & 0 \\ 1 & 0 & 1 & 1 \\ 1 & 1 & 0 & 0 \\ 0 & 1 & 0 & 1 \end{pmatrix}$$ $\exists i,\ A_{ii}=0 \qquad A_{ij}=A_{ji}$ $L=\frac{1}{2}\sum_{i,j=1,i\neq j}^{N}A_{ij}+\sum_{i=1}^{N}A_{ii}$	**자기 연결**self-loops 많은 네트워크에서 노드는 자기 자신과 상호작용하지 않고, 인접 행렬의 대각선 성분은 0이다($A_{ii}=0$, $i=1,\dots,N$). 몇몇 시스템에서는 이런 자기 상호작용이 가능하다. 이러한 네트워크에서 자기 연결은 노드 i가 자기 자신과 상호작용한다는 것을 의미한다. 예: 월드와이드웹, 단백질 상호작용
(c)	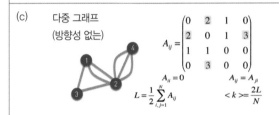 $$A_{ij} = \begin{pmatrix} 0 & 2 & 1 & 0 \\ 2 & 0 & 1 & 3 \\ 1 & 1 & 0 & 0 \\ 0 & 3 & 0 & 0 \end{pmatrix}$$ $A_{ii}=0 \qquad A_{ij}=A_{ji}$ $L=\frac{1}{2}\sum_{i,j=1}^{N}A_{ij} \quad <k>=\frac{2L}{N}$	**다중 그래프**multigraph/**단순 그래프**simple graph 다중 그래프에서는 노드 사이에 다중 링크(혹은 병렬 링크)를 허용한다. 그래서 A_{ij}는 어떠한 양의 정수도 가능하다. 이러한 다중 연결을 허용하지 않는 네트워크는 단순하다고 부른다. 다중 그래프의 예: 친구관계, 가족, 직업관계 등을 구분할 수 있는 사회연결망
(d)	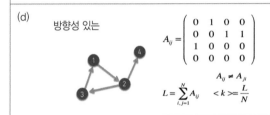 $$A_{ij} = \begin{pmatrix} 0 & 1 & 0 & 0 \\ 0 & 0 & 1 & 1 \\ 1 & 0 & 0 & 0 \\ 0 & 0 & 0 & 0 \end{pmatrix}$$ $A_{ij}\neq A_{ji}$ $L=\sum_{i,j=1}^{N}A_{ij} \quad <k>=\frac{L}{N}$	**방향성 네트워크**directed network 네트워크 링크가 방향이 있는 네트워크 예: 월드와이드웹, 휴대전화 통화, 인용 네트워크
(e)	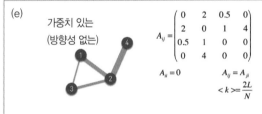 $$A_{ij} = \begin{pmatrix} 0 & 2 & 0.5 & 0 \\ 2 & 0 & 1 & 4 \\ 0.5 & 1 & 0 & 0 \\ 0 & 4 & 0 & 0 \end{pmatrix}$$ $A_{ii}=0 \qquad A_{ij}=A_{ji}$ $<k>=\frac{2L}{N}$	**가중치 네트워크**weighted network 네트워크의 링크에 강도나 흐름을 나타내는 가중치를 정의한 네트워크. 노드 사이에 w_{ij} 가중치의 링크가 있다면 인접 행렬의 성분은 $A_{ij}=w_{ij}$다. 방향성 없는 (이진) 네트워크에서 인접 행렬은 링크가 있거나($A_{ij}=1$) 없는($A_{ij}=0$) 상태만 표현할 수 있다. 예: 휴대전화 통화, 이메일 네트워크
(f)	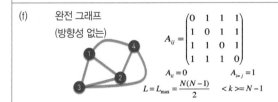 $$A_{ij} = \begin{pmatrix} 0 & 1 & 1 & 1 \\ 1 & 0 & 1 & 1 \\ 1 & 1 & 0 & 1 \\ 1 & 1 & 1 & 0 \end{pmatrix}$$ $A_{ii}=0 \qquad A_{i\neq j}=1$ $L=L_{max}=\frac{N(N-1)}{2} \quad <k>=N-1$	**완전 그래프**complete graph (**클리크**clique) 모든 노드가 서로 연결되면 완전 그래프라고 한다. 예: 한 영화에 출연한 모든 배우는 배우 네트워크에서 모두 서로 연결된다.

그림 2.17 그래프학[12]

네트워크 과학에서는 그래프의 기본적인 성질로 네트워크를 구분해야 하는 경우가 있다. 가장 흔하게 마주치는 네트워크 종류를 여기에 정리해봤다. 또한 실제 네트워크 중 그 특성을 공유하는 것도 같이 나열했다. 대부분의 네트워크는 이런 기본 특성 몇 가지를 조합한 형태로 존재한다는 사실을 기억해두자. 예를 들어, 월드와이드웹은 방향과 자기 연결이 있는 다중 그래프다. 휴대전화 네트워크는 방향과 가중치가 있고, 자기 연결이 없는 네트워크다.

해하려면 그림 2.17에 제시된 작은 그래프를 먼저 넘어서야 한다. 효모의 단백질 상호작용 네트워크로, 마주할 내용을 엿보자(그림 2.4(a)). 네트워크는 연결의 배선도를 눈으로 확인해서 그 속성을 이해하기에는 너무 복잡하다. 따라서 네트워크 과학의 방법으로 구조 특성을 찾아야 한다.

이 네트워크의 기본적인 특성을 탐색고자 지금까지 소개한 측도를 사용해보자. 이 방향성 없는 네트워크는 그림 2.4(a)에 나타난 것처럼 단백질에 해당하는 $N = 2{,}018$개의 노드와 그 사이의 결합 상호작용에 해당하는 $L = 2{,}930$개의 링크가 있다. 식 (2.2)로 계산한 평균 링크수는 $\langle k \rangle = 2.90$이고, 일반적인 단백질은 대략 2개나 3개의 다른 단백질과 상호작용을 한다는 뜻이다. 하지만 이 숫자는 오해를 불러올 수 있다. 실제로 그림 2.4(b), (c)에서 나타난 링크수 분포 p_k는 대부분 노드의 링크 수가 적다는 것을 나타낸다. 정확히 말하자면 이 네트워크에서는 69%의 노드가 3개 미만의 링크를 갖고 있으며, 다시 말해 $k < \langle k \rangle$이다. 링크가 적은 이런 수많은 노드는 링크가 최대 92개인 적은 수의 노드(허브라 부르는)와 연결된 채 존재한다. 이러한 큰 차이는 노드의 링크수가 4장에서 다룰 척도 없는 성질에서 나오기 때문이다. 이러한 네트워크 링크수의 분포가 네트워크의 견고함이나 바이러스의 전파 같은 많은 네트워크의 성질을 결정한다.

BFS 알고리듬(글상자 2.5)로 네트워크의 지름이 $d_{max} = 14$라는 사실을 알 수 있다. 일부 노드는 서로 가까이 있고 어떤 노드는 멀리 떨어져 있기 때문에 d의 변화가 클 것이라고 기대할 수도 있다. 거리의 분포(그림 2.18(a))는 실제로는 그렇지 않다는 것을 나타낸다. p_d는 최댓값은 5와 6 사이에 두드러지게 나타나며 대부분 $\langle d \rangle = 5.61$ 근처임을 알려준다. 또한 p_d는 큰 d에 대해 빠르게 감소하므로 아주 큰 거리는 없음을 알 수 있다. 실제로 거리의 분산은 $\sigma_d = 1.64$이며 이는 대부분 경로의 길이가 $\langle d \rangle$

---

12 저자는 여기서 'graphology'라는 단어를 사용했다. 이 단어는 필적을 통해 사람의 성격 등을 연구하는 필적학을 뜻하는데, 단어에 'graph'가 포함되어 있으므로 그래프를 다루는 학문이라는 의미로 중의적으로 사용했다. - 옮긴이

(a)

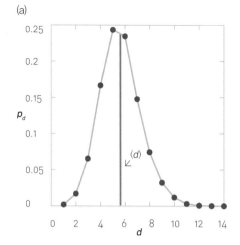

(b)

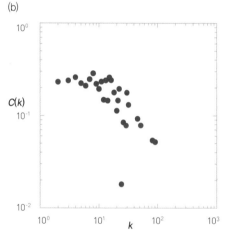

그림 2.18 실제 네트워크의 특징짓기

효모의 단백질-단백질 상호작용(PPI, Protein-Protein Interaction) 네트워크는 네트워크 과학자와 생물학자가 흔히 연구하는 대상이다. 자세한 배선도는 그림 2.4(a)에서 볼 수 있는데, 전체 단백질의 81%가 소속된 하나의 큰 덩어리와 수많은 작은 덩어리로 구성된다는 것을 보여준다.

(a) PPI 네트워크의 거리 분포 p_d는 무작위로 고른 두 노드의 거리가 d일 확률을 보여준다(최단 경로). 회색의 수직선은 평균 경로 길이를 나타내는데, 여기서는 $\langle d \rangle = 5.61$이다.

(b) 링크수가 k인 모든 노드의 국소 뭉침 계수를 평균해서 구한 평균 국소 뭉침 계수. 노드의 링크 수 k에 대한 평균 국소 뭉침 계수의 의존성

에 가깝다는 것을 나타낸다. 이는 3장에서 논의할 좁은 세상 특징을 나타내는 징표다.

BFS 알고리듬은 또한 단백질 상호작용 네트워크는 연결되지 않고 그림 2.4(a)의 고립된 클러스터와 노드에서 보이듯 185개의 덩어리로 구성됐음을 알려준다. 거대 덩어리라고 부르는 가장 큰 덩어리에 속하는 것은 2,018개의 노드 중 1,647개다. 나머지 덩어리들은 매우 작다. 이후의 장들에서 이야기하겠지만, 이러한 분절은 실제 네트워크에서는 흔한 일이다.

단백질 상호작용 네트워크의 평균 국소 뭉침 계수는 $\langle C \rangle = 0.12$이며, 이후의 장에서 다룰 내용에서 말하겠지만 국소 뭉침 계수가 높은 수준이다. 한 가지 더 알 수 있는 점은 노드의 링크 수에 대한 뭉침 계수의 의존성, 혹은 $C(k)$ 함수다(그림 2.18(b)). k가 클수록 $C(k)$가 작아지는 것에 비춰보면 허브의 국소 뭉침 계수에 비해 작은 노드들의 국소 뭉침 계수가 훨씬 크다. 즉, 링크수가 작은 노드들은 빽빽한 국소 네트워크의 이웃들 사이에 놓여 있고 허브는 더 성긴 이웃들 사이에 있다. 이것은 9장에서 다룰 네트워크 성질인 **계층**hierarchy의 결과다.

마지막으로, 눈으로 살피면 재미있는 패턴을 찾을 수 있다. 허브는 작은 노드와 연결하는 경향이 있는데, 이는 허브-바큇살 hub-and-spoke 특성을 보여준다(그림 2.4(a)). 이것은 7장에서 다룰 링크수 상관관계의 결과다. 이러한 상관관계는 전파 현상부터 네트워크를 조종하는 데 필요한 운전 노드의 수까지, 많은 네트워크 기반 과정에 영향을 준다.

종합해보면, 그림 2.4와 그림 2.18은 2장에서 소개한 값이 네트워크의 핵심적 속성을 검사하는 데 도움을 준다는 사실을 보여준다. 앞으로 나올 장에서는 이러한 네트워크의 특성을 체계적으로 공부하고 이것들이 어떤 복잡계에 대해 무엇을 말해주는지 이해하고자 한다.

2.12 과제

2.12.1 쾨니히스베르크 문제

그림 2.19의 네트워크 중 연필을 떼지 않고 모든 선을 두 번 이상 지나지 않게 그릴 수 있는 것은 무엇인가? 그 이유는 무엇인가?

2.12.2 행렬 수식

A는 자기 연결이 없고 방향과 가중치가 없는 네트워크의 $N \times N$ 인접 행렬이라고 해보자. **1**은 N개의 성분을 가진 열 벡터^{column} ^{vector}이고 각 성분이 모두 1이라고 가정하자. 즉, $1 = (1, 1, ..., 1)^T$ 이다. 여기서 위첨자 T는 **전치**^{transpose} 연산을 의미한다. 행렬 수식을 이용해(상수를 곱하거나 행과 열을 곱하거나 전치나 대각합^{trace} 등의 행렬 연산을 수행하지만, 더하기 기호인 Σ를 사용하는 것은 피해서) 다음에 대한 표현식을 써보자.

(a) 모든 노드 $i = 1, 2, ..., N$의 링크수 k_i가 성분인 **k** 벡터

(b) 네트워크의 전체 링크의 수 L

(c) 네트워크에서 3개의 노드가 서로 모두 연결된 삼각형 구조 T의 수(**힌트**: 행렬의 대각합을 사용해보자.)

(d) i번째 성분이 노드 i에 이웃한 노드들의 링크수 합인 벡터 **k**$_{nn}$

(e) i번째 성분이 노드 i의 이웃의 이웃 노드들의 링크수 합인 벡터 **k**$_{nnn}$

2.12.3 그래프 표현법

인접 행렬은 많은 해석적 계산을 할 때 유용한 그래프 표현법이다. 하지만 컴퓨터에 네트워크를 저장한다면, 링크의 시작점 i와 종료점 j를 기록한 링크의 리스트를 $L \times 2$ 크기로 만들어서 메모리를 절약할 수 있다.

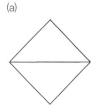
(a)

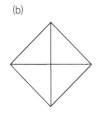
(b)

(c)

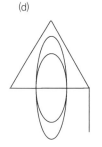
(d)

그림 2.19 쾨니히스베르크 문제

(a)

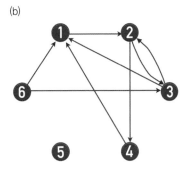

(b)

그림 2.20　그래프 표현법
(a) 6개의 노드와 7개의 링크로 구성한 방향성 없
는 그래프
(b) 6개의 노드와 8개의 방향 있는 링크로 구성한
방향성 그래프

그림 2.20의 네트워크로 다음을 구축해보자.

(a)　대응하는 인접 행렬

(b)　대응하는 링크의 리스트

(c)　그림 2.20(a)의 네트워크에서 평균 뭉침 계수를 정해보자.

(d)　만약 그림 2.20(a)의 노드 5와 6의 이름표를 서로 바꾼다면
　　인접 행렬은 어떻게 바뀌는가? 링크의 목록은 어떻게 바뀌
　　는가?

(e)　링크의 목록에서는 구할 수 없지만 인접 행렬에서는 구할
　　수 있는 정보는 어떤 것이 있는가?

(f)　(a)의 네트워크에서, 노드 1에서 시작해 노드 3에서 끝나며
　　거리 3인 경로가 얼마나 많은가?(같은 노드와 링크를 여러 번
　　거쳐도 된다.) (b)에 대해서는 어떤가?

(g)　컴퓨터를 사용해 두 네트워크 각각에서 길이가 4인 순환
　　구조는 몇 개나 있는지 알아보자.

2.12.4　링크수, 뭉침 계수, 덩어리

(a)　모든 노드가 링크수 $k = 1$이며 크기 N인 방향성 없는 네트
　　워크를 생각해보자. N이 어떤 조건을 만족해야 하는가? 이
　　네트워크의 링크수 분포는 어떻게 되는가? 네트워크에는
　　얼마나 많은 덩어리가 존재하는가?

(b)　모든 노드가 링크수 $k = 2$이며 뭉침 계수 $C = 1$인 네트워
　　크를 생각해보자. 이 네트워크는 어떻게 생겼는가? 이 경
　　우에는 N이 어떤 조건을 만족해야 하는가?

2.12.5　이분 네트워크

그림 2.21의 이분 네트워크를 생각해보자.

(a)　인접 행렬을 구해보자. 왜 이 행렬은 블록 대각 구조인가?

(b)　보라색 노드와 녹색 노드에 대한 두 가지 투영의 인접 행렬
　　을 구해보자.

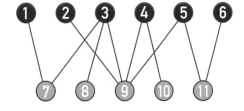

그림 2.21　이분 네트워크
한 집합에는 6개의 노드, 다른 집합에는 5개의 노
드가 10개의 링크로 이어진 이분 네트워크

(c) 이분 네트워크의 보라색 노드와 초록색 노드 각각의 평균 링크수를 구해보자.

(d) 두 네트워크 투영에서 평균 링크수를 각각 구해보자. (c)에 서 구한 값과 다르다는 것이 놀라운 일인가?

2.12.6 이분 네트워크(일반적인 경우)

각 집합이 N_1개와 N_2개의 노드로 구성된 이분 네트워크를 생각 해보자.

(a) 네트워크에 존재할 수 있는 최대의 링크 수 L_{max}는 얼마인 가?

(b) $N = N_1 + N_2$개 노드가 있을 때, 이분이 아닌 네트워크에 서는 가능하지만 이분 네트워크에서는 존재할 수 없는 링 크의 수는 몇 개인가?

(c) 만약 $N_1 \ll N_2$라면, 실제 네트워크의 총 링크 수와 네트워 크의 이론상 최대 링크 수 L_{max}의 비율인 네트워크의 밀도 는 어떻게 되는가?

(d) N_1과 N_2를 활용해 이분 네트워크의 두 집합의 평균 링크수 $\langle k_1 \rangle$과 $\langle k_2 \rangle$를 구하는 표현식을 찾아보자.

2.13 [심화 주제 2.A] 전역 뭉침 계수

간혹 네트워크 문헌에서 **전역 뭉침 계수**global clustering coefficient라는 것을 마주하게 된다. 이는 네트워크에서 닫힌 삼각형 구조의 총 수를 센 값이다. 노드 i의 두 이웃 사이에 링크가 있다면 닫힌 삼 각형 구조를 만들므로 사실 식 (2.15)의 L_i는 노드 i가 포함된 삼 각형의 개수를 나타낸다(그림 2.17). 결국 네트워크의 전체 뭉침 정도는 다음과 같이 정의된 **전역 뭉침 계수**로도 측정할 수 있다.

$$C_\Delta = \frac{3 \times \text{삼각형 구조의 총수}}{\text{연결된 삼자 구조의 수}} \qquad (2.17)$$

여기서 **연결된 3자 구조**^{connected triplet}는 정렬된 세 노드 ABC의 집합으로 A가 B와 연결되고 B와 C가 연결된 상태를 말한다. 예를 들어 A, B, C의 삼각 구조는 3개의 삼자 구조 ABC, BCA, CAB로 구성된다. 대조적으로 B와 A, C는 연결됐지만 A가 C와는 연결되지 않았다면, 열린 삼각 구조 ABC 1개만을 만든다. 식 (2.17)의 분자에 곱한 3은 1개의 삼각 구조가 삼자 구조를 셀 때 세 번 나타난다는 사실에 기반한다. 이런 전역 뭉침 계수는 1940년대의 사회과학 문헌에서 등장하는데[69, 70], 여기서 C_Δ는 **전이성 삼자 구조의 비율**^{ratio of transitive triplets}이라고도 한다.

식 (2.16)에서 정의한 평균 뭉침 계수 $\langle C \rangle$와 식 (2.17)의 전역 뭉침 계수는 같지 않다는 것에 유의하자. 노드 1과 2는 서로 연결되고, 1과 2는 다른 모든 노드에 연결됐지만 이 외의 노드 사이에는 서로 연결이 없는 이중성^{double star} 구조를 생각해보자. 이 경우 국소 뭉침 계수 C_i는 $i \geq 3$일 때 1이고, $i = 1, 2$이면 $2/(N-1)$이다. 다시 말해 평균 뭉침 계수는 $\langle C \rangle = 1 - O(1)$인데, 이때 전역 뭉침 계수는 $C_\Delta \sim 1/N$이다. 덜 극단적인 네트워크에서는 두 값이 비슷하기도 하지만 여전히 서로 다르다[71]. 예를 들어, 그림 2.16(b)의 네트워크는 $\langle C \rangle = 0.31$이고 $C_\Delta = 0.375$다.

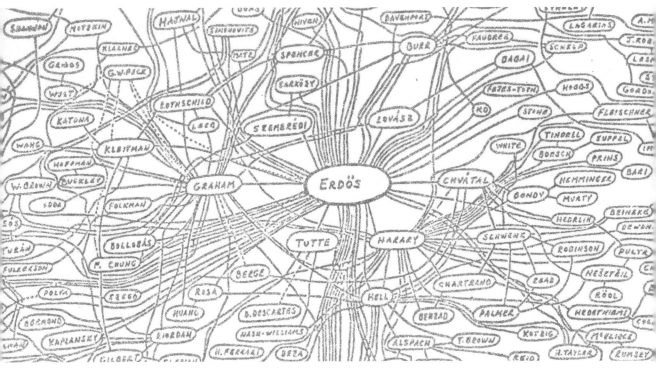

그림 3.0 예술과 네트워크: 에르되시 수

헝가리 수학자인 폴 에르되시는 수백 개의 논문을 썼으며 이 중 많은 수는 다른 수학자들과 공동 연구를 수행했다. 수학에 대한 그의 끊임없는 협업은 **에르되시 수**(Erdős number)라는 것에 영감을 주었는데, 이는 다음과 같이 구한다. 에르되시의 에르되시 수는 0이다. 에르되시의 공저자들은 에르되시 수 1이다. 에르되시 수가 1인 사람과 같이 논문을 쓰면 에르되시 수가 2가 되고, 이후에도 계속 수가 증가하며 이어진다. 만약 누군가가 에르되시에 연결되는 공동 저자 사슬이 전혀 없다면 그 사람의 에르되시 수는 무한대다. 많은 유명한 과학자들은 에르되시 수가 낮다. 알베르트 아인슈타인(Albert Einstein)은 에르되시 수가 2이며, 리처드 파인먼(Richard Feynman)은 에르되시 수가 3이다. 이 그림은 에르되시의 주된 공저자 중 하나인 로널드 그레이엄(Ronald Graham)이 그린 에르되시의 공저자들이다. 에르되시의 명성이 높아질수록 이 이미지는 상징적인 의미를 지녀왔다.

제 3 장
무작위 네트워크

3.1   소개

서로 모르는 사이인 백 명의 손님이 있는 파티를 주최한다고 생각해보자[50]. 그들에게 와인과 치즈를 준다면 금방 두 명이나 세 명이 잡담을 나누는 집단이 만들어지는 모습을 볼 수 있을 것이다. 이제 손님 중 한 명인 마리에게 상표가 없는 진녹색 병에 담긴 레드 와인이 희귀한 빈티지^{vintage1}이고 예쁜 빨간 상표의 와인보다 훨씬 좋다는 것을 알려주자. 만약 마리가 이 정보를 지인에게만 알린다면, 그녀가 아직 많은 사람을 만나지 못했기

---

1   오래되고 가격이 높으며 구하기 어려운 와인을 의미한다. – 옮긴이

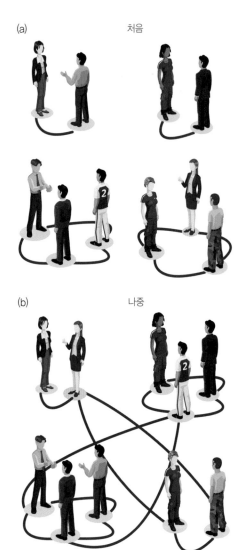

(a) 처음

(b) 나중

그림 3.1 칵테일 파티에서 무작위 네트워크까지
칵테일 파티에서 무작위한 만남으로 나타난 지인
네트워크
(a) 처음에는 손님들이 독립적인 집단을 형성한다.
(b) 개인이 집단을 바꾸며 돌아다니기 시작하면
모든 손님을 1개의 네트워크로 묶어주는, 보이지
않는 네트워크가 나타난다.

때문에 이 비싼 와인은 안전할 것이다.

손님들은 점점 더 돌아다니며 어울릴 것이다. 하지만 서로에게 낯선 사람들 사이에도 경로가 만들어지곤 한다. 예를 들면 존과 마리는 만난 적이 없지만, 둘 모두 마이크와 만났을 수 있다. 즉, 존과 마리 사이에 마이크를 매개로 하는 보이지 않는 경로가 존재한다. 시간이 지날수록 손님들은 그런 애매한 경로로 더 많이 얽힌다. 그에 따라 상표가 없는 병의 비밀은 마리에서 마이크로, 마이크에서 존으로, 그리고 빠르게 더 큰 집단으로 새어나간다(그림 3.1).

모든 손님이 서로를 확실히 알게 된다면 모두가 고급 와인을 따르고 있을 것이다. 하지만 한 만남에 십 분을 소요한다면 99명의 다른 모든 손님을 만나는 데 16시간 정도가 필요할 것이다. 즉, 손님이 떠나더라도 당신이 즐길 고급 와인이 몇 방울쯤 남아 있으리라는 희망을 갖는 것이 합리적인 것처럼 보인다.

하지만 이 말은 틀렸다. 3장에서는 왜 이 말이 틀렸는지를 알아볼 것이다. 이러한 파티가 무작위 네트워크 모형random network model이라고 부르는 고전적인 네트워크 과학 모형에 대응된다는 사실을 금방 확인하게 될 것이다. 그리고 무작위 네트워크 이론은 모든 사람이 서로 알게 될 것을 기다린 후에야 값비싼 와인이 위험에 처하는 것은 아니라는 점을 알려준다. 오히려 각 사람이 적어도 다른 손님 한 사람을 만난 직후에 보이지 않는 네트워크가 나타나고, 정보는 이 네트워크 위에서 모두에게 도달할 수 있다. 그래서 곧 모두가 더 좋은 와인을 즐길 것이다.

3.2 무작위 네트워크 모형

네트워크 과학은 실제 네트워크의 특성을 재현하는 모형을 만드는 것을 목적으로 한다. 마주하는 대부분의 네트워크는 결정의 격자구조나 일정하게 펼쳐진 거미줄 구조와 같은 규칙성이 없다. 대신 눈으로 훑어본다면 실을 무작위로 연결한 것 같이 보인다(그림 2.4). 무작위 네트워크 이론은 **진정한 무작위성**이 있는 네트워크를 만들고 특징지어서, 이런 명백한 우연성을 포괄한다.

모형화 관점에서 네트워크는 노드와 링크로만 구성된 비교적 단순한 대상이다. 그러나 실제로 해야 하는 일은 현실의 복잡성을 재현할 수 있도록 노드 사이에 링크를 배치할 위치를 결정하는 것이다. 이에 대한 무작위 네트워크의 철학은 단순하다. 노드 간에 링크를 무작위로 배치한다면 이 목적을 가장 잘 달성할 수 있다는 것이다. 이러한 철학 때문에 무작위 네트워크를 다음과 같이 정의한다(글상자 3.1).

무작위 네트워크는 모든 노드 사이에 확률 p로 연결된 N개의 노드로 구성한다.

무작위 네트워크를 만들려면 다음 과정들을 거친다.

1. N개의 고립된 노드로 시작한다.
2. 노드 쌍을 하나 고르고 0에서 1 사이의 무작위 수를 하나 만든다. 만약 이 무작위 수가 p보다 작다면 그 노드 쌍을 연결하고, 아니면 끊어준다.
3. 2번 과정을 모든 $N(N-1)/2$개의 노드 쌍에서 반복한다.

이 과정으로 얻는 네트워크를 **무작위 그래프**random graph 혹은 **무작위 네트워크**random network라 부른다. 폴 에르되시와 알프레드 레니라는 두 명의 수학자가 이러한 네트워크의 성질을 이해하는 데 주된 역할을 했다. 그래서 그들을 기리고자 무작위 네트워크는 **에르되시-레니 네트워크**Erdős-Rényi network라고 부른다(글상자 3.2).

3.3 링크의 수

같은 매개변수 N과 p로 만든 무작위 네트워크들은 서로 조금씩 다르다(그림 3.3). 만들 때마다 정확한 배선도가 다를 뿐 아니라, 총 링크의 수 L 또한 달라진다. 그래서 고정된 매개변수 N과 p

글상자 3.1 무작위 네트워크 정의하기

무작위 네트워크는 두 가지 정의가 있다.

$G(N, L)$ 모형

이름표가 붙은 N개의 노드가 무작위로 위치한 L개의 링크로 연결된 네트워크. 에르되시와 레니는 무작위 네트워크에 대한 그들의 여러 연구에 이 정의를 사용했다[3, 72, 73, 74, 75, 76, 77, 78].

$G(N, p)$ 모형

이름이 붙은 N개의 노드가 확률 p로 연결된 모형으로 길버트Gilbert가 제안했다[79].

즉, $G(N, p)$ 모형은 두 노드가 서로 연결될 확률 p를 고정하고 $G(N, L)$ 모형은 총 링크의 수 L을 고정한다. $G(N, L)$ 모형의 평균 링크수는 간단히 $\langle k \rangle = 2L/N$으로 쓸 수 있지만, 다른 네트워크의 성질은 $G(N, p)$ 모형으로 더 쉽게 구할 수 있다. 이 책에서는 중요한 네트워크 특성을 더 쉽게 찾을 수 있다는 점뿐만 아니라, 현실 네트워크에서 링크의 수가 고정된 경우가 드물기 때문에 주로 $G(N, p)$ 모형을 다룰 것이다.

그림 3.2

(a) **폴 에르되시**(1913~1996)

뛰어난 과학적 성과와 기행으로 유명한 헝가
리 수학자. 에르되시는 역사상 그 어떤 수학자
보다도 많은 논문을 발표했다. 그는 오백 명이
넘는 다른 수학자와 공동연구를 수행했고, 에
르되시 수라는 개념에 영감을 줬다. 그의 전설
적인 개성과 심오한 과학적 영향력은 2개의 전
기[81, 82]와 1개의 다큐멘터리[83]에 영감을
주기도 했다(온라인 자료 3.1).

(b) **알프레드 레니**(1921~1970)

조합론, 그래프 이론, 정수론에 핵심적 기여
를 한 헝가리 수학자. 그의 영향력은 수학의
영역을 넘어섰다. 레니 엔트로피는 혼돈 이론
(chaos theory)에 널리 쓰이며, 그가 공동 개발
한 무작위 네트워크 이론은 네트워크 과학의
심장 같은 존재다. 헝가리 수학의 온상인 부다
페스트의 알프레드 레니 수학원(Alfréd Rényi
Institute of Mathematics)으로 그의 이름을 기
린다.

온라인 자료 3.1

*N*은 숫자다: 폴 에르되시의 초상

1993년에 조지 폴 크식세리(George Paul
Csicsery)가 감독한 폴 에르되시의 전기 다큐
멘터리. 에르되시의 인생과 과학적 영향력을
엿보게 해준다[83].

(a)　　　　　(b)

글상자 3.2　무작위 네트워크: 개략적인 역사

미국으로 이주한 러시아인 아나톨 라포포트Anatol Rapoport(1911~
2007)는 최초로 무작위 네트워크를 연구한 사람이었다. 라포포트
는 콘서트 피아니스트가 성공적인 경력을 쌓으려면 부유한 후원자
가 필요하다는 사실을 알게 되며 수학에 흥미가 생겼다. 그는 수학
과 생물학 사이에 교류가 거의 없던 시기에 수리생물학mathematical
biology에 초점을 맞췄다. 레이 솔로모노프Ray Solomonoff와 1951년에
공저한 논문[80]에서 라포포트는 네트워크의 평균 링크수를 증가
시키면 단절된 노드들이 1개의 거대 덩어리로 갑자기 바뀌는 급격
한 전이가 일어난다는 사실을 보였다.

　무작위 네트워크에 관한 연구는 폴 에르되시와 알프레드 레니의
기초 연구 덕분에 유명해졌다(그림 3.2). 1959년에서 1968년까지 발
표한 일련의 논문 여덟 편에서, 그들은 확률 이론과 그래프 이론을
결합해 수학의 새로운 분야인 **무작위 그래프 이론**random graph theory을
확립했다[3, 72, 73, 74, 75, 76, 77, 78].

　이 연구들과 독립적으로 에드거 넬슨 길버트Edgar Nelson Gilbert
(1923~2013) 또한 에르되시와 레니가 첫 논문을 발표한 해에 무작
위 네트워크 모형을 도입했다[79]. 하지만 에르되시와 레니가 수
행한 연구의 영향이 훨씬 커서 이 둘이 무작위 그래프 이론의 창시
자로 본다.

　"수학자는 커피를 정리(theorem)로 치환하는 기계다."

　　　　　　　　　－ **알프레드 레니**(흔히 에르되시의 발언으로 알려진 인용문)

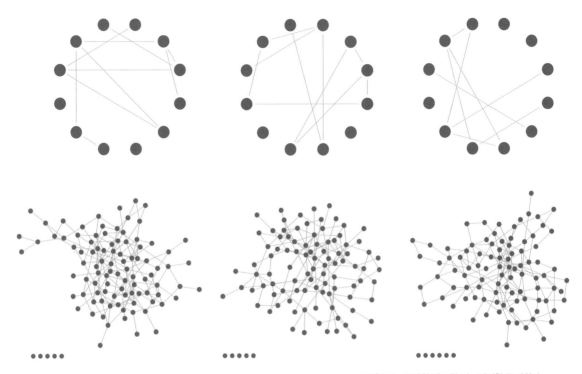

그림 3.3 무작위 네트워크는 진정한 무작위다.

에서, 실제로 네트워크를 구축할 때마다 만들어지는 총 링크 수의 기댓값을 구하면 유용하다.

어떤 무작위 네트워크에서 총 링크 수가 정확히 L개일 확률은 다음 세 항의 곱으로 표현된다.

1. $N(N-1)/2$번의 연결 시도에서 L번을 성공해 링크가 될 확률. 이 확률은 p^L이다.

2. 남은 $N(N-1)/2 - L$번의 시도가 실패할 확률. 이 확률은 $(1-p)^{N(N-1)/2-L}$이다.

3. $N(N-1)/2$ 노드 쌍에서 L개의 링크를 고르는 서로 다른 조합의 수

$$\binom{\dfrac{N(N-1)}{2}}{L} \tag{3.0}$$

이제는 어떤 무작위 네트워크의 실제 생성물에서 전체 링크 수가 정확히 L개일 확률을 다음과 같이 구할 수 있다.

위쪽 행

같은 매개변수 $p = 1/6$과 $N = 12$로 만든 세 가지 네트워크. 매개변숫값이 같지만 생김새가 다를 뿐만 아니라 전체 링크의 수 또한 다르다($L = 10$, 10, 8).

아래쪽 행

같은 매개변수 $p = 0.03$과 $N = 100$으로 만든 세 가지 네트워크. 몇몇 노드는 링크수가 $k = 0$인데, 아래쪽에 고립된 노드로 표현했다.

글상자 3.3 이항 분포: 평균과 분산

만약 정상적인 동전을 N번 던진다면 $p = 1/2$의 같은 확률로 앞면과 뒷면이 나올 것이다. 이항 분포는 N번 연속으로 동전을 던졌을 때 앞면이 정확히 x번 나올 확률 p_x를 알려준다. 일반적으로 이항 분포는 N번의 독립된 실험에서 한 결과가 발생할 확률이 p이고 다른 결과는 $(1 - p)$의 확률일 때 성공의 횟수를 다룬다.

이항 분포는 다음과 같은 형태를 띤다.

$$p_x = \binom{N}{x} p^x (1 - p)^{N-x}$$

분포의 평균(즉, 첫 번째 모멘트)은 다음과 같다.

$$\langle x \rangle = \sum_{x=0}^{N} x p_x = Np \tag{3.4}$$

두 번째 모멘트는 다음과 같다.

$$\langle x^2 \rangle = \sum_{x=0}^{N} x^2 p_x = p(1 - p)N + p^2 N^2 \tag{3.5}$$

위의 식에서는 표준편차를 다음과 같이 구할 수 있다.

$$\sigma_x = \left(\langle x^2 \rangle - \langle x \rangle^2 \right)^{\frac{1}{2}} = [p(1 - p)N]^{\frac{1}{2}} \tag{3.6}$$

식 (3.4) ~ 식 (3.6)은 무작위 네트워크의 특성을 구할 때 반복해서 사용할 것이다.

$$p_L = \binom{\frac{N(N-1)}{2}}{L} p^L (1-p)^{\frac{N(N-1)}{2} - L} \tag{3.1}$$

식 (3.1)이 이항 분포^{binomial distribution}이므로(글상자 3.3), 무작위 그래프의 링크수 기댓값은 다음과 같다.

$$L = \sum_{l=0}^{\frac{N(N-1)}{2}} L p_L = p \frac{N(N-1)}{2} \tag{3.2}$$

126

즉, $\langle L \rangle$은 두 노드가 연결될 확률 p와 연결을 시도하는 모든 노드 쌍의 수인 $L_{max} = N(N-1)/2$의 곱으로 표현된다(2장).

식 (3.2)를 사용하면 무작위 네트워크의 평균 링크수를 다음과 같이 구할 수 있다.

$$\langle k \rangle = \frac{2\langle L \rangle}{N} = p(N-1) \tag{3.3}$$

즉, $\langle k \rangle$는 두 노드가 연결될 확률 p와 크기 N인 네트워크에서 한 노드가 가질 수 있는 최대 링크 수인 $(N-1)$을 곱한 값이다.

요약하자면, 무작위 네트워크는 생성할 때마다 전체 링크 수가 달라진다. 총 링크 수의 기댓값은 N과 p가 결정한다. 만약 p를 증가시킨다면 네트워크는 점점 빽빽해진다. 총 링크 수의 평균값은 $\langle L \rangle = 0$부터 L_{max}까지 선형으로 증가하고, 노드의 평균 링크수 또한 $\langle k \rangle = 0$에서 $\langle k \rangle = N - 1$까지 선형적으로 증가한다.

3.4 링크수 분포

무작위 네트워크의 생성한 결과물이 있을 때 어떤 노드는 링크가 많고, 어떤 노드는 링크가 아주 적거나 없을 수 있다(그림 3.3). 이러한 차이는 무작위로 고른 노드의 링크수가 k일 확률을 나타내는 링크수 분포 p_k로 확인할 수 있다. 이 절에서는 무작위 네트워크에서 p_k를 유도하고, 그 성질을 논의한다.

3.4.1 이항 분포

무작위 네트워크에서 노드 i의 링크수가 정확히 k개일 확률은 다음과 같은 세 가지 항의 곱이다.

* 노드에 k개의 링크가 있을 확률, 즉 p^k
* 노드에 나머지 $(N - 1 - k)$개의 링크가 없을 확률, 즉 $(1 - p)^{N-1-k}$
* $N - 1$개의 가능한 링크 중에서 k개의 링크를 고르는 방법의

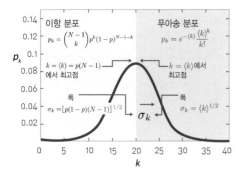

그림 3.4 이항 분포 대 푸아송 링크수 분포

무작위 네트워크의 정확한 링크수 분포 형태는 이항 분포를 따른다(왼쪽 절반). 만약 $N \gg k$인 경우라면 이항 분포는 푸아송 분포(오른쪽 절반)로 잘 근사할 수 있다. 양쪽의 식은 모두 같은 분포를 표현하므로 서로 공유하는 성질이 있지만, 다른 매개변수로 표현된다. 이항 분포는 p와 N에 의존하지만 푸아송 분포는 1개의 매개변수 $\langle k \rangle$에만 의존한다. 이러한 단순함 때문에 계산할 때 푸아송 분포를 더 많이 선호하곤 한다.

수, 즉

$$\binom{N-1}{k}$$

결국 무작위 네트워크의 링크수 분포는 다음과 같은 이항 분포를 따른다.

$$p_k = \binom{N-1}{k} p^k (1-p)^{N-1-k} \tag{3.7}$$

이 분포의 형태는 시스템의 크기인 N과 확률 p에 따라 다르다 (그림 3.4). 이항 분포(글상자 3.3)로는 네트워크의 평균 링크수 $\langle k \rangle$ 뿐만 아니라(식 (3.3)이 된다) 2차 모멘트 $\langle k^2 \rangle$과 분산 σ도 구할 수 있다(그림 3.4).

3.4.2 푸아송 분포

대부분의 현실 네트워크는 성기다. 즉, $\langle k \rangle \ll N$이다(표 2.1). 이러한 극한에서는 식 (3.7)의 링크수 분포가 다음과 같은 푸아송 분포$^{\text{Poisson distribution}}$로 잘 근사된다(심화 주제 3.A).

$$p_k = e^{-\langle k \rangle} \frac{\langle k \rangle^k}{k!} \tag{3.8}$$

이 식은 주로 식 (3.7)과 함께 **무작위 네트워크의 링크수 분포**라는 이름으로 불린다.

이항과 푸아송 분포는 모두 같은 양을 설명하므로 두 분포는 유사한 성질을 공유한다(그림 3.4).

- 두 분포 모두 $\langle k \rangle$ 근처에서 최고점이 있다. 만약 p를 증가시켜 네트워크를 빽빽하게 만들면 $\langle k \rangle$가 증가하며 최고점이 오른쪽으로 이동한다.
- p나 $\langle k \rangle$로 분포의 폭(분산^{dispersion})을 조절한다. 네트워크가 빽빽할수록 분포가 더 넓어지고 링크수의 차이가 더 커진다.

푸아송 형태의 수식을 사용할 때 식 (3.8) 아래 내용을 유념해야
한다.

- 링크수의 분포는 정확히 이항 분포를 따른다(식 (3.7)). 그러
  므로 식 (3.8)은 $\langle k \rangle \ll N$인 극한에서 식 (3.7)의 근사치를 나
  타낸다. 대부분의 네트워크가 성기다는 중요한 특징이 있으
  므로, 이 조건은 일반적으로 만족된다.
- 푸아송 분포는 $\langle k \rangle$, $\langle k^2 \rangle$, σ 같은 중요한 네트워크 특성값을
  $\langle k \rangle$라는 매개변수 하나로만 표현해서 더 단순한 형태로 쓸
  수 있다는 장점이 있다(그림 3.4).
- 식 (3.8)의 푸아송 분포는 직접적으로 노드의 수 N에 의존하
  지 않는다. 그래서 식 (3.8)을 보면, 평균 링크수가 $\langle k \rangle$로 동
  일하지만 크기가 다른 네트워크는 서로 구분할 수 없다(그림
  3.5).

요약하자면, 푸아송 분포는 무작위 네트워크 인용 수 분포의 근
사치에 불과하지만 해석적으로 간편하므로 선호하는 p_k의 형태
다. 이러한 이유로 이 책에서는 특별히 언급하지 않는다면 무작
위 네트워크의 링크수 분포라고 하면 푸아송 형태(식 (3.8))를 가
리킬 것이다. 이 분포는 네트워크 크기에 영향을 받지 않고 단일
매개변수인 평균 링크수 $\langle k \rangle$에만 의존한다는 핵심 특징이 있다.

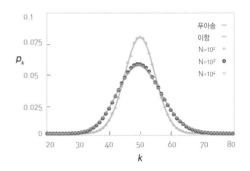

그림 3.5 링크수 분포는 네트워크 크기와 독립적이다.
$\langle k \rangle = 50$으로 같지만 $N = 10^2, 10^3, 10^4$인 무작위
네트워크의 링크수 분포

작은 네트워크: 이항 분포

작은 네트워크($N = 10^2$)에서는 푸아송 근사를 쓸
수 있는 $N \gg \langle k \rangle$라는 조건이 만족되지 않으므로
링크수 분포가 푸아송 형태(식 (3.8))와 많은 차이
가 난다. 그래서 작은 네트워크에서는 정확한 이항
형태를 사용해야만 한다(식 (3.7), 초록색 실선).

큰 네트워크: 푸아송 분포

더 큰 네트워크($N = 10^3, 10^4$)에서 링크수 분포는
회색 실선으로 나타난 푸아송 분포의 예측값과 구
분하기 어렵다(식 (3.8)). 그래서 N이 클 때 링크
수 분포는 네트워크의 크기와 무관하다. 이 그림
은 오차를 줄이려고 독립적으로 만든 1,000개의
무작위 네트워크를 평균 내어 그렸다.

3.5 실제 네트워크는 푸아송 분포가 아니다

무작위 네트워크에서는 한 노드의 링크수가 0부터 $N - 1$까지
변할 수 있기 때문에, 구축한 네트워크 하나에서 노드의 링크수
사이에 차이가 얼마나 큰지 확인해야만 한다. 즉, 링크수가 많은
노드가 링크수가 적은 노드와 공존하고 있을까? 무작위 네트워
크에서 가장 큰 노드와 가장 작은 노드의 크기를 추정해 이 질
문에 답해보자.

일단 세계의 사회연결망이 무작위 네트워크로 설명된다고 가

정하자. 이 무작위 사회는 의외로 억지스럽지 않을 수도 있다. 사실 사람이 만나거나 서로 알게 되는 사람을 정할 때 상당한 우연이 작용한다.

사회학자들은 전형적인 사람들이 이름을 기준으로 하여 대략 1,000명의 사람을 안다고 추정했는데, 여기서 $\langle k \rangle \simeq 1,000$임을 어림할 수 있다. 무작위 네트워크를 다룬 지금까지의 계산 결과를 바탕으로 $N \simeq 7 \times 10^9$명으로 구성된 사회에서 다음과 같은 아주 흥미로운 결론을 내릴 수 있다(심화 주제 3.B).

- 무작위 사회에서 가장 친구가 많은 사람(즉, 링크수가 가장 큰 노드)은 $k_{max} = 1,185$명의 지인이 있을 것이라 예측된다.
- 친구가 가장 적은 사람의 링크수는 $k_{min} = 816$인데, 이 값은 k_{max}나 $\langle k \rangle$와 크게 다르지 않다.
- 무작위 네트워크에서 링크수가 퍼진 정도는 $\sigma_k = \langle k \rangle^{1/2}$로 나타낸다. $\langle k \rangle = 1,000$이라면 $\sigma_k = 31.62$다. 이 말은 전형적인 사람의 친구 수는 $\langle k \rangle \pm \sigma_k$ 범위 안에 있음을 뜻하는데, 다르게 말하면 968명부터 1,032명 사이에 있다는 것이다. 이것은 꽤나 작은 구간이다.

이 사실을 종합해보면 무작위 사회에서는 모든 개인이 대충 비슷한 수의 친구가 있다는 것을 추정할 수 있다. 그래서 만약 사람들이 무작위로 연결됐다면 이상치^{outlier}는 존재할 수 없다. 아주 유명한 사람도 없고 친구가 거의 없는 사람도 없다. 이런 놀라운 결론은 무작위 네트워크의 중요한 성질에서 온다. **큰 무작위 네트워크에서는 대부분 노드의 링크수가 $\langle k \rangle$ 근처에 몰려 있다**(글상자 3.4).

이 예측은 직접적으로 현실과 충돌한다. 실제로 지인이 1,185명 이상인 사람이 있다는 증거가 많다. 예를 들어 프랭클린 델러노 루스벨트$^{Franklin\ Delano\ Roosevelt}$ 미국 대통령의 임명장에는 약 22,000명의 이름이 있으며 모든 사람이 대통령과 직접 만난 적이 있다[84, 85]. 비슷하게, 페이스북의 사회연결망 연구에서는 많은 사람이 페이스북의 최대 친구 수인 5,000명의 친구가 있다

글상자 3.4 왜 허브가 없는가?

무작위 네트워크에서 허브(아주 큰 링크수를 가진 노드)가 없는 이유를 이해하려면 다시 링크수 분포(식 (3.8))로 돌아가야 한다.

먼저 식 (3.8)에 있는 $1/k!$ 항이 링크수가 큰 노드를 관측할 가능성을 크게 낮춘다. 실제로 스털링 근사$^{Stirling\ approximation}$를 하면 다음과 같은데,

$$k! \sim [\sqrt{2\pi k}]\left(\frac{k}{e}\right)^k$$

이를 쓰면 식 (3.8)을 다음과 같이 다시 쓸 수 있다.

$$p_k = \frac{e^{-\langle k \rangle}}{\sqrt{2\pi k}}\left(\frac{e\langle k \rangle}{k}\right)^k \quad (3.9)$$

링크수가 $k > e\langle k \rangle$이면 괄호 안의 항은 1보다 작으므로, k가 크다면 식 (3.9)의 k와 관련 있는 항들(다시 말해 $1/\sqrt{k}$)와 $(e\langle k \rangle/k)^k$)은 k가 증가할수록 급격히 감소한다. 종합하면 식 (3.9)는 무작위 네트워크에서 허브를 관측할 확률은 지수감소보다 빠르게 줄어듦을 예측한다.

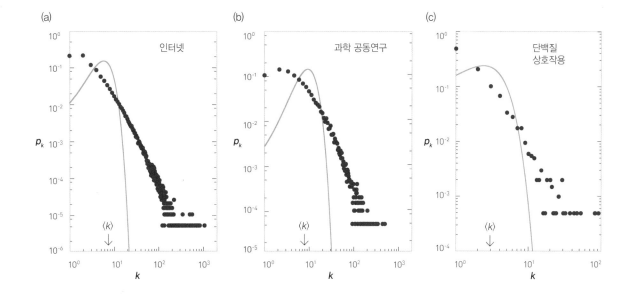

(a) 인터넷

(b) 과학 공동연구

(c) 단백질 상호작용

고 보고하기도 했다[86]. 이러한 불일치의 기원을 이해하려면 현실 네트워크와 무작위 네트워크의 링크수 분포를 비교해야만 한다.

그림 3.6은 3개의 현실 네트워크 링크수 분포와 그에 대응하는 푸아송 추정을 보여준다. 이 그림은 무작위 네트워크와 실제 데이터 간의 계통적 차이를 다음과 같이 정리해준다.

- 푸아송 추정은 링크가 많은 노드의 수를 과소평가한다. 예를 들어, 무작위 네트워크 모형에서는 인터넷의 최대 링크수가 20 정도일 것으로 예측한다. 대조적으로 실제 데이터에서 링크가 103개인 라우터들이 존재한다는 것이 관찰된다.

- 현실 네트워크의 퍼진 정도[2]는 무작위 네트워크로 한 예측보다 넓다. 이 차이는 분산인 σ_k 값으로 확인할 수 있다(그림 3.4). 만약 인터넷이 무작위 네트워크였다면 $\sigma = 2.52$일 것으로 추정할 수 있다. 실제 측정값은 $\sigma_{\text{Internet}} = 14.14$인데, 이 값은 무작위 예측에 비해 매우 큰 값이다. 이러한 차이는 그림 3.6에서 보인 네트워크뿐만 아니라, 표 2.1에 언급된 모든

그림 3.6 현실 네트워크의 링크수 분포

(a) 인터넷

(b) 과학 공동연구 네트워크

(c) 단백질 상호작용 네트워크(표 2.1)의 링크수 분포. 초록색 실선은 현실 네트워크의 ⟨k⟩로 추정한 푸아송 분포 예측값을 그린 것이다(식 (3.8)). 데이터와 푸아송 추정 사이의 편차가 큰데, 이는 무작위 네트워크 모형이 링크수가 많은 노드의 크기와 빈도를 과소평가한다는 것을 보여준다. 이는 링크수가 적은 노드에도 동일하다. 대신 무작위 네트워크 모형은 ⟨k⟩ 근처에서 노드가 더 많다고 예측한다.

---

2 여기서 '퍼졌다'는 것은 모든 노드의 링크수 값이 얼마나 넓게 분포하는가를 의미한다. 네트워크 위에서 전염병이나 루머가 퍼지는 것을 뜻하지 않는다. — 옮긴이

네트워크에서 같은 성질을 보인다.

요약하자면, 무작위 네트워크 모형은 실제 데이터와 비교해서 현실 네트워크의 링크수 분포를 제대로 잡아내지 못한다. 무작위 네트워크에서 대부분의 노드는 이웃의 수가 비슷하고 허브는 없다. 이와 반대로 현실 네트워크에서는 많이 연결된 노드가 적지 않은 수만큼 관측되고, 노드의 링크수에 큰 차이가 있다. 이 차이는 4장에서 해결할 것이다.

3.6 무작위 네트워크의 점진적 변화

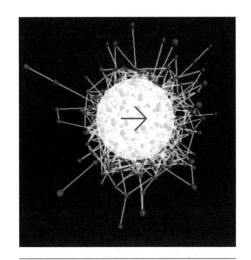

온라인 자료 3.2
무작위 네트워크의 점진적 변화

p를 증가시키며 무작위 네트워크의 구조가 변하는 것을 보여주는 동영상. 이 동영상은 거대 덩어리가 작은 p에서는 존재하지 않다가 p가 임곗값에 도달하면 갑자기 나타나는 것을 생생하게 보여준다.

이 장의 첫 부분에서 언급한 칵테일 파티는 N개의 고립된 노드부터 시작해 손님들이 무작위로 만나면서 링크가 점진적으로 추가되는 동적 과정을 보여준다. 이는 p가 점진적으로 증가하는 것에 해당하는데, p의 증가는 네트워크 구조(온라인 자료 3.2)에 놀라운 결과를 가져온다. 이 과정을 정량화하고자 먼저 네트워크 안의 거대 덩어리의 크기 N_G가 $\langle k \rangle$에 따라 어떻게 변하는지 조사해보자. 이해하기 쉬운 두 가지 극단적인 경우는 다음과 같다.

- $p = 0$이면 $\langle k \rangle = 0$이 되므로 모든 노드는 고립된 상태다. 그러므로 거대 덩어리의 크기는 $N_G = 1$이고 큰 N에서는 $N_G/N \rightarrow 0$이다.
- $p = 1$이면 $\langle k \rangle = N - 1$이므로 네트워크는 완전 그래프이고 모든 노드는 거대 덩어리에 속한다. 그래서 $N_G = N$이고 $N_G/N = 1$이다.

누군가가 $\langle k \rangle = 0$부터 $N - 1$까지 커질 때 거대 덩어리의 크기도 $N_G = 1$부터 $N_G = N$까지 점진적으로 증가할 것으로 예측할 수도 있다. 하지만 그림 3.7(a)에서 볼 수 있듯이 실제로는 이렇지 않다. 작은 $\langle k \rangle$에서 N_G/N은 계속 0인 채로 있으며 큰 덩어리는 존재하지 않는다. 그리고 일단 $\langle k \rangle$가 임곗값을 넘어서면 $N_G/$

N이 증가하며 **거대 덩어리**^{giant component}라고 부르는 큰 덩어리가
빠르게 나타난다. 에르되시와 레니의 고전이라 할 수 있는 1959
년 논문에서는 이런 거대 덩어리가 나타나는 조건을 다음과 같
이 예측했다[3].

$$\langle k \rangle = 1 \qquad\qquad (3.10)$$

다시 말해, 각 노드에 평균적으로 하나 이상의 링크가 있고 이러
한 경우에만 거대 덩어리가 나타난다(심화 주제 3.C).

최소한 노드당 1개의 링크가 있어야만 거대 덩어리를 관측할
수 있다는 사실은 예측 불가능하진 않다. 사실 거대 덩어리가 있
으려면 이 덩어리의 노드 각각은 최소한 1개의 다른 노드와 연
결돼야만 한다. 하지만 링크 하나만으로도 충분하다는 것은 다
소 직관에 반한다.

식 (3.3)을 사용해 식 (3.10)을 p로 다시 쓰면 다음 식을 얻는다.

$$p_c = \frac{1}{N-1} \approx \frac{1}{N} \qquad\qquad (3.11)$$

그러므로 네트워크가 커질수록 더 작은 p로도 거대 덩어리를 충
분히 만들 수 있다.

거대 덩어리가 나타나는 것은 $\langle k \rangle$를 바꾸면서 나타나는 무작
위 네트워크의 특징적인 전이 중 하나일 뿐이다. 무작위 네트워
크는 다음과 같이 구조적으로 다른 4개의 영역으로 구분할 수
있다(그림 3.7(a)).

준임계 영역($0 < \langle k \rangle < 1$, $p < \frac{1}{N}$, 그림 3.7(b))

$\langle k \rangle = 0$이면 N개의 고립된 노드가 네트워크를 구성한다. $\langle k \rangle$를
증가시킨다는 것은 $N\langle k \rangle = pN(N-1)/2$개의 링크를 네트워크
에 추가한다는 뜻이다. 하지만 $\langle k \rangle < 1$임을 감안할 때, 이 영역
에서는 전체 링크의 수가 적으므로 주로 작은 덩어리들이 관찰
된다(그림 3.7(b)).

언제든 가장 큰 덩어리를 거대 덩어리로 지정할 수 있다. 하
지만 이 영역에서 가장 큰 클러스터의 상대적 크기(N_G/N)는

(a)

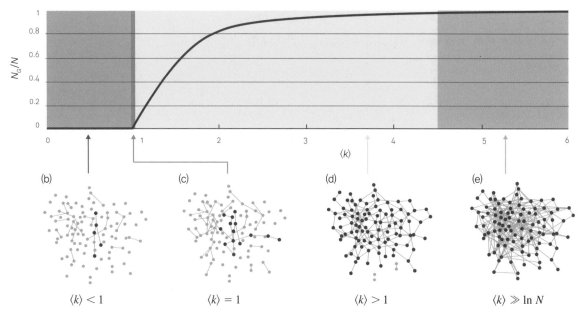

$\langle k \rangle < 1$ | $\langle k \rangle = 1$ | $\langle k \rangle > 1$ | $\langle k \rangle \gg \ln N$

(b) 준임계 영역
- 거대 덩어리 없음
- 클러스터 크기 분포: $p_s \sim s^{-3/2} e^{-as}$
- 가장 큰 클러스터의 크기: $N_G \sim \ln N$
- 클러스터들은 트리 구조를 이룬다.

(c) 임계점
- 거대 덩어리 없음
- 클러스터 크기 분포: $p_s \sim s^{-3/2}$
- 가장 큰 클러스터의 크기: $N_G \sim N^{2/3}$
- 클러스터들이 고리 구조를 포함할 수도 있다.

(d) 초임계 영역
- 1개의 거대 덩어리
- 클러스터 크기 분포: $p_s \sim s^{-3/2} e^{-as}$
- 거대 덩어리의 크기: $N_G \sim (p - p_c)N$
- 작은 클러스터들은 트리 구조를 이룬다.
- 거대 덩어리는 고리 구조를 포함한다.

(e) 연결 영역
- 1개의 거대 덩어리
- 고립된 노드나 클러스터가 존재하지 않는다.
- 거대 덩어리의 크기: $N_G = N$
- 거대 덩어리는 고리 구조를 포함한다.

그림 3.7 무작위 네트워크의 시간 변화

(a) 에르되시-레니 모형에서 거대 덩어리의 상대적인 크기는 평균 링크수 $\langle k \rangle$에 따라 변화하는 함수 형태를 갖는다. 이 그림에서는 $\langle k \rangle = 1$에서 존재하는 상전이를 보여주는데, 이 점에서는 0이 아닌 N_G의 거대 덩어리가 등장하기 시작한다.

(b)~(e) 무작위 네트워크의 네 가지 다른 특징을 지닌 영역의 예시 네트워크와 그 성질들

0으로 유지된다. 그 이유는 $\langle k \rangle < 1$일 때 가장 큰 클러스터의 크기가 $N_G \sim \ln N$인 트리이므로, 네트워크의 크기보다 훨씬 느리게 증가하기 때문이다. 따라서 $N \to \infty$ 극한에서 $N_G/N \simeq \ln N/N \to 0$으로 수렴한다.

요약하자면, 준임계 영역$^{\text{subcritical regime}}$에서 네트워크는 크기가 지수 분포(식 (3.35))를 따르는 수많은 작은 덩어리로 구성된다. 따라서 이런 덩어리의 크기는 비슷해서 거대 덩어리로 지정

할 만한 확실한 승리자가 없다.

임계점($\langle k \rangle$ = 1, $p = \frac{1}{N}$, 그림 3.7(c))

임계점$^{\text{critical point}}$은 거대 덩어리가 아직 없는 영역($\langle k \rangle < 1$)과 하나가 있는 영역($\langle k \rangle > 1$)을 구분한다. 이 시점에서 가장 큰 덩어리의 상대적 크기는 여전히 0이다(그림 3.7(c)). 실제로 가장 큰 덩어리의 크기는 $N_G \sim N^{2/3}$이다. 결과적으로 N_G는 네트워크 크기보다 훨씬 느리게 증가하므로, 상대적인 크기는 $N \rightarrow \infty$ 극한에서 $N_G/N \sim N^{-1/3}$으로 감소한다.

그러나 절대적인 측면에서 보면 $\langle k \rangle$ = 1에서 가장 큰 덩어리의 크기가 급격하게 커진다는 것을 유의해야 한다. 예를 들어, 지구의 사회연결망 정도의 크기를 가진 $N = 7 \times 10^9$ 노드가 있는 무작위 네트워크에서는 $\langle k \rangle < 1$일 때 가장 큰 덩어리는 대략 $N_G \simeq \ln N = \ln(7 \times 10^9) \simeq 22.7$ 정도다. 반면 $\langle k \rangle$ = 1일 때, 대략 $N_G \sim N = (7 \times 10^9)^{2/3} \simeq 3 \times 10^6$ 정도의 크기를 예측할 수 있는데, 이건 십만 배 정도 커진 것이다. 하지만 준임계 영역과 임계점 모두에서 가장 큰 덩어리는 네트워크 전체 노드 수에 비하면 무시 가능한 비율 정도의 부분만 포함한다.

요약하자면, 임계점에서 대부분의 노드는 크기 분포(식 (3.36))를 따르는 수많은 작은 덩어리에 속한다. 거듭제곱 법칙은 크기가 꽤나 다른 덩어리가 공존한다는 것을 의미한다. 이런 수많은 작은 덩어리들은 주로 트리 구조이며, 거대 덩어리는 고리 구조를 포함할 수도 있다. 임계점에서 네트워크의 많은 성질은 상전이를 겪는 물리 시스템의 성질과 비슷하다(심화 주제 3.F).

초임계 영역($\langle k \rangle > 1$, $p > \frac{1}{N}$, 그림 3.7(d))

이 상태는 실제 시스템과 가장 관련이 있다. 처음으로 네트워크처럼 보이는 덩어리가 나타나기 때문이다. 임계점 부근에서 거대 덩어리의 크기는 다음과 같이 변화한다.

$$N_G/N \sim \langle k \rangle - 1 \qquad (3.12)$$

혹은, 다음과 같이 쓸 수도 있다.

$$N_G \sim (p - p_c)N \qquad (3.13)$$

여기서 식 (3.11)로 p_c가 결정된다. 즉, 거대 덩어리에는 전체 노드 중 유한한 비율만큼의 노드가 속한다. 임계점에서 멀어질수록 거대 덩어리에 속하는 노드의 비율이 커진다. 식 (3.12)는 $\langle k \rangle = 1$ 근처에서만 유효하다. 더 큰 $\langle k \rangle$에서 N_G는 $\langle k \rangle$에 대해 비선형적으로 증가한다(그림 3.7(a)).

요약하자면 초임계 영역$^{\text{supercritical regime}}$에서 수많은 고립된 덩어리와 거대 덩어리가 공존하고, 크기 분포는 식 (3.35)를 따른다. 이러한 작은 덩어리의 구조는 트리 구조인 반면, 거대 덩어리는 고리와 순환 구조를 갖고 있다. 초임계 영역은 모든 노드가 거대 덩어리에 흡수될 때까지 유지된다.

연결 영역($\langle k \rangle > \ln N$, $p > \frac{\ln N}{N}$, 그림 3.7(e))

p가 충분히 클 때 거대 덩어리는 모든 노드와 덩어리를 흡수하므로 $N_G \simeq N$이 된다. 고립된 노드가 없기 때문에 네트워크는 전부 연결된다. 이러한 일이 벌어지는 평균 링크수는 다음과 같이 N에 의존한다(심화 주제 3.E).

$$\langle k \rangle = \ln N \qquad (3.14)$$

이런 연결 영역$^{\text{connected regime}}$에 들어가면, 네트워크는 N이 클 때 $\ln N/N \to 0$이므로 상대적으로 성기다. $\langle k \rangle = N - 1$일 때에만 이 네트워크는 완전 그래프가 된다.

요약하자면, 무작위 네트워크 모형은 네트워크의 출현이 점진적이고 매끄러운 과정이 아니라는 것을 예측한다. 작은 $\langle k \rangle$일 때 관측 가능한 고립 노드들과 작은 덩어리들은, 상전이를 보이며 거대 덩어리에 흡수된다(심화 주제 3.F). 그리고 $\langle k \rangle$가 변화하면 구조적으로 다른 네 가지 영역을 마주한다(그림 3.7).

위에서 다룬 논의는 경험적 관점을 따르며, 무작위 네트워크를 현실 시스템과 비교할 때 유용하다. 또 수학적인 문헌에서 다른 풍부한 통찰을 주는 관점을 찾을 수도 있다(글상자 3.5).

무작위 그래프를 다루는 문헌에서는 연결될 확률 $p(N)$이 N^z에 따라 변한다고 가정하는데, 여기서 z는 $-\infty$와 0 사이에서 조절할 수 있는 매개변수다[2]. 에르되시와 레니는 이러한 언어를 사용해 z를 변경하면 무작위 그래프의 주요한 특징이 갑자기 나타난다는 사실을 발견했다.

주어진 성질 Q가 있을 때, $N \to \infty$인 극한에서 Q가 있을 확률은 1에 수렴한다. 다시 말해 주어진 z에서 거의 모든 그래프가 Q라는 성질이 있거나, 어떤 그래프에도 그 속성이 없다. 예를 들어, z가 $-3/2$보다 작으면 모든 그래프에는 고립된 노드와 링크 하나로 연결된 노드 쌍만 포함된다. z가 $-3/2$를 초과하면 대부분의 네트워크에는 3개 이상의 노드를 연결하는 경로가 포함된다(그림 3.8).

그림 3.8 무작위 그래프의 시간 변화

$p(N) \sim N^z$ 관계에서 지수 z로 정의되는 임의의 무작위 그래프에서 서로 다른 하위 그래프가 나타나는 임계 확률. $z < -3/2$이면 그래프는 고립된 노드와 링크로 구성된다. z가 $-3/2$를 넘어서면 3개 노드로 구성된 트리 구조가 나타나고, $z = -4/3$에서는 4개 노드로 구성된 트리 구조가 나타난다. $z = -1$에서는 모든 노드 수로 구성된 트리 구조가 존재하며 모든 노드 수의 순환 구조도 등장한다. 4개 노드의 완전 그래프는 $z = -2/3$에 나타나고, z가 더 증가한다면 점점 더 큰 완전 부분그래프가 나타난다. 출처: [19]

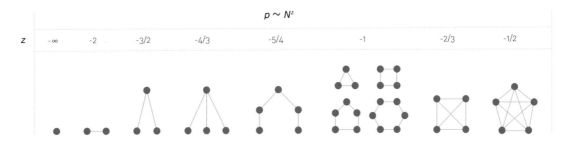

3.7 실제 네트워크는 초임계성을 보인다

무작위 네트워크에서 예측한 두 가지 사실은 현실 네트워크에서도 직접적으로 중요하다.

1. 일단 평균 링크수가 $\langle k \rangle = 1$을 넘어서면, 전체 노드의 유한한 부분집합이 속한 거대 덩어리는 꼭 나타난다. 즉, 노드들은 $\langle k \rangle > 1$일 때에만 네트워크로 인식할 수 있는 형태가 된다.

2. $\langle k \rangle < \ln N$이면 모든 덩어리는 거대 덩어리에 흡수돼서 1개의 연결된 네트워크가 된다.

현실 네트워크가 거대 덩어리의 존재 기준, 즉 $\langle k \rangle > 1$을 충족

할까? 그리고 이 거대 덩어리는 $\langle k \rangle > \ln N$의 조건을 만족해 모든 노드를 포함하는가? 아니면 일부 고립된 노드와 덩어리를 계속 관측할 수 있을까? 이러한 질문에 답하고자 주어진 $\langle k \rangle$ 값에 해당하는 실제 네트워크의 구조와 위에서 다룬 예측을 비교해 본다.

현실 네트워크의 측정값은 $\langle k \rangle = 1$인 임곗값을 엄청나게 초과한다. 실제로 사회학자들은 전형적인 사람은 약 1,000명의 지인이 있다고 추정한다. 인간 두뇌의 전형적인 뉴런에는 약 7,000개의 시냅스가 있다. 세포에서 한 분자는 여러 화학 반응에 참여한다.

이 결론은 방향성 없는 네트워크의 평균 링크수를 정리한 표 3.1이 뒷받침하는데, 모든 경우에 $\langle k \rangle > 1$이다. 따라서 실제 네트워크의 평균 링크수는 임곗값 $\langle k \rangle = 1$을 훨씬 넘어서므로 모두 거대한 덩어리가 있다. 표 3.1에 나타난 참고 네트워크도 마찬가지다.

이제 두 번째 예측으로 넘어가 단일 덩어리가 네트워크를 구성하는지(즉, $\langle k \rangle > \ln N$) 아니면 쪼개진 여러 덩어리가 구성하는지(즉, $\langle k \rangle < \ln N$) 확인해보자. 사회연결망에서 초임계상태와 연결상태 사이의 전이점은 $\langle k \rangle > \ln(7 \times 10^9) \approx 22.7$이어야 한다.

표 3.1 현실 네트워크는 연결됐는가?
참고 네트워크들의 전체 노드의 수 N과 전체 링크의 수 L을 $\langle k \rangle$ 및 ln N과 함께 나타냈다. $\langle k \rangle > 1$에서 거대 덩어리가 나타나리라 예측할 수 있고, $\langle k \rangle > \ln N$일 때 거대 덩어리가 모든 노드를 포함해야 한다. 모든 네트워크가 $\langle k \rangle > 1$이긴 하지만, 대부분의 네트워크는 $\langle k \rangle$가 임곗값 ln N보다 낮다(그림 3.9도 같이 보자).

네트워크	N	L	$\langle k \rangle$	ln N
인터넷	192,244	609,066	6.34	12.17
전력망	4,941	6,594	2.67	8.51
과학 공동연구	23,133	94,439	8.08	10.05
배우 네트워크	702,388	29,397,908	83.71	13.46
단백질 상호작용	2,018	2,930	2.90	7.61

즉, 보통 사람에게 24명 정도의 지인이 있다면 그 사회는 고립된 개인이 없이 단일 덩어리로 구성돼야 한다. $\langle k \rangle \approx 1,000$은 이 조건을 명백하게 충족시킨다. 하지만 표 3.1을 보면 알 수 있듯이, 실제 많은 네트워크는 이런 완전 연결 기준을 따르지 않는다. 그 결과, 무작위 네트워크 이론에 따르면 여러 개로 파편화되어 끊긴 덩어리들이 이러한 네트워크를 구성해야만 한다. 이것은 인터넷에서는 매우 당혹스러운 예측인데, 일부 라우터가 거대한 덩어리와 연결이 끊겨서 다른 라우터와 통신할 수 없다는 것이다. 전력망에도 동일한 문제가 있어 일부 소비자는 전력을 공급받지 못한다고 예측한다. 이러한 예측은 현실과 분명히 맞지 않다.

요약하자면, 대부분의 현실 네트워크는 초임계 영역에 있다 (그림 3.9). 그러므로 이런 네트워크는 거대 덩어리가 있을 것으로 예상할 수 있고, 이는 관측 결과와 일치한다. 하지만 이런 거대 덩어리는 분리된 많은 덩어리와 공존하므로, 이 예측은 몇몇 현실 네트워크에서는 맞지 않는다. 이러한 예측은 정확히 에르되시-레니 모형으로 현실 네트워크를 설명할 수 있을 때, 그러니까 현실 네트워크가 무작위일 때에만 옳다는 사실을 기억하자. 뒤에 나올 장에서는 현실 네트워크의 구조를 더 공부할 예정이며, 현실 네트워크에서 조건 $\langle k \rangle > \ln N$에는 도달하지 못했지만 연결된 상태인 이유를 이해할 예정이다.

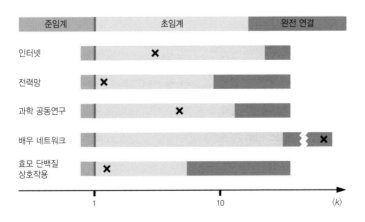

| 준임계 | 초임계 | 완전 연결 |

인터넷

전력망

과학 공동연구

배우 네트워크

효모 단백질
상호작용

1   10 $\langle k \rangle$

그림 3.9 대부분의 네트워크는 초임계다.
무작위 네트워크 이론으로 예측한 네 가지 영역을 표 3.1에 제시된 네트워크의 $\langle k \rangle$로 나타냈다. 이 그림은 대부분의 네트워크가 초임계 영역에 있으며, 수많은 고립된 덩어리들로 쪼개져 있음을 예측한다. 배우 네트워크만 연결된 영역에 있는데, 이는 모든 노드가 1개의 거대 덩어리에 속한다는 것을 의미한다. 준임계와 초임계 사이의 경계는 항상 $\langle k \rangle = 1$이지만 초임계와 연결 영역의 경계는 $\ln N$에 있으므로 시스템에 따라 서로 다르다는 것을 유념하자.

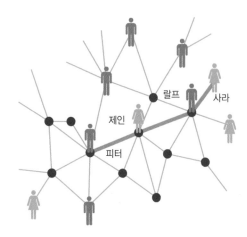

그림 3.10 여섯 단계 분리

여섯 단계 분리가 알려주는 것은 지구상의 어디에 있든지 두 사람은 6명 이하의 지인으로 이어진 사슬로 연결된다는 점이다. 이것은 사라가 피터를 알지 못하더라도 제인을 아는 랄프를 알고, 여기서 제인은 피터를 안다는 것을 의미한다. 그래서 사라는 피터와 3번의 악수를 하거나 3단계 떨어져 있다고 말할 수 있다. 네트워크 과학에서 여섯 단계 분리 이론(좁은 세상 성질이라고도 함)은 네트워크에서 임의의 두 노드 사이의 거리는 예측하기 어렵게 짧다는 것을 의미한다.

3.8 좁은 세상

여섯 단계 분리^{six degrees of separation}로 알려진 **좁은 세상 현상**^{small-world phenomenon}은 오랜 기간 대중의 관심을 끄는 주제였다. 이 이론은 만약 지구상의 어떤 두 사람을 고르더라도, 그 두 사람을 잇는 경로가 최대 6명의 지인만을 거치면 충분하다는 뜻이다(그림 3.10). 같은 도시에 사는 사람이 악수 몇 번으로 이어진다는 것은 그다지 놀랍지 않을 수 있다. 하지만 좁은 세상 개념은 그들이 지구 반대편에 있더라도 아주 적은 수의 지인만으로 연결될 수 있다는 것을 의미한다.

네트워크 과학의 언어로 말하자면 좁은 세상 이론은 **네트워크에서 무작위로 고른 두 노드 사이의 거리가 짧다**는 것을 의미한다. 이 문장은 두 가지 질문을 준다. 짧다(혹은 작다)는 것은 무엇을 의미하는가(즉, 무엇에 비해 짧다는 것인가)? 그리고 이러한 짧은 경로의 존재는 어떻게 설명할 수 있는가?

두 질문 모두 간단한 계산으로 답할 수 있다. 평균 링크수가 $\langle k \rangle$인 무작위 네트워크를 생각해보자. 이 네트워크의 각 노드는 다음과 같은 수의 다른 노드를 찾을 수 있다.

거리 1에서 $\langle k \rangle$개의 노드($d = 1$)

거리 2에서 $\langle k \rangle^2$개의 노드($d = 2$)

거리 3에서 $\langle k \rangle^3$개의 노드($d = 3$)

…

거리 d에서 $\langle k \rangle^d$개의 노드

예를 들어 한 사람의 지인 수로 추정되는 $\langle k \rangle \approx 1{,}000$일 때 대략 10^6명이 거리 2에 있을 것이라 예측할 수 있고, 거리 3에서는 10억 명이 되는데 이것은 지구의 총 인구 수에 근접한다.

정확히 말하자면 시작 노드부터 거리 d까지 찾을 수 있는 모든 노드의 수는 다음과 같다.

$$N(d) \approx 1 + \langle k \rangle + \langle k \rangle^2 + \cdots + \langle k \rangle^d = \frac{\langle k \rangle^{d+1} - 1}{\langle k \rangle - 1} \quad (3.15)$$

$N(d)$는 네트워크에서 총 노드의 수 N보다 클 수 없다. 그러므로 거리는 아무 값이나 될 수 없다. 여기서 최대 거리(혹은 네트워크의 지름diameter) d_{max}를 찾을 수 있는데, 다음과 같은 식에서 구한다.

$$N(d_{max}) \approx N \qquad (3.16)$$

만약 $\langle k \rangle \gg 1$라면, 식 (3.15) 분자와 분모의 (-1) 항은 무시해도 되므로 무작위 네트워크의 지름은 다음과 같은 식에서 얻는다.

$$\langle k \rangle^{d_{max}} \approx N \qquad (3.17)$$

그러므로 다음 결과를 얻을 수 있다.

$$d_{max} \approx \frac{\ln N}{\ln \langle k \rangle} \qquad (3.18)$$

위의 식은 좁은 세상 현상의 수학적 공식을 표현한다. 하지만 핵심은 이것을 해석하는 데 있다.

- 유도된 식 (3.18)은 시스템 크기 N과 시스템 지름 d_{max}의 스케일링scaling을 예측한다. 그러나 대부분의 네트워크에서 식 (3.18)은 무작위로 고른 두 노드의 d_{max}보다는 평균 거리 $\langle d \rangle$와 더 잘 맞는다(표 3.2). 이것은 d_{max}는 때로는 소수의 극단적인 경로에 좌우되지만, $\langle d \rangle$는 모든 노드 쌍에 대해 평균 내면서 이런 차이를 억누르기 때문이다. 즉, 좁은 세상 효과는 일반적으로 네트워크의 평균 거리의 N과 $\langle k \rangle$에 대한 의존성을 포함하여 다음과 같이 정의된다.

$$\langle d \rangle \approx \frac{\ln N}{\ln \langle k \rangle} \qquad (3.19)$$

- 일반적으로 $\ln N \ll N$이므로, $\ln N$에 대한 $\langle d \rangle$의 의존성은 무작위 네트워크의 거리가 **네트워크의 크기보다 자릿수가 작다**는 것을 의미한다. 결과적으로 좁은 세상 현상에서 작다는 것은 **평균 거리 또는 지름이 시스템 크기에 로그로 의존한다**는 뜻

표 3.2 여섯 단계 분리

10개의 참고 네트워크에서 평균 거리 $\langle d \rangle$와 최대 거리 d_{max}. 마지막 열은 식 (3.19)에서 예측한 $\langle d \rangle$를 의미하는데, 이는 이 식이 측정한 $\langle d \rangle$를 충분히 잘 근사한다는 것을 보여준다. 하지만 둘 사이는 완전히 일치하지 않는다. 다음 장에서는 많은 현실 네트워크에서 식 (3.19)가 조정될 필요가 있음을 보게 될 것이다. 방향성 네트워크에서 평균 링크수와 거리는 링크의 방향을 따라 측정했다.

네트워크	N	L	$\langle k \rangle$	$\langle d \rangle$	d_{max}	$\dfrac{\ln N}{\ln \langle k \rangle}$
인터넷	199,244	609,066	6.34	6.98	26	6.58
월드와이드웹	325,729	1,497,134	4.60	11.27	93	8.31
전력망	4,941	6,594	2.67	18.99	46	8.66
휴대전화 통화	36,595	91,826	2.51	11.72	39	11.42
이메일	57,194	103,731	1.81	5.88	18	18.4
과학 공동연구	23,133	93,439	8.08	5.35	15	4.81
배우 네트워크	702,388	29,397,908	83.71	3.91	14	3.04
인용 네트워크	449,673	4,689,479	10.43	11.21	42	5.53
대장균 물질대사	1,039	5,802	5.58	2.98	8	4.04
단백질 상호작용	2,018	2,930	2.90	5.61	14	7.14

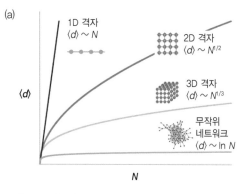

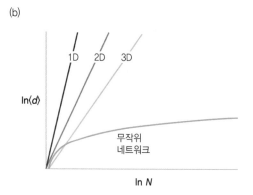

그림 3.11 왜 좁은 세상이 놀라운가?

대부분의 직관은 좁은 세상 성질이 없는 규칙적인 격자 구조에 기반할 때가 많다.

1D. 1차원 격자(길이 N인 선)에서는 지름과 평균 거리는 N에 선형으로 비례한다. $d_{max} \sim \langle d \rangle \sim N$

2D. 2차원 격자에서는 $d_{max} \sim \langle d \rangle \sim N^{1/2}$이다.

3D. 3차원 격자에서는 $d_{max} \sim \langle d \rangle \sim N^{1/3}$이다.

4D. 일반화하면 d차원의 격자에서는 $d_{max} \sim \langle d \rangle \sim N^{1/d}$이다.

이렇게 다항식에 의존한다는 것은 식 (3.19)보다 N이 훨씬 더 빠르게 증가할 것이라 예측하는데, 이는 격자 구조에서 경로 길이가 무작위 네트워크보다 훨씬 길다는 뜻이다. 예를 들어 사회연결망이 정사각형 격자 구조(2D), 그러니까 한 사람이 이웃 몇 명만 안다면 두 사람의 평균 거리는 대략 $(7 \times 10^9)^{1/2} = 83{,}666$이다. 한 사람이 4명이 아니라 1,000명의 지인을 알고 있으므로 평균 거리는 식 (3.19)에서 예측한 것에 비해 자릿수가 더 클 것이다.

(a) 무작위 네트워크와 규칙적 네트워크에서 $\langle d \rangle$ 의존성을 선형 좌표계에 표현함

(b) (a)와 같지만 로그-로그 좌표계에 표현함

이다. 따라서 작다는 것은 $\langle d \rangle$가 N의 수 제곱에 비례하기보다는 $\ln N$에 비례한다는 것을 의미한다(그림 3.11).

- $1/\ln\langle k \rangle$ 항은 네트워크가 빽빽할수록 노드 사이의 거리가 가까워진다는 뜻이다.

- 실제 네트워크에서는 식 (3.19)를 체계적으로 보정해야 하는데, 이는 거리 $d > \langle d \rangle$인 노드의 수가 급격하게 적어지기 때문이다(심화 주제 3.G).

이제부터 식 (3.19)가 사회연결망에서 어떤 의미인지 알아보자. $N \approx 7 \times 10^9$과 $\langle k \rangle \approx 10^3$의 조건을 사용하면 다음 값을 얻는다.

$$\langle d \rangle \approx \frac{\ln(7 \times 10^9)}{\ln(10^3)} = 3.28 \qquad (3.20)$$

다시 말해, 지구상의 모든 사람은 3단계나 4단계쯤의 악수로 도달할 수 있다. 식 (3.20)의 어림짐작한 값은 자주 언급되는 여섯 단계에 비해 아마도 더 실젯값에 근접할 것이다(글상자 3.6).

식 (3.19)의 결과를 포함해 무작위 네트워크의 좁은 세상 성질에 관한 대부분의 사실은 만프레드 코헨^{Manfred Kochen}과 이티엘 드 솔라 풀^{Ithiel de Sola Pool}이 수학적으로 문제를 공식화하고 사회학적 의미를 깊게 논의한, 그다지 잘 알려지지 않은 논문에 서술됐다[6]. 이 논문은 밀그램^{Milgram} 실험(글상자 3.7)이라 부르는 유명한 실험에 영향을 줬으며, 이 실험은 차례로 **여섯 단계 분리**라는 문구에 영감을 줬다.

사회 시스템의 맥락에서 발견됐지만, 좁은 세상 성질은 사회연결망을 넘어서 적용된다(글상자 3.6). 이를 확인하고자 표 3.2에서 몇몇 네트워크에 대한 식 (3.19)의 예측값과 평균 경로 거리 $\langle d \rangle$를 비교했는데, 시스템의 다양성과 N과 $\langle k \rangle$ 측면에서 이들 시스템 사이에 상당한 차이가 있지만 식 (3.19)는 실제 관측된 $\langle d \rangle$의 좋은 근사치다.

요약하자면, 좁은 세상 성질은 사람들의 상상력을 자극할 뿐만 아니라(글상자 3.8) 네트워크 과학에서도 중요한 역할을 한다. 좁은 세상 현상은 무작위 네트워크 모형으로 꽤나 잘 이해할 수

웹에서 무작위로 고른 문서에 도달하려면 몇 번을 클릭해야 할까? WWW의 지도가 불완전하므로 이 질문에 답하기는 어렵다. 전체 지도의 아주 작은 표본만 확인할 수 있다. 그러나 표본의 크기를 점점 증가시키며 월드와이드웹의 평균 경로 길이를 측정해 시작해볼 수는 있는데, 이러한 방법을 **유한 크기 스케일링**finite size scaling이라고 부른다. 이렇게 거리를 측정하면, 다음과 같이 월드와이드웹의 평균 크기가 네트워크의 크기와 함께 증가하는 것이 나타난다.

$$\langle d \rangle \approx 0.35 + 0.89 \ln N$$

1999년에 월드와이드웹에는 약 8억 개의 문서가 있는 것으로 추정된다[87]. 이때 위의 방정식은 $\langle d \rangle \approx 18.69$를 예측한다. 다시 말해, 1999년에 무작위로 선택한 두 문서가 서로 열아홉 번을 클릭하면 연결된다는 것을 의미하며, 이 결과는 **열아홉 단계의 분리**19 degrees of separation라는 이름으로 알려졌다. 현재의 월드와이드웹은 노드 수가 대략 1조 개라고 추정되며($N \sim 10^{12}$) 이때 방정식이 예측한 값은 $\langle d \rangle \approx 25$다. 즉, $\langle d \rangle$는 고정되지 않고 네트워크 크기가 커지면 두 문서 사이의 거리도 증가한다.

평균 경로 길이 25는 관용적으로 이야기하는 여섯 단계보다 많이 크다(글상자 3.7). 이 차이점은 쉽게 이해할 수 있다. 월드와이드웹이 사회연결망에 비해 평균 링크수가 적고 크기가 더 크다. 식 (3.19)를 보면 두 가지 차이가 모두 웹의 지름을 증가시킨다.

있다. 이는 노드에서 거리 d만큼 떨어진 노드의 수가 d에 따라서 기하급수적으로 증가한다는 사실에 뿌리를 둔다. 다음 장에는 현실 네트워크가 식 (3.19)의 결과와 체계적인 편차가 있음을 보게 될 텐데, 이 때문에 좀 더 정확한 예측으로 대체해야만 한다. 그러나 좁은 세상 현상의 기원에 대해 무작위 네트워크가 주는 직관은 여전히 유효하다.

3.9 뭉침 계수

노드의 링크수는 노드의 이웃 사이의 관계 정보를 포함하지 않는다. 그들은 모두 서로를 알고 있을까? 아니면 서로 떨어져 있을까? 답은 노드 i의 바로 근처 이웃의 링크 밀도를 측정하는 국소 뭉침 계수local clustering coefficient C_i가 줄 수 있다. $C_i = 0$은 i의 이웃 사이에 링크가 없음을 의미한다. $C_i = 1$은 i의 이웃이 서로 연결됐다는 뜻이다(2.10절).

무작위 네트워크에서 노드의 C_i를 계산하려면 노드의 k_i개 이웃의 예상 링크 수 L_i를 추정해야 한다. 무작위 네트워크에서 i의 두 이웃이 서로 연결될 확률은 p다. 노드 i의 k_i개 이웃 사이에는 $k_i(k_i - 1)/2$개의 가능한 링크가 있으므로, L_i의 기댓값은 다음과 같다.

$$\langle L_i \rangle = p \frac{k_i(k_i - 1)}{2}$$

그러므로 무작위 네트워크의 국소 뭉침 계수는 다음과 같다.

$$C_i = \frac{2\langle L_i \rangle}{k_i(k_i - 1)} = p = \frac{\langle k \rangle}{N} \tag{3.21}$$

식 (3.21)은 두 가지 예측을 제시한다.

(1) $\langle k \rangle$가 고정되면 네트워크가 클수록 노드의 뭉침 계수가 작아진다. 결과적으로 노드의 국소 뭉침 계수 C_i는 $1/N$에 비

좁은 세상 현상은 스탠리 밀그램^{Stanley Milgram}이 풀과 코헨의 연구
를 바탕으로 사회연결망에서 거리를 측정하는 실험을 설계했을 때
최초로 실증적 연구가 이뤄졌다[7, 89]. 밀그램은 매사추세츠주 보
스턴^{Boston}의 증권 중개인과 샤론^{Sharon}의 신학과 학생을 **목적지**로
골랐다. 그리고 위치타^{Wichita}와 오마하^{Omaha}에 있는 주민들을 무작
위로 선정해 연구 목적에 대한 간략한 설명, 그리고 목적지의 사
진, 이름, 주소, 정보가 포함된 편지를 보냈다. 그들에게 대상을 가
장 잘 알 수 있는 친구, 친척 혹은 지인에게 편지를 전달해달라는
요청을 했다.

며칠 만에 첫 번째 편지가 도착했는데, 이 편지는 단 2개의 링크
만 거쳤다. 결국 296통의 편지 중 64통이 돌아왔는데, 일부는 12개
에 가까운 중간 다리를 거쳤다[89]. 이렇게 만들어진 연결 구조로,
밀그램은 목적지에 편지를 보내는 데 필요한 사람의 수를 결정할
수 있었다(그림 3.12(a)). 그는 중간 다리의 중앙값이 5.2라는 사실을
발견했는데, 이는 프리게스 카린시^{Frigyes Karinthy}가 1929년 발휘한
통찰(글상자 3.8)에 놀랍도록 가까운, 적은 숫자였다.

밀그램은 전체 지인 네트워크의 정확한 지도가 없었으므로 그의
실험은 실제 연구 참가자 간의 거리를 측정할 수는 없었다. 오늘
날 페이스북은 지금까지 만들어진 것 중 가장 광범위한 사회연결
망 지도다. 2011년 5월 기준의 페이스북 소셜 그래프는 7억 2,100
만 명의 활성 사용자와 680억 개의 방향 없는 친구 링크로 구성
되는데, 이를 사용해 연구자들은 사용자 간의 평균 거리가 4.74임
을 알아냈다(그림 3.12(b)). 따라서 이 연구는 밀그램의 여섯 단계[7,
89]보다 예측(식 (3.20))에 더 가까운 네 단계 분리를 찾아낸 것이다
[86].

"정보 전문가에게 네브래스카에서 샤론으로 편지가 이동하려면
얼마나 많은 단계가 필요하다고 생각하는지 물었더니 100명, 혹
은 그 이상의 중간 다리가 필요할 것이라고 말했다."

— **스탠리 밀그램**, 1969

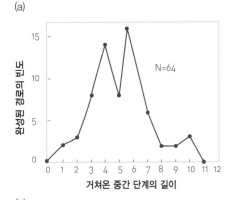

(a)

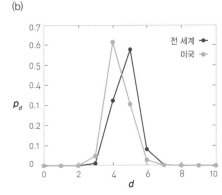

(b)

그림 3.12 여섯 단계? 밀그램부터 페이스북까지

(a) 밀그램의 실험에서 296통의 편지 중 64통
이 목적지에 전달됐다. 이 그림은 완성된 경로
의 길이 분포를 보여주는데, 어떤 편지는 중간
다리가 1개만 필요하고 어떤 편지는 10개까지
필요하다. 분포의 중앙값은 5.2로, 받는 사람에
게 편지를 전달하는 데 평균 6번의 '악수'가 필
요하다는 것을 나타낸다. 극작가인 존 구아레
(John Guare)는 20년이 지난 후 이것을 '여섯
단계의 분리'라고 재명명했다. 출처: [89]

(b) 전 세계와 미국 내 모든 페이스북 사용자
쌍의 거리 분포 p_d. 페이스북의 N과 L을 사용
해 식 (3.19)로 예측하면 평균적으로 3.90단
계가 필요하다고 예측하는데, 이는 실제로 보
고된 네 단계의 분리와 큰 차이가 없다. 출처:
[86]

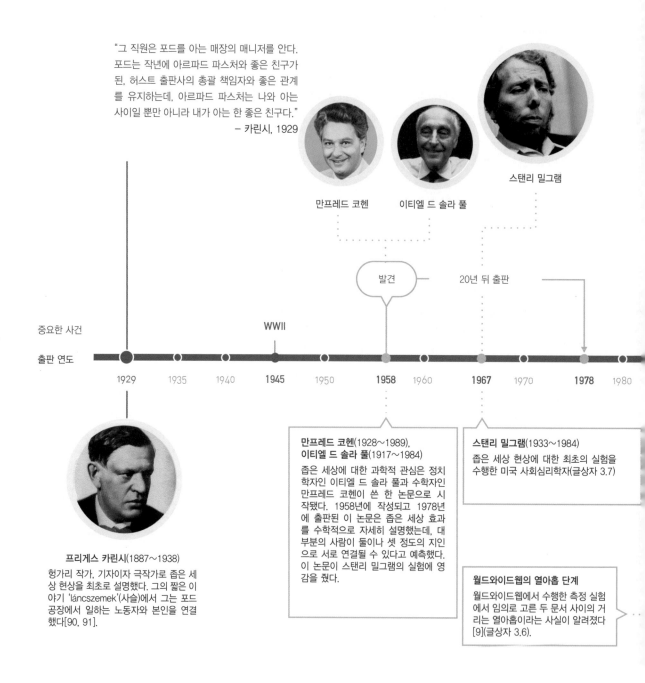

"그 직원은 포드를 아는 매장의 매니저를 안다. 포드는 작년에 아르파드 파스처와 좋은 친구가 된, 허스트 출판사의 총괄 책임자와 좋은 관계를 유지하는데, 아르파드 파스처는 나와 아는 사이일 뿐만 아니라 내가 아는 한 좋은 친구다."

– 카린시, 1929

만프레드 코헨

이티엘 드 솔라 풀

스탠리 밀그램

발견

20년 뒤 출판

중요한 사건

WWII

출판 연도

1929   1935   1940   **1945**   1950   **1958**   1960   **1967**   1970   **1978**   1980

프리게스 카린시(1887~1938)

헝가리 작가, 기자이자 극작가로 좁은 세상 현상을 최초로 설명했다. 그의 짧은 이야기 'láncszemek'(사슬)에서 그는 포드 공장에서 일하는 노동자와 본인을 연결했다[90, 91].

만프레드 코헨(1928~1989), **이티엘 드 솔라 풀**(1917~1984)

좁은 세상에 대한 과학적 관심은 정치학자인 이티엘 드 솔라 풀과 수학자인 만프레드 코헨이 쓴 한 논문으로 시작됐다. 1958년에 작성되고 1978년에 출판된 이 논문은 좁은 세상 효과를 수학적으로 자세히 설명했는데, 대부분의 사람이 둘이나 셋 정도의 지인으로 서로 연결될 수 있다고 예측했다. 이 논문이 스탠리 밀그램의 실험에 영감을 줬다.

스탠리 밀그램(1933~1984)

좁은 세상 현상에 대한 최초의 실험을 수행한 미국 사회심리학자(글상자 3.7)

월드와이드웹의 열아홉 단계

월드와이드웹에서 수행한 측정 실험에서 임의로 고른 두 문서 사이의 거리는 열아홉이라는 사실이 알려졌다[9](글상자 3.6).

"이 행성의 모든 사람은 서로 다른 사람 여섯 명으로만 분리된다. 우리와 이 행성의 다른 모든 사람 사이. 미국 대통령. 베니스의 곤돌라 사공. 거창한 이름의 사람들이 아니다. 누구나 될 수 있다. 열대 우림의 원주민. 티에라 델 푸에고주의 주민.[3] 에스키모. 나는 여섯 사람의 흔적으로 이 행성의 모든 사람과 묶여 있다. 이것은 어떻게 모든 사람이 새로운 문을 열고 다른 세계로 나아갈 수 있는지에 대한 심오한 사유다."

– 구아레, 1991

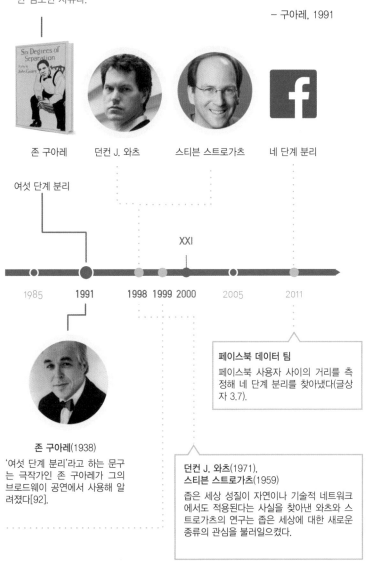

존 구아레   던컨 J. 와츠   스티븐 스트로가츠   네 단계 분리

여섯 단계 분리

XXI

1985   **1991**   **1998 1999 2000**   2005   2011

페이스북 데이터 팀
페이스북 사용자 사이의 거리를 측정해 네 단계 분리를 찾아냈다(글상자 3.7).

존 구아레(1938)
'여섯 단계 분리'라고 하는 문구는 극작가인 존 구아레가 그의 브로드웨이 공연에서 사용해 알려졌다[92].

던컨 J. 와츠(1971),
스티븐 스트로가츠(1959)
좁은 세상 성질이 자연이나 기술적 네트워크에서도 적용된다는 사실을 찾아낸 와츠와 스트로가츠의 연구는 좁은 세상에 대한 새로운 종류의 관심을 불러일으켰다.

---

3   아르헨티나에 있다. – 옮긴이

례해서 감소한다고 예상할 수 있다. 네트워크의 평균 뭉침 계수 $\langle C \rangle$도 식 (3.21)을 따른다는 사실을 유념하자.

(2) 국소 뭉침 계수는 노드의 링크수와 무관하다.

식 (3.21)이 올바른지 확인하려고, 방향성 없는 여러 네트워크에서 $\langle C \rangle / \langle k \rangle$를 N에 대한 함수로 그렸다(그림 3.13(a)). 이 그림에서 $\langle C \rangle / \langle k \rangle$는 N^{-1}로 감소하지 않고 N에 거의 독립적임을 볼 수 있으며 식 (3.21)의 예측과 위의 (1) 항목에 위배된다는 사실을 확인할 수 있다. 그림 3.13(b)~(d)에서는 3개의 현실 네트워크에서 노드의 링크수 k_i에 대한 C의 의존성을 볼 수 있는데, $C(k)$는 링크수에 대해 규칙적으로 감소한다. 이는 또다시 식 (3.21)

그림 3.13 현실 네트워크의 뭉침

(a) 현실 네트워크의 평균 뭉침 계수와 식 (3.21)로 예측한 값의 비교. 점과 그 색상은 표 3.2의 네트워크 하나를 가리킨다. 방향성 네트워크는 방향을 없애서 $\langle C \rangle$와 $\langle k \rangle$를 측정했다. 초록색 선은 식 (3.21)의 값인데, 이는 무작위 네트워크의 평균 뭉침 계수가 $1/N$으로 줄어드는 것을 예측한다. 반면 현실 네트워크에서 $\langle C \rangle$는 N에 독립적인 것처럼 보인다.

(b)~(d) 네트워크의 국소 뭉침 계수 $C(k)$와 노드 링크수의 상관관계: (b) 인터넷, (c) 과학 공동연구 네트워크, (d) 단백질 상호작용 네트워크. $C(k)$는 링크수가 k로 동일한 모든 노드의 국소 뭉침 계수를 평균하여 측정했다. 초록색 수평선은 $\langle C \rangle$에 대응된다.

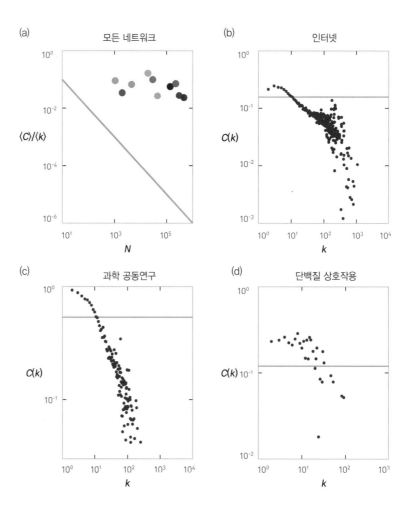

과 (2) 항목에 위배된다.

    요약하자면, 무작위 네트워크 모형은 실제 네트워크의 뭉침을 제대로 잡아내지 못한다. 대신 실제 네트워크는 유사한 N과 L로 구성한 무작위 네트워크에서 예상하는 것보다 뭉침 계수가 훨씬 더 크다. 와츠와 스트로가츠가 제안한 무작위 네트워크의 확장 모형[8]은 높은 $\langle C \rangle$와 좁은 세상 효과가 공존하는 것을 설명할 수 있다(글상자 3.9). 하지만 이 모형은 링크수가 큰 노드가 링크수가 작은 노드보다 뭉침 계수가 작은 이유를 설명하지 못한다. $C(k)$의 모양을 설명하는 모형은 9장에서 논의할 것이다.

3.10   정리: 실제 네트워크는 무작위가 아니다

무작위 네트워크 모형은 1959년 도입된 이후 복잡한 네트워크를 설명하는 지배적인 수학적 접근 방식이었다. 이 모형은 복잡계에서 관찰되는, 무작위로 보이는 네트워크를 완전한 무작위로 설명해야 한다고 제시한다. 그래서 이 모형은 복잡성을 무작위성과 동일시했다. 그렇기 때문에 다음과 같은 질문을 해야만 한다.

    실제 네트워크가 무작위라고 정말로 믿는가?

대답은 분명히 '아니요'다. 인체 단백질 사이의 상호작용은 엄격한 생화학 법칙이 지배하기 때문에 세포가 기능하려면 화학적 구조가 무작위할 수 없다. 마찬가지로, 무작위 사회에서는 미국 학생은 중국 공장 노동자를 알 확률이 그의 반 친구 한 명을 알 확률과 같다.

    실제로 대부분의 복잡계 뒤에는 심오한 질서가 있다고 의심한다. 그 질서는 건축 양식을 설명하는 네트워크 구조에 반영돼야 하고, 그 결과로 무작위적으로 구성된 경우와 체계적인 편차가 발생한다.

    무작위 네트워크가 현실 시스템을 얼마나 잘 설명하는가의 정도는 단순한 인식론적 주장이 아니라 체계적인 정량적 비교

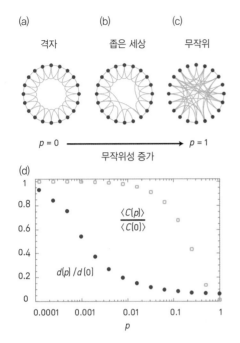

(a) 격자   (b) 좁은 세상   (c) 무작위

$p = 0$ 무작위성 증가 $p = 1$

(d)

$\dfrac{\langle C(p) \rangle}{\langle C(0) \rangle}$

$d(p) / d(0)$

p

그림 3.14 와츠-스트로가츠 모형

(a) 처음에는 노드가 링 형태로 존재하는데, 모든 노드는 바로 옆과 그 옆의 노드에 연결됐다. 즉, 시작 시점에서 모든 노드는 $\langle C \rangle = 1/2$다($p = 0$).

(b) 확률 p로 각 링크를 무작위로 고르고 노드로 재연결한다. 작은 p에서는 네트워크가 강한 뭉침을 유지하지만, 무작위로 생성된 장거리 링크가 노드 사이의 거리를 급격하게 줄인다.

(c) $p = 1$이면 모든 링크가 재연결되어 네트워크가 무작위 네트워크로 변한다.

(d) 재연결 매개변수 p와 평균 경로 길이 $d(p)$, 뭉침 계수 $\langle C(p) \rangle$의 상관관계. $d(p)$와 $\langle C(p) \rangle$는 규칙적인 격자 구조에서 얻은 $d(0)$과 $\langle C(0) \rangle$으로 정규화했다(다시 말해, $p = 0$인 (a)의 결과로 정규화했다). $d(p)$가 급격하게 작아지는 것으로 좁은 세상 효과가 나타나는 신호를 관측할 수 있다. 이 구간에서 $\langle C(p) \rangle$는 큰 값을 유지한다. 즉, $0.001 < p < 0.1$의 범위에서 짧은 경로 거리와 강한 뭉침이 네트워크에 동시에 존재한다. 모든 그래프는 $N = 1{,}000$, $\langle k \rangle = 10$으로 계산했다. 출처: [8]

글상자 3.9   와츠-스트로가츠 모형

던컨 와츠Duncan Watts와 스티븐 스트로가츠Steven Strogatz는 무작위 네트워크 모형을 다음과 같은 두 가지 관측 결과를 이용해 확장했다(그림 3.14)[8].

(a) 좁은 세상 효과

현실 네트워크에서 두 노드 사이의 평균 거리는 균일한 격자에서 예측한 것처럼 N의 다항 함수를 따르는 것이 아니라 식 (3.18)처럼 로그함수를 따른다(그림 3.11).

(b) 강한 뭉침

비슷한 N과 L로 구성한 무작위 네트워크 모형에서 예측한 것에 비해 현실 네트워크의 평균 뭉침 계수는 훨씬 크다(그림 3.13(a)).

와츠-스트로가츠 모형 Watts-Strogatz model(**좁은 세상 모형**small-world model이라고도 함)은 강한 뭉침이 있지만 좁은 세상 효과가 없는 **규칙적 격자 구조**와, 뭉침은 약하지만 좁은 세상 효과가 나타나는 **무작위 네트워크** 사이를 표현한다(그림 3.14(a)~(c)). 수치 시뮬레이션에서는 재연결 매개변수의 특정한 범위가 관측되는데, 여기서는 평균 경로 길이는 낮고 뭉침 계수는 높다. 이는 강한 뭉침과 좁은 세상 현상이 동시에 존재하는 것을 재현한다(그림 3.14(d)).

와츠-스트로가츠 모형은 무작위 네트워크 모형을 확장하는 것이므로, 푸아송 형태의 제한된 링크수 분포를 예측한다. 결과적으로 그림 3.6에서 예측한 것과 같이 링크수가 많은 노드가 존재하지 않는다. 더불어서 이 모형은 $C(k)$가 k에 독립적이라고 예측하는데, 그림 3.13(b)~(d)의 k 의존성을 재현할 수 없다. 이후의 장들에서는 좁은 세상 효과와 강한 뭉침을 이해하려면 네트워크의 올바른 링크수 분포에서 시작해야 한다는 것을 다룬다.

로 결정해야 한다. 무작위 네트워크 이론이 여러 가지 정량적 예측을 하는 것을 이용하면 정량적 분석을 할 수 있다.

링크수 분포

무작위 네트워크의 링크수 분포는 이항 분포이며 $k \ll N$인 극한에서 푸아송 분포로 잘 근사된다. 그러나 그림 3.5에서 볼 수 있듯이 푸아송 분포는 실제 네트워크의 링크수 분포를 포착하지 못한다. 현실 시스템에서는 무작위 네트워크 모형이 설명할 수 있는 것보다 링크가 훨씬 많이 연결된 노드가 있다.

연결상태

무작위 네트워크 이론은 $\langle k \rangle > 1$이면 거대 덩어리가 있어야 한다고 예측하는데, 우리가 분석하는 모든 네트워크가 이 조건을 만족시킨다. 하지만 대부분의 네트워크는 $\langle k \rangle > \ln N$ 조건을 충족시키지 않으며 이는 고립된 여러 덩어리로 분할된 상태여야 한다는 뜻이다(표 3.1). 일부 네트워크는 실제로 쪼개진 상태이지만 대부분은 그렇지 않다.

평균 경로 길이

무작위 네트워크 이론은 평균 경로 길이가 예측(식 (3.19))을 따를 것이라 제시하는데, 이 예측치는 관측된 경로 길이에 대해 합리적인 근사치를 준다. 그래서 무작위 네트워크 모형은 좁은 세상 현상의 출현을 설명할 수 있다.

뭉침 계수

무작위 네트워크에서 국소 뭉침 계수는 노드의 링크수와 무관하고 $\langle C \rangle$는 시스템이 커질수록 $1/N$으로 작아진다. 하지만 현실 네트워크에서 $C(k)$는 노드의 링크수가 증가하면 감소하고 시스템의 크기에는 무관한 것으로 관측된다(그림 3.13).

종합해보면, 무작위 네트워크 모형을 이용해 합리적으로 설명할 수 있는 특성은 좁은 세상 현상이 유일하다는 것이 나타났다. 링크수 분포에서 뭉침 계수에 이르는, 다른 모든 네트워크의 특성은 현실 네트워크와 크게 다르다. 와츠와 스트로가츠가 제안한 에르되시-레니 모형의 확장은 높은 C와 낮은 $\langle d \rangle$의 공존을 성공적으로 예측했으나, 링크수 분포와 $C(k)$는 설명하지 못했다. 사실 현실 네트워크를 더 많이 공부할수록 **무작위 네트워크 모형으로 정확하게 설명되는 현실 네트워크에 대해 알지 못한다**는 놀라운 결론에 도달한다.

이 결론으로, 다음과 같은 정당한 질문이 생각난다. 실제 네트워크가 무작위가 아니라면 왜 무작위 네트워크에 한 장 전체를 할애했는가? 대답은 단순하다. 모형은 실제 네트워크의 속성을 탐색할 때 중요한 참고 자료 역할을 한다. 어떤 네트워크 특성을 관찰할 때마다 그것이 우연히 나타날 수 있었는지 확인해야 한다. 이 길잡이로 무작위 네트워크 모형을 쓴다. 네트워크에서 관찰된 특성이 무작위 모형에서도 나타나면, 무작위성이 이를 설명할 수 있음을 의미한다. 그 특성이 무작위 네트워크에는 없다면, 더 심도 있는 설명이 필요한 어떤 질서가 있다는 징후일 수 있다. 따라서 무작위 네트워크 모형은 대부분의 실제 시스템을 묘사하기에는 잘못된 모형일 수 있지만, **네트워크 과학에서는 여전히 중요한 관련성이 있다**(글상자 3.10).

3.11 과제

3.11.1 에르되시-레니 네트워크

$N = 3{,}000$개 노드와 모든 노드 쌍이 확률 $p = 10^{-3}$으로 연결된 에르되시-레니 네트워크를 생각해보자.

(a) 예상되는 총 링크의 수 $\langle L \rangle$은 얼마인가?

(b) 네트워크는 어떤 영역에 있는가?

(c) 네트워크가 임계점에 있을 때의 확률 p_c를 구하라.

(d) 주어진 연결 확률 $p = 10^{-3}$에서 네트워크가 하나의 덩어리로만 구성될 수 있는 노드의 수 N^{cr}을 구하라.

글상자 3.10 무작위 네트워크와 네트워크 과학

무작위 네트워크와 현실 네트워크는 일치하지 않으므로, 중요한 질문이 하나 떠오른다. 현실과 제대로 맞지 않는다면, 이론이 어떻게 그렇게 오래 살아남았을까? 답은 간단하다. 무작위 네트워크 이론을 실제 시스템을 다루는 모형으로 간주하지 않았다.

에르되시와 레니는 첫 번째 논문[3]에서 무작위 네트워크가 "순수한 수학적 관점에서 볼 때만 흥미로운 것이 아니다. 사실 그래프의 점진적 변화는 국가나 어떤 집단의 어떤 통신망(철도, 도로, 전기 네트워크 시스템 등)의 다소 단순화된 모형으로 볼 수 있다."라고 서술했다. 하지만 두 사람이 이 주제에 관해 쓴 8개나 되는 일련의 논문[3, 72, 73, 74, 75, 76, 77, 78] 중, 이 문장만이 유일하게 이 접근의 실용적인 가능성을 언급한 내용이다. 무작위 그래프의 후속 연구들은 응용 문제보다는 내재된 수학적 특성을 주로 다뤘다.

토마스 쿤$^{Thomas\ Kuhn}$을 따라 네트워크 과학을 무작위 그래프에서 현실 네트워크 이론으로의 패러다임 전환$^{paradigm\ shift}$으로 보는 것은 매력적이다. 실제로 1990년대 말 이전에는 네트워크 패러다임이 존재하지 않았다. 이 시기에는 현실 네트워크의 성질과 그래프 이론적 모형을 체계적으로 비교하는 시도가 없었다. 에르되시와 레니의 연구는 네트워크 과학의 출현 이후에 수학의 범위를 넘어 두각을 나타내기 시작했다(그림 3.15).

네트워크 이론은 에르되시와 레니의 기여를 축소하는 것이 아니라 그들이 연구에서 의도하지 않았던 영향력을 기린다. 사람들은 주로 교육적인 이유로 무작위 네트워크와 현실 네트워크 사이의 불일치를 논의하고, 그 논의는 현실 시스템의 성격을 이해할 수 있는 적절한 토대를 제공한다.

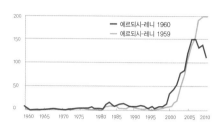

그림 3.15 네트워크 과학과 무작위 네트워크

오늘날 에르되시-레니 모형을 네트워크 이론의 초석으로 인식하지만, 이 모형은 원래 수학의 작은 하위 분야 외에서는 거의 알려지지 않았다. 이 사실은 에르되시와 레니가 1959년과 1960년에 쓴 첫 두 논문[3, 72]의 연간 인용 수로 설명된다. 출판 이후 40여 년간 두 논문은 매년 10회 미만으로 인용됐다. 척도 없는 네트워크를 다룬 첫 번째 논문[9, 10, 11]이 에르되시와 레니의 연구를 네트워크 이론의 참고 모형로 사용한 이후 인용 횟수가 폭발적으로 증가했다.

(e) (d)에서 찾은 네트워크에서 노드의 평균 링크수 $\langle K^{cr} \rangle$과 임의로 고른 두 노드의 평균 거리 분포 $\langle d \rangle$를 구하라.

(f) 이 네트워크의 링크수 분포 p_k를 구하라(푸아송 링크수 분포로 근사하라).

글상자 3.11 한눈에 보는 무작위 네트워크

정의: N개의 노드가 있고, 모든 쌍을 확률 p로 연결함

노드의 평균 링크수

$$\langle k \rangle = p(N-1)$$

네트워크의 총 링크 수 평균

$$\langle L \rangle = \frac{pN(N-1)}{2}$$

링크수 분포

이항 형태

$$p_k = \binom{N-1}{k} p^k (1-p)^{N-1-k}$$

푸아송 형태

$$p_k = e^{-\langle k \rangle} \frac{\langle k \rangle^k}{k!}$$

거대 덩어리^GC, Giant Component^(N_G)

$$\langle k \rangle < 1 \quad : \quad N_G \sim \ln N$$
$$1 < \langle k \rangle < \ln N : \quad N_G \sim N^{\frac{2}{3}}$$
$$\langle k \rangle > \ln N : \quad N_G \sim (p - p_c)N$$

평균 거리

$$\langle d \rangle \propto \frac{\ln N}{\ln \langle k \rangle}$$

평균 뭉침 계수

$$\langle C \rangle = \frac{\langle k \rangle}{N}$$

3.11.2 에르되시-레니 네트워크 만들기

$G(N, p)$ 모형을 사용해 컴퓨터로 $N = 500$개의 노드와 평균 링크수가 다음과 같은 네트워크를 만들어보라. (a) $\langle k \rangle = 0.8$, (b) $\langle k \rangle = 1$, (c) $\langle k \rangle = 8$. 이러한 네트워크를 시각화해보라.

3.11.3 원형 네트워크

N개의 노드가 원 위에 있고, 모든 노드가 양 옆에 m개씩의 이웃과 연결된 네트워크를 생각해보자(결과적으로 각 노드의 링크수는 모두 $2m$이다). 그림 3.14(a)는 $m = 2$이고 $N = 20$인 이러한 네트워크의 예시를 보여준다. 이 네트워크의 평균 뭉침 계수 $\langle C \rangle$를 구하고 평균 최단 경로 $\langle d \rangle$를 구하라. 단순하게 풀기 위해 N과 m은 $(N-1)/2m$이 정수가 되는 값으로 고른다고 가정하자. 만약 $N \gg 1$이라면 $\langle C \rangle$는 어떻게 되는가? $\langle d \rangle$는 어떻게 되는가?

3.11.4 케일리 나무

케일리 나무^Cayley tree^는 대칭적인 트리 구조인데, 가운데에 있는 링크수 k인 노드부터 시작한다. 가운데 노드에서 거리 d만큼 떨어진 모든 노드 역시 링크수가 k인데, 거리 P만큼 떨어진 위치에 잎[4]이라고 부르는 노드가 있고 잎 노드의 링크수는 1이다($k = 3$이고 $P = 5$인 케일리 나무를 그림 3.16에서 볼 수 있다).

(a) 가운데 노드부터 t 걸음으로 도달할 수 있는 노드의 수는 몇 개인가?

(b) 이 네트워크의 링크수 분포를 구하라.

(c) 이 네트워크의 지름 d_{max}를 구하라.

(d) 전체 노드 수 N으로 지름 d_{max}를 표현하는 방법을 찾아보라.

(e) 이 네트워크는 좁은 세상 효과를 보여주는가?

---

4 단말 노드라고도 함 - 옮긴이

3.11.5 속물적인 네트워크

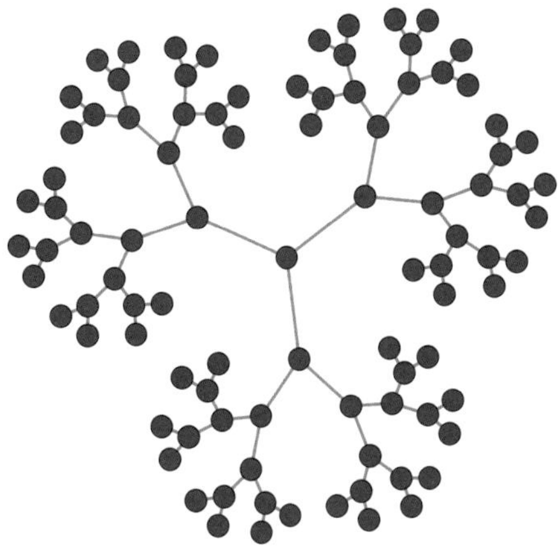

N개의 빨간색 노드와 N개의 파란색 노드로 구성된 네트워크를 생각해보자. 동일한 색상의 노드 사이에 연결이 있을 확률은 p이고, 다른 색상 간에 연결이 있을 확률은 q다. $p > q$이면 같은 색상의 노드에 연결하려는 경향을 볼 수 있고, 네트워크는 속물적이다. $q = 0$인 경우 네트워크는 동일한 색상의 노드로만 구성된 2개 이상의 덩어리가 있다.

(a) 파란색 노드로만 구성된 파란색 부분 네트워크의 평균 링크수와 전체 네트워크의 평균 링크수를 구하라.

(b) 높은 확률로 1개의 덩어리만 나타나려면 p와 q가 최소한 얼마여야 하는지 구하라.

(c) N이 매우 크다면 속물적인 네트워크($p \gg q$)도 좁은 세상 효과를 보이는 것을 보여라.

그림 3.16 케일리 나무

$k = 3$이고 $P = 5$인 케일리 나무

3.11.6 속물적인 사회연결망

위에서 다룬 네트워크의 다음과 같은 변종을 생각해보자. 동일한 수의 빨간색과 파란색 노드로 구성된 $2N$개 노드의 네트워크가 있고, f 비율만큼의 노드는 보라색이다. 보라색 노드는 빨간색 노드와 파란색 노드 모두에 동일한 확률 p로 연결된다.

(a) 일반적으로 빨간색 노드가 파란색 노드에서 두 걸음 거리에 있거나 그 반대의 경우에 빨간색과 파란색 커뮤니티는 **상호작용**interactive한다고 부른다. 커뮤니티가 상호작용하는 데 필요한 노드의 비율을 구하라.

(b) 파란색(또는 빨간색) 노드의 평균 링크수가 $\langle k \rangle \gg 1$일 때, 보라색 커뮤니티의 크기는 어떻게 되는지 말해보라.

(c) 사회(혹은 기타)연결망에서 이 모형은 어떤 의미를 지니는가?

3.12 [심화 주제 3.A]
푸아송 분포의 유도 과정

링크수 분포에서 푸아송 분포를 유도하고자, 일단 완전한 이항 분포인 식 (3.7)에서 시작해보자.

$$p_k = \binom{N-1}{k} p^k (1-p)^{N-1-k} \qquad (3.22)$$

이 식은 무작위 네트워크의 특성을 정의한다. 여기서 우변의 첫 번째 항을 다음과 같이 다시 쓸 수 있다.

$$\binom{N-1}{k} = \frac{(N-1)(N-1-1)(N-1-2)\cdots(N-1-k+1)}{k!}$$
$$\approx \frac{(N-1)^k}{k!} \qquad (3.23)$$

여기서 마지막은 $k \ll N$이라는 점을 이용해 근사한다. 식 (3.22)의 마지막 항은 다음과 같이 단순하게 쓸 수 있다.

$$\ln[(1-p)^{(N-1)-k}] = (N-1-k)\ln\left(1-\frac{k}{N-1}\right)$$

여기서 급수 전개하면 다음과 같다.

$$\ln(1+x) = \sum_{n=1}^{\infty} \frac{(-1)^{n+1}}{n} x^n = x - \frac{x^2}{2} + \frac{x^3}{3} - ..., \forall \, |x| \le 1$$

위의 급수에서, $N \gg k$라면 다음 식이 유도된다.

$$\ln[(1-p)^{N-1-k}] \approx (N-1-k)\frac{\langle k \rangle}{N-1}$$
$$= -\langle k \rangle \left(1-\frac{k}{N-1}\right) \approx -\langle k \rangle$$

이 식은 이러한 유도에서 핵심적으로 쓰는 **작은 링크수 근사**small-degree approximation를 보여준다. 결국 식 (3.22)의 마지막 항은 다음과 같이 쓰인다.

$$(1-p)^{N-1-k} = e^{-\langle k \rangle} \qquad (3.24)$$

식 (3.22), (3.23), (3.24)를 결합하면 링크수 분포의 푸아송 형태를 다음과 같이 얻을 수 있다.

$$p_k = \binom{N-1}{k} p^k (1-p)^{(N-1)-k} = \frac{(N-1)^k}{k!} p^k e^{-\langle k \rangle}$$

$$= \frac{(N-1)^k}{k!} \left(\frac{k}{N-1} \right)^k e^{-\langle k \rangle}$$

또는

$$p_k = e^{-\langle k \rangle} \frac{\langle k \rangle^k}{k!} \qquad (3.25)$$

3.13 [심화 주제 3.B] 최대 링크수와 최소 링크수

무작위 네트워크에서 노드의 가장 큰 링크수(네트워크의 **상단 자연 절단**upper natural cutoff이라고도 함)를 찾으려면, N개 노드로 구성한 네트워크에서 k_{max}보다 링크수가 큰 노드가 최대 1개만 있도록 하는 링크수인 k_{max}를 정의해야 한다. 수학적으로 이 값은 푸아송 분포 p_k에서 $k \geq k_{max}$일 때 곡선 아래 넓이가 대략 1이 되는 점을 의미한다(그림 3.17). P를 p_k의 누적 링크수 분포라고 할 때 이 면적은 $1 - P(k_{max})$이므로, 네트워크에서 링크수가 가장 큰 노드는 다음 조건을 만족시킨다.

$$N[1-P(k_{max})] \approx 1 \qquad (3.26)$$

k_{max}가 정수이기 때문에 '='대신 '≈'을 쓴다. 따라서 일반적으로 방정식에는 딱 맞는 해가 없다. 푸아송 분포에서는 다음과 같이 쓸 수 있다.

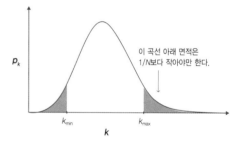

이 곡선 아래 면적은 $1/N$보다 작아야만 한다.

그림 3.17 최대 및 최소 링크수

추정한 최대의 링크수 k_{max}는 최대 1개 노드의 링크수가 k_{max}보다 클 때로 고른다. 이 값을 링크수 분포의 **상단 자연 절단**이라고도 한다. 이것을 구하려면 링크수 분포 p_k 곡선 아래의 넓이가 $1/N$이 되는 점을 k_{max}로 정해야 한다. 이렇게 정하면 이 구간에 있는 노드의 수는 정확히 1개다. 비슷한 방법으로 추정한 최소의 링크수 k_{min} 또한 구할 수 있다.

$$1 - P(k_{\max}) = 1 - e^{-\langle k \rangle} \sum_{k=0}^{k_{\max}} \frac{\langle k \rangle^k}{k!} = e^{-\langle k \rangle} \sum_{k=k_{\max}+1}^{\infty} \frac{\langle k \rangle^k}{k!}$$

$$\approx e^{-\langle k \rangle} \frac{\langle k \rangle^{k_{\max}+1}}{(k_{\max}+1)!} \tag{3.27}$$

여기서 마지막 항은 전체의 덧셈을 가장 큰 항의 값으로 근사한 것이다.

대략 지구의 사회연결망 크기와 평균 링크수 정도인 $N = 10^9$ 과 $\langle k \rangle = 1,000$일 때 식 (3.26)과 식 (3.27)은 $k_{\max} = 1,185$라 예측하므로 무작위 네트워크는 극단적으로 유명한 사람, 혹은 허브가 없다는 것을 알려준다.

이런 비슷한 논의를 가장 작은 링크수인 $k_{\min}$에도 적용할 수 있다. 최대 1개 노드의 링크수만이 $k_{\min}$ 이하여야 하므로 다음 식을 쓸 수 있다.

$$NP(k_{\min} - 1) \approx 1 \tag{3.28}$$

에르되시-레니 네트워크의 경우 다음 식을 만족시킨다.

$$P(k_{\min} - 1) = e^{-\langle k \rangle} \sum_{k=0}^{k_{\min}-1} \frac{\langle k \rangle^k}{k!} \tag{3.29}$$

식 (3.28)을 $N = 10^9$과 $\langle k \rangle = 1000$에 대해 풀면 $k_{\min} = 816$을 얻을 수 있다.

3.14 [심화 주제 3.C]
거대 덩어리

이 절에서는 솔로모노프와 라포포트[80] 그리고 에르되시와 레니[3]가 각자 독립적으로 제안했던, 거대 덩어리의 등장 시점이 $\langle k \rangle = 1$인 이유에 대한 논의를 소개하고자 한다[94].

거대 덩어리^{GC}에 속하지 않은 노드의 비율을 $u = 1 - N_G/N$ 이라고 하자. 여기서 N_G는 거대 덩어리의 크기다. 만약 노드 i가 거대 덩어리에 속한다면 또 다른 거대 덩어리에 속한 노드 j와 연결돼야만 한다. 그러므로 i가 GC에 속하지 않는 경우는 아래의 두 가지가 있다.

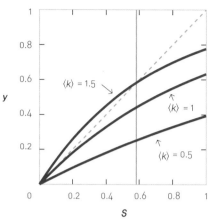

- i에서 j까지 이어진 링크가 없을 때(이 경우의 확률은 $1 - p$다.)
- i와 j의 링크는 존재하지만, j가 GC에 속하지 않을 때(이 확률은 pu다.)

그래서 j를 거친 i가 GC에 속하지 않을 확률은 $1 - p + pu$다. 그리고 잠재적으로 GC에 속하며 i를 GC와 연결해줄 수 있는 노드는 $N - 1$개가 있으므로 그 어떤 노드로도 i가 GC와 연결되지 않을 확률은 $(1 - p + pu)^{N-1}$이다. 여기서 u는 GC에 속하지 않은 노드의 비율을 뜻하므로 모든 p와 N에 대해서 다음 방정식의 해는 거대 덩어리의 크기를 $N_G = N(1 - u)$라는 식으로 구할 수 있게 해준다.

$$u = (1 - p + pu)^{N-1} \tag{3.30}$$

$p = \langle k \rangle / (N - 1)$의 관계에 양변에 모두 로그를 취하고, $\langle k \rangle \ll N$의 관계를 사용하면 다음 식을 얻는다.

$$\begin{aligned} \ln u &= (N - 1)\ln\left[1 - \frac{\langle k \rangle}{N - 1}(1 - u)\right] \\ &\approx (N - 1)\left[-\frac{\langle k \rangle}{N - 1}(1 - u)\right] = -\langle k \rangle \ (1 - u) \end{aligned} \tag{3.31}$$

이 식을 얻기 위해 $\ln(1 + x)$의 급수 전개를 사용했다.

양변에 모두 자연 지수를 취하면 $u = \exp[-\langle k \rangle(1 - u)]$의 식을 얻을 수 있다. 만약 S를 GC에 있는 노드의 비율 $S = N_G/N$이라고 하면, $S = 1 - u$가 되고 식 (3.31)은 다음과 같이 다시 쓸 수 있다.

$$S = 1 - e^{-\langle k \rangle S} \tag{3.32}$$

이 식에서 GC S의 크기를 $\langle k \rangle$의 함수로 구할 수 있다(그림 3.18). 식 (3.32)가 단순해 보이지만 이 식은 해석적인 해가 존재하지

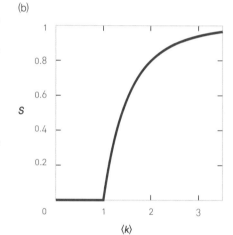

그림 3.18 시각적 해

(a) 3개의 보라색 곡선은 $\langle k \rangle$ = 0.5, 1, 1.5일 때의 $y = 1 - \exp[-\langle k \rangle S]$에 대응된다. 녹색 점선 대각선은 $y = S$에 해당하며 보라색 곡선과 점선의 교차점은 식 (3.32)의 해에 해당한다. $\langle k \rangle$ = 0.5일 때 $S = 0$인 교차점은 1개뿐이며 이는 거대 덩어리가 없다는 뜻이다. $\langle k \rangle$ = 1.5 곡선은 $S = 0.583$일 때 해가 있다. $\langle k \rangle$ = 1 곡선은 정확히 임계점에 있으며, 0이 아닌 S의 해가 존재하는 영역과 $S = 0$인 해만 존재하는 영역 사이를 나눈다.

(b) 식 (3.32)로 예측한, $\langle k \rangle$에 대한 함수로 쓴 거대 덩어리의 크기. 출처: [94]

않는다. 식은 우항을 그래프로 그려, $\langle k \rangle$를 다양하게 바꾸며 S를 그려본 후 시각적으로 풀 수 있다. 0이 아닌 해가 있으려면 곡선이 식 (3.32)의 왼쪽 변을 나타내는 점선으로 된 대각선에 교차해야 한다. 작은 $\langle k \rangle$일 때는 두 곡선이 $S = 0$일 때만 교차하므로, 작은 $\langle k \rangle$에서는 거대 덩어리의 크기가 0이다. $\langle k \rangle$가 어떤 임곗값을 넘어야만 0이 아닌 해가 등장한다.

0이 아닌 해를 주는 $\langle k \rangle$의 시작점을 찾으려면 식 (3.32)를 미분해서 식 (3.32)의 좌변과 식 (3.32)의 우변이 미분값이 동일한 상전이 점을 찾아야 하는데, 이는 다음과 같다.

$$\frac{d}{dS}\left(1 - e^{-\langle k \rangle S}\right) = 1$$

$$\langle k \rangle e^{-\langle k \rangle S} = 1 \tag{3.33}$$

$S = 0$을 대입하면 상전이 점은 $\langle k \rangle = 1$임을 알 수 있다([심화 주제 3.F]도 같이 보자).

3.15 [심화 주제 3.D] 덩어리 크기

그림 3.7에서는 거대 덩어리의 크기만 논의했지만 하나의 질문을 해결하지 않고 넘어갔다. 주어진 $\langle k \rangle$에서 얼마나 많은 덩어리가 있을까? 그리고 덩어리 크기의 분포는 어떻게 될까? 이 절에서는 이 주제들을 다룬다.

3.15.1 덩어리 크기 분포

무작위 네트워크에서 무작위로 고른 노드가 크기가 s인 덩어리(거대 덩어리와는 다르다)에 속할 확률은 다음과 같다[94].

$$p_s \sim \frac{(s\langle k \rangle)^{s-1}}{s!} e^{-\langle k \rangle s} \tag{3.34}$$

$\langle k \rangle^{s-1}$을 $\exp[(s-1)\ln\langle k \rangle]$로 대치하고 큰 s에 대해 쓸 수 있는 스털링 공식을 적용하면 다음 식을 얻는다.

$$p_s \sim s^{-3/2} e^{-(\langle k \rangle -1)s+(s-1)\ln\langle k \rangle} \tag{3.35}$$

즉, 덩어리 크기 분포는 다음 두 가지의 영향을 받는다. 먼저 느리게 줄어드는 거듭제곱 항 $s^{-3/2}$과 빠르게 감소하는 지수 항 $e^{-(\langle k \rangle -1)s+(s-1)\ln\langle k \rangle}$이 그것이다. 큰 s에서는 지수 항이 더 큰 영향을 주기 때문에(식 (3.35)) 크기가 큰 덩어리는 없다. 임계점 $\langle k \rangle = 1$에서는 지수 항의 모든 값이 상쇄되고, p_s는 다음과 같은 거듭제곱 함수를 따른다.

$$p_s \sim s^{-3/2} \tag{3.36}$$

거듭제곱은 상대적으로 느리게 감소하므로 임계점에서는 덩어리들의 크기가 다양하다는 것을 예상할 수 있는데, 이 특성은 상전이에서 시스템이 보여주는 행동과 동일하다(심화 주제 3.F). 이 예측은 그림 3.19에서 보여주는 수치적 시뮬레이션으로도 뒷받침된다.

3.15.2 평균 덩어리 크기

위의 계산은 평균 덩어리 크기(다시 한번 말하지만 거대 덩어리를 제외한 나머지 덩어리들이다)가 다음 식을 따른다는 것을 보여준다 [94].

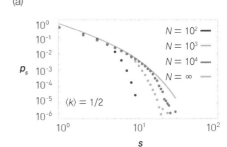
(a)

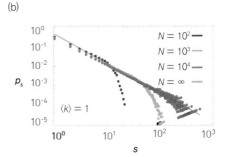
(b)

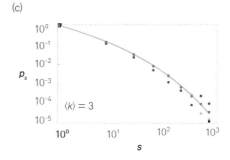
(c)

그림 3.19 덩어리 크기 분포
거대 덩어리를 제외한 무작위 네트워크의 덩어리 크기 분포 p_s
(a)~(c) 여러 $\langle k \rangle$와 N에 대해 p_s를 그려보면, N이 클 때 p_s가 식 (3.34)의 예측치로 수렴한다는 것을 보여준다.
(d) $N = 10^4$과 여러 $\langle k \rangle$에 대해 그린 p_s. $\langle k \rangle > 1$과 $\langle k \rangle < 1$일 때는 분포가 지수함수 형태로 나타나지만, 임계점인 $\langle k \rangle = 1$에서는 분포가 거듭제곱 법칙을 따른다(식 (3.36)). 초록색 실선은 식 (3.35)를 나타낸다. 덩어리 크기 분포를 다룬 최초의 수치 연구는 1998년에 이뤄졌는데[94], 복잡계 네트워크에서 엄청난 관심을 불러일으켰다.

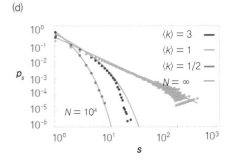
(d)

$$s = \frac{1}{1 - \langle k \rangle + \langle k \rangle N_G / N} \tag{3.37}$$

$\langle k \rangle < 1$이면 거대 덩어리가 없으므로($N_G = 0$) 식 (3.37)은 다음과 같이 쓴다.

$$\langle s \rangle = \frac{1}{1 - \langle k \rangle} \tag{3.38}$$

이 식은 평균 링크수가 임계점 $\langle k \rangle = 1$로 다가가면 발산한다. 즉, 임계점으로 다가가면 덩어리의 크기는 커지고, $\langle k \rangle = 1$일 때 거대 덩어리가 나타난다는 신호를 준다. 수치 시뮬레이션은 큰 N일 때 예측을 뒷받침해준다(그림 3.20).

식 (3.37)을 사용해 $\langle k \rangle > 1$일 때 평균 덩어리 크기를 결정하려면 먼저 거대 덩어리의 크기부터 계산해야 한다. 대부분의 덩어리가 점점 거대 덩어리에 흡수되기 때문에 $\langle k \rangle > 1$일 때 평균 덩어리 크기가 줄어든다는 자기일관적 방식으로 이 계산을 할 수 있다.

식 (3.37)은 무작위로 고른 노드가 속한 덩어리의 크기를 예측한다는 것에 유념하자. 큰 덩어리에 속한 노드를 고를 확률이 작은 클러스터에 속한 노드를 고를 확률보다 높으므로 이는 편

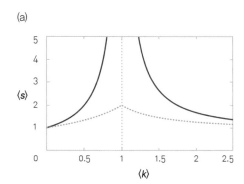

(a)

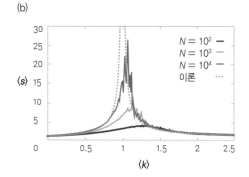

(b)

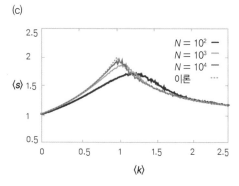

(c)

그림 3.20 평균 덩어리 크기

(a) 식 (3.39)로 추정한(보라색), 무작위로 선택된 노드가 속한 덩어리의 평균 크기. 녹색 곡선은 식 (3.37)로 계산한 전체적인 평균 덩어리 크기 $\langle s' \rangle$을 보여준다. 출처: [94]

(b) 무작위 네트워크의 평균 클러스터 크기. 노드를 하나 고르고 그 노드가 속한 클러스터의 크기를 구했다. 크기가 s인 덩어리는 s번 계산하므로 이 측정 방법은 편향됐다. N이 커질수록 수치 데이터는 식 (3.37)이 예측한 값에 점점 더 가깝게 접근한다. 예상대로 $\langle s \rangle$는 $\langle k \rangle = 1$인 임계점에서 발산하는데, 이는 상전이가 있음을 뒷받침한다(심화 주제 3.F).

(c) 각 덩어리를 한 번씩만 골라서 (b)의 편향을 보정한 무작위 네트워크의 평균 클러스터 크기. N이 클수록 수치 데이터가 예측치를 더 잘 따른다(식 (3.39)).

향된 측정치다. 이 편향은 덩어리 크기 s에 선형적이다. 그래서 이 편향성을 보정한다면 덩어리 하나씩 크기를 재어 평균 크기를 잴 때 얻을 수 있는 작은 덩어리들의 평균 크기를 다음과 같이 얻을 수 있다[94].

$$\langle s' \rangle = \frac{2}{2 - \langle k \rangle + \langle k \rangle N_G / N} \tag{3.39}$$

그림 3.20은 식 (3.39)를 수치적으로 뒷받침한다.

3.16 [심화 주제 3.E] 완전히 연결된 영역

대부분의 노드가 거대 덩어리에 속하는 $\langle k \rangle$를 구하려면, 무작위로 고른 노드의 링크가 거대 노드에 속하지 않을 확률을 구해야 하는데, 이 영역에서 $N_G \simeq N$이므로 $(1-p)^{N_G} \approx (1-p)^N$이다. 이런 고립된 노드 수의 기댓값은 다음과 같이 쓸 수 있다.

$$I_N = N(1-p)^N = N\left(1 - \frac{N \cdot p}{N}\right)^N \approx N e^{-Np} \tag{3.40}$$

여기서는 큰 n에서 작동하는 $(1 - \frac{x}{n})^n \approx e^{-x}$ 근사를 사용했다. 만약 p가 충분히 크다면 단 1개의 노드가 거대 덩어리에서 떨어져 나가는 점에 도달할 수 있을 것이다. 이 점에서 $I_N = 1$이므로, 식 (3.40)을 보면 p는 $N e^{-Np} = 1$의 관계식을 만족해야 한다. 결과적으로 거의 모든 노드가 거대 덩어리에 속한 완전히 연결된 영역은 다음과 같이 쓸 수 있다.

$$p = \frac{\ln N}{N} \tag{3.41}$$

이 식에서 $\langle k \rangle$ 항으로 쓴 식 (3.14)가 유도된다.

3.17 [심화 주제 3.F]
상전이

무작위 네트워크 모형의 $\langle k \rangle = 1$에서 거대 덩어리가 출현하는 것은 물리학과 화학에서 많이 연구된 현상인 **상전이**phase transition를 연상시킨다[96]. 다음 두 예를 살펴보자.

(a) **물-얼음 상전이**(그림 3.21(a)): 높은 온도에서 H_2O 분자는 확산 운동을 하는데, 작은 그룹을 형성했다가 쪼개져서 또 다른 물 분자들과 그룹을 이루곤 한다. 냉각을 하면 0°C에서 분자들은 확산 운동을 멈추고 질서 정연한 단단한 얼음 결정을 만든다.

(b) **자기**(그림 3.21(b)): 철 같은 강자성체의 금속은 고온에서 스핀이 무작위적으로 선택된 방향을 가리킨다. 하지만 어떤 임계 온도 T_c 이하에서 모든 원자는 같은 방향으로 정렬되고 금속은 자석으로 변한다.

그림 3.21 상전이

(a) **물-얼음 상전이**

물 분자들 사이에 이어진 수소 결합은 약하고 지속해서 분해되고 재형성하며 부분적으로 정렬된 국소 구조를 유지한다(왼쪽 칸). 온도-압력 상태도(가운데 칸)는 온도를 낮추면 물이 액체(보라색)에서 얼은 고체(초록색) 상으로 상전이가 일어난다는 것을 알려준다. 고체 상태에서 모든 물 분자는 다른 네 분자와 단단히 결합하며 얼음 격자를 형성한다(오른쪽 칸). 출처: https://www.lbl.gov/Science-Articles/Archive/sabl/2005/February/water-solid.html

(b) **자석 상전이**

강자성 물질에서 개별 원자(스핀)의 자기 모멘트는 두 가지 다른 방향을 가리킬 수 있다. 스핀은 높은 온도에서는 무작위로 방향을 고른다(오른쪽 칸). 이 **정렬되지 않은 상태**(disordered state)에서는 시스템의 전체 자기화가 0이다(ΔM을 위를 가리키는 스핀과 아래를 기리기는 스핀 수 치이리고 할 때, 자기화는 $m = \Delta M/N$으로 기술한다). 상태도(가운데 칸)를 보면, 온도를 낮추면 시스템은 $T = T_c$에서 상전이가 일어나 0이 아닌 자기화가 나타난다. T를 더 낮추면 m이 1로 수렴한다. 이 **정렬된 상태**(ordered phase)에서는 모든 스핀이 같은 방향을 가리킨다(왼쪽 칸).

(a)
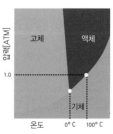

(b)
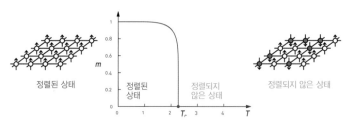

액체가 어는 것이나 자기화가 나타나는 것은 모두 **무질서 상태에서 질서 상태로 전이**하는 상전이의 예시다. 실제로 결정화된 얼음에 비하면 액체인 물은 상대적으로 어지러운 상태다. 마찬가지로, 강자성체에서 무작위 방향을 가리키고 있는 스핀은 T_c 이하에서 잘 정렬되어 한 방향을 가리킨다.

상전이를 거치는 시스템의 많은 성질은 **보편적**이다. 이 말은 마그마가 얼어서 암석이 되는 것부터 세라믹 물질이 초전도체로 변하는 것까지, 광범위한 시스템에서 동일한 양적 패턴이 관측된다는 것을 의미한다. 더불어 임계점이라 부르는 상전이 점 근처에서는 관심이 있는 많은 수치들이 거듭제곱 법칙을 따른다.

무작위 네트워크에서 임계점인 $\langle k \rangle = 1$ 근처에서 관측되는 현상은 여러 면에서 상전이와 유사하다.

- 그림 3.7(a)와 그림 3.21(b)의 자기화 상태가 유사한 것은 우연은 아니다. 두 가지 모두 무질서 상태에서 질서 상태로 전이하는 것을 보여준다. 무작위 네트워크에서는 이 과정이 $\langle k \rangle$가 $\langle k \rangle = 1$을 넘어설 때 거대 덩어리가 생기는 것에 해당한다.

- 어는 점에 도달할수록 크기가 다양한 얼음 결정이 관찰되며, 동일한 방향을 가리키는 원자의 영역도 관측된다. 이런 얼음 결정이나 자기 영역의 크기 분포도 거듭제곱 법칙을 따른다. 마찬가지로 무작위 네트워크에서 $\langle k \rangle < 1$과 $\langle k \rangle > 1$일 때 덩어리 크기 분포는 지수함수를 따르지만, 상전이 점 p_s에서는 거듭제곱 법칙을 따른다(식 (3.36)). 이는 크기가 다양한 덩어리가 공존한다는 것을 보여준다.

- 임계점에서는 얼음 결정이나 자기 영역의 범위는 발산해 모든 시스템이 1개의 얼음이 되거나 모든 스핀이 한 방향을 가리키는 것을 보장한다. 마찬가지로, 무작위 네트워크에서는 평균 클러스터 크기가 $\langle k \rangle = 1$에 다가갈수록 발산한다(그림 3.20).

3.18 [심화 주제 3.G]
좁은 세상 보정

식 (3.18)은 N이 매우 크고 d가 매우 작을 때 네트워크 지름에 대한 근사치를 알려준다. 사실 $\langle k \rangle^d$가 시스템 크기 N에 접근하면 $\langle k \rangle^d$가 확장을 계속할 노드가 충분하지 않기 때문에 $\langle k \rangle^d$의 비례는 끝나야 한다. 이런 유한 크기 효과 때문에 식 (3.18)의 보정을 한다. 평균 링크수가 $\langle k \rangle$인 무작위 네트워크에서 네트워크의 지름은 다음 식으로 더 잘 추정할 수 있다[97].

$$d_{\max} = \frac{\ln N}{\ln \langle k \rangle} + \frac{2\ln N}{\ln[-W(\langle k \rangle \exp - \langle k \rangle)]} \qquad (3.42)$$

여기서 람베르트^{Lambert} W 함수인 $W(z)$는 $f(z) = z\exp(z)$의 주요 역수^{principal inverse}다. 우변의 첫 항은 식 (3.18)과 같으나 두 번째 항의 평균 링크수에 의존하는 보정치를 도입했다. 이 보정은 네트워크의 지름에 접근할 때 노드 수가 $\langle k \rangle$보다 느리게 증가해야 한다는 사실을 고려하며 지름을 증가시킨다. 식 (3.42)의 다양한 극한을 고려한다면 이 보정의 크기가 더욱 명확해진다.

$\langle k \rangle \to 1$인 극한에서 지름을 구하고자 람베르트 W 함수를 계산할 수 있는데 다음과 같다[97].

$$d_{\max} = 3\frac{\ln N}{\ln \langle k \rangle} \qquad (3.43)$$

즉, 거대 덩어리가 등장하는 시점에서는 네트워크 지름이 식 (3.18)에서 예측했던 값의 세 배가 된다. 이것은 $\langle k \rangle = 1$일 때 네트워크 구조가 트리와 유사한 형태이기 때문인데 긴 사슬구조가 있지만 자기 연결은 찾기 어려우므로 $d_{\max}$가 증가한다.

매우 빽빽한 네트워크에 해당하는 $\langle k \rangle \to \infty$ 극한에서 식 (3.42)는 다음과 같이 다시 쓸 수 있다.

$$d_{\max} = \frac{\ln N}{\ln \langle k \rangle} + \frac{2\ln N}{\langle k \rangle} + \ln N\left(\frac{\ln \langle k \rangle}{\langle k \rangle^2}\right) \qquad (3.44)$$

즉, $\langle k \rangle$가 증가하면 두 번째 항은 사라지고 식 (3.42)의 해는 식 (3.18)에 수렴한다.

그림 4.0 예술과 네트워크: 토마스 사라세노

토마스 사라세노(Tomás Saraceno)는 거미줄과 신경망에서 영감을 받아 예술 작품을 창조한다. 건축학 교육을 받은 그는 네트워크를 영감과 은유의 원천으로 사용해 공학, 물리학, 화학, 항공학, 재료과학의 통찰력을 활용한다. 이 그림은 마이애미 미술관(Miami Art Museum)에 전시되어 있으며, 예술가가 바라본 복잡계 네트워크의 예시인 그의 작품을 보여준다.

제4장
척도 없는 성질

4.1 소개

월드와이드웹$^{WWW, World Wide Web}$은 노드가 웹 문서이고 링크가 한 웹 문서에서 다른 웹 문서로 클릭을 통해 '서핑^{surf}'할 수 있는 URL로 이뤄진 네트워크다. 이 웹은 대략 1조 개 이상의 문서($N \approx 10^{12}$)로 구성된 크기로 되어 있어서, 인류가 구축한 가장 큰 네트워크라고 할 수 있다. 이 크기는 ($N \approx 10^{11}$개의 신경세포로 이뤄진) 인간의 뇌보다 더 큰 것이다.

일상생활에서 월드와이드웹은 너무나 중요하다. 마찬가지로, 네트워크 이론의 발전에서도 월드와이드웹의 역할이 엄청나게 중요했다. 월드와이드웹은 온갖 기본적인 네트워크 특성을 발견하는 데 도움이 됐으며 대부분의 네트워크 측정량에 대한 표준적인 시험 대상이 됐다.

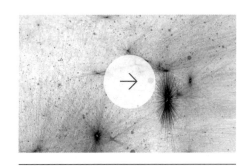

온라인 자료 4.1
월드와이드웹 확대해서 자세히 보기
척도 없는 성질을 발견하는 계기가 된 월드와이드
웹의 일부를 확대한 온라인 동영상을 감상해보자
[9]. 이것은 표 2.1에 소개되어 있고 그림 4.1에 그
려진 네트워크이며, 이 책에서 계속 해당 네트워
크의 특성을 점검할 것이다.

크롤러crawler라 불리는 소프트웨어를 사용해 웹의 연결 구조를 그림으로 표현할 수 있다. 크롤러는 어떤 웹 문서에서든 시작할 수 있고, 해당 문서에 있는 URL들을 찾아낸다. 그러고 나서 그 링크(URL)들이 가리키는 문서들을 다운로드하고 그 문서들에 포함된 링크를 찾아내는 과정을 계속 반복한다. 이를 통해 반복적으로 웹의 지역적 지도map를 얻을 수 있다. 구글Google이나 빙Bing 같은 검색 엔진search engine은 크롤러를 작동시켜서 새 문서들을 찾고 그에 대한 색인index을 생성해 월드와이드웹의 자세한 지도를 유지 관리한다.

월드와이드웹 이면에 있는 네트워크의 구조를 이해하려는 확실한 목표를 갖고 구한 첫 번째 월드와이드웹에 대한 지도는 노터데임대학교University of Notre Dame에서 정하웅이 만들었다. 그는 약 300,000개의 문서와 150만 개의 링크로 구성된 nd.edu 도메인[9]에 대한 지도를 만든 것이다(온라인 자료 4.1). 해당 지도의 목적은 웹 그래프의 속성을 무작위 네트워크 모형과 비교하는 것이었다. 실제로 1998년에는 월드와이드웹을 무작위 네트워크로 잘 근사할 수 있다고 믿을 만한 이유가 있었다. 각 문서의 내용은 개인부터 조직에 이르기까지 작성자의 개인적이고 전문적인 관심을 반영하는 것이고, 이러한 관심의 다양성을 감안할 때 이러한 문서의 링크가 무작위로 선택된 문서를 가리킬 것처럼 보일 수 있다.

그림 4.1의 지도를 대충 보면 그 말이 맞는 것 같다. 웹의 연결 구조를 나타낸 그림에는 상당한 무작위성이 있는 것으로 보인다. 그러나 더 자세히 살펴보면 이 지도와 무작위 네트워크 사이에는 뭔가 신기한 차이가 있음을 알 수 있다. 실제로 무작위 네트워크에서는 사실상 고도로 연결된 노드 또는 허브가 있을 수 없다. 이와 대조적으로, 그림 4.1에서 볼 수 있듯이 링크수가 적은 수많은 노드와 예외적으로 많은 수의 링크가 있는 허브 노드가 공존한다.

4장에서는 허브가 이러한 웹에만 있는 게 아니라 실제 네트워크 대부분에서 만나게 된다는 사실을 알게 될 것이다. 그것

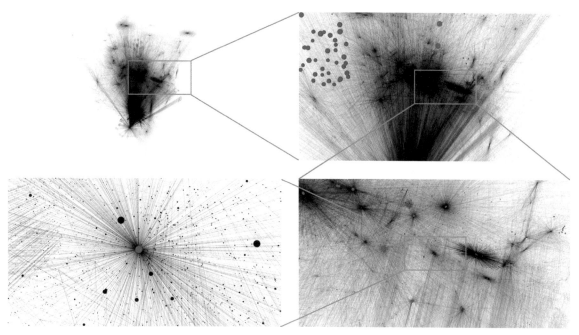

그림 4.1 월드와이드웹의 연결 구조

1998년에 정하웅이 밝혀낸 월드와이드웹 일부 표본에 대한 스냅샷[9]. 순서대로 나열한 그림은 해당 네트워크의 점점 확대된 지역을 보여준다. 첫번째 패널에는 325,729개의 노드가 모두 표시되어 있어서 전체 데이터를 살펴볼 수 있다. 50개가 넘는 링크가 있는 노드는 빨간색으로 표시했고 500개가 넘는 링크가 있는 노드는 보라색으로 표시했다. 확대한 그림의 모습을 보면 척도 없는 네트워크에서 나타나는, **허브**라 불리는 많은 연결을 가진 노드의 존재를 볼 수 있다.

M. 마르티노(Martino)의 허가하에 게재함

은 척도 없는$^{scale-free}$ 성질이라고 하는 좀 더 심오한 네트워크 조직 원리의 특성을 나타낸다. 따라서 실제 네트워크의 링크수 분포를 탐구하면 척도 없는 네트워크를 발견하고 그렇게 규정할 수 있다. 여기서 논의할 해석적이고 실험적인 관찰 결과는 이 책의 나머지 부분을 뒷받침할 네트워크 모형화를 위한 노력의 토대가 된다. 실제로, 커뮤니티에서 확산 과정에 이르기까지 우리가 관심이 있는 네트워크 속성이 무엇이든 간에, 네트워크의 링크수 분포를 바탕으로 조사해야 한다는 사실을 알게 될 것이다.

4.2 거듭제곱 법칙과 척도 없는 네트워크

월드와이드웹이 무작위 네트워크라면 웹 문서의 링크수는 푸아송 분포를 따라야 한다. 그러나 그림 4.2로부터 알 수 있듯이 푸아송 꼴은 월드와이드웹의 링크수 분포를 맞출 수 없다. 대신, 분포 데이터가 로그-로그 척도에서 대략적인 직선을 형성하기

그림 4.2 월드와이드웹의 링크수 분포

알버트(Albert) 등이 1999년 연구[9]에서 밝힌, 지도가 만들어진 월드와이드웹 표본의 (a) 들어오고 (b) 나가는 링크수 분포. 링크수 분포를 거듭제곱 법칙(온라인 자료 4.2)이 직선 형태로 나타나는 이중 로그 축에 표시했다(로그-로그 그림). 기호는 실제 데이터에 해당하고 선은 링크수 지수 γ_{in} = 2.1, γ_{out} = 2.45인 거듭제곱 법칙에 맞춘 것이다. 또한 해당 월드와이드웹 표본의 실제 평균 링크수인 $\langle k_{in} \rangle = \langle k_{out} \rangle = 4.60$을 가진 푸아송 분포에 해당하는 분포를 녹색 선으로 표시했다.

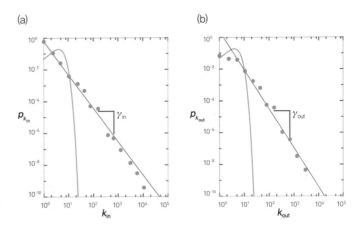

온라인 자료 4.2
거듭제곱 법칙에 맞추기

이 절에 설명된 맞춤 과정을 위한 알고리듬 도구는 https://aaronclauset.github.io/powerlaws/에서 이용할 수 있다.

때문에 월드와이드웹의 링크수 분포는 다음과 같이 잘 근사될 것이라고 짐작할 수 있다.

$$p_k \sim k^{-\gamma} \tag{4.1}$$

식 (4.1)을 **거듭제곱 분포**^power-law distribution라 하며, 여기서 지수 γ를 **링크수 지수**^degree exponent라고 한다(글상자 4.1). 식 (4.1)의 양변에 로그를 취하면 다음을 얻는다.

$$\ln p_k \sim -\gamma \ln k \tag{4.2}$$

식 (4.1)이 성립하면 $\ln p_k$는 $\ln k$와 직선 형태의 선형 비례관계에 있으리라 예상할 수 있고, 이때 그 직선의 기울기[1]가 링크수 지수 γ다(그림 4.2).

월드와이드웹은 방향성 네트워크이므로, 각 문서는 해당 문서에서 다른 문서로 연결되는 링크의 숫자인 **나가는 링크수**^out-degree k_{out}과, 해당 문서로 연결되는 다른 문서의 수를 나타내는 **들어오는 링크수**^in-degree k_{in}의 특성을 갖고 있다. 따라서 이 두 가지 링크수 분포를 구별해야 한다. 무작위로 선택한 문서가 k_{out}개의 웹 문서로 연결되어 있을 확률은 $p_{k_{out}}$이고, 무작위로 선택

---

1 여기서는 부호를 신경 쓰지 않고 비례식을 썼지만, 실제로는 $\ln k$가 커질수록 $\ln p_k$가 감소하여 기울기가 음의 부호를 가진 $-\gamma$임을 명심하자. – 옮긴이

글상자 4.1 80/20 법칙과 상위 1%

19세기의 경제학자 빌프레도 파레토^{Vilfredo Pareto}(그림 4.3)는 이탈리아에서 소수의 부유한 사람들이 대부분의 돈을 버는 동안 대다수의 사람들은 상당히 적은 돈을 벌었다는 사실에 주목했다. 그는 이 격차와 소득이 거듭제곱 법칙을 따른다는 관찰 결과를 연결 지었고, 이것이 알려진 최초의 거듭제곱 법칙 분포에 대한 보고다[98]. 이러한 발견은 일반적인 문헌에서 **80/20 법칙**으로 잘 알려져 있다. 전체 돈의 약 80%를 전체 인구의 불과 20%가 벌어들인다는 뜻이다.

80/20 법칙은 많은 영역에서 나타난다. 예를 들어, 회사 이익의 80%는 20%에 불과한 직원들이 창출한다고 경영에서 종종 이야기한다. 마찬가지로, 의사결정의 80%는 회의 시간의 20% 동안 이뤄진다.

80/20 법칙은 네트워크에도 있다. 웹에 있는 링크의 80%는 전체 웹 페이지의 15%만 가리킨다. 참고문헌 인용의 80%는 38%의 과학자에게만 부여된다. 할리우드에 있는 링크의 80%는 30%의 배우들에게 연결되어 있다[50]. 거듭제곱 법칙 분포를 따르는 대부분의 양은 80/20 법칙을 따른다.²

2009년 경제 위기 동안 거듭제곱 법칙은 새로운 의미를 갖게 됐다. '월가를 점거하라^{Occupy Wall Street}' 운동은 미국에서 전체 인구의 1%가 불균형적으로 전체 미국 소득의 15%를 번다는 사실을 지적했다. 이 1% 현상은 심각한 소득 격차의 특징이며, 소득 분배의 거듭제곱 법칙의 특성에 따른 결과이기도 하다.

그림 4.3 빌프레도 페데리코 다마소 파레토(1848~1923)

소득 분포에 대한 이해와 개인의 선택에 대한 분석에 중요한 공헌을 한 이탈리아의 경제학자, 정치학자이자 철학자. **파레토 효율성, 파레토 분포**(거듭제곱 법칙 분포의 또 다른 이름), **파레토 원리**(또는 80/20 법칙) 같은 많은 기본 원칙에 그의 이름이 붙어 있다.

한 노드가 k_{in}개의 웹 문서로부터 연결되어 있을 확률은 $p_{k_{in}}$이다. 월드와이드웹의 경우 $p_{k_{in}}$과 $p_{k_{out}}$ 모두 다음과 같은 거듭제곱 법칙으로 근사할 수 있다(글상자 4.1).

$$p_{k_{in}} \sim k_{in}^{-\gamma} \tag{4.3}$$

$$p_{k_{out}} \sim k_{out}^{-\gamma} \tag{4.4}$$

---

2 이 예시에서 볼 수 있듯이, 정확히 '80'과 '20'일 필요는 없다. 핵심은 다수의 양을 소수의 대상이 독과점하고 있다는 것이다. - 옮긴이

여기서 γ_{in}과 γ_{out}은 각각 들어오고 나가는 링크수 지수다(그림 4.2). 일반적으로 γ_{in}과 γ_{out}은 다를 수 있다. 예를 들어, 그림 4.1 에서 $\gamma_{in} \approx 2.1$이고 $\gamma_{out} \approx 2.45$다.

그림 4.2에 나타난 실제 결과는 링크수 분포가 무작위 네트 워크의 특징인 푸아송 분포와는 상당히 다른 네트워크가 존재 한다는 증거를 제공한다. 이러한 네트워크를 **척도 없는 네트워크** scale-free network라고 부를 것이며, 다음과 같이 정의한다[10].

척도 없는 네트워크는 링크수 분포가 거듭제곱 법칙을 따르는 네트워크다.

그림 4.2에서 볼 수 있듯이 월드와이드웹의 경우 거듭제곱 법칙 이 거의 4개 자릿수의 규모에 걸쳐 지속되며, 따라서 웹 그래프 를 척도 없는 네트워크라고 부를 수 있다. 이 경우 척도 없는 속 성은 들어오는 링크수와 나가는 링크수 모두 해당된다.

척도 없는 속성을 더 잘 이해하려면 더 정확한 용어로 거듭제 곱 법칙 분포를 정의해야 한다. 따라서 다음 주제로는 이 책 전 체에서 사용할 이산적, 연속적 형식을 다룰 것이다.

4.2.1 이산적인 형식

노드의 링크수는 $k = 0, 1, 2, ...$와 같은 양의 정수이므로 이산적 인discrete 형식에서는 노드가 정확히 k개의 링크를 가질 확률 p_k 를 다음과 같이 제공한다.

$$p_k = Ck^{-\gamma} \tag{4.5}$$

여기서 상수 C는 다음의 정규화 조건normalization condition 으로부터 정해진다.

$$\sum_{k=1}^{\infty} p_k = 1 \tag{4.6}$$

식 (4.5)에 의하면 이 상수는 다음과 같다.

$$C = \frac{1}{\displaystyle\sum_{k=1}^{\infty} k^{-\gamma}} = \frac{1}{\zeta(\gamma)} \tag{4.7}$$

여기서 $\zeta(\gamma)$는 리만-제타 함수^{Riemann-zeta function}다. 따라서 $k >$ 0인 경우 이산 거듭제곱 법칙 분포는 다음과 같은 꼴이다.

$$p_k = \frac{k^{-\gamma}}{\zeta(\gamma)} \tag{4.8}$$

식 (4.8)은 $k = 0$에서 발산한다. 필요하다면, 다른 노드에 연결된 링크가 없는 노드의 비율을 나타내는 p_0를 별도로 정할 수 있다. 이 경우 식 (4.7)에서 C를 계산할 때는 p_0도 같이 고려해야 한다.

4.2.2 연속적인 형식

해석적 계산에서는 링크수가 양의 실숫값을 가질 수 있다고 가정하면 편리한 경우가 많다. 이 경우 거듭제곱 법칙 링크수 분포는 다음과 같이 쓰게 된다.

$$p(k) = Ck^{-\gamma} \tag{4.9}$$

여기서 상수 C는 다음의 정규화 조건을 사용하면

$$\int_{k_{min}}^{\infty} p(k)dk = 1 \tag{4.10}$$

다음과 같이 구할 수 있다.

$$C = \frac{1}{\displaystyle\int_{k_{min}}^{\infty} k^{-\gamma}dk} = (\gamma - 1)k_{min}^{\gamma - 1} \tag{4.11}$$

따라서 연속적인^{continuum} 형식에서 링크수 분포는 다음과 같은 꼴이다.

$$p(k) = (\gamma - 1)k_{min}^{\gamma - 1} k^{-\gamma} \tag{4.12}$$

여기서 k_{min}은 거듭제곱 법칙(식 (4.8))이 유지되는 가장 작은 링크수다.

이산적인 형식에서 주어졌던 p_k는 무작위로 선택된 노드가 링크수 k를 가질 확률이라는 정확한 의미를 갖고 있다. 이와는 대조적으로, 연속적인 형식에서는 다음과 같은 $p(k)$의 적분만이 물리적인 의미가 있다.

$$\int_{k_1}^{k_2} p(k)dk \qquad (4.13)$$

이것은 무작위로 선택한 노드가 k_1과 k_2 사이의 링크수를 가질 확률이다.

요약하자면, 링크수 분포가 거듭제곱 법칙을 따르는 네트워크를 척도 없는 네트워크라고 한다. 네트워크에 방향성이 있는 경우 척도 없는 속성은 들어오는 링크수와 나가는 링크수에 별도로 적용된다. 척도 없는 네트워크의 성질을 수학적으로 연구하기 위해 이산적이거나 연속적인 형식을 사용할 수 있다. 척도 없는 속성 자체는 둘 중 어떤 형식을 쓰든 상관이 없다.

4.3 허브

무작위 네트워크와 척도 없는 네트워크의 주요 차이점은 p_k의 큰 k 값 영역을 나타내는 영역인 링크수 분포에서 **꼬리**tail 부분에 있다. 이것을 그림으로 살펴보기 위해 그림 4.4에서 거듭제곱 법칙을 푸아송 함수와 비교해봤다. 다음과 같은 것들을 발견할 수 있다.

- k 값이 작을 때 거듭제곱 법칙은 푸아송 함수보다 더 위에 있으며, 이것은 척도 없는 네트워크에(무작위 네트워크에는 거의 없는) 링크수가 적은 노드가 많이 있다는 뜻이다.
- 평균값인 $\langle k \rangle$ 근처에 있는 k 값에서는 푸아송 분포가 거듭제곱 법칙 분포 값보다 더 위에 있으며, 이것은 무작위 네트워

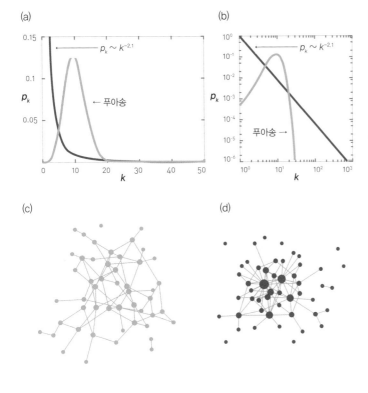

그림 4.4 푸아송 분포와 거듭제곱 법칙 분포

(a) 선형 그림에서 푸아송 함수를 거듭제곱 법칙 함수(γ = 2.1)와 비교한 것이다. 두 분포 모두 $\langle k \rangle$ = 11로 동일하게 주었다.

(b) (a)와 동일한 곡선이지만 로그-로그 그림으로 그려서 큰 k 영역에서 두 함수 간의 차이를 살펴볼 수 있게 했다.

(c) $\langle k \rangle$ = 3이고 N = 50인 무작위 네트워크는 대부분의 노드가 비슷비슷한 링크수 $k \approx \langle k \rangle$를 갖고 있음을 보여준다.

(d) γ = 2.1이고 $\langle k \rangle$ = 3인 척도 없는 네트워크는 링크수가 적은 수많은 노드들이 고도로 연결된 몇 개의 허브와 공존함을 보여준다. 각 노드의 크기를 해당 노드의 링크수에 비례하도록 나타내었다.

크에서 $k \approx \langle k \rangle$인 노드가 더 많다는 뜻이다.

- k 값이 크면 거듭제곱 법칙이 다시 푸아송 곡선보다 더 위에 있게 된다. 로그-로그 그림(그림 4.4(b))에 p_k를 나타내면 그 차이를 제대로 볼 수 있으며, 이것은 척도 없는 네트워크에서 링크수가 많은 노드 또는 허브를 관찰할 확률이 무작위 네트워크에 비해 수십 배는 더 크다는 뜻이다.

월드와이드웹을 예로 들어 이러한 차이의 크기를 알아보자. k = 100인 노드를 가질 확률이 푸아송 분포에서는 약 $p_{100} \approx 10^{-94}$인 반면 p_k가 거듭제곱 법칙을 따른다면 $p_{100} \approx 4 \times 10^{-4}$ 정도다. 결과적으로, 월드와이드웹이 평균 링크수 $\langle k \rangle$ = 4.6이고 크기(노드 개수)가 $N \approx 10^{12}$인 무작위 네트워크라면 적어도 100개의 링크가 있는 노드

$$N_{k \geq 100} = 10^{12} \sum_{k=100}^{\infty} \frac{(4.6)^k}{k!} e^{-4.6} \simeq 10^{-82} \qquad (4.14)$$

개를 기대할 수 있고, 이것은 사실상 없는 것이나 마찬가지다. 반면에, 월드와이드웹은 $\gamma_{in} = 2.1$인 거듭제곱 법칙 링크수 분포를 갖고 있다는 것이 주어져 있으므로 $N_{k \geq 100} = 4 \times 10^9$이며, 이것은 적어도 100개의 링크가 있는 노드가 약 40억 개 넘게 있다는 뜻이다.

4.3.1 가장 큰 허브

모든 실제 네트워크는 크기가 유한하다. 월드와이드웹의 크기는 $N \approx 10^{12}$개의 노드로 추정된다. 사회연결망의 크기는 지구의 인구로서 약 $N \approx 7 \times 10^9$이다. 이 숫자들이 매우 크긴 하지만 유한하다. 이에 비해 미약해 보일 정도로 작은 다른 네트워크들도 있다. 인간 세포의 유전자 네트워크genetic network에는 약 20,000개의 유전자가 있으며, 대장균 박테리아의 물질대사 네트워크metabolic network에는 기껏해야 약 1,000개의 대사물질만 있다. 그러면 네트워크의 크기가 허브의 크기에 어떤 영향을 주느냐는 질문을 해볼 수 있다. 이 질문에 답하기 위해 여기서는 링크수 분포 p_k의 **자연 절단**natural cutoff이라고 하는 최대 링크수 k_{max}를 계산할 텐데, 네트워크에서 가장 큰 허브의 예상 크기를 뜻한다.

다음과 같은 지수함수 분포에 대해 먼저 계산을 해보는 것이 유익할 것이다.

$$p(k) = Ce^{-\lambda k}$$

최소 링크수가 k_{min}인 네트워크의 경우 정규화 조건은 다음과 같고

$$\int_{k_{min}}^{\infty} p(k)dk = 1 \qquad (4.15)$$

그것으로부터 상수 $C = \lambda e^{\lambda k_{min}}$으로 주어진다. k_{max}를 계산하기 위해, N개의 노드로 이뤄진 네트워크에서 링크수가 (k_{max}, ∞)인 영역에 포함된 노드는 기껏해야 하나밖에 없을 거라고 가정한

다(심화 주제 3.B). 즉, 링크수가 k_{max}를 넘는 노드를 발견할 확률이 $1/N$인 것이고 이것을 식으로 쓰면 다음과 같다.

$$\int_{k_{max}}^{\infty} p(k)dk = \frac{1}{N} \qquad (4.16)$$

식 (4.16)을 계산해보면 다음과 같은 식을 얻을 수 있다.

$$k_{max} = k_{min} + \frac{\ln N}{\lambda} \qquad (4.17)$$

여기서 $\ln N$이 시스템의 크기 N에 대해 느리게 증가하는 함수이므로, 식 (4.17)은 최대 링크수 k_{max}가 최소 링크수인 k_{min}과 크게 다르지는 않을 것임을 알려준다. 푸아송 링크수 분포의 경우 계산이 좀 더 복잡하지만 k_{max}가 N에 대해 변하는 정도는 심지어 식 (4.17)로 예측되는 로그함수 관계보다 더 느리다(심화 주제 3.B).

척도 없는 네트워크의 경우 식 (4.12)와 식 (4.16)에 따라 자연 절단은 다음과 같다.

$$k_{max} = k_{min} N^{\frac{1}{\gamma - 1}} \qquad (4.18)$$

따라서 네트워크가 클수록 가장 큰 허브의 링크수가 커진다. 이러한 k_{max}의 N에 대한 다항 함수 관계는, 큰 척도 없는 네트워크에서 가장 링크수가 적은 노드의 링크수 k_{min}과 가장 큰 허브의 링크수 k_{max}의 크기 차이가 수십 배가 될 수 있다는 뜻이다(그림 4.5).

지수함수 네트워크와 척도 없는 네트워크의 최대 링크수 차이를 설명하기 위해 $N \approx 3 \times 10^5$개의 노드로 이뤄진 그림 4.1에 나타낸 월드와이드웹 표본으로 돌아가 보자. 여기서 $k_{min} = 1$이므로 링크수 분포가 지수함수를 따른다면 $\lambda = 1$일 경우 식 (4.17)에 따라 최대 링크수는 $k_{max} \approx 14$일 거라고 예측할 수 있다. 비슷한 크기의 척도 없는 네트워크라면 $\gamma = 2.1$일 때 식

---

3 원문에서는 $k_{max} \sim N - 1$이라고 되어 있는데, 완전 네트워크에서는 이 관계가 정확하기 때문에 그냥 등호로 썼다. – 옮긴이

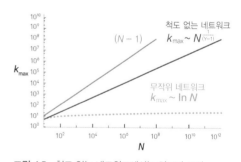

그림 4.5 척도 없는 네트워크에서는 허브가 크다. 동일한 평균 링크수 $\langle k \rangle = 3$을 갖는 척도 없는 네트워크와 무작위 네트워크에서 예측되는 가장 큰 노드의 링크수(자연 절단). 척도 없는 네트워크의 경우 링크수 지수 $\gamma = 2.5$로 했다. 비교를 위해 완전 네트워크(complete network)에 해당되는 선형 관계($k_{max} = N - 1$)도 나타내었다.[3] 전반적으로 척도 없는 네트워크의 허브는 같은 N, $\langle k \rangle$ 값을 갖고 있는 무작위 네트워크의 가장 링크수가 큰 노드의 링크수보다 수십 배 더 크다.

(4.18)에 따라 $k_{max} \approx 95{,}000$으로 어마어마한 차이가 난다. 그림 4.1에 나타낸 월드와이드웹 지도의 가장 큰 들어오는 링크수는 10,721이며, 이는 앞서 예측한 척도 없는 네트워크에서의 k_{max} 값과 비슷하다. 이것은 **무작위 네트워크에서는 허브가 사실상 있을 수 없지만 척도 없는 네트워크에서는 허브가 자연스럽게 존재한다**는 결론을 또다시 뒷받침하는 것이다.

요약하자면, 무작위 네트워크와 척도 없는 네트워크의 핵심적인 차이는 푸아송 함수와 거듭제곱 함수의 모양이 달라서 생긴다. 무작위 네트워크에서는 대부분의 노드가 비슷한 링크수를 가지므로 허브가 없다. 척도 없는 네트워크에서는 허브가 있을 수 있는 가능성이 있을 뿐 아니라 거의 있을 것으로 예상된다(그림 4.6). 또한 척도 없는 네트워크에서는 노드 수가 많을수록 허브의 크기가 커진다. 실제로 허브의 크기가 네트워크 크기에 따라 다항 함수로^{polynomially} 증가하며, 따라서 척도 없는 네트워크에서 매우 커질 수 있다. 반대로, 무작위 네트워크에서는 가장 큰 노드의 크기가 N에 대해 로그함수로 또는 더 느리게 증가하며, 이것은 매우 큰 무작위 네트워크에서도 허브는 매우 작을 것[4]이라는 뜻이다.

4.4 척도 없음의 의미

'척도 없다$^{scale\text{-}free}$'라는 용어는 1960년대와 1970년대에 거듭제곱 법칙을 광범위하게 탐구한 **상전이 이론**$^{theory\ of\ phase\ transition}$이라는 통계물리학의 한 분야로부터 기원한 것이다(심화 주제 3.F). '척도 없다'라는 용어의 의미를 가장 잘 이해하기 위해서는 링크수 분포의 모멘트^{moment}에 익숙해질 필요가 있다.

링크수 분포의 n번째 모멘트는 다음과 같이 정의된다.

---

4 원서에서 이 부분의 용어 사용에 있어 다소 혼란스러운 부분이 있는데, 앞에서 '허브가 없다'고 했지만 여기서 '허브가 매우 작다'고 한 것은 후자의 경우 그나마 개중에서 가장 큰 링크수를 가진 노드를 찾아서 허브라고 부른다고 해도 여전히 척도 없는 네트워크에 비해서는 매우 작을 것이라는 뜻이다. - 옮긴이

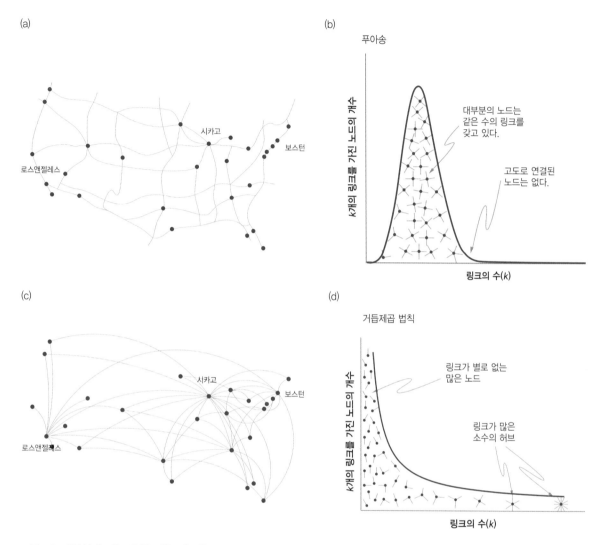

그림 4.6 무작위 네트워크와 척도 없는 네트워크

(a) 무작위 네트워크의 링크수는 종형 곡선(bell curve)과 다소 유사한 푸아송 분포를 따른다. 따라서 대부분의 노드는 비슷한 링크수를 갖고 있으며, 많은 수의 링크가 있는 노드는 없다.

(b) 무작위 네트워크는 노드가 도시이고 링크가 주요 고속도로인 국가 고속도로 네트워크와 약간 비슷해 보인다. 수백 개의 고속도로에 연결된 도시는 없으며, 고속도로에 아예 연결이 안 된 도시도 없다.

(c) 링크수가 거듭제곱 분포 링크를 따르는 네트워크에서 대부분의 노드에는 몇 개의 링크만 있다. 그러한 수많은 작은 노드들은 고도로 연결된 몇 개의 허브에 의해 묶인다.

(d) 척도 없는 네트워크는 노드가 공항이고 링크가 이들 사이의 직항편인 항공망 네트워크처럼 보인다. 대부분의 공항은 작으며 항공편이 몇 개뿐이다. 그러나 시카고나 로스앤젤레스처럼 작은 공항들을 연결하는 주요 허브 역할을 하는 매우 큰 공항이 몇 개 있다. 허브가 있으면 네트워크 탐색 방식이 바뀐다. 예를 들어, 보스턴에서 로스앤젤레스까지 자동차로 여행하는 경우 많은 도시를 거쳐가야 한다. 그러나 항공망 네트워크에서는 시카고 같은 하나의 허브를 통해 대부분의 목적지에 도달할 수 있다.

출처: [50]

$$k^n = \sum_{k_{\min}}^{\infty} k^n p_k \approx \int_{k_{\min}}^{\infty} k^n p(k) dk \qquad (4.19)$$

낮은 차수의 모멘트들에는 다음과 같은 중요한 의미가 있다.

- $n = 1$: 첫 번째 모멘트는 평균 링크수 $\langle k \rangle$다.
- $n = 2$: 두 번째 모멘트 $\langle k^2 \rangle$은 **링크수가 얼마나 퍼져 있는지를 측정하는 분산**variance $\sigma_k^2 = \langle k^2 \rangle - \langle k \rangle^2$을 계산하는 데 도움이 된다. 분산의 제곱근인 σ_k는 표준편차standard deviation다.
- $n = 3$: 세 번째 모멘트 $\langle k^3 \rangle$은 p_k가 평균값 $\langle k \rangle$ 근처에서 얼마나 대칭적인지를 알려주는 분포의 **비대칭도**skewness를 결정한다.

척도 없는 네트워크의 경우 링크수 분포의 n번째 모멘트는 다음과 같다.

$$\langle k^n \rangle = \int_{k_{\min}}^{k_{\max}} k^n p(k) dk = C \frac{k_{\max}^{n-\gamma+1} - k_{\min}^{n-\gamma+1}}{n-\gamma+1} \qquad (4.20)$$

보통 $k_{\min}$은 고정되어 있지만, 가장 큰 허브의 링크수 $k_{\max}$는 식 (4.18)에 의해 시스템 크기에 따라 증가한다. 따라서 $\langle k^n \rangle$의 행동을 이해하려면 식 (4.20)에서 $k_{\max} \to \infty$인 점근적 극한을 취하여 매우 큰 네트워크의 속성을 조사해야 한다. 그러한 극한에서 식 (4.20)에 의하면 $\langle k^n \rangle$의 값이 n과 γ의 값에 따라 달라질 것으로 예상할 수 있다.

- $n - \gamma + 1 \leq 0$일 경우 식 (4.20)의 우변인 $k_{\max}^{n-\gamma+1}$은 $k_{\max}$가 증가함에 따라 0으로 간다. 따라서 $n \leq \gamma - 1$을 만족하는 모든 모멘트는 유한하다.
- $n - \gamma + 1 > 0$이면 $\langle k^n \rangle$은 $k_{\max} \to \infty$일 때 무한대가 된다. 따라서 $\gamma - 1$보다 큰 모든 모멘트의 최댓값은 발산한다.

척도 없는 많은 네트워크에서 링크수 지수 γ는 2와 3 사이에 있다(표 4.1). 따라서 그럴 경우 $N \to \infty$인 극한에서 첫 번째 모멘트 $\langle k \rangle$는 유한하지만 두 번째 이상의 모멘트 $\langle k^2 \rangle$, $\langle k^3 \rangle$은 무한대로

표 4.1 실제 네트워크의 링크수 변동성

이 표에서는 10개의 참고 네트워크에 대한 첫 번째 모멘트 $\langle k \rangle$와 두 번째 모멘트 $\langle k^2 \rangle$(방향성 네트워크의 경우 $\langle k_{in}^2 \rangle$과 $\langle k_{out}^2 \rangle$)을 나타냈다. 방향성 네트워크의 경우 $\langle k \rangle = \langle k_{in} \rangle = \langle k_{out} \rangle$이다.[5] 또한 [심화 주제 4.A]에서 논의한 절차를 사용해 결정한, 각 네트워크에 대해 추정된 링크수 지수 γ를 나열했다. 보고된 값 옆에 있는 별표는 링크수 분포에 대한 맞춤의 신뢰도를 나타낸다. *는 맞춤 정도가 거듭제곱 법칙($k^{-\gamma}$)에 대한 통계적 신뢰도가 있다는 뜻이고, **는 지수함수 절단이 있는 맞춤 식 (4.39)에 대한 통계적 신뢰도가 있다는 뜻이다. 전력망 네트워크는 척도 없는 네트워크가 아니다. 이 네트워크의 경우 $e^{-\lambda k}$ 꼴의 링크수 분포가 통계적으로 유의미한 맞춤을 제공하기 때문에, 마지막 열에 '지수함수'라고 표기했다.

네트워크	N	L	$\langle k \rangle$	$\langle k_{in}^2 \rangle$	$\langle k_{out}^2 \rangle$	$\langle k^2 \rangle$	γ_{in}	γ_{out}	γ
인터넷	199,244	609,066	6.34	–	–	240.1	–	–	3.42*
월드와이드웹	325,729	1,497,134	4.60	1546.0	482.4	–	2.00	2.31	–
전력망	4,941	6,594	2.67	–	–	10.3	–	–	지수함수
휴대전화 통화	36,595	91,826	2.51	12.0	11.7	–	4.69*	5.01*	–
이메일	57,194	103,731	1.81	94.7	1163.9	–	3.43*	2.03*	–
과학 공동연구	23,133	93,439	8.08	–	–	178.2	–	–	3.35*
배우 네트워크	702,388	29,397,908	83.71	–	–	47,353.7	–	–	2.12*
인용 네트워크	449,673	4,689,479	10.43	971.5	198.8	–	3.03**	4.00*	–
대장균 물질대사	1,039	5,802	5.58	535.7	396.7	–	2.43*	2.90*	–
단백질 상호작용	2,018	2,930	2.90	–	–	32.3	–	–	2.89*

발산한다. 이러한 발산하는 특성이 '척도 없다'라는 용어의 기원을 이해하는 데 도움이 된다. 사실, 링크수가 정규 분포를 따른다면 무작위로 선택된 노드의 링크수는 일반적으로 다음 범위에 있을 것이다.

$$k = \langle k \rangle \pm \sigma_k \qquad (4.21)$$

하지만 무작위 네트워크와 척도 없는 네트워크에서 평균 링크수 $\langle k \rangle$와 표준편차 σ_k는 크기가 상당히 다르다.

- **무작위 네트워크에는 규모가 있다.**

  푸아송 링크수 분포가 있는 무작위 네트워크의 경우 $\sigma_k =$

---

5   모든 방향성 링크는 하나의 나가는 링크수와 들어오는 링크수에 1만큼 똑같이 기여하므로 모두 더해서 노드 수로 나누는 수학적 정의상 같을 수밖에 없다. – 옮긴이

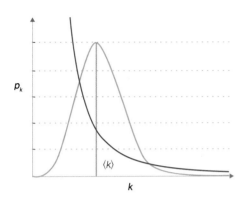

무작위 네트워크
무작위로 고른 노드: $k = \langle k \rangle \pm \langle k \rangle^{1/2}$
규모: $\langle k \rangle$

척도 없는 네트워크
무작위로 고른 노드: $k = \langle k \rangle \pm \infty$
규모: 없음

그림 4.7 내부 규모의 부재
푸아송(Poisson)이나 정규(normal) 또는 가우스 (Gaussian) 분포처럼 지수함수적으로 제한된 분 포의 경우 무작위로 선택된 노드의 링크수가 $\langle k \rangle$ 부근에 있다. 따라서 $\langle k \rangle$가 이 네트워크의 **규모** (scale) 역할을 한다. 거듭제곱 법칙 분포의 경우 두 번째 모멘트가 발산할 수 있으며 임의로 선택 된 노드의 링크수가 $\langle k \rangle$와 크게 다를 수 있다. 따라 서 $\langle k \rangle$를 고유한 규모로 사용할 수 없다. 거듭제 곱 법칙의 링크수 분포가 있는 네트워크는 이렇게 고 유한 규모 또는 척도가 없기 때문에 척도 없는 네 트워크라고 한다.

$\langle k \rangle^{1/2}$이며, 그 값은 항상 $\langle k \rangle$보다 작다. 따라서 네트워크의 노 드는 $k = \langle k \rangle \pm \langle k \rangle^{1/2}$ 범위에 있는 링크수를 갖게 된다. 다시 말해, 무작위 네트워크의 노드는 비슷비슷한 링크수를 가지 며 평균 링크수 $\langle k \rangle$가 무작위 네트워크의 '규모^{scale}' 역할을 한다.

- **척도 없는 네트워크에는 규모가 없다.**

  $\gamma < 3$인 거듭제곱 법칙 링크수 분포를 따르는 네트워크의 경우 첫 번째 모멘트는 유한하지만 두 번째 모멘트는 무한 하다. 큰 N에 대해 $\langle k^2 \rangle$(그리고 σ_k)이 발산한다는 것은 평균 주 변의 변동이 얼마든지 클 수 있다는 뜻이다. 즉, 무작위로 노 드를 선택한다면 어떤 링크수를 기대할 수 있는지를 알 수 없다. 선택한 노드의 링크수가 적을 수도 있고 얼마든지 클 수도 있다. 따라서 $\gamma < 3$인 네트워크에는 의미 있는 내부 규 모가 없고, '규모 또는 척도가 없다'(그림 4.7).

예를 들어, 월드와이드웹 표본의 평균 링크수는 $\langle k \rangle = 4.60$이다 (표 4.1). $\gamma \approx 2.1$이므로 두 번째 모멘트가 발산한다. 이는 월드 와이드웹 문서를 무작위로 선택했을 때 그 문서로 들어오는 링 크수에 대해 $N \rightarrow \infty$인 극한에서 $k = 4.60 \pm \infty$라고 추정할 수 있다는 뜻이다. 즉, 무작위로 선택된 웹 문서들 중 74.02%는 $\langle k \rangle$ 보다 작은 링크수를 가지므로 링크수가 1이나 2인 문서를 쉽게 찾을 수 있을 것이다. 반면에, google.com이나 facebook.com처 럼 수억 개의 링크가 있는 노드를 발견할 수도 있을 것이다.

  엄밀하게 말해서 $\langle k^2 \rangle$은 $N \rightarrow \infty$인 극한에서만 발산한다. 하 지만 이 발산은 유한한 크기의 네트워크에서도 의미가 있다. 이 것을 살펴보기 위해, 10개의 실제 네트워크에 대해 표 4.1에서 는 $\langle k^2 \rangle$ 값들을 나열했고 그림 4.8에서는 표준편차를 보여줬다. 이러한 대부분의 네트워크에서 링크수의 표준편차 σ는 평균 링 크수 $\langle k \rangle$보다 훨씬 크며, 이것이 노드 링크수에 대해 변동성이 크다는 증거다. 예를 들어, 월드와이드웹 표본에서 무작위로 선

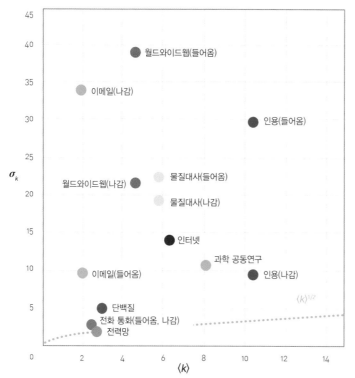

그림 4.8 실제 네트워크에서 표준편차는 크다.

무작위 네트워크의 경우 표준편차는 그림에서 녹색 점선으로 표시된 $\sigma_k = \langle k \rangle^{1/2}$을 따른다. 기호들은 표 4.1에 표시된 값을 사용해 계산된 10개의 참고용 네트워크 중 9개에 대한 σ_k 값을 나타낸다. 배우 네트워크는 매우 큰 $\langle k \rangle$와 σ_k 값을 가지므로 그림을 깔끔하게 그리기 위해 생략했다. 각 네트워크에 대해 σ_k는 같은 $\langle k \rangle$를 가진 무작위 네트워크에 대해 예상되는 값보다 크다. 유일한 예외는 척도 없는 네트워크가 아닌 전력망이다. 전화 통화 네트워크는 척도 없는 네트워크이긴 하지만 γ 값이 커서 무작위 네트워크로 잘 근사된다.

택한 노드의 링크수는 $k_{\text{in}} = 4.60 \pm 39.05$이며,[6] 평균이 그다지 많은 정보를 전달하지 않는다는 사실을 다시 한번 알려준다.

요약하자면, '척도 없다'라는 이름은 정해진 내부 규모가 없다는 의미이며, 하나의 네트워크에 링크수가 매우 다른 노드들이 공존한다는 사실의 결과다. 이 특성이 척도 없는 네트워크를 모든 노드가 정확히 동일한 링크수($\sigma_k = 0$)를 갖는 격자, 또는 좁은 범위($\sigma_k = \langle k \rangle^{1/2}$)에서 링크수가 변하는 무작위 네트워크와 구별하게 된다. 다음 장에서 살펴보겠지만, 이러한 차이가 네트워크의 견고성^{robustness}에서 무작위 고장, 바이러스의 독특한 확산에 이르기까지 척도 없는 네트워크의 가장 흥미로운 몇몇 속성의 원인이다.

---

6 원서에는 4.60 ± 1,546이라고 되어 있으며, 이것은 표 4.1에서 $\langle k_{\text{in}}^2 \rangle = 1546.0$이라는 값을 마치 표준편차 σ처럼 쓴 것으로 보이는데 명백한 오류로 보인다. 그림 4.8에 의하면 $\sigma \approx$ 39 정도로 보이며, 표준편차 공식에 따라 계산한 $\sigma = (1546 - 4.60^2)^{1/2} \approx 39.05$와 일치한다. 물론 $k_{\text{in}} = 4.60 \pm 39.05$라고 고쳐도 평균이 그다지 많은 정보를 전달하지 않는다는 사실에는 변함이 없지만 원문처럼 편차가 심한 것은 아니다. – 옮긴이

4.5 보편성

'월드와이드웹'과 '인터넷'이라는 용어는 미디어에서 종종 혼용되지만 각기 다른 시스템을 가리킨다. 월드와이드웹은 노드가 문서이고 링크가 URL인 정보 네트워크다. 이와 대조적으로 인터넷은 기간 설비infrastructural 네트워크로서, 노드가 라우터라고 하는 컴퓨터이고 링크가 구리 및 광 케이블 또는 무선 연결 같은 물리적 연결[7]에 해당한다.

이 차이가 중요한 결과를 불러온다. 보스턴에 기반한 웹 페이지를 같은 컴퓨터에 있는 문서로 연결하든 부다페스트의 컴퓨터에 있는 문서에 연결하든 그 비용은 동일하다. 이와 대조적으로, 보스턴과 부다페스트의 라우터 사이에 직접 인터넷 링크를 연결하려면 북미와 유럽 사이에 케이블을 설치해야 하는데 그 비용은 말도 안 되게 비싸다. 이러한 차이에도 불구하고 두 네트워크의 링크수 분포는 모두 거듭제곱 법칙으로 잘 근사된다[9, 99, 100]. 그림 4.9는 인터넷의 척도 없는 특성을 나타내는 것으로, 링크수가 많은 몇 개의 라우터가 소수의 링크만 갖고 있는 수많은 라우터를 묶어주고 있음을 보여준다.

지난 10여 년 동안 주요 과학, 기술, 사회적 중요성을 가진 많은 실제 네트워크가 척도 없는 특성을 보이는 것으로 밝혀졌으며, 그것을 그림 4.10에 나타냈다. 이 그림은 기반 시설 네트워크(인터넷), 생물학적 네트워크(단백질 상호작용), 통신 네트워크(이메일), 과학적인 교류 네트워크(인용)의 링크수 분포를 보여준다. 각 네트워크에 대해 링크수 분포는 푸아송 분포에서 크게 벗어나 있으며, 거듭제곱 법칙으로 더 잘 근사된다.

척도 없는 성질을 공유하는 시스템은 놀랍도록 다양하다(글상자 4.2). 실제로 월드와이드웹은 20년이 조금 넘는 역사를 지닌 인공 네트워크인 반면, 단백질 상호작용 네트워크는 40억 년 동안 일어난 진화의 산물이다. 이 중 어떤 네트워크에서는 노드가

---

7 무선 연결을 '물리적' 연결이라고 하는 것이 불편하면 영어 원문의 'physical'을 '(전자기파 현상을 다루는) 물리학적' 연결까지 포함한다고 생각해도 될 것이다. – 옮긴이

그림 4.9 인터넷의 연결 구조

21세기 초 인터넷 연결 구조의 상징적인 표현. 해당 이미지는 인터넷 데이터 수집, 분석 및 시각화를 주요 업무로 하는 캘리포니아대학교 샌디에이고 캠퍼스에 있는 조직인 CAIDA(Center for Applied Internet Data Analysis)에서 제작했다. 이 지도는 인터넷의 척도 없는 특성을 보여준다. 고도로 연결된 소수의 허브가 수많은 작은 노드들을 묶어준다.

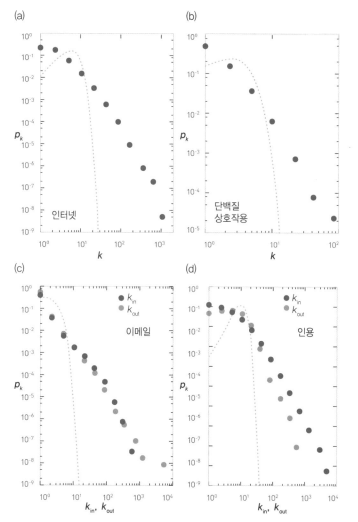

그림 4.10 많은 실제 네트워크에는 척도가 없다.

표 4.1에 등록된 4개 네트워크의 링크수 분포

(a) 라우터 수준의 인터넷

(b) 단백질-단백질 상호작용 네트워크

(c) 이메일 네트워크

(d) 인용 네트워크

각 패널에서 녹색 점선은 실제 네트워크와 동일한 $\langle k \rangle$를 가진 푸아송 분포를 보여주며, 무작위 네트워크 모형은 관찰된 p_k를 설명할 수 없음을 보여준다. 방향성 네트워크의 경우 들어오는 링크수와 나가는 링크수 분포를 별도로 표시했다.

글상자 4.2 타임라인: 척도 없는 네트워크

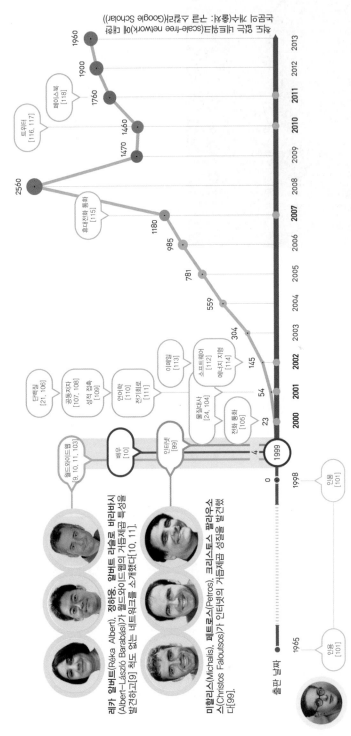

레카 알버트(Réka Albert), 정하웅, 알버트 라슬로 바라바시(Albert-László Barabási)가 월드와이드웹의 거듭제곱 특성을 발견하고[9] 척도 없는 네트워크를 소개했다[10, 11].

미할리스(Michalis), 페트로스(Petros), 크리스토스 팔라우소스(Christos Faloutsos)가 인터넷의 거듭제곱 성질을 발견했다[99].

데릭 데 솔라 프라이스(Derek de Solla Price, 1922~1983)가 인용 수가 거듭제곱 분포를 따른다는 사실을 발견했고[101], 이는 인용 네트워크의 척도 없는 성질 때문임이 밝혀졌다[10].

"우리는 상세한 데이터베이스를 이용할 수 있었던 모든 시스템에서 관찰되는 척도 불변(scale-invariant) 상태가, 앞서 언급한 예들을 훨씬 능가하는 적용 가능성을 가진

많은 복잡계 네트워크의 일반적인 속성일 것으로 기대한다."

– 바라바시와 알버트, 1999

분자이고 또 다른 네트워크에서는 컴퓨터다. 척도 없는 성질을 **보편적인**universal 네트워크의 특성이라고 부르도록 하는 것이 바로 이러한 다양성이다.

연구자의 관점에서 볼 때 중요한 질문은 다음과 같다. 네트워크의 척도가 없는지를 어떻게 알 수 있는가? 한편으로는 링크수 분포를 간략히 살펴보면 네트워크의 척도가 없는지 여부를 즉시 알 수 있을 것이다. 척도 없는 네트워크에서는 가장 작은 노드와 가장 큰 노드의 링크수가 크게 다르며 종종 수십 배 이상 차이가 난다. 반면에 이러한 노드들이 무작위 네트워크에서는 비슷한 링크수를 갖게 된다. 링크수 지수의 값은 다양한 네트워크 속성을 예측하는 데 중요한 역할을 하므로, p_k 분포를 맞추고 γ를 추정하는 도구가 필요하다. 따라서 거듭제곱 법칙을 그리고 맞추는 것과 관련된 몇 가지 문제를 해결해야 할 것이다.

링크수 분포 그리기

이 장에 등장하는 링크수 분포는 종종 로그-로그 그림이라고 하는 이중 로그 척도로 나타낸다. 주된 이유는 매우 다양한 크기의 링크수를 가진 노드들이 있을 때, 선형 그림으로는 모든 노드를 표시할 수 없기 때문이다. 이 책에 걸쳐 등장하는 깔끔한 링크수 분포를 얻기 위해 우리는 로그 묶기logarithmic binning를 사용하고, 각 데이터 포인트를 충분한 수의 관찰 결과로 얻도록 한다. 네트워크의 링크수 분포를 그리기 위한 실용적인 팁은 [심화 주제 4.B]에서 소개할 것이다.

링크수 지수 측정하기

로그-로그 그림에서 p_k에 직선을 맞추면 링크수 지수의 추정치를 금방 얻을 수 있다. 그러나 이 방식은 체계적으로 편향되어 있기 때문에 잘못된 γ를 얻을 수 있다. γ를 추정하는 데 사용할 수 있는 통계적인 도구는 [심화 주제 4.C]에서 설명할 것이다.

실제 네트워크에 대한 p_k의 모양

실제 네트워크에서 관찰되는 많은 링크수 분포는 순수한 거듭제곱 법칙에서는 벗어나 있다. 이러한 차이는 데이터 자체의 불완전성 또는 데이터 수집 과정에서의 편향 때문일 수 있지만, 특정 네트워크가 나타나는 데 기여하는 과정에 대한 중요한 정보를 전달할 수도 있다. [심화 주제 4.B]에서 이러한 편차 중 일부에 대해 논의하고 6장에서는 그 원인을 살펴볼 것이다.

요약하자면, 1999년 월드와이드웹의 척도 없는 특성이 발견된 이후로 생물학적 네트워크에서 사회적, 언어학적 네트워크에 이르기까지 과학기술적으로 관심이 있는 수많은 실제 네트워크가 척도 없는 것으로 밝혀졌다(글상자 4.2). 그렇다고 모든 네트워크가 척도 없는 네트워크라는 뜻은 아니다. 실제로 전력망에서 재료과학에 등장하는 네트워크에 이르기까지 많은 중요한 네트워크에서는 척도 없는 성질이 보이지 않는다(글상자 4.3).

4.6 극단적인 좁은 세상 성질

척도 없는 네트워크에 허브가 있다는 것으로부터 흥미로운 질문을 던질 수 있다. 허브가 좁은 세상 성질에 영향을 주는가? 그림 4.4에 의하면 그럴 것 같다. 항공사는 정확하게 두 공항 간의 이동에 필요한 직항의 수를 줄이기 위해 허브를 만든다. 계산해 보면 **척도 없는 네트워크에서의 거리가 등가의**[8] **무작위 네트워크에서보다 작기 때문에** 이러한 예상을 뒷받침한다.

시스템 크기 N과 링크수 지수 γ에 대한 평균 거리 $\langle d \rangle$는 다음 공식으로 주어진다[120, 121].

---

8   이 '등가(equivalent)'가 무엇인지 원문에서 정확히 밝히고 있지는 않으나 앞서 이 둘을 비교할 때 늘 썼던 것처럼 평균 링크수 $\langle k \rangle$가 같은 네트워크를 뜻하는 것으로 보인다. 물론 링크수 지수 γ에 따라 자세한 숫자는 달라질 수 있겠지만 결론은 같다. − 옮긴이

글상자 4.3 모든 네트워크가 척도 없는 것은 아니다.

척도 없는 성질이 어디에서나 나타난다는 것이 모든 실제 네트워크가 척도 없다는 뜻은 아니다. 반대로, 몇 가지 중요한 네트워크는 이 성질을 갖고 있지 않다.

- 재료과학에서 결정성^{crystalline} 혹은 비정질 ^{amorphous} 물질에서 원자 간의 결합을 설명하는 네트워크. 이러한 네트워크에서 각 노드는 화학적으로 정해진 정확히 동일한 링크수를 갖고 있다(그림 4.11).
- 예쁜꼬마선충^{C. elegans}의 신경망[119]
- 송전선으로 연결된 발전기와 스위치로 구성된 전력망

척도 없는 성질이 나타나려면 노드가 임의의 수의 다른 노드에 연결할 수 있는 용량이 필요하다. 이러한 연결이 모두 동시에 일어날 필요는 없다. 우리가 모든 지인과 끊임없이 대화를 나누는 것은 아니며, 세포의 단백질들이 모든 잠재적인 상호작용 상대와 동시에 결합하는 것은 아니다. 노드가 가질 수 있는 링크의 수를 제한해 허브의 최대 크기를 효과적으로 제한하는 시스템에는 척도 없는 성질이 없다. 이러한 제한은 물질에서 일반적이며(그림 4.11) 척도 없는 연결 구조가 만들어질 수 없는 이유라고 할 수 있다.

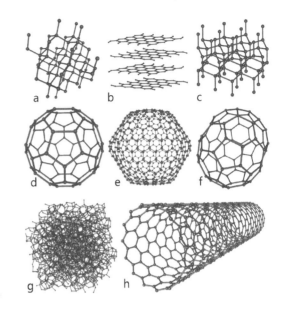

그림 4.11 물질 네트워크

탄소 원자는 다른 원자와 4개의 전자만 공유할 수 있으므로, 이러한 원자를 서로에 대해 상대적으로 어떻게 배치하든 결과적으로 나타나는 네트워크에서 노드가 4개를 넘는 링크를 가질 수는 없다. 따라서 허브가 있을 수 없고 척도 없는 성질이 나타날 수 없다. 이 그림은 여러 탄소 동소체(allotrope), 즉 모두 탄소 원자로 되어 있지만 탄소 원자가 배열된 네트워크의 구조가 다른 물질을 보여준다. 이러한 다른 배열이 (a) 다이아몬드(diamond), (b) 흑연(graphite), (c) 론스데일라이트(lonsdaleite), (d) C60(버크민스터풀러렌(buckminsterfullerene)), (e) C540(풀러렌(fullerene)), (f) C70(또 다른 풀러렌), (g) 비정질 탄소, (h) 단일벽 탄소 나노튜브(single-walled carbon nanotube)와 같이 물리적 및 전자적 특성이 매우 다른 물질들을 만들어낸다.

$$\langle d \rangle \sim \begin{cases} \text{상수} & \gamma = 2 \\ \ln \ln N & 2 < \gamma < 3 \\ \dfrac{\ln N}{\ln \ln N} & \gamma = 3 \\ \ln N & \gamma > 3 \end{cases} \qquad (4.22)$$

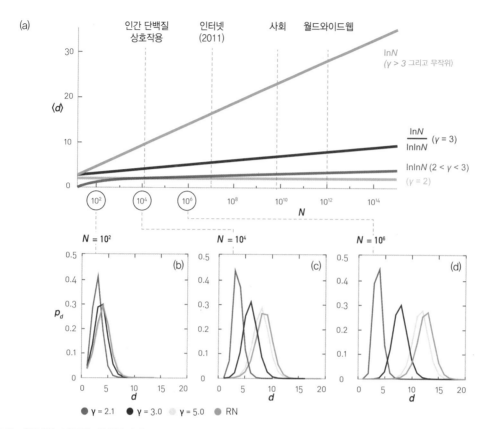

그림 4.12 척도 없는 네트워크에서의 거리

(a) 척도 없는 네트워크를 특징짓는 네 가지 척도 상황에서 평균 경로 길이에 대한 척도: 상수($\gamma = 2$일 때), $\ln \ln N(2 < \gamma < 3$일 때), $\ln N/\ln \ln N(\gamma = 3$일 때), $\ln N(\gamma > 3$일 때와 무작위 네트워크의 경우). 점선은 여러 실제 네트워크의 대략적인 크기를 나타낸다. 인간 단백질-단백질 상호작용 네트워크와 같은 생물학적 네트워크들은 크기가 적당하기 때문에 노드 간 거리의 차이가 4개 상황에서 상대적으로 작다. 평균 경로 길이 $\langle d \rangle$의 차이는 사회연결망 또는 월드와이드웹과 같은 크기의 네트워크에서 매우 중요하다. 그런 네트워크에서 좁은 세상 공식은 실제 $\langle d \rangle$를 상당히 과소평가한다.

(b)~(d) 크기가 $N = 10^2, 10^4, 10^6$인 네트워크에 대한 거리 분포를 보면 작은 네트워크($N = 10^2$)의 경우 거리 분포가 γ에 대해 많이 민감하지 않고, 큰 네트워크($N = 10^6$)에서는 분포 자체인 p_d와 평균 길이 $\langle d \rangle$가 γ에 따라 눈에 띄게 바뀐다는 것을 볼 수 있다. 네트워크는 $\langle k \rangle = 3$인 정적 모형(static model)[123]을 사용해 만들었다.

다음으로는 그림 4.12에 요약한 바와 같이 식 (4.22)로 예측되는 네 가지 상황에서 $\langle d \rangle$의 변화를 논의할 것이다.

특이 상황($\gamma = 2$)

식 (4.18)에 따르면 $\gamma = 2$의 경우 가장 큰 허브의 링크수는 노드 수에 따라 선형적으로 증가한다. 즉, $k_{\max} \sim N$이다. 이때는 모든 노드가 동일한 중앙 허브에 연결되어 있기 때문에, 네트워크가 무조건 모든 노드가 서로 가까이 있는 **허브-바큇살**hub-and-spoke 구조를 갖게 된다. 이 상황에서 평균 경로 길이는 N과 무관하다.

극단적인 좁은 세상(2 < γ < 3)

식 (4.22)에 의하면 이 상황에서는 평균 거리가 ln ln N으로 증가할 것으로 예측되며, 이것은 평균 거리가 무작위 네트워크일 때의 상황인 ln N보다 훨씬 느리게 커지는 것이다. 허브가 경로 길이를 철저하게 줄이기 때문에, 이 영역에서 네트워크를 **극단적인 좁은 세상**ultra-small world이라고 한다[120]. 그러한 허브는 많은 수의 작은 노드에 연결해서 그 노드들 사이의 짧은 거리를 만들어낸다.

　극단적인 좁은 세상 성질의 의미를 살펴보기 위해 $N \approx 7 \times 10^9$인 전 세계의 사회연결망을 다시 생각해보자. 사회가 무작위 네트워크로 연결되어 있다면 N에 의존하는 항은 ln $N = 22.66$이다. 이와 대조적으로, 척도 없는 네트워크의 경우 N에 의존하는 양은 ln ln $N = 3.12$이며 이것은 허브가 노드들 사이의 거리를 근본적으로 축소한다는 것을 나타낸다.[9]

임계점(γ = 3)

이 값에서는 링크수 분포의 두 번째 모멘트가 더 이상 발산하지 않기 때문에[10] 특히 이론적으로 중요하다. 따라서 이 $\gamma = 3$인 점을 **임계점**critical point이라고 부른다. 이 임계점에서는 무작위 네트워크에 해당하는 항인 ln N이라는 함수 꼴이 다시 등장한다. 그러나 계산 결과에 이중 로그 보정 항 ln ln N이 있어, 유사한 크기의 무작위 네트워크와 비교하면 그것보다 거리가 더 줄어

9　사실 여기서 모든 공식은 비례식이기 때문에, 엄밀하게 말해 이렇게 하나의 N 값에 대한 숫자만으로 비교해서는 안 된다. 제대로 비교하기 위해서는 여러 N 값에 대해 ln N과 ln ln N이 어떻게 변하는지를 살펴봐야 하지만, 이렇게 단순한 함수의 조합에서는 굳이 그렇게까지 할 필요는 없다고 생각되어 저자가 그냥 간단하게 하나의 예시를 보여준 것이라 본다. ─ 옮긴이

10　엄밀하게 말하자면 두 번째 모멘트가 로그함수로 발산한다 한다. 다만, 이 책에서 여러 번 등장하듯이 로그함수는 매우 천천히 증가하는 함수이고 바로 다음에 나오듯이 γ가 3보다 조금만 커져도 수렴하기 때문에 이렇게 표현한 것이라고 생각하지만 엄밀하게는 틀린 표현이다. ─ 옮긴이

든다는 사실이 밝혀졌다[120, 122].

좁은 세상($\gamma > 3$)

이 영역에서는 $\langle k^2 \rangle$이 유한하고 평균 거리는 무작위 네트워크에서 나타나는 좁은 세상 결과를 따른다(글상자 4.4). 여전히 허브들이 있긴 하지만, $\gamma > 3$의 경우 노드 사이의 거리에 제법 영향을 미칠 만큼 충분히 크고 많지 않다.

결과들을 종합해보면, 식 (4.22)는 허브가 더 두드러질수록 노드 사이의 거리가 더 효과적으로 축소된다는 것을 나타낸다. 이러한 결론은 그림 4.12(a)로 뒷받침되며, 해당 그림에서는 γ가 다른 척도 없는 네트워크들의 평균 경로 길이의 척도 변환을 보여준다. 그림을 살펴보면, N이 작을 때는 네 가지 상황에서 거리

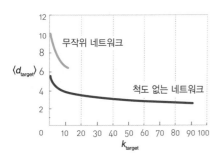

그림 4.13 허브를 통한 가까워짐

무작위 네트워크와 척도 없는 네트워크에서 링크수가 k_{target}인 **목표 노드**부터 링크수가 $k \approx \langle k \rangle$인 노드까지의 거리 $\langle d_{\text{target}} \rangle$. 척도 없는 네트워크에서 우리는 무작위 네트워크보다 허브에 더 가까이 있게 된다. 또한 이 그림에 의하면 무작위 네트워크에서는 링크수가 가장 많은 노드 또한 상당히 작아서 경로 길이가 척도 없는 네트워크에서보다 눈에 띄게 더 길다는 것을 보여준다. 두 네트워크 모두 $\langle k \rangle = 2$, $N = 1,000$이고 척도 없는 네트워크의 경우 $\gamma = 2.5$로 했다.

글상자 4.4 우리는 언제나 허브와 가깝다.

프리게스 카린시Frigyes Karinthy는 1929년에 발표한 단편 소설[90]에서 처음으로 좁은 세상의 개념을 설명하면서 "평범하고 보잘것없는 사람보다 유명하거나 인기 있는 인물을 아는 사람을 찾는 것이 항상 더 쉽다."라고 충고한 바 있다. 다시 말해, 우리는 일반적으로 덜 연결된 노드보다 허브에 더 가깝게 있는 것이다. 이 효과는 척도 없는 네트워크에서 특히 두드러진다(그림 4.13).

이것의 의미는 분명하다. 저명한 과학자나 미국 대통령 같은 유명인은 예외적으로 많은 지인이 있는 허브이기 때문에 그들에게 도달하는 짧은 경로가 항상 있다. 또한 많은 최단 경로가 이러한 허브를 통과한다는 뜻이기도 하다.

이러한 기대와는 대조적으로, 온라인 세상에서 '여섯 단계 분리' 개념을 재현하는 것을 목표로 하는 측정 결과에 의하면, 목표에 도달한 연쇄 전달에 참여한 개인이 목표에 도달하지 못한 연쇄 전달에 참여한 개인보다 허브에 메시지를 보냈을 가능성이 더 적다는 것을 발견했다[124]. 그 이유는 스스로 부여한 것일 수도 있다. 우리는 허브가 바쁠 거라고 생각해서 정말로 필요할 때만 허브에 연락한다. 따라서 허브들에게는 별 가치가 없을 것 같은 이런 온라인 실험을 할 때 그들에게 연락하는 일은 피하는 것이다.

가 비슷하지만 N이 크면 현저한 차이가 있다는 것을 알 수 있다.

γ와 N이 다른 척도 없는 네트워크에 대해 살펴본 경로 길이의 분포를 통해 그러한 결론을 더 뒷받침할 수 있다(그림 4.12(b)~(d)). $N = 10^2$의 경우 경로 길이 분포가 겹쳐져 있는데, 이 정도 크기에서는 γ의 차이로 인해 경로 길이에서 발생하는 차이는 감지할 수 없다는 뜻이다. 하지만 크기가 $N = 10^6$일 경우 다른 γ에 대해 관찰되는 $\langle d \rangle$가 서로 잘 구분된다. 그림 4.12(d)를 보면 링크수 지수가 클수록 노드 사이의 거리가 멀어진다는 것을 알 수 있다.

요약하자면, 척도 없는 성질은 네트워크 거리에 여러 가지 영향을 준다.

- 평균 경로 길이를 줄인다. 따라서 실질적으로 관심이 있는 대부분의 척도 없는 네트워크는 '좁을' 뿐만 아니라 '극단적으로 좁다'. 이것은 많은 소규모 노드 사이에서 다리 역할을 하는 허브의 결과다.
- 식 (4.22)가 예측하는 것처럼 시스템 크기에 대한 $\langle d \rangle$의 의존성을 바꾼다. γ가 작을수록 노드들 사이가 더 짧다.
- $\gamma > 3$인 경우에만 무작위 네트워크를 특징짓는 좁은 세상 성질의 특성인 $\ln N$을 다시 얻게 된다(그림 4.12).

4.7 링크수 지수의 역할

척도 없는 네트워크의 많은 성질은 링크수 지수 γ의 값에 따라 달라진다. 표 4.1을 자세히 살펴보면 다음과 같은 것들을 생각할 수 있다.

- γ가 시스템마다 다 다르므로 네트워크 속성이 γ에 따라 어떻게 변하는지 살펴보도록 하는 계기가 된다.
- 대부분의 실제 시스템에서는 링크수 지수가 2보다 크기 때문에, 왜 $\gamma < 2$인 네트워크를 볼 수 없는지 그 이유가 궁금하다.

글상자 4.5 γ 값에 따른 척도 없는 네트워크의 성질

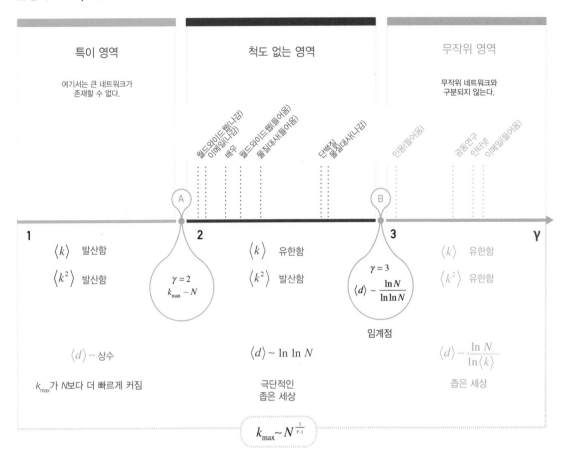

이러한 질문을 해결하기 위해 다음으로는 척도 없는 네트워크의 속성이 γ에 따라 어떻게 변하는지 논의할 것이다(글상자 4.5).

특이 영역($\gamma \leq 2$)

$\gamma < 2$인 경우 식 (4.18)의 지수 $1/(\gamma - 1)$이 1보다 크므로, 가장 큰 허브에 연결되는 링크의 수가 네트워크 자체의 크기보다 빠르게 증가해버린다. 이것은 충분히 큰 N의 경우 가장 큰 허브의 링크수가 네트워크의 총 노드 수를 초과해야 하므로 연결할 노드가 부족해진다는 뜻이다. 이와 비슷하게, $\gamma < 2$이면 평균 링

크수 $\langle k \rangle$가 $N \to \infty$인 극한에서 발산한다. 이러한 이상한 예측은 이 영역에서 척도 없는 네트워크가 보여주는 많은 독특한 특성들 중 두 가지일 뿐이다. 이러한 사실은 이때 다중 링크가 없는 $\gamma < 2$인 큰 척도 없는 네트워크는 존재할 수가 없다(글상자 4.6)는 더 심오한 문제를 나타낸다.

척도 없는 영역(2 < γ < 3)

이 영역에서 링크수 분포의 첫 번째 모멘트는 유한하지만 두 번째 이상의 모멘트는 $N \to \infty$일 때 발산한다. 결과적으로 이 영역에서 척도 없는 네트워크는 극단적으로 좁다(4.6절). 식 (4.18)에 의하면 $k_{\max}$가 네트워크의 크기에 대해 1보다 작은 지수 $1/(\gamma - 1)$로 증가한다. 따라서 가장 큰 허브의 점유율이라고 할 수 있는, 가장 큰 허브로 연결되는 노드의 비율인 $k_{\max}/N$은 $k_{\max}/N \sim N^{-(\gamma-2)/(\gamma-1)}$으로 감소한다.

다음 장들에서 살펴보겠지만, 견고함에서 특이한 확산 현상에 이르기까지 척도 없는 네트워크의 많은 흥미로운 특성이 이 상황과 관련이 있다.

무작위 네트워크 영역(γ > 3)

식 (4.20)에 따르면, $\gamma > 3$인 경우 첫 번째 모멘트와 두 번째 모멘트가 모두 유한하다. 현실적으로는 이 영역에서 척도 없는 네트워크의 성질을 비슷한 크기의 무작위 네트워크의 성질과 구별하기 어렵다. 예를 들어, 식 (4.22)에 의하면 노드 사이의 평균 거리가 무작위 네트워크에 대해 유도한 좁은 세상 공식으로 수렴한다. 그 이유는 γ가 크면 링크수 분포 p_k가 충분히 빠르게 감소하여 허브가 작아지고 허브의 숫자도 줄어들기 때문이다.

γ가 큰 척도 없는 네트워크는 임의의 네트워크와 구별하기 어렵다. 실제로 거듭제곱 법칙 링크수 분포의 존재를 확신하기 위해 이상적으로는 수십에서 수천 배의 크기에 걸쳐 살펴봐야 한다. 이는 $k_{\max}$가 $k_{\min}$보다 적어도 $10^2 \sim 10^3$배 커야 한다는 뜻이다. 식 (4.18)을 뒤집으면 원하는 척도 변화를 관찰하는 데 필

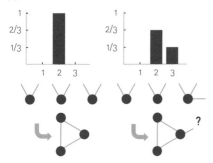

(a) 그래프로 구현 가능함   (b) 그래프로 구현 불가능함

(c)

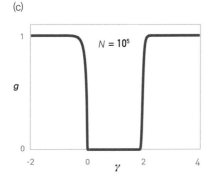

$N = 10^5$

g

글상자 4.6 $\gamma < 2$인 척도 없는 네트워크는 왜 존재하지 않는가

$\gamma < 2$인 네트워크가 문제가 되는 이유를 알아보려면 네트워크를 만들려고 시도해봐야 한다. 단순 그래프simple graph(즉, 다중 링크multi-link 또는 자기 연결self-loop이 없는 그래프)로 구현할 수 있는 링크수로 이뤄진 배열을 그래프로 구현 가능하다graphical고 한다[125]. 하지만 모든 링크수 배열을 그래프로 구현 가능한 것은 아니다. 예를 들어, 미연결 링크stub의 수가 홀수이면 항상 짝이 안 맞는 미연결 링크가 있다(그림 4.14(b)).

링크수 배열의 그래프 구현 가능 여부는 에르되시Erdős와 갈라이Gallai[125~129]가 제안한 알고리듬으로 테스트할 수 있다. 척도 없는 네트워크에 해당 알고리듬을 적용하면 $\gamma < 2$인 경우 그래프로 구현 가능한 링크수 배열의 개수가 0으로 떨어지는 것을 알 수 있다(그림 4.14(c)). 따라서 $\gamma < 2$인 링크수 분포는 단순 네트워크로 구현할 수 없다. 실제로, 이 상황에서는 네트워크에서 가장 큰 허브가 N보다 빠르게 커진다. 자기 연결과 다중 링크를 허용하지 않으면, 가장 큰 허브의 링크수가 $N - 1$을 초과해서 연결할 노드가 모자라게 된다.

그림 4.14 $\gamma < 2$인 네트워크는 그래프로 구현 가능하지 않다.

(a), (b) 2개의 작은 네트워크에 대한 링크수 분포와 해당 링크수 배열. 둘은 노드 하나의 링크수가 다르다는 차이[11]가 있다. (a)의 링크수 분포를 써서 간단한 네트워크를 만들 수 있지만 (b)를 사용해 만드는 것은 미연결 링크 하나의 짝이 맞지 않기 때문에 불가능하다. 따라서 (a)는 **그래프로 구현 가능**하지만 (b)는 그렇지 않다.

(c) 주어진 γ에 대해 그래프로 구현 가능한 네트워크의 비율 g. 링크수 지수가 γ이고 $N = 10^5$인 다수의 링크수 배열을 생성해 각 배열의 그래프 생성 가능 여부를 테스트했다. 그림을 보면 $\gamma > 2$인 거의 모든 네트워크가 구현 가능하지만 $0 < \gamma < 2$ 범위에서는 그래프로 구현 가능한 배열을 찾는 것이 불가능함을 알 수 있다.

출처: [129]

요한 네트워크 크기가 다음과 같이 되어야 한다는 것을 알 수 있다.

---

11 가장 오른쪽 노드가 (a)에서는 링크수 2개, (b)에서는 링크수 3개다. 본문에서 언급된 것처럼 미연결 링크의 수의 합이 (b)에서는 2 + 2 + 3 = 7이므로 홀수라서 하나의 링크가 항상 싹이 안 맞게 된다. – 옮긴이

$$N = \left(\frac{k_{\max}}{k_{\min}} \right)^{\gamma - 1} \qquad (4.23)$$

예를 들어, $\gamma = 5$인 네트워크의 척도 없는 특성을 확신하고 최소 수십 배 크기의 척도 변화가 필요한 경우(예: $k_{\min} \sim 1$이고 $k_{\max} \simeq 10$) 네트워크의 크기는 식 (4.23)에 의하면 $N > 10^8$보다 커야 한다. 분석 가능한 이 정도 크기의 네트워크 데이터는 극소수다. 따라서 링크수 지수가 큰 네트워크가 많을 수도 있겠지만, 제한된 크기 때문에 척도 없는 성질에 대한 확실한 증거를 얻기가 어렵다.

요약하자면, 척도 없는 네트워크의 성질은 링크수 지수 γ의 값에 민감하다. 이론적으로 가장 흥미로운 영역은 $2 < \gamma < 3$이며, 여기서는 $\langle k^2 \rangle$이 발산하여 척도 없는 네트워크를 극단적인 좁은 세상으로 만든다. 흥미롭게도 월드와이드웹에서 단백질 상호작용 네트워크에 이르기까지 실제로 관심의 대상이 되는 많은 네트워크가 이 영역에 있다.

4.8 임의의 링크수 분포를 가진 네트워크 만들기

에르되시-레니 모형으로 만든 네트워크에는 푸아송 링크수 분포가 있다. 그러나 이 장에서 논의한 실제 관찰 결과는 실제 네트워크의 링크수 분포가 푸아송 꼴에서 크게 벗어나 있음을 나타내며, 중요한 질문을 제기한다. 임의의 p_k를 가진 네트워크를 만드는 방법은 무엇인가? 이 절에서는 이러한 목적으로 설계된, 자주 사용되는 세 가지 알고리듬을 설명할 것이다.

4.8.1 구조 모형

그림 4.15에 묘사한 구조 모형$^{configuration\ model}$은 미리 정의된 링크수 배열로 네트워크를 구축하는 것을 도와준다. 모형에 의해 생성된 네트워크에서 각 노드는 미리 정의된 링크수 k_i를 갖고 있으며, 그 제한조건 외에는 네트워크가 무작위로 연결된다. 이

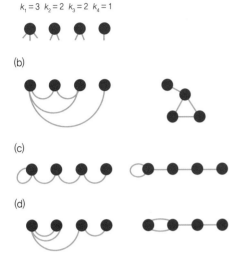

(a)

$k_1 = 3$ $k_2 = 2$ $k_3 = 2$ $k_4 = 1$

(b)

(c)

(d)

그림 4.15 구조 모형

구조 모형은 노드들이 미리 정의된 링크수를 가진 네트워크를 만든다[130, 131]. 알고리듬은 다음 단계로 이뤄져 있다.

(a) **링크수 배열**

각 노드에 미연결 링크 또는 절반의 링크로 상징되는 링크수를 할당한다. 링크수 배열은 미리 선택된 p_k 분포(글상자 4.7)에서 해석적으로 생성하거나 실제 네트워크의 인접 행렬로부터 추출한다. 짝수 개의 미연결 링크에서 시작해야 한다. 그렇지 않으면 짝이 안 맞는 미연결 링크가 남게 된다.

(b)~(d) **네트워크 조립**

무작위로 미연결 링크의 쌍을 선택하고 연결한다. 그런 다음 나머지 $2L - 2$개의 미연결 링크에서 또 다른 쌍을 무작위로 선택해서 연결한다. 이 절차를 모든 미연결 링크가 짝을 이룰 때까지 반복한다. 미연결 링크가 선택된 순서에 따라 매번 다른 네트워크를 얻게 된다. 일부 네트워크는 (b) 순환 구조^{cycle}를 포함하고, 또 다른 네트워크는 (c) 자기 연결 또는 (d) 다중 링크를 포함할 수도 있다. 그러나 $N \to \infty$인 극한에서 예상되는 자기 연결과 다중 링크의 수는 0이 된다.

런 이유에서 이 네트워크를 종종 **미리 정의된 링크수 배열을 갖고 있는 무작위 네트워크**라고 한다. 이 과정을 같은 링크수 배열에 반복적으로 적용하면 동일한 p_k를 가진 다른 네트워크를 생성할 수 있다(그림 4.15(b)~(d)). 고려해야 할 몇 가지 주의사항이 있다.

- 링크수가 k_i, k_j인 노드 사이에 링크가 있을 확률은 다음과 같다.

$$p_{ij} = \frac{k_i k_j}{2L - 1} \qquad (4.24)$$

실제로, 노드 i에 붙어 있는 미연결 링크는 $2L - 1$개의 다른 미연결 링크에 연결할 수 있다. 이 중 k_j개의 링크가 노드 j에 붙어 있는 것이다. 따라서 특정한 미연결 링크가 노드 j의 미연결 링크에 연결될 확률은 $k_j/(2L - 1)$이다. 노드 i에는 총 k_i개의 미연결 링크가 있고 j에 연결하기 위해 k_i번의 시도를 하게 되므로 결과적으로 식 (4.24)가 된다.

- 이렇게 얻은 네트워크에는 자기 연결과 다중 링크가 포함되어 있는데, 알고리듬에 노드가 자기 자신과 연결되거나 두 노드 간에 다중 링크를 만드는 것을 금지하는 규칙이 없기 때문이다. 그런 자기 연결과 다중 링크에 해당하는 미연결 링크 쌍이 연결되지 못하게 금지할 수도 있지만, 그렇게 하면 네트워크 생성을 완료하지 못할 수도 있다. 또한 자기 연결 또는 다중 링크를 거부한다는 것은 가능한 모든 맞는 짝이 같은 확률로 등장하지 않는다는 것을 의미한다. 따라서 식 (4.24)가 유효하지 않고, 해석적으로 계산하기가 어려워진다. 어쨌든, 선택할 수 있는 연결의 수가 N에 따라 증가하기 때문에 자기 연결과 다중 링크의 수를 무시할 수 있으므로, 일반적으로 그것들을 제외할 필요는 없다[94].

- 구조 모형은 식 (4.24)와 그것의 무작위 성질이 다양한 네트워크 측정값을 해석적으로 계산하는 데 도움이 되기 때문에 계산에 자주 사용한다.

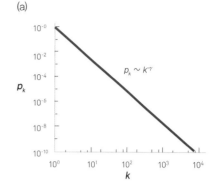

글상자 4.7 거듭제곱 분포를 가진 링크수 배열 만들기

방향성 없는 네트워크의 링크수 배열은 노드 링크수에 대한 배열이다. 예를 들어, 그림 4.15(a)에 나타낸 네트워크의 링크수 배열은 {3, 2, 2, 1}이다. 그림 4.15(a)에서 볼 수 있듯이 링크수 배열은 그래프를 고유하게 특정하지 않는다. 미연결 링크를 짝으로 연결할 수 있는 여러 가지 방법이 있기 때문이다.

미리 정의된 링크수 분포에서 링크수 배열을 생성하기 위해, 그림 4.16(a)에 표시된 $p_k \sim k^{-\gamma}$와 같은 미리 정의된 링크수 분포에서 시작한다. 우리의 목표는 분포 p_k를 따르는 링크수 배열 $\{k_1, k_2, ..., k_N\}$을 만드는 것이다. 그림 4.16(b)에 그린 다음의 함수를 계산하는 것으로 시작한다.

$$D(k) = \sum_{k' \geq k} p_{k'} \qquad (4.25)$$

$D(k)$는 0과 1 사이의 값을 갖게 되고, 임의의 k에서의 점프하는 단계의 크기가 p_k와 같다. p_k를 따르는 N개의 링크수를 생성하기 위해, (0, 1) 범위에서 균일하게 난수 N개를 뽑아서 각각을 $r_i(i = 1, ..., N)$라고 한다. 각 r_i에 대해 (b)에 있는 그림을 이용해 링크수 k_i를 부여한다. 이렇게 얻은 $k_i = D^{-1}(r_i)$로 이뤄진 숫자 집합이 의도한 p_k 분포를 따르게 된다. 하나의 p_k에 할당되는 링크수 배열은 고유하지 않다는 것을 생각해야 한다. 동일한 p_k로부터 여러 개의 다른 $\{k_1, ..., k_N\}$ 배열 집합을 얻을 수 있는 것이다.

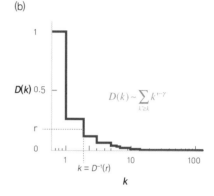

그림 4.16 링크수 배열 만들기

(a) 생성하려는 링크수 배열에 해당하는 거듭제곱 법칙 링크수 분포

(b) 균일하게 분포된 난수 r에 링크수 k를 할당하도록 하는 함수인 식 (4.25)

4.8.2 이웃수[12]를 보존하는 무작위화

실제 네트워크의 성질을 탐구할 때, 네트워크의 특정 성질이 링크수 분포만으로 예측이 되는 것인지 아니면 p_k에는 포함되지 않은 추가 속성을 나타내는지 여부에 대해 의문을 가질 필요가

---

12 이 장의 다른 모든 부분에서는 원문의 'degree'를 (개별 노드에 달린) '링크수'로 번역했는데, 이 절에서만 '링크수 보존(무작위화)'이라고 표현했을 경우 '링크수'가 전체 네트워크의 링크 수와 혼동될 수 있을 것 같아서 그렇게 '보존한다'는 문맥에서는 '이웃수'로 번역했다. – 옮긴이

그림 4.17 이웃수를 보존하며 무작위로 섞기

(a) 전체 무작위화

이 알고리듬은 원래의 네트워크와 동일한 N과 L을 가진 무작위(에르되시-레니) 네트워크를 생성한다. 무작위로 소스 노드(S_1)와 2개의 대상 노드를 선택한다. 여기서 첫 번째 대상 노드(T_1)는 소스 노드에 직접 연결되어 있고, 두 번째 대상 노드(T_2)는 연결되어 있지 않다. $S_1 - T_1$ 링크를 $S_1 - T_2$ 링크로 재연결한다. 그 결과, 대상 노드 T_1, T_2의 링크수가 바뀐다. 네트워크의 각 링크에 대해 이 절차를 한 번씩 수행한다.

(b) 이웃수 보존 무작위화

이 알고리듬은 각 노드가 원래 네트워크와 정확히 동일한 링크수를 갖지만 네트워크의 연결 구조가 무작위화된 네트워크를 생성한다. 처음에는 S_1과 T_1 사이에 링크가 있고 S_2와 T_2 사이에 링크가 있도록 2개의 소스(S_1, S_2)와 2개의 대상 노드(T_1, T_2)를 선택한다. 그런 다음 두 링크를 맞교환하여 $S_1 - T_2$와 $S_2 - T_1$ 링크를 만든다. 이러한 맞교환은 각 노드의 링크수를 변경하지 않은 상태로 유지한다. 각 링크를 적어도 한 번 재연결할 때까지 이 과정을 반복한다.

하단 그림: 척도 없는 네트워크(가운데)에서 시작하여 전체 무작위화는 허브를 제거하고 네트워크를 무작위 네트워크로 바꾼다(왼쪽). 이와는 대조적으로, 이웃수 보존 무작위화는 허브를 그대로 두고 네트워크는 여전히 척도 없는 상태로 유지된다(오른쪽).

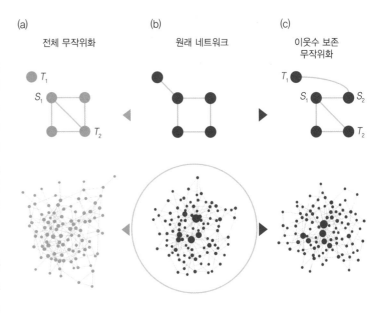

(a) 전체 무작위화   (b) 원래 네트워크   (c) 이웃수 보존 무작위화

있다. 이 질문에 답하기 위해서는, 무작위로 연결되어 있지만 p_k는 원래 네트워크와 '동일한' 네트워크를 생성해야 한다. 이것은 그림 4.17(b)에 설명한 **이웃수 보존 무작위화**degree-preserving randomization[132]를 통해 이룰 수 있다. 이 알고리듬에 숨은 아이디어는 간단하다. 링크 2개를 무작위로 고른 다음 양쪽의 노드를 교체하는 것이 다중 링크가 되지 않으면 교체한다. 이렇게 하면 이 교체 과정에 포함된 4개의 노드 각각의 링크수는 바뀌지 않는다. 결과적으로 허브는 허브로 유지되고 링크수가 작은 노드는 작은 링크수를 유지하지만 생성된 네트워크의 연결 구조는 무작위가 된다. 이웃수 보존 무작위화는 노드 링크수를 보존하지 않고 링크를 교환하는 **전체 무작위화**full randomization와는 다르다(그림 4.17(a)). 전체 무작위화는 모든 네트워크를 원래 p_k와는 무관하게 푸아송 링크수 분포를 가진 에르되시-레니 네트워크로 바꾼다.

4.8.3 숨은 매개변수 모형

구조 모형은 많은 실제 네트워크에는 없는 특성인 자기 연결과 다중 링크를 만든다. **숨은 매개변수 모형**hidden parameter model(그림

4.18)을 사용해, 미리 정의된 p_k가 있으면서도 다중 링크와 자기 연결이 없는 네트워크를 생성할 수 있다[133, 134, 135].

N개의 고립된 노드에서 시작하여, 분포 $\rho(\eta)$로부터 고른 숨은 매개변수 η_i를 각 노드에 할당한다. 생성된 네트워크의 특성은 숨은 매개변수로 이뤄진 배열 $\{\eta_i\}$ 선택에 따라 달라진다. 적절하게 숨은 매개변수를 생성하는 방법이 두 가지 있다.

- η_i는 미리 정의된 $\rho(\eta)$ 분포에서 선택된 N개의 난수로 이뤄진 배열일 수 있다. 이렇게 얻은 네트워크의 링크수 분포는 다음과 같다.

$$p_k = \int \frac{e^{-\eta}\eta^k}{k!}\rho(\eta)d\eta \qquad (4.26)$$

- η_i는 $\{\eta_1, \eta_2, ..., \eta_N\}$과 같이 미리 결정된 배열로부터 가져올 수도 있다. 이렇게 얻은 네트워크의 링크수 분포는 다음과 같다.

$$p_k = \frac{1}{N}\sum_j \frac{e^{-\eta_j}\eta_j^{\,k}}{k!} \qquad (4.27)$$

숨은 매개변수 모형은 척도 없는 네트워크를 생성하는 특히 간단한 방법을 제공한다. 실제로 다음과 같은 숨은 매개변수 배열에 대한 공식을 사용하면

$$\eta_j = \frac{c}{i^\alpha}, \; i = 1, ..., N \qquad (4.28)$$

식 (4.27)에 따라 숨은 매개변수의 배열로 얻은 네트워크는 큰 k 값에 대해 다음과 같은 링크수 분포를 갖게 된다.

$$p_k \sim k^{-\left(1+\frac{1}{\alpha}\right)} \qquad (4.29)$$

따라서 α 값을 적절하게 선택해서 $\gamma = 1 + 1/\alpha$를 조절할 수 있다. 또한 식 (4.26)과 식 (4.27)에 의하면 $\langle k \rangle = \langle \eta \rangle$이므로 $\langle \eta \rangle$를 사용해 $\langle k \rangle$를 조절할 수 있다.

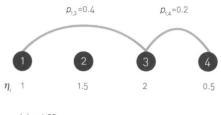

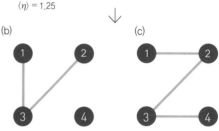

그림 4.18 숨은 매개변수 모형

(a) N개의 고립된 노드로 시작해서, 각 노드에 **숨은 매개변수** η_i를 할당한다. 이것은 $\rho(\eta)$ 분포에서 고르거나 배열 $\{\eta_i\}$로부터 제공된다. 각 노드 쌍을 다음 확률로 연결한다.

$$p(\eta_i, \eta_j) = \frac{\eta_i \eta_j}{\langle \eta \rangle N}$$

그림은 노드 (1, 3)과 (3, 4)를 연결할 확률을 보여준다.

(b), (c) 노드를 연결한 후 (b) 또는 (c)에 나타낸 네트워크를 얻는다. 이것은 동일한 숨은 매개변수 배열 (a)에 의해 생성된 2개의 독립적인 구현을 나타낸다.

모형에 의해 생성된 네트워크의 예상되는 전체 링크 수는 다음과 같다.

$$L = \frac{1}{2}\sum_{i,j}^N \frac{\eta_i \eta_j}{\langle \eta \rangle N} = \frac{1}{2}\langle \eta \rangle N$$

무작위 네트워크 모형과 마찬가지로 L은 네트워크마다 다른데, 지수함수적으로 제한된 분포를 따른다. 평균 링크수 $\langle k \rangle$를 조절하려면 L개의 링크를 네트워크에 하나하나 추가할 수도 있다. 각 링크의 끝점인 i와 j는 각각 η_i와 η_j에 비례하는 확률로 무작위로 선택한다. 이 경우 i와 j가 이전에 이미 연결되어 있지 않았을 때만 i와 j를 연결한다.

요약하자면 구조 모형, 이웃수 보존 무작위화, 숨은 매개변수 모형은 사전에 정의된 링크수 분포로 네트워크를 생성하고 네트워크의 주요 특성을 해석적으로 계산하는 데 도움이 된다. 특정 네트워크 속성이 네트워크의 링크수 분포의 결과인지 아니면 그것이 어떤 새로운 속성을 나타내는지 여부를 탐색할 때마다 이러한 알고리듬을 사용할 것이다(글상자 4.8). 이러한 알고리듬을 사용할 때는 다음과 같은 한계를 인지하고 있어야 한다.

- 이 알고리듬은 네트워크에 특정 링크수 분포가 있는 이유를 알려주지 않는다. 관찰된 p_k의 기원을 이해하는 것은 6장과 7장의 주제가 될 것이다.
- 커뮤니티(9장)에서 링크수 상관관계(7장)에 이르기까지 몇 가지 중요한 네트워크 특성이 무작위화 중에 손실된다.

따라서 이러한 알고리듬에 의해 생성된 네트워크는 그림을 사진으로 찍은 것과 비슷하다. 얼핏 보기에는 원본과 동일한 것처럼 보이지만, 자세히 살펴보면 캔버스의 질감에서 붓의 놀림에 이르기까지 많은 세부 사항이 손실됐음을 알 수 있다.

위에서 논의한 세 가지 알고리듬에 대해 다음과 같은 의문을 제기할 수 있다. 사용할 알고리듬을 어떻게 결정하는가? 이 선택은 링크수 배열 $\{k_i\}$에서 시작하는지, 링크수 분포 p_k에서 시작하는지, 그리고 두 노드 사이의 자기 연결과 다중 링크를 허용할 수 있는지의 여부에 따라 다르다. 이 선택에 대한 의사결정 트리 decision tree는 그림 4.20에 나와 있다.

4.9 정리

척도 없는 속성은 두 가지 주요한 이유로 네트워크 과학의 발전에 중요한 역할을 해왔다.

- 월드와이드웹에서 준세포 subcellular 네트워크에 이르기까지 많은 과학적이고 실용직으로 관심이 있는 네트워크가 척도

글상자 4.8 좁은 세상 성질 테스트

문헌에서는 실제 네트워크에서 관찰된 거리를 종종 좁은 세상 공식 (3.19)와 비교한다. 하지만 식 (3.19)는 무작위 네트워크에 대해 유도된 것이고, 실제 네트워크는 푸아송 링크수 분포를 갖고 있지 않다. 척도 없는 네트워크의 경우 식 (4.22)가 적절한 공식을 제공한다. 하지만 식 (4.22)는 절대적인 값이 아닌, 거리의 네트워크 크기 N에 대한 비례 관계만 제공한다. 평균 거리를 맞추는 대신, 종종 다음과 같은 질문을 던질 수 있다. 실제 네트워크에서 관찰된 거리가, 동일한 링크수 분포를 가진 무작위 네트워크에서 관찰되는 거리와 비슷한가? 이웃수 보존 무작위화가 이 질문에 답하는 데 도움이 된다. 단백질 상호작용 네트워크를 예로 들어 이 과정을 설명할 것이다.

(i) **원래 네트워크**

원래 네트워크의 거리 분포 p_d를 측정하는 것으로 시작한다. $\langle d \rangle = 5.61$을 얻었다(그림 4.19).

(ii) **전체 무작위화**

원래 네트워크와 동일한 N과 L을 갖는 무작위 네트워크를 생성한다. 이렇게 얻은 p_d는 가시적으로 오른쪽으로 이동해 $\langle d \rangle = 7.13$이며, 원래 $\langle d \rangle = 5.61$보다 훨씬 더 크다. 단백질 상호작용 네트워크가 뭔가 알려지지 않은 구성 원리에 의한 영향을 받아, 거리를 더 짧게 유지한다고 결론짓고 싶은 유혹이 생길 수 있다. 하지만 이 차이의 대부분이 전체 무작위화가 링크수 분포를 변경했다는 사실에 의해 생긴 것이기 때문에 그렇게 말하는 것은 잘못된 결론이 될 것이다.

(iii) **이웃수 보존 무작위화**

원래 네트워크가 척도 없는 네트워크이기 때문에, 참고를 위한 적절한 무작위 구조는 원래 링크수 분포를 유지하는 것이다. 따라서 이웃수 보존 무작위화를 한 후 p_d를 결정하여, 원래 p_d와 비슷하다는 사실을 발견했다.

요약하자면, **무작위 네트워크에는 허브가 없기 때문에 노드 간의 거리를 과대평가한다.** 이웃수 보존 무작위화로 얻은 네트워크는 허브를 유지하므로 무작위 네트워크의 거리가 원래 네트워크와 비슷하다. 이 예시는 네트워크를 탐색할 때 적절한 무작위화 절차를 선택하는 것의 중요성을 보여준다.

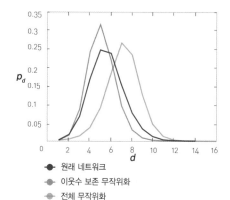

- ● 원래 네트워크
- ● 이웃수 보존 무작위화
- ● 전체 무작위화

그림 4.19 실제 네트워크를 무작위로 섞기

단백질-단백질 상호작용 네트워크에서 각 노드 쌍 사이의 거리 분포 p_d(표 4.1). 녹색 선은 N과 L을 변경하지 않고 유지하면서 네트워크를 에르되시-레니 네트워크로 바꾸는 **전체 무작위화**(그림 4.17)를 통해 얻은 경로 길이 분포다.

연보라색 곡선은 각 노드의 링크수를 변경하지 않은 상태로 유지하는 **이웃수 보존 무작위화** 후 얻은 네트워크의 p_d에 해당한다.

여기서 $\langle d \rangle = 5.61 \pm 1.64$(원래 네트워크), $\langle d \rangle = 7.13 \pm 1.62$(전체 무작위화), $\langle d \rangle = 5.08 \pm 1.34$(이웃수 보존 무작위화)로 나온다.

그림 4.20 생성 알고리듬 선택하기

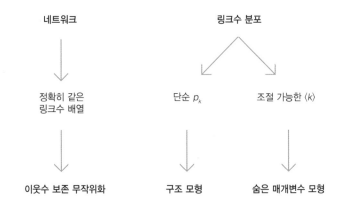

생성 알고리듬을 적절하게 선택하는 것은 여러 요인에 따라 달라진다. 실제 네트워크 또는 알려진 링크수 배열에서 시작하는 경우 이웃수 보존 무작위화를 사용할 수 있다. 이렇게 하면 얻은 네트워크가 단순 네트워크가 되고 원래 네트워크와 같은 링크수 배열을 갖게 됨을 보장할 수 있다. 이 모형을 사용하면 원래 네트워크의 링크수 배열을 유지하면서 다중 링크 또는 자기 연결이 생기지 않게 할 수 있다.

미리 정의된 링크수 분포 p_k를 사용해 네트워크를 생성하려는 경우 두 가지 선택지가 있다. p_k가 알려져 있을 경우 구조 모형은 네트워크 생성을 위한 편리한 알고리듬을 제공한다. 예를 들어, 이 모형을 사용하면 $k \geq k_{\min}$에 대해 순수한 거듭제곱 법칙 분포 $p_k = Ck^{-\gamma}$이 있는 네트워크를 생성할 수 있다.

그러나 구조 모형에서 척도 없는 네트워크의 평균 링크수 $\langle k \rangle$를 조정하는 것은 자유롭게 선택 가능한 유일한 매개변수가 $k_{\min}$이기 때문에 지루한 작업이다. 따라서 $\langle k \rangle$를 변경하려면 식 (4.28)로 주어진 매개변수 배열을 가진 숨은 매개변수 모형을 사용하는 것이 더 편하다. 이 방식대로 하면 링크수 분포의 꼬리는 $\sim k^{-\alpha}$을 따르게 되고, 전체 링크수 L을 변경해 $\langle k \rangle$를 조정할 수 있다.

없는 네트워크다.[13] 이러한 보편성이 척도 없는 속성을 많은 분야에서 피할 수 없는 문제로 만들었다.

- 허브가 있으면 시스템의 동작이 근본적으로 바뀐다. 극단적인 좁은 세상 성질은 그것이 네트워크 성질에 미치는 영향에 대한 첫 번째 힌트를 주며, 이어지는 장들에서 더 많은 예제를 접하게 될 것이다.

척도 없는 성질에 대한 결과를 계속 탐구할 때, 거듭제곱 법칙 형식(식 (4.1))은 실제 시스템에서는 그런 순수한 꼴로 거의 볼 수 없음을 명심해야 한다. 그 이유는 온갖 과정이 각 네트워크의 연결 구조에 영향을 끼치고, 그것이 또한 링크수 분포의 형태에 영향을 미치기 때문이다. 다음 장들에서 이러한 과정들에 대해 논의할 것이다. 이러한 과정들의 다양성과 결과적으로 나오는 p_k의 복잡성이, 순수한 거듭제곱 법칙에 잘 맞는지에 대한 좁은 관점으로 이러한 네트워크에 접근하는 사람들을 혼란스럽게 한다. 대신에, 척도 없는 성질은 우리가 2개의 다소 다른 네트워크 종류를 구별해야 한다는 것을 알려준다.

---

13 최근에 이것의 통계적 검증과 관련된 네트워크 과학 분야에서의 뜨거운 논쟁이 있었다. 관심 있는 독자들은 https://www.nature.com/articles/s41467-019-08746-5, https://journals.aps.org/prresearch/abstract/10.1103/PhysRevResearch.1.033034, https://www.pnas.org/doi/10.1073/pnas.2013825118과 같은 학술논문 등을 참고해서 스스로 판단해보기 바란다. – 옮긴이

지수함수적으로 제한된 네트워크

네트워크에서 링크수 분포가 큰 k에 대해 지수함수 또는 그것보다 더 빠르게 감소하는 경우 이것을 **지수함수적으로 제한됐다** exponentially bounded고 한다. 이것의 결과 표준편차 $\sigma_k = (\langle k^2 \rangle - \langle k \rangle^2)^{1/2}$은 $\langle k \rangle$보다 작으며,[14] 링크수에 있어서 큰 변동이 없다는 뜻이다. 이 종류에 해당하는 p_k의 예에는 푸아송, 가우시안 또는 단순한 지수함수 분포가 포함된다(표 4.2). 에르되시-레니, 와츠-스트로가츠 네트워크는 이 종류에 속하는 가장 잘 알려진 모형 네트워크다. 지수함수적으로 제한된 네트워크에는 이상치가 없으므로 대부분의 노드가 비슷한 링크수를 갖는다. 이 종류에 속하는 실제 네트워크에는 고속도로 네트워크와 전력망이 있다.

두꺼운 꼬리를 가진 네트워크

링크수 분포가 큰 k 영역에서 거듭제곱 꼴의 꼬리를 갖는 경우의 네트워크를 **두꺼운 꼬리**fat tail를 갖는다고 한다. 이때 결과적으로 σ_k가 $\langle k \rangle$보다 훨씬 크므로[15] 링크수에 있어서 상당한 변동성이 발생한다. 거듭제곱 법칙 링크수 분포(식 (4.1))를 따르는 척도 없는 네트워크는 이 종류에 속하는 네트워크의 가장 잘 알려진 예를 제공한다. 이상치 또는 예외적으로 링크수가 많은 노드는 이러한 네트워크에서 존재할 수 있을 뿐만 아니라 있을 것으로 기대된다. 이 클래스의 네트워크에는 월드와이드웹, 인터넷, 단백질 상호작용 네트워크, 대부분의 사회연결망, 온라인 네트워크가 포함된다.

링크수 분포의 정확한 형태를 통계적으로 검증하는 것이 바람직하겠지만, 종종 주어진 네트워크에 지수함수적으로 제한된 링크수 분포가 있는지 아니면 꼬리가 두꺼운 링크수 분포가 있는지를 결정하는 것으로도 충분하다(심화 주제 4.A). 링크수 분포

---

14 원문에는 $\langle k^2 \rangle$이 $\langle k \rangle$보다 작다고 되어 있는데, 일단 $k \geq 1$이므로 그 표현 자체도 틀렸고, 저자의 의도가 표준편차인 $\sigma_k = (\langle k^2 \rangle - \langle k \rangle^2)^{1/2}$이 $\langle k \rangle$보다 작은 것이라 짐작되어 그렇게 수정했다. - 옮긴이

15 여기서도 원문에서는 $\langle k^2 \rangle$과 $\langle k \rangle$를 비교했는데, 물론 이때는 그 말이 사실이긴 하지만 저자의 의도에 더 잘 맞는 것은 앞서 각주를 단 것처럼 표준편차와 평균 링크수를 비교하는 것이라 짐작된다. - 옮긴이

가 지수함수적으로 제한되는 경우 무작위 네트워크 모형이 그 연결 구조를 이해하기 위한 합리적인 출발점을 제공한다. 링크 수 분포가 꼬리가 두꺼운 경우 척도 없는 네트워크가 더 좋은 근사를 제공한다. 다음 장들에서 이러한 두꺼운 꼬리 성질의 핵심적인 특성이 $\langle k \rangle^2$의 크기임을 알게 될 것이다. $\langle k \rangle^2$이 크면 시스템은 척도 없는 네트워크처럼 행동한다. $\langle k \rangle^2$이 작으면 그 값이 $\langle k \rangle(\langle k \rangle + 1)$과 비슷하고,[16] 시스템은 무작위 네트워크로 잘 근사된다.

요약하자면, 척도 없는 네트워크에서 고도로 연결된 몇 개의 허브가 링크수가 작은 많은 노드와 공존한다는 사실을 기억하는 것으로도 종종 실제 네트워크의 성질을 이해하기에 충분할 수 있다. 이러한 허브의 존재는 시스템의 동작에서 중요한 역할을 한다. 이 장에서는 척도 없는 네트워크의 기본 특성을 살펴봤다. 따라서 여기에서 중요한 질문이 하나 남아 있다. 왜 그렇게 많은 실제 네트워크가 척도 없는 네트워크인가? 다음 장에서 그 답을 제시할 것이다.

4.10 과제

4.10.1 허브

표 4.1에 나열된 방향성 없는 네트워크에 대해 예상되는 최대 링크수 k_{max}를 계산하라.

4.10.2 친구 관계 역설

링크수 분포 p_k는 무작위로 선택한 노드가 k개의 이웃을 가질 확률을 나타낸다. 그러나 링크를 무작위로 선택하면 링크의 끝에 붙은 노드들 중 하나의 노드가 링크수 k를 가질 확률은 $q_k =$

---

16 3장에서 살펴본 것처럼 무작위 네트워크에서 $\langle k^2 \rangle \approx \langle k \rangle(\langle k \rangle + 1)$이다. 식 (3.5)에서 p가 작을 때 p보다 매우 작은 p^2 항을 무시하면 그렇게 근사된다. – 옮긴이

Akp_k이며, 여기서 A는 정규화 인자^{normalization factor}다.

(a) 네트워크가 최소 링크수 k_{min}, 최대 링크수 k_{max}, $2 < \gamma < 3$인 거듭제곱 법칙 분포를 갖는다고 가정하고 정규화 인자 A를 구하라.

(b) 구조 모형에서 q_k는 무작위로 선택된 노드가 링크수가 k인 이웃을 가질 확률이기도 하다. 무작위로 선택한 노드의 이웃이 가진 평균 링크수는 얼마인가?

(c) $N = 10^4$, $\gamma = 2.3$, $k_{min} = 1$, $k_{max} = 1{,}000$인 네트워크에서 무작위로 선택된 노드의 이웃이 가진 평균 링크수를 계산해보라. 결과를 네트워크의 평균 링크수 $\langle k \rangle$와 비교해보라.

(d) 어떤 노드의 친구가 그 노드 자신보다 친구가 더 많다는 (c)의 '친구 관계 역설^{friendship paradox}'을 어떻게 설명할 수 있을까?

4.10.3 척도 없는 네트워크 만들기

링크수 지수가 γ인 거듭제곱 법칙 링크수 분포를 사용해 크기가 N인 네트워크를 생성하는 컴퓨터 코드를 작성해보라. 그 과정은 4.9절을 참고하라. $\gamma = 2.2$이고 $N = 10^3$, $N = 10^4$, $N = 10^5$개의 노드를 가진 3개의 네트워크를 만들어보라. 각 네트워크에서 다중 링크와 자기 연결의 비율은 얼마인가? 이 비율을 N의 함수로 표시하기 위해 더 많은 네트워크를 생성하라. $\gamma = 3$인 네트워크에 대해서도 동일한 작업을 수행해보라.

4.10.4 분포 익히기

매트랩^{Matlab}, 매스매티카^{Mathematica}, 또는 파이썬^{Python}의 넘파이^{Numpy} 같은 통계 처리 패키지가 포함된 소프트웨어를 사용해, $\gamma = 2.2$, $\gamma = 2.5$, $\gamma = 3$인 거듭제곱 법칙 분포를 따르는 10,000개의 정수로 이뤄진 인공 데이터 집합을 만들어보라. [심화 주제 4.C]에 소개된 방법으로 3개의 분포를 맞춰보라.

글상자 4.9 한눈에 보는 척도 없는 네트워크

링크수 분포

이산적인 형식:

$$p_k = \frac{k^{-\gamma}}{\zeta(\gamma)}$$

연속적인 형식:

$$p(k) = (\gamma - 1)k_{min}^{\gamma-1}\, k^{-\gamma}$$

가장 큰 허브의 크기

$$k_{max} = k_{min}N^{\frac{1}{\gamma-1}}$$

$N \rightarrow \infty$일 때 p_k의 모멘트들

$2 < \gamma \leq 3$: $\langle k \rangle$는 유한함, $\langle k^2 \rangle$은 발산함
$\gamma > 3$: $\langle k \rangle$와 $\langle k^2 \rangle$이 유한함

거리

$$\langle d \rangle \sim \begin{cases} \text{상수} & \gamma = 2 \\ \ln \ln N & 2 < \gamma < 3 \\ \dfrac{\ln N}{\ln \ln N} & \gamma = 3 \\ \ln N & \gamma > 3 \end{cases}$$

4.11 [심화 주제 4.A]
거듭제곱 법칙

거듭제곱 법칙은 자연과학, 사회과학에서 복잡한 역사를 지니고 있으며, **두꺼운 꼬리**fat tail, **무거운 꼬리**heavy tail, **긴 꼬리**long tail, **파레토**Pareto, **브래드포드**Bradford **분포**라고 혼용해서 (때로는 잘못) 불린다. 또한 **로그 정규**log-normal, **베이불**Weibull, **레비**Lévy **분포**와 같은 일련의 분포들과 긴밀하게 연관되어 있다. 이 절에서는 네트워크 과학에서 가장 자주 접하게 되는 분포들과 거듭제곱 법칙과의 관계를 설명할 것이다.

4.11.1 지수함수적으로 제한된 분포

인간의 키부터 자동차 사고를 당할 확률에 이르기까지 자연의 많은 양은 제한이 있는 분포를 따른다. 이들의 공통적인 성질은 큰 x 값에 대해 p_x가 지수함수적으로(e^{-x}) 또는 그것보다 더 빠르게(e^{-x^2/σ^2}) 감소한다는 것이다. 결과적으로 예상되는 가장 큰 x 값은 평균 $\langle x \rangle$와 많이 다르지는 않은 어떤 위쪽 값 $x_{\max}$로 제한된다. 실제로, 제한된 p_x로부터 N개의 숫자를 뽑은 다음 그중에서 예상되는 최댓값 x는 $x_{\max} \sim \log N$ 또는 그것보다 더 천천히 증가한다. 이것은 비정상적으로 높은 x 값을 뜻하는 이상치가 드물다는 뜻이다. 이상치가 매우 드물기 때문에 사실상 있을 수가 없다. 즉, 존재 확률 자체가 의미가 없을 정도다. 대신, 제한된 분포에서 생기는 대부분의 사건event은 평균값인 $\langle x \rangle$ 부근에 있다.

큰 x에 해당하는 영역을 **분포의 꼬리**tail of a distribution라고 한다. 꼬리 부분에 사건이 많지 않기 때문에 이러한 분포를 **얇은 꼬리**thin tail라고도 한다.

해석적으로, 가장 단순한 제한된 분포는 지수함수 분포 $e^{-\lambda x}$이다. 네트워크 과학에서 가장 자주 접하게 되는 제한된 분포는 무작위 네트워크의 링크수 분포에 해당하는 푸아송 분포(또는 그것의 원래 모습이라고 할 수 있는 이항 분포[17])다. 네트워크 과학 바깥에서 가장 자주 접하게 되는 이러한 종류의 분포는 정규(가우시안) 분포다(표 4.2).

4.11.2 두꺼운 꼬리 분포

두꺼운 꼬리, 무거운 꼬리, 긴 꼬리라는 용어는 큰 x 값에서 감소하는 형태가 지수함수보다 느린 p_x를 가리킨다. 이러한 분포에서는 일반적으로 **이상치**outlier 또는 **희귀한 사건**rare event이라고 하는 매우 큰 x 값을 특징으로 하는 사건을 자주 접하게 된다. 식 (4.1)로 표현되는 거듭제곱 법칙 분포는 두꺼운 꼬리 분포의 가장 잘 알려진 예를 나타낸다. 두꺼운 꼬리 분포의 바로 알아볼 수 있는 특징은 이 분포에서 가져온 사건 x의 크기가 몇 개의 자릿수에 걸쳐 있을 수 있다는 것이다. 실제로 이러한 분포에서 N번의 시행 후 가장 큰 사건의 크기는 $x_{max} \sim N^\zeta$으로 규모가 변한다. 여기서 ζ는 p_x 분포의 꼬리를 특징짓는 지수 γ에 의해 결정된다. N^ζ이 빠르게 커짐에 따라 드문 사건 또는 이상치가 눈에 띄게 자주 발생해서, 종종 시스템의 성질을 거의 결정하곤 한다.

네트워크에서 두꺼운 꼬리 분포의 중요성은 다음 몇 가지 요소가 제공한다.

- 링크수, 링크 가중치, 사이 중심도와 같은 네트워크 과학에서 발생하는 많은 양이 실제 네트워크와 모형 네트워크 모두에서 거듭제곱 법칙 분포를 따른다.
- 적절한 네트워크 모형을 쓰면 거듭제곱 법칙 꼴을 해석적으로 예측할 수 있다(5장).

4.11.3 혼합된 분포(로그 정규 분포, 펼쳐진 지수함수)

경험적으로 관찰된 분포가 거듭제곱 법칙과 지수 사이에 나타날 때 데이터를 맞추기 위해 **혼합된 분포**crossover distribution가 자

---

17 무작위 네트워크에 대한 설명에서 다뤘듯이 무작위 네트워크의 정확한 링크수 분포는 이항 분포인데, 연결 확률 p가 작을 때 푸아송 분포로 근사된다. - 옮긴이

주 사용된다. 이러한 분포는 지수함수적으로 한계가 정해지거나(지수함수 절단이 있는 거듭제곱 법칙), 한계가 정해지지는 않았지만 거듭제곱 법칙보다는 빠르게 감소할 수 있다(로그 정규^{log-normal} 또는 펼쳐진 지수함수^{stretched exponential}). 다음으로는 자주 접하는 여러 혼합된 분포의 성질을 소개할 것이다. **지수함수 절단이 있는 거듭제곱 법칙**은 종종 실제 네트워크의 링크수 분포를 맞추는 데 사용된다. 그것의 밀도 함수^{density function} 꼴은 다음과 같다.

$$p(x) = Cx^{-\gamma}e^{-\lambda x} \tag{4.30}$$

$$C = \frac{\lambda^{1-\gamma}}{\Gamma(1-\gamma, \lambda x_{\min})} \tag{4.31}$$

여기서 $x > 0$, $\lambda > 0$이고 $\Gamma(s, y)$는 상부 불완전 감마 함수^{upper incomplete gamma function}를 나타낸다. 식 (4.30)에 나타난 해석적 형태가 혼합된 특성을 직접적으로 보여주고 있다. 꼬리가 두꺼운 분포의 핵심 구성성분인 거듭제곱 법칙 항과 지수적으로 제한된 꼬리를 담당하는 지수함수 항을 결합한 형태다. 혼합된 특성을 강조하기 위해 식 (4.30)에 로그를 취하면 다음과 같다.

$$\ln p(x) = \ln C - \gamma \ln x - \lambda x \tag{4.32}$$

$x \ll 1/\lambda$의 경우 우변의 두 번째 항이 지배적이고, 분포가 지수 γ를 갖는 거듭제곱 법칙을 따른다는 사실을 알 수 있다. $x \gg 1/\lambda$일 때는 λx 항이 $\ln x$ 항보다 훨씬 더 커져서, 결과적으로 큰 x 값에 대해 지수함수 절단이 생긴다.

펼쳐진 지수함수(베이불^{Weibull}) **분포**는 지수가 분수로 된 거듭제곱 법칙이 있다는 점을 제외하고는 공식적으로 식 (4.30)과 유사하다. 그 이름은 누적 분포 함수^{cumulative distribution function}가 1에서 펼쳐진 지수함수 $P(x) = e^{-(\lambda x)^\beta}$(식 (4.32))을 뺀 것에서 유래한다.

$$P'(x) = Cx^{\beta-1}e^{-(\lambda x)^\beta} \tag{4.33}$$

$$C = \beta\lambda^{\beta} \tag{4.34}$$

대부분의 응용 사례에서 x는 0과 $+\infty$ 사이에 있는 다양한 값을 가질 수 있다. 식 (4.32)에서 β는 $p(x)$의 성질을 결정하는 **펼쳐짐 지수**stretching exponent다.

- $\beta = 1$인 경우 원래의 단순한 지수함수와 같다.
- β가 0과 1 사이에 있으면 x에 대한 $\log p(x)$의 그래프가 여러 자릿수에 걸쳐 있도록 '펼쳐진다'. 이 상황이 펼쳐진 지수함수가 순수한 거듭제곱 법칙과 구별하기 어려운 상황이다. β가 0에 가까울수록 $p(x)$는 거듭제곱 법칙 x^{-1}과 더 유사해진다.
- $\beta > 1$인 경우 '압축된compressed' 지수함수가 된다. 이것은 x가 매우 좁은 범위에서 변한다는 뜻이다.
- 식 (4.33)에서 $\beta = 2$인 경우 레일리 분포Rayleigh distribution가 된다.

5장과 6장에서 살펴보겠지만, 여러 네트워크 모형이 펼쳐진 지수함수 링크수 분포를 갖게 된다.

$\ln x$가 정규 분포를 따르는 경우 **로그 정규**(골턴Galton 또는 지브라Gibrat) **분포**가 나타난다. 일반적으로 변수가 많은 독립적인 양의 난수 곱의 형태인 경우 로그 정규 분포를 따른다. 금융에서 지속적인 거래에서 발생한 복합적인 수익을 나타내는 로그 정규 분포를 만날 수 있다.

로그 정규 분포의 확률 밀도 함수는 다음과 같다.

$$p(x) = \frac{1}{\sqrt{2\pi}\sigma_x}\exp\left[-\frac{(\ln x - \mu)^2}{2\sigma^2}\right] \tag{4.35}$$

따라서 로그 정규 분포는 지수함수 속의 변수가 x가 아니라 $\ln x$라는 점을 제외하고는 정규 분포와 같다.

거듭제곱 법칙 분포를 맞추기 위해 로그 정규 분포가 종종 사용되는 이유를 이해하기 위해 다음 식에 주목하자.

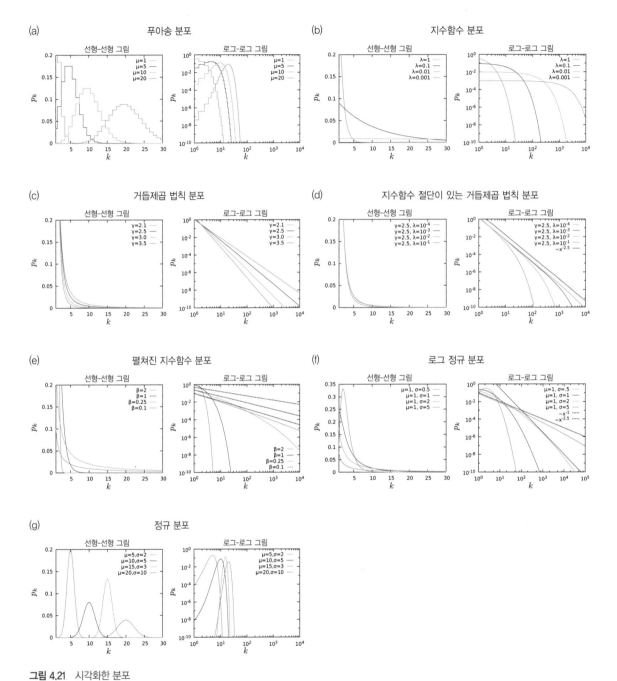

그림 4.21 시각화한 분포

네트워크 과학에서 가장 자주 접하는 분포에 대한 선형, 로그-로그 그림. 각 분포에 대한 정의는 표 4.2를 참고하라.

$$\sigma^2 = \left\langle (\ln x)^2 \right\rangle - \left\langle \ln x \right\rangle^2 \qquad (4.36)$$

이 양은 자릿수 단위로 표현되는 x의 크기 규모에 대한 변화 정도를 뜻한다. 따라서 이제 $\ln x$가 정규 분포를 따르며, x 값 자체는 다소 크게 변할 수 있음을 뜻한다. σ의 값에 따라 다르지만 로그 정규 분포는 몇 자릿수에 걸쳐 거듭제곱 법칙과 유사할 수 있다. 이것도 표 4.2에 설명되어 있으며, $\langle x^2 \rangle$이 σ에 따라 지수함수적으로 증가해서 매우 커질 수 있음을 보여준다.

요약하자면, 꼬리가 두꺼운 분포가 발생하는 대부분의 분야에서 어떤 분포가 데이터에 가장 잘 맞는지를 묻는 계속되는 논쟁이 있다. 자주 접하는 후보에는 거듭제곱 법칙, 펼쳐진 지수함수, 로그 정규 함수가 포함된다(그림 4.21). 많은 시스템에서 실험적 데이터는 이러한 분포를 구별하기에 충분하지 않다. 따라서 맞춰야 하는 경험적 데이터가 있는 한 최적의 맞춤을 둘러싼 논쟁은 결코 사그라지지 않을 것이다.

이 논쟁은 예상되는 링크수 분포를 분석적으로 예측하는 정확한 메커니즘을 통한 생성 모형mechanistic model으로 해결할 수 있다. 앞으로 나올 장들에서 네트워크 맥락에서 개발된 모형들이 푸아송, 단순한 지수함수, 펼쳐진 지수함수, 거듭제곱 법칙 분포를 예측하는 것을 확인할 것이다. 표 4.2의 나머지 분포는 네트워크와의 관련성에 대한 이론적 근거는 부족함에도 불구하고, 일부 네트워크의 링크수 분포에 맞추기 위해 때때로 사용된다.

4.12 [심화 주제 4.B]
거듭제곱 법칙 그리기

링크수 분포를 그리는 것은 네트워크의 성질을 분석하는 데 없어서는 안 될 부분이다. 그러한 과정은 링크수가 k인 노드의 수를 나타내는 N_k를 얻는 것으로 시작한다. 이것은 직접 측정하거나 모형을 통해 얻을 수 있다. N_k로부터 $p_k = N_k/N$을 계산하면 된다. 문제는 p_k의 성질을 가장 잘 알아내기 위해 그림을 어떻게

표 4.2 네트워크 과학에서의 분포

다음 표에 네트워크 과학에서 자주 접하게 되는 분포들을 나열했다. 각 분포에 대해 연속적이거나 이산적인 사례에 대한 밀도 함수 p_x와 적절한 정규화 상수 C를 나타냈다. $\langle x \rangle$와 $\langle x^2 \rangle$이 네트워크 이론에서 중요한 역할을 한다는 점을 고려해서, 각 분포에 대해 그 두 양의 해석적 형태를 나타냈다.

이름	$p_x/p(x)$	$\langle x \rangle$	$\langle x^2 \rangle$
푸아송 분포 (이산적인)	$e^{-\mu}\mu^x/x!$	μ	$\mu(1+\mu)$
지수함수 분포 (이산적인)	$(1-e^{-\lambda})e^{-\lambda x}$	$1/(e^\lambda - 1)$	$(e^\lambda + 1)/(e^\lambda - 1)^2$
지수함수 분포 (연속적인)	$\lambda e^{-\lambda x}$	$1/\lambda$	$2/\lambda^2$
거듭제곱 법칙 분포 (이산적인)	$x^{-\alpha}/\zeta(\alpha)$	$\begin{cases} \zeta(\alpha-2)/\zeta(\alpha) & \alpha > 2\text{인 경우} \\ \infty & \alpha \leq 2\text{인 경우} \end{cases}$	$\begin{cases} \zeta(\alpha-1)/\zeta(\alpha) & \alpha > 3\text{인 경우} \\ \infty & \alpha \leq 3\text{인 경우} \end{cases}$
거듭제곱 법칙 분포 (연속적인)	$\alpha^{-1}x^{-\alpha}$	$\begin{cases} (\alpha-1)/(\alpha-2) & \alpha > 2\text{인 경우} \\ \infty & \alpha \leq 2\text{인 경우} \end{cases}$	$\begin{cases} (\alpha-1)/(\alpha-3) & \alpha > 3\text{인 경우} \\ \infty & \alpha \leq 3\text{인 경우} \end{cases}$
절단이 있는 거듭제곱 법칙 분포 (연속적인)	$\frac{\lambda^{1-\alpha}}{\Gamma(1-\alpha,1)}x^{-\alpha}e^{-\lambda x}$	$\lambda^{-1}\frac{\Gamma(2-\alpha,1)}{\Gamma(1-\alpha,1)}$	$\lambda^{-2}\frac{\Gamma(3-\alpha,1)}{\Gamma(1-\alpha,1)}$
펼쳐진 지수함수 분포 (연속적인)	$\beta\lambda^\beta x^{\beta-1}e^{-(\lambda x)^\beta}$	$\lambda^{-1}\Gamma(1+\beta^{-1})$	$\lambda^{-2}\Gamma(1+2\beta^{-1})$
로그 정규 분포 (연속적인)	$\frac{1}{x\sqrt{2\pi\sigma^2}}e^{-(\ln x - \mu)^2/(2\sigma^2)}$	$e^{\mu+\sigma^2/2}$	$e^{2(\mu+\sigma^2)}$
정규 분포 (연속적인)	$\frac{1}{\sqrt{2\pi\sigma^2}}e^{-(x-\mu)^2/(2\sigma^2)}$	μ	$\mu^2 + \sigma^2$

그럴까 하는 것이다.

4.12.1 로그-로그 그림을 이용하기

척도 없는 네트워크에서는 한두 개의 링크가 있는 수많은 노드가 몇 개의 수천 또는 수백만 개의 링크가 있는 허브 노드와 공존한다. 선형인 k축을 사용하면 작은 k 영역에 있는 수많은 작은 노드들이 압축되어 제대로 보이지 않게 된다. 그것과 유사하게,

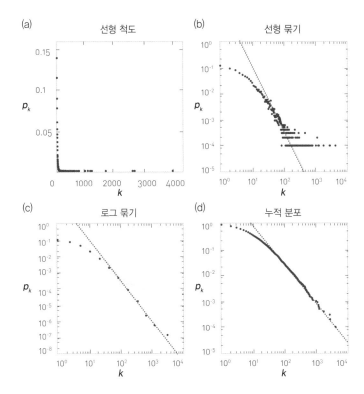

(a) 선형 척도

(b) 선형 묶기

(c) 로그 묶기

(d) 누적 분포

그림 4.22　링크수 분포 그리기

$p_k \sim (k + k_0)^{-\gamma}$ 꼴의 링크수 분포($k_0 = 10$이고 γ = 2.5)를 본문에 설명된 네 가지 과정으로 그린 것

(a) **선형 척도, 선형 묶기**

선형-선형 척도에서 분포를 보는 것은 불가능하다. 이것이 척도 없는 네트워크에 대해 항상 로그-로그 그림을 사용하는 이유다.

(b) **로그-로그 척도, 선형 묶기**

이제 분포의 꼬리가 보이지만, 큰 k 값 영역에서 선형 묶기의 결과인 평평한 부분이 보인다.

(c) **로그-로그 척도, 로그 묶기**

로그 묶기를 사용하면 평평한 부분이 사라지고 척도가 큰 k 값 영역으로 확장된다. 참고로 선형 묶기로 그린 (b)의 데이터를 밝은 회색으로 표시했다.

(d) **로그-로그 척도, 누적 분포**

로그-로그 그림으로 표시한 링크수 분포

$k = 1$과 큰 k 값에 대한 p_k의 크기 차이가 있을 수 있으므로 선형 수직축에 p_k를 그리면 큰 k에 대한 값은 0처럼 보일 것이다(그림 4.22(a)). 로그-로그 그림을 사용하면 이러한 문제를 피할 수 있다. 10의 거듭제곱으로 된 로그축을 사용하거나(이 책 전체에서 사용됐으며, 그림 4.22(b)를 참고하라) $\log p_k$를 $\log k$의 함수로 그릴 수 있다(10의 거듭제곱으로 그리는 것과 같지만 읽기가 약간 더 어렵다). $p_k = 0$ 또는 $k = 0$인 점은 로그를 취하면 $\log 0 = -\infty$이므로 로그-로그 그림에 표시되지 않는다는 것을 명심하라.

4.12.2　선형 묶기 피하기

잘못된 방법(그러나 문헌에서 자주 볼 수 있는 방법)은 단순히 로그-로그 그림에 $p_k = N_k/N$을 나타내는 것이다(그림 4.22(b)). 이때 각 칸의 크기가 $\Delta k = 1$이기 때문에 이것을 **선형 묶기**$^{\text{linear binning}}$라고 한다. 척도 없는 네트워크의 경우 선형 묶기를 하면, 큰

k에서 수평선을 형성하는 수많은 데이터 포인트로 구성된 바로 알아볼 수 있는 평평한 부분^{plateau}을 만든다(그림 4.22(b)). 이 평평한 부분에 대해서는 간단한 설명이 있다. 링크수가 매우 많은 노드들은 일반적으로 각 링크수에 대해 하나씩만 있으므로 큰 k 값의 영역에서 $N_k = 0$(링크수가 k인 노드가 없음) 또는 $N_k = 1$(링크수가 k인 노드가 하나 있음)만 있게 된다. 결과적으로 선형 묶기는 로그-로그 그림에 표시되지 않는 $p_k = 0$ 또는 모든 허브에 똑같이 적용되는 $p_k = 1/N$을 제공해서, $p_k = 1/N$이라는 평평한 부분을 형성하게 된다.

이 평평한 부분은 링크수 지수 γ를 추정하는 우리의 능력에 영향을 준다. 예를 들어, 선형 묶기를 사용해 그림 4.22(b)에 표시된 데이터에 거듭제곱 법칙을 맞추려고 해서 얻은 γ는 실젯값 $\gamma = 2.5$와 상당히 다르다. 그 이유는 선형 묶기에서 작은 k 값에 해당하는 칸들에 많은 수의 노드가 있기 때문에 이 영역에서 p_k를 자신 있게 맞출 수 있기 때문이다. 큰 k 값에 해당하는 칸에는 p_k의 적절한 통계적 추정을 위한 노드가 너무 적다. 대신, 새롭게 등장한 평평한 부분이 맞춤을 편향시킨다. 하지만 γ를 결정하는 데 핵심적인 역할을 하는 것이 바로 이 큰 k 값 영역이다. 칸의 크기를 늘려도 이 문제는 해결되지 않는다. 따라서 꼬리가 두꺼운 분포에 대해 선형 묶기는 피하는 것이 좋다.

4.12.3 로그 묶기 사용하기

로그 묶기$^{\text{logarithmic binning}}$는 선형 묶기의 균일하지 않은 표본추출을 교정한다. 로그 묶기의 경우 칸의 크기가 링크수에 따라 증가하도록 하여 각 칸에 비슷한 수의 노드가 있는지 확인한다. 예를 들어, 칸의 크기를 2의 배수로 선택할 수 있으므로 첫 번째 칸의 크기는 $b_0 = 1$이고 $k = 1$인 모든 노드를 포함하고 있다. 두 번째 칸은 크기가 $b_1 = 2$이고 $k = 2, 3$인 노드를 포함한다. 세 번째 칸의 크기는 $b_2 = 4$이며, $k = 4, 5, 6, 7$의 노드를 포함한다. 귀납법에 의해 n번째 칸은 크기가 2^n이고 $k = 2^{n-1}, 2^{n-1} + 1, \ldots,$

$2^{n-1} - 1$인 모든 노드를 포함한다. 빈 크기는 $b = c^n$(여기서 $c >$ 1)인 임의의 간격으로 증가시킬 수 있다. 링크수 분포는 $p_{\langle k_n \rangle} = N_n/b_n$으로 주어지며, 여기서 N_n은 크기가 b_n인 n번 칸에 있는 노드의 수, $\langle k_n \rangle$은 크기가 b_n인 칸에 있는 노드의 평균 링크수다.

로그 묶기된 p_k를 그림 4.22(c)에 나타냈다. 이제 눈금잡기를 할 수 있는 부분이, 선형 묶기에서는 보이지 않았던 큰 k 값의 평평한 부분까지 확장됐다. 따라서 로그 묶기는 드문 링크수가 많은 노드에서도 유용한 정보를 추출한다(글상자 4.10).

4.12.4 누적 분포 사용하기

p_k의 꼬리 부분에서 정보를 추출하는 또 다른 방법은 다음 식으로 주어진 상보적 누적 분포complementary cumulative distribution를 그리는 것이다.

$$P_k = \sum_{q=k+1}^{\infty} p_q \qquad (4.37)$$

이것 역시 링크수가 많은 영역의 통계적 유의미함을 향상한다. p_k가 거듭제곱 법칙(식 (4.1))을 따르는 경우 누적 분포는 다음과 같이 눈금잡기를 할 수 있다.[18]

$$P_k \sim k^{-\gamma+1} \qquad (4.38)$$

누적 분포 역시 선형 묶기에서 등장하는 평평한 부분을 제거하고 눈금잡기 하는 영역을 확장해(그림 4.22(d)), 링크수 지수를 좀 더 정확하게 추정할 수 있도록 한다.

요약하자면, 링크수 분포의 특성을 뽑아내기 위해 링크수 분포를 그릴 때는 특별한 주의가 필요하다. 그것을 위한 적절한 도구를 익히면 실제 네트워크의 속성을 더 잘 탐구하는 데 도움이 된다(글상자 4.10).

---

18 연속적인 거듭제곱 법칙을 가정한 다음에 위의 이산적인 형식을 연속적인 형식으로 바꿔서, 즉 관심이 있는 링크수에서 무한대까지 합하는 것 대신 무한대까지 적분을 하면 다항식의 지수가 하나 늘어나는 적분 공식에 의해 이렇게 나온다. – 옮긴이

(a)

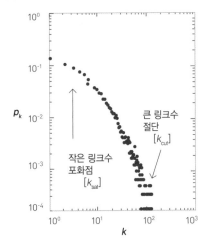

(b)

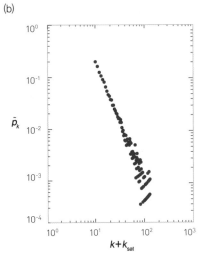

그림 4.23 링크수 분포에 대한 재눈금잡기

(a) 실제 네트워크에서 링크수 분포는 **작은 링크수 포화점**과 **큰 링크수 절단**을 보이며 순수 거듭제곱 법칙에서 자주 벗어난다.
(b) 식 (4.40)에서 제안한 바와 같이 재규격화된 함수를 $(k + k_{sat})$에 대해 그리면, 링크수 분포가 모든 링크수에 대해 거듭제곱 법칙을 따른다.

글상자 4.10 실제 네트워크의 링크수 분포

실제 시스템에서는 순수한 거듭제곱 법칙을 따르는 링크수 분포를 거의 관찰하지 못한다. 대신, 대부분의 실제 시스템에서 p_k는 그림 4.23(a)와 같은 모양을 가지며 늘 등장하는 몇 가지 특성이 있다.

- **작은 링크수 포화점**^low-degree saturation^은 거듭제곱 법칙의 거동에서 일반적으로 벗어난 것이다. 그것의 특징은 $k < k_{sat}$에서 평평해진 p_k다. 이것은 순수한 거듭제곱 법칙으로부터 예상되는 것보다 작은 링크수의 노드가 더 적다는 것을 나타낸다.
- **큰 링크수 절단**^high-degree cutoff^은 $k > k_{cut}$에서 p_k의 급격한 하락으로 나타난다. 이는 순수한 거듭제곱 법칙에서 예상한 것보다 큰 링크수 노드가 더 적다는 것을 나타낸다. 이것은 가장 큰 허브의 크기를 식 (4.18)에서 예측한 것보다 작게 만든다. 예외적으로 많은 수의 지인과 의미 있는 관계를 유지하는 데 있어서의 어려움과 같이, 노드가 가질 수 있는 링크 수에 고유한 제약이 있는 경우 큰 링크수에 대한 절단이 나타난다.

그러한 절단이 광범위하게 존재한다는 점을 감안할 때, 링크수 분포를 때때로 다음과 같은 형태에 맞추게 된다.

$$p_x = a(k + k_{sat})^{-\gamma} \exp\left(-\frac{k}{k_{cut}}\right) \tag{4.39}$$

여기서 k_{sat}은 작은 링크수 포화점을 설명하고 지수함수 항은 큰 링크수 절단을 설명한다. 전체 범위에서의 눈금잡기를 구하기 위해 다음과 같은 형태를 생각할 수 있다.

$$\tilde{p}_x = p_x \exp\left(\frac{k}{k_{cut}}\right) \tag{4.40}$$

이것을 $\tilde{k} = k + k_{sat}$의 함수로 그릴 수 있다. 식 (4.40)에 의하면 그림 4.23(b)에서 볼 수 있듯이 두 절단을 교정해 $\tilde{p} \sim \tilde{k}^{-\gamma}$으로 나타낼 수 있다.

작은 링크수 또는 큰 링크수에서 절단이 있다는 것은 네트워크가 척도 없는 것이 아니라는 주장이 가끔 있다. 이것은 척도 없는 성질에 대한 오해다. 사실상 척도 없는 네트워크의 모든 성질은 작은 링크수의 포화에 대해 둔감하다. 큰 링크수 절단만 두 번째 모멘트 $\langle k^2 \rangle$의 발산을 제한해 시스템의 성질에 영향을 준다.

4.13 [심화 주제 4.C]
링크수 지수 추정하기

척도 없는 네트워크의 속성이 링크수 지수에 따라 달라지므로 (4.7절), γ 값을 결정해야 한다. 그러나 실제 데이터에 거듭제곱 법칙을 맞추려고 할 때는 몇 가지 어려움에 직면한다. 가장 중요한 것은 눈금잡기가 링크수 분포의 전체 범위에 대해 유효한 일은 거의 없다는 사실이다. 그것보다는, 그 영역 안에서는 깔끔한 눈금잡기를 할 수 있는 작은 링크수와 큰 링크수의 절단이 있다는 것을 관찰했으며(글상자 4.10) 그것들을 이 절에서는 각각 K_{min} 과 K_{max} 라고 할 것이다. 이 K_{min} 과 K_{max} 는 네트워크에서 가장 작은 링크수와 가장 큰 링크수에 해당하는 k_{min} 및 k_{max} 와는 다르다. 그것들은 글상자 4.10에서 논의한 k_{sat}, k_{cut} 과 같을 수 있다. 여기서는 작은 링크수 절단 K_{min} 을 추정하는 데 집중할 것이고, 큰 링크수 절단은 유사한 방법으로 결정할 수 있다. 독자 여러분은 이 절차를 구현하기 전에, 이 절의 끝에 제공한 체계적인 문제들에 대한 논의를 참조하는 것이 좋을 것이다.

4.13.1 맞춤 과정

링크수 분포는 일반적으로 양의 정수 k_{min}, ..., k_{max} 라는 형태의 목록으로 제공되기 때문에, 우리는 이산적인 데이터 점 집합에서 γ를 추정하는 것을 목표로 한다[136]. 이 절차를 설명하기 위해 인용 네트워크를 사용할 것이다. 이 네트워크는 $N = 384,362$ 개의 노드로 구성되어 있으며, 각 노드는 미국물리학회American Physical Society에서 발행한 저널에 1890년에서 2009년 사이에 출판된 연구 논문들을 나타낸다. 이 네트워크에는 $L = 2,353,984$ 개의 링크가 있으며, 각 링크는 출판된 연구 논문에서 해당 데이터의 다른 논문으로의 인용을 나타낸다(외부와의 인용은 무시한다). 특별한 이유는 없지만 이것이 표 4.1에 수록된 인용 데이터는 아니다. 이 데이터의 전반적인 특성은 참고문헌 [137]을 참고하

라. 맞춤 과정은 참고문헌 [136]에 있다.

1. k_{min}과 k_{max} 사이에서 하나의 K_{min} 값을 선택한다. 다음 공식을 사용해 이 K_{min}에 해당하는 링크수 지수의 값을 추정한다.

$$\gamma = 1 + N \left[\sum_{i=1}^{N} \ln \frac{k_i}{K_{min} - \frac{1}{2}} \right]^{-1} \qquad (4.41)$$

2. 이렇게 얻은 (γ, K_{min}) 매개변수 쌍을 사용해 링크수 분포가 다음 형식을 갖는다고 가정한다.

$$p_k = \frac{1}{\zeta(\gamma, K_{min})} k^{-\gamma} \qquad (4.42)$$

따라서 이것에 해당하는 누적 분포 함수^{CDP}는 다음과 같다.

$$P_k = 1 - \frac{\zeta(\gamma, k)}{\zeta(\gamma, K_{min})} \qquad (4.43)$$

3. 콜모고로프-스미노프$^{Kolmogorov\text{-}Smirnov}$ 검정을 사용해 데이터 $S(k)$의 CDF와 선택된 (γ, K_{min}) 매개변수 쌍으로 식 (4.43)에 의해 제공된 맞춰진 모형 사이의 최대 거리 D를 결정한다.

$$D = \max_{k \geq K_{min}} |S(k) - P_k| \qquad (4.44)$$

식 (4.44)로부터 경험적 분포 $S(k)$와 맞춤 분포(식 (4.43)) 간의 차이 D가 가장 큰 링크수를 고를 수 있다.

4. 1~3번 과정을 k_{min}에서 k_{max}까지의 전체 K_{min} 범위를 쭉 훑으며 반복한다. 식 (4.44)가 제공하는 D가 최소가 되는 K_{min} 값을 식별하는 것을 목표로 한다. 이 과정을 설명하기 위해 인용 네트워크에 대해 K_{min}의 함수로 D를 표시했다(그림 4.24(b)). 그림에 의하면 D는 $K_{min} = 49$에 대해 최소이며, 최적의 맞춤을 나타내는 그 값에 대해 식 (4.41)로부디 추

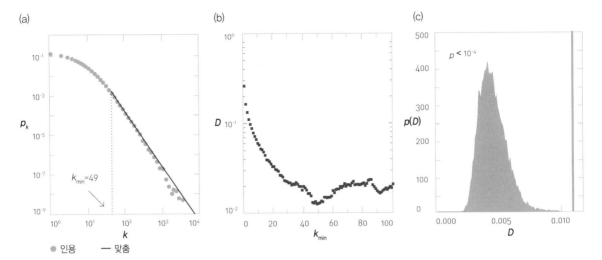

● 인용   ― 맞춤

그림 4.24 최대 우도 추정법
(a) 인용 네트워크의 링크수 분포 p_k. 여기서 보라색 직선은 식 (4.39)의 모형을 기반으로 가장 잘 맞는 것을 나타낸다.
(b) 인용 네트워크에 대한 콜모고로프–스미노프 검정을 K_{min}에 대한 함수로 그린 것
(c) $M = 10,000$인 인공 데이터 집합에 대한 $p(D^{synthetic})$, 여기서 회색 선은 인용 네트워크에 대해 구한 D^{real} 값에 해당한다.

정한 $\gamma = 2.79$다. 이렇게 얻은 링크수 지수에 대한 표준 오차$^{standard\ error}$는 다음과 같다.

$$\sigma_\gamma = \cfrac{1}{\sqrt{N\left[\cfrac{\zeta''(\gamma, K_{min})}{\zeta(\gamma, K_{min})} - \left(\cfrac{\zeta'(\gamma, K_{min})}{\zeta(\gamma, K_{min})}\right)^2\right]}} \quad (4.45)$$

이것은 $\gamma \pm \sigma_\gamma$가 가장 적합한 맞춤값임을 뜻한다. 인용 네트워크의 경우 $\sigma_\gamma = 0.003$이기 때문에 $\gamma = 2.79(3)$이다.

γ를 추정하기 위해, $N = 50$개 미만의 노드를 가진 네트워크는 주의해서 다뤄야 한다.

4.13.2 적합도

우리가 갖고 있는 데이터에 대한 최적의 적합도$^{goodness-of-fit}$를 나타내는 (γ, K_{min}) 쌍을 얻었다고 해서 거듭제곱 법칙 자체가 연구 대상인 분포에 대한 좋은 모형이라는 뜻은 아니다. 따라서 거듭제곱 법칙 가설의 타당성을 정량화하는 p 값$^{p-value}$을 생성하는 적합도 검정을 사용해야 한다. 가장 자주 사용되는 절차는 다음 단계로 구성되어 있다.

1. 식 (4.43)의 누적 분포를 사용해 실제 데이터와 최적 적합

사이의 *KS* 거리(콜모고로프-스미노프 거리 *D*)를 추정하고, 이 것을 D^{real}로 표시한다. 이것은 데이터에 가장 잘 맞는 K_{min} 에 대해 *D* 값을 구하는, 위에서 3단계에 해당한다. 인용 데이터의 경우 $K_{min} = 49$에 대해 $D^{real} = 0.01158$을 얻게 된다(그림 4.24(c)).

2. 식 (4.42)를 사용해 *N*개의 링크수 배열(즉, 원래 데이터의 노드 수와 동일한 개수의 난수)을 생성하고, 얻은 링크수 배열을 경험적 데이터로 대체하여 이 가상의 링크수에 대해 $D^{synthetic}$을 결정한다. 따라서 $D^{synthetic}$은 우리의 링크수 분포와 일치하는 인공적인 링크수 배열과 실제 데이터 사이의 거리를 나타낸다.

3. 목표는 이렇게 얻은 $D^{synthetic}$이 D^{real}과 비슷한지를 확인하는 것이다. 이를 위해 위의 2번 단계를 $2M$번($M \gg 1$) 반복하고, 매번 새로운 링크수 배열을 생성하고 해당 $D^{synthetic}$을 결정하여 결국 $p(D^{synthetic})$ 분포를 얻는다. 이 $p(D^{synthetic})$을 그리고 D^{real}을 수직 막대로 표시한다(그림 4.24(c)). D^{real}이 $p(D^{synthetic})$ 분포 내에 있으면, 가장 잘 맞는 분포를 제공하는 모형과 실험적 데이터 간의 거리가 가장 적합한 분포에서 선택한 임의의 링크수 샘플에서 예상되는 거리와 비슷하다는 뜻이다. 따라서 거듭제곱 법칙이 데이터에 대한 합리적인 모형이다. 그러나 D^{real}이 $p(D^{synthetic})$ 분포를 벗어나면 거듭제곱 법칙은 좋은 모형이 아니다. 다른 함수가 원래의 p_k를 더 잘 설명할 것으로 예상된다.

그림 4.24(c)에 표시한 분포가 어떤 경우에는 맞춤의 통계적 유의미함을 설명하는 데 유용할 수 있지만, 일반적으로는 맞춤에 다음과 같이 주어진 *p* 값을 할당하는 것이 좋다.

$$p = \int_{D}^{\infty} P\left(D^{synthetic}\right) dD^{synthetic} \tag{4.46}$$

*p*가 1에 가까울수록 실험적 데이터와 모형 간의 차이가 통계적 변동에만 기인할 가능성이 높아진다. *p*가 매우 작으면 모형이

224

데이터에 그럴듯하게 맞지 않는 것이다.

일반적으로 $p > 1\%$인 경우 모형을 받아들인다. 이 인용 네트워크에 대해서는 $p < 10^{-4}$를 얻었는데, 이는 순수한 거듭제곱 법칙이 원래의 링크수 분포에 적합한 모형이 아님을 나타낸다. 인용 데이터의 거듭제곱 법칙 특성은 1960년대 이후로 쭉 문서화됐기 때문에 이 결과는 다소 놀라운 것이다[101, 102]. 이 실패는 기본 분포에 대한 분석적 이해 없이 거듭제곱 법칙으로 무작정 맞추는 것의 한계를 나타낸다.

4.13.3 실제 분포에 맞추기

문제를 해결하기 위해, 맞추기 위한 모형 식 (4.44)는 $k < K_{min}$인 모든 데이터를 제거한다는 것에 주목하자. 인용 네트워크의 꼬리가 두껍기 때문에, $K_{min} = 49$를 선택하면 데이터 포인트를 96% 넘게 버려야 한다. 그러나 이전 맞춤 과정에서 무시된 $k < K_{min}$ 영역에 통계적으로 유용한 정보가 있다. 이 문제를 해결하기 위해서는 다른 모형을 도입해야 한다.

글상자 4.10에서 논의한 것처럼, 인용 네트워크와 같은 많은 실제 네트워크의 링크수 분포는 순수한 거듭제곱 법칙을 따르지 않는다. 종종 다음 꼴로 기술되는 작은 링크수 포화점과 큰 링크수 절단이 있다.

$$p_k = \frac{1}{\sum_{k=1} (k' + k_{sat})^{-\gamma} e^{-k'/k_{cut}}} (k + k_{sat})^{-\gamma} e^{-k/k_{cut}} \qquad (4.47)$$

그리고 이것에 대한 누적 분포는 다음과 같다.

$$P_k = \frac{1}{\sum_{k'=1} (k' + k_{sat})^{-\gamma} e^{-k'/k_{cut}}} \sum_{k'=1}^{k} (k' + k_{sat})^{-\gamma} e^{-k'/k_{cut}} \qquad (4.48)$$

여기서 k_{sat}과 k_{cut}이 각각 작은 링크수 포화점과 큰 링크수 절단에 해당한다. 이전 과정과 식 (4.47)의 차이점은 이제 순수 거듭제곱 법칙에서 벗어난 점들을 버리지 않고 대신 k_{min}에서 k_{max}에 이르

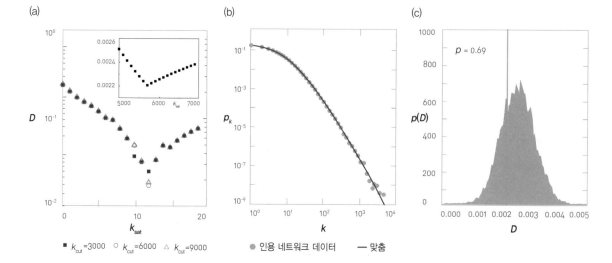

(a)

D

k_sat

■ k_cut=3000   ○ k_cut=6000   △ k_cut=9000

(b)

p_k

k

● 인용 네트워크 데이터   — 맞춤

(c)

$p = 0.69$

$p(D)$

D

그림 4.25 인용 네트워크의 척도 매개변수 추정

(a) k_cut = 3,000, 6,000, 9,000에 대한 콜모로고프-스미노프 매개변수 D를 k_sat에 대해 그린 것. 곡선을 보면 k_sat = 12가 최소 D에 해당함을 알 수 있다. 내부 그림: k_sat = 12에 대해 D를 k_cut의 함수로 그린 것이며, k_cut = 5,691이 D를 최소화함을 나타낸다.

(b) 링크수 분포 p_k. 여기서 직선은 (a)로부터 구한 최상의 추정치를 나타낸다. 이제 맞춤은 (그림 4.24(a)에서처럼) 꼬리 부분뿐만이 아니라 전체 곡선을 정확하게 맞춘다.

(c) M = 10,000인 인공 데이터 집합에 대한 $p(D^\text{synthetic})$. 회색 선은 인용 네트워크의 D^real 값에 해당한다.

는 전체 링크수 분포에 더 잘 받는 함수를 사용한다는 것이다.

우리의 목표는 모형 식 (4.47)의 맞춤 매개변수 k_sat, k_cut, γ를 찾는 것이며, 다음 단계를 통해 이것을 이룰 것이다(그림 4.25).

1. K_min과 K_max 사이에서 k_sat과 k_cut의 값을 선택한다. 최대 경사 하강법steepest descent method을 이용해 다음의 로그 우도 함수log-likelihood function를 최대화하는 링크수 지수 γ의 값을 추정한다.

$$\log \mathscr{L}(\gamma \mid k_\text{sat}, k_\text{cut}) = \sum_{i=1}^{N} \log p(k_i \mid \gamma, \ k_\text{sat}, \ k_\text{cut}) \qquad (4.49)$$

즉, 주어진 $(k_\text{sat}, k_\text{cut})$에 대해 식 (4.49)의 최댓값을 찾을 때까지 γ를 바꿔본다.

2. 구한 $\gamma(k_\text{sat}, k_\text{cut})$으로, 링크수 분포가 식 (4.47)의 꼴을 갖는다고 가정한다. 원본 데이터의 누적 분포 함수와 식 (4.47)로부터 제공된 맞춘 모형 사이의 콜모고로프–스미노프 매개변수 D를 계산한다.

3. k_sat과 k_cut을 바꿔가며 1~3단계를 반복한다. k_sat을 k_min = 0에서 k_max로 증가시키고, k_cut을 k_sat[19]에서 k_max로 증가시킨

19 원문에서는 k_min − k_0에서 시작한다고 되어 있는데, k_0 자체가 정의되어 있지도 않고 문맥상 가능한 최솟값인 k_sat에서 시작해야 할 것으로 보인다. – 옮긴이

다. 목표는 D가 최소인 k_{sat}, k_{cut} 값을 찾는 것이다. 인용 네트워크에서 여러 k_{cut} 값에 대해 k_{sat}의 함수로 D를 표시하여(그림 4.25(a)) 이를 설명했다. D가 최소인 (k_{sat}, k_{cut})과 식 (4.41)로 주어지는 γ가 맞춤에 대한 최적 매개변수를 나타낸다. 이 데이터의 경우 $k_{sat} = 12$, $k_{cut} = 5{,}691$에서 최적 매개변수를 얻고, 그때의 링크수 지수는 $\gamma = 3.028$이 된다. 이제 실제 데이터에 대한 D가 인공 데이터로부터 생성된 $p(D)$에 대한 분포(그림 4.25(c)) 내에 있고, 해당하는 p 값이 69%임을 알게 됐다.

4.13.4 체계적인 맞춤 문제

위에서 설명한 절차를 보면 링크수 지수를 결정하는 것이 번거롭지만 방식이 정해져 있어서 그냥 따라 하면 되는 과정이라는 인상을 줄 수도 있다. 실제로는, 이러한 맞춤 방법에 몇 가지 잘 알려진 한계들이 있다.

1. 순수한 거듭제곱 법칙은 단순한 모형(5장)에서만 식 (4.1)의 꼴로 나타나는 이상적인 분포다. 실제로는 온갖 종류의 과정이 실제 네트워크의 연결 구조에 기여하여 정확한 링크수 분포의 모양에 영향을 준다. 이러한 과정들은 6장에서 논의할 것이다. p_k가 순수한 거듭제곱 법칙을 따르지 않는 경우, 데이터에 거듭제곱 법칙을 맞추도록 설계된 위에서 설명한 방법은 어쩔 수 없이 통계적 유의미함을 감지하지 못할 것이다. 그것이 네트워크가 척도 없는 것이 아니라는 뜻일 수도 있지만, 대부분의 경우 링크수 분포의 정확한 형태에 대해 아직 적절히 이해하지 못했다는 의미일 수 있다. 즉, p_k의 잘못된 함수 형태를 데이터에 맞춘 것이다.

2. 적합도를 검증하기 위해 앞서 사용된 통계 도구는 콜모고로프-스미노프 기준에 의한 것이다. 이 기준은 맞춘 모형과 데이터 사이의 최대 거리를 측정한다. 거의 모든 데이터 포인트가 완벽한 거듭제곱 법칙을 따르지만 어떤 이유로든

하나의 점이 곡선에서 벗어나면 맞춤의 통계적 유의미함을 잃게 된다. 실제 시스템에는 시스템의 전체 작동에 거의 영향을 미치지 않는 이러한 국소적인 편차에 대한 수많은 이유가 있을 수 있다. 그러나 이러한 '이상치'를 제거하는 것은 데이터 조작으로 볼 수 있다. 반면에, 이것을 유지하면 거듭제곱 법칙의 통계적 유의미함을 감지할 수 없다.

링크수 분포가 대부분의 링크수에 대해 거듭제곱 법칙을 따르는 배우 네트워크가 좋은 예시다. 하지만 1956년에 발표된 영화 〈80일간의 세계 일주 Around the World in Eighty Days〉 덕분에 $k = 1,287$이라는 두드러진 이상치가 있다. 이것은 imdb.com(배우 네트워크의 출처)이 일반적으로 크레딧에 없는 출연진의 모든 엑스트라를 나열한 유일한 영화다. 따라서 이 영화에는 1,288명의 출연배우가 있는 것으로 보인다. 이 데이터에서 두 번째로 큰 영화에는 340명의 배우만 있다. 각 엑스트라는 같은 영화에 출연한 1,287명의 엑스트라와의 링크만 있으므로 $k = 1,287$에서 p_k는 국소적인 봉우리가 있다. 이 봉우리 덕분에 거듭제곱 법칙에 맞는 링크수 분포는 콜모고로프-스미노프 기준을 통과하지 못한다. 실제로 표 4.3에 나와 있는 것처럼 순수한 거듭제곱 법칙이나 큰 링크수 절단이 있는 거듭제곱 법칙이나 통계적으로 유의미한 맞춤을 제공하지 않는다. 하지만 결국 이 하나의 점이 링크수 분포의 거듭제곱 특성을 바꾸지는 않는다.

3. 위에서 논의한 문제의 결과로, 거듭제곱 분포에 맞추도록

표 4.3 지수함수 맞춤

전력망의 경우, 거듭제곱 법칙 링크수 분포는 통계적으로 유의미한 맞춤을 제공하지 않는다. 실제로, 해당 네트워크가 척도 없는 것이 아니라는 수많은 증거를 접하게 될 것이다. 이 절에서 설명한 맞춤 과정을 사용해, 전력망의 링크수 분포에 지수함수 $e^{-\lambda k}$을 통계적으로 유의미하게 맞췄다. 이 표에 그렇게 구한 매개변수 λ, 맞춤이 유효한 k_{min}, 구한 p 값, 맞춤에 포함된 데이터 포인트의 백분율을 나타냈다.

	λ	k_{min}	p 값	백분율
전력망	0.517	4	0.91	12%

표 4.4 실제 네트워크의 맞춤 매개변수

이 책에서 다룬 참고용 네트워크들에 대해 추정한 링크수 지수와 적절한 맞춤 매개변수. 여기서는 두 가지 맞춤 전략을 사용했다. 첫 번째는 (K_{min}, ∞) 영역에서 순수한 거듭제곱 법칙을 맞추는 것을 목표로 하고, 두 번째는 포화점과 지수함수 절단이 있는 거듭제곱 법칙을 전체 데이터에 대해 맞췄다. 표에서 가장 통계적으로 유의미한 맞춤에 대해 얻은 지수 γ, K_{min}, 최적 맞춤에 대한 p 값, 맞춤에 포함된 데이터의 백분율을 표시했다. 두 번째 경우에 대해서는 지수 γ, 2개의 적합 매개변수 k_{sat}과 k_{cut}, 얻은 맞춤에 대한 p 값을 표시했다. $p > 0.01$이면 통계적으로 유의미한 것으로 간주했다.

	γ	K_{min}	p 값	백분율	γ	k_{sat}	k_{cut}	p 값
인터넷	3.42	72	0.13	0.6%	3.55	8	8500	0.00
월드와이드웹 (들어오는)	2.00	1	0.00	100%	1.97	0	660	0.00
월드와이드웹 (나가는)	2.31	7	0.00	15%	2.82	8	8500	0.00
전력망	4.00	5	0.00	12%	8.56	19	14	0.00
휴대전화 통화 (들어오는)	4.69	9	0.34	2.6%	6.95	15	10	0.00
휴대전화 통화 (나가는)	5.01	11	0.77	1.7%	7.23	15	10	0.00
이메일 (들어오는)	3.43	88	0.11	0.2%	2.27	0	8500	0.00
이메일 (나가는)	2.03	3	0.00	1.2%	2.55	0	8500	0.00
과학 공동연구	3.35	25	0.0001	5.4%	1.50	17		
배우 네트워크	2.12	54	0.00	33%	–	–	–	0.00
인용 네트워크 (들어오는)	2.79	51	0.00	3.0%	3.03	12	5691	0.69
인용 네트워크 (나가는)	4.00	19	0.00	14%	−0.16	5	10	0.00
대장균 물질대사 (들어오는)	2.43	3	0.00	57%	3.85	19	12	0.00
대장균 물질대사 (나가는)	2.90	5	0.00	34%	2.56	15	10	0.00
효모 단백질 상호작용	2.89	7	0.67	8.3%	2.95	2	90	0.52

묘사한 방법론은 종종 통계적으로 유의미한 적합을 얻기 위한 작은 규모 영역(99%, 표 4.4)을 예측한다. 원래 데이터와 같이 그리면, 해당 방법이 통계적 유의미함을 예측하더라도 얻은 맞춤 결과가 때때로 우스꽝스러울 수 있다.

요약하자면, 링크수 지수를 추정하는 것은 아직 정확한 과학이 아니다. 실제로 이것을 하는 사람들이 수용할 수 있는 방식으로 통계적 유의미함을 추정하는 방법은 늘 부족하다. 위에서 설명한 도구를 맹목적으로 적용하면 데이터의 추세를 분명히 포착하지 못하는 적합이나 거듭제곱 법칙 가설을 잘못 기각하는 경우가 많다. 중요한 개선사항은 6장에서 논의할 문제인, 예상되는 링크수 분포의 형식을 도출하는 능력이다.

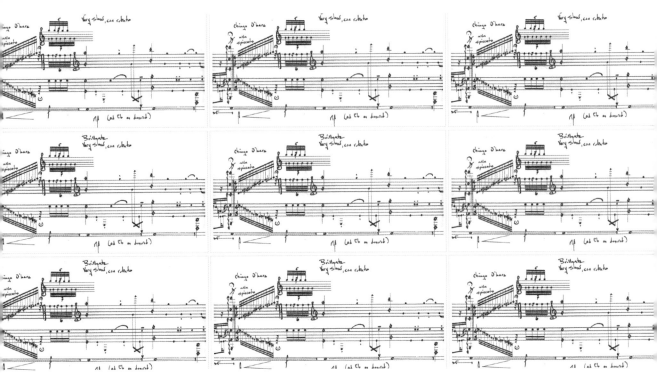

그림 5.0　예술과 네트워크: 척도 없는 소나타

2003년 마이클 에드워드 에저튼(Michael Edward Edgerton)이 작곡한 '피아노를 위한 소나타 1
번'은 성장과 선호적 연결을 도입함으로써 척도 없는 네트워크의 발현과 비슷한 패턴을 보인다.
이 그림은 에저튼이 '허브 #5'라 부르는 것의 도입부다. 작곡가는 음악과 네트워크 사이의 관계
를 다음과 같이 설명한다.

　"길이와 과정이 다른 6개의 허브가 2악장과 3악장에 분포해 있다. 음악적으로, 공항이라는 개
념을 사용해 모든 교통량을 제한된 지상 공간으로 전환하며, 과정과 지속 시간의 밀도는 6개의
각기 다른 발생 사이에서 상당히 다양하다."(온라인 자료 5.1)

제5장 바라바시-알버트 모형

5.1 소개
5.2 성장과 선호적 연결
5.3 바라바시-알버트 모형
5.4 링크수 동역학
5.5 링크수 분포
5.6 성장 혹은 선호적 연결의 부재
5.7 선호적 연결 측정하기
5.8 비선형 선호적 연결

5.1 소개

허브는 무작위 네트워크와 척도 없는 네트워크의 가장 눈에 띄는 차이다. 월드와이드웹^{WWW}에서는 google.com이나 facebook.com 같이 예외적으로 많은 수의 링크를 갖는 웹사이트들이 허브이며, 물질대사 네트워크에서는 ATP나 ADP, 에너지 전달자와 같은 분자들이 예외적으로 많은 화학반응에 관여하는 허브다. 이러한 허브의 존재 자체와 관련된 척도 없는 법칙을 따르는 구조는 두 가지 근본적인 질문을 제기한다.

• 왜 월드와이드웹이나 세포처럼 상당히 다른 시스템이 비슷한 척도 없는 구조로 수렴하는가?

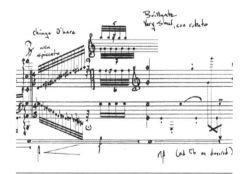

온라인 자료 5.1
척도 없는 소나타

척도 없는 네트워크에서 영감을 받아 마이클 에드워드 에저튼이 작곡한 '피아노를 위한 소나타 1번'을 들어보자.

- 왜 에르되시와 레니의 무작위 네트워크 모형은 실제 네트워크에서 나타나는 허브와 거듭제곱 법칙을 재현하지 못할까?

척도 없는 성질을 보이는 시스템들의 본질, 원인, 범위가 근본적으로 다르다는 점을 생각할 때 첫 번째 질문은 특히 당혹스럽다.

- 세포 네트워크의 **노드**는 대사물질 혹은 단백질이지만, 월드와이드웹의 노드는 문서로서 물리적인 실체가 없는 정보를 나타낸다.
- 세포에서 **링크**는 화학반응이나 결합반응이고, 월드와이드웹의 링크는 웹 페이지 주소(URL)이거나 컴퓨터 코드의 작은 부분이다.
- 두 시스템의 **역사**는 더욱 다르다. 세포 네트워크는 40억 년의 진화 과정 속에서 형성됐고, 월드와이드웹은 30년도 되지 않았다.
- 물질대사 네트워크의 **목적**은 세포가 생존하는 데 필요한 화학적인 요소들을 생성하는 것이지만, 월드와이드웹의 목적은 정보에 대한 접근과 전달에 있다.

이렇게 다른 시스템이 왜 비슷한 구조에 수렴하는지를 이해하기 위해서는 먼저 척도 없는 특성을 발현시키는 기작을 이해해야 한다. 이것이 5장의 핵심 주제다. 척도 없는 특성을 보여주는 시스템들의 다양성을 고려할 때, 위 질문에 대한 설명은 단순하고 근본적이어야 한다. 또한 위 질문에 대한 답은 네트워크의 구조를 묘사하는 것에서 복잡계의 진화를 모형화하는 것으로 네트워크를 모형화하는 방식을 변화시킬 것이다.

5.2 성장과 선호적 연결

본 여정은 "왜 허브와 거듭제곱 법칙이 무작위 네트워크에서는 발견되지 않는가?"라는 질문에서 시작한다. 이 질문은 에르되시-레니 모형을 실제 네트워크와 다르게 만드는 숨겨진 두 가

지 가정을 재조명하면서 1999년에 대두됐다[10]. 이 두 가정을
하나씩 살펴보자.

5.2.1 새로운 노드의 추가를 통해 확장되는 네트워크

에르되시-레니 무작위 네트워크 모형은 노드의 수 N이 고정되
어 있다고 가정한다. 하지만 **실제 네트워크에서 노드의 수는 새로운
노드가 추가되면서 끊임없이 증가한다.**

몇 가지 예를 살펴보자.

- 1991년에 월드와이드웹에는 단 하나의 노드가 있었는데, 이
  첫 번째 웹 페이지는 웹의 창조자인 팀 버너스리$^{Tim Berners-}$
  ^{Lee}가 만들었다. 오늘날 웹^{Web}에는 1조(10^{12})개 이상의 문서가
  존재하는데, 이는 수백만의 개인과 기관이 지속적으로 새로
  운 문서를 추가해 달성할 수 있었다(그림 5.1(a)).
- 공동연구 네트워크와 인용 네트워크는 새로운 논문들의 출
  판을 통해 지속적으로 확장되고 있다(그림 5.1(b)).
- 배우 네트워크는 새로운 영화가 개봉되면서 계속 성장하고
  있다(그림 5.1(c)).
- 단백질 상호작용 네트워크는 고정된 것처럼 보일지 모르지
  만, 우리가 부모로부터 유전자와 그에 따른 단백질을 물려받
  기 때문에 사실 고정된 것은 아니다. 인간 세포 안에 있는 유
  전자의 수는 40억 년 동안 몇 개에서 20,000개로 증가했다.

결과적으로, 이러한 네트워크를 모형화하고자 한다면 정적인 모
형에만 의지할 수 없다. 모형화는 네트워크가 꾸준한 성장 과정
의 산물임을 고려해야 한다.

5.2.2 노드는 더 많이 연결되어 있는 노드와 연결되
는 것을 선호한다

무작위 네트워크 모형은 노드가 상호작용할 대상을 무작위로
선택한다고 가정한다. 그러나 **대부분의 실제 네트워크에서 새로운 노**

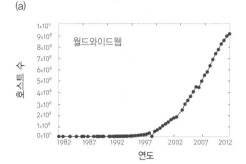

(a)

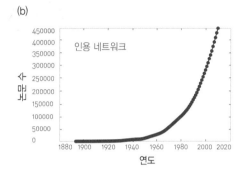

(b)

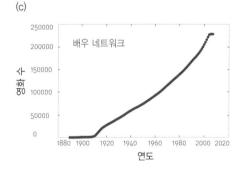

(c)

그림 5.1 네트워크의 성장

네트워크는 고정되어 있지 않고, 새로운 노드의
유입을 통해 성장한다.

(a) 웹의 빠른 성장을 보여주는 월드와이드웹 호
스트 수의 진화. 출처: http://www.isc.org

(b) 「피지컬 리뷰(Physical Review)」 학술지가 창
간된 이후로 이 학술지에 실린 과학 논문의 수. 증
가하는 논문 수는 그림에서 보이듯 과학 공동연구
네트워크와 인용 네트워크의 성장을 이끈다.

(c) 배우 네트워크의 성장을 이끄는, imdb.com에
기록된 영화의 수

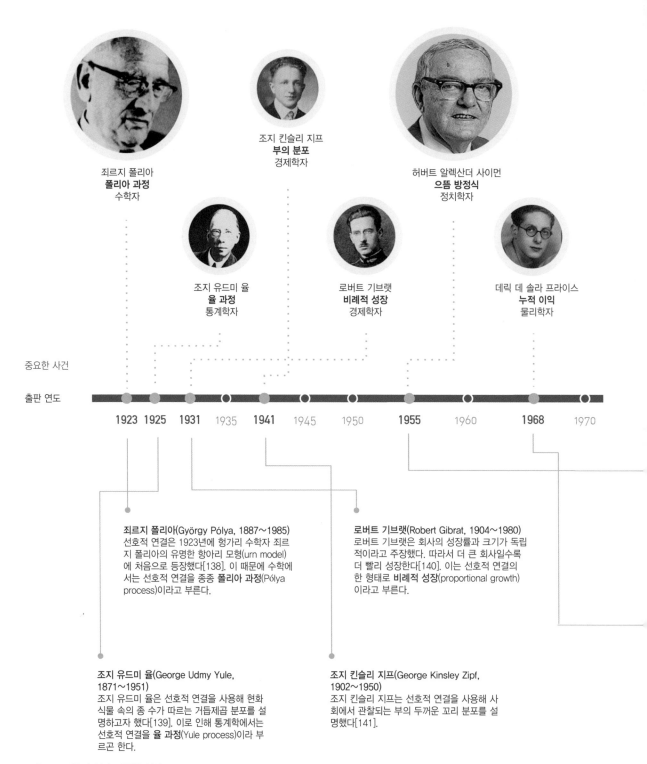

그림 5.2 선호적 연결: 간략한 역사

선호적 연결은 많은 분과에서 독립적으로 시작되어, 다양한 시스템에 존재하는 거듭제곱 법칙의 설명을 도왔다. 네트워크의 맥락에서, 선호적 연결은 실제 네트워크에서 관측되는 척도 없는 성질을 설명하기 위해 1999년에 소개됐다.

236

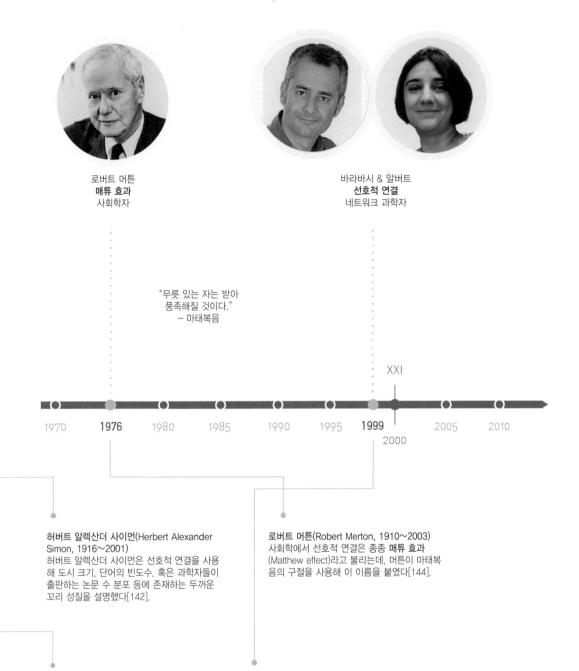

로버트 머튼
매튜 효과
사회학자

바라바시 & 알버트
선호적 연결
네트워크 과학자

"무릇 있는 자는 받아
풍족해질 것이다."
– 마태복음

XXI

1970 **1976** 1980 1985 1990 1995 **1999** 2005 2010
2000

허버트 알렉산더 사이먼(Herbert Alexander
Simon, 1916~2001)
허버트 알렉산더 사이먼은 선호적 연결을 사용
해 도시 크기, 단어의 빈도수, 혹은 과학자들이
출판하는 논문 수 분포 등에 존재하는 두꺼운
꼬리 성질을 설명했다[142].

로버트 머튼(Robert Merton, 1910~2003)
사회학에서 선호적 연결은 종종 **매튜 효과**
(Matthew effect)라고 불리는데, 머튼이 마태복
음의 구절을 사용해 이 이름을 붙였다[144].

데릭 데 솔라 프라이스(Derek de Solla Price,
1922~1983)
데릭 데 솔라 프라이스는 선호적 연결을 사용
해 과학적 출판물의 인용 통계를 설명했고, 이
를 **누적 이익**(cumulative advantage)이라 부
른다[143].

바라바시(Barabási, 1967) & **알버트**(Albert,
1972)
바라바시와 알버트는 **선호적 연결**이라는 용어
를 소개하면서, 네트워크의 척도 없는 성질의
근원을 설명했다[10].

드는 더 많이 연결된 노드와 연결되는 것을 선호하는데, 이러한 과정을 **선호적 연결**preferential attachment이라고 한다(그림 5.2).

몇 가지 예를 살펴보자.

- 월드와이드웹에서 접하게 되는 문서들은 1조 이상의 문서들 중 아주 작은 일부일 뿐이다. 익숙한 노드들은 완전히 무작위로 선정되지 않는다. 모두 구글과 페이스북에 대해 들어봤겠지만, 웹에 존재하는 엄청난 수의 덜 유명한 노드들을 마주칠 일은 거의 없다. 더 유명한 웹 문서로 지식이 편향되기 때문에 링크가 몇 개뿐인 노드보다 링크수가 많은 노드와 연결될 확률이 높아진다.
- 어떤 과학자도 해마다 출판되는 수백만 개 이상의 과학 논문을 읽을 수 없다. 그러나 어떤 논문이 더 많이 인용될수록, 해당 논문에 대해 듣게 될 확률이 높아지고 결국 그 논문을 읽게 된다. 읽은 논문을 인용하다 보면, 논문 인용은 인용이 더 많이 된 출판물에 집중되고, 이런 방식으로 인용 네트워크에서 링크가 많은 노드가 등장한다.
- 영화 배우가 더 많은 영화에 출연할수록 배역 담당 책임자는 그 혹은 그녀의 재능에 익숙해질 것이다. 결국, 배우 네트워크에서 배우의 링크수가 많을수록 새로운 역할에 해당 배우가 고려될 확률이 높아질 것이다.

요약하면, 무작위 네트워크 모형은 두 가지 중요한 성질에 있어 실제 네트워크와 다르다.

(A) 성장
실제 네트워크는 N이 계속 커지는 성장 과정의 결과다. 반면에, 무작위 네트워크 모형은 노드의 수 N을 고정한다.

(B) 선호적 연결
실제 네트워크에서 새로운 노드는 더 많이 연결된 노드와 연결하려는 경향이 있다. 반면에, 무작위 네트워크의 노드는 상호작용할 대상을 무작위로 선정한다.

실제 네트워크와 무작위 네트워크 사이에는 더 많은 차이가 있고, 그중 일부는 이어지는 장들에서 살펴볼 것이다. 하지만 **성장**과 **선호적 연결**이라는 두 성질이 네트워크의 링크수 분포를 형성하는 데 있어 특별히 중요한 역할을 한다는 사실을 다음에 보일 것이다.

5.3 바라바시-알버트 모형

실제 네트워크에서 성장과 선호적 연결이 동시에 존재한다는 사실이 단순화된 모형인 **바라바시-알버트 모형**Barabási-Albert model에 영감을 주었다[10]. 이 모형은 **BA 모형**BA model 혹은 **척도 없는 모형**scale-free model이라고도 알려졌으며, 다음과 같이 정의된다.

m_0개의 노드에서 시작하며 링크는 임의로 선택된다. 다만 각 노드는 최소한 하나의 링크를 갖도록 한다(그림 5.3).

(A) 성장

각 단계마다 $m(\le m_0)$개의 링크를 가진 노드가 하나 추가되며 이 노드는 네트워크에 있는 m개의 노드에 연결된다.

(B) 선호적 연결

새로운 노드의 링크가 노드 i와 연결될 확률 $\Pi(k_i)$는 링크수 k_i에 따라 달라지며, 이는 다음과 같이 표현된다.

$$\Pi(k_i) = \frac{k_i}{\sum_j k_j} \qquad (5.1)$$

선호적 연결은 확률 과정이다. 새로운 노드는 허브든 링크가 하나뿐인 노드든 상관없이 네트워크에 존재하는 어떤 노드와도 연결될 수 있다. 하지만 식 (5.1)은 임의의 노드가 링크수가 2개인 노드와 4개인 노드 중에 선택해야 할 때 링크수가 4개인 노드와 연결할 확률이 두 배 높다는 것을 보여준다.

바라바시-알버트 모형은 t 시간 단계time step가 지났을 때, 노

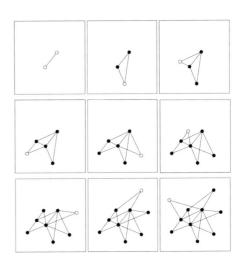

그림 5.3 바라바시-알버트 모형의 진화

위 네트워크들은 바라바시-알버트 모형의 순차적인 아홉 단계를 보여준다. 속이 빈 원은 네트워크에 새롭게 추가된 노드를 의미하며, 이 노드는 선호적 연결(식 (5.1))을 사용해 갖고 있는 2개의 링크($m = 2$)를 누구와 연결할지 결정한다. 출처: [50]

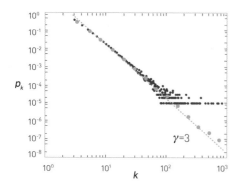

그림 5.4 링크수 분포

바라바시-알버트 모형으로 생성된 네트워크의 링크수 분포. 그림은 크기가 $N = 100,000$이고 $m = 3$인 하나의 네트워크에서 측정된 p_k를 보여준다. 그림은 선형 묶기(linearly binned, 보라색)와 로그 묶기(log-binned, 초록색)가 적용된 경우의 p_k를 모두 보여준다. 시각적 안내를 위해 직선을 추가했는데, 이 직선의 기울기는 $\gamma = 3$이며 이는 네트워크에서 예상되는 링크수 지수다.

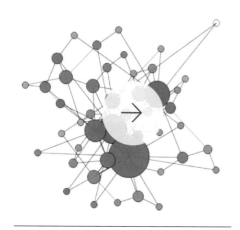

온라인 자료 5.2
척도 없는 네트워크의 발현
바라바시-알버트 모형을 통한 척도 없는 네트워크의 성장과 허브의 출현에 대한 비디오를 참고하라. 다슌 왕(Dashun Wang)의 허가하에 게재함

드 개수가 $N = t + m_0$이고 링크 개수가 $m_0 + mt$인 네트워크를 만든다. 그림 5.4에서 볼 수 있듯이, 이렇게 얻은 네트워크는 지수가 3($\gamma = 3$)인 거듭제곱 링크수 분포를 갖는다. 글상자 5.1에 수학적으로 자기정합적인 모형의 정의가 나온다.

그림 5.3과 온라인 자료 5.2가 보여주듯이, 네트워크에 있는 대부분의 노드가 단 몇 개의 링크를 갖는 데 반해 소수의 노드는 점차 허브로 성장한다. 이 허브들은 **부익부 현상**^{rich-gets-richer} ^{phenomenon}의 결과로서, 새로운 노드가 연결이 적은 노드보다 연결이 많은 노드와 연결하려는 경향이 큰 선호적 연결 때문에 발생한다. 따라서 더 큰 노드는 더 작은 노드의 희생으로 더 많은 링크를 얻게 되고, 최종적으로 허브가 된다.

요약하면, 바라바시-알버트 모형은 척도 없는 특징을 갖는 네트워크를 발생시키는 두 가지 단순한 특성인 **성장**과 **선호적 연결**을 기술한다. 척도 없는 특성의 근원과 이와 연관된 허브는 위 두 요인의 공존으로 야기된 부익부 현상이다. 모형의 기작과 척도 없는 특성의 발현을 정량화하기 위해서는 모형의 수학적 특성에 친숙해져야 한다. 이를 다음 절에서 알아보자.

5.4 링크수 동역학

척도 없는 특성의 출현을 이해하기 위해 바라바시-알버트 모형의 시간에 따른 진화에 집중할 필요가 있다. 하나의 노드와 연결된 링크수가 시간에 따라 어떻게 달라지는지 알아보면서 시작해보자[11].

모형에 이미 존재하던 노드는 '새로운' 노드가 네트워크로 유입될 때마다 링크수를 증가시킬 수 있다. 이 새로운 노드는 시스템에 이미 존재하고 있는 $N(t)$개의 노드 중 m개와 연결할 것이다. 이 링크들 중 하나가 노드 i와 연결될 확률은 식 (5.1)에 나와 있다.

링크수 k_i가 연속적인 실숫값이라 가정하고, 이 값은 성장 과 바라바시-알버트 모형의 정의에는 수학적 세부 사항이 빠져 있다.

- 처음의 m_0개 노드로 이뤄진 초기 구조를 세세하게 구체화하지 않았다.
- 새로운 노드와 m개 링크의 결합이 하나씩 이뤄지는지, 아니면 동시에 이뤄지는지에 대해 상세히 언급하지 않았다. 따라서 링크가 완전히 독립적이라면, 동일 노드 i와 연결될 수 있기 때문에 다중 링크가 존재할 수 있다.

볼로바스^{Bollobás}와 공동연구자들은 이 문제를 풀기 위해 **선형코드표**$^{\text{LCD, Linearized Chord Diagram}}$를 제안했다[15]. 제안된 LCD에서는 $m = 1$인 그래프 $G_1^{(t)}$를 다음과 같이 만든다(그림 5.5).

(a) 노드가 없는 비어 있는 그래프 $G_1^{(0)}$에서 시작한다.

(b) 주어진 $G_1^{(t-1)}$에서, 노드 v_t를 추가하고 v_t와 v_i 사이에 하나의 링크를 추가해 $G_1^{(t)}$를 만든다. 여기서 v_i는 확률적으로 결정되며, 그 확률은 다음과 같다.

$$p = \begin{cases} \dfrac{k_i}{2t-1} & 1 \le i \le t-1 \text{인 경우} \\ \dfrac{1}{2t-1}, & i = t \text{인 경우} \end{cases} \quad (5.2)$$

즉, 노드 v_t와 노드 v_i 사이에 $k_i/(2t-1)$의 확률로 링크 하나를 놓는 것이고, 새로운 링크는 v_t의 링크수에 이미 기여하고 있다. 결과적으로, 식 (5.2)의 두 번째 부분처럼 노드 v_t는 그 자신과 $1/(2t-1)$의 확률로 연결할 수 있다. 모형에서 자기 연결과 다중 링크를 허용하지만, 이 숫자들은 $t \to \infty$ 극한에서 무시할 수 있을 만큼 작아짐을 기억하자.

연결하는 링크의 수가 $m > 1$일 때는 새로운 노드 v_t에서 m개의 링크를 하나씩 추가하면서 $G_m^{(t)}$를 만드는데, 각 단계마다 새롭게 추가되는 링크의 바깥쪽 절반이 링크수에 기여한다.

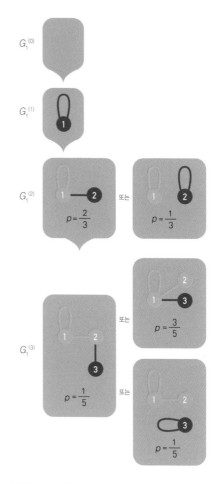

그림 5.5 선형코드표

선형코드표 LCD의 형성[15]. 이 그림은 $m = 1$인 경우 네트워크가 진화되는 첫 네 단계를 보여준다.

$G_1^{(0)}$: 비어 있는 네트워크에서 시작한다.

$G_1^{(1)}$: 첫 번째 노드는 자기 연결을 만들면서, 자기 자신과만 연결될 수 있다. 자기 연결이 허용되며, $m > 1$일 때 다중 링크도 허용된다.

$G_1^{(2)}$: 노드 2는 2/3의 확률로 노드 1과 연결하거나, 1/3의 확률로 자기 자신과 연결할 수 있다. 식 (5.2)에 따르면, 새로운 노드 2가 갖고 오는 링크들 중 절반은 이미 존재하는 것으로 가정한다. 결과적으로, 노드 1은 링크수 $k_1 = 2$가 되고, 노드 2는 $k_2 = 1$의 링크수를 갖는다. 정규화 상수(normalization constant)는 3이 된다.

$G_1^{(3)}$: $G_1^{(2)}$의 두 가지 가능성 중 첫 번째 경우가 실현됐다고 가정하자. 노드 3이 들어올 때, 세 가지 선택이 가능하다. 노드 2와 연결될 확률이 1/5이고, 노드 1과 연결될 확률은 3/5, 자기 자신과 연결될 확률은 1/5다.

정을 여러 번 구현해 얻은 기댓값이라고 하자. 기존 노드 i가 새로운 노드와의 연결로 링크를 얻는 비율은 다음과 같다.

$$\frac{dk_i}{dt} = m\Pi(k_i) = m\frac{k_i}{\sum_{j=1}^{N-1} k_j} \quad (5.3)$$

계수 m은 각각의 새로운 노드가 m개의 링크와 함께 유입됨을 의미한다. 따라서 노드 i는 m번 선택될 기회가 있다. 식 (5.3)의 분모에 있는 합은 새롭게 추가된 노드를 제외한 네트워크의 모든 노드에 적용되어 다음과 같다.

$$\sum_{j=1}^{N-1} k_j = 2mt - m \quad (5.4)$$

따라서 식 (5.3)은

$$\frac{dk_i}{dt} = \frac{k_i}{2t-1} \quad (5.5)$$

가 된다. 시간 t가 아주 클 때, 분자의 (-1) 항은 무시할 수 있어 다음을 얻을 수 있다.

$$\frac{dk_i}{k_i} = \frac{1}{2}\frac{dt}{t} \quad (5.6)$$

식 (5.6)을 적분하고, 노드 i가 t_i일 때 m개의 링크와 함께 네트워크에 참여했다는 의미의 $k_i(t_i) = m$을 적용하면 다음 수식을 얻는다.

$$k_i(t) = m\left(\frac{t}{t_i}\right)^\beta \quad (5.7)$$

여기서 β를 **동적 지수**dynamical exponent라 부르고, 그 값은 다음과 같다.

$$\beta = \frac{1}{2}$$

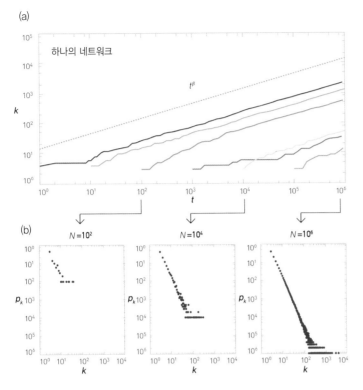

(a)

하나의 네트워크

t^β

그림 5.6 링크수 동역학

(a) 바라바시-알버트 모형에서 시간 t = 1, 10, 10^2, 10^3, 10^3, 10^4, 10^5(왼쪽부터 오른쪽까지의 연속된 선들)에 추가된 노드들의 링크수 성장. 각 노드는 식 (5.7)을 따라 링크수가 성장한다. 결과적으로 어느 순간에든 오래 있었던 노드가 더 많은 링크수를 갖는다. 점선은 식 (5.7)을 따르는 분석적인 예측의 결과로, β = 1/2일 때의 결과다.

(b) 해당 네트워크에 N = 10^2, 10^4, 10^6개의 노드가 추가된, 즉 t = 10^2, 10^4, 10^6 후 네트워크의 링크수 분포(패널 (a)에 화살표로 표시됨). 네트워크가 더 클수록, 링크수 분포의 거듭제곱 성질이 더 뚜렷하다. 거듭제곱 상태의 점진적 발현을 더욱 분명히 확인하기 위해 p_k에 선형 묶기를 적용했다.

(b)

$N=10^2$　　$N=10^4$　　$N=10^6$

식 (5.7)은 다양한 예측을 제공한다.

- 각 노드의 링크수는 동일한 동적 지수 β = 1/2를 따르는 거듭제곱 법칙으로 증가한다(그림 5.6(a)). 따라서 모든 노드는 동일한 동적 법칙을 따른다.

- 링크수 증가는 준선형^{sublinear}(즉, $\beta < 1$)이다. 이는 바라바시-알버트 모형의 성장 특성의 결과다. 개별 노드는 이전 노드보다 연결할 수 있는 더 많은 노드를 갖는다. 따라서 이미 존재하는 노드들은 증가한 다른 노드들과 링크를 얻기 위해 경쟁해야 한다.

- 노드 i가 더 먼저 유입될수록 그 링크수 $k_i(t)$는 더 많아진다. 따라서 허브들은 먼저 시스템에 들어왔기 때문에 크고, 이를 마케팅과 경영학에서는 **선발자 이익**$^{first-mover\ advantage}$이라 부른다.

글상자 5.2   네트워크에서의 시간

실제 데이터와 네트워크 모형에서의 예측을 비교할 때, 네트워크에서 **시간**을 어떻게 측정할지 정해야 한다. 실제 네트워크들은 약간 다른 시간 단위로 진화한다.

월드와이드웹

첫 번째 웹 페이지는 1991년에 만들어졌다. 현재 1조 개 이상의 문서들이 존재함을 고려할 때 월드와이드웹에서는 1000분의 1초(10^{-3} s)마다 하나의 노드가 추가된 것이다.

세포

세포는 40억 년 이상이 걸린 진화의 산물이다. 인간 세포의 20,000개 이상의 유전자를 생각하면, 세포 네트워크에 평균적으로 200,000년마다($\sim 10^{13}$ s) 하나의 노드가 새로 추가된 것이다.

이렇듯 엄청난 시간 단위의 차이를 고려할 때, 각기 다른 네트워크의 동역학을 비교하기 위해 실제 시간을 사용하는 것은 불가능하다. 그렇기 때문에 네트워크 이론에서는 **사건 시간**$^{event time}$을 사용해, 네트워크 구조에 변화가 있을 때 시간을 1씩 증가시킨다.

한 예로, 바라바시-알버트 모형에서는 새로운 노드의 추가가 새로운 시간 단위에 해당하여, $t = N$이 된다. 다른 모형에서도 시간은 새로운 링크가 더해지거나 노드가 지워지면서 앞으로 나아간다. 필요하다면, 사건 시간과 물리적 시간 사이의 직접적 연결을 만들 수도 있다.

- 노드 i가 새로운 링크를 얻는 비율은 식 (5.7)을 미분함으로써 얻어진다.

$$\frac{dk_i(t)}{dt} = \frac{m}{2}\frac{1}{\sqrt{t_i t}} \tag{5.8}$$

이는 각 시간 단계마다 더 오래된 노드들이 더 많은 링크를 얻음을 보여준다(이 노드들이 더 작은 t_i를 갖기 때문이다). 더 나아가, 한 노드가 링크를 얻는 비율은 시간에 따라 $t^{-1/2}$으로 감소한다. 즉, 점점 더 적은 수의 링크가 노드와 연결되는 것이다.

요약하면, 바라바시-알버트 모형은 실제 네트워크에서 노드가 하나씩 유입된다는 사실을 포착해 네트워크 진화를 동적으로 묘사한다. 이 모형에서는 더 오래된 노드들이 젊은 노드들 대비 이점을 갖고, 링크를 얻기 위해 경쟁하며 최종적으로 허브가 된다(글상자 5.2).

5.5   링크수 분포

바라바시-알버트 모형으로 만들어진 네트워크의 뚜렷한 특징은 이 네트워크들이 거듭제곱 법칙을 따르는 링크수 분포를 갖는다는 것이다(그림 5.4). 이번 절에서는 p_k를 함수 형태로 유도하면서 거듭제곱의 근원을 이해해보자.

바라바시-알버트 네트워크의 링크수 분포를 계산할 수 있는 많은 분석적 도구가 있다. 가장 단순한 방법은 이전 절에서 발전시키기 시작한 **연속체 이론**$^{continuum\ theory}$이다[10, 11]. 이 이론은 링크수 분포를

$$p(k) \approx 2m^{1/\beta}k^{-\gamma} \tag{5.9}$$

와

$$\gamma = \frac{1}{\beta} + 1 = 3 \tag{5.10}$$

으로 예측한다(글상자 5.3).

즉, 링크수 분포는 지수 $\gamma = 3$인 거듭제곱 법칙을 따르게 되며 이는 수치적인 결과와 잘 맞는다(그림 5.4와 그림 5.7). 더 나아가, 식 (5.10)은 네트워크의 구조적 특성을 결정하는 링크수 지수 γ와 노드의 시간적 진화를 특징짓는 동적 지수 β를 연결하면서, 네트워크의 연결 구조와 동역학 간의 깊은 관계를 보여준다.

연속체 이론은 정확한 링크수 지수를 예측하지만, 식 (5.9)의 전인자$^{pre-factor}$를 정확하게 예측하지는 못한다. 정확한 전인자는 으뜸 방정식$^{master equation}$[13]이나 비율 방정식$^{rate equation}$[145]을 통해 얻을 수 있고, LCD 모형[15]을 통해서도 계산될 수 있다(글상자 5.2). 결과적으로, 바라바시-알버트 모형의 **정확한 링크수 분포**는 다음과 같다(심화 주제 5.A).

$$p_k = \frac{2m(m+1)}{k(k+1)(k+2)} \qquad (5.11)$$

식 (5.11)은 다음과 같은 함축적 의미를 지닌다.

- 링크수 k가 클 때, 식 (5.11)은 식 (5.9)와 식 (5.10)의 맥락에서 $p_k \sim k^{-3}$ 혹은 $\gamma = 3$으로 정리될 수 있다.
- 링크수 지수 γ는 m과 무관하며 이는 수치적 결과와 일치한다(그림 5.7(a)).
- 실제 네트워크에서 발견되는 거듭제곱 링크수 분포는 다소 다양한 나이와 크기의 시스템을 묘사한다. 따라서 이에 적합한 모형도 시간에 독립적인 링크수 분포를 설명할 수 있어야 한다. 사실, 바라바시-알버트 모형의 링크수 분포인 식 (5.11)은 t와 N에 대해 독립적이다. 이 때문에 이 모형은 **척도 없는 정상 상태**$^{stationary\ scale-free\ state}$의 발현을 예측한다. 수치적 시뮬레이션은 서로 다른 t(혹은 N)에서 관측된 p_k가 완전히 겹쳐지는 모습을 보이면서 이 예측을 뒷받침한다(그림 5.7(b)).

글상자 5.3 연속체 이론

바라바시-알버트 모형의 링크수 분포를 연속체 가정으로 계산하려면, 먼저 링크수가 k보다 작은 노드의 개수를 계산해야 한다. 즉, $k_i(t) < k$인 경우다. 식 (5.7)을 사용하면 다음과 같이 정리할 수 있다.

$$t_i < t\left(\frac{m}{k}\right)^{1/\beta} \qquad (5.12)$$

이 모형에서는 임의의 노드가 동일한 시간 단계마다 추가된다(글상자 5.2). 따라서 k보다 링크수가 작은 노드의 수는 다음과 같다.

$$t\left(\frac{m}{k}\right)^{1/\beta} \qquad (5.13)$$

종합하면 $N = m_0 + t$개의 노드가 있고, 시간 t가 많이 흐른 극한에서 $N \approx t$가 된다. 그렇기 때문에 무작위로 선정된 노드가 링크수 k 혹은 그보다 작은 링크수를 가질 확률은 누적 링크수 분포 함수$^{cumulative\ degree\ distribution}$를 통해 다음과 같이 나타낼 수 있다.

$$P(k) = 1 - \left(\frac{m}{k}\right)^{1/\beta} \qquad (5.14)$$

식 (5.14)를 미분하면 다음과 같은 링크수 분포를 얻게 되고, 이는 식 (5.9)와 같다.

$$p_k = \frac{\partial P(k)}{\partial k} = \frac{1}{\beta}\frac{m^{1/\beta}}{k^{1/\beta+1}} = 2m^2 k^{-3} \quad (5.15)$$

(a)

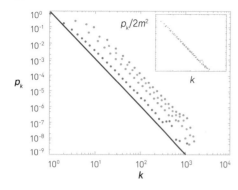

(b)

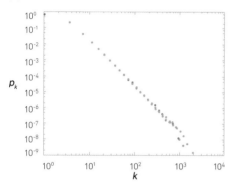

그림 5.7 분석적 예측 검증

(a) 네트워크의 크기는 $N = 100,000$이고, $m_0 = m$ $= 1$(파란색), 3(녹색), 5(회색), 7(주황색)인 네트워크를 형성했다. 곡선들이 서로 평행한 것은 γ가 m과 m_0에 대해 독립적임을 보여준다. 보라색 선의 기울기는 -3으로, 예측된 링크수 지수 $\gamma = 3$을 나타낸다. 내부 그림: 식 (5.11)은 $p \sim 2m^2$을 예측하기 때문에, $p/2m^2$은 m에 대해 독립적일 수밖에 없다. 실제로, $p_k/2m^2$을 k에 대해 그리면 주요 그래프들이 하나의 곡선으로 일치한다.

(b) 바라바시-알버트 모형은 p_k가 N에 대해 독립적이라고 예상한다. 이를 확인하기 위해 p_k를 $N = 50,000$(파란색), $100,000$(녹색), $200,000$(회색)이며 $m_0 = m = 3$인 경우에 대해 그려봤다. 얻어진 p_k는 실제적으로 구분이 어려워 링크수 분포가 시간과 시스템의 크기에 독립적으로 고정적임을 알 수 있다.

- 식 (5.11)은 거듭제곱 분포 계수가 $m(m + 1)$(혹은 m이 크면 m^2)에 비례한다는 것을 보였고, 이는 다시 수치적 시뮬레이션으로 검증된다(그림 5.7(a), 내부 그림).

요약하자면, 분석적 계산을 통해 바라바시-알버트 모형이 링크수 지수 $\gamma = 3$인 척도 없는 네트워크를 만든다는 것을 예측할 수 있다. 이 링크수 지수는 m과 m_0에 대해 독립적이다. 더 나아가 링크수 분포는 시간과 무관한 정상 상태의 결과로서, 왜 서로 다른 역사, 크기, 나이의 네트워크가 비슷한 링크수 분포를 발전시키는지를 설명한다.

5.6 성장 혹은 선호적 연결의 부재

바라바시-알버트 모형에서 성장과 선호적 연결의 공존은 중요한 질문을 제기한다. 척도 없는 특성이 발현되기 위해서는 이 두 가지가 필수적인가? 다시 말해, 이 두 요소 중 하나만으로 척도 없는 네트워크를 만들 수 있는가? 이 질문에 답하기 위해 다음에서는 두 요소 중 한 가지만 갖는 바라바시-알버트 모형의 두 가지 제한된 경우에 대해 논의하겠다[10, 11].

5.6.1 모형 A

선호적 연결의 역할을 시험해보기 위해, 모형에서 성장하는 요소(요소 A)는 유지하고, 선호적 연결(요소 B)은 제거해보겠다. 따라서 **모형 A**는 m_0개의 노드로 시작하고, 다음의 단계를 거치며 성장한다.

(A) 성장

각 단계마다 $m(\leq m_0)$개의 링크를 갖는 새로운 노드를 추가하며, 이 링크들은 이전부터 존재했던 m개의 노드와 연결된다.

(B) **선호적 연결**

새로운 노드가 링크수 k_i인 노드와 연결될 확률은 다음과 같다.

$$\Pi(k_i) = \frac{1}{(m_0 + t - 1)} \qquad (5.16)$$

즉, $\Pi(k_i)$는 k_i에 독립적이며, 이는 새로운 노드가 연결할 노드를 임의로 선택한다는 뜻이다.

연속체 이론은 모형 A에 대해 $k_i(t)$가 시간에 따라 로그적으로 증가한다고 예측한다.

$$k_i(t) = m \ln \left(e \frac{m_0 + t - 1}{m_0 + t_i - 1} \right) \qquad (5.17)$$

이는 거듭제곱을 따르는 증가(식 (5.7))보다 훨씬 천천히 성장하는 것이다. 결과적으로, 링크수 분포는 지수함수를 따른다(그림 5.8(a)).

$$p(k) = \frac{e}{m} \exp \left(-\frac{k}{m} \right) \qquad (5.18)$$

지수 형태의 함수는 거듭제곱보다 훨씬 빠르게 감소하기 때문에 허브를 뒷받침하지 않는다. 따라서 선호적 연결의 부재는 네트워크의 척도 없는 성질과 허브를 만들지 못한다. 실제로, 모든 노드가 동일한 확률로 링크를 얻으면 부익부 과정이 존재하지 않아 뚜렷한 승자가 등장하지 못한다.

5.6.2 모형 B

성장의 역할을 알아보기 위해, 이번에는 선호적 연결(요소 B)을 유지하고, 성장(요소 A)을 제거했다. **모형 B**는 N개의 노드에서 다음의 단계를 거치며 성장한다.

(B) **선호적 연결**

각 단계마다 임의의 노드가 무작위로 선택되어, 이미 네트워크에 존재하는 링크수가 k_i인 노드 i와 연결된다. 이때 i는 확률 $\Pi(k)$를 따라 선택된다. 링크수 $k = 0$인 노드는 $\Pi(0) = 0$이기 때문에 $k = 1$로 가정한다. 이렇게 하지 않으면 이 노드들은 링크를 얻을 수 없다.

모형 B에서 노드의 개수는 네트워크가 성장하는 과정에서 상수로 유지되지만, 링크의 개수는 시간에 따라 선형적으로 증가한다. 결과적으로, 아주 오랜 시간 t가 지나면 개별 노드의 링크수 또한 시간에 대해 선형적으로 증가한다(그림 5.8(b), 내부 그림).

$$k_i(t) \approx \frac{2}{N}t \qquad (5.19)$$

실제로, 단계마다 새로운 링크를 추가하지만 노드의 개수는 변화하지 않는다.

네트워크에 링크가 별로 없는(즉, $L \ll N$) 초기에, 각각의 새로운 링크는 이전에 연결되지 않았던 노드들과 연결한다. 이 단계에서 모형의 진화는 바라바시-알버트 모형이 $m = 1$인 경우와 유사하다. 수치적 시뮬레이션은 이 단계에서 모형 B가 거듭제

(a)

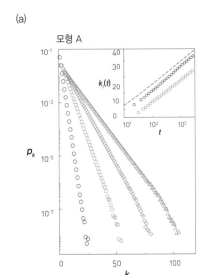

(b)

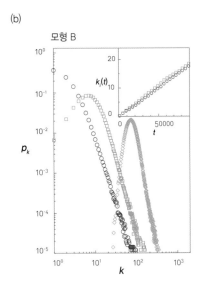

그림 5.8 모형 A와 모형 B

성장과 선호적 연결의 역할을 검증하는 수치적인 시뮬레이션

(a) **모형 A**

성장은 존재하지만 선호적 연결이 부재한 모형 A의 링크수 분포. 점의 형태는 $m_0 = m = 1$(원형), 3(사각형), 5(마름모), 7(삼각형)을 나타내며, $N = 800,000$이다. 선형 로그(linear-log) 그래프는 식 (5.18)에서 예측한 바와 같이 얻은 네트워크가 지수적 p_k를 가짐을 보여준다.

내부 그림: $t_1 = 7$과 $t_2 = 97$에서 $m_0 = m = 3$으로 추가된 두 노드의 시간에 따른 링크수. 점선은 식 (5.17)을 보여준다.

(b) **모형 B**

성장 요소는 부재하지만 선호적 연결은 존재하는 모형 B의 링크수 분포를 $N = 10,000$이고, $t = N$(원형), $t = 5N$(사각형), $t = 40N$(마름모)인 경우에 대해 보여준다. 링크수 분포 p_k의 변화하는 모양은 링크수 분포가 고정적이지 않음을 나타낸다.

내부 그림: $N = 10,000$일 때, 두 노드의 시간에 따른 링크수 $k_i(t)$가 식 (5.19)에서 예측한 바와 같이 선형적으로 증가함을 보여준다[11].

곱 꼬리를 갖는 링크수 분포를 형성함을 보인다(그림 5.8(b)).

그러나 p_k는 고정적이지 않다. 실제로, 일시적인 기간 후에 노드의 링크수는 평균 링크수로 수렴하고(식 (5.19)) 링크수 분포에는 최고점이 생긴다(그림 5.8(b)). 시간 $t \to N(N-1)/2$일 때, 네트워크는 점점 완전 네트워크$^{complete\ network}$가 되어가고, 이때 모든 노드의 링크수는 $k_{max} = N - 1$이 되어 $p_k = \delta(N-1)$이 된다.

요약하자면, 선호적 연결의 부재는 고정적이지만 지수함수적 링크수 분포를 갖는 성장하는 네트워크를 만든다. 반면에, 성장의 부재는 정상성을 잃게 하며 네트워크를 완전 네트워크로 수렴시킨다. 모형 A와 B가 실제에서 관측되는 척도 없는 분포를 재현하는 데 실패한다는 것은 성장과 선호적 연결이 척도 없는 특성의 발현을 위해 동시에 존재해야 함을 알려준다.

5.7 선호적 연결 측정하기

이전 절에서 성장과 선호적 연결이 척도 없는 특성에 동시적으로 요구됨을 확인했다. 실제 시스템에서 성장의 존재는 분명하다. 크기가 큰 모든 네트워크는 새로운 노드들이 추가되면서 현재의 크기에 도달했다. 하지만 선호적 연결도 실제 네트워크에 존재함을 설득하려면, 선호적 연결을 실험적으로 발견해야 한다. 이번 절에서는 실제 네트워크에서 $\Pi(k)$를 측정해 선호적 연결을 발견하는 방법을 소개할 것이다.

선호적 연결은 구별되는 두 가지 가정에 의존한다.

가정 1

임의의 노드와 연결할 가능성은 그 노드의 링크수 k에 의존한다. 이는 무작위 네트워크 모형과 구분되는 부분으로, 무작위 모형에서 $\Pi(k)$는 k에 무관하다.

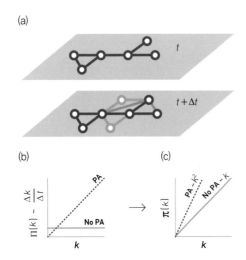

가정 2

확률 $\Pi(k)$는 k에 선형적인 함수 형태를 갖는다.

두 가정 모두 $\Pi(k)$를 측정하면서 시험해볼 수 있다. 개별 노드가 네트워크에 참여한 시간을 아는 시스템이나, 수집된 시간의 차이가 크지 않은 두 네트워크의 지도를 갖고 있는 시스템의 $\Pi(k)$를 결정할 수 있다[146, 147].

각기 다른 2개의 지도를 갖고 있는 네트워크를 생각해보자. 첫 번째 지도는 시간 t일 때 얻었고, 두 번째 지도는 $t + \Delta t$일 때 얻었다(그림 5.9(a)). 기간 Δt 동안 링크수가 변한 노드들을 통해 $\Delta k_i = k_i(t + \Delta t) - k_i(t)$를 측정할 수 있다. 식 (5.1)을 따라 $\Delta k_i/\Delta t$의 상대적인 변화는 다음을 따르고, 이는 선호적 연결의 함수 형태를 제공한다.

$$\frac{\Delta k_i}{\Delta t} \sim \Pi(k_i) \qquad (5.20)$$

식 (5.20)이 유효하려면 Δt를 작게 유지해야 한다. 그래야만 두 네트워크의 차이가 적당한 값을 가질 수 있다. 하지만 Δt가 너무 작지 않아야 두 네트워크 사이에 여전히 감지할 수 있는 차이가 존재할 수 있다.

실제로 얻은 $\Delta k_i/\Delta t$ 곡선은 깨끗하지 않다. 지저분한 부분을 제거하기 위해 **누적 선호적 연결 함수**cumulative preferential attachment function를 측정한다.

$$\pi(k) = \sum_{k_i=0}^{k} \Pi(k_i) \qquad (5.21)$$

선호적 연결이 부재한 상태에서는 $\Pi(k_i)$ = 상수이기 때문에 식 (5.21)을 따라 $\pi(k) \sim k$가 된다. 선형적 선호적 연결이 존재한다면, 다시 말해 $\Pi(k_i) = k_i$가 존재한다면 $\pi(k) \sim k^2$이 될 것이다.

그림 5.10은 네 가지 실제 네트워크에서 측정된 $\pi(k)$를 보여준다. 개별 시스템마다 $\pi(k)$가 선형보다 빠르게 증가함을 확인할 수 있고, 이는 선호적 연결이 존재함을 의미한다. 또한 그림 (5.10)은 $\Pi(k)$가 다음과 같이 근사함을 제시한다.

그림 5.9 선호적 연결 탐지하기

(a) 동일 네트워크에서 시간이 t와 $t + \Delta t$인 두 네트워크 지도를 얻을 수 있다면, 이 두 지도를 비교해 $\Pi(k)$ 함수를 측정할 수 있다. 구체적으로, $t + \Delta t$에 새로운 녹색 노드 2개가 유입되면서 새로운 링크를 얻은 노드를 살펴보자. 주황색 선은 이전에 연결되지 않았던 두 노드를 연결하는 링크를 보여주며, 이를 **내부 링크**(internal link)라 부른다. 이 링크의 역할은 6장에서 논의하겠다.

(b) 선호적 연결의 존재로 인해, $\Delta k/\Delta t$는 시간 t일 때 노드의 링크수에 선형적으로 의존할 것이다.

(c) 누적 선호적 연결 함수 $\pi(k)$를 통해 선호적 연결의 존재 혹은 부재를 탐지할 수 있다(그림 5.10).

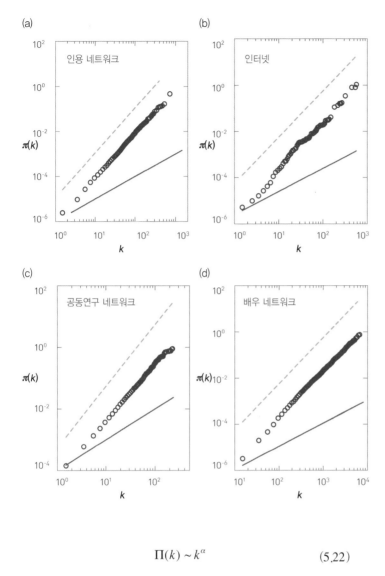

그림 5.10 선호적 연결의 증거

그림은 몇 가지 실제 네트워크에서 식 (5.21)에 의해 정의된 누적 선호적 연결 함수 $\pi(k)$를 보여준다.

(a) 인용 네트워크

(b) 인터넷

(c) 과학 공동연구 네트워크(뇌과학)

(d) 배우 네트워크

각 패널에는 시각적 도움을 위한 2개의 선이 있다. 점선은 선형적인 선호적 연결($\pi(k) \sim k^2$)이고, 직선은 선호적 연결이 부재한 경우($\pi(k) \sim k$)다. 가정 1을 따라, 각 데이터에서 k 의존성(k-dependence)을 측정한다. 그러나 (c)와 (d)에서 $\pi(k)$는 k^2보다 천천히 성장한다. 이는 이 시스템들에서 선호적 연결이 준선형이며, 가정 2를 충족하지 못함을 보여준다. 이 측정은 새로운 노드의 도착과 함께 추가된 링크들만 고려하며, 내부 링크의 추가는 무시한다는 점을 기억하자.

출처: [146]

$$\Pi(k) \sim k^{\alpha} \tag{5.22}$$

인터넷과 인용 네트워크에서 $\alpha \approx 1$이기 때문에 식 (5.1)에서처럼 $\Pi(k)$가 k에 선형적으로 의존함을 알 수 있다. 이는 가정 1 및 2와도 잘 맞는 부분이다. 공동 저자와 배우 네트워크에서 가장 좋은 맞춤^{fit}은 $\alpha = 0.9 \pm 0.1$이어서 이를 통해 **준선형 선호적 연결**sublinear preferential attachment의 존재를 알 수 있다.

요약하자면, 식 (5.20)을 통해 실제 네트워크에서 선호적 연결의 존재(혹은 부재)를 탐지할 수 있다. 이 측정은 연결 확률이 노드의 링크수에 의존한다는 사실을 보인다. 몇몇 시스템에서는 선호적 연결이 선형적이고, 다른 경우에는 준선형일 수 있음도 확인했다. 이러한 비선형성은 다음 절에서 논의한다.

5.8 비선형 선호적 연결

그림 5.10에서 준선형 선호적 연결의 관측은 중요한 질문을 제기한다. 네트워크 구조에서 비선형성의 영향은 무엇일까? 이에 답하기 위해, 식 (5.1)의 선형 선호적 연결을 식 (5.22)로 변경하고 이를 통해 얻은 **비선형 바라바시-알버트 모형**의 링크수 분포를 계산했다.

지수 $\alpha = 0$일 때의 기작은 분명하다. 선호적 연결이 부재할 때는 5.4절에서 논의한 모형 A로 되돌아간다. 결과적으로 링크수 분포는 식 (5.17)의 지수함수 형태가 된다.

지수 $\alpha = 1$일 때는 바라바시-알버트 모형으로 돌아가며, 링크수 분포가 식 (5.14)를 따르는 척도 없는 네트워크를 얻게 된다.

다음으로 $\alpha \neq 0$이고 $\alpha \neq 1$인 경우를 살펴보자. 임의의 α에 대한 p_k 계산을 통해 여러 눈금잡기 영역을 예측할 수 있다[145] (심화 주제 5.B).

준선형 선호적 연결($0 < \alpha < 1$)

어느 $\alpha > 0$에서도 새로운 노드는 연결이 적은 노드보다 더 많이 연결된 노드를 선호한다. 하지만 $\alpha < 1$인 경우, 이러한 편향 bias이 약해서 척도 없는 링크수 분포를 만들기에 충분치 않다. 대신 이 영역에서는 링크수가 펼쳐진 지수함수 분포를 따른다 (4.10절).

$$p_k \sim k^{-\alpha} \exp\left(\frac{-2\mu(\alpha)}{\langle k \rangle(1-\alpha)} k^{1-\alpha}\right) \qquad (5.23)$$

여기서 $\mu(\alpha)$는 오직 α에만 약하게 의존한다. 식 (5.23)의 지수함수 절단은 준선형 선호적 연결이 허브의 크기와 수를 제한한다는 것을 보여준다.

준선형 선호적 연결은 가장 큰 링크수 k_{max}의 크기도 변형시킨다. 척도 없는 네트워크에서 k_{max}는 식 (4.18)처럼 시간의 다항식 형태를 따라 변화한다. 준선형 선호적 연결에서는 다음과 같은 형태를 얻을 수 있는데,

$$k_{max} \sim (\ln t)^{1/(t-\alpha)} \qquad (5.24)$$

여기서의 로그 의존성은 다항식에서의 최대 링크수의 성장보다 훨씬 느리게 이뤄진다. 이런 느린 성장이 $\alpha < 1$에서 허브가 더 작은 이유다(그림 5.11).

초선형 선호적 연결($\alpha > 1$)

연결이 잘된 노드와 연결하려는 경향은 $\alpha > 1$일 때 더 강화되어 **부익부 과정**을 가속시킨다. 이에 대한 결과는 $\alpha > 2$일 때 가장 극명하게 나타나는데, 이 경우에 모형은 **승자독식**^{winner-takes-all} 현상을 보인다. 거의 모든 노드가 아주 적은 수의 **슈퍼허브**^{super-hub}와 연결된다. 이로 인해, 허브-바큇살 네트워크가 발현하고, 대부분의 노드가 적은 수의 중심 노드들과 바로 연결된다. 이 상황은 $1 < \alpha < 2$일 때는 덜 극단적이지만, 비슷하다.

이 승자독식 과정은 가장 큰 허브의 크기도 변화시킨다(그림 5.11).

$$k_{max} \sim t \qquad (5.25)$$

즉, $\alpha > 1$일 때 가장 큰 허브는 전체 노드 중 유한한 비율, 즉 상당수와 연결된다.

정리하면, 비선형 선호적 연결이 링크수 분포를 바꾸며, 허브의 크기를 제한하거나($\alpha < 1$) 슈퍼허브를 이끌어낼 수 있다($\alpha > 1$, 그림 5.12). 결과적으로, 순수한 거듭제곱 법칙 p_k를 갖는 네트워크를 얻기 위해 $\Pi(k)$가 링크수에 선형적으로 의존해야 한다. 실제 많은 시스템에서 이러한 선형 의존성을 확인할 수 있지만, 과학 공동연구 네트워크 혹은 배우 네트워크와 같은 경우에는 선형적 연결이 준선형을 따른다. 비선형 $\Pi(k)$는 실제 네트워크의

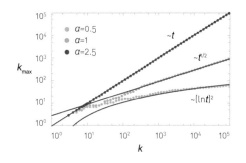

그림 5.11 허브의 성장

선호적 연결 특성은 가장 큰 노드의 링크수에 영향을 준다. 척도 없는 네트워크($\alpha = 1$)에서 가장 큰 허브는 $t^{1/2}$를 따라 성장하지만(녹색, 식 (4.18)), **준선형 선호적 연결**($\alpha < 1$)에서는 식 (5.24)와 같은 로그 형태를 띤다. **초선형 선호적 연결**($\alpha > 1$)일 경우 가장 큰 허브가 시간에 대해 선형적으로 성장하며, 식 (5.25)에 나타나 있듯이 언제나 모든 링크 중 유한한 비율과 연결되어 있다. 서로 다른 색의 원형들은 수치적 시뮬레이션으로 얻어진 것이고, 점선은 분석적 예측을 통해 얻어진 값이다.

그림 5.12 비선형 선호적 연결

비선형 바라바시-알버트 모형을 특징짓는 눈금잡기 영역이다. 위에 있는 3개의 패널은 서로 다른 $\alpha(N = 10^4)$에 대한 p_k를 보여준다. 네트워크 지도는 각각에 해당하는 구조를 보여준다($N = 100$). 이론적인 결과를 통해 4개의 눈금잡기 영역이 존재함을 알 수 있다.

선호적 연결의 부재($\alpha = 0$)

네트워크는 식 (5.18)의 단순한 지수함수 링크수 분포를 갖는다. 허브는 없고, 결과적으로 얻은 네트워크는 무작위 네트워크보다 단순하다.

준선형 영역($0 < \alpha < 1$)

링크수 분포는 식 (5.23)의 펼쳐진 지수함수를 따르며, 척도 없는 네트워크보다 더 작고 수적으로도 적은 허브를 갖는다. 지수 $\alpha \to 1$이 되면서 절단 길이가 늘어나고, p_k가 링크수가 증가하는 범위에서 거듭제곱 법칙을 따른다.

선형 영역($\alpha = 1$)

이 영역이 바라바시-알버트 모형에 해당하며, 링크수 분포는 거듭제곱 법칙을 따른다.

초선형 영역($\alpha > 0$)

링크수가 많은 노드가 불균형적으로 매력적이다. 승자독식 동역학이 허브-바큇살 구조를 만들어낸다. 이 구조에서는 가장 빨리 시스템에 유입된 노드들은 슈퍼허브가 되고, 다른 모든 뒤따르는 노드는 슈퍼허브들과 연결된다. 지수 $\alpha = 1.5$인 것에서 알 수 있듯이, 링크수 분포는 크기가 작은 많은 노드와 몇몇 **슈퍼허브**가 공존하며, 슈퍼허브는 $k = 10^4$에 가까운 링크수를 갖는다.

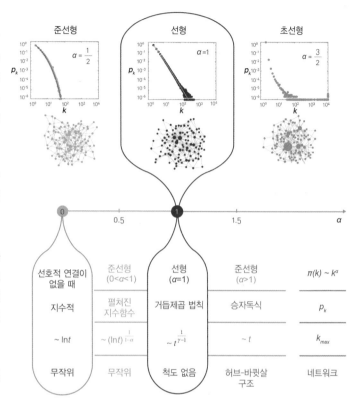

링크수 분포가 순수한 거듭제곱 법칙에서 벗어나는 이유 중 하나다. 따라서 준선형적 $\Pi(k)$를 갖는 시스템에서는 펼쳐진 지수함수(식 (5.23))가 링크수 분포에 대한 더 나은 맞춤^{fit}을 제공할 수 있다.

5.9 선호적 연결의 근원

실제 네트워크의 진화에 있어 선호적 연결이 핵심적인 역할을 하는 것을 고려할 때, 이 선호적 연결이 어디서 왔는가에 대한 질문을 해야만 한다. 이 질문은 2개의 좀 더 세부적인 질문으로 나눌 수 있다.

왜 $\Pi(k)$는 k에 의존하는가?

왜 $\Pi(k)$의 k에 대한 의존도는 선형적인가?

지난 십여 년 동안, 이 질문들에 대해 철학적으로 다른 두 대답이 제시됐다. 첫 번째 답은 선호적 연결을 무작위적 사건과 몇몇 네트워크의 구조적 특성 사이의 상호작용으로 바라본다. 이 메커니즘은 네트워크의 전반적인 상태에 대한 지식이 요구되지 않지만, 무작위적 사건에 대한 지식은 요구한다. 이러한 이유로 첫 번째 답을 **국소적**local 혹은 **무작위적**random 메커니즘이라고 부른다. 두 번째 답은 각각의 새로운 노드 혹은 링크가 경쟁하는 필요의 균형을 맞춘다고 가정한다. 이 때문에 두 번째 경우는 비용 편익 분석cost-benefit analysis으로 이해된다. 이에 해당하는 모형들은 전체 네트워크와 최적화 원리가 적용된다고 가정하며, **전역**global 혹은 **최적화**optimized 메커니즘이라 불린다. 이번 절에서는 이 두 접근법을 알아보자.

5.9.1 국소 메커니즘

바라바시-알버트 모형은 선호적 연결의 존재를 사실이라고 가정한다. 그러나 아래에서 살펴보겠지만 선호적 연결 없이도 척도 없는 네트워크를 만들 수 있다. 이는 선호적 연결을 **발생시켜**generating 이뤄진다. 다음에서 이에 해당하는 모형 중 두 가지를 살펴보고, 각 모형에 대한 $\Pi(k)$를 유도해 선호적 연결의 근원을 이해해보자.

5.9.2 링크 선택 모형

링크 선택 모형link-selection model은 선호적 연결 없이 척도 없는 네트워크를 만들 수 있는 국소 메커니즘의 예 중 가장 단순한 형태일 것이다[148]. 이 모형은 다음과 같이 정의된다(그림 5.13).

- **성장**: 시간 단계마다 네트워크에 새로운 노드를 추가한다.
- **링크 선택**: 링크를 무작위로 선정하고, 이 링크의 양 끝에 있는 두 노드 중 하나의 노드와 새로운 노드를 연결한다.

이 모형은 전체적인 네트워크에 대한 지식을 전혀 요구하지 않

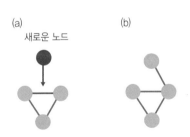

그림 5.13 링크 선택 모형

(a) 네트워크는 새로운 노드가 추가되면서 성장하며, 네트워크에서 링크는 무작위로 선정된다(보라색으로 표시).

(b) 새로운 노드는 동일한 확률로 선택된 링크의 양 끝에 있는 두 노드 중 하나와 연결한다. 이 경우, 새로운 노드가 선택된 링크의 오른쪽 끝에 있는 노드와 연결됐다.

으며, 선천적으로 국소적이고 무작위적이다. 바라바시-알버트 모형과 다르게, 이 모형에는 정해진 $\Pi(k)$ 함수가 없다. 하지만 이 모형을 통해 선호적 연결을 만들어낼 수 있다.

무작위로 선정한 링크의 양 끝 중 한쪽에 있는 노드가 링크수 k를 가질 확률 q_k를 정의하면서 시작해보자.

$$q_k = Ckp_k \qquad (5.26)$$

식 (5.26)은 두 가지 영향을 담아내고 있다.

- 한 노드의 링크수가 많을수록, 그 노드가 선택된 링크의 한쪽 끝에 위치할 가능성이 크다.
- 네트워크에 링크수가 k인 노드가 많을수록(즉, p_k가 클수록), 링크의 한쪽 끝에 링크수가 k인 노드가 존재할 가능성이 크다.

식 (5.26)에서 C는 정규화 조건인 $\Sigma q_k = 1$을 사용해 얻을 수 있고, $C = 1/\langle k \rangle$가 된다. 따라서 링크수가 k인 노드가 무작위로 선택된 링크의 한쪽 끝에 있을 확률은 다음과 같다.

$$q_k = \frac{kp_k}{\langle k \rangle} \qquad (5.27)$$

식 (5.27)은 새로운 노드가 링크수 k인 노드와 연결될 확률이다. 식 (5.27)에서 확인되는 k에 대한 선형적 편향은 링크 선택 모형이 선형 선호적 연결을 통해 척도 없는 네트워크를 만들 수 있음을 보여준다.

5.9.3 복제 모형

링크 선택 모형이 선호적 연결의 가장 단순한 형태의 메커니즘을 제공하지만, 이 모형이 국소 메커니즘을 따르는 모형들 중 최고이거나 가장 대중적인 모형인 것은 아니다. **복제 모형**copying model이 바로 이런 특성을 갖는 특별한 모형이다(그림 5.14). 이 모형은 단순한 현상을 모사한다. 새로운 웹 페이지의 주인들은 관련된 주제를 다루는 다른 웹 페이지에서 링크를 빌려오고자 한다[149, 150]. 이는 다음과 같이 정의된다.

각 단계마다 새로운 노드가 네트워크에 추가된다. 누구와 연결할지 선택할 때 노드 u를 무작위로 선택한다. 예컨대, 새로운 노드의 콘텐츠와 관련 있는 콘텐츠를 갖는 웹 문서와 연결하는 식이다(그림 5.14).

(i) **무작위 연결**: 확률 p로 새로운 노드가 u와 연결된다. 즉, 무작위로 선택된 웹 문서와 연결하는 것이다.

(ii) **복제**: $1 - p$의 확률로 노드 u에서 **나가는 링크**$^{\text{outgoing link}}$를 무작위로 선택하고, 새로운 노드와 선택한 링크의 목표 노드를 연결한다. 다시 말해, 새로운 웹 페이지가 노드 u와 바로 연결되는 것이 아니라 노드 u의 링크를 **복제**하여 노드 u의 링크가 목표한 노드와 연결되는 것이다.

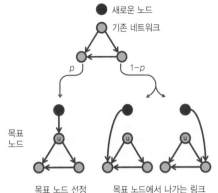

그림 5.14 복제 모형

복제 모형의 핵심적인 단계들. 새로운 노드는 무작위로 선택된 목표 노드 u와 확률 p로 연결되거나, $1 - p$의 확률로 목표 노드 u가 가리키는 노드 중 하나와 연결한다. 다시 말해, $1 - p$의 확률로 새로운 노드는 목표 노드 u의 링크를 복제한다.

(i)단계에서 어떤 특정 노드를 선택할 확률은 $1/N$이다. (ii)단계는 무작위로 선택된 링크와 연결된 노드를 선택할 확률과 같다. 이 두 번째 복제 단계를 통해 링크수가 k인 노드를 선택할 확률은 방향이 없는 네트워크의 경우 $k/2L$이다. (i)단계와 (ii)단계를 결합하면, 새로운 노드가 링크수가 k인 노드와 연결할 확률은 다음과 같다.

$$\Pi(k) = \frac{p}{N} + \frac{1-p}{2L}k$$

위 식은 k에 선형적이기 때문에, 선형 선호적 연결이 될 것을 예상할 수 있다.

복제 모형이 인기 있는 이유는 이 모형이 실제 시스템에 적합한 특성을 갖기 때문이다.

- **사회연결망**: 개인이 아는 사람이 많을수록, 기존의 아는 사람들로부터 다른 사람을 소개받을 확률이 크다. 친구들의 친구들을 '복제'하는데, 결과적으로 친구가 없으면 새로운 친구를 사귀기 어렵다.

- **인용 네트워크**: 어떤 과학자도 특정 주제에 대해 출판된 모든

논문에 친숙해지기는 어렵다. 저자들은 무엇을 읽고 인용할 지를 그들이 읽어온 논문에서 인용한 논문들을 '복제'하여 결정한다. 결과적으로, 인용 수가 많은 논문이 다시 인용될 가능성이 크다.

- **단백질 상호작용**: 세포에서 새로운 유전자의 발현을 책임지는 유전자 복제는 복제 모형과 연결될 수 있고, 이를 통해 단백 질 네트워크의 척도 없는 특성을 설명할 수 있다[151, 152].

종합하자면, 링크 선택 모형과 복제 모형이 무작위 연결을 통한 선형 선호적 연결을 만들어냄을 알 수 있다.

5.9.4 최적화

경제학의 오래된 가정은 사람은 합리적인 결정을 하고 비용과 편익 사이에서 균형을 맞춘다는 것이다. 즉, 개인은 각자의 이 익을 최대로 만들고자 한다. 여기서 경제학의 합리적 선택^{rational} ^{choice}이 시작됐다[153]. 이는 현대 정치학, 사회학, 철학에서의 핵심적 가정이기도 하다. 앞으로 확인하게 되겠지만, 이러한 합 리적 결정은 선호적 연결로 귀결될 수 있다[154, 155, 156].

인터넷을 생각해보자. 인터넷의 노드는 케이블을 통해 연결 된 라우터들이다. 두 라우터 사이에 새로운 인터넷 연결을 만들 기 위해서는 그들 사이에 새로운 케이블을 설치해야 한다. 이 과 정은 비용이 많이 들기 때문에, 각각의 새로운 링크들은 심도 있 는 비용 편익 분석을 거쳐 진행된다. 각각의 새로운 라우터(노 드)는 연결할 링크를 선택할 때, 네트워크 접근 성능을 좋게 하 는 것(즉, 적절한 대역폭)과 새로운 케이블을 설치하는 데 드는 비 용(즉, 물리적 거리) 사이에서 균형을 맞출 것이다. 목적이 상충하 는 상황이다. 가장 가까운 노드가 가장 좋은 네트워크 성능을 제 공하지 못할 수 있기 때문이다.

단순하게 생각해보기 위해 단위 정사각형의 지형에 모든 노 드가 위치해 있다고 가정해보자. 각 시간 단계마다, 정사각형에 서 임의로 한 지점을 선택하여 노드의 물리적 위치를 정해서 추가한다. 새로운 노드 i를 누구와 연결할지 결정할 때는 다음의 비용 함수를 계산한다[154].

$$C_i = \min_j[\delta d_{ij} + h_j] \qquad (5.28)$$

이때 이미 네트워크에 존재하는 각 노드 j와 연결할 때 드는 비용을 비교한다. 여기서 d_{ij}는 새로운 노드 i와 잠정적인 목표 노드 j 사이의 기하학적 거리Euclidean distance이고, h_j는 네트워크의 첫 번째 노드로부터 노드 j까지의 네트워크에 기반한 거리다. 첫 번째 노드란 네트워크의 적절한 '중심center'으로 지정한 노드로 (그림 5.15), 네트워크에 최대 성능을 제공한다. 따라서 h_j는 노드 j가 제공하는 '자원resource'을 의미하며, 노드 j와 네트워크 중심으로부터의 거리로 측정된다.

계산 결과에 따르면 네트워크는 세 가지 구조를 가질 수 있다. 이는 식 (5.28)의 매개변수 δ와 N에 의존한다(그림 5.15).

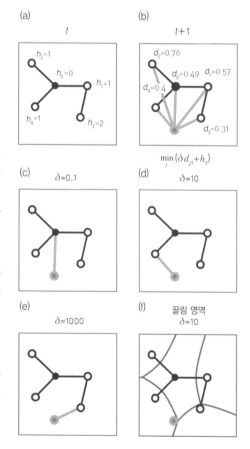

그림 5.15 최적화 모형

(a) 각 노드에 대해 식 (5.28)의 h_j 항이 표시되어 있는 작은 네트워크. 여기서 h_j는 노드 $i = 0$으로부터 노드 j의 네트워크에 기반한 거리를 나타내며, 노드 i는 네트워크의 '중심'으로 지정되어 가장 좋은 네트워크 성능을 제공한다. 따라서 $h_0 = 0$이고 $h_3 = 2$다.

(b) 새로운 노드(초록색)는 식 (5.28)의 C_j를 최소화하는 노드 j와 연결할 것이다.

(c)~(e) 만약 δ가 작다면, 새로운 노드는 $h_j = 0$인 중심 노드와 연결할 것이다. 점점 δ를 증가시키면서, 식 (5.28)의 균형이 이동해 새로운 노드가 좀 더 멀리 있는 노드와 연결하게 한다. (c)~(e)의 그림은 새롭게 들어온 초록색 노드가 각기 다른 δ에 따라 어떻게 다른 선택을 하는지 보여준다.

(f) $\delta = 10$일 때 개별 노드의 끌림 영역. 새로운 노드가 끌림 영역 안쪽에 도달하면 항상 영역의 중심에 있는 노드와 연결한다. 각 영역의 크기는 영역의 중심에 있는 노드의 링크수에 따라 달라진다. 실제로, h_j가 작을수록 최소화를 유지하면서 새로운 노드와의 거리를 더 늘릴 수 있다(식 (5.28)). 하지만 노드 j의 링크수가 클수록, 중심 노드로부터 해당 노드까지의 기대 거리 h_j는 더 작아진다.

별 모양 네트워크($\delta < (1/2)^{1/2}$)

기하학적 거리는 $\delta = 0$인 경우에 상관이 없다. 따라서 각 노드는 모두 중심 노드와 연결되어 네트워크는 별 모양으로 바뀐다. 각 단계마다 별 모양의 구조를 갖게 되고, 식 (5.28)에서 h_j 항이 δd_{ij} 항을 압도한다.

무작위 네트워크($\delta \geq N^{1/2}$)

아주 큰 δ의 경우, 거리에 대한 항 δd_{ij}의 기여가 h_j의 기여를 압도한다(식 (5.28)). 이 경우, 각 노드는 가장 가까운 노드와 연결한다. 이를 통해 얻은 네트워크는 무작위 네트워크처럼 제한적인 링크수 분포를 갖는다(그림 5.16(b)).

척도 없는 네트워크($4 \leq \delta \leq N^{1/2}$)

수치적 시뮬레이션과 분석적 계산을 통해 중간 정도의 δ 값이 척도 없는 특성을 갖는 네트워크를 만들 수 있음을 알 수 있다 [154]. 이 영역에서 거듭제곱 분포의 근원은 두 가지 경쟁적인 메커니즘으로부터 나온다.

(i) **최적화**optimization: 각 노드는 끌림 영역을 갖기 때문에 이 영역에 도달하는 노드는 항상 해당 노드와 연결한다. 개별 영역의 크기는 중앙에 위치한 노드 j의 h_j에 따라 달라지고, 이는 결국 노드 j의 링크수 k_j와 연관되어 있다(그림 5.15(f)).

(ii) **무작위성**randomness: 새로운 노드의 위치를 무작위로 선택하는데, 이는 N개의 끌림 영역 중 하나에 속하게 된다. 가장 큰 링크수를 갖는 노드는 가장 큰 끌림 영역을 가지며, 이를 통해 대부분의 노드와 링크를 얻는다. 이 과정은 그림 5.16(d)에 나타난 것처럼 선호적 연결을 만든다.

정리해보자. 앞에서 살펴본 모형들은 정의상 구체적인 $\Pi(k)$ 함수를 갖고 있지 않았지만, 척도 없는 네트워크를 만들었다. 이번 절에서 살펴본 것처럼 이 과정들은 선호적 연결을 초래한다. 선호적 연결을 만들어내는 메커니즘은 두 가지 근원을 가질 수 있다(그림 5.17). 첫 번째는 링크 선택 혹은 복제와 같이 무작위 과

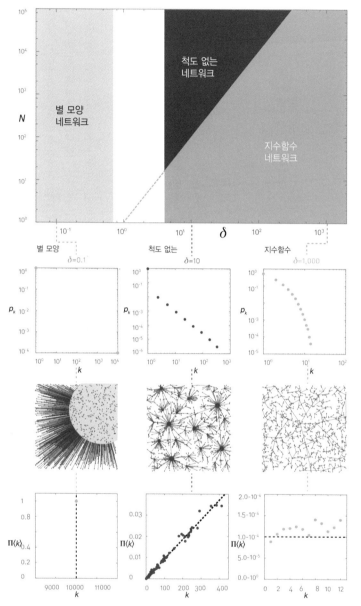

그림 5.16 최적화 모형의 눈금잡기

(a) 최적화 모형을 통해 얻은 세 가지 네트워크 유형. 별 모양 네트워크, 척도 없는 네트워크, 지수함수 네트워크. 표시되지 않은 영역의 네트워크 구조는 알려지지 않았다.

별 모양 구조의 수직 경계는 $\delta = (1/2)^{1/2}$이다. 이는 모형이 정의된, 한 변의 길이가 1인 정사각형 안에 있는 두 노드 사이 거리의 최댓값의 역수다. 따라서 $\delta < (1/2)^{1/2}$이면, 어떤 새로운 노드에 대해서든 $\delta d_{ij} < 1$이 되어 식 (5.28)의 중심 노드와의 연결에 대한 비용 함수 $C_i = \delta d_{ij} + 0$이 된다. 이 비용 함수는 중심 노드가 아닌 다른 노드와 연결할 때 드는 비용 $f(i, j) = \delta d_{ij} + 1$보다 항상 낮은 값을 갖는다. 따라서 $\delta < (1/2)^{1/2}$일 때 모든 노드는 노드 0과 연결한다(허브-바큇살 네트워크 (c)).

척도 없는 영역의 비스듬한 경계는 $\delta = N^{1/2}$이다. 실제로, 단위 정사각형에 노드가 무작위로 위치하면 이웃 간의 일반적인 거리는 $N^{-1/2}$으로 감소한다. 따라서 $d_{ij} \sim N^{-1/2}$이면 대부분의 노드 쌍에 대해 $\delta d_{ij} \geq h_{ij}$가 된다. 전형적으로, 중심 노드 h_j까지의 경로 길이는 N보다 느리게 증가한다(좁은 세상 네트워크의 경우 $h \sim \log N$). 따라서 C_i에서 δd_{ij} 항의 기여도가 커지고, 가장 작은 C_i는 거리에 의존하는 항들을 최소화함으로써 얻어진다. 엄밀하게 말해서 이 전이는 $N \to \infty$일 때만 일어난다. 하얗게 보이는 영역에 대해서는 링크수 분포에 대한 해석적 형태가 존재하지 않는다.

(b) (a)에 표시된 세 영역에서 만들어진 $N = 10^4$인 네트워크들의 링크수 분포

(c) 선택된 δ에 대한 최적화 모형으로 만들어진 일반적인 구조. 노드 크기는 노드의 링크수에 비례한다.

(d) 5.6절에서 설명한 방법을 적용해 선호적 연결 함수를 측정했다. 노드의 개수가 $N = 10,000$인 네트워크에서 시작해, 새로운 노드를 추가하면서 새로운 노드와 연결된 노드의 링크수를 측정했다. 이 과정을 10,000번 반복해 $\Pi(k)$를 얻었다. 그래프들을 통해 선형 선호적 연결이 척도 없는 영역에서 존재함을 알 수 있다. 하지만 별 모양과 지수함수 네트워크 영역에서는 선호적 연결이 존재하지 않는다.

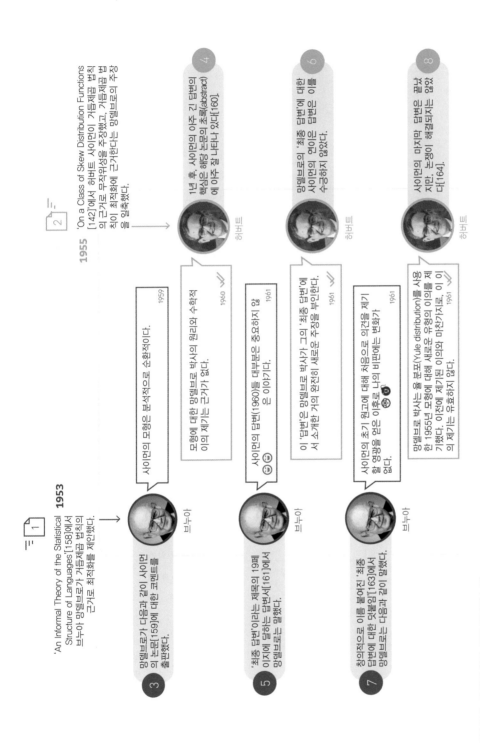

그림 5.17 우연과 힘power: 아주 오래된 논쟁

거듭제곱 법칙에 대한 상반된 두 가지 설명인 무작위성과 최적화 사이의 긴장은 전혀 새로운 것이 아니다. 1960년대에 허버트 사이먼(Herbert Simon)과 브누아 망델브로(Benoit Mandelbrot)는 바로 이 주제에 대해 공개적으로 뜨겁게 논쟁했다. 사이먼은 선호적 연결이 단어의 빈도수에서 나타나는 거듭제곱 성질에 책임이 있다고 주장했다. 망델브로는 냉정하게 최적화에 기반한 해석을 옹호했다. 이 논쟁은 2년 동안 7개의 논문에 걸쳐 지속됐고, 가장 공격적인 의견충돌 중 하나로 기록됐다. 오늘날 네트워크의 관점에서 이 논쟁은 사이먼에게 유리하도록 이름 붙여졌다. 부잣세 네트워크에서 관측된 거듭제곱 법칙이 무작위성과 선호적 연결에 의해 발생한다는 것이다. 그러나 망델브로가 제안한 최적화에 기반한 아이디어도 선호적 연결의 근원을 설명하는 데 중요한 역할을 한다. 결과적으로는 두 사람 다 옳았다.

정에 근거한 것이고, 두 번째는 최적화다. 최적화는 새로운 노드가 경쟁적인 기준을 갖고 누구와 연결할지를 결정한다. 위에서 논의한 개별 메커니즘은 바라바시-알버트 모형에서 가정된 것과 같은 선형 선호적 연결을 만든다. 5.8절에서 논의한 비선형 선호적 연결을 만들어낼 수 있는 메커니즘에 대해서는 알려진 바가 없다.

이번 절에서 논의한 메커니즘들의 다양성을 통해 선형 선호적 연결이 아주 많고 다양한 시스템에 존재할 수 있는 이유가 합리적 선택과 무작위 행동 둘 다에서 기인할 수 있음을 알 수 있었다[157]. 대부분의 복잡계는 이 둘 모두가 작용하는 과정을 통해 이해할 수 있다. 그러므로 우연이든 이유가 있든 선호적 연결은 언제나 나타난다.

5.10 지름과 뭉침 계수

바라바시-알버트 모형의 특성에 대한 설명을 완성하기 위해 네트워크의 지름과 뭉침 계수 기작에 대해 논의해보자.

5.10.1 지름

바라바시-알버트 모형의 최대 거리인 네트워크 지름은 $m > 1$이고 네트워크의 크기가 클 때 다음을 따른다[120, 121].

$$\langle d \rangle \sim \frac{\ln N}{\ln \ln N} \qquad (5.29)$$

따라서 지름은 $\ln N$보다 천천히 증가하여, 바라바시-알버트 모형에서의 거리를 비슷한 크기인 무작위 네트워크에서의 거리보다 작게 만든다. 이 차이는 네트워크의 크기 N이 클 때 의미 있게 나타난다.

식 (5.29)가 지름에 대해 유도됐지만, 평균 거리 $\langle d \rangle$도 비슷한 방식으로 늘어난다. 실제로, 그림 5.18에서 보이는 것처럼 작은

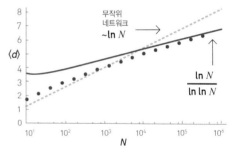

그림 5.18 평균 거리

바라바시-알버트 모형의 시스템 크기에 대한 평균 거리의 의존성. 실선은 식 (5.29)의 정확한 결과이고, 점선은 무작위 그래프에 대한 식 (3.19)에서 얻은 예측값이다. 분석적인 예측은 정확한 전인자(pre-factor)를 제공하지 않기 때문에 선들이 서로 일치하지는 않는다. N에 따른 경향성의 예측치를 보여줄 뿐이다. 결괏값들은 $m = 2$일 때에 대한 열 번의 독립적 시행에서 얻어졌다.

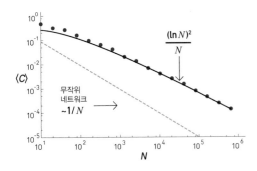

그림 5.19 뭉침 계수

바라바시-알버트 모형의 시스템 크기 N에 대한 평균 뭉침 계수의 의존성. 실선은 식 (5.30)에서 얻은 분석적 예측값이고, 점선은 무작위 네트워크에서의 예측값으로 $\langle C \rangle \sim 1/N$이다. 위 결과는 $m = 2$인 경우에서 독립적인 열 번의 시행 후 평균낸 값이다. 점선과 연속적 곡선은 서로 일치하지는 않지만, N에 따른 경향성의 예측치를 보여주기 위해 함께 그렸다.

N에 대해 $\ln N$ 항은 N에 대해 $\langle d \rangle$가 증가하는 정도를 보여준다. 하지만 크기가 큰 $N(\geq 10^4)$의 경우 로그 보정 항 $\ln \ln N$의 영향이 더 눈에 띄게 된다.

5.10.2 뭉침 계수

바라바시-알버트 모형의 뭉침 계수는 다음과 같다[165](심화 주제 5.C).

$$\langle C \rangle \sim \frac{(\ln N)^2}{N} \tag{5.30}$$

식 (5.30)의 예측치는 무작위 네트워크 모형에서 얻은 의존도 $1/N$과 꽤 다른 값이다(그림 5.19). 이 차이는 $(\ln N)^2$ 항에서 나오는데, 이 항은 크기 N이 아주 클 때 뭉침 계수를 증가시킨다. 결과적으로 바라바시-알버트 네트워크는 무작위 네트워크보다 국소적으로 뭉침이 더 많이 나타난다.

5.11 정리

바라바시-알버트 모형의 가장 중요한 메시지는 네트워크의 구조와 진화가 분리되지 않는다는 것이다. 실제로, 에르되시-레니, 왓츠-스트로가츠, 구조 모형과 숨은 매개변수 모형에서 모형 제작자의 역할은 '고정된 수의 노드' 사이에 링크를 영리하게 위치시키는 것이다. 이전 논의로 돌아가면, 이런 모형들로부터 얻은 네트워크들과 실제 네트워크 사이의 관계는 실제 그림과 그 그림에 대한 사진의 관계와 같다. 실제처럼 보이지만, 사진을 만들어낸 과정은 실제 그림이 그려진 과정과는 완전히 다른 것이다. 바라바시-알버트 모형의 목적은 애초에 어떤 네트워크를 만든 과정을 포착하는 데 있다. 따라서 이 모형은 그림을 다시 그려서, 원본의 붓놀림을 최대한 가깝게 만들고자 한다. 결과적으로 모형의 배경이 되는 모형화의 철학은 단순하다. **복잡계**

의 연결 구조를 이해하기 위해서는 그 구조가 어떻게 존재하게 되었는지를 묘사할 필요가 있다.

무작위 네트워크, 구조 모형과 숨은 매개변수 모형은 어떤 네트워크 특성이 기대와 얼마나 다른지를 이해하고자 할 때 여전히 중요한 역할을 할 것이다. 하지만 특정 네트워크 특성의 근원을 설명하고자 한다면 시스템의 발생을 포착하는 모형을 사용해야 한다.

바라바시-알버트 모형은 근원적인 질문을 제기한다. 성장과 선호적 연결의 결합이 네트워크가 척도 없는 특성을 갖게 하는 진정한 이유인가? 이 질문에 답하기 위해 **필요**^{necessary}와 **충분**^{sufficient}에 해당하는 근거를 제공했다. 첫 번째로, 성장과 선호적 연결이 척도 없는 네트워크를 만들기 위해 동시에 필요함을 보였다. 따라서 이 둘 중 하나가 부재하면 척도 없는 특성이나 고정성 중 하나의 특성이 사라진다. 둘째로, 이 두 요소가 모두 존재하면 이들이 척도 없는 네트워크를 만든다. 하지만 이 논거는 하나의 가능성을 열어둔다. 이 두 요소가 '모든' 네트워크의 척도 없는 특성을 설명하는가? 완전히 다른 메커니즘으로 인해 척도 없는 특성을 갖는 실제 네트워크가 있지 않을까? 모형 자체에 선호적 연결 함수가 없는 링크 선택 모형, 복제 모형, 최적화 모형에서도 척도 없는 네트워크가 나타날 수 있음을 확인한 5.9절에서 답을 얻을 수 있다. 모형들이 선형적 $\Pi(k)$를 발생시켜 척도 없는 네트워크를 만들기 때문이다. 이 발견은 좀 더 일반적인 특징을 강조한다. 이제까지 알려진 척도 없는 특성을 갖는 모든 모형과 실제 시스템은 선호적 연결을 한다. 따라서 바라바시-알버트 모형의 기본적인 메커니즘은 이들의 척도 없는 구조의 근원을 포착한 것이다.

바라바시-알버트 모형은 실제 시스템의 많은 특성을 묘사하지 못한다.

- 이 모형은 $\gamma = 3$을 예측하지만, 실제 네트워크의 링크수 지수는 2와 5 사이에 있다(표 4.2).

글상자 5.4 한눈에 보는 바라바시-알버트 모형

노드의 수

$$N = t$$

링크의 수

$$N = mt$$

평균 링크수

$$\langle k \rangle = 2m$$

링크수 동역학

$$k_i(t) = m(t/t_i)^{\beta}$$

동적 지수

$$\beta = 1/2$$

링크수 분포

$$p_k \sim k^{-\gamma}$$

링크수 지수

$$\gamma = 3$$

평균 거리

$$\langle d \rangle \sim \frac{\ln N}{\ln \ln N}$$

뭉침 계수

$$\langle C \rangle \sim (\ln N)^2 / N$$

- 월드와이드웹이나 인용 네트워크 같은 다수의 네트워크들은 방향성이 있는데, 이 모형은 방향성 없는 네트워크를 만든다.
- 이미 존재하는 노드와 연결하는 것에서부터 링크와 노드가 사라지는 것과 같은 네트워크에서 관측된 다양한 과정들이 이 모형에는 없다.
- 이 모형으로는 웹 페이지의 활용도나 연구 논문의 새로움 같은 노드의 내재적인 특성으로 노드들을 구분하지 못한다.
- 바라바시-알버트 모형이 때때로 인터넷이나 세포를 모사하기 위한 모형으로 사용되긴 하지만, 실제로 이 모형이 특정한 실제 네트워크의 세부적인 특성을 잡아내기 위해 고안된 것은 아니다. 이 모형은 척도 없는 특성의 발현에 근거가 되는 기본적인 메커니즘을 잡아내는 것을 주목적으로 한 최소 형태의 원리증명 모형이다. 따라서 인터넷이나 세포, 혹은 월드와이드웹 같은 시스템의 진화를 이해하고자 한다면, 월드와이드웹의 방향성 특성이나 내부 연결 확률과 노드 및 링크의 제거 등 시간에 따른 시스템의 진화에 관한 중요한 세부 사항을 추가해야 한다.

6장에서 살펴보겠지만, 이러한 한계들은 체계적으로 해결할 수 있다.

5.12 과제

5.12.1 바라바시-알버트 네트워크 만들기

컴퓨터의 도움으로 $N = 10^4$개이고 $m = 4$인 노드로 이뤄진 바라바시-알버트 모형을 만들 수 있다. 초기 상태로 $m_0 = 4$개 노드로 이뤄진 완전 연결 네트워크를 사용한다.

(a) 링크수 분포를 중간 단계인 10^2, 10^3, 10^4개 노드를 갖는 네트워크에 내해 측정한다.

(b) 중간 단계마다 분포를 다 함께 그려 비교해보자. 그리고 각각을 링크수 지수 γ를 갖는 거듭제곱 법칙에 맞춘다. 이 분포들은 '수렴^{converge}'하는가?

(c) 중간 단계들의 누적 링크수 분포를 함께 그린다.

(d) 평균 뭉침 계수를 N에 대한 함수로 측정한다.

(e) 그림 5.6(a)를 따라, 초기 노드 중 하나와 네트워크에 추가된 노드들 중 하나의 링크수 동역학을 $t = 100$, $t = 1{,}000$, $t = 5{,}000$일 때 측정한다.

5.12.2 방향성 있는 바라바시-알버트 모형

바라바시-알버트 모형의 변형을 생각해보자. 이 모형에서는 각시간마다 새로운 노드가 추가되고, 확률적으로 선택된 노드에 방향성 링크로 연결한다.

$$\Pi(k_i^{in}) = \frac{k_i^{in} + A}{\sum_j (k_j^{in} + A)}$$

여기서 k_i^{in}은 노드 i의 들어오는 링크수를 말하고, A는 모든 노드에게 동일하게 적용되는 상수다. 각각의 새로운 노드는 m개의 방향성 링크를 갖는다.

(a) 비율 방정식을 사용해 이를 통해 얻은 네트워크의 들어오고 나가는 링크수의 분포를 계산하라.

(b) 감마^{Gamma}와 베타^{Beta} 함수의 성질을 사용해 들어오는 링크수 분포의 거듭제곱 법칙 눈금잡기를 찾을 수 있는가?

(c) $A = 0$일 때, 들어오는 링크수 분포의 눈금잡기 지수는 바라바시-알버트 모형의 지수인 $\gamma = 3$과 다르다. 왜 그럴까?

5.12.3 복제 모형

비율 방정식을 활용한 접근을 사용해 방향성 있는 복제 모형이 들어오는 링크수 지수가 $\gamma_{in} = \frac{2 - p}{1 - p}$인 척도 없는 네트워크를 만든다는 것을 보여라.

5.12.4 선호적 연결이 없는 성장

이미 존재하는 m개의 노드와 무작위로 연결된 새로운 노드들을 통해 성장하는 네트워크인 모형 A의 링크수 분포인 식 (5.18)을 유도하라. 컴퓨터를 사용해 모형 A를 통해 10^4개의 노드를 갖는 네트워크를 만들어라. 링크수 분포를 계산하고, 식 (5.18)에서 예측한 값과 일치하는지 확인하라.

5.13 [심화 주제 5.A] 링크수 분포 유도하기

식 (5.11)에서 보인 정확한 형태의 링크수 지수를 계산할 수 있는 다양한 분석적 기술이 있다. 이번에는 이를 비율 방정식을 사용해 유도해볼 것이다[145]. 이 방법은 다양한 형태의 성장하는 네트워크의 특성들을 살펴보는 데 충분히 일반적인 방식이다. 결과적으로, 여기서 기술된 계산들은 월드와이드웹과 관계된 모형부터[148, 149, 150] 유전자 복제를 통해 단백질 상호작용 네트워크의 진화를 기술하는 모형까지[151, 152] 다양한 시스템과 직접적인 상관이 있다.

시간 t일 때 링크수가 k인 노드의 개수를 $N(k, t)$로 표기하자. 링크수 분포 $p_k(t)$는 $p_k(t) = N(k, t)/N(t)$여서 $N(k, t)$와 상관관계가 있다. 각 단계마다 네트워크에 새로운 노드를 추가하기 때문에, $N = t$가 된다. 즉, 어느 순간에서든 전체 노드의 개수는 지나온 시간 단계와 동일하다(글상자 5.2).

선호적 연결은 다음과 같이 쓸 수 있다.

$$\Pi(k) = \frac{k}{\sum_j k_j} = \frac{k}{2mt} \tag{5.31}$$

여기서 $2m$ 항은 방향성 없는 네트워크에서 개별 링크가 양 끝의 두 노드의 링크수에 기여하는 것을 고려한 것이다. 네트워크에 새로운 노드가 추가된 후, 링크수 k를 갖는 노드의 수가 어떻게 변할지 계산하고자 한다. 이를 위해, 새로운 노드가 유입되면서 $N(k, t)$와 $p_k(t)$를 변화시킬 수 있는 두 사건을 살펴보자.

(i) 새로운 노드는 링크수가 k인 노드와 연결할 수 있다. 이때 링크수 k인 노드의 링크수는 $k + 1$로 바뀌고, 이로 인해 $N(k, t)$가 **감소**한다.

(ii) 새로운 노드가 링크수가 $k - 1$인 노드와 연결될 수 있다. 이때 링크수 $k - 1$인 노드는 링크수가 하나 증가한 k가 되어서 $N(k, t)$가 **증가**한다.

새로운 노드가 추가된 후에 링크수가 k인 노드와 연결될 것으로 기대되는 링크의 숫자는 다음과 같다.

$$\frac{k}{2mt} \times Np_k(t) \times m = \frac{k}{2} p_k(t) \qquad (5.32)$$

식 (5.32)에서 좌변의 첫 번째 항은 새로운 노드가 링크수 k인 노드와 연결될 확률을 의미하고(선호적 연결), 두 번째 항은 링크수가 k인 노드의 전체 개수를 의미한다. 이 기준에 맞는 노드가 더 많을수록, 새로운 노드가 그 노드들 중 하나와 연결될 가능성이 커진다. 세 번째 항은 들어오는 노드의 링크수를 의미하며, m이 많을수록 새로운 노드가 링크수 k인 노드와 연결될 확률이 커진다. 다음으로, 식 (5.32)를 위의 (i)와 (ii) 경우에 적용해보자.

(i′) 새로운 링크를 얻어 링크수가 $k + 1$인 노드로 변하는 링크수 k인 노드의 수

$$\frac{k}{2} p_k(t) \qquad (5.33)$$

(ii′) 새로운 링크를 얻어, 본래 있던 링크수를 증가시킨 링크수 $k - 1$인 노드의 수

$$\frac{k-1}{2} p_{k-1}(t) \qquad (5.34)$$

식 (5.33)과 식 (5.34)를 결합하면, 새로운 노드의 추가 후에 기

대되는 링크수 k인 노드의 개수를 얻을 수 있다.

$$(N+1)p_k(t+1) = Np_k(t) + \frac{k-1}{2}p_{k-1}(t) - \frac{k}{2}p_k(t) \quad (5.35)$$

이 식은 링크수 $k > m$인 모든 노드에 적용된다. 네트워크에 링크수가 $k = 0, 1, ..., m - 1$인 노드가 없기 때문에(각각의 새로운 노드는 링크수 m을 갖고 네트워크에 추가된다), 방정식을 링크수가 m인 노드들로 나누어야 한다. 식 (5.35)를 유도할 때 사용했던 동일한 방식을 적용하면 다음을 얻을 수 있다.

$$(N+1)p_m(t+1) = Np_m(t) + \frac{m}{2}p_m(t) \quad (5.36)$$

식 (5.35)와 식 (5.36)은 p_k를 제공하는 반복적인 과정의 시작점이다. 그림 5.6에 나타난 수치적 시뮬레이션에서 확인한 것과 같이 정상 상태의 링크수 분포를 기대한다는 사실을 사용해보자. 이는 $N = t \to \infty$ 극한에서 $p_k(\infty) = p_k$임을 의미한다. 이를 사용하면, 식 (5.35)의 좌변과 식 (5.36)을 다음과 같이 기술할 수 있다.

$$(N+1)p_k(t+1) - Np_k(t) \to Np_k(\infty) - p_k(\infty) - Np_k(\infty)$$
$$= p_k(\infty) = p_k$$
$$(N+1)p_m(t+1) - Np_m(t) \to p_m$$

따라서 비율 방정식인 식 (5.35)와 식 (5.36)은 다음의 형태를 갖는다.

$$p_k = \frac{k-1}{k+2}p_{k-1} \quad k > m \quad (5.37)$$

$$p_m = \frac{2}{m+2} \quad (5.38)$$

$k \to k + 1$을 통해 식 (5.37)을 다음과 같이 쓸 수 있음을 기억하자.

$$p_{k+1} = \frac{k}{k+3}p_k \quad (5.39)$$

링크수 분포를 얻기 위해 반복적인 접근을 할 것이다. 즉, 가장 작은 링크수 $k = m$에 대한 링크수 분포를 쓰고, 식 (5.38)을 적용한 다음 식 (5.39)를 사용해 링크수가 더 큰 경우의 p_k를 계산한다.

$$p_{m+1} = \frac{m}{m+3} p_m = \frac{2m}{(m+2)(m+3)}$$

$$p_{m+2} = \frac{m+1}{m+4} p_{m+1} = \frac{2m(m+1)}{(m+2)(m+3)(m+4)} \qquad (5.40)$$

$$p_{m+3} = \frac{m+2}{m+5} p_{m+2} = \frac{2m(m+1)}{(m+3)(m+4)(m+5)}$$

이 지점에서 단순한 반복 패턴을 알아챌 수 있다. 분자에서 $(m + 3)$을 k로 교체하면, 링크수 k인 노드를 관찰하게 될 확률을 얻을 수 있다.

$$p_k = \frac{2m(m+1)}{k(k+1)(k+2)} \qquad (5.41)$$

위 식은 바라바시–알버트 모형의 정확한 형태의 링크수 분포를 보여준다.

다음을 명심하자.

- 아주 큰 k일 때, 식 (5.41)은 $p_k \sim k^{-3}$이 되어 수치적인 결과와 일치한다.
- 식 (5.11)이나 식 (5.41)의 전인자는 식 (5.9)의 전인자와 다르다.
- 이 형태는 [13]과 [145]에서 독립적으로 유도했고, 타당성에 대한 정확한 수학적인 증명은 [15]에 잘 나와 있다.

마지막으로, 이 링크수 분포를 사용하면 비율 방정식의 형태는 우아한 연속체 방정식을 제공한다[148]. 다음의 식에서 시작하여

$$p_k = \frac{k-1}{2} p_{k-1} - \frac{k}{2} p_k \qquad (5.42)$$

다음과 같이 기술할 수 있고,

$$2p_k = (k-1)p_{k-1} - kp(k) = -p_{k-1} - k[p_k - p_{k-1}] \quad (5.43)$$

$$2p_k = -p_{k-1} - k\frac{p_k - p_{k-1}}{k-(k-1)} \approx -p_{k-1} - k\frac{\partial p_k}{\partial k} \quad (5.44)$$

이를 통해 다음을 얻는다.

$$p_k = -\frac{1}{2}\frac{\partial[kp_k]}{\partial k} \quad (5.45)$$

식 (5.45)의 해는 다음과 같다.

$$p_k \sim k^{-3} \quad (5.46)$$

5.14 [심화 주제 5.B] 비선형 선호적 연결

이 절에서는 식 (5.22)의 선호적 연결을 따르는 비선형 바라 바시-알버트 모형의 링크수 분포를 유도할 것이다. 참고논문 [145]를 따르겠지만, $m > 1$에 대한 계산도 다루기 위해 약간 조 정한 부분이 있다.

엄밀히 말해서, 고정적인 링크수 분포는 식 (5.22)에서 $\alpha \le 1$ 일 때만 존재한다. 만약 $\alpha > 1$이라면, 소수의 노드는 5.7절에서 설명한 것처럼 링크의 유한한 비율만을 유인할 것이어서 시간 에 독립적인 p_k를 얻을 수 없다. 따라서 이번 절에서는 $\alpha \le 1$인 경우만 살펴보겠다.

각 단계마다 새로운 노드가 m개의 새로운 링크와 함께 추가 되는 비선형 바라바시-알버트 모형에서 시작하자. 이미 존재하는 노드와 각각의 새로운 링크의 연결은 다음의 확률로 이뤄진다.

$$\Pi(k_i) = \frac{k_i^{\alpha}}{M(\alpha, t)} \quad (5.47)$$

여기서 k_i는 노드 i의 링크수이며, $0 < \alpha \leq 1$이다.

$$M(\alpha, t) = t \sum k^{\alpha} p_k(t) = t\mu(\alpha, t) \qquad (5.48)$$

위의 수식은 정규화 상수이며, $t = N(t)$는 노드의 개수를 의미한다. 평균 링크수는 $\mu(0, t) = \sum p_k(t) = 1$과 $\mu(1, t) = \sum_k k p_k(t)$ $= \langle k \rangle = 2mt/N$임을 기억하자. 지수 $0 < \alpha \leq 1$이므로

$$\mu(0, t) \leq \mu(\alpha, t) \leq \mu(1, t) \qquad (5.49)$$

가 된다. 따라서 시간이 많이 지난 극한에서

$$\mu(\alpha, t \to \infty) = 상수 \qquad (5.50)$$

가 되며, 이에 대한 구체적인 값은 나중에 계산할 수 있다. 단순하게 만들기 위해 $\mu \equiv \mu(\alpha, t \to \infty)$를 차용하자.

[심화 주제 5.A]에서 소개한 비율 방정식을 따르면, 네트워크의 링크수 분포에 대한 비율 방정식을 다음과 같이 쓸 수 있다.

$$(t+1)p_k(t+1) = tp_k(t) + \frac{m}{\mu(\alpha, t)}[(k-1)^{\alpha} p_{k-1}(t) - k^{\alpha} p_k(t)] + \delta_{k,m}$$
$$(5.51)$$

우변의 첫 번째 항은 링크수가 $k-1$인 노드가 새로운 링크를 얻는 비율을 의미하며, 두 번째 항은 링크수가 k인 노드가 새로운 링크를 얻어 링크수 $k+1$인 노드가 되면서 감소함을 의미한다. 마지막 항은 링크수 m을 갖고 새롭게 추가된 노드를 나타낸다.

근사적으로, $t \to \infty$ 극한에서 $p_k = p_k(t+1) = p_k(t)$로 기술할 수 있다. 식 (5.51)에서 $k = m$을 대입하면 다음의 식을 얻을 수 있다.

$$p_m = -\frac{m}{\mu} - m^{\alpha} p_m + 1$$
$$p_m = -\frac{\mu/m}{\mu/m + m^{\alpha}} \qquad (5.52)$$

이때 $k > m$이면

$$p_k = \frac{m}{\mu}[(k-1)^\alpha p_{k-1} - k^\alpha p_k] \qquad (5.53)$$

$$p_k = \frac{(k-1)^\alpha}{\mu / m + k^\alpha} p_{k-1} \qquad (5.54)$$

가 된다. 식 (5.53)을 반복적으로 풀면 다음의 식을 얻는다.

$$p_m = \frac{\mu / m}{\mu / m + m^\alpha} \qquad (5.55)$$

$$p_{m+1} = \frac{m^\alpha}{\mu / m + (m+1)} \frac{\mu / m}{\mu / m + m^\alpha} \qquad (5.56)$$

$$p_k = \frac{\mu / m}{k^\alpha} \prod_{j=m}^{k} \left(1 + \frac{\mu / m}{j^\alpha}\right)^{-1} \qquad (5.57)$$

링크수 분포 p_k에서 링크수 k가 큰 노드들의 행동을 결정하기 위해 식 (5.57)에 로그를 적용하면

$$\ln p_k = \ln(\mu / m) - \alpha \ln k - \sum_{j=m}^{k} \left(1 + \frac{\mu / m}{j^\alpha}\right) \qquad (5.58)$$

을 얻는다. 시리즈 전개 $\ln(1+x) = \sum_{}^{\infty} (-1)^{n+1} / n \cdot x^n$ 을 적용하면 다음을 얻을 수 있다.

$$\ln p_k = \ln(\mu / m) - \alpha \ln k - \sum_{i=m}^{k} \sum_{n=1}^{\infty} \frac{(-1)^{n+1}}{n} (\mu / m)^n j^{-n\alpha} \qquad (5.59)$$

전체 j에 대한 총합을 적분으로 표현하면 다음과 같이 기술할 수 있다.

$$\sum_{j=m}^{k} j_X^{-n\alpha} \approx \int_m^k x^{-n\alpha} dx = \frac{1}{1-n\alpha} (k^{1-n\alpha} - m^{1-n\alpha}) \qquad (5.60)$$

여기에 특별한 경우인 $n\alpha = 1$을 대입하면

$$\sum_{j=m}^{k} j^{-1} \approx \int_m^k x^{-1} dx = \ln k - \ln m \qquad (5.61)$$

이 된다. 따라서 다음의 수식을 얻을 수 있다.

$$\ln p_k = \ln(\mu/m) - \alpha \ln k - \sum_{n=1}^{\infty} \frac{(-1)^{n+1}}{n} \frac{(\mu/m)^n}{1-n\alpha} (k^{1-n\alpha} - m^{1-n\alpha})$$

(5.62)

결과적으로 링크수 분포는 다음의 형태를 띤다.

$$p_k = C_\alpha k^{-\alpha} e^{-\sum_{\infty}^{n=1} \frac{(-1)^{n+1}}{n} \frac{(\mu+m)^n}{1-n\alpha} k^{1-n\alpha}}$$

(5.63)

여기서

$$C_\alpha = \frac{\mu}{m} e^{\sum_{\infty}^{n=1} \frac{(-1)^{n+1}}{n} \frac{(\mu/m)^n}{1-n\alpha} m^{1-n\alpha}}$$

(5.64)

지수함수에서 사라지는 항은 $k \to \infty$의 점근적인 행동에 영향을 주지 않는다. 이는 $1 - n\alpha \geq 1$인 경우에만 상관이 있다. 결과적으로 p_k는 α에 의존하여

$$p_k \sim \begin{cases} k^{-\alpha} e^{\frac{-\mu/m}{1-\alpha} k^{1-\alpha}} & 1/2 < \alpha < 1 \\ k^{-\frac{1}{2} + \frac{1}{2}\left(\frac{\mu}{m}\right)^2} e^{-\frac{1}{2}\frac{\mu}{m} k^{-2}} & \alpha = 1/2 \\ k^{-\alpha} e^{-\frac{\mu/m}{1-\alpha} k^{1-\alpha} + \frac{1}{2}\frac{(\mu/m)^2}{1-2\alpha} k^{1-2\alpha}} & 1/3 < \alpha < 1/2 \\ \vdots \end{cases}$$

(5.65)

가 된다. 즉, $1/2 < \alpha < 1$인 경우에 링크수 분포는 펼쳐진 지수함수를 따른다. 점점 α를 줄이면, 새로운 수정이 각 단계마다 기여를 하면서 α가 $1/n$보다 작아진다. 여기서 n은 정수다.

바라바시-알버트 모형에서 기대됐던 것처럼, $\alpha \to 1$일 때 링크수 분포는 k^{-3}으로 눈금잡기 한다. 실제로, $\alpha = 1$일 때 $\mu = 2$가 되어 다음의 수식을 얻는다.

$$\lim_{\alpha \to 1} \frac{k^{1-\alpha}}{1-\alpha} = \ln k$$

(5.66)

따라서 $p_k \sim k^{-1} \exp(-2 \ln k) = k^{-3}$이 된다.

최종적으로 $\mu(\alpha) = \sum^j j^\alpha p_j$를 계산할 수 있다. 이를 위해 식 (5.58)의 합을 다음과 같이 적는다.

$$\sum_{k=m}^{\infty} k^\alpha p_k = \sum_{k=m}^{\infty} \frac{\mu(\alpha)}{m} \prod_{j=m}^{k} \left(1 + \frac{\mu(\alpha)/m}{j^\alpha} \right)^{-1} \qquad (5.67)$$

$$1 = \frac{1}{m} \sum_{k=mi}^{\infty} \prod_{=m}^{k} \left(1 + \frac{\mu(\alpha)/m}{j^\alpha} \right)^{-1} \qquad (5.68)$$

식 (5.68)을 수치적으로 풀어 $\mu(\alpha)$를 얻을 수 있다.

5.15 [심화 주제 5.C] 뭉침 계수

이번 절에서는 식 (5.30)에 나타난 바라바시-알버트 모형의 평균 뭉침 계수를 유도해보자. 이 유도는 클렘^{Klemm}과 에길루즈^{Eguiluz}가 제시한 유도를 따르며[165], 볼로바스^{Bollobás}의 정확한 계산으로 뒷받침됐다[71].

모형에 존재하는 삼각형의 개수를 계산하는 것을 목적으로 하며, 2.10절에서 논의한 뭉침 계수와 연관된다. 노드 i와 j 사이에 링크가 존재할 확률을 $P(i, j)$로 표기하자. 따라서 세 노드 i, j, l이 삼각형을 만들 확률은 $P(i, j)P(i, l)P(j, l)$이 된다. 링크수 k_l을 갖는 노드 l이 참여하는 삼각형 수의 기댓값은 노드 l이 네트워크에서 임의로 선택된 노드 i, j와 함께 삼각형을 만들 확률의 총합이다. 연속 링크수 가정을 통해 다음과 같이 기술할 수 있다.

$$Nr_l(\triangleleft) = \int_{i=1}^{N} di \int_{j=1}^{N} dj\, P(i, j)P(i, l)P(j, l) \qquad (5.69)$$

더 진행하기 위해 $P(i, j)$를 계산해야 하고, 이를 위해서는 바라바시-알버트 모형이 진화한다고 생각해야 한다. 새로운 노드를 시간마다 하나씩 추가하므로, 노드 j가 도착한 시간 $t_j = j$로 표기할 수 있다(사건 시간, 글상자 5.2). 따라서 도착하는 노드 j가 링크수 k_i인 노드 i와 연결할 확률은 선호적 연결로 다음과 같이 주어진다.

$$P(i,j) = m\Pi(k_i(j)) = m\frac{k_i(j)}{\sum_{l=1}^{j} k_l(j)} = m\frac{k_i(j)}{2mj} \qquad (5.70)$$

식 (5.7)을 사용하면 다음과 같이 정리할 수 있다.

$$k_i(t) = m\left(\frac{t}{t_i}\right)^{\frac{1}{2}} = m\left(\frac{j}{i}\right)^{\frac{1}{2}} \qquad (5.71)$$

여기서 노드 j의 도착 시간이 $t_j = j$이고 노드 i의 도착 시간은 $t_i = i$라는 점이 사용됐다. 따라서 식 (5.70)은 다음과 같이 정리된다.

$$P(i,j) = \frac{m}{2}(ij)^{-\frac{1}{2}} \qquad (5.72)$$

이 결과를 사용하면, 식 (5.69)의 삼각형 수를 다음과 같이 작성해 계산할 수 있다.

$$Nr_l(\triangleleft) = \int_{i=1}^{N} di \int_{j=1}^{N} dj P(i,j)P(i,l)P(j,l)$$

$$= \frac{m^3}{8} \int_{i=1}^{N} di \int_{j=1}^{N} dj (ij)^{-\frac{1}{2}} (il)^{-\frac{1}{2}} (jl)^{-\frac{1}{2}}$$

$$= \frac{m^3}{8l} \int_{i=1}^{N} \frac{di}{i} \int_{j=1}^{N} \frac{dj}{j} = \frac{m^3}{8l}(\ln N)^2 \qquad (5.73)$$

뭉침 계수는 $C_l = \dfrac{2Nr_l(\triangleleft)}{k_l(k_l - 1)}$로 쓸 수 있고, 따라서 다음의 식을 얻는다.

$$C_l = \frac{\dfrac{m^3}{4l}(\ln N)^2}{k_l(N)(k_l(N) - 1)} \qquad (5.74)$$

식 (5.74)를 단순화하기 위해 식 (5.7)을 사용하면

$$k_l(N) = m\left(\frac{N}{l}\right)^{\frac{1}{2}} \tag{5.75}$$

이 되고, 이는 노드 l이 시간 $t = N$일 때 갖는 링크수다. 따라서 아주 큰 링크수 k_l에 대해

$$k_l(N)(k_l(N) - 1) \approx k_l^2(N) = m^2\frac{N}{l} \tag{5.76}$$

이 되고, 이를 통해 바라바시-알버트 모형의 뭉침 계수를 기술할 수 있다.

$$C_l = \frac{m}{4} \frac{(\ln N)^2}{N} \tag{5.77}$$

이는 l에 대해 독립이어서 식 (5.30)의 결과를 얻는다.

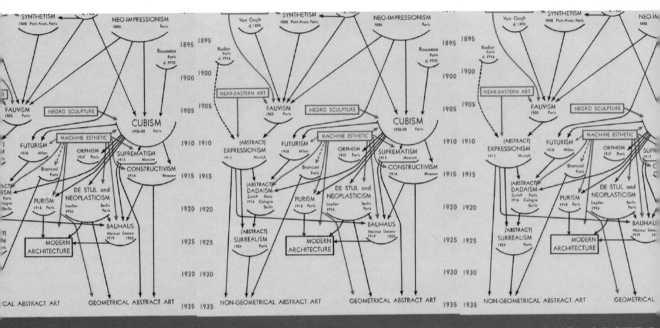

그림 6.0   예술과 네트워크: 알프레드 바르

알프레드 H. 바르 주니어(Alfred H. Barr Jr., 1920~1981)는 미국의 예술사학자이자 뉴욕 현대
미술관(MoMA, Museum of Modern Art)의 첫 관장이었다. 그는 현대미술에 대한 대중의 태도
를 발전시키는 데 있어 가장 영향력 있는 사람 중 하나였다. 바르의 1936년 차트는 네트워크의
틀을 이용해 현대미술의 발전과 교차하는 조류를 묘사한다. 현대미술관에서 열린, 입체파와 추
상미술 운동의 첫 주요 전시를 위한 카탈로그의 먼지 쌓인 재킷에 있는 그림이다.

제6장
변화하는 네트워크

6.1   소개

월드와이드웹의 탄생 후 6년이 지나서 설립된 구글^{Google}은 검색에 늦게 뛰어든 회사였다. 알타 비스타$^{Alta\ Vista}$와 잉크토미^{Inktomi}는 먼저 시작한 검색엔진으로서 1990년대 후반까지 검색 시장을 장악하고 있었다. 세 번째 주자였던 구글은 곧 선도적인 검색엔진이 됐을 뿐만 아니라 놀라운 속도로 링크들을 획득하면서 2000년대에 웹의 가장 큰 허브가 됐다[50]. 하지만 그건 오래가지 못했다. 2011년, 구글 기준으로는 신참이었던 페이스북^{Facebook}이 웹의 가장 큰 노드 자리를 차지했다.

웹의 경쟁적 지형은 우리 모형들의 중요한 한계를 드러낸다. 지금까지 본 네트워크 모형 중 어떤 것도 웹을 설명할 수 없다. 실제로 에르되시-레니 모형에서 가장 큰 노드는 전적으로 우연이 결정한다. 바라바시-알버트 모형은 더 현실적인 그림을 제공하며 각 노드는 $k(t) \sim t^{1/2}$을 따라 링크수가 커진다는 것을 예측한다. 즉, 가장 오래된 노드가 언제나 가장 많은 링크를 갖는다

그림 6.1 의류 지구

의류 지구(Garment District)는 맨해튼의 5번가 (avenue)와 9번가 사이, 34번가(street)와 42번 가 사이에 위치하고 있다. 20세기 초반부터 이곳 은 미국의 의류 제조 및 디자인의 중심지였다. 지역의 중심에 위치한 두 조형물인 '단추를 꿰는 바늘(Needle threading a button)'과 '유대인 재봉사 (Jewish tailor)'는 이곳의 과거를 기념하고 있다.

뉴욕시 의류 산업은 쇠퇴하는 네트워크의 예로서, 노드의 손실이 어떻게 네트워크 위상 에 영향을 미치는지를 이해하는 데 도움을 준다(글상자 6.5). 노드와 링크 손실 과정이 네트워크의 연결 구조에 미치는 영향을 밝히는 것이 이 장의 목표 중 하나다.

는 뜻이다. 경영 문헌에서는 이를 **선발자 이익**first-mover's advantage 이라고 부른다. 또한 늦게 생긴 노드는 결코 가장 큰 허브가 될 수 없음을 의미한다.

현실에서 노드의 성장 속도는 나이에만 의존하지 않는다. 그 대신 웹 페이지, 회사, 배우는 링크를 얻는 속도에 영향을 끼치는 고유한 속성을 갖는다. 어떤 노드는 뒤늦게 생겨났지만 그럼에도 짧은 시간 안에 엄청난 수의 링크를 거머쥐기도 한다. 또 어떤 노드는 일찍 생겼지만 결코 많은 링크를 얻지 못하기도 한다. 이 장의 목적은 노드가 링크를 얻는 능력의 차이가 네트워크 위상에 미치는 영향을 이해하는 것이다. 이런 경쟁적 지형뿐만 아니라, 실제 네트워크에서 자주 관찰되는 노드와 링크 삭제(그림 6.1)나 노드의 나이 듦 같은 과정이 네트워크가 변화하는 방식을 어떻게 바꾸는지를 탐색할 것이다. 우리의 목표는 넓은 범위의 실제 네트워크의 동역학과 위상을 예측하기 위해 조정이 가능한, 변화하는 네트워크에 대한 자기정합적인 이론을 개발하는 것이다.

6.2 비안코니-바라바시 모형

어떤 사람들은 우연한 만남을 오래 지속되는 사회적 관계로 바꾸는 요령이 있다. 어떤 회사는 각각의 소비자를 충실한 파트너로 바꾼다. 어떤 웹 페이지는 방문자를 중독자로 바꾸기도 한다. 이렇게 성공적인 노드들은 공통적으로 자신을 무리의 앞으로 나아가게 하는 고유한 특성을 갖는데, 이를 **적합도**fitness라 부른다.

적합도는 우연한 만남을 오래 지속되는 우정으로 변화시키는 개인의 재능이다. 적합도는 기업이 경쟁사를 제치고 고객을 얻는 요령이다. 우리의 주의를 두고 경쟁하는 많은 웹 페이지가 있음에도 특정 웹 페이지를 매일 방문하게 하는 웹 페이지의 능력 역시 적합도다. 적합도는 사람들의 유전자에서 뿌리를 찾을 수도 있고, 회사의 혁신이나 경영 능력과 연관될 수도 있다. 웹사이트에서 제공하는 내용에 의존할 수도 있다(온라인 자료 6.1).

바라바시-알버트 모형에서 노드의 성장 속도는 링크수만으로 결정된다고 가정했다. 여기서는 적합도의 역할을 고려하기 위해, 선호적 연결은 노드의 적합도 η와 링크수 k의 곱에 따라 이뤄진다고 가정한다. 그 결과가 **비안코니-바라바시 모형**^{Bianconi-} Barabási model 또는 **적합도 모형**^{fitness model}이며, 다음과 같은 두 단계로 이뤄진다[166, 167].

- **성장**

  매 시간 m개의 링크와 적합도 η_j를 가진 새 노드 j가 네트워크에 추가된다. 여기서 적합도 η_j는 **적합도 분포**^{fitness distribution} $\rho(\eta)$에서 무작위로 고른 값이다. 일단 노드의 적합도가 결정되면 바뀌지 않는다.

- **선호적 연결**

  새 노드가 기존 노드 i에 연결될 확률은 다음과 같이 노드 i의 링크수 k_i와 적합도 η_i의 곱에 비례한다.

$$\Pi_i = \frac{\eta_i k_i}{\sum_j \eta_j k_j} \tag{6.1}$$

식 (6.1)에서 Π_i가 k_i에 비례하는 것은 링크수가 높은 노드가 더 잘 보여서 선택될 가능성이 높다는 사실을 잡아낸다. Π_i가 η_i에 비례하는 것은 링크수가 같은 두 노드 중에서 적합도가 높은 노드가 더 높은 확률로 선택된다는 것을 뜻한다. 그래서 식 (6.1)에 의해, 처음에 불과 몇 개의 링크만 있는 상대적으로 젊은 노드도 다른 노드보다 높은 적합도를 갖는다면 빠르게 링크를 얻을 수 있다.

6.2.1 링크수 동역학

연속체 이론을 이용해 각 노드의 시간에 따른 진화를 예측할 수 있다. 식 (6.1)에 따라 노드 i의 링크수는 다음과 같은 비율로 변한다.

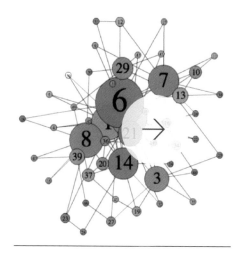

온라인 자료 6.1
비안코니-바라바시 모형

영상이 보여주는 자라는 네트워크에서 각 새 노드는 추가된 순간 무작위로 선택한 적합도를 가지며 이는 노드의 색으로 나타난다. 각 새 노드는 식 (6.1)의 일반화된 선호적 연결 규칙을 따라 링크를 만들 노드를 선택한다. 노드 크기는 링크수에 비례한다. 가장 큰 적합도를 가진 노드가 시간이 흐르면서 가장 큰 허브로 성장하는 것을 알 수 있다. 다슌 왕(Dashun Wang)의 허가하에 게재함

그림 6.2 비안코니-바라바시 모형에서의 경쟁

(a) 바라바시-알버트 모형에서 모든 노드의 링크수는 같은 비율로 커진다. 그래서 네트워크에 먼저 들어올수록 더 큰 링크수를 갖는다. 그림은 각기 다른 시간(t_i = 1,000, 3,000, 5,000)에 들어온 노드의 링크수가 시간에 따라 어떻게 변하는지를 보여준다. 늦게 들어온 노드는 먼저 들어온 노드를 추월할 수 없다[168].

(b) (a)와 같은 결과를 로그-로그 그래프로 그린 것으로서, 각 노드가 같은 성장 법칙인 식 (5.7)을 따른다는 것을 보여준다. 여기서 동적 지수는 모두 β = 1/2로 똑같다.

(c) 비안코니-바라바시 모형에서 노드의 링크수가 커지는 비율은 각 노드의 적합도로 결정된다. 늦게 들어온 노드도 적합도가 크면(자주색 기호) 먼저 들어온 노드를 추월할 수 있다.

(d) (c)와 같은 결과를 로그-로그 그래프로 그린 것으로서, 각 노드의 링크수는 자신만의 적합도에 의존하는 동적 지수 β에 따라 커지는 것을 보여준다. 이는 식 (6.3)과 식 (6.4)로 예측한 것이다.

모든 그림에서 각 곡선은 같은 적합돗값을 이용해 100번 수행한 결과를 평균 낸 것이다.

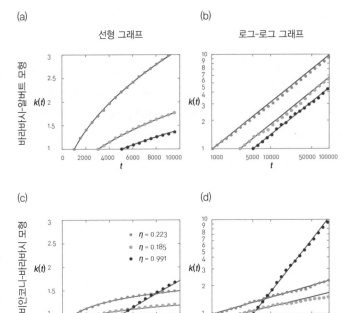

$$\frac{\partial k_i}{\partial t} = m \frac{\eta_i k_i}{\sum_j \eta_j k_j} \tag{6.2}$$

k_i의 시간 변화가 적합도에 의존하는 지수 $\beta(\eta_i)$를 갖는 거듭제곱 법칙을 따른다고 하자(그림 6.2).

$$k(t, t_i, \eta_i) = m \left(\frac{t}{t_i} \right)^{\beta(\eta_i)} \tag{6.3}$$

식 (6.3)을 식 (6.2)에 대입하면 **동적 지수**dynamic exponent가 다음 식을 만족시킨다는 사실을 알 수 있다(심화학습 6.A).

$$\beta(\eta) = \frac{\eta}{C} \tag{6.4}$$

여기서 C는 다음과 같다.

$$C = \int \rho(\eta) \frac{\eta}{1 - \beta(\eta)} d\eta \tag{6.5}$$

바라바시-알버트 모형에서 $\beta = 1/2$였다. 즉, 각 노드의 링크수는 시간의 제곱근에 비례하여 커졌다. 식 (6.4)에 따르면 비안코니-바라바시 모형의 동적 지수는 노드의 적합도 η에 비례한다. 즉, 각 노드는 자기만의 동적 지수를 갖는다. 그에 따라 적합도가 높은 노드의 링크수는 더 빨리 증가한다. 그림 6.2에서 보듯이 충분한 시간이 흐르면 적합도가 높은 노드는 그렇지 않은 노드보다 앞서 나가게 될 것이다. 페이스북은 이 현상의 대표적인 예다. 페이스북은 시장에 늦게 들어왔지만 중독성이 있는 제품을 이용해 경쟁사들보다 빠르게 링크를 얻어 결국 웹의 가장 큰 허브가 됐다.

6.2.2 링크수 분포

비안코니-바라바시 모형으로 만든 네트워크의 링크수 분포를 연속체 이론으로 계산하면(심화 주제 6.A) 다음 결과를 얻는다.

$$p_k \approx C \int \frac{\rho(\eta)}{\eta} \left(\frac{m}{k} \right)^{\frac{C}{\eta}+1} d\eta \tag{6.6}$$

식 (6.6)은 여러 거듭제곱 법칙을 가중치를 이용해 더한 것으로서, p_k가 적합도 분포 $\rho(\eta)$의 구체적인 형태에 의존한다는 것을 보여준다. 모형의 성질을 설명하기 위해 다음 두 가지 적합도 분포에 대해 식 (6.4)와 식 (6.6)을 이용해 $\beta(\eta)$와 p_k를 계산해볼 것이다.

- **똑같은 적합도**

  모든 적합도가 똑같은 경우에 비안코니-바라바시 모형은 바라바시-알버트 모형으로 돌아간다. 실제로 $\rho(\eta) = \delta(\eta - 1)$로 놓음으로써 모든 노드의 적합도는 $\eta = 1$로 같아진다. 이 경우에 식 (6.5)에서 $C = 2$가 되고 식 (6.4)로부터 $\beta = 1/2$를 얻는다. 식 (6.6)에 의해 $p_k \sim k^{-3}$이 된다. 즉, 바라바시-알버트 모형의 링크수 분포와 같은 눈금잡기 결과다.

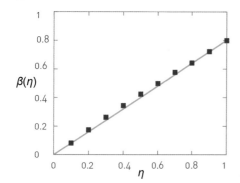

(a)

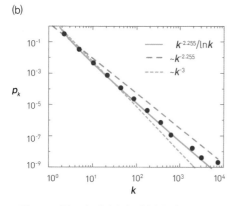

(b)

그림 6.3 비안코니-바라바시 모형의 특징

(a) 균일한 분포 $\rho(\eta)$에 대해 η의 함수로 측정된 동적 지수 $\beta(\eta)$. 사각형 기호는 수치적 시뮬레이션 결과이며, 실선은 해석적 예측 $\beta(\eta) = \eta/1.255$를 나타낸다.

(b) $m = 2$, $N = 10^6$으로 하고, [0, 1] 구간에서 균일하게 선택한 적합도를 이용해 수치적으로 얻은 네트워크 모형의 링크수 분포. 녹색 실선은 $\gamma = 2.255$인 식 (6.8)의 예측을 나타낸다. 간격이 넓은 파선은 로그 보정이 없는 $p_k \sim k^{-2.255}$을, 간격이 좁은 파선은 모든 적합도가 같은 경우에 예측되는 $p_k \sim k^{-3}$을 나타낸다. 수치적 결과는 식 (6.8)과 가장 잘 맞는다.

• **균일한 적합도 분포**

노드들의 적합도가 각기 다르면 더 재미있는 결과가 나온다. η를 구간 [0, 1]에서 균일하게 선택하자. 이때 C는 초월방정식$^{transcendental\ equation}$ (6.5)의 해로서 다음과 같이 주어진다.

$$\exp(-2/C) = 1 - 1/C \tag{6.7}$$

수치적으로 푼 결과 $C^* = 1.255$를 얻는다. 그 결과 식 (6.4)에 의해 각 노드는 서로 다른 동적 지수 $\beta(\eta_i) = \eta_i/C^*$를 갖는다.

식 (6.6)을 이용해 다음과 같은 링크수 분포를 얻는다.

$$p_k \sim \int_0^1 \frac{C^*}{\eta} \frac{1}{k^{1+C^*/\eta}} d\eta \sim \frac{k^{-(1+C^*)}}{\ln k} \tag{6.8}$$

이때 링크수 분포는 링크수 지수가 $\gamma = 2.255$인 거듭제곱 법칙을 따른다. 다만 분모로 들어간 로그 보정 항 $1/\ln k$ 때문에 완벽한 거듭제곱 법칙이 되지는 않을 것이다.

이런 예측을 수치적으로 지지하는 결과가 그림 6.2와 그림 6.3에 나와 있다. 시뮬레이션 결과는 $k_i(t)$가 각 η에 따른 거듭제곱 법칙을 따르며, 동적 지수 $\beta(\eta)$는 적합도 η에 따라 커진다는 것을 보여준다. 그림 6.3(a)로부터 알 수 있듯이, 측정된 동적 지수는 식 (6.4)의 예측과 아주 잘 맞는다. 그림 6.3(b)는 식 (6.8)과 수치적으로 얻은 링크수 분포가 일치함을 보인다.

정리해보면, 비안코니-바라바시 모형은 서로 다른 내재적 성질을 지닌 노드들이 서로 다른 비율로 링크를 얻는다는 사실을 설명할 수 있다. 이 모형으로 노드 적합도 η가 그 노드의 성장률을 결정한다는 것을 예측할 수 있고, 링크수 분포가 적합도 분포 $\rho(\eta)$에 어떻게 의존하는지도 계산할 수 있다.

6.3 적합도 측정

노드의 적합도를 측정함으로써 가시적인 성장을 할 것 같은 웹사이트, 큰 영향을 끼칠 논문, 스타덤에 오르는 중인 배우를 알아보게 하는 것을 도울 수 있다(글상자 6.1). 하지만 적합도를 결정하는 일은 틀리기 쉽다. 스모(相撲)에 관한 웹 페이지에 적합도를 부여하는 일을 생각해보자. 전 세계 인구 중 일부는 스모가 흥미진진하다고 여기지만 대부분은 무관심하고 다른 일부는 심지어 이상하다고 여길 수도 있다. 그러므로 서로 다른 사람들은 같은 노드에 각기 다른 적합도를 부여할 것이다.

식 (6.1)에 의하면 노드의 적합도는 개인이 부여하는 것이 아니라, 그 **노드의 상대적 중요성에 대한 네트워크 전체의 집합적 인식**을 반영한다. 그러므로 노드의 적합도는 그것의 시간 변화를 네트워크 내 다른 노드의 시간 변화와 비교함으로써 결정할 수 있다. 개별 노드의 변화에 대한 동역학적 정보가 있다면 비안코니-바라바시 모형의 정량적 틀로 각 노드의 적합도를 결정할 수 있다는 사실을 이 절에서 보일 것이다.

노드의 성장률을 적합도와 연관 짓기 위해 다음과 같이 식 (6.3)에 로그를 취해보자.

$$\ln k(t, t_i, \eta_i) = \beta(\eta_i) \ln t + B_i \qquad (6.9)$$

여기서 $B_i = \ln(m/t_i^{\beta(\eta_i)})$는 시간과 무관한 매개변수다. $\ln k(t, t_i, \eta_i)$의 기울기는 동적 지수 $\beta(\eta_i)$에 대한 선형 함수다. 또한 $\beta(\eta_i)$는 식 (6.4)에 의해 η_i에 선형으로 의존한다. 그러므로 많은 노드에 대해 링크수의 시간 변화를 추적하면 동적 지수 $\beta(\eta_i)$의 분포는 적합도 분포 $\rho(\eta)$와 똑같을 것이다.

6.3.1 웹 문서의 적합도

월드와이드웹의 맥락에서 체계적으로 노드 적합도를 측정할 수 있었다. 이는 13개월 동안 2,200만 개의 웹 문서 링크를 매월 수집한 데이터에 근거한다[172]. 대부분의 노드, 즉 문서의 링크

글상자 6.1 적합도의 유전적 근원

사회연결망에서 친구를 얻는 능력, 즉 적합도는 유전적 근원을 갖는가? 이에 대답하기 위해 연구자들은 학령기의 쌍둥이 1,110쌍의 사회연결망을 조사했다 [169, 170]. 특질과 행동의 유전 가능성을 확인하기 위해 개발된 방법을 이용해 다음과 같은 결과를 얻었다.

- 유전적 요인이 학생의 들어오는 링크수 변이의 46%를 설명한다(들어오는 링크수는 이 학생을 친구로 여기는 학생 수다).
- 유전적 요인은 나가는 링크수와 큰 관련이 없다(나가는 링크수는 이 학생이 친구로 여기는 학생 수다).

링크를 얻는 개인의 능력, 즉 적합도는 유전된다고 볼 수 있다. 다시 말해, 사회연결망에서 적합도는 유전적 근원을 갖는다. 특정한 유전적 특질이 인기도의 변이와 연관된다는 연구[171] 역시 이 결론을 지지한다.

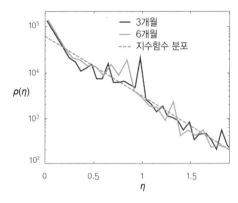

그림 6.4 월드와이드웹의 적합도 분포

많은 웹 문서의 시간 변화를 측정해 얻은 적합도 분포. 식 (6.3)으로 예측했듯이 각 노드의 링크수의 시간에 따른 변화는 거듭제곱 법칙을 따른다. 각 곡선의 기울기 $\beta(\eta_i)$는 식 (6.4)에 따라 노드의 적합도 η_i에 상수를 곱한 것에 해당한다. 그림은 세 달 간격으로 측정한 데이터에 기반한 측정 결과인데, 적합도 분포가 시간에 무관함을 보여준다. 파선을 보면 적합도 분포를 지수함수 분포로 잘 근사할 수 있다고 짐작할 수 있다[172].

수는 이 데이터 수집 기간 동안 변하지 않았다. 식 (6.9)를 이용해 동적 지수를 결정할 정도로 충분히 변한 노드는 6.5%였다. 그렇게 얻은 적합도 분포 $\rho(\eta)$는 그림 6.4에서 볼 수 있듯이 지수함수 형태를 띤다. 즉, 적합도가 높은 노드는 드물다.

웹 문서들의 적합도가 큰 차이를 보일 것이라는 예상과는 다른 적합도 분포의 모양이 보인다. 예를 들어, 구글은 내 개인 웹 페이지보다 웹 서퍼surfer들에게 훨씬 더 매력적이다. 하지만 $\rho(\eta)$의 지수함수 형태를 보면 웹 문서의 적합도는 제한적이며 상대적으로 좁은 범위 내에서 변한다. 그에 따라 웹 문서의 링크 수에서 발견되는 커다란 차이는 시스템의 동역학에 의한 결과로 볼 수 있다. 즉, 성장과 선호적 연결이 작은 적합도 차이를 증폭시켜서 적합도가 좀 더 높을 뿐인 노드가 다른 노드보다 훨씬 더 크게 성장하도록 한다.

이 증폭을 설명하기 위해 네트워크에 같은 시기에 들어왔지만 적합도는 η_1과 η_2로 다른 두 노드를 생각하자($\eta_2 > \eta_1$). 식 (6.3)과 식 (6.4)에 의해 큰 t에서 두 노드의 링크수의 상대적 차이는 다음과 같다.

$$\frac{k_2 - k_1}{k_1} \sim t^{\frac{\eta_2 - \eta_1}{C}} \tag{6.10}$$

η_2와 η_1의 차이가 작더라도 충분히 많은 시간(큰 t)이 흐르면 링크수의 상대적 차이는 꽤 커질 수 있다.

6.3.2 과학 출판물의 적합도

어떤 네트워크에서는 노드가 식 (6.3)으로 예측되는 것보다 더 복잡한 동역학을 따른다. 그들의 적합도를 재기 위해 구체적인 성장 법칙을 먼저 이해해야 한다. 연구출판물의 적합도를 결정함으로써 이 과정을 보일 것이다. 그러면 출판물의 미래 영향력을 예측할 수 있게 된다.

대부분의 연구논문은 적은 수의 인용만 받지만 소수의 논문은 수천 번, 심지어 수만 번의 인용을 받는다[173]. 이러한 영향력의 차이는 다양한 출판물의 참신성과 중요성의 차이를 반영한다. 일반적으로 연구논문 i가 출판된 후 시간 t에 인용될 확률은 다음과 같다[174].

$$\Pi_i \sim \eta_i c_i^t P(t) \tag{6.11}$$

여기서 논문의 적합도 η_i는 논문 내용의 눈에 띄는 참신성과 중요성을 설명한다. c_i^t는 논문 i가 출판된 후 시간 t까지 얻은 누적된 피인용 수로서, 많이 인용된 논문은 그렇지 않은 논문보다 새로 인용될 가능성이 높다는 사실을 설명한다. 즉, 선호적 연결이다. 식 (6.11)의 마지막 항은 새로운 발견들이 후속 연구로 병합되어 각 논문의 참신성이 시간에 따라 줄어든다는 사실을 나타낸다[174, 175]. 데이터 측정 결과 이는 로그 정규 분포 형태로 감소한다.

$$P_i(t) = \frac{1}{\sqrt{2\pi} \, t \sigma_i} e^{-\frac{(\ln t - \mu_i)^2}{2\sigma_i^2}} \tag{6.12}$$

식 (6.11)을 이용한 으뜸 방정식을 풀어서 논문의 피인용 수가 시간에 따라 성장하는 결과를 다음과 같이 얻을 수 있다.

$$c_i^t = m\left(e^{\frac{\beta \eta_i}{A} \Phi\left(\frac{\ln t - \mu_i}{\sigma_i}\right)} - 1 \right) \tag{6.13}$$

여기서 $\Phi(x)$는 다음과 같다.

$$\Phi(x) = \frac{1}{\sqrt{2\pi}} \int_{-\infty}^{x} e^{-y^2/2} dy \tag{6.14}$$

식 (6.14)는 누적 정규 분포이고 m, β, A는 전역 매개변수다.

식 (6.13)은 논문 i의 피인용 역사가 3개의 매개변수로 결정된다는 것을 보여준다. 즉각성 μ_i는 논문의 피인용이 정점을 찍을 때까지 걸린 시간에 관한 것이다. 수명 σ_i는 감쇠율을 잡아낸다. 가장 중요한 변수인 상대 적합도 $\eta_i' = \eta_i \beta / A$는 다른 논문에 비해 논문 i가 상대적으로 얼마나 중요한지를 측정하며 논문의 궁

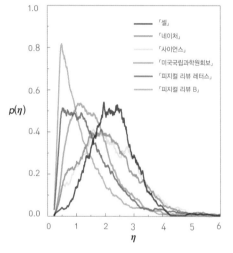

그림 6.5 연구논문의 적합도 분포

1990년에 6개의 저널에 출판된 논문들의 적합도 분포. 각 논문의 적합도는 식 (6.13)을 논문의 10년에 걸친 피인용 역사에 맞춤으로써 얻었다. 물리학 저널 2개(「피지컬 리뷰 B(Physical Review B)」, 「피지컬 리뷰 레터스(Physical Review Letters)」), 생물학 저널 1개(「셀(Cell)」), 3개의 학제 간 저널(「네이처(Nature)」, 「사이언스(Science)」, 「미국국립과학원회보(PNAS)」) 데이터를 이용했다. 적합도 분포들의 상대적 위치로부터 「셀」이 적합도가 가장 높은 논문들을 출판한다는 것을 알 수 있다. 그다음으로 「네이처」, 「사이언스」, 「미국국립과학원회보」, 「피지컬 리뷰 레터스」, 「피지컬 리뷰 B」 순이다.

출처: [174]

그림 6.6 궁극적 영향력 예측하기

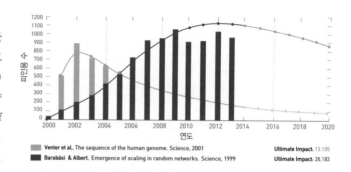

인간 게놈(genome)에 관한 첫 결과를 보고한
논문(Venter et al.[27])과 척도 없는 네트워크
발견을 보고한 논문(Barabási and Albert[10])
의 연간 피인용 역사. 두 논문의 초기 영향
력은 매우 다르다. 웹 오브 사이언스(Web of
Science)에 따르면 출판 후 2년 동안 많은 기
대를 받았던 인간 게놈 논문은 1,400번 넘게 인
용됐다. 반대로 척도 없는 네트워크 논문은 같
은 기간 동안 120번만 인용됐다. 그들의 장기
간 피인용 동역학 역시 상당히 다르다. 인간 게
놈 논문은 2년째에 피인용 수에서 정점을 찍었
는데 이는 모든 연구논문의 85% 이상이 겪는
패턴이다. 반대로 척도 없는 네트워크 논문은
10년이 넘게 증가세를 이어갔다.

피인용 역사를 식 (6.13)으로 맞춘 결과인
연속 곡선은 논문의 미래 피인용 패턴과 궁극
적 영향력을 결정할 수 있게 한다. 궁극적 영향
력은 $t \to \infty$일 때 각 곡선 아래 총 면적을 뜻한
다. 식 (6.15)에 따라 인간 게놈 논문의 궁극적
영향력은 13,105이고 척도 없는 네트워크 논문
의 궁극적 영향력은 26,183이다. 그러므로 논문
의 초기 피인용 수로 궁극적 영향력을 예측하는
건 쉽지 않다.

Venter et al. The sequence of the human genome. Science, 2001   Ultimate Impact: 13,105
Barabási & Albert. Emergence of scaling in random networks. Science, 1999   Ultimate Impact: 26,183

글상자 6.2 궁극적 영향력

피인용 수는 연구논문의 역사적 영향력을 보여줄 뿐, 논문이 이미
그 수명을 다했는지 또는 그 영향력이 계속 증가할 것인지를 말해
주지는 않는다. 논문의 진짜 영향력을 측정하기 위해서는 논문이
출판 이후 계속 얼마나 인용되는지 결정할 필요가 있다. 식 (6.11)
과 식 (6.14)의 인용 모형을 통해 논문의 궁극적 영향력을 예측할
수 있다. 식 (6.13)에서 $t \to \infty$인 극한을 취하여 다음 식을 얻는다
[174].

$$c_i^\infty = m(e^{\eta_i} - 1) \qquad (6.15)$$

결과적으로 연구논문의 피인용 역사에 기여하는 수많은 요인에
도 불구하고 그 궁극적 영향력은 논문의 상대 적합도 η_i'로 결정된
다. 적합도는 논문의 이전 피인용 역사에 식 (6.13)을 맞춤으로써
결정되므로, 식 (6.15)를 이용하면 논문의 궁극적 영향력을 예측할
수 있다(그림 6.6).

극적 영향력을 결정한다(글상자 6.2).

식 (6.13)을 저널에 출판된 개별 논문들의 피인용 역사에 맞
춤으로써 각 저널의 적합도 분포를 얻는다(그림 6.5). 측정 결과
에 따르면 세포생물학 분야의 최고 저널인 「셀Cell」의 적합도 분
포가 가장 오른쪽에 자리한다. 즉, 「셀」에 실린 논문들이 높은
적합도를 갖는 경향이 있다. 놀랍지 않게도 이 저널은 모든 저
널 중에서 가장 영향 지수가 높은 저널 중 하나다. 「피지컬 리뷰
Physical Review」에 출판된 논문의 적합도는 비교적 위쪽에 자리하

는데, 이 저널은 적합도가 높은 논문을 덜 출판한다는 사실을 알 수 있다.

요약하자면, 비안코니-바라바시 모형의 틀은 각 노드의 적합도뿐만 아니라 적합도 분포 $\rho(\eta)$의 모양을 결정할 수 있게 해준다. 측정 결과 적합도 분포는 대체로 지수함수적으로 제한되어 있는데 이는 노드들의 적합도 사이의 차이가 작다는 것을 의미한다. 이 차이는 시간에 따라 증폭되며 그 결과 월드와이드웹의 경우에는 들어오는 링크수의 거듭제곱 분포를, 인용 네트워크에서는 넓은 피인용 수 분포를 갖게 한다.

6.4 보스-아인슈타인 응축

앞 절에서 웹의 적합도 분포가 단순한 지수함수를 따르고(그림 6.4), 연구논문의 적합도는 정점이 있는 분포를 따른다(그림 6.5)는 것을 보았다. 적합도 분포의 다양성은 중요한 문제를 제기한다. 네트워크 구조는 $\rho(\eta)$의 모양에 어떻게 의존하는가?

엄밀하게는, 답이 $\rho(\eta)$를 p_k와 연관시키는 식 (6.6)으로 주어져 있다. 하지만 적합도 분포의 실제 효과는 어떤 네트워크는 보스-아인슈타인 응축$^{\text{Bose-Einstein condensation}}$을 겪는다는 발견을 한 이후에야 이해할 수 있다. 이 절에서는 이 발견을 이끈 본뜨기^{mapping}와 그것이 네트워크 구조에 끼친 결과를 논의한다[176].

우선 비안코니-바라바시 모형과 보스 기체$^{\text{Bose gas}}$ 사이의 형식적 관계를 설정할 것이다(그림 6.7). 보스 기체의 성질은 물리학에서 광범위하게 연구돼왔다.

• **적합도 → 에너지**

각 노드의 적합도 η_i와 에너지 ε_i를 다음 식을 통해 연결한다.

$$\varepsilon_i = -\frac{1}{\beta_\mathrm{T}} \log \eta_i \qquad (6.16)$$

물리학에서 β_T는 온도의 역수와 같은 역할을 한다. 여기서

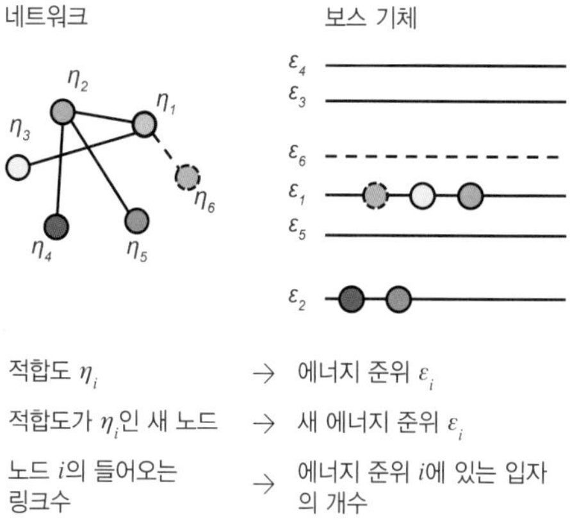

| 네트워크 | 보스 기체 |

적합도 η_i	→ 에너지 준위 ε_i
적합도가 η_i인 새 노드	→ 새 에너지 준위 ε_i
노드 i의 들어오는 링크수	→ 에너지 준위 i에 있는 입자의 개수

그림 6.7 네트워크를 보스 기체에 본뜨기

네트워크

6개의 노드로 이뤄진 네트워크. 각 노드는 유일한 적합도 η_i를 가지며 그에 따라 다른 색을 갖는다. 적합도는 적합도 분포 $\rho(\eta)$에서 선택한다.

보스 기체

각 노드의 적합도 η에 에너지 준위 ε을 본뜸으로써 무작위 에너지 준위를 갖는 보스 기체를 고려할 수 있다. 새 노드 i에서 기존 노드 j로의 링크는 수준이 ε_j인 입자에 해당한다.

성장

네트워크는 새 노드를 추가함으로써 성장하는데, 예를 들어 그림에서 적합도가 η_6인 주황색 노드가 추가됐다. $m = 1$일 때 새 노드는 식 (6.1)을 따라 선택한 회색 노드에 점선으로 연결된다. 보스 기체에서 이는 새 에너지 준위 ε_6를 추가하고(점선) 6번 노드가 링크한 1번 노드의 에너지 준위인 ε_1에 입자를 하나 추가하는 것과 같다.

글상자 6.3 적합도에서 보스 기체로

보스 기체(그림 6.7)의 맥락에서 입자가 준위 i에 추가될 확률은 다음과 같다.

$$\Pi_i = \frac{e^{-\beta_T \varepsilon_i} k_i}{\sum_j e^{-\beta_T \varepsilon_j} k_j} \quad (6.17)$$

에너지 준위 ε_i에 입자가 쌓이는 비율은 다음과 같이 주어진다[176].

$$\frac{\partial k_i(\varepsilon_i, t, t_i)}{\partial t} = m \frac{e^{-\beta_T \varepsilon_i} k_i(\varepsilon_i, t, t_i)}{Z_t} \quad (6.18)$$

여기서 $k_i(\varepsilon_i, t, t_i)$는 준위 i를 차지하는 입자 개수이고, 아래 Z_t는 분배 함수다.

$$Z_t = \sum_{j=1}^{t} e^{-\beta_T \varepsilon_j} k_j(\varepsilon_j, t, t_j)$$

식 (6.18)의 해는 다음과 같다.

$$k_i(\varepsilon_i, t, t_i) = m \left(\frac{t}{t_i} \right)^{f(\varepsilon_i)} \quad (6.19)$$

여기서 $f(\varepsilon) = e^{-\beta_T(\varepsilon - \mu)}$이며, μ는 아래 조건을 만족하는 **화학 퍼텐셜**chemical potential이다.

$$\int \deg(\varepsilon) \frac{1}{e^{\beta_T(\varepsilon - \mu)} - 1} = 1 \quad (6.20)$$

여기서 $\deg(\varepsilon)$은 에너지 준위 ε의 겹침 degeneracy을 나타낸다. 식 (6.20)에 의하면 $t \to \infty$인 극한에서 에너지 ε을 갖는 입자 개수가 **보스 통계**Bose statistics를 따른다는 것을 알 수 있다.

$$n(\varepsilon) = \frac{1}{e^{\beta_T(\varepsilon - \mu)} - 1} \quad (6.21)$$

이렇게 적합도 모형을 보스 기체에 본뜸으로써 비안코니-바라바시 모형이 보스 통계를 따른다는 것을 증명할 수 있다.

아래첨자 T는 β_T를 동적 지수dynamic exponent β와 구분하기 위해 썼다. 식 (6.16)에 따라 네트워크의 각 노드는 보스 기체에서 에너지 준위energy level를 갖는다. 노드의 적합도가 클수록 그 노드의 에너지는 낮아진다.

- **링크 → 입자**

  노드 i에서 노드 j로 링크가 생길 때마다 에너지 준위 ε_j에 입자를 하나 추가한다.

- **노드 → 에너지 준위**

  m개의 링크를 가진 새 노드가 네트워크에 생길 때마다 보스 기체에는 새 에너지 준위 ε_j와 m개의 새 입자가 추가된다. 이 입자들의 에너지는 새 노드와 연결된 기존 노드의 에너지 준위로 결정된다.

이런 본뜨기의 수학적 결과를 따라간다면 각 에너지 준위에 있는 입자의 개수는 보스 통계를 따를 것임을 알 수 있다. 보스 통계는 사티엔드라 나스 보스Satyendra Nath Bose가 1924년에 유도한 공식이다(글상자 6.3). 그에 따라 적합도 모형의 링크는 양자 기체의 아원자subatomic 입자처럼 행동한다.

보스 기체로의 본뜨기는 정확하며 2개의 서로 다른 상태의 존재를 예측한다[176, 177].

척도 없는 상태

대부분의 적합도 분포에 대해 네트워크의 동역학은 '적합하면 부유해진다fit-gets-rich'는 원리를 보여준다. 즉, 각 노드의 링크수는 궁극적으로 적합도가 결정한다는 것이다. 가장 적합한 노드가 결국 가장 큰 허브가 되지만 동시에 어느 순간에도 링크수 분포는 거듭제곱 법칙을 따른다. 즉, 생성된 네트워크는 척도 없는 구조를 갖는다. 결과적으로 가장 큰 허브는 식 (4.18)을 따라 선형보다 느리게 성장한다. 이 허브보다 조금 작은 몇몇 허브들이 가장 적합한 노드만큼 많은 링크를 얻는다(그림 6.9(a)). 6.2절에서 논의했던 균일한 적합도 분포를 갖는 모형은 척도 없는 상태가 된다.

보스-아인슈타인 응축

보스 기체로 본뜬 것의 예측하지 못한 결과는 어떤 적합도 분포의 경우에 생기는 보스-아인슈타인 응축의 가능성이다. 보스-아인슈타인 응축 상태에서 모든 입자는 가장 낮은 에너지 준위에 모여서 나머지 에너지 준위는 모두 텅텅 빈다(글상자 6.4).

네트워크에서 보스-아인슈타인 응축이 갖는 의미는 가장 적

글상자 6.4 보스-아인슈타인 응축

고전물리학에서 움직이는 입자의 역학적 에너지 $E = mv^2/2$는 0(멈춘 상태)부터 임의로 큰 E(매우 빨리 움직이는 상태) 사이의 어떤 값이든 가질 수 있다. 임의 개수의 입자들은 같은 속도 v로 움직이기만 하면 똑같은 에너지 E를 가질 수 있다. 양자역학에서 에너지는 양자화된다. 즉, 에너지는 이산적인, 양자화된 값만을 가질 수 있다. 양자역학에는 두 종류의 입자가 있다. 전자 같은 페르미온(Fermi particle 또는 fermion)은 같은 계 내에서 같은 에너지를 가질 수 없다. 그러므로 주어진 에너지 준위는 오직 하나의 전자만이 차지할 수 있다(그림 6.8(a)). 반대로 광자 같은 보손(Bose particle 또는 boson)의 경우 임의 개수의 입자들이 같은 에너지 준위를 갖는 것이 허용된다(그림 6.8(b)).

고온에서는 열적 요동에 의해 입자들은 서로 다른 에너지를 가지려고 하므로 페르미 기체와 보스 기체 사이의 차이가 드러나지 않는다(그림 6.8(a), (b)). 이 차이는 저온에서 분명해지는데, 저온에서는 모든 입자가 허용된 가장 낮은 에너지를 갖도록 강제된다. 저온의 페르미 기체에서는 물이 화분의 바닥부터 채우듯이 입자들이 낮은 에너지 준위부터 순서대로 채워진다(그림 6.8(c)). 하지만 보스 기체에서는 여러 입자가 동시에 같은 에너지를 가질 수 있으므로 모든 입자가 전부 가장 낮은 에너지 준위에 몰릴 수 있다(그림 6.8(d)). 다시 말해, 화분에 '보스 액체'를 아무리 많이 부어도 액체는 화분의 바닥에만 머물러서 화분을 결코 채울 수 없다. 이 현상이 보스-아인슈타인 응축으로 불리는 현상인데 1924년에 아인슈타인이 처음 제안했다. 보스-아인슈타인 응축의 실험적 증거는 1995년에야 밝혀졌고 그게 인정되어 2001년 노벨물리학상을 받았다.

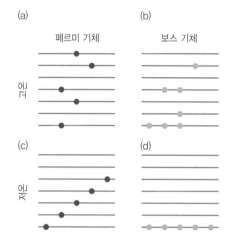

그림 6.8 보스 통계와 페르미 통계

페르미 기체에서는 각 에너지 준위에 오직 하나의 입자만이 허용되지만(a, c) 보스 기체에서는 그런 제한이 없다(b, d). 고온에서는 이런 차이가 잘 드러나지 않는다. 하지만 저온에서는 각 입자가 가능한 가장 낮은 에너지 준위를 차지하려고 해서 두 기체 사이의 차이가 중요해진다.

합한 노드가 링크의 상당수를 차지하여 슈퍼허브가 되는 것이다(그림 6.9(b)). 그 결과는 척도 없는 네트워크가 아니라 허브-바퀴살 구조로 나타난다. 이 상태에서 부익부 과정이 우세해지면서 정성적으로 다른 **승자독식 현상**으로 발전한다. 결과적으로 네트워크는 척도 없는 성질을 잃는다.

물리 시스템에서 보스-아인슈타인 응축은 보스 기체의 온도를 어떤 임계 온도보다 낮춤으로써 얻을 수 있다(글상자 6.4). 네트워크에서는 식 (6.16)의 온도 β_T가 더미 변수dummy variable이며, 링크수 분포 같은 모든 구조적으로 의미 있는 양에 온도가 나오지 않는다. 그러므로 보스-아인슈타인 응축 여부는 적합도 분포 $\rho(\eta)$의 형태만으로 결정된다. 네트워크가 보스-아인슈타인 응축을 겪기 위해서는 적합도 분포가 다음 조건을 만족시켜야 한다.

$$\int_{\eta_{\min}}^{\eta_{\max}} \frac{\eta\rho(\eta)}{1-\eta} d\eta < 1$$

보스-아인슈타인 응축을 야기하는 적합도 분포는 다음과 같다.

$$\rho(\eta) = (1-\zeta)(1-\eta)^{\zeta} \tag{6.22}$$

여기서 ζ를 바꾸면 보스-아인슈타인 응축을 만들어낼 수 있다(그림 6.9). 실제로 식 (6.20)이 해를 갖는지 여부는 에너지 분포 $g(\varepsilon)$의 함수 형태에 의존하며 $g(\varepsilon)$은 $\rho(\eta)$의 모양으로 결정된다. 특히 식 (6.22)가 주어진 $g(\varepsilon)$에 대해 음이 아닌 해를 갖지 않는다면 보스-아인슈타인 응축이 나타나고 입자의 상당수가 가장 낮은 에너지 준위에 모인다(온라인 자료 6.2).

요약하자면, 적합도 분포의 구체적 모양이 자라는 네트워크의 구조를 결정한다. 균일 분포 같은 적합도 분포는 척도 없는 구조를 만들어내지만, 어떤 $\rho(\eta)$는 보스-아인슈타인 응축을 허용한다. 네트워크가 보스-아인슈타인 응축을 겪는 경우에는 1개 또는 몇 개의 노드가 링크의 대부분을 차지한다. 이때 척도 없는 상태를 설명하는 부익부 과정은 승자독식 현상으로 바뀐다. 보스-아인슈타인 응축이 네트워크의 구조에 끼치는 영향은 명백

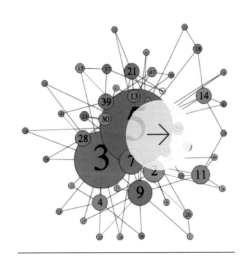

온라인 자료 6.2
네트워크의 보스-아인슈타인 응축

이 동영상은 한 노드(자주색)가 나머지 노드에 비해 매우 큰 적합도를 가진 경우 자라는 네트워크의 시간 변화를 보여준다. 높은 적합도를 가진 이 노드는 대부분의 링크를 빨아들여서 시스템이 보스-아인슈타인 응축을 겪게 만든다. 다슨 왕(Dashun Wang)의 허가하에 게재함

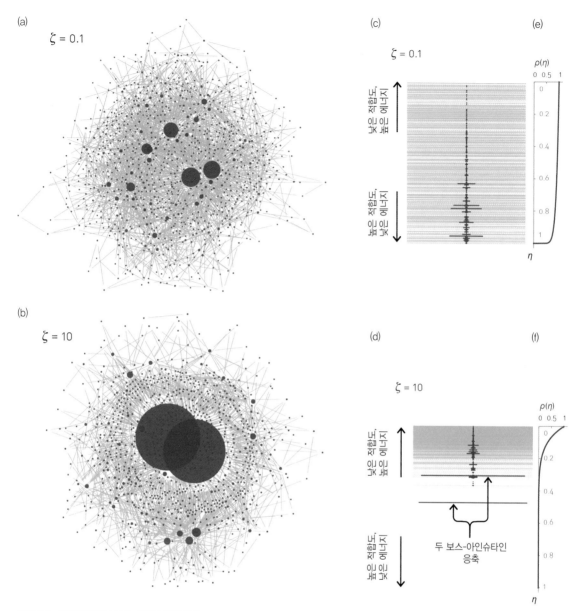

그림 6.9 네트워크에서 보스–아인슈타인 응축

(a, b) 척도 없는 네트워크(a)와 보스-아인슈타인 응축을 겪는 네트워크(b). 두 네트워크 모두 식 (6.22)의 $\rho(\eta)$를 이용한 비안코니-바라바시 모형으로 생성했다. 다만 서로 다른 지수 ζ 값을 썼다. 응축 상태(b)에서는 비슷한 크기의 2개의 커다란 허브가 나타난다.

(c, d) $m = 2$, $N = 1,000$인 네트워크에서 에너지 준위들(녹색 선)과 거기 위치한 입자들(자주색 점). 각 에너지 준위는 (a, b)에 그려진 네트워크의 각 노드의 적합도에 해당한다. 노드에 연결된 각 링크는 노드에 부여된 에너지 준위를 차지하는 각 입자로 표현된다. 다중 링크를 허용하지 않았기 때문에 많은 입자가 몰린 2개의 에너지 준위가 나타난다(d). 즉, 2개의 응축을 뜻하며 이들은 (b)의 두 허브에 해당한다.

(e, f) 식 (6.22)로 주어진 적합도 분포 $\rho(\eta)$는 두 분포의 모양이 어떻게 다른지 보여준다. 이 차이는 변수 ζ 값이 다르기 때문인데 (e)에서 $\zeta = 0.1$, (f)에서 $\zeta = 10$이다.

해서 그게 있다면 놓칠 수가 없다. 그러한 현상은 척도 없는 네트워크를 특징짓는 허브 사이의 위계 구조를 파괴하여 네트워크를 별 모양의 허브-바큇살 구조로 변모시킨다(그림 6.9).

6.5 변화하는 네트워크

바라바시-알버트 모형은 척도 없는 성질의 발현 메커니즘을 잡아내기 위해 설계된 최소 모형이다. 그래서 잘 알려진 여러 한계점이 있다(5.10절도 참고하라).

(i) 모형은 $\gamma = 3$만 예측하지만 실험적으로 관찰된 링크수 지수는 2부터 5까지 다양하다(표 4.1).

(ii) 모형은 거듭제곱 링크수 분포를 예측하지만 실제 시스템에서는 순수한 거듭제곱 분포와 체계적인 차이를 보이기도 한다. 링크수가 작은 영역의 포화나 링크수가 큰 영역의 절단 등이 관찰된다(글상자 4.8).

(iii) 모형은 실제 네트워크에 명백히 존재하는 수많은 근본적인 과정을 무시한다. 예를 들어 기존 노드들 사이에 생기는 내부 링크나, 노드 또는 링크의 제거 등을 무시한다.

이런 한계로 촉발된 많은 연구는 네트워크 구조에 영향을 끼치는 많은 근본적인 과정의 역할을 명쾌하게 하는 데 기여했다. 이 절에서는 바라바시-알버트 모형을 체계적으로 확장함으로써 실제 네트워크의 연결 구조에 영향을 끼치는 다양한 현상을 잡아내는, 다양한 변화하는 네트워크 모형을 소개할 것이다.

6.5.1 초기 매력도

바라바시-알버트 모형에서 고립된 노드는 새 링크를 얻을 수 없다. 식 (4.1)의 선호적 연결 규칙에 따르면 새 노드가 기존의 $k = 0$인 노드와 연결될 가능성은 엄밀하게 0이기 때문이다. 실제 네트워크에서는 고립 노드조차 링크를 얻는다. 실제로 새 연구논문이 처음 인용될 확률은 0보다 큰 유한한 값이다. 새 도시로 이사한 사람은 금세 지인을 만든다. 연결되지 않은 노드가 링크를 얻도록 하기 위해 식 (5.1)의 선호적 연결 함수에 상수를 추가한다.

$$\Pi(k) \sim A + k \qquad (6.23)$$

여기서 상수 A는 **초기 매력도**$^{\text{initial attractiveness}}$라고 부른다. $\Pi(0)$ ~ A이므로 초기 매력도는 노드가 생긴 후 다음 시간에 첫 링크를 얻을 확률에 비례한다.

$\Pi(k)$를 직접 측정해보면 실제 네트워크에 초기 매력도가 존재한다는 사실을 알 수 있다(그림 6.10). 그게 정말 있다면 이는 두 가지 결과를 갖는다.

- **링크수 지수를 키운다.**
  바라바시-알버트 모형의 식 (5.1)을 식 (6.23)으로 대체한다면 링크수 지수는 다음과 같이 얻어진다[13, 178].

$$\gamma = 3 + \frac{A}{m} \qquad (6.24)$$

즉, 초기 매력도가 γ를 증가시켜서 네트워크는 더 균질해지고 허브의 크기도 줄어든다. 실제로 초기 매력도는 노드가 링크를 얻을 확률에 무작위적 요인을 추가한다. 이런 무작위적 요인은 링크수가 작은 수많은 노드를 선호하게 하여 선호적 연결의 역할을 약화시킨다. 링크수가 많은 노드의 경우 식 (6.23)의 초기 매력도 A는 무시할 수 있다.

- **링크수가 작은 노드의 포화를 일으킨다.**
  연속 방정식의 해를 통해 식 (6.23)으로 얻은 네트워크의 링크수 분포가 순수한 거듭제곱 법칙을 따르지 않는다는 사실을 알 수 있다. 대신 다음과 같은 해를 얻는다.

$$p_k = C(k + A)^{-\gamma} \qquad (6.25)$$

그러므로 초기 매력도는 $k < A$인 링크수를 갖는 노드의 포

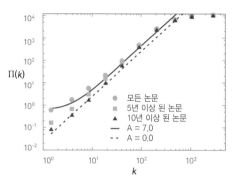

그림 6.10 초기 매력도

인용 네트워크의 누적 선호적 연결 함수인 식 (5.21)은 2007~2008년 동안 출판된 연구논문들의 피인용 패턴을 잡아낸다. $\Pi(k)$ 곡선은 5.6절에서 기술한 방법으로 측정했다. 실선은 초기 매력도가 $A \sim 7.0$인 경우를 나타내고 점선은 $A = 0$인 경우, 즉 초기 매력도가 없는 경우를 나타낸다. $A = 7$은 새 논문이 처음 인용될 확률이 이미 7번 인용된 논문의 피인용 확률과 비견되는 상황이라고 할 수 있다[179].

화를 일으킨다. 그래서 식 (4.39)의 k_{sat}이 했던 역할을 한다. 이는 링크수가 작은 노드에 새 노드가 연결될 확률을 초기 매력도가 강화시켜서 이들을 링크수가 높은 노드로 변모시킨다는 사실에 근거한다. $k \gg A$인 커다란 링크수 영역에서 링크수 분포는 여전히 거듭제곱 법칙을 따르는데, 초기 매력도가 연결 확률에 영향을 주지 않기 때문이다.

6.5.2 내부 링크

많은 네트워크에서 새 링크는 새 노드를 통해서만 생기지 않고 이미 있는 노드 사이에서도 생긴다. 예를 들어, 월드와이드웹에서 새 링크의 대부분은 **내부 링크**internal link다. 이 내부 링크는 기존 웹 문서 사이에 새로 추가된 URL에 해당한다. 마찬가지로, 거의 대부분의 사회적/친구 링크는 이미 서로 알고 있던 다른 친구나 지인을 통해 만들어진다.

측정을 통해 알려진 것은 공동연구 네트워크에서 내부 링크는 이중 선호적 연결을 따른다는 것이다. 즉, 링크수가 k인 노드와 k'인 노드 사이에 새 링크가 생길 확률은 다음과 같다[108].

$$\Pi(k, k') \sim (A + Bk)(A + Bk') \qquad (6.26)$$

내부 링크의 영향을 이해하기 위해 식 (6.26)의 극단적인 경우를 생각해보자.

- **이중 선호적 연결**($A = 0$)

  바라바시-알버트 모형의 확장을 생각하자. 매 시간 새 노드가 m개의 링크와 함께 네트워크에 더해진 후 n개의 내부 링크가 뒤따라 만들어진다. 내부 링크는 $A = 0$인 경우의 식 (6.26)을 따라 만들어진다. 그에 따라 새 링크가 나타날 가능성은 그 링크가 연결할 노드의 링크수에 비례한다. 이 네트워크의 링크수 지수는 다음과 같다[180, 181].

$$\gamma = 2 + \frac{m}{m + 2n} \qquad (6.27)$$

γ는 2와 3 사이의 값을 갖는다. 즉, 이중 선호적 연결은 링크수 지수를 3으로부터 2까지 낮추며 네트워크의 이질성 heterogeneity을 증가시킨다. 실제로 허브들이 서로 연결되는 경향이 나타나므로 내부 링크는 작은 노드를 희생해 서로 연결된 허브들이 더 커지게 만든다.

- **무작위 연결($B = 0$)**

  이 경우 내부 링크는 그것이 연결하는 노드의 링크수와 상관없이 만들어진다. 내부 링크는 무작위로 고른 노드 사이를 연결한다. 앞의 모형처럼 새 노드가 추가된 후 n개의 링크가 무작위로 고른 노드 사이에서 만들어진다. 이렇게 얻은 네트워크의 링크수 지수는 다음과 같다[181].

$$\gamma = 3 + \frac{2n}{m} \qquad (6.28)$$

어떤 n과 m에 대해서도 $\gamma \geq 3$이라는 결과를 얻는다. 즉, 네트워크는 내부 링크가 없을 때보다 더 균질하다. 실제로 무작위로 더해진 내부 링크는 무작위 네트워크에서 관찰된 과정을 모사하는데, 이로 인해 링크수가 서로 더 비슷해진다.

6.5.3 노드 제거

많은 실제 시스템에서 노드와 링크는 사라질 수 있다. 예를 들어, 직원이 회사를 떠나면 조직 네트워크에서 노드가 지워진다. 웹 문서가 삭제되면 월드와이드웹에서 사라진다. 동시에 어떤 네트워크에서는 노드 제거가 사실상 불가능하다(그림 6.11).

노드 제거의 효과를 살펴보기 위해 바라바시-알버트 모형을 생각해보자. 매 시간 m개의 링크를 가진 새 노드가 네트워크에 생기고 비율 r로 노드를 하나씩 제거한다. r에 따라 세 가지 눈금잡기 영역을 관찰할 수 있다[184~189].

- **척도 없는 상태**

  $r < 1$이면 제거된 노드의 비율이 새로 생겨난 노드보다 작

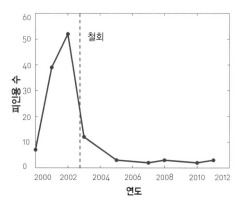

그림 6.11 노드 제거의 불가능성

「사이언스」에 출판된 얀 헨드릭 쉰(Jan Hendrik Schön) 연구논문[182]의 피인용 역사는 인용 네트워크에서 노드를 제거하는 일이 얼마나 어려운지를 보여준다. 쉰은 반도체 분야에서 일련의 중요한 발견을 한 후에 유명해졌다. 그의 생산성은 놀랍다. 그는 2001년에 8일에 한 번꼴로 공저한 연구논문을 발표했다. 이 논문들은 가장 중요한 과학저널인 「사이언스」와 「네이처」 등에 실렸다.

쉰이 단분자 반도체에 관한 놀라운 발견을 보고한 논문을 발표하자마자 연구자들은 서로 다른 온도에서 이뤄진 두 실험에서 나타난 잡음(noise)이 동일하다는 사실을 알아차렸다[183]. 의혹이 일자 쉰이 일했던 벨연구소(Bell Labs)를 운영했던 루슨트 테크놀로지스(Lucent Technologies)는 공식적인 조사에 착수했다. 결국 쉰은 데이터를 조작했음을 시인했고, 그가 출판한 많은 논문이 철회됐다. 그림은 그중 하나의 피인용 패턴을 보여준다. 논문들의 공식 철회가 피인용 수를 급격히 줄였지만 그림에서 볼 수 있듯이 이 논문들은 공식적 '제거' 후에도 계속 인용된다. 이는 인용 네트워크에서 노드를 제거하는 일이 사실상 불가능함을 가리킨다.

아서 네트워크는 계속 성장한다. 이때 링크수 분포는 다음과 같은 지수를 갖는 거듭제곱 법칙을 따른다.

$$\gamma = 3 + \frac{2r}{1-r} \tag{6.29}$$

즉, 무작위 노드 제거는 γ를 키워서 네트워크를 균일하게 만든다.

- **지수 상태**

  $r = 1$이면 노드 생성과 노드 제거가 같은 비율로 이뤄진다. 그래서 노드의 크기는 고정된다(N이 상수다). 이때 네트워크는 척도 없는 성질을 잃는다. 실제로 식 (6.29)에서 $r \to 1$이면 $\gamma \to \infty$임을 알 수 있다.

- **쇠퇴하는 네트워크**

  $r > 1$이면 제거된 노드의 수가 새로 생긴 노드의 수를 넘어서서 네트워크는 쇠퇴한다(글상자 6.5). 쇠퇴하는 네트워크는 여러 영역에서 나타난다. 예를 들어 알츠하이머 연구는 노화에 의해 신경세포를 점진적으로 잃는 현상에 초점을 맞추고, 생태학은 점진적인 서식지 손실의 역할을 탐구한다[190, 191, 192]. 쇠퇴하는 네트워크의 고전적인 예는 19세기 후반과 20세기 초에 장거리 통신을 주도했던 전신^{telegraph}이다. 전신은 한때 성장하는 네트워크였다. 미국에서 전신줄의 길이는 1846년에 40마일(약 64km)에서 1852년에 23,000마일(약 37,000km)로 길어졌다. 하지만 2차 세계대전 후에 전신은 점차 사라졌다.

노드 제거가 다른 기본적인 과정과 공존할 때 네트워크의 행동은 다소 복잡할 수 있다. 이는 그림 6.12에 잘 나타난다. 초기 매력도와 노드 제거가 모두 있는 모형에서 척도 없는 네트워크와 지수함수 네트워크 사이의 상전이가 나타난다. 결국 노드 제거가 언제나 무작위는 아니며 제거된 노드의 링크수에 의존할 수 있다는 점도 염두에 두자(글상자 6.5).

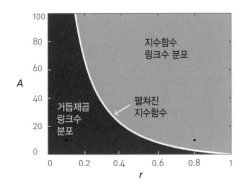

그림 6.12 노드 제거에 의한 상전이

노드 제거가 다른 기본적인 과정과 공존할 때 흥미로운 구조적 상전이가 나타난다. 네트워크의 성장이 식 (6.23)을 따라 이뤄지고 r의 비율로 노드가 제거되는 간단한 모형으로 설명해보자[189]. 네트워크는 그림처럼 세 가지 상태를 보인다. 가로축은 노드 제거 비율 r을, 세로축은 초기 매력도 A를 나타낸다.

준임계 노드 제거: $r < r^*(A)$

노드 제거 비율이 임곗값 $r^*(A)$보다 작으면 척도 없는 네트워크가 된다. $r^*(A)$는 그림에서 하얀색 선으로 표시했다.

임계 노드 제거: $r = r^*(A)$

r이 임곗값 $r^*(A)$가 되면 링크수 분포는 펼쳐진 지수함수가 된다(4.A절).

지수함수 네트워크: $r > r^*(A)$

네트워크는 척도 없는 성질을 잃고 링크수 분포는 지수함수가 된다. 즉, 여러 기본적인 과정이 공존함으로써 네트워크 구조에 급작스런 변화가 생길 수 있다. 구체적으로 노드 제거 비율을 서서히 키우면 척도 없는 네트워크에서 지수함수 네트워크로 상전이가 일어난다.

글상자 6.5 쇠퇴하는 의류 네트워크

뉴욕시 의류 산업은 쇠퇴하는 네트워크의 중요한 예를 제공한다 (그림 6.1). 이 네트워크의 노드는 디자이너와 계약자이며 이들은 의류의 연간 공동생산으로 연결되어 있다. 산업이 쇠퇴하면서 네트워크도 지속적으로 줄어들었다. 1985년에 3,249개의 노드로 이뤄졌던 네트워크의 최대 연결 덩어리가 붕괴하면서 2003년에는 190개만 덩어리에 남았다. 흥미롭게도 이 기간 동안 링크수 분포는 변하지 않았다. 네트워크의 변화를 분석한 결과 쇠퇴하는 네트워크의 몇 가지 성질이 드러났다[184].

- **선호적 연결**

  네트워크가 전체적으로 줄어드는 와중에도 새 노드가 계속 생겨났다. 이 새 노드가 연결될 확률은 $\Pi(k) \sim k^{\alpha}$을 따른다는 사실이 밝혀졌고, 이때 $\alpha = 1.20 \pm 0.06$이다(그림 6.13(a)). 즉, 초선형superlinear 선호적 연결의 증거라고 볼 수 있다(5.7절).

- **링크 제거**

  회사가 링크를 잃을 확률은 $k(t)^{-\eta}$, $\eta = 0.41 \pm 0.04$를 따른다. 이 확률은 회사의 링크수가 클수록 줄어든다(그림 6.13(b)). 이는 **약한 노드가 더 약해지는 현상**을 의미하는데, 적게 연결된 회사가 링크를 잃을 가능성이 더 높다.

(a)

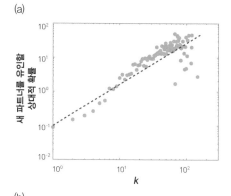

(b)

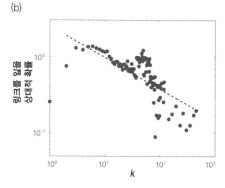

그림 6.13 의류 산업의 쇠퇴

(a) **선호적 연결.** 무작위 링크 추가에 대한, 시간 t에 더해진 새 회사가 k개의 링크를 가진 기존 회사와 연결될 상대적 확률. 점선은 기울기 $\alpha = 1.2$를 나타낸다. 링크가 무작위로 추가됐다면 $\alpha \approx 1$이 나타났을 것이다.

(b) **링크 제거.** 무작위 링크 제거에 대한, 링크수가 k인 노드가 링크를 하나 잃을 상대적 확률. 점선은 기울기 $\eta = 0.41$을 나타낸다. 링크 손실이 무작위였다면 상대적 확률은 k와 무관하게 ≈ 1이 돼야 한다.

요약하자면, 대부분의 네트워크에서 노드는 사라질 수 있다. 하지만 네트워크가 계속 성장하는 한 척도 없는 성질은 유지될 수 있다. 그래도 링크수 지수의 값은 노드 제거 과정의 세부 사항에 의존한다.

6.5.4 가속 성장

지금까지 논의한 모형들에서 링크의 수는 노드의 수에 따라 선형으로 커졌다. 다시 말해, $L = \langle k \rangle N/2$의 $\langle k \rangle$가 시간에 무관한 상수라고 가정했다. 이는 많은 실제 네트워크에서 그럴듯한 가정이다. 하지만 어떤 실제 네트워크에서 링크의 수는 노드의 수보다 더 빠르게 커진다. 이 현상을 **가속 성장**accelerated growth이라고 한다. 예를 들어, 인터넷의 평균 링크수는 1997년 11월에 $\langle k \rangle$ = 3.42였지만 1998년 12월에는 3.96까지 커졌다[99]. 월드와이드웹의 평균 링크수는 다섯 달 만에 7.22에서 7.86으로 커졌다[88, 193]. 대사물질 네트워크의 경우 대사물질의 평균 링크수는 대사물질의 수와 거의 비례하여 커진다[20]. 가속하는 성장의 결과를 탐구하기 위해 자라는 네트워크에서 새 노드와 함께 생기는 링크의 수가 다음 식을 따른다고 가정하자[194, 195, 196, 197].

$$m(t) = m_0 t^\theta \tag{6.30}$$

$\theta = 0$이면 각각의 새 노드는 똑같은 수의 링크를 갖는다. 하지만 $\theta > 0$이면 네트워크의 성장은 가속된다.

가속 성장에 관한 식 (6.30)을 따르는 바라바시–알버트 모형의 링크수 지수는 다음과 같다.

$$\gamma = 3 + \frac{2\theta}{1-\theta} \tag{6.31}$$

그러므로 가속 성장에 의해 링크수 지수 γ는 3보다 커지는데, 즉 더 균질해진 네트워크를 만든다. $\theta = 1$일 때 링크수 지수는 발산하며 이는 **초가속 성장**hyper-accelerating growth을 일으킨다[195]. 이때 $\langle k \rangle$는 시간에 따라 선형으로 커지고 네트워크는 척도 없는 성질을 잃는다.

6.5.5 나이 듦

많은 실제 시스템에서 노드는 제한된 수명을 갖는다. 예를 들어,

배우는 영화에 출연하는 기간으로 정의되는 유한한 직업적 수명을 갖는다. 과학자의 경우 직업적 수명은 대체로 과학 논문을 지속적으로 출판하는 기간에 해당한다. 이런 네트워크에서 노드는 갑자기 사라지지 않는다. 대신 느린 나이 듦 과정을 통해 사라져가는데 이때 새 링크를 얻는 비율이 천천히 줄어든다[119, 198, 199, 200]. 용량의 한계는 비슷한 현상을 야기할 수 있다. 노드가 링크를 다루는 자원이 유한할 경우 한 번 그 한계에 부딪히면 새 링크를 받아들이는 것을 멈출 것이다[119].

나이 듦의 영향을 이해하기 위해 새 노드가 기존 노드 i에 연결할 확률이 $\Pi(k_i, t - t_i)$인 상황을 가정하자. 여기서 t_i는 노드 i가 네트워크에 생겨난 시간이다. 그러므로 $t - t_i$는 노드의 나이다. 나이 듦은 다음과 같이 Π의 함수 형태를 통해 모형화되곤 한다[198].

$$\Pi(k_i, t - t_i) \sim k(t - t_i)^{-\nu} \tag{6.32}$$

여기서 ν는 연결 확률이 노드의 나이에 의존하는 정도를 조절하는 매개변수다. ν 값에 따라 3개의 눈금잡기 영역을 나눌 수 있다.

- **음수 ν**

  $\nu < 0$이면 새 노드는 나이 든 노드에 연결할 것이다. 그러므로 음수인 ν는 선호적 연결의 역할을 강화한다. 극단적으로 $\nu \to -\infty$이면 각각의 새 노드는 가장 나이 든 노드와 연결되어 결국 허브-바큇살 구조가 될 것이다(그림 6.14(a)). 계산에 따르면 척도 없는 상태는 유지되지만 링크수 지수는 3보다 작아진다(그림 6.14(e)). 그러므로 $\nu < 0$은 네트워크를 더 비균질하게 만든다.

- **양수 ν**

  새 노드는 더 어린 노드를 선호한다. 극단적으로 $\nu \to \infty$이면 각 노드는 바로 전에 생긴 노드에 연결된다(그림 6.14(d)). 이 효과를 보기 위해 ν가 매우 클 필요는 없다. ν가 1에 근접하면 링크수 지수가 발산한다(그림 6.14(e)). 그러므로 점진

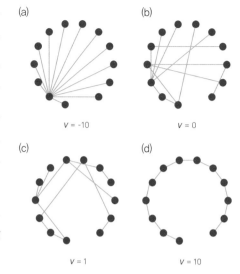

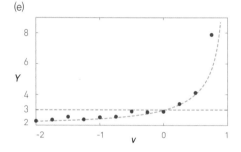

그림 6.14 나이 듦의 영향

(a)~(d) 식 (6.32)의 나이 듦 지수 ν에 따라 달라지는 네트워크 연결 구조에 대한 도식. 자라는 네트워크의 맥락에서 노드에 새 링크가 생길 확률은 노드의 **나이**가 τ일 때 $k\tau^{-\nu}$에 비례한다고 가정했다. ν가 음수이면 새 노드는 가장 나이 든 노드를 선호하므로 허브-바큇살 구조가 나타난다. ν가 양수이면 가장 최근 노드가 가장 매력적이다. ν가 클 때 네트워크는 사슬 모양이 된다. 왜냐하면 새 노드는 가장 최근에 더해진, 즉 가장 어린 노드와 연결되기 때문이다. 명료함을 위해 $m = 1$인 경우를 그림으로 그렸지만 링크수 지수는 m과 무관하다. (e) 나이 듦 모형의 해석적 결과로 예측한 링크수 지수 γ와 나이 듦 지수 ν의 관계. 자주색 기호는 시뮬레이션 결과인데 각 점은 $N = 10{,}000$, $m = 1$인 1개의 네트워크로 얻은 결과다. [198]의 결과를 다시 그렸다.

적인 나이 듦에 의해 오래된 허브가 숨겨지면서 네트워크는 더 균일해진다.

- $v > 1$

    이 경우 나이 듦 효과는 선호적 연결을 능가하여 척도 없는 성질을 잃게 만든다(그림 6.14(d)).

요약하자면, 이 절의 결과는 다양한 기본 과정들이 자라는 네트워크의 구조와 동역학에 영향을 끼친다는 사실을 뜻한다(그림 6.15). 이 결과는 자라는 네트워크 패러다임의 진정한 힘을 강조한다. 즉, 수학적으로 자기정합적이고 예측 가능한 틀을 이용해 다양한 과정들이 네트워크 구조와 진화에 미치는 영향을 다룰 수 있게 해준다.

6.6 정리

이 장에서 살펴봤듯이 적합도, 내부 링크, 나이 듦 같은 다양한 과정들이 실제 네트워크의 구조에 영향을 끼친다. 이를 통해 네트워크의 연결 구조와 진화에 다양한 기본적인 사건들이 끼치는 영향을 자라는 네트워크 이론으로 예측할 수 있음을 배웠다. 논의했던 예들을 통해 중요한 결론을 이끌어낼 수 있다. **네트워크의 구조를 이해하고자 한다면 그 동역학을 먼저 이해해야 한다. 네트워크의 연결 구조는 이런 접근의 보너스다.**

이런 방법론은 앞 장들에서 마주쳤던 수많은 논점들, 링크수 분포를 어떻게 정확하게 맞출 것인지부터 서로 다른 모형틀의 역할이 무엇인지에 이르기까지 되돌아보게 한다. 다음으로 이런 논점을 간단히 논의해보자.

6.6.1 구조적 다양성

4장에서 실제 네트워크의 링크수 분포를 순수한 거듭제곱 법칙에 맞추려다 마주친 어려움을 얘기했다. 이 문제의 근원은 이 장

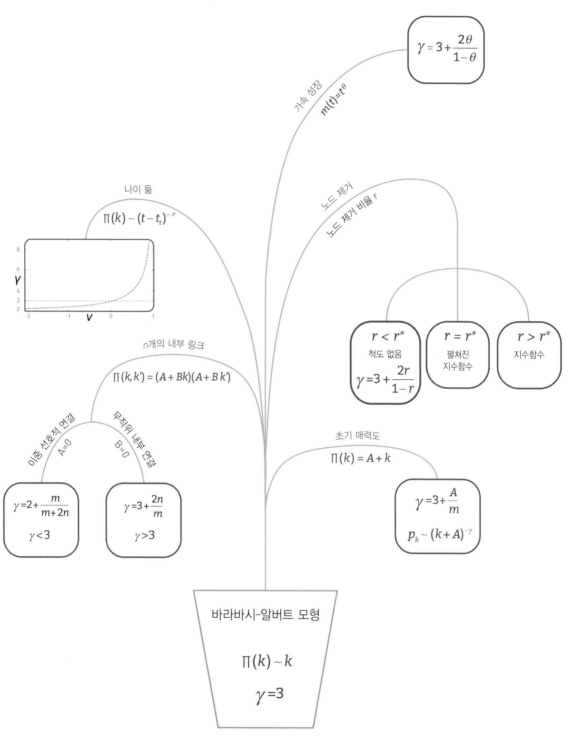

그림 6.15 네트워크 구조에 영향을 끼치는 기본 과정들

이 절에서 논의한 기본 과정들과 그들이 링크수 분포에 끼치는 영향의 요약. 각 모형은 바라바시-알버트 모형을 확장한 것이다.

에서는 명백하다. 네트워크의 진화에 기여하는 실제 동역학적 과정을 이해할 수 있다면 그 결과가 순수한 거듭제곱 법칙과 체계적으로 다를 것이라고 기대할 수 있다. 실제로 링크수 분포의 해석적 결과가 여러 가지라는 것을 예측했다.

- **거듭제곱 법칙**

  바라바시-알버트 모형이 예측하듯이 네트워크가 선형 선호적 연결에 의해 자랄 때에만 순수한 거듭제곱 법칙이 나타난다. 실제 시스템에서는 순수한 거듭제곱 법칙을 거의 찾아볼 수 없다. 이상화된 모형은 실제 네트워크의 링크수 분포를 이해하는 출발점일 뿐이다.

- **펼쳐진 지수함수**

  선호적 연결이 준선형^{sublinear}이면 링크수 분포는 펼쳐진 지수함수(5.7절)가 된다. 비슷한 링크수 분포는 임계점에서 노드 제거가 일어날 때 나타날 수 있다(그림 6.12).

- **적합도로 인한 보정**

  적합도가 있을 때 p_k의 구체적인 형태는 적합도 분포 $\rho(\eta)$에 의존하며 식 (6.6)을 통해 p_k를 결정한다. 예를 들어, 적합도가 균일 분포로 주어질 때 식 (6.8)이 예측한 대로 p_k에 로그 보정이 붙는다. 다른 형태의 $\rho(\eta)$는 다소 특이한 형태의 p_k를 만들어낸다.

- **작은 링크수 포화**

  초기 매력도는 선호적 연결에 무작위 요소를 추가한다. 그에 따라 식 (6.24)에서 보이듯이 링크수 분포는 작은 링크수 영역에서 포화된다.

- **큰 링크수 절단**

  많은 실제 시스템에 있는 노드 및 링크 제거는 링크수 분포의 큰 링크수 영역에서 지수함수 절단을 야기할 수 있다. 더구나 무작위 노드 제거는 작은 링크수를 가진 노드를 고갈시켜서 p_k가 정점을 갖게 할 수 있다.

이 장에서 논의한 기본 과정들은 대부분의 실제 네트워크에서 동시에 나타난다. 예를 들어 과학 공동연구 네트워크는 초기 매력도가 있는 준선형 선호적 연결로 설명할 수 있고, 외부 링크와 내부 링크가 모두 나타날 수 있다. 연구자들의 창의성이 다르기에 적합도도 중요한 역할을 하고, 그래서 정확한 모형은 적절한 적합도 분포를 요구한다. 결과적으로 링크수 분포는 초기 매력도에 의한 작은 링크수 포화, 준선형 선호적 연결에 의한 펼쳐진 지수함수 절단, 적합도 분포 $\rho(\eta)$의 특정한 형태에 의한 알려지지 않은 보정을 모두 보일 것이다.

일반적으로 링크수 분포를 정확하게 맞추고자 한다면 p_k의 함수 형태를 해석적으로 예측할 수 있는 생성 모형을 먼저 세울 필요가 있다. 물론 많은 시스템에서 p_k의 정확한 이론을 개발하는 것은 과욕이다. 대신 링크수 분포가 지수함수적으로 제한되는지 아니면 두꺼운 꼬리를 갖는지 정도만 알아도 충분할 때가 있다(4.9절). 시스템의 성질은 주로 이런 차이로 인한 것이기 때문이다.

6.6.2 다양성을 모형화하기

이 장의 결과는 또한 지금까지 마주쳤던 네트워크 모형들의 역할을 생각해보게 한다. 이 모형들을 세 종류로 묶어볼 수 있다 (표 6.1).

정적 모형

에르되쉬와 레니의 무작위 네트워크 모형(3장)과 와츠와 스트로가츠의 좁은 세상 네트워크 모형(글상자 3.8)에서 노드 개수가 고정되어 있으므로 **정적 모형**static model이라 부를 수 있다. 둘 다 네트워크 모형 개발자의 역할은 어떤 무작위 알고리듬을 사용해 노드 사이에 링크를 위치시키는 것이라고 가정한다. 그 성질을 탐구하기 위해서는 에르되쉬와 레니가 개발한 조합 그래프 이론에 기댈 필요가 있다. 두 모형 모두 제한된 링크수 분포를 예측한다.

표 6.1 네트워크 과학의 모형 분류

이 표는 네트워크 과학에서 쓰이는 3개의 주요한 모형틀을 각각의 특징과 함께 요약해서 보여준다.

모형 분류	예	특징
정적 모형	에르되쉬-레니 와츠-스트로가츠	• N 고정 • 지수적으로 제한된 p_k • 정적이고 시간과 무관한 연결 구조
생성 모형	배열 모형 숨은 매개변수 모형	• 임의로 미리 설정한 p_k • 정적이고 시간과 무관한 연결 구조
변하는 네트워크 모형	바라바시-알버트 모형 비안코니-바라바시 모형 초기 매력도 모형 내부 링크 모형 노드 제거 모형 가속 성장 모형 나이 듦 모형	• 네트워크의 변화에 기여하는 과정으로 결정되는 p_k • 시간에 따라 변하는 네트워크 연결 구조

생성 모형

4.8절에서 논의한 배열 모형configuration model과 숨은 매개변수 모형hidden-parameter model은 미리 정해진 링크수 분포를 이용해 네트워크를 생성한다. 즉, 이 모형들은 특정한 링크수 분포가 어떻게 나타나는지에 대해 말해주지 않는다는 의미에서 이들은 메커니즘에 의한 것이 아니다. 그보다는 뭉침부터 경로 길이에 이르기까지 다양한 네트워크 성질이 링크수 분포에 어떻게 의존하는지를 이해할 수 있게 도와준다.

변화하는 네트워크 모형

이 모형들은 네트워크의 시간에 따른 변화를 지배하는 메커니즘을 잡아낸다. 가장 많이 나온 예는 바라바시-알버트 모형이다. 물론 이 장에서 논의한 변형된 모형들, 즉 비안코니-바라바시 모형부터 내부 링크, 나이 듦, 노드 및 링크 제거, 가속 성장 등을 포함하는 모형들도 똑같은 통찰을 제공한다. 이들이 제시된 동기는 네트워크의 변화에 기여하는 모든 미시적 과정을 정확히 잡아낸다면 네트워크의 구조적 특성도 따라올 것이라는 관찰이다. 이런 미시적 과정으로 생성된 네트워크의 성질을 탐구하기 위해 연속체 이론이나 비율 방정식 같은 동역학적 방법을 사용할 필요가 있다.

이런 모형틀 각각은 네트워크 이론에서 중요한 역할을 한다. 에르되쉬-레니 모형은 어떤 네트워크의 성질이 순전히 무작위적인 연결 패턴으로 설명되는지 검토하게 해준다. 확산 과정이나 네트워크 견고함 같은 현상에 대한 네트워크 환경의 역할에 관심이 있다면 생성 모형이 훌륭한 출발점을 제공한다. 하지만 네트워크 성질의 원인을 이해하고자 한다면 그 네트워크를 만들어낸 과정을 포착하는 자라는 네트워크 모형을 먼저 생각할 필요가 있다.

6.7 과제

6.7.1 가속 성장

가속 성장을 하는 방향성 있는 바라바시-알버트 모형의 링크수 분포를 계산하라. 이를 위해 새로 들어온 노드의 링크수는 시간에 따라 $m(t) = t^{\Theta}$처럼 커진다고 가정하라.

6.7.2 t파티 자라는 네트워크 모형

t파티$^{t\text{-party}}$[1]에서 성별은 중요하지 않다. 새로 온 사람은 오직 한 명의 다른 참가자에게 춤을 같이 추자고 초대할 수 있다. 더 매력적인 참가자는 새 참가자에 의해 초대될 가능성이 높기에 매력도가 중요하다. 파티는 다음 규칙을 따라 변한다.

- 각 참가자는 노드 i에 해당하며 시간에 무관한 매력도 η_i를 부여받는다.

---

1 시간 t에 따라 변하는 네트워크 구조를 뜻하는 이름으로서, 영어 'tea party'(차 모임)의 발음과 같다는 점을 이용한 말장난으로 보인다. – 옮긴이

- 매 시간 새 노드는 t파티에 참가한다.
- 이 새 노드는 이미 있던 다른 노드에게 춤을 추자고 초대하는데 이를 통해 그 노드와 링크로 연결된다.
- 새 노드는 춤 상대를 상대의 매력도와 비례하는 확률로 선택한다. 파티에 이미 t개의 노드가 있다면 노드 i가 초대받을 확률은 다음과 같다.

$$\Pi_i = \frac{\eta_i}{\sum_j \eta_j} = \frac{\eta_i}{t\langle\eta\rangle}$$

여기서 $\langle\eta\rangle$는 평균 매력도다.

(a) 노드 링크수의 시간 변화를 유도하라. 이 결과는 한 노드가 몇 번 춤을 췄는지 알려준다.
(b) 매력도가 η인 노드의 링크수 분포를 유도하라.
(c) 노드의 절반이 $\eta = 2$, 나머지 절반이 $\eta = 1$의 매력도를 갖는다면 충분히 긴 시간이 흐른 후 네트워크의 링크수 분포는 어떻게 되는가?

6.7.3 비안코니-바라바시 모형

2개의 서로 다른 적합도, 즉 $\eta = a, \eta = 1$을 갖는 비안코니-바라바시 모형을 생각하자. 구체적으로 적합도 분포는 다음과 같이 이중 델타 함수로 표현된다.

$$\rho(\eta) = \frac{1}{2}\delta(\eta - a) + \frac{1}{2}\delta(\eta - 1) \qquad 0 \leq a \leq 1$$

(a) 링크수 분포를 구하고 그것이 매개변수 a에 어떻게 의존하는지 계산하라.
(b) 네트워크가 정상상태stationary일 때 링크수 분포를 계산하라.

6.7.4 더하는 적합도

네트워크의 성장이 적합도가 더해진 선호적 연결을 따른다고 하자.

$$\Pi(k_i) \sim \eta_i + k_i$$

여기서 각 노드에는 적합도 분포 $\rho(\eta)$에서 뽑은 서로 다른 η_i가 주어진다. 결과적으로 만들어진 네트워크의 링크수 분포를 계산하고 논의하라.

6.8 [심화 주제 6.A]
비안코니-바라바시 모형의 해석적 결과

이 절의 목적은 비안코니-바라바시 모형의 링크수 분포를 유도하는 것이다[13, 166, 176, 177]. 다음 식을 계산하는 것에서 출발한다.

$$\left\langle \sum_j \eta_j k_j \right\rangle \tag{6.33}$$

이는 고정된 적합도 η의 가능한 모든 실현에 대한 평균이다. 각 노드는 서로 다른 시간 t_0에 태어났으므로 j에 대한 합을 t_0에 대한 적분으로 쓸 수 있다.

$$\left\langle \sum_j \eta_j k_j \right\rangle = \int d\eta \rho(\eta) \eta \int_1^t dt_0 k_\eta(t, t_0) \tag{6.34}$$

$k_\eta(t, t_0)$를 식 (6.3)으로 대체하고 t_0에 대한 적분을 취하면 다음을 얻는다.

$$\left\langle \sum_j \eta_j k_j \right\rangle = \int d\eta \rho(\eta) \eta m \frac{t - t^{\beta(\eta)}}{1 - \beta(\eta)} \tag{6.35}$$

동적 지수 $\beta(\eta)$는 $0 < \beta(\eta) < 1$로 제한되어 있다. 왜냐하면 노

드의 링크수는 시간에 따라 커지기만 하며($\beta(\eta) > 0$), $k_i(t)$는 시간보다 더 빨리 커질 수 없기 때문이다($\beta(\eta) < 1$). 그러므로 $t \to \infty$인 극한에서 식 (6.35)의 $t^{\beta(\eta)}$는 t에 비해 무시할 수 있다.

$$\left\langle \sum_j \eta_j k_j \right\rangle \overset{t \to \infty}{=} Cmt(1 - O(t^{-\varepsilon})) \tag{6.36}$$

여기서 $\varepsilon = (1 - \max_\eta \beta(\eta)) > 0$이다. C는 다음과 같다.

$$C = \int d\eta \rho(\eta) \frac{\eta}{1 - \beta(\eta)} \tag{6.37}$$

식 (6.37)을 이용하고 $k_\eta = k_\eta(t, t_0, \eta)$로 쓰면 동역학 방정식 (6.2)는 다음과 같이 얻어진다.

$$\frac{\partial k_\eta}{\partial t} = \frac{\eta k_\eta}{Ct} \tag{6.38}$$

이 식의 결과는 다음과 같이 쓰면 식 (6.3)의 형태를 갖는다.

$$\beta(\eta) = \frac{\eta}{C} \tag{6.39}$$

즉, 식 (6.3)의 가정이 그 결과와 정합한다는 것을 보여준다.

계산을 완성하기 위해 식 (6.37)에서 C를 결정할 필요가 있다. $\beta(\eta)$를 η/C로 치환해 다음을 얻는다.

$$1 = \int_0^{\eta_{max}} d\eta \rho(\eta) \frac{1}{\frac{C}{\eta} - 1} \tag{6.40}$$

여기서 η_{max}는 시스템에서 최대로 가능한 적합도를 나타낸다. 식 (6.40)의 적분은 특이성을 보인다. 그러나 어떤 η에 대해서도 $\beta(\eta) = \eta/C < 1$이므로 $C > \eta_{max}$이고, 그래서 적분은 특이점을 결코 가질 수 없다. 또한 다음 결과를 주목하자.

$$Cmt = \sum_j \eta_j k_j \leq \eta_{max} \sum_j k_j = 2mt\eta_{max} \tag{6.41}$$

즉, $C < 2\eta_{max}$이다.

만일 동적 지수 β가 하나의 값을 갖는다면 링크수 분포는 링크수 지수가 $\gamma = 1/\beta + 1$인 거듭제곱 법칙 $p_k \sim k^{-\gamma}$을 따를 것이다. 비안코니-바라바시 모형에서 동적 지수 $\beta(\eta)$는 연속적인 값을 가지므로 p_k는 서로 다른 거듭제곱 법칙들의 가중합^{weighted sum}이 된다.

N이 큰 극한에서 링크수 분포를 결정하기 위해 우선 적합도가 η이고 링크수가 k보다 큰, 즉 $k_\eta(t) > k$를 만족하는 노드의 개수를 계산한다. 식 (6.3)을 이용하면 이 조건은 다음을 의미한다.

$$t_0 < t \left(\frac{m}{k}\right)^{C/\eta} \tag{6.42}$$

매 시간 정확히 1개의 노드가 더해지고 각 노드가 η의 적합도를 가질 확률은 $\rho(\eta)d\eta$다. 그러므로 $t(\frac{m}{k})^{C/\eta}\rho(\eta)d\eta$개의 노드가 조건식 (6.42)를 만족한다. 무작위로 고른 노드 i가 k 이하의 링크수를 가질 확률, 즉 누적 분포 함수를 구하기 위해 다음과 같이 쓴다.

$$P(k) = P(k_i \le k) = 1 - P(k_i > k) \approx 1 - \frac{\int_0^{\eta_{max}} t\left(\frac{m}{k}\right)^{C/\eta}\rho(\eta)d\eta}{m_0 + t}$$
$$\approx 1 - \int_0^{\eta_{max}} \left(\frac{m}{k}\right)^{C/\eta}\rho(\eta)d\eta \tag{6.43}$$

마지막 등식은 큰 t에 대해 근사적으로만 타당하다. 링크수 분포의 확률 밀도 함수는 다음과 같다.

$$p(k) = P'(k) = \int_0^{\eta_{max}} \frac{C}{\eta} m^{C/\eta} k^{-(C/\eta+1)} \rho(\eta)d\eta$$

즉, 식 (6.6)을 얻는다.

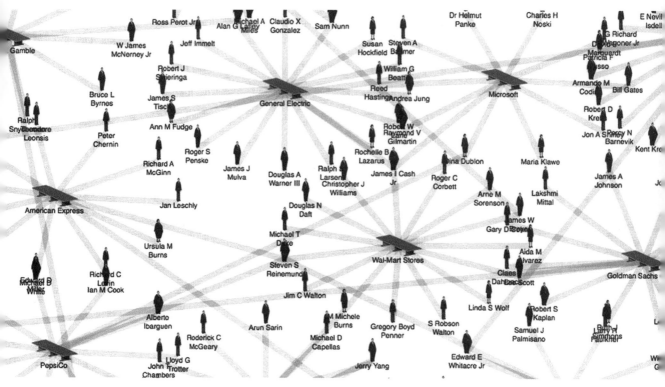

그림 7.0   예술과 네트워크: 조쉬 온

샌프란시스코에서 활동하는 디자이너 조쉬 온(Josh On)이 만든 반응형 웹사이트 *TheyRule.net*
은 미국 경제 계급의 얽힌 관계를 네트워크를 이용해 묘사한다. 미국에서 가장 힘 있는 회사들
의 이사회 구성원들 사이의 관계를 보임으로써 여러 이사회에서 자리를 차지하는 몇몇 개인들
이 가진 영향력의 역할을 드러낸다. 2001년에 처음 공개된 후 이 프로젝트는 예술과 과학을 넘
나드는 것으로 비춰졌다.

제 7 장

링크수 상관관계

7.1   소개

안젤리나 졸리Angelina Jolie와 브래드 피트Brad Pitt, 벤 애플렉Ben Affleck과 제니퍼 가너Jennifer Garner, 해리슨 포드Harrison Ford와 칼리스타 플록하트Calista Flockhart, 마이클 더글러스Michael Douglas와 캐서린 제타존스Catherine Zeta-Jones, 톰 크루즈Tom Cruise와 케이티 홈즈Katie Holmes, 리차드 기어Richard Gere와 신디 크로포드Cindy Crawford(그림 7.1). 이상한 목록이지만 유명인 커플을 대서특필하는 세계에 흠뻑 빠진 이들은 금방 알아차릴 수 있는 목록이기도 하다. 이들은 결혼한 상태이거나 결혼을 했던 할리우드의 유명인들이다. 그들의 결혼과 이별을 대중매체가 수없이 다뤘고 이들의 소문을 다룬 잡지는 수백만 부가 팔렸다. 그 덕분에 유명인들이 서로 결혼하는 것을 당연히 받아들인다. 그래서 다음과 같은 질문을 거의 하지 않는다. 이게 정상일까? 다시 말해, 유명인

그림 7.1 허브와 데이트하는 허브

사회연결망에서 허브들끼리 알고, 데이트하고, 결혼한다는 것을 매우 가시적으로 증명하는 유명인 커플들

이 다른 유명인과 결혼할 진짜 가능성은 얼마나 될까?

한 유명인이 세계의 알맞은 개인 1억 명 중 한 명과 데이트한다고 가정해보자. 그 상대가 1,000명의 다른 유명인 중 하나일 확률은 겨우 10^{-5}이다. 그러므로 무작위로 만난 사람과 데이트를 하는 상황이라면 유명인들은 결코 서로 결혼하지 못할 것이다.

유명인들의 데이트 패턴을 염두에 두지 않는다고 해도 우리는 잠시 멈춰서 이 현상이 사회연결망 구조에 대해 말해주는 것을 탐구해야 한다. 유명인들, 정치 지도자들, 주요 기업의 사장들은 예외적으로 많은 사람을 아는 경향이 있고, 사실 더 많은 사람이 이들을 알고 있다. 그들이 허브다. 그러므로 유명인의 데이트(그림 7.1)와 이사회 구성원 사이의 관계(그림 7.0)는 사회연결망의 흥미로운 성질을 드러낸다. 즉, 허브는 다른 허브와 연결하는 경향이 있다.

이 경향은 분명해 보이지만 모든 네트워크에서 이 성질이 나타나는 것은 아니다. 그림 7.2에서 보인 효모의 단백질 상호작용 네트워크를 생각해보자. 네트워크는 척도 없는 성질을 갖는 것을 금방 알 수 있다. 링크수가 1이나 2인 수많은 단백질이 소수의 많은 연결을 가진 허브와 공존한다. 그런데 이 허브들은 서로 연결하는 것을 피하는 경향이 있다. 대신 그들은 링크수가 작은 노드와 연결됨으로써 허브-바큇살 구조를 생성한다. 이 경향은 특히 그림 7.2에서 강조된 두 허브에서 명백하게 나타난다. 그들은 대부분 작은 링크수를 가진 단백질하고만 상호작용한다.

난난한 셰산을 통해 이 패턴이 얼마나 특이한 것인지 보인 수

그림 7.2 허브를 피하는 허브

효모의 단백질 상호작용 지도. 각 노드는 단백질이며 두 단백질은 그들이 세포 안에서 서로 결합한다는 실험적 증거가 있을 때 연결된다. 가장 큰 두 허브의 링크수는 각각 $k = 56$과 $k' = 13$이다. 그들은 수많은 작은 링크수를 갖는 노드와 연결되어 있지만 서로 연결하는 것은 피한다.

이 네트워크는 $N = 1,870$개의 단백질과 $L = 2,277$개의 링크로 이뤄져 있으며, 가장 먼저 제작된 단백질 상호작용 지도 중 하나다[201, 202]. 그림은 전체 네트워크 중 최대 덩어리만 나타낸 것이다. 표 4.1에 제시된 효모의 단백질 상호작용 네트워크는 더 나중의 지도에 해당하며, 이 그림에 나온 네트워크보다 더 많은 노드와 링크를 포함한다. 노드 색은 각 단백질의 필요성(essentiality)에 해당한다. 빨간색 노드를 제거하면 생물이 죽는다. 그래서 그런 노드를 치명적인(lethal) 또는 필수적인(essential) 단백질이라 부른다. 반대로 초록색 노드는 없어도 생물이 살아남을 수 있다. 출처: [21]

있다. 각 노드가 연결하고자 하는 다른 노드를 무작위로 선택한다고 가정하자. 그러면 링크수가 k인 노드와 k'인 노드가 연결될 확률은 다음과 같이 주어진다.

$$p_{k,k'} = \frac{kk'}{2L} \qquad (7.1)$$

식 (7.1)은 허브들이 지닌 많은 링크 덕분에 링크수가 작은 노드보다 다른 허브와 연결될 가능성이 높다는 것을 말해준다. 즉, k와 k'이 클수록 그 확률 $p_{k,k'}$은 커진다. 그에 따라 링크수 $k = 56$인 허브와 $k' = 13$인 허브가 연결될 가능성은 $p_{k,k'} = 0.16$이며 이는 링크수 1인 노드가 링크수 2인 노드와 연결될 가능성인 $p_{1,2} = 0.0004$보다 무려 400배 크다. 하지만 그림 7.2에서 허브 사이에는 링크가 없다. 반대로 링크수가 작은 노드 사이에는 수많은 링크가 있다.

허브들은 서로 연결하는 대신 그림 7.2에서 강조한 대로 링크수가 1인 노드하고만 연결한다. 그 자체로 예측 불가능한 일은 아니다. 링크수가 56인 허브는 링크수가 1인 노드 $N_1 p_{1,56} \approx 12$

개와 연결할 것이 기대된다. 문제는 이 허브가 링크수가 1인 노드 46개와 연결되어 있다는 것이다(이는 기댓값의 네 배 정도 된다).

요약하자면, 사회연결망에서 허브들은 서로 데이트하는 경향이 있지만 단백질 상호작용 네트워크에서는 그 반대다. 다른 허브를 피하는 허브는 대신 링크수가 작은 수많은 노드와 연결된다. 이 두 예에서 일반적인 원리를 이끌어내는 것은 위험하지만 이 장의 목적은 이런 패턴이 실제 네트워크의 일반적 성질을 드러낸다는 것을 보이는 데 있다. 이는 **링크수 상관관계**^{degree correlation}라는 현상이다. 링크수 상관관계를 어떻게 측정할 것인지 그들이 네트워크 구조에 어떤 영향을 미치는지를 탐구할 것이다.

7.2 끼리끼리와 반대끼리

많은 링크를 가졌다는 것만으로 허브는 서로 연결될 가능성이 높다. 어떤 네트워크에서는 그렇게 되지만 다른 네트워크에서는 그렇지 않다. 그림 7.3은 링크수 배열은 똑같지만 구조가 각기 다른 세 네트워크를 보여준다.

- **중립 네트워크**

  그림 7.3(b)는 연결이 무작위인 네트워크를 보여준다. 이런 네트워크를 **중립**^{neutral}이라 부른다. 즉, 허브 사이의 링크수가 무작위 연결을 의미하는 식 (7.1)이 예측한 대로 나온다.

- **끼리끼리 네트워크**

  그림 7.3(a)의 네트워크는 그림 7.3(b)의 링크수 분포와 정확히 똑같다. 하지만 그림 7.3(a)의 허브들은 서로 연결하려는 경향이 있고 링크수가 작은 노드는 피한다. 동시에 링크수가 작은 노드 역시 서로 연결하려는 경향이 있다. 이런 경향을 보이는 네트워크를 **끼리끼리**^{assortative}라고 부른다. 이 패턴의 극단은 완벽하게 끼리끼리인 네트워크로서 링크수가 k인 노드는 링크수가 k인 노드하고만 연결한다(그림 7.4).

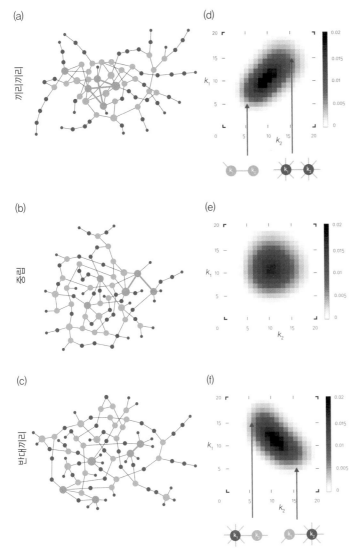

그림 7.3   링크수 상관 행렬

(a)~(c) 세 네트워크 모두 정확히 똑같은 푸아송(Poisson) 링크수 분포 p_k를 갖지만 링크수 상관관계는 서로 다르다. 최대 덩어리만 그림에 표시했고 링크수가 가장 높은 5개의 노드와 그들 사이의 링크만 주황색으로 표시했다.

(d)~(f) $N = 1,000$이고 $\langle k \rangle = 10$인 푸아송 링크수 분포를 가진 끼리끼리 네트워크(d), 중립 네트워크(e), 반대끼리 네트워크(f)의 링크수 상관 행렬 e_{ij}. 무작위로 고른 링크가 링크수가 k_1인 노드와 k_2인 노드를 연결할 확률이 색으로 표현된다.

(a, d) **끼리끼리 네트워크**

e_{ij}는 주대각선(main diagonal) 주위에서 높은 값을 갖는다. 즉, 비슷한 링크수를 가진 노드끼리 연결하는 경향을 가리킨다. 작은 링크수 노드는 작은 링크수 노드끼리, 허브는 허브끼리 연결한다. 실제로 (a)에서 허브 사이의 링크와 작은 링크수를 가진 노드 사이의 링크가 많이 있음을 알 수 있다.

(b, e) **중립 네트워크**

노드는 무작위로 고른 다른 노드와 연결한다. 그러므로 링크의 밀도는 평균 링크수를 기준으로 대칭적이다. 연결 패턴에 어떤 상관관계도 없다.

(c, f) **반대끼리 네트워크**

e_{ij}는 부대각선(secondary diagonal, 주대각선과 수직인 방향) 주위에서 높은 값을 갖는다. 허브는 링크수가 작은 노드와 연결하고자 하고 그 반대도 마찬가지다. 결과적으로 허브-바큇살 성질을 보인다.

- **반대끼리 네트워크**

  그림 7.3(c)에서 허브는 서로를 피하고 대신 링크수가 작은 노드와 연결한다. 결과적으로 네트워크는 허브-바큇살 구조를 보이며, 이로 인해 네트워크는 **반대끼리**disassortative 성질을 갖는다.

일반적으로 링크수가 높은 노드와 링크수가 낮은 노드를 잇는

그림 7.4 완벽한 끼리끼리

완벽하게 끼리끼리인 네트워크에서 각 노드는 자신과 링크수가 같은 노드하고만 연결한다. 즉, $e_{jk} = \delta_{jk}q_k$다. 여기서 δ_{jk}는 크로네커 델타(Kronecker delta)이며 행렬 e_{jk}에서 대각 요소 외의 모든 요소는 0이 된다. 그림은 완벽한 k-클리크(clique)로만 이뤄진 완벽하게 끼리끼리인 네트워크를 보여준다.

링크의 개수가 우연에 의한 기댓값과 체계적으로 다르면 네트워크가 **링크수 상관관계**degree correlation를 갖는다고 할 수 있다. 다시 말해, 링크수가 k인 노드와 k'인 노드 사이의 링크의 수가 식 (7.1)과 다른 경우를 가리킨다.

잠재적인 링크수 상관관계에 관한 정보는 **링크수 상관 행렬** degree correlation matrix e_{ij}에 담겨 있다. e_{ij}는 무작위로 고른 링크가 링크수가 i인 노드와 링크수가 j인 노드를 연결할 확률이다. e_{ij}는 확률이므로 다음과 같이 정규화되어 있다.

$$\sum_{i,j} e_{ij} = 1 \tag{7.2}$$

식 (5.27)에서 무작위로 고른 링크의 한쪽 끝에 링크수가 k인 노드가 있을 확률 q_k를 다음과 같이 유도한 바 있다.

$$q_k = \frac{kp_k}{\langle k \rangle} \tag{7.3}$$

q_k를 e_{ij}와 연관 지을 수 있다.

$$\sum_j e_{ij} = q_i \tag{7.4}$$

중립 네트워크에서는 다음 관계식을 기대한다.

$$e_{ij} = q_i q_j \tag{7.5}$$

e_{ij}가 우연에 의한 기대를 나타내는 식 (7.5)와 다르면 링크수 상관관계가 있는 것이다. 식 (7.2)부터 식 (7.5)까지 모두 어떤 링크수 분포에 대해서도 타당하고, 그래서 무작위 네트워크뿐만 아니라 척도 없는 네트워크에도 적용된다는 것을 기억하자.

e_{ij}가 잠재적인 링크수 상관관계에 관한 모든 정보를 담고 있다는 전제하에 이를 시각화해보자. 그림 7.3(d)~(f)는 각각 끼리끼리, 중립, 반대끼리 네트워크의 e_{ij}를 보여준다. 중립 네트워크에서 작은 링크수를 가진 노드와 높은 링크수를 가진 노드는 무작위로 연결되므로 e_{ij}는 특별한 경향을 보이지 않는다(그

림 7.3(e)). 반대로 끼리끼리 네트워크에서는 주대각선을 따라 높은 상관관계를 보이는데 이는 비슷한 링크수를 가진 노드 사이의 연결이 우세하다는 것을 가리킨다. 그래서 작은 링크수를 갖는 노드끼리 연결되며 허브는 허브와 연결된다(그림 7.3(d)). 반대끼리 네트워크에서 e_{ij}는 반대 경향을 보인다. 즉, 부대각선을 따라 높은 상관관계를 보이며 큰 링크수를 갖는 노드가 작은 링크수를 갖는 노드와 연결하는 경향을 띤다(그림 7.3(f)).

요약하자면, 링크수 상관관계에 관한 정보는 링크수 상관 행렬 e_{ij}에 담긴다. 그런데 e_{ij}를 이용해 링크수 상관관계를 연구할 때는 다음과 같은 여러 가지 약점이 있다.

- 행렬을 시각화하여 정보를 얻는 것은 어렵다.
- 상관관계의 크기를 유추할 수 없고 서로 다른 상관관계를 갖는 네트워크를 비교하기도 어렵다.
- e_{jk}는 대략 $k_{max}^2/2$개의 독립 변수로 이뤄져 있는데 이는 해석적 계산이나 시뮬레이션을 어렵게 할 정도로 방대한 정보량이다.

그래서 링크수 상관관계를 찾아낼 더 간결한 방법을 발전시킬 필요가 있다. 이게 다음 절의 목표다.

7.3 링크수 상관관계 측정하기

e_{ij}가 특정한 네트워크의 링크수 상관관계에 관한 완전한 정보를 담고 있지만 그 내용을 해석하는 것은 어렵다. 이 절에서는 링크수 상관관계를 정량화하는 더 간단한 방법인 링크수 상관 함수를 소개한다.

링크수 상관관계는 연결된 노드들의 링크수 사이의 관계를 잡아낸다. 그 크기를 재는 방법 중 하나는 각 노드 i에 대해 그 이웃들의 링크수의 평균을 구하는 것이다(그림 7.5).

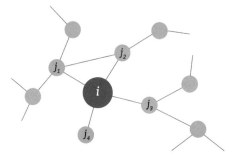

그림 7.5 가장 가까운 이웃 링크수 k

링크수 상관 함수 $k_{nn}(k_i)$를 결정하기 위해 노드의 이웃들의 평균 링크수를 계산한다. 그림은 노드 i의 $k_{nn}(k_i)$를 계산하는 것을 나타낸다. 노드 i의 링크수가 $k_i = 4$이므로 그 이웃들 j_1, j_2, j_3, j_4의 링크수를 평균 냄으로써 $k_{nn}(4) = (4 + 3 + 3 + 1)/4$ = 2.75를 얻는다.

$$k_{nn}(k_i) = \frac{1}{k_i} \sum_{j=1}^{N} A_{ij} k_j \qquad (7.6)$$

식 (7.6)을 링크수가 k인 모든 노드에 대해 계산함으로써 **링크수 상관 함수**degree correlation function를 구할 수 있다.

$$k_{nn}(k) = \sum_{k'} k' P(k'|k) \qquad (7.7)$$

여기서 $P(k'|k)$는 링크수가 k인 노드의 링크 중 하나를 따라갔을 때 링크수가 k'인 노드에 도달할 조건부 확률이다. 즉, $k_{nn}(k)$는 링크수가 k인 모든 노드의 이웃들의 평균 링크수다. 링크수 상관관계를 정량화하기 위해서는 $k_{nn}(k)$가 k에 어떻게 의존하는지 보면 된다.

- **중립 네트워크**

  중립 네트워크에서 식 (7.3) ~ 식 (7.5)로부터 다음과 같은 예측이 가능하다.

$$P(k'|k) = \frac{e_{kk'}}{\sum_{k'} e_{kk'}} = \frac{e_{kk'}}{q_k} = \frac{q_{k'} q_k}{q_k} = q_{k'} \qquad (7.8)$$

  이를 이용해 $k_{nn}(k)$를 다음과 같이 얻을 수 있다.

$$k_{nn}(k) = \sum_{k'} k' q_{k'} = \sum_{k'} k' \frac{k' p(k')}{\langle k \rangle} = \frac{\langle k^2 \rangle}{\langle k \rangle} \qquad (7.9)$$

  즉, 중립 네트워크에서 노드의 이웃들의 평균 링크수는 노드의 링크수 k와 무관하고 오직 네트워크 전체의 성질인 $\langle k \rangle$와 $\langle k^2 \rangle$에만 의존한다. $k_{nn}(k)$를 k의 함수로 시각화하면 $\langle k^2 \rangle / \langle k \rangle$에 해당하는 수평선이 나와야 한다. 이 결과는 전력망에서 관찰할 수 있다(그림 7.6(b)). 식 (7.9)는 또한 실제 네트워크의 흥미로운 성질을 잡아내는데, 우리의 친구는 우리보다 더 인기가 많다고 하는 **친구 관계 역설**friendship paradox이다(글상자 7.1).

그림 7.6 링크수 상관 함수

세 가지 실제 네트워크의 링크수 상관 함수 $k_{nn}(k)$. 로그-로그 축으로 그린 $k_{nn}(k)$를 이용해 눈금잡기 법칙인 식 (7.10)의 타당성을 시험할 수 있다.

(a) **과학 공동연구 네트워크**

k에 따라 커지는 $k_{nn}(k)$는 네트워크가 끼리끼리임을 가리킨다.

(b) **전력망**

수평한 $k_{nn}(k)$는 링크수 상관관계가 없음을 가리킨다. 중립 네트워크의 식 (7.9)와 일관된 결과를 보여준다.

(c) **물질대사 네트워크**

k에 따라 줄어드는 $k_{nn}(k)$는 네트워크의 반대끼리 성질을 드러낸다. 각 그림에서 수평선은 식 (7.9)를, 녹색 점선은 식 (7.10)에 맞춘 결과를 나타낸다.

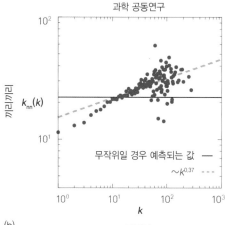

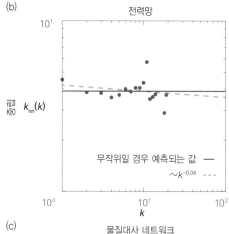

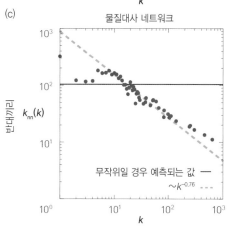

- **끼리끼리 네트워크**

  끼리끼리 네트워크에서 허브는 다른 허브와 연결되는 경향이 있다. 그래서 링크수 k가 큰 노드일수록 그 노드의 이웃들의 평균 링크수도 커진다. 결과적으로 $k_{nn}(k)$는 k의 **증가함수**이며 이는 과학 공동연구 네트워크에서 관찰할 수 있다(그림 7.6(a)).

- **반대끼리 네트워크**

  반대끼리 네트워크에서 허브는 링크수가 작은 노드와 연결하는 경향이 있다. 결과적으로 $k_{nn}(k)$는 k에 대한 **감소함수**이며 이는 물질대사 네트워크에서 관찰됐다(그림 7.6(c)).

그림 7.6의 결과로부터 링크수 상관 함수를 다음과 같은 함수 형태로 근사할 수 있다[203].

$$k_{nn}(k) = ak^{\mu} \qquad (7.10)$$

눈금잡기 식 (7.10)이 성립한다면 링크수 상관관계의 성질은 **상관 지수**$^{correlation\ exponent}$ μ의 부호로 결정된다.

- **끼리끼리 네트워크**: $\mu > 0$

  과학 공동연구 네트워크에 $k_{nn}(k)$를 맞추면 $\mu = 0.37 \pm 0.11$을 얻을 수 있다(그림 7.6(a)).

친구 관계 역설은 놀라운 내용을 담고 있다. **평균적으로 내 친구들이 나보다 더 인기가 많다**[210, 211]. 이 주장은 식 (7.9)에 뿌리를 두고 있다. 식 (7.9)에 의하면 노드의 이웃들의 평균 링크수는 단지 $\langle k \rangle$에만 의존하지 않고 $\langle k^2 \rangle$에도 의존한다.

무작위 네트워크에서는 $\langle k^2 \rangle = \langle k \rangle (1 + \langle k \rangle)$이므로 식 (7.9)에 의해 $k_{nn}(k) = 1 + \langle k \rangle$를 얻을 수 있다. 그러므로 노드의 이웃들의 평균 링크수는 무작위로 고른 노드의 링크수인 $\langle k \rangle$보다 언제나 더 크다.

$\langle k \rangle$와 이웃들의 링크수 사이의 차이는 척도 없는 네트워크에서 특히 커진다. 척도 없는 네트워크에서는 $\langle k^2 \rangle / \langle k \rangle$가 $\langle k \rangle$보다 매우 크기 때문이다(그림 4.8). 예를 들면, 배우 네트워크에서 $\langle k^2 \rangle / \langle k \rangle = 565$다(표 4.1). 이 네트워크에서 노드의 이웃들의 평균 링크수는 노드 자신의 링크수보다 수백 배 더 크다.

친구 관계 역설의 원인은 단순하다. 허브의 링크수가 다른 노드보다 더 많기 때문에 우리는 링크수가 작은 노드보다 허브와 친구가 될 가능성이 더 높은 것이다.

- **중립 네트워크**: $\mu = 0$

  식 (7.9)에 따르면 $k_{nn}(k)$는 k와 무관하다. 실제로 전력망의 경우 $\mu = -0.04 \pm 0.05$가 나오는데 0과 구분하기 힘든 값이다(그림 7.6(b)).

- **반대끼리 네트워크**: $\mu < 0$

  물질대사 네트워크에서는 $\mu = -0.76 \pm 0.04$다(그림 7.6(c)).

요약하자면, 링크수 상관 함수는 실제 네트워크에서 상관관계 여부를 잡아내는 데 도움을 준다. $k_{nn}(k)$는 해석적 계산을 할 때 중요한 역할을 하기도 한다. 그래서 링크수 상관관계가 다양한 네트워크 특성에 미치는 영향을 예측할 수 있게 해준다(7.6절). 링크수 상관관계의 크기를 1개의 값으로 잡아내는 것이 아직 더 편리할 때도 있다. 이를테면 식 (7.10)으로 정의된 상관 지수 μ나, 글상자 7.2에 소개된 링크수 상관계수가 그런 역할을 할 수 있다.

7.4 구조적 절단

이 책에서 네트워크는 **단순하다**고 가정했다. 즉, 두 노드 사이에 있을 수 있는 링크는 최대 1개만 가능하다(그림 2.17). 예를 들어, 이메일 네트워크에서 두 개인이 여러 번 메일을 주고받았어도 링크는 하나만 있게 했다. 마찬가지로, 배우 네트워크에서 두 배우가 같은 영화에 여러 번 함께 출연한 경우라도 하나의 링크로만 연결했다. 표 4.1에서 논의한 데이터는 모두 단순 네트워크다.

단순 네트워크에서 척도 없는 성질과 링크수 상관관계 사이에는 수수께끼 같은 모순이 있다[209, 210]. 예를 들어, 그림 7.7(a)의 척도 없는 네트워크에서 가장 큰 허브 둘은 각각 $k = 55$, $k' = 46$의 링크수를 갖는다. 링크수 상관관계가 $e_{kk'}$인 네트워크에서 링크수가 k인 노드와 k'인 노드 사이의 링크 수의 기댓값은 다음과 같다.

글상자 7.2 링크수 상관계수

링크수 상관관계를 하나의 값으로 나타내려면 μ를 이용할 수도 있지만 다음과 같이 정의된 **링크수 상관계수**degree correlation coefficient를 구할 수도 있다[205, 206].

$$r = \sum_{jk} \frac{jk(e_{jk} - q_j q_k)}{\sigma^2} \tag{7.11}$$

$$\sigma^2 = \sum_k k^2 q_k - \left[\sum_k k q_k \right]^2 \tag{7.12}$$

여기서 r은 각 링크가 연결하는 두 노드의 링크수 사이의 피어슨 상관계수Pearson correlation coefficient이며, $-1 \leq r \leq 1$의 값을 갖는다. $r > 0$이면 끼리끼리 네트워크, $r = 0$이면 중립 네트워크, $r < 0$이면 반대끼리 네트워크다. 예를 들면, 과학 공동연구 네트워크에서는 $r = 0.13$이고 역시 끼리끼리 성질이 있다고 볼 수 있다. 단백질 상호작용 네트워크에서는 $r = -0.04$이며 반대끼리 성질임을 확인할 수 있다. 전력망에서는 $r = 0$이다.

링크수 상관계수에 깔린 가정은 $k_{\mathrm{nn}}(k)$가 k에 선형으로 의존하되 그 기울기가 r이라는 것이다. 반면에 상관 지수 μ는 $k_{\mathrm{nn}}(k)$가 식 (7.10)의 거듭제곱 법칙을 따른다는 것을 가정한다. 그래서 이 두 방법이 동시에 타당할 수는 없다. 7.7절의 해석적 모형이 제공하는 길잡이는 식 (7.10)의 타당성을 지지한다. 일반적으로 r이 μ와 상관관계가 있다는 것은 [심화 주제 7.A]에서 보일 것이다.

$$E_{kk'} = e_{kk'} \langle k \rangle N \tag{7.13}$$

중립 네트워크에서 $e_{kk'}$은 식 (7.5)로 주어지므로 식 (7.3)을 이용하면 다음과 같이 예측할 수 있다.

$$E_{kk'} = \frac{k p_k k' p_{k'}}{\langle k \rangle} N = \frac{\dfrac{55}{300} \dfrac{46}{300}}{3} 300 = 2.8 \tag{7.14}$$

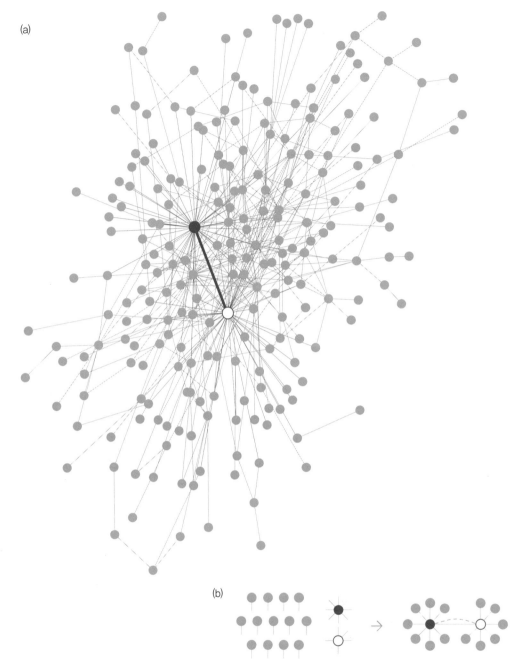

(a)

(b)

그림 7.7 구조적 반대끼리

(a) 배열 모형(그림 4.15)으로 만든 $N = 300$, $L = 450$, $\gamma = 2.2$인 척도 없는 네트워크. 자기 연결과 다중 링크를 금지함으로써 **단순** 네트워크를 만들었다. 가장 큰 2개의 노드를 강조한다. 식 (7.14)가 예측하듯이 네트워크의 중립성을 유지하기 위해 이 두 노드 사이에는 대략 3개의 링크가 있어야 한다. 단순 네트워크는 다중 링크를 허용하지 않기 때문에 네트워크는 반대끼리 성질을 갖게 되는데 이를 **구조적 반대끼리**(structural disassortativity) 현상이라 부른다.

(b) 구조적 상관관계의 원인을 설명하기 위해 그림 왼쪽에 나타나 있듯이 고정된 링크수의 수열에서 시작하자. 즉, 각 노드는 주어진 개수의 미연결 링크를 갖는다. 배열 모형을 따라 미연결 링크를 무작위로 골라서 연결한다. 링크수가 8인 노드와 7인 노드 사이의 링크의 기댓값은 8 × 7/28 ≈ 2다. 여기서도 다중 링크를 허용하지 않기 때문에 이 두 노드 사이의 링크는 하나만 허용되어 네트워크를 구조적으로 반대끼리로 만든다.

그러므로 이 두 허브의 크기가 주어진 상황에서 네트워크의 중립성을 지키려면 이들은 2개나 3개의 링크로 연결해야 한다. 하지만 단순 네트워크에서는 오직 하나의 링크만 가능하므로 링크수 상관관계와 척도 없는 성질 사이에 모순이 발생한다. 이 절의 목적은 이 모순의 원인과 결과를 이해하는 것이다.

k와 k'이 작을 때 식 (7.14)에 의해 $E_{kk'}$도 작은데, 즉 이 결과는 두 노드 사이에 1개보다 적은 링크를 예측한다. 노드의 링크수가 어떤 문턱값 k_s보다 클 때에만 식 (7.14)가 다중 링크를 예측한다. [심화 주제 7.B]를 참고하면, **구조적 절단**structural cutoff이라 부르는 k_s가 다음과 같이 주어진다.

$$k_s(N) \sim (\langle k \rangle N)^{1/2} \qquad (7.15)$$

다시 말해, 식 (7.15)보다 큰 링크수를 가진 노드들에 대해서는 $E_{kk'} > 1$이 되며 이것 때문에 링크수 상관관계가 발생한다는 것을 이제 살펴볼 것이다.

구조적 절단의 결과를 이해하기 위해 네트워크에 식 (7.15)보다 큰 링크수를 가진 노드가 있는지부터 물어야 한다. 이를 위해 구조적 절단 k_s와 네트워크에서 기대되는 최대 링크수인 자연절단 k_{max}를 비교할 것이다. 식 (4.18)에 의하면 척도 없는 네트워크에서 $k_{max} \sim N^{\frac{1}{\gamma-1}}$이다. 이 두 절단을 비교함으로써 두 영역을 구분할 수 있다.

- **구조적 절단이 없는 경우**

  무작위 네트워크와 $\gamma \geq 3$인 척도 없는 네트워크의 경우 k_{max}의 지수가 1/2보다 작다. 그래서 k_{max}는 k_s보다 언제나 작다. 즉, 구조적 절단이 나타나기 위한 링크수가 가장 큰 허브의 링크수를 능가한다. 결과적으로 $E_{kk'} > 1$에 해당하는 노드는 없다. 이 경우 링크수 상관관계와 단순 네트워크 조건 사이에 모순은 없다.

- **구조적 반대끼리**

  $\gamma < 3$인 척도 없는 네트워크의 경우 $1/(\gamma - 1) > 1/2$가 되

어 k_s가 k_{max}보다 작을 수 있다. 그래서 링크수가 k_s와 k_{max} 사이에 있는 노드들은 $E_{kk'} > 1$라는 결과와 배치될 수 있다. 다시 말해, 허브 사이에는 식 (7.14)가 예측하는 것보다 링크가 더 적게 나타나서 네트워크는 반대끼리 성질을 갖는다. 이를 **구조적 반대끼리**structural disassortativity 현상이라고 부른다. 그림 7.8(a), (b)는 배열 모형으로 생성된 척도 없는 단순 네트워크에서 나타나는 구조적 반대끼리 효과를 보여준다. 네트워크를 생성하는 과정에서 링크수 상관관계를 도입하지 않았음에도 네트워크는 반대끼리에 해당하는 눈금잡기 행동을 보인다.

구조적 반대끼리가 없는 네트워크를 생성하는 두 가지 방법이 있다.

(i) 단순 네트워크 조건을 완화하여 노드 사이에 여러 개의 링크가 있을 수 있게 한다. 그러면 대립은 사라지고 네트워크는 중립이 된다(그림 7.8(c), (d)).

(ii) 중립이거나 끼리끼리인 척도 없는 단순 네트워크를 유지하고자 한다면 k_s보다 링크수가 큰 허브를 모두 없애야 한다. 그림 7.8(e), (f)에서 볼 수 있듯이 $k \geq 100$인 노드가 없는 네트워크는 중립적이다.

마지막으로, 특정한 네트워크에서 관찰한 상관관계가 구조적 반대끼리의 결과인지 아니면 링크수 상관관계를 야기하는 어떤 알려지지 않은 과정의 결과인지 어떻게 알 수 있을까? 이웃수 보존 무작위 섞기(그림 4.17)를 통해 두 가지 가능성을 구분할 수 있다.

(i) **단순 링크만 허용하는 이웃수 보존 무작위 섞기(R-S)**[1]
원래 네트워크의 링크수를 보존하면서 무작위로 섞는 과정에서 각 단계에서 두 노드 사이에 1개보다 많은 링크

---

[1] 영어로는 'Randomization with Simple Links'이며 여기서 'Randomization'의 R과 'Simple'의 S를 따서 R S라는 이름을 붙인 것으로 보인다. – 옮긴이

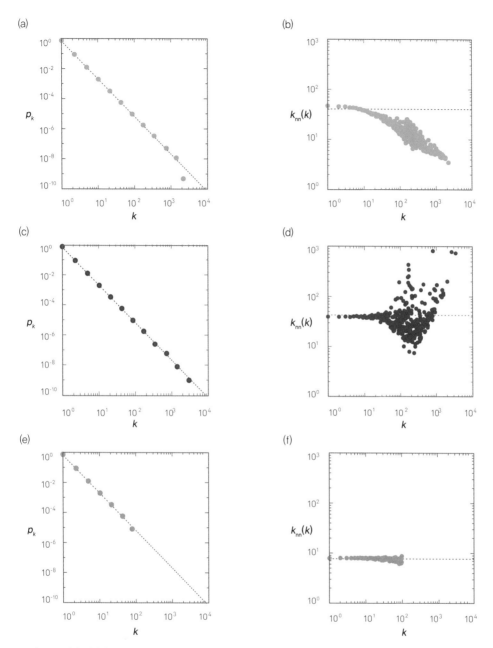

그림 7.8 자연 절단과 구조적 절단

그림은 척도 없는 성질과 링크수 상관관계 사이의 긴장을 나타낸다. 그림은 배열 모형(그림 4.15)으로 생성한 $N = 10,000, \gamma = 2.5$ 인 척도 없는 네트워크의 링크수 분포(왼쪽)와 링크수 상관 함수 $k_{nn}(k)$(오른쪽)를 보여준다.

(a, b) (a)에 제시된 거듭제곱 링크수 분포를 가진 척도 없는 네트워크를 생성하되 자기 연결과 다중 링크를 금지하면 네트워크는 구조적 반대끼리 현상을 보인다. (b)의 $k_{nn}(k)$를 보면 알 수 있다. 이 경우 링크수가 큰 노드 사이에 링크가 충분하지 않아서 네트워크의 중립성을 유지할 수 없다. 그래서 $k_{nn}(k)$는 큰 k에서 줄어들어야 한다.

(c, d) 단순 네트워크 조건을 완화함으로써 구조적 반대끼리를 제거할 수 있다. 노드 사이에 여러 개의 링크를 허용하면 (c, d)에 서 볼 수 있듯이 중립적인 척도 없는 네트워크를 얻는다.

(e, f) 식 (7.15)의 결과에 따라 링크수가 $k \geq k_s \simeq 100$인 모든 노드를 제거하면 (f)에서 볼 수 있듯이 네트워크는 중립이 된다.

를 허용하지 않는다. 알고리듬으로는 다중 링크를 생성하는 링크 재연결 시도를 무시한다는 것을 의미한다. 만일 실제 $k_{nn}(k)$와 무작위로 섞은 후의 $k_{nn}^{R-S}(k)$를 구분할 수 없다면 실제 시스템에서 관찰한 상관관계는 모두 구조적이며 링크수 분포로 완전히 이해할 수 있다. 만일 실제 $k_{nn}(k)$에서는 링크수 상관관계가 나타나는데 무작위로 섞은 후의 $k_{nn}^{R-S}(k)$에서는 나타나지 않는다면, 링크수 상관관계를 만드는 알려지지 않은 과정이 있을 것이다.

(ii) **다중 링크도 허용하는 이웃수 보존 무작위 섞기(R-M)[2]**

일관성을 시험해보기 위해 두 노드 사이의 다중 링크를 허용하는 이웃수 보존 무작위 섞기를 실행하는 것이 때로 유용하다. 알고리듬으로는 다중 링크를 생성하는 모든 링크 재연결 시도도 허용하면 된다. 이 과정은 링크수 상관관계를 완전히 제거한다.

세 가지의 실제 네트워크에 앞서 설명한 무작위 섞기를 적용했다. 그림 7.9(a)에서 볼 수 있듯이 과학 공동연구 네트워크의 끼리끼리 성질은 어떤 무작위 섞기 방법을 적용해도 사라진다. 공동연구 네트워크의 끼리끼리 상관관계는 척도 없는 성질과 관련이 없음을 의미한다. 반대로 물질대사 네트워크에서는 관찰된 반대끼리 성질이 R-S 방법을 적용해도 그래도 남아 있다(그림 7.9(c)). 물질대사 네트워크의 반대끼리 성질은 구조적이며 링크수 분포에 의한 것임을 알 수 있다.

요약하자면, 척도 없는 성질은 단순 네트워크의 반대끼리 성질을 야기할 수 있다. 실제로 중립 네트워크나 끼리끼리 네트워크에서는 허브 사이에 여러 개의 링크를 기대한다. 단순 네트워크에서 다중 링크가 금지되면 네트워크는 반대끼리 경향을 보인다. 이런 대립은 $\gamma \geq 3$인 척도 없는 네트워크나 무작위 네트

---

2 영어로는 'Randomization with Multiple Links'이며 여기서 'Randomization'의 R과 'Multiple'의 M을 따서 R-M이라는 이름을 붙인 것으로 보인다. – 옮긴이

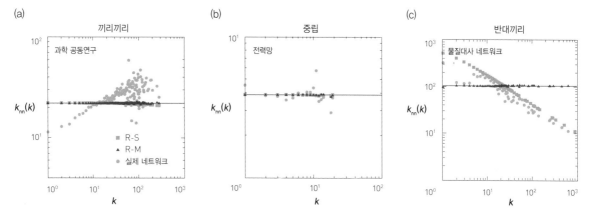

그림 7.9 무작위 섞기와 링크수 상관관계

관찰된 링크수 상관관계의 원인을 밝히기 위해서는 $k_{nn}(k)$(회색 기호)를 이웃수 보존 무작위 섞기를 적용한 후의 $k_{nn}^{R-S}(k)$ 및 $k_{nn}^{R-M}(k)$와 비교해야 한다. 이 상황에서는 다음과 같은 두 가지 무작위 섞기 방법이 단서를 제공한다.

단순 링크만 허용하는 무작위 섞기(R-S)

무작위 섞기의 각 단계에서 두 노드 사이에 1개보다 많은 링크가 생기지 않도록 계속 확인한다.

다중 링크를 허용하는 무작위 섞기(R-M)

무작위로 섞는 동안 다중 링크를 허용한다.

그림 7.6의 네트워크에 이 두 무작위 섞기 방법을 실행한다. R-M은 언제나 중립 네트워크를 만들어내므로 $k_{nn}^{R-M}(k)$는 언제나 수평하다. $k_{nn}(k)$와 $k_{nn}^{R-S}(k)$를 비교함으로써 진짜 통찰을 얻을 수 있다. 이를 통해 관찰된 상관관계가 구조적인지 결정한다.

(a) 과학 공동연구 네트워크

$k_{nn}(k)$는 증가 함수인데 $k_{nn}^{R-S}(k)$는 수평하므로 다르다. 즉, 네트워크의 끼리끼리 성질이 구조적이 아님을 보여준다. 끼리끼리 성질은 네트워크의 변화를 지배하는 어떤 과정에 의해 생겼다. 아주 뜻밖의 결과는 아닌데, 구조적 효과는 끼리끼리가 아니라 반대끼리 효과만 만들 수 있기 때문이다.

(b) 전력망

$k_{nn}(k)$, $k_{nn}^{R-S}(k)$, $k_{nn}^{R-M}(k)$ 모두 수평한데 이는 링크수 상관관계가 없는 중립 네트워크임을 의미한다.

(c) 물질대사 네트워크

$k_{nn}(k)$와 $k_{nn}^{R-S}(k)$ 모두 감소 함수다. 따라서 네트워크의 반대끼리 성질은 척도 없는 성질에 의한 것이라고 결론을 내릴 수 있다. 그러므로 관찰된 링크수 상관관계는 구조적이다.

워크에서는 사라진다. 또한 노드 사이에 다중 링크를 허용해도
사라진다.

7.5 실제 네트워크의 상관관계

널리 발견되는 링크수 상관관계를 이해하기 위해 실제 네트워크를 조사할 필요가 있다. 그림 7.10에서 볼 수 있듯이 10개의 참고할 만한 네트워크의 $k_{nn}(k)$를 그려봄으로써 몇 가지 패턴을 발견한다.

- **전력망**

  전력망의 $k_{nn}(k)$는 수평하고 무작위로 섞은 결과와 구분되지 않는다. 즉, 링크수 상관관계가 없어서(그림 7.10(a)) 중립 네트워크다.

- **인터넷**

  $k \leq 30$인 링크수가 작은 영역에서 $k_{nn}(k)$는 명확히 끼리끼리 경향을 보이지만 이 경향은 큰 링크수 영역에서 사라지고 결과는 수평해진다(그림 7.10(b)). 무작위 섞기를 하면 링크수 상관관계는 없어진다. 그러므로 인터넷은 끼리끼리 성질을 갖지만 이 성질은 구조적 절단에 의해 큰 k에서 사라진다.

- **사회연결망**

  사회적 상호작용을 잡아내는 세 가지 네트워크, 즉 휴대전화 네트워크, 과학 공동연구 네트워크, 배우 네트워크는 모두 증가하는 $k_{nn}(k)$를 보이므로 끼리끼리 네트워크다(그림 7.10(c)~(e)). 이런 네트워크에서 허브는 다른 허브와 연결하려는 경향을 보이고 링크수가 적은 노드는 링크수가 적은 노드와 연결하려는 경향을 보인다. 관찰된 $k_{nn}(k)$가 $k_{nn}^{R-S}(k)$와 다르다는 사실은 사회연결망의 끼리끼리 성질이 척도 없는 링크수 분포에 의한 것이 아님을 뜻한다.

- **이메일 네트워크**

  이메일 네트워크는 종종 사회연결망으로 분류되지만 $k_{nn}(k)$는 k에 따라 줄어드는, 명백히 반대끼리 네트워크다(그림

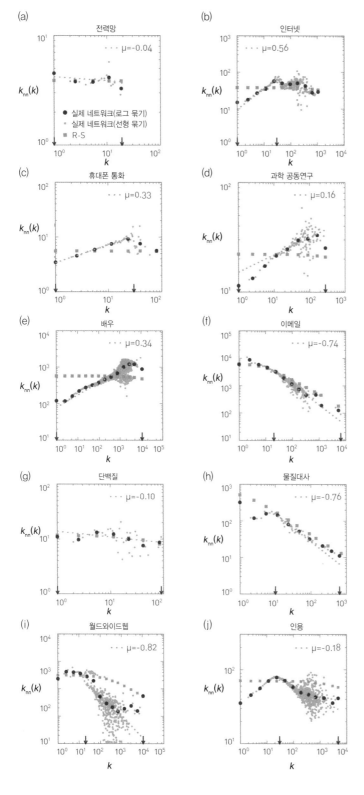

그림 7.10 무작위 섞기와 링크수 상관관계

10개의 참고 네트워크에 대한 링크수 상관 함수 $k_{nn}(k)$(표 4.1). 회색 기호는 선형 묶기를 한 $k_{nn}(k)$를 나타낸다. 자주색 원은 로그 묶기를 한 결과다 (4.11절). 녹색 점선은 그림 아래쪽의 화살표로 표시된 맞춤 구간에서 식 (7.10)에 맞춘 결과다. 주황색 사각형은 '단순' 링크만 허용하는 이웃수 보존 무작위 섞기를 100번 시행한 결과로부터 얻은 $k_{nn}^{R-S}(k)$를 나타낸다. 방향성 네트워크는 방향성 없는 네트워크로 변환한 후 $k_{nn}(k)$를 쟀다. 방향성 네트워크의 링크수 상관관계를 완벽히 특징지으려면 방향성 있는 상관 함수(글상자 7.3)를 이용해야한다.

글상자 7.3 방향성 네트워크의 상관관계

식 (7.7)의 링크수 상관 함수는 방향성 없는 네트워크에서 정의됐다. 방향성 네트워크에서 상관관계를 측정하려면 각 노드가 들어오는 링크수 k_i^{in}, 나가는 링크수 k_i^{out}를 갖는다는 사실을 고려해야 한다[213]. 그러므로 4개의 링크수 상관 함수를 정의할 수 있다. $k_{nn}^{\alpha,\beta}(k)$에서 α와 β는 각각 들어오는 링크수, 나가는 링크수 중 하나를 가리킨다 (그림 7.11(a)~(d)). 그림 7.11(e)는 인용 네트워크에서 측정한 $k_{nn}^{\alpha,\beta}(k)$를 보여준다. 들어오는 링크수와 나가는 링크수 사이에는 상관관계가 없으며 다른 세 상관관계의 경우 k가 작은 영역에서 끼리끼리 효과가 나타남을 알 수 있다.

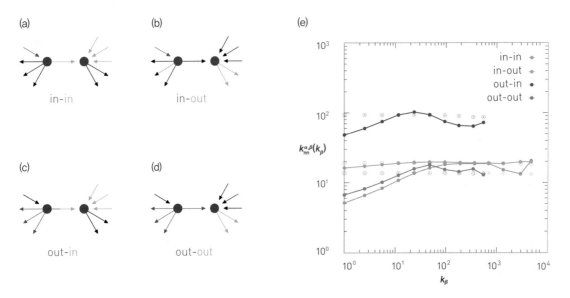

그림 7.11 방향성 네트워크의 상관관계

(a)~(d) 방향성 네트워크에서 정의할 수 있는 네 가지 상관관계. 적절한 상관 함수[213]를 정의하는 데 필요한 α, β를 자주색과 녹색으로 나타냈다. 예를 들어 $k_{nn}^{in,in}(k)$는 링크로 연결된 두 노드 각각의 들어오는 링크수 사이의 상관관계를 보여준다.

(e) 방향성 인용 네트워크의 상관 함수들 $k_{nn}^{\alpha,\beta}(k)$. 예를 들어, $k_{nn}^{in,in}(k_{in})$은 들어오는 링크수가 k_{in}인 노드의 들어오는 이웃들의 들어오는 링크수의 평균을 나타낸다. 네 상관 함수 중 셋은 $k \simeq 100$까지는 명백한 끼리끼리 경향을 보인다. 속이 빈 기호는 단순 링크만 허용하는 이웃수 보존 무작위 섞기(R-S) 결과로 얻은 $k_{nn}^{\alpha,\beta}(k)$를 나타낸다.

7.10(f)). 무작위로 섞은 후의 $k_{nn}^{R-S}(k)$도 감소 함수라서 척도 없는 성질의 결과로 나타나는 구조적 반대끼리 성질을 갖는다.

- **생물학적 네트워크**

  단백질 상호작용 네트워크와 물질대사 네트워크는 모두 μ 가 음수라서 반대끼리 네트워크임을 알 수 있다. 하지만 $k_{nn}^{R-S}(k)$의 눈금잡기가 $k_{nn}(k)$와 구분되지 않아서 구조적 반대끼리 성질을 관찰할 수 있으며, 역시 이 네트워크들의 척도 없는 성질에 그 뿌리를 두고 있다(그림 7.10(g), (h)).

- **월드와이드웹**

  감소하는 $k_{nn}(k)$는 반대끼리 상관관계를 의미한다(그림 7.10(i)). 무작위로 섞은 후의 $k_{nn}^{R-S}(k)$도 감소하지만 $k_{nn}(k)$만큼 급격하지는 않다. 그러므로 월드와이드웹의 반대끼리 성질을 링크수 분포만으로 전부 설명할 수는 없다.

- **인용 네트워크**

  이 네트워크는 애매한 행동을 보인다. $k \leq 20$인 영역에서 링크수 상관 함수 $k_{nn}(k)$는 명백히 끼리끼리 경향을 갖지만 $k > 20$인 영역에서는 반대끼리 눈금잡기 행동을 보인다(그림 7.10(j)). 이렇게 뒤섞인 행동은 극단적으로 끼리끼리인 네트워크에서 나타날 수도 있다(그림 7.13(b)). 즉, 인용 네트워크는 강한 끼리끼리 성질을 가지며 척도 없는 성질이 구조적 반대끼리를 야기한다고 할 수 있다. 이로 인해 $k_{nn}(k)$의 기울기가 $k \gg k_s$일 때 달라진다.

요약하자면, 그림 7.10에서 볼 수 있듯이 링크수 상관관계를 이해하기 위해 언제나 $k_{nn}(k)$를 이웃수 보존 무작위 섞기의 결과인 $k_{nn}^{R-S}(k)$와 비교해야 한다. 이를 통해 몇 가지 흥미로운 결론을 이끌어낼 수 있다.

(i) 10개의 참고 네트워크 중 전력망만 진짜 중립 네트워크다. 대부분의 실제 네트워크는 링크수 상관관계를 갖고 있다.

(ii) 반대끼리 경향을 보이는 모든 네트워크(이메일, 단백질, 물질대사)는 척도 없는 성질 때문에 그런 경향을 보인다. 이들은 모두 구조적 반대끼리 행동을 보인다. 오직 월드와이드웹

만 그 반대끼리 상관관계가 링크수 분포에 의해 부분적으로 설명된다.

(iii) 끼리끼리 네트워크의 링크수 상관관계는 링크수 분포로 설명되지 않는다. 대부분의 사회연결망(휴대전화 통화, 과학 공동연구, 배우 네트워크)은 이 부류에 속하며 인터넷과 인용 네트워크도 그렇다.

관찰된 끼리끼리 성질의 원인을 설명하고자 많은 메커니즘이 제시됐다. 예를 들어, 개인들이 커뮤니티를 형성하려는 경향(9장의 주제다)이 끼리끼리 상관관계를 만들 수 있다[211]. 마찬가지로 사회는 전문 위원회부터 텔레비전 쇼에 이르기까지 허브들을 모으는 수많은 메커니즘을 갖고 있는데, 그로 인해 사회연결망, 전문가 네트워크의 끼리끼리 성질이 강화된다. 마지막으로, 잘 알려진 사회 현상인 끼리끼리 효과homophily[212]는 개인들이 배경과 특징이 비슷한 다른 개인들과 어울리는 경향을 의미한다. 그래서 비슷한 링크수를 가진 개인들이 서로 아는 경향이 있다. 이러한 링크수의 끼리끼리 효과는 유명인들의 결혼에도 영향을 줄 것이다(그림 7.1).

7.6 상관관계가 있는 네트워크 만들기

다양한 네트워크 특성에 링크수 상관관계가 미치는 영향을 탐구하기 위해 지금까지 논의한 네트워크 모형들의 상관관계를 먼저 이해하자. 이는 상관관계를 조절할 수 있는 네트워크를 생성하는 알고리듬을 개발하는 것만큼 중요하다. 이 절에서 보이겠지만, 척도 없는 성질과 링크수 상관관계 사이의 대립이 있기 때문에 알고리듬 개발이 쉬운 일은 아니다.

7.6.1 정적 모형의 링크수 상관관계

- **에르되쉬-레니 모형**

  무작위 네트워크 모형은 정의에 의해 중립이다. 허브가 없기에 구조적 상관관계도 나타나지 않는다. 에르되쉬-레니 네트워크에서 $k_{nn}(k)$는 식 (7.9)로 주어지고, 어떤 $\langle k \rangle$와 N에 대해서도 $\mu = 0$이다.

- **배열 모형**

  배열 모형(그림 4.15)도 링크수 분포 p_k의 선택과 무관하게 중립이다. 이는 모형이 다중 링크와 자기 연결을 모두 허용하기 때문이다. 결과적으로 허브에 의해 발생하는 어떤 대립도 그들 사이의 다중 링크로 인해 해소된다. 하지만 단순 네트워크 조건을 강요한다면 구조적 반대끼리 경향이 나타날 것이다(그림 7.8).

- **숨은 매개변수 모형**

  이 모형에서 e_{jk}는 무작위로 고른 숨은 매개변수 η_j와 η_k의 곱에 비례한다(그림 4.18). 그래서 기술적으로는 상관관계가 없는 네트워크가 된다. 하지만 다중 링크를 허용하지 않으면 척도 없는 네트워크의 경우 구조적 반대끼리 성질을 관찰한다. 해석적 결과는 다음과 같다.

  $$k_{nn}(k) \sim k^{-1} \tag{7.16}$$

  즉, 링크수 상관 함수는 $\mu = -1$의 값을 갖는 식 (7.10)을 따른다.

  정리하면, 지금까지 논의한 정적 모형은 중립 네트워크를 생성하거나 식 (7.16)을 따르는 구조적 반대끼리 경향을 가진 네트워크를 생성한다.

7.6.2 변화하는 네트워크의 링크수 상관관계

자라는 네트워크에서 나타나는(또는 나타나지 않는) 링크수 상관
관계를 이해하기 위해 초기 매력도 모형(6.5절)에서 시작하자.
이 모형의 특수한 경우로 바라바시-알버트 모형이 있다.

- **초기 매력도 모형**

  선호적 연결이 식 (6.23), 즉 $\Pi(k) \sim A + k$를 따르는 자라는
  모형을 생각해보자. 여기서 A는 초기 매력도다. A 값에 따라
  3개의 눈금잡기 영역이 나타난다[214].

  (i) 반대끼리 영역: $\gamma < 3$

  만일 $-m < A < 0$이면 다음 결과를 얻는다.

  $$k_{nn}(k) \sim m \frac{(m+A)^{1-\frac{A}{m}}}{2m+A} \varsigma\left(\frac{2m}{2m+A}\right) N^{-\frac{A}{2m+A}} k^{\frac{A}{m}} \quad (7.17)$$

  그러므로 네트워크는 반대끼리가 되며 $k_{nn}(k)$는 거듭제
  곱 형태로 감소한다[214, 215].

  $$k_{nn}(k) \sim k^{-\frac{|A|}{m}} \quad (7.18)$$

  (ii) 중립 영역: $\gamma = 3$

  $A = 0$이면 초기 매력도 모형은 바라바시-알버트 모형
  으로 환원된다. 이 경우 다음 결과를 얻는다.

  $$k_{nn}(k) \sim \frac{m}{2} \ln N \quad (7.19)$$

  즉, $k_{nn}(k)$가 k와 무관한 중립 네트워크다.

  (iii) 약한 끼리끼리 영역: $\gamma > 3$

  $A > 0$이면 계산을 통해 다음과 같이 예측할 수 있다.

  $$k_{nn}(k) \approx (m+A) \ln\left(\frac{k}{m+A}\right) \quad (7.20)$$

$k_{nn}(k)$가 k에 따라 로그함수로 증가하기 때문에 네트워크는 약한 끼리끼리 경향을 보이지만 식 (7.10)을 따르지는 않는다.

요약하자면, 식 (7.17) ~ 식 (7.20)에서 볼 수 있듯이 초기 매력도 모형은 반대끼리부터 약한 끼리끼리까지 다소 복잡한 링크수 상관관계 행동을 보인다. 식 (7.19)는 또한 바라바시-알버트 모형은 중립 네트워크를 생성한다는 것을 가리킨다. 마지막으로, 식 (7.17)은 $k_{nn}(k)$가 k의 거듭제곱 꼴이라는 것을 예측하며 실제 눈금잡기 행동을 기술하는 식 (7.10)을 해석적으로 뒷받침한다.

- **비안코니-바라바시 모형**

  균일한 적합도 분포를 이용한 비안코니-바라바시 모형은 반대끼리 네트워크를 생성한다[204](그림 7.12). 이 네트워크의 무작위 섞기 결과도 반대끼리라는 사실은 모형의 반대끼리 성질이 구조적임을 뜻한다. 하지만 실제 $k_{nn}(k)$와 무작위 섞기 결과의 $k_{nn}^{R-S}(k)$는 겹치지 않으므로 모형의 반대끼리 성질을 척도 없는 성질로 완전히 이해할 수는 없다.

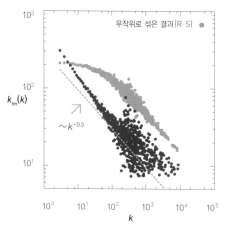

그림 7.12 비안코니-바라바시 모형의 상관관계

$N = 10,000$, $m = 3$, 균일한 적합도 분포를 이용한 비안코니-바라바시 모형의 링크수 상관 함수(6.2절). 식 (7.10)을 따르는 녹색 점선은 반대끼리 네트워크임을 나타내며 $\mu \simeq -0.5$라는 관찰 결과와 일치한다. 주황색 기호는 k_{nn}^{R-S}이다. $k_{nn}^{R-S}(k)$도 감소하는데, 관찰된 반대끼리 효과의 대부분은 구조적이다. 하지만 $k_{nn}^{R-S}(k)$와 $k_{nn}(k)$의 차이는 구조적 효과가 관찰된 링크수 상관관계를 완전히 설명할 수 없다는 것을 알려준다.

7.6.3 링크수 상관관계 조절하기

네트워크의 링크수 상관관계를 원하는 값으로 조절할 수 있는 알고리듬은 여럿 있다[207, 216]. 다음 주제로, 주어진 링크수 배열을 이용해 최대한의 상관관계를 갖는 네트워크를 생성하려고 했던 줄비-브루넷$^{Xulvi-Brunet}$과 소콜로프^{Sokolov}가 제안한 알고리듬을 단순화한 알고리듬을 소개할 것이다[217, 218, 219]. 이 알고리듬은 다음 단계들로 이뤄져 있다(그림 7.13(a)).

- **1단계: 링크 선택**

  두 링크를 무작위로 고른다. 이 링크들로 연결된 네 노드를 각각 a, b, c, d라고 부르자. 이때 노드들은 $k_a \geq k_b \geq k_c \geq k_d$라는 링크수의 순서대로 정렬한 것이다.

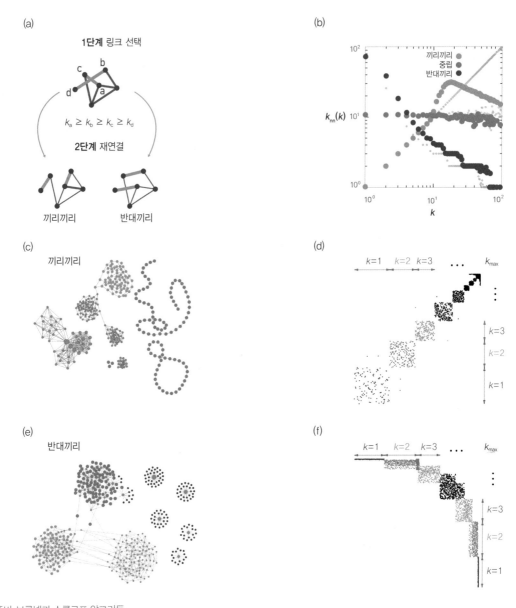

그림 7.13 줄비-브루넷과 소콜로프 알고리듬

이 알고리듬은 링크수 상관관계가 최대인 네트워크를 생성한다.

(a) 알고리듬의 기본 단계들

(b) $N=1{,}000$, $L=2{,}500$, $\gamma=3.0$인 척도 없는 네트워크에 알고리듬을 적용했을 때의 $k_{nn}(k)$

(c, d) 끼리끼리 효과가 극대화된 네트워크의 전형적인 구조와 그에 해당하는 행렬 A_{ij}. A_{ij}의 각 행과 열은 노드 링크수 k가 커지는 순서대로 정렬했다.

(e, f) (c, d)와 같지만 반대끼리 효과가 극대화된 네트워크의 경우

(d)와 (f)의 행렬 A_{ij}는 상관관계가 최대일 때 네트워크 내부의 규칙성을 잡아낸다. (d)의 행렬은 비슷한 링크수를 가진 노드들로 이뤄진 블록으로 이뤄져 있다. (f)의 행렬은 링크수가 각기 다른 노드들을 연결하는 블록으로 이뤄져 있다.

- **2단계: 재연결**

  선택한 링크를 끊은 후에 새 노드 쌍을 연결시킨다. 원하는
  링크수 상관관계에 따라 재연결은 다음과 같은 두 가지 방
  법으로 실행할 수 있다.

  - **2A단계: 끼리끼리**

    링크수가 가장 큰 두 노드(a와 b)를 연결하고, 링크수가
    가장 작은 두 노드(c와 d)를 연결한다. 이렇게 대등한 링
    크수를 가진 노드들을 연결해 네트워크의 끼리끼리 성질
    을 강화한다.

  - **2B단계: 반대끼리**

    링크수가 가장 큰 노드들과 가장 작은 노드들(a, d와 b, c)
    을 연결한다. 이렇게 링크수가 각기 다른 노드들을 연결
    해 네트워크의 반대끼리 성질을 강화한다.

이 단계들을 반복하면 네트워크의 끼리끼리(2A단계) 성질이나
반대끼리(2B단계) 성질을 점차 강화할 수 있다. 다중 링크가 없
는 단순 네트워크를 만들고자 한다면 2단계 후에 다중 링크를
발생시킨 재연결이 있는지 확인한 후 그런 경우라면 재연결을
취소하고 1단계로 돌아간다.

　이 알고리듬으로 생성된 네트워크의 상관관계는 주어진 링크
수 배열을 이용해 도달할 수 있는 최댓값(끼리끼리)이나 최솟값
(반대끼리)으로 수렴한다(그림 7.13(b)). 이 모형은 반대끼리 상관
관계를 쉽게 구현한다(그림 7.13(e), (f)). 끼리끼리 효과가 극대화
되는 경우 단순 네트워크는 뒤섞인 형태의 $k_{nn}(k)$를 보여준다.
k가 작을 때는 끼리끼리, k가 클 때는 반대끼리 결과가 나오는
데(그림 7.13(b)), 이는 구조적 절단의 결과다. 척도 없는 네트워
크에서 시스템은 k가 큰 영역에서 끼리끼리 성질을 유지할 수
없다. 인용 네트워크에서 $k_{nn}(k)$ 함수의 모양을 연상시킨다(그림
7.10(j)).

　그림 7.13에 소개한 줄비-브루넷과 소콜로프 알고리듬은 끼
리끼리 또는 반대끼리 효과가 극대화된 네트워크를 생성한다.

그림 7.14에 소개한 알고리듬을 이용하면 링크수 상관관계의 크기를 조절할 수 있다.

요약하자면, 배열 모형이나 숨은 매개변수 모형 같은 정적 모형은 다중 링크를 허용하면 중립이 되고, 단순 네트워크를 강요하면 구조적 반대끼리 성질이 발생한다. 상관관계를 조절할수 있는 네트워크를 만들기 위해 줄비-브루넷과 소콜로프 알고리듬을 사용할 수 있다. 이 절의 중요한 결과는 식 (7.16)과 식 (7.18)로서 각각 숨은 매개변수 모형과 자라는 네트워크에서 링크수 상관 함수의 해석적 형태를 제시한다. 두 경우 모두 k에 거듭제곱 형태로 의존하는 결과를 얻는다. 이 결과는 식 (7.10)의 눈금잡기 가설을 뒷받침하는 것으로서 구조적, 동역학적 효과가 거듭제곱 법칙을 따르는 링크수 상관 함수를 야기할 수 있음을 가리킨다.

7.7 링크수 상관관계의 영향

그림 7.10에서 본 대로 대부분의 실제 네트워크는 링크수 상관관계를 보인다. 사회연결망은 끼리끼리, 생물학적 네트워크는 구조적 반대끼리 현상을 보인다. 이런 상관관계는 중요한 질문으로 이어진다. 왜 우리는 이를 신경 쓰는가? 다시 말해, 링크수 상관관계는 네트워크의 성질을 바꾸는가? 링크수 상관관계는 어떤 네트워크 성질에 영향을 주는가? 이번 절에서는 이 중요한 질문들을 논의할 것이다.

무작위 네트워크의 중요한 성질은 $\langle k \rangle = 1$에서 상전이가 나타난다는 것이다. 이때 거대 덩어리가 생긴다(3.6절). 그림 7.15는 서로 다른 링크수 상관관계를 보이는 네트워크에서 거대 덩어리의 상대적 비율을 보여준다. 몇 가지 패턴이 있음을 확인할 수 있다[207, 217, 218].

• **끼리끼리 네트워크**
상전이 점$^{phase transition point}$이 더 낮은 $\langle k \rangle$로 이동한다. 즉, 거

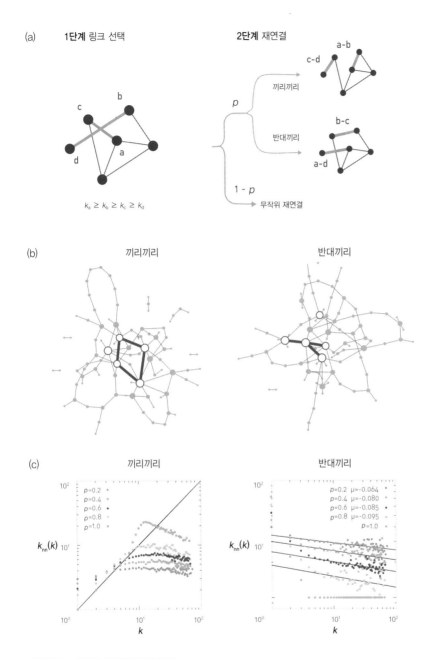

(a) 1단계 링크 선택   2단계 재연결

c-d   a-b

끼리끼리

p

반대끼리

b-c

a-d

$k_a \geq k_b \geq k_c \geq k_d$

1 - p

무작위 재연결

(b) 끼리끼리   반대끼리

(c) 끼리끼리   반대끼리

p=0.2
p=0.4
p=0.6
p=0.8
p=1.0

p=0.2 μ=-0.064
p=0.4 μ=-0.080
p=0.6 μ=-0.085
p=0.8 μ=-0.095
p=1.0

$k_{nn}(k)$

k

$k_{nn}(k)$

k

그림 7.14 링크수 상관관계 조절하기

줄비-브루넷과 소콜로프 알고리듬을 이용해 링크수 상관관계의 크기를 조절할 수 있다.

(a) 재연결을 할 때마다 p의 확률로는 줄비-브루넷과 소콜로프 알고리듬을 따르되 1 − p의 확률로는 a, b, c, d를 무작위로 골라서 연결한다. p = 1이면 그림 7.13의 알고리듬이 되고, $p < 1$이면 무작위 재연결에 의해 그 효과의 크기를 조절할 수 있다.

(b) p = 0.5인 경우 생성된 전형적인 네트워크 구조

(c) N = 10,000, $\langle k \rangle$ = 1, γ = 3.0인 네트워크에서 여러 p 값에 대한 $k_{nn}(k)$ 함수

끼리끼리인 경우에 상관 지수 μ의 값은 맞춤 영역에 따라 달라질 수 있다.

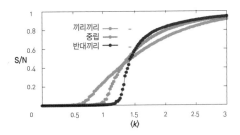

그림 7.15 링크수 상관관계와 상전이 점

$N = 10,000$인 에르되쉬-레니 네트워크를 $p = 0.5$인 줄비-브루넷과 소콜로프 알고리듬(그림 7.14)을 이용해 재연결함으로써 링크수 상관관계를 변화시켰을 때 거대 덩어리의 상대적 크기. 끼리끼리 네트워크에서 반대끼리 네트워크로 변화시킬수록 상전이 점이 지연되고, 큰 $\langle k \rangle$ 영역에서 거대 덩어리의 크기는 커진다. 각 점은 10번의 독립 시행을 평균 낸 것이다.

대 덩어리는 $\langle k \rangle < 1$에서 나타난다. 링크수가 높은 노드들이 서로 연결하려는 경향에 의해 거대 덩어리가 만들어지기 더 쉽기 때문이다.

- **반대끼리 네트워크**
  허브가 링크수가 작은 노드와 연결하려는 경향이 있기 때문에 상전이가 지연된다. 반대끼리 네트워크에서는 거대 덩어리를 형성하기가 더 어렵다.

- **거대 덩어리**
  $\langle k \rangle$가 큰 경우 끼리끼리 네트워크의 거대 덩어리는 중립 네트워크나 반대끼리 네트워크의 거대 덩어리보다 크기가 작다. 실제로 끼리끼리 네트워크에서 허브들이 서로 연결하려는 경향에 의해 수많은 링크수가 작은 노드들을 유인하는 데 실패한다.

거대 덩어리의 크기와 구조의 변화는 10장의 주제인 전염병 확산과 밀접한 관련이 있다[220, 221, 222]. 실제로 그림 7.10에서 봤듯이 사회연결망은 끼리끼리 경향이 있다. 링크수가 큰 노드들이 형성하는 거대 덩어리는 병의 '저장소reservoir' 역할을 하여 네트워크가 바이러스가 살아남기에 충분히 촘촘하지 않을 때조차도 유행을 지속하게 만든다.

거대 덩어리의 성질 변화는 네트워크 견고함과도 밀접한 관련이 있다[223]. 8장에서 논의하겠지만 네트워크의 허브를 제거하면 네트워크는 산산조각이 난다. 끼리끼리 네트워크에서 허브들이 핵심core 그룹을 형성하기에 허브 제거로 인한 손실이 상대적으로 작다. 즉, 많은 허브는 중복되어 있다. 허브를 제거하는 것은 반대끼리 네트워크에 더 큰 손실을 입힌다. 허브는 링크수가 작은 많은 노드와 연결되어 있어서 허브가 제거되면 이 노드들은 금세 네트워크로부터 떨어져 나가기 때문이다.

링크수 상관관계의 추가적인 결과를 몇 가지 더 언급하겠다.

- 그림 7.16은 서로 다른 링크수 상관관계를 갖도록 재연결한 무작위 네트워크의 경로 길이 분포를 보여준다. 끼리끼리 네트워크에서 평균 경로 길이는 중립 네트워크보다 짧다. 가장 놀라운 차이는 네트워크 지름 d_{max}가 끼리끼리 네트워크에서 현저하게 더 크다는 사실이다. 끼리끼리 성질로 인해 비슷한 링크수를 가진 노드끼리 연결되다 보니 $k = 2$인 노드들이 기다란 사슬을 이루게 되어 d_{max}가 커진 것이다(그림 7.13(c)).

- 링크수 상관관계는 자극과 요동에 대한 시스템의 안정성에도 영향을 준다[224]. 또한 네트워크에 놓인 떨개^{oscillator}들의 동기화에도 영향을 준다[225, 226].

- 링크수 상관관계는 그래프 이론에서 많이 연구된 노드 덮개 문제^{vertex cover problem}에 근본적인 영향을 준다[227]. 이 문제는 네트워크의 모든 링크가 어느 집합에 속한 노드에 적어도 하나 연결되어 있도록 하는, 노드의 최소 집합을 찾는 문제다(글상자 7.4).

- 링크수 상관관계는 네트워크를 제어할 수 있는 능력에도 영향을 끼친다. 링크수 상관관계는 네트워크의 완벽한 제어를 달성하기 위해 필요한 입력 신호의 개수를 바꾸기 때문이다[228].

요약하자면, 링크수 상관관계는 학문적으로 흥미로운 주제일 뿐만 아니라 다양한 네트워크 특성에 영향을 주기에 네트워크에서 일어나는 다양한 과정들에 눈에 띄는 영향을 주는 요인이다.

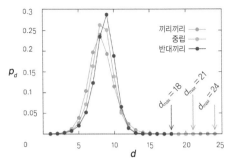

그림 7.16 링크수 상관관계와 경로 길이

$N = 10,000$, $\langle k \rangle = 3$인 무작위 네트워크의 거리 분포. $p = 0.5$인 줄비-브루넷과 소콜로프 알고리듬으로 링크수 상관관계를 도입한다(그림 7.14). 반대끼리 네트워크에서 끼리끼리 네트워크로 변화시킬수록 평균 경로 길이가 줄어든다. 그림에서 정점의 위치가 왼쪽으로 움직이는 것을 확인할 수 있다. 동시에 지름 d_{max}는 커진다. 각 곡선은 10개의 독립적인 네트워크에 대해 평균 낸 것이다.

7.8 정리

링크수 상관관계는 2001년 로무알도 파스토르-사토라스^{Romualdo Pastor-Satorras}, 알렉세이 바스케스^{Alexei Vazquez}, 알레산드로 베스피냐니^{Alessandro Vespignani}의 인터넷에 대한 연구[203, 204]에서 처음 발견됐다. 이들은 $k_{nn}(k)$와 눈금잡기 식 (7.10)을 소개하기

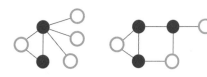

그림 7.17 최소 덮개

형식적으로 네트워크의 **노드 덮개**는 노드로 이뤄진 집합 C인데, 네트워크의 각 링크가 C에 속한 노드 중 적어도 하나에 연결돼야 한다. **최소 노드 덮개**는 크기가 가장 작은 노드 덮개를 가리킨다. 그림은 2개의 작은 네트워크에서 최소 노드 덮개의 예를 보여준다. 여기서 집합 C는 자주색으로 나타냈다. 자주색 노드 중 하나라도 녹색 노드로 바꾸면 적어도 1개의 링크는 자주색 노드와 연결하지 못한다는 것을 확인할 수 있다.

글상자 7.4 노드 덮개와 박물관 경비대

당신이 커다란 공원에 위치한 야외 박물관의 감독관이라고 하자. 박물관의 각 길을 관찰하기 위해 교차로마다 경비원을 배치하고자 한다. 비용을 아끼기 위해 최소한의 경비원만 이용하려고 한다. 몇 명의 경비원이 필요한가?

N은 교차로의 수이고 $m < N$은 고용할 수 있는 경비원의 수라고 하자. N개의 교차로에 m명의 경비원을 배치하는 경우의 수는 $\binom{N}{m}$이지만 그중 대부분의 경우에서 경비원의 시선에서 벗어난 길이 남아 있을 것이다[229].

경비원들이 모든 길을 덮도록 경비원을 배치하기 위해 필요한 시험 횟수는 N에 따라 지수함수적으로 증가한다. 실제로 이 문제는 6개의 기본 NP 완전 문제$^{NP-complete\ problem}$ 중 하나이며 **노드 덮개 문제**로 불린다. 네트워크의 노드 덮개는 노드의 집합인데, 각 링크가 집합에 속한 노드 중 적어도 하나에 연결된다는 조건을 만족시켜야 한다(그림 7.17). NP 완전이라는 것은 가능한 모든 배열을 일일이 검사하는 포괄적 탐색보다 상당히 빠르게 최소 노드 덮개를 찾는 알고리듬은 알려진 게 없다는 뜻이다. 최소 노드 덮개의 노드 개수는 네트워크 구조에 의존하며 링크수 분포와 링크수 상관관계에 의해 영향을 받는다[227].

도 했다. 이듬해 킴 스네펜$^{Kim\ Sneppen}$과 세르게이 마슬로프$^{Sergey\ Maslov}$는 e_{ij} 행렬과 연관되어 있는 $p(k_i, k_j)$를 이용해 단백질 상호작용 네트워크의 링크수 상관관계에 대한 특성을 밝혔다. 2003년에는 마크 뉴만$^{Mark\ Newman}$이 링크수 상관계수를 도입해 끼리끼리 네트워크, 중립 네트워크, 반대끼리 네트워크를 구분했다[207, 208]. 이런 개념들은 사회과학에서도 뿌리를 찾을 수 있다[212].

끼리끼리 짝짓기$^{assortative\ mating}$는 개인들이 자신과 닮은 사람들과 데이트하거나 결혼하는 경향을 나타낸다. 예를 들면 저소득자는 저소득자와 결혼하고, 대학졸업자는 대학졸업자와 결혼한다. 네트워크 이론은 같은 정신에서 끼리끼리 성질을 이용해 노드 사이의 링크수 유사성을 포착한다. 끼리끼리 네트워크에서 허브는 다른 허브와 연결하는 경향이 있고, 링크수가 작은 노드는 링크수가 작은 다른 노드와 연결하는 경향이 있다. 물론 네트워크에서도 성질이 서로 비슷한 노드끼리 연결하려는 전통적 끼리끼리 경향을 만날 수 있다(그림 7.18).

반대끼리 섞임disassortative mixing은 자신과 다른 사람들과 연결하는 경향이며 몇몇 사회경제 시스템에서 공통적으로 나타난다. 성적 네트워크sexual network가 아마도 대표적일 것이다. 대부분의[3] 성적 관계는 성별이 다른 개인들 사이에 이뤄진다. 경제학에서 매매는 대체로 서로 다른 기술을 가진 개인 사이에서 발생한다. 제빵사는 다른 제빵사에게 빵을 팔지 않고 구두수선공이 다른 구두수선공의 신발을 수선할 일은 거의 없다.

정리하자면, 네트워크에서 링크수 상관관계에 관심을 갖는 여러 이유가 있다(글상자 7.5).

- 링크수 상관관계는 대부분 실제 네트워크에서 관찰된다(7.5절).
- 링크수 상관관계가 있는 경우 그것은 네트워크의 행동을 바꾼다(7.7절).
- 링크수 상관관계는 링크수 분포를 넘어설 수 있도록 한다. 노드가 서로 어떻게 연결되는지에 관한 정량적 패턴을 링크수 상관관계가 보여주는데 이는 p_k만으로 잡아낼 수 없는 측면이다.

링크수 상관관계를 특징짓는 데 쏟은 수많은 노력에도 불구하고 아직 완전한 이해에 도달하지는 못했다. 예를 들어, 7.6절에서 링크수 상관관계를 조절하는 알고리듬을 제시했지만 문제는 아직 완전히 풀리지 않았다. 실제로 네트워크의 링크수 상관관계를 가장 정확히 기술하는 것은 e_{ij} 행렬이며, 임의의 e_{ij}를 가진 네트워크를 생성하는 것은 여전히 어려운 일로 남아 있다.

글상자 7.5 한눈에 보는 링크수 상관관계

링크수 상관 행렬 e_{ij}

중립 네트워크의 경우:

$$e_{ij} = q_i q_i = \frac{k_i p_{k_i} k_j p_{k_j}}{\langle k \rangle^2}$$

링크수 상관 함수

$$k_{nn}(k) = \sum_{k'} k' p(k' | k)$$

중립 네트워크의 경우:

$$k_{nn}(k) = \frac{\langle k^2 \rangle}{\langle k \rangle}$$

눈금잡기 가설

$$k_{nn}(k) \sim k^\mu$$

$\mu > 0$: 끼리끼리
$\mu = 0$: 중립
$\mu < 0$: 반대끼리

링크수 상관계수

$$r = \sum_{jk} \frac{jk(e_{jk} - q_j q_k)}{\sigma^2}$$

$r > 0$: 끼리끼리
$r = 0$: 중립
$r < 0$: 반대끼리

---

3 수치적으로 다수라는 뜻이며 어떤 가치 판단을 담고 있지는 않을 것이다. – 옮긴이

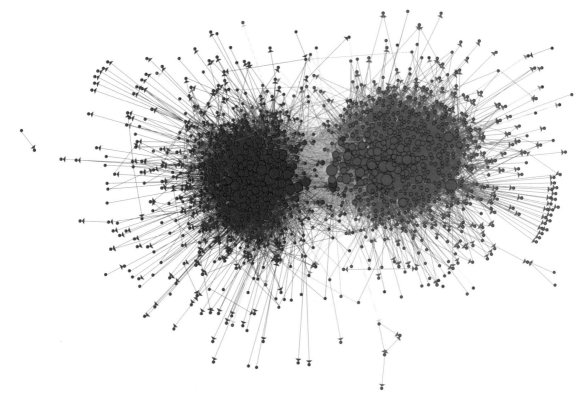

그림 7.18 정치는 결코 중립적이지 않다.

미국 정치 블로고스피어(blogosphere)[4]의 네트워크는 끼리끼리 섞이는 현상을 보여준다. 이 용어는 사회학에서 쓰이는 말인데, 비슷한 특성을 갖는 노드끼리 서로 연결하는 경향을 가리킨다. 지도에서 파란색 노드는 진보(liberal) 블로그, 빨간색 노드는 보수(conservative) 블로그다. 파란색 링크는 진보 노드들을 연결하고 빨간색 링크는 보수 노드들을 연결한다. 노란색 링크는 진보 노드에서 보수 노드를, 자주색 링크는 보수 노드에서 진보 노드로의 연결을 나타낸다. 정치적 분열을 넘나드는 블로그는 극히 소수이며 이는 정치 블로고스피어의 강한 끼리끼리 효과를 드러낸다. 출처: [230]

마지막으로, 이 장에서 초점을 맞춘 $k_{nn}(k)$ 함수는 두 점two-point 상관관계를 잡아낸다. 원칙적으로 어떤 네트워크에서는 고차 상관관계도 존재한다(글상자 7.6). 세 점 및 네 점 상관관계의 영향은 아직 알려져 있지 않다.

7.9 과제

7.9.1 링크수 상관관계의 세부 균형

이 장에서 논의한 결합 확률 $e_{kk'}$, 조건부 확률 $P(k'|k)$, 확률 q_k를 노드 개수 N, 평균 링크수 $\langle k \rangle$, 링크수가 k인 노드의 수 N_k, 링크

---

4 연결된 블로그들로 이뤄진 집합을 뜻한다. – 옮긴이

글상자 7.6 두 점, 세 점 상관관계

네트워크를 특징짓는 완전한 링크수 상관관계는 링크수가 k인 노드가 링크수가 각각 $k^{(1)}$, $k^{(2)}$, ..., $k^{(k)}$인 다른 노드들과 연결되어 있을 조건부 확률 $P(k^{(1)}, k^{(2)}, ..., k^{(k)}|k)$로 결정된다.

두 점 상관관계

이 중 가장 간단한 형태는 이 장에서 소개한 두 점 상관관계다. 즉, 링크수가 k인 노드가 링크수가 k'인 다른 노드와 연결될 확률 $P(k'|k)$다. 상관관계 없는 네트워크에서 이 조건부 확률은 k와 무관하기 때문에 $P(k'|k) = k'p_{k'}/\langle k \rangle$로 쓸 수 있다. 실제 네트워크에서 얻은 $P(k'|k)$는 다루기 번거롭기에 식 (7.7)의 링크수 상관 함수 $k_{nn}(k)$를 분석하는 것이 더 현실적이다.

세 점 상관관계

세 노드가 관여된 상관관계는 $P(k^{(1)}, k^{(2)}|k)$로 결정된다. 이 조건부 확률은 뭉침 계수와 연관되어 있다. 실제로 평균 뭉침 계수 $C(k)$는 링크수가 k인 노드가 링크수가 $k^{(1)}$, $k^{(2)}$인 노드들에 연결되어 있을 확률과 이 이웃들이 서로 연결될 확률을 곱한 후 이를 $k^{(1)}$, $k^{(2)}$의 가능한 모든 값에 대해 평균을 냄으로써 계산할 수 있다.

$$C(k) = \sum_{k^{(1)}, k^{(2)}} P(k^{(1)}, k^{(2)}|k) p^k_{k^{(1)}, k^{(2)}}$$

여기서 $p^k_{k^{(1)}, k^{(2)}}$는 링크수가 $k^{(1)}$, $k^{(2)}$인 노드가 링크수가 k인 노드를 공통 이웃으로 가진 상태에서 서로 연결될 확률이다. 중립 네트워크에서 $C(k)$는 k와 무관하며 다음과 같이 얻어진다.

$$C = \frac{\left(\langle k^2 \rangle - \langle k \rangle\right)^2}{\langle k \rangle^3 N}$$

수가 k인 노드와 k'인 노드를 잇는 링크의 수 $E_{kk'}$을 이용해 표현하라(여기서 E_{kk}은 $k = k'$일 때 링크 수의 두 배다). 이 표현에 기반하여 어떤 네트워크에서든 $e_{kk'} = q_k P(k'|k)$임을 보여라.

7.9.2 별 모양 네트워크

한 노드가 나머지 $N - 1$개의 링크수가 1인 노드들과 연결된 별 모양 네트워크를 고려하라. $N \gg 1$이라고 가정하자.

(a) 이 네트워크의 링크수 분포 p_k는 무엇인가?

(b) 무작위로 고른 링크를 따라갔을 때 링크수가 k인 노드에 도달할 확률 q_k는 무엇인가?

(c) 과제 7.9.1에서 계산한 $e_{kk'}$과 $P(k'|k)$를 이용해 이 네트워크의 링크수 상관계수 r을 계산하라.

(d) 이 네트워크는 끼리끼리인가 반대끼리인가? 그 이유를 설명하라.

7.9.3 구조적 단절

표 4.1의 방향성 없는 네트워크들의 구조적 단절 k_s를 계산하라. 그림 7.10의 그림에 기반하여 각 네트워크에 대해 k_s가 최대 기대 링크수 k_{max}보다 클지 작을지 예측하라. 그 예측을 k_{max}를 계산해 확인하라.

7.9.4 에르되쉬-레니 네트워크의 링크수 상관관계

2장에서 소개한 무작위 네트워크에 관한 에르되쉬-레니 모형 $G(N, L)$을 생각하자(글상자 3.1, 3.2절). 여기서 N개의 노드는 무작위로 놓인 L개의 링크로 연결되어 있다. 이 모형에서 노드 i와 j를 연결하는 링크가 있을 확률은 노드 l과 s 사이의 링크 존재에 의존한다.

(a) i와 j 사이에 링크가 있을 확률 e_{ij}를 써라. l과 s 사이의 링크의 존재를 조건부로 하여 i와 j 사이에 링크가 있을 확률을 써라.

(b) 작은 네트워크에서 이 두 확률의 비율은 얼마인가? 큰 네트워크에서는 어떠한가?

(c) 에르되쉬-레니 모형 $G(N, p)$를 이용하면 (a)와 (b)에서 논의한 양들은 어떤 결과를 주는가?

(a)~(c)에서 얻은 결과를 바탕으로, 노드 개수가 작은 무작위 네트워크를 만들 때 $G(N, p)$ 대신 $G(N, L)$을 사용하는 함의가 무엇일지 논의하라.

7.10 [심화 주제 7.A]
링크수 상관계수

글상자 7.2에서 링크수 상관계수 r을 링크수 상관관계를 측정하는 대안으로 소개했다[207, 208]. 링크수 상관관계를 하나의 값으로 측정하는 것은 매력적이다. 성질과 크기가 각기 다른 네트워크들의 상관관계를 비교하는 방법을 제공하고 있기 때문이다. 하지만 r을 효과적으로 이용하려면 그 근원을 알아야 한다.

상관계수 r을 뒷받침하는 가설은 $k_{nn}(k)$ 함수가 근사적으로 선형 함수라는 것이다.

$$k_{nn}(k) \sim rk \tag{7.21}$$

이는 k의 거듭제곱 법칙 의존성을 가정한 눈금잡기 식 (7.10)과 다르다. 식 (7.21)은 몇 가지 논점을 불러일으킨다.

- 초기 매력도 모형의 링크수 상관 함수는 거듭제곱 법칙인 식 (7.18)이나 k의 로그 의존성인 식 (7.20)을 예측한다. 비슷한 거듭제곱 법칙은 숨은 매개변수 모형에서 식 (7.16)에서 유도됐다. 그에 따라 r은 근본적으로 비선형인 함수를 선형으로 맞추기를 강제한다. 수치적 시뮬레이션이나 해석적 계산은 이런 선형 의존성을 뒷받침하지 않는다. 그림 7.19에서 볼 수 있듯이 식 (7.21)은 끼리끼리 네트워크나 반대끼리 네트워크의 데이터를 잘 맞추지 못한다.

- 그림 7.10에서 봤듯이 $k_{nn}(k)$는 k에 따라 복잡한 의존성을 보인다. 또한 구조적 절단 때문에 큰 k에서 경향이 변하기도 한다. 선형 맞춤은 이런 근본적 복잡성을 무시한다.

- 최대 상관관계를 보이는 모형은 네트워크가 링크수 상관관계를 유지함에도 불구하고 N이 클 때 0으로 수렴하는 r 값을 보인다(글상자 7.7). 즉, 링크수 상관계수가 큰 네트워크의 상관관계를 발견하는 데 어려움이 있음을 뜻한다.

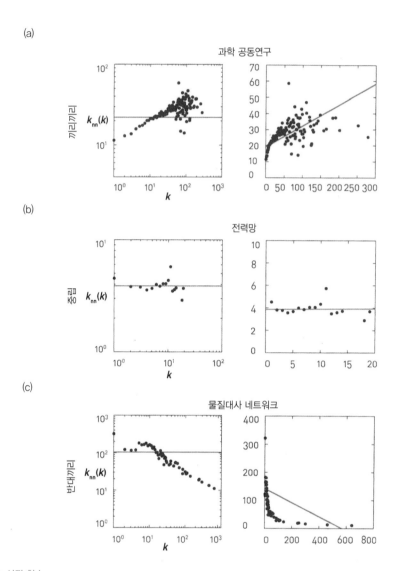

(a) 과학 공동연구

(b) 전력망

(c) 물질대사 네트워크

그림 7.19 링크수 상관 함수

세 가지 실제 네트워크의 링크수 상관 함수 $k_{nn}(k)$. 왼쪽 그림은 식 (7.10)이 타당한지 보기 위해 상관 함수 $k_{nn}(k)$를 로그-로그 축으로 그린 것이다. 오른쪽 그림은 $k_{nn}(k)$가 k에 선형으로 비례한다는 가정인 식 (7.21)이 타당한지 보기 위해 $k_{nn}(k)$를 선형 축으로 그린 것이다. 이 선형 의존성은 상관계수 r을 위한 가설이다. 실선의 기울기는 상관계수 r 값에 해당한다. 오른쪽 그림의 선형 그림이 보여주듯이 식 (7.21)은 끼리끼리 네트워크든 반대끼리 네트워크든 잘 맞지 않는다.

7.10.1 μ와 r의 관계

긍정적으로 보자면, r과 μ가 서로 독립은 아니라는 것이다. 10개의 참고 네트워크에서 r과 μ를 계산했다(표 7.1). 결과는 그림 7.20에 그렸는데, r이 양수일 때 μ와 r은 상관관계가 있다. 하지만 r이 음수일 때는 그렇지 않다. 이 행동의 원인을 이해하기 위해 μ와 r 사이의 관계를 직접 유도해보자. 구체적으로 식 (7.10)이 타당하다고 가정하고 상관 지수가 μ인 네트워크에 대해 r 값을 결정한다.

먼저 식 (7.10)에서 a를 결정하자. 링크수 분포의 2차 모멘트는 다음과 같이 쓸 수 있다.

$$\langle k^2 \rangle = \langle k_{nn}(k)k \rangle = \sum_k a k^{\mu+1} p_k = a\langle k^{\mu+1} \rangle$$

이 식으로부터 다음 결과를 얻는다.

$$a = \frac{\langle k^2 \rangle}{\langle k^{\mu+1} \rangle}$$

표 7.1 참고 네트워크의 링크수 상관관계

표는 10개의 참고 네트워크에서 측정한 r과 μ 값을 보여준다. 방향성 네트워크는 방향성 없는 네트워크로 변환해 측정했다. 대안적으로 방향성 네트워크를 특징짓는 방향성 상관계수를 사용할 수 있다(글상자 7.7).

네트워크	N	r	μ
인터넷	192,244	0.02	0.56
월드와이드웹	325,729	−0.05	−1.11
전력망	4,941	0.003	0.0
휴대전화 통화	36,595	0.21	0.33
이메일	57,194	−0.08	−0.74
과학 공동연구	23,133	0.13	0.16
배우 네트워크	702,388	0.31	0.34
인용 네트워크	449,673	−0.02	−0.18
대장균 물질대사	1,039	−0.25	−0.76
단백질 상호작용	2,018	0.04	−0.1

글상자 7.7 큰 네트워크에서 발생하는 문제

줄비-브루넷과 소콜로프 알고리듬은 척도 없는 네트워크가 가질 수 있는 최소 상관계수(r_{min})와 최대 상관계수(r_{max})를 계산할 수 있게 해준다[219].

$$r_{min} \sim \begin{cases} -c_1(\gamma, k_0) & \gamma > 2 \text{인 경우} \\ -N^{(2-\gamma)/(\gamma-1)} & 2 < \gamma < 3 \text{인 경우} \\ -N^{(\gamma-4)/(\gamma-1)} & 3 < \gamma < 4 \text{인 경우} \\ -c_2(\gamma, k_0) & 4 < \gamma \text{인 경우} \end{cases}$$

$$r_{max} \sim \begin{cases} -N^{(-\gamma-2)/(\gamma-1)} & 2 < \gamma < \gamma_r \text{인 경우} \\ N^{-1/(\gamma^2-1)} & \gamma_r < \gamma < 3 \text{인 경우} \end{cases}$$

여기서 $\gamma_r \approx \frac{1}{2} + \sqrt{17/4} \approx 2.56$이다.

이 결과들은 다음과 같은 의미가 있다.

(i) 네트워크가 최대 상관관계를 갖도록 재연결됐는데도 큰 N에 대해 r_{min}과 r_{max} 모두 0으로 수렴한다. 즉, 상관계수 r은 큰 네트워크에 존재하는 상관관계를 잡아낼 수 없다.

(ii) $\gamma < 2.6$인 척도 없는 네트워크는 언제나 음수인 r을 보인다. 이는 구조적 상관관계의 결과다(7.4절).

r의 한계가 이러하므로 큰 네트워크의 링크수 상관관계를 가장 잘 특징짓기 위해서는 $k_{nn}(k)$를 조사해야 한다.

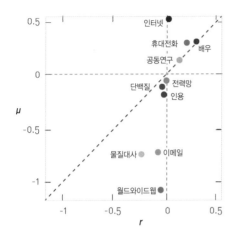

그림 7.20 r과 μ 사이의 상관관계

r과 μ 사이의 관계를 보기 위해 거듭제곱 눈금잡기가 통계적으로 의미 있든 없든 식 (7.10)을 $k_{nn}(k)$에 맞춤으로써 μ를 추정했다.

이제 μ가 주어진 네트워크에서 r을 계산한다.

$$
r = \frac{\displaystyle\sum_k kak^\mu q_k - \frac{\langle k^2 \rangle^2}{\langle k \rangle^2}}{\sigma_r^2} = \frac{\displaystyle\sum_k a\,k^{\mu+2}\frac{p_k}{\langle k \rangle} - \frac{\langle k^2 \rangle^2}{\langle k \rangle^2}}{\sigma_r^2}
$$

$$
= \frac{\dfrac{\langle k^2 \rangle}{\langle k^{\mu+1} \rangle}\dfrac{\langle k^{\mu+2} \rangle}{\langle k \rangle} - \dfrac{\langle k^2 \rangle^2}{\langle k \rangle^2}}{\sigma_r^2} = \frac{1}{\sigma_r^2}\frac{\langle k^2 \rangle}{\langle k \rangle}\left(\frac{\langle k^{\mu+2} \rangle}{\langle k^{\mu+1} \rangle} - \frac{\langle k^2 \rangle}{\langle k \rangle} \right) \tag{7.22}
$$

$\mu = 0$일 때 마지막 괄호 안의 항이 사라져서 $r = 0$을 얻는다. 즉, 중립 네트워크인 경우 $\mu = 0$이라면 r도 0이므로 역시 중립 네트워크임을 확인할 수 있다. $k > 1$인 k에 대해 식 (7.22)는 $\mu > 0$인 경우 괄호 안이 양수가 되므로 $r > 0$이 된다. $\mu < 0$이면 괄호 안이 음수가 되어 $r < 0$이 된다. 결과적으로 r과 μ는 같은 종류의 링크수 상관관계를 예측한다.

요약하면, 링크수 상관 함수가 식 (7.10)을 따를 경우 링크수 상관 지수 μ의 부호가 계수 r의 부호를 결정할 것이다.

$$
\mu < 0 \rightarrow r < 0
$$
$$
\mu = 0 \rightarrow r = 0
$$
$$
\mu > 0 \rightarrow r > 0
$$

7.10.2 방향성 네트워크

방향성 네트워크에서 상관관계를 측정하기 위해 각 노드 i는 들어오는 링크수 k_i^{in}과 나가는 링크수 k_i^{out}을 갖는다는 사실을 고려해야 한다. 연결된 두 노드 사이의 링크수 상관관계는 들어오는 링크수와 나가는 링크수의 조합으로 총 네 가지가 있으므로 4개의 링크수 상관계수를 $r_{in,\,in}$, $r_{in,\,out}$, $r_{out,\,in}$, $r_{out,\,out}$으로 정의한다(그림 7.21(a)~(d)). 수식은 다음과 같다[213].

$$
r_{\alpha,\beta} = \frac{\displaystyle\sum_{jk} jk(e_{jk}^{\alpha,\beta} - q_{\leftarrow j}^\alpha q_{\rightarrow k}^\beta)}{\sigma_\leftarrow^\alpha \sigma_\rightarrow^\beta} \tag{7.23}
$$

여기서 α와 β는 각각 들어오는 경우와 나가는 경우를 뜻한다. $q^{\alpha}_{\to j}$는 무작위로 고른 링크를 반대 방향으로 따라가서 α 링크수가 j인 노드를 발견할 확률이다. $q^{\beta}_{\to k}$는 무작위로 고른 링크를 정방향으로 따라가서 β 링크수가 k인 노드를 발견할 확률이다. $\sigma^{\alpha}_{\to}$와 $\sigma^{\beta}_{\to}$는 각 경우의 표준편차다. 식 (7.23)의 응용 사례로서 5개의 방향성 참고 네트워크(표 7.1)에서 측정한 네 상관계수를 그림 7.21(e)에 그렸다. 하지만 링크수 상관관계를 완전히 특징 지으려면 4개의 $k_{nn}(k)$ 함수를 측정해야 한다는 사실을 염두에 두자(글상자 7.3).

요약하자면, 링크수 상관계수는 $k_{nn}(k)$가 k에 선형임을 가정한다. 하지만 수치적, 해석적인 결과는 이 가정을 뒷받침하지 않는다. 해석적 계산은 식 (7.10)처럼 거듭제곱 형태를 예상하거나 식 (7.20)처럼 더 약한 로그 의존성을 예상한다. 그래도 일반적으로 r과 μ의 부호는 일치한다. 결과적으로 네트워크에 있는 잠재적 상관관계의 성질을 빨리 잡아내고 싶을 때 r을 이용할 수 있다. 그럼에도 기저에 깔려 있는 링크수 상관관계를 정확히 알기 위해서는 $k_{nn}(k)$를 사용하는 게 낫다.

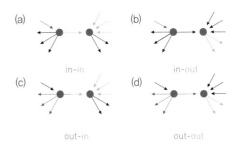

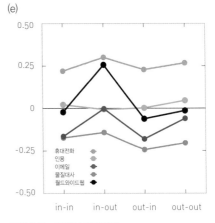

그림 7.21 방향성 상관관계

(a)~(d) 자주색 링크와 녹색 링크는 방향성 네트워크의 상관계수를 정의하는 지수 α, β를 가리킨다.

(e) 방향성 네트워크 5개의 상관관계 윤곽. 인용 네트워크의 상관관계는 무시할 만한데 나머지 네 네트워크의 경우 강한 상관관계를 보인다. 휴대전화 통화는 강한 끼리끼리 행동을 보이고 물질대사 네트워크는 강한 반대끼리 행동을 보인다. 월드와이드웹은 흥미로운 경우다. 상관계수 중 3개는 0에 가깝지만 in-out 링크수 조합에서는 강한 끼리끼리 경향을 보인다.

7.11 [심화 주제 7.B] 구조적 절단

7.4절에서 논의했듯이 척도 없는 성질과 링크수 상관관계 사이의 근본적 모순은 단순 네트워크에서 구조적 절단을 야기한다. 이 절에서는 식 (7.15)를 유도하여 구조적 절단이 시스템 크기 N에 어떻게 의존하는지를 계산한다[210].

다음 정의로부터 시작하자.

$$r_{kk'} = \frac{E_{kk'}}{m_{kk'}} \tag{7.24}$$

여기서 $E_{kk'}$은 $k \neq k'$일 때 링크수가 k인 노드와 k'인 노드 사이의 링크수이며, $k = k'$이면 이 노드들을 잇는 링크수의 두 배가

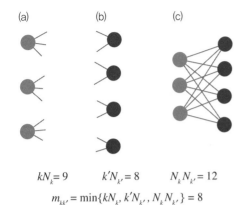

(a) (b) (c)

$kN_k = 9$ $k'N_{k'} = 8$ $N_k N_{k'} = 12$

$m_{kk'} = \min\{kN_k, k'N_{k'}, N_k N_{k'}\} = 8$

그림 7.22 $m_{kk'}$ 계산하기

두 그룹 사이의 링크 개수의 최댓값. 그림은 두 그룹의 노드를 보여준다. 한 그룹은 $k = 3$인 노드들이고 다른 그룹은 $k' = 2$인 노드들이다. 두 그룹 사이의 총 링크수는 다음 값들보다 클 수 없다.

(a) $k = 3$ 그룹에서 가능한 총 링크수, 즉 $kN_k = 9$.

(b) $k' = 2$ 그룹에서 가능한 총 링크수, 즉 $k'N_{k'} = 8$

(c) 두 그룹 사이에서 가능한 총 링크수, 즉 $N_k N_{k'}$ $= 12$

위 예에서 셋 중 가장 작은 값은 (b)의 $k'N_{k'} = 8$이다.

된다.

$$m_{kk'} = \min\{kN_k,\ k'N_{k'},\ N_k N_{k'}\} \qquad (7.25)$$

$m_{kk'}$은 $E_{kk'}$이 가질 수 있는 값 중 최댓값이다. 식 (7.25)는 그림 7.22에서 설명한다. 결과적으로 $r_{kk'}$을 다음과 같이 쓸 수 있다.

$$r_{kk'} = \frac{E_{kk'}}{m_{kk'}} = \frac{\langle k \rangle e_{kk'}}{\min\{kP(k),\ k'P(k'),\ NP(k)P(k')\}} \qquad (7.26)$$

$m_{kk'}$이 $E_{kk'}$의 최댓값이므로 어떤 k, k'에 대해서도 $r_{kk'} \leq 1$이다. 엄밀히 말하면 단순 네트워크에서 $r_{kk'} > 1$인 링크수 쌍은 존재할 수 없다. 그래도 어떤 네트워크에서 어떤 k, k' 쌍에 대해 $r_{kk'}$이 1보다 크다. 이는 명백히 물리적이지 않은데 네트워크 구조에 어떤 모순이 있다는 뜻이다. 그러므로 구조적 절단 k_s는 다음 방정식의 해로 정의된다.

$$r_{k_s k_s} = 1 \qquad (7.27)$$

$k > Np_{k'}$이고 $k' > Np_k$인 조건이 만족되자마자 다중 링크에 대한 제한의 효과가 나타나고 $r_{kk'}$은 다음과 같이 표현된다.

$$r_{kk'} = \frac{\langle k \rangle e_{kk'}}{Np_k p_{k'}} \qquad (7.28)$$

척도 없는 네트워크에서 이 조건들은 $k, k' > (aN)^{1/(\gamma+1)}$인 영역에서 만족한다. 여기서 a는 p에 의존하는 상수다. 이 값은 자연 절단보다 작다는 것을 염두에 두자. 결과적으로 눈금잡기는 구조적 절단의 하한을 제공한다. 즉, 링크수 분포의 절단이 이 한계보다 작아질 때마다 조건 $r_{kk'} < 1$을 언제나 만족한다.

중립 네트워크에서 결합 분포$^{\text{joint distribution}}$는 다음과 같이 분리해서 쓸 수 있다.

$$e_{kk'} = \frac{kk'p_k p_{k'}}{\langle k \rangle^2} \qquad (7.29)$$

그러므로 비율 식 (7.28)은 다음과 같이 된다.

$$r_{kk'} = \frac{kk'}{\langle k \rangle N} \qquad (7.30)$$

$r_{kk'} \leq 1$ 조건을 만족하기 위한 구조적 절단은 다음과 같이 얻어진다[210, 231, 232, 233].

$$k_s(N) \sim (\langle k \rangle N)^{1/2} \qquad (7.31)$$

이 결과가 바로 식 (7.15)다. 식 (7.31)은 네트워크의 링크수 분포와 무관하므로, 척도 없는 네트워크에서 $k_s(N)$은 링크수 지수 γ와 무관하다.

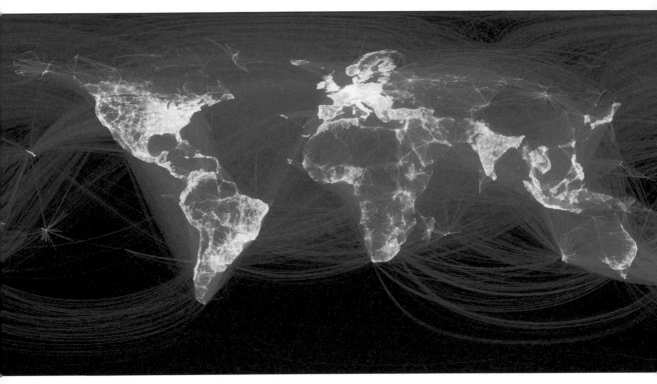

그림 8.0 예술과 네트워크: 사회 그래프

토론토를 기반으로 활동하는 데이터 과학자인 폴 버틀러(Paul Butler)가 2010년 페이스북에서 인턴사원으로 근무하는 동안 만든 그림이다. 사회연결망 회사 사용자들의 네트워크를 보여주고 있다. 동일 대륙 내부와 대륙 간 링크들이 잘 나타난다. 미국(USA), 유럽과 인도 내부에 밀도 있게 연결된 국소적 링크들만큼 해당 사이트가 금지된 중국과 인터넷 접근성이 떨어지는 아프리카 같은 지역의 노드와 링크의 부재도 잘 보인다.

제8장
네트워크의 견고함

8.1 소개

에러와 고장은 사람이 만든 모든 설계에 오작동을 일으킬 수 있다. 자동차 엔진 부품의 고장은 견인차를 부르게 할 수 있고, 컴퓨터 칩의 연결선에서 발생한 에러는 컴퓨터를 쓸모없게 만들수 있다. 하지만 많은 수의 자연적인 혹은 사회적인 시스템은 몇몇 부분에서 고장이 발생하더라도 기본적인 기능을 유지할 수 있는 놀라운 능력을 보여준다. 실제로, 수많은 단백질 접힘 오류와 세포 내에서의 잘못된 반응이 존재하지만 이로 인한 결과를 눈치채지 못하고 살아간다. 이와 비슷하게, 큰 기관들은 다수의 고용자가 부재하더라도 운영된다. 이 견고함의 근원을 이해하는

그림 8.1 복잡계 네트워크의 아킬레스건

「네이처」의 2000년 7월 27일 표지에서 '복잡계 네트워크의 공격과 에러에 대한 내구성'이란 제목의 논문을 주목하여 보여주고 있다. 이 논문은 네트워크의 내구성에 대한 과학적인 탐구의 시작이었다[12].

것은 많은 학문 분과에서 중요하다.

- 견고함robustness은 생물학과 약학의 핵심적인 질문으로, 왜 어떤 변이는 질병을 일으키고 어떤 변이는 그렇지 않은지를 이해하는 데 도움을 준다.
- 사회과학자와 경제학자는 기근, 전쟁, 사회경제적 질서의 변화 같은 파괴적인 힘이 존재하는 상황 속에서 인간 사회와 제도의 안정성을 탐구한다.
- 생태학자와 환경 과학자는 생태계가 인간 행동의 파괴적인 영향을 마주했을 때 생태계에 나타나는 실패를 예측하고자 한다.
- 공학에서는 때때로 발생하는 부분적인 실패에도 기본적인 기능을 유지할 수 있는 의사소통 시스템, 자동차, 비행기 등을 설계하는 것을 궁극적인 목적으로 한다(그림 8.1).

네트워크는 생물적, 사회적, 기술적 시스템의 견고함에 중요한 역할을 한다. 실제로, 세포의 견고함은 뒤얽힌 조절 네트워크, 신호전달 네트워크, 물질대사 네트워크에 부호화되어 있다. 사회의 회복력은 그 배경이 되는 내부적인 사회적, 전문적, 의사소통의 웹과 떼어낼 수 없는 관계다. 생태계의 생존 가능성은 각각의 종을 유지시키는 먹이그물에 대한 주의 깊은 분석 없이는 이해할 수 없다. 자연은 견고함을 추구할 때마다 네트워크를 찾는다.

이 장의 목적은 복잡계의 견고함을 보장하는 데 있어 네트워크의 역할을 이해하는 것이다. 시스템이 고도로 계산된 공격이나 무작위 고장에도 생존할 수 있는 능력을 갖는 데 밑바탕이 되는 네트워크 구조의 역할을 살펴본다. 실제 시스템에서 자주 마주치게 되는 해로운 현상인 연속적 고장에서의 네트워크 역할도 알아본다. 가장 중요하게는 복잡계 네트워크의 에러와 공격 내구성, 연속적 고장을 주관하는 법칙이 보편적임을 살펴보겠다. 따라서 이들의 기작을 밝혀내는 것이 폭넓은 복잡계의 견고함을 이해하는 데 큰 도움을 줄 것이다(그림 8.2).

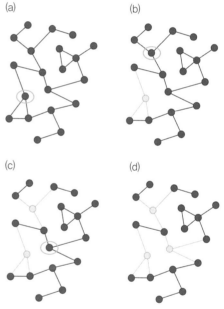

그림 8.2 견고한, 견고함

'robust'라는 단어는 라틴어 'quercus robur'에서 유래했는데, 이는 오크 나무를 의미한다. 오크 나무는 고대에 힘과 장수의 상징이었다. 그림에 있는 이 나무는 헝가리의 마을인 디오스비슬로 (Diósviszló)에 있는데, 헝가리의 오래되고 큰 나무를 소개하는 웹사이트 www.dendromania.hu에 나와 있다. 죄르지 포스파이(György Pósfai)의 허가하에 게재함

(a)   (b)

(c)   (d)

그림 8.3 노드 제거의 영향

작은 네트워크에 속한 노드들의 고장으로 인한 네트워크의 점진적 파편화. 각 그림에서 녹색 원으로 표시된 노드와 그 노드에 연결된 링크를 제거한다. 첫 번째 노드의 제거는 네트워크의 온전함에 제한적 영향을 주었지만, 두 번째 노드의 제거로 인해 남은 네트워크는 세 덩어리로 나뉘었다. 마침내, 세 번째 노드를 지우면 네트워크가 5개의 서로 연결되지 않은 덩어리로 쪼개진다. 각 덩어리의 크기는 s = 2, 2, 2, 5, 6이다.

8.2 스미기 이론

노드 하나를 제거하는 것은 네트워크의 온전함에 제한적인 영향을 미친다(그림 8.3(a)). 하지만 여러 노드를 제거하면 네트워크를 분리된 여러 덩어리로 나눌 수 있다(그림 8.3(d)). 확실히, 더 많은 노드가 지워질수록 네트워크를 손상시킬 확률이 커진다. 이는 다음과 같은 질문을 떠올리게 한다. 네트워크를 고립된 덩어리들로 나누기 위해서는 얼마나 많은 노드를 제거해야 할까? 예를 들어, 인터넷 라우터 중 얼마의 비율이 제거돼야 인터넷이 컴퓨터의 덩어리들로 나뉘어서 서로 정보 전달이 불가능한 상태가 될까? 이 질문들에 답하기 위해서는 **스미기 이론**[percolation theory]을 사용한 네트워크의 견고함에 대한 수학적 기반에 먼저 익숙해져야만 한다.

8.2.1 스미기

스미기 이론은 통계 물리와 수학에서 고도로 발전된 하위 분야

그림 8.4 스미기

스미기 이론의 고전적인 문제는 확률 p로 정사각형 격자 위에 조약돌을 무작위로 위치시키는 것을 탐구한다. 이 상전이의 근원을 정량화하기 위해, 다음 세 가지 양을 집중적으로 살펴본다.

(a) 작은 p에서 조약돌들은 고립되어 있다. 이 경우 가장 큰 덩어리는 단 3개의 노드만으로 이뤄지는데, 그림에서 보라색으로 표시했다.

(b) 큰 p에서 대부분의 조약돌(하지만 모두는 아니다)은 하나의 덩어리를 이루고 있고, 보라색으로 표시되어 있다. 이를 **관통한 덩어리**라고 부르는데, 이 덩어리가 전체 격자에 퍼져 있기 때문이다 (그림 8.6도 참고하라).

(c) 평균 덩어리 크기 $\langle s \rangle$를 p에 대한 함수로 표현. 아래에서부터 p_c에 접근하면 많은 수의 작은 크기의 덩어리들이 합쳐지고, $\langle s \rangle$는 식 (8.1)을 따라 발산한다. 동일한 발산이 p_c의 위쪽에서도 관측되는데, 여기서 $\langle s \rangle$를 계산하기 위해서는 평균에서 관통한 덩어리는 제외한다. 동일한 지수 γ_p를 사용해 임계점 양쪽에서의 발산을 특정지을 수 있다.

(d) 조약돌이 가장 큰 연결 덩어리에 속할 확률 P_∞의 p에 대한 의존도를 도식적으로 표현한 그림. 확률 $p < p_c$일 때는 모든 덩어리가 작다. 따라서 P_∞가 0이다. 확률 p가 p_c에 가까워지면 거대 덩어리가 발현된다. 결과적으로, p_c보다 커지면 식 (8.2)에서 예측한 것처럼 임의의 노드가 가장 큰 덩어리에 속할 유한한 확률이 존재한다.

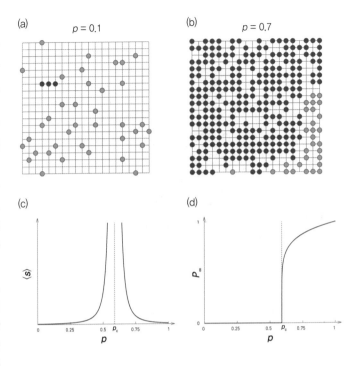

다[235-238]. 이를 사용하는 전형적인 문제가 격자 구조를 보여주는 그림 8.4(a), (b)에 잘 설명되어 있다. 이 격자에서 조약돌을 교차 지점마다 확률 p로 둔다고 하자. 이웃하는 조약돌은 연결된 것으로 가정하며, 2 혹은 그보다 큰 덩어리를 형성한다. 조약돌의 위치가 우연에 의해 결정된다고 할 때, 다음과 같은 질문을 할 수 있다.

- 기대되는 가장 큰 덩어리의 크기는 얼마인가?
- 평균 덩어리의 크기는 얼마인가?

분명히, p가 클수록 덩어리는 더 커진다. 스미기 이론의 핵심적인 발견은 p가 변함에 따라 덩어리의 크기가 점진적으로 변하지 않는다는 것이다. 그보다는 넓은 범위의 p에 대해 격자에는 많은 수의 아주 작은 덩어리가 존재하게 된다(그림 8.4(a)). 확률 p가 임곗값 p_c에 접근하면, 거대 덩어리가 p_c일 때 발현하게 된다. 이 덩어리가 격자의 끝에 도달하게 되면 이를 **관통한 덩어리**percolating cluster라고 한다. 다시 말해, p_c일 때 아주 작은 크기의 덩어리들로부터 격자 전체를 가로지르는 관통한 덩어리로의 상전이를 관찰한다(그림 8.4(b)).

- **평균 덩어리 크기**^{average cluster size}: $\langle s \rangle$

  스미기 이론에 따르면, 크기가 유한한 모든 덩어리의 평균 크기는 다음과 같다.

  $$\langle s \rangle \sim |p - p_{\mathrm{c}}|^{-\gamma_p} \tag{8.1}$$

  다시 말해, 평균 덩어리 크기는 p_{c}에 가까워질수록 발산한다 (그림 8.4(c)).

- **질서 매개변수**^{order parameter}: P_∞

  확률 P_∞는 무작위로 선택된 조약돌이 가장 큰 덩어리에 속할 확률이며, 다음과 같이 기술할 수 있다.

  $$P_\infty \sim (p - p_{\mathrm{c}})^{\beta_p} \tag{8.2}$$

  따라서 p가 p_{c}를 향해 감소하면, 무작위로 선택된 조약돌이 가장 큰 덩어리에 속할 확률은 0으로 떨어진다(그림 8.4(d)).

- **상관 길이**^{correlation length}: ξ

  동일한 덩어리에 속한 두 조약돌 사이의 평균 거리는 다음과 같다.

  $$\xi \sim |p - p_{\mathrm{c}}|^{-\nu} \tag{8.3}$$

  따라서 $p < p_{\mathrm{c}}$이면 동일한 덩어리에 속한 두 조약돌의 거리는 유한하고, p_{c}에서 상관 길이는 발산한다. 이는 p_{c}일 때 가장 큰 덩어리의 크기가 무한해진다는 것이며, 덩어리가 전체 격자에 스며들 수 있음을 의미한다.

지수 γ_p, β_p, ν는 **임계 지수**^{critical exponent}로 불린다. 이는 이 지수들이 임계점 근방의 시스템 기작을 특징짓기 때문이다. 스미기 이론은 이 지수들이 **보편적**^{universal}임을 보여주는데, 보편적이라는 것은 격자의 성질이나 구체적인 p_{c} 값과는 무관하다는 의미다. 즉, 조약돌을 삼각형이나 육각 격자에 둔다고 하더라도 $\langle s \rangle$, P_∞, ξ의 거동은 동일한 γ_p, β_p, ν 지수로 특징지어진다.

이러한 보편성을 더 잘 이해하기 위해 다음의 예를 생각해 보자.

- 임곗값 p_c는 격자의 형태에 의존하기 때문에 이는 보편적이지 않다. 예를 들어 2차원 정사각 격자(그림 8.4)에서는 $p_c \approx 0.593$이지만, 2차원 삼각 격자에서는 $p_c = 1/2$다(격자점 스미기).

- 격자의 차원에 따라서도 p_c가 달라진다. 정사각 격자의 경우 $p_c \approx 0.593(d = 2)$이고, 단순한 정육면 격자의 경우 $p_c \approx 0.3116(d = 3)$이다. 즉, $d = 3$일 때는 스미기 전이에 도달하기 위해 적은 비율의 조약돌만 채워져도 된다.

- 반면에, p_c에서의 임계 지수는 격자의 형태와는 상관없고, 차원에 따라서는 달라진다. 그림 8.4에서 보여주는 2차원의 경우, 어떤 격자인지와 상관없이 $\gamma_p = 43/18, \beta_p = 5/36, \nu = 4/3$이다. 3차원일 때는 $\gamma = 1.80, \beta = 0.41, \nu = 0.88$이다. 6차원 이상$(d > 6)$의 경우 $\gamma_p = 1, \beta_p = 1, \nu = 1/2$이며, 고차원 d에서도 지수는 d와 무관하다[235].

8.2.2 역스미기 전이와 견고함

견고함에 있어서 가장 관심을 끄는 현상은 네트워크의 온전함에 노드의 고장이 미치는 영향이다. 이 과정을 설명하기 위해 스미기 이론을 활용할 수 있다.

정사각 격자를 각 교차점이 노드인 네트워크로 생각해보자(그림 8.5). 노드 중 f 비율을 무작위로 제거하면서, 이 노드를 제거하면 네트워크의 온전함에 어떤 영향이 있을지 알아보자.

만약 f가 작으면, 없어진 노드가 네트워크에 미치는 손상은 작을 것이다. 하지만 f가 증가하면 거대 덩어리 중 상당히 많은 양의 노드가 고립될 수 있다. 결과적으로, f가 충분히 클 때 거대 덩어리는 작고 분리된 덩어리들로 쪼개진다(그림 8.5).

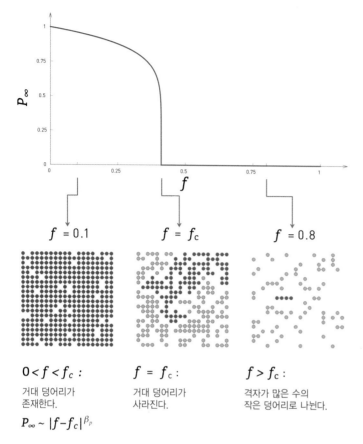

$f = 0.1$ $f = f_c$ $f = 0.8$

$0 < f < f_c$:
거대 덩어리가
존재한다.

$P_\infty \sim |f - f_c|^{\beta_p}$

$f = f_c$:
거대 덩어리가
사라진다.

$f > f_c$:
격자가 많은 수의
작은 덩어리로 나뉜다.

그림 8.5 역스미기(inverse percolation)와 네트워크의 고장

그림 8.4에서 설명한 스미기 과정의 반대를 통해 노드 제거의 결과를 확인할 수 있다. 정사각 격자에서 시작하여 각각의 교차점을 노드로 생각해보자. 무작위로 f 비율의 노드를 선택해 제거한 다음, 남아 있는 노드들로 구성된 가장 큰 덩어리의 크기를 측정해보자. 이 크기는 P_∞로 얻어지며, 무작위로 선택한 노드가 가장 큰 덩어리에 속할 확률을 의미한다. 관측된 네트워크가 아래 그림들이다. 각 그림에 해당하는 상태들의 특성을 기록해 뒀다.

이 쪼개지는 과정은 점진적으로 일어나지 않고 임계 문턱값 f_c로 특징지어진다. 임계 문턱값보다 작은 $f < f_c$일 때는 거대 덩어리가 존재한다. f가 f_c를 초과하기만 하면, 거대 덩어리는 사라진다. 이것이 P_∞의 f 의존성으로 설명되며, 이 P_∞는 임의의 노드가 거대 덩어리의 일부일 확률이다(그림 8.5). P_∞는 f_c보다 작을 때는 0이 아니지만, f_c에 가까워질수록 0에 가까워진다. 이 쪼개짐을 특징짓는 임계 지수 γ_p, β_p, ν는 식 (8.1) ~ 식 (8.3)에서 살펴본 것과 동일하다. 실제로, 이 두 과정은 $f = 1 - p$로 하면 서로 연결된다.

하지만 밑바탕이 되는 네트워크가 정사각 격자처럼 일정하지 않다면 어떻게 될까? 다음 절에서 살펴보겠지만, 이에 대한 답은 구체적인 네트워크 구조에 따라 다르다. 하지만 무작위 네트

글상자 8.1 산불부터 스미기까지

스미기 이론의 기본적인 개념을 설명하기 위해 산불의 전파를 생각해보자. 그림 8.4(a), (b)에서 각각의 조약돌이 나무이고, 격자는 숲을 의미한다고 가정하자. 한 나무에 불이 붙고, 그 나무의 불이 주변 나무로 번진다. 다시 말해, 이런 불길이 이웃 나무들에게 계속 전파되는 것이다. 이 불은 불타고 있는 나무 주변에 더 태울 이웃 나무가 없을 때까지 계속된다. 다음과 같은 질문을 해보자. 나무 하나에 무작위로 불을 붙이면, 숲의 얼마 정도가 타게 될까? 다 타버릴 때까지 얼마나 걸릴까?

이에 대한 답은 p로 조절되는 나무의 밀도에 따라 달라진다. 작은 p일 때, 숲은 다수의 아주 작은 크기의 나무들의 섬으로 이뤄진다($p = 0.55$, 그림 8.6(a)). 따라서 어떤 나무에 불을 붙이더라도 이 작은 나무의 섬 중 하나를 불태우는 것이 최대 피해일 것이다. 결과적으로, 산불은 금방 진화될 것이다. p가 큰 값을 가질 때는 대부분의 나무들이 하나의 커다란 덩어리에 속하기 때문에, 산불이 빽빽한 숲을 빠르게 지나간다($p = 0.62$, 그림 8.6(c)).

이 시뮬레이션은 산불이 끝나기까지 아주 오래 걸리는 임곗값 p_c가 존재함을 보여준다. 이 p_c는 스미기 문제의 임계 문턱값이다. 실제로, $p = p_c$일 때 많은 수의 작은 덩어리의 결합으로 갑자기 거대 덩어리가 발현된다(그림 8.6(b)). 따라서 산불은 느슨하게 연결되어 있는 덩어리들에 속한 모든 나무에 도달하기 위해 길고 구불구불한 경로를 따르게 되고, 이 과정에서 시간이 오래 걸린다.

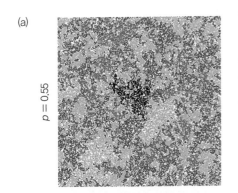

(a) $p = 0.55$

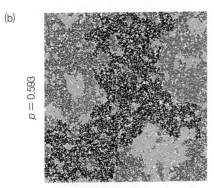

(b) $p = 0.593$

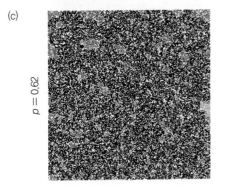

(c) $p = 0.62$

그림 8.6 산불

채움 확률을 변화시키면서 살펴본 거대 덩어리의 발현. 개별 그림들은 250 × 250인 격자의 p_c 근방의 각기 다른 p에 대한 그림이다. 가장 큰 덩어리는 검은색으로 표시됐다. $p < p_c$일 때, 가장 큰 덩어리는 (a)에서 보이는 것처럼 아주 작다. 이 격자를 숲으로, 조약돌은 나무로 생각한다면, 어떤 불이라도 나무들 중 극히 일부만 빠르게 태울 것이다. 일단 p가 $p_c \approx 0.593$에 가까워지면, (b)에서 보이는 것처럼 가장 큰 덩어리는 전체 격자를 덮고 산불은 천천히 숲을 태우면서 많은 나무에 영향을 줄 수 있다. 임곗값 p_c보다 큰 p에서는 $p = 0.62$인 (c)에서 보이는 것처럼 더 많은 조약돌(나무들)이 가장 큰 덩어리에 연결된다. 따라서 이 불이 빠르게 숲 전체를 휩쓸 수 있다.

워크에 대해서는 스미기 이론을 통해 답할 수 있다. 무작위 네트워크에서 무작위로 선택된 노드가 고장 났을 때는 무한한 차원의 스미기에서와 동일한 눈금잡기 지수를 갖는다. 따라서 무작위 네트워크의 임계 지수는 앞에서 살펴본 $d > 6$일 때의 스미기 지수들과 동일한 $\gamma_p = 1, \beta_p = 1, \nu = 1/2$다. 척도 없는 네트워크의 임계 지수는 [심화 주제 8.A]에 잘 나와 있다.

요약하면, 무작위적 노드 제거로 발생하는 네트워크의 쪼개짐은 점진적인 과정이 아니다. 오히려, 작은 비율의 노드를 제거하는 것은 네트워크의 온전함에 미치는 영향이 거의 없다. 하지만 제거한 노드의 비율이 임계 문턱값에 다다르면, 네트워크는 갑자기 분리된 덩어리들로 쪼개진다. 다시 말해, 무작위 노드의 고장은 연결된 상태에서 조각난 네트워크로의 상전이를 야기한다(글상자 8.1). 다음 절에서 척도 없는 네트워크에서의 이 핵심적인 변화 특성에 대해 논의해보자.

8.3 척도 없는 네트워크의 견고함

스미기 이론은 주로 노드의 링크수가 동일한 규칙적인 격자나, 노드끼리 링크수가 서로 비슷한 무작위 네트워크에 집중한다. 하지만 네트워크가 척도 없는 네트워크라면? 허브들은 스미기 전이에 어떤 영향을 미칠까?

이 질문에 답하기 위해, 인터넷의 라우터 간 연결에서 시작하여 무작위로 노드를 하나씩 선택하고 지워보자. 스미기 이론에 따라서, 많은 수의 제거된 노드의 비율이 임곗값 f_c에 도달하면 인터넷은 다수의 쪼개진 부분그래프로 나뉜다(그림 8.5). 하지만 이 경우의 시뮬레이션은 다른 결과를 보여준다. 상당수의 노드가 고장 난 경우에도 인터넷은 쪼개지지 않는다. 그 대신에 가장 큰 덩어리의 크기가 점진적으로 줄어들다가 $f = 1$ 근방에서 사라진다(그림 8.7(a)). 이는 인터넷 네트워크가 무작위 노드의 고장에 특별히 견고함을 보여준다. 거대 덩어리를 파괴하기 위해서

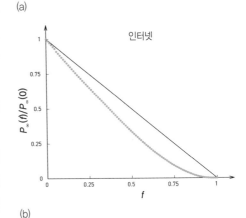

(a)

인터넷

$P_\infty(f)/P_\infty(0)$

f

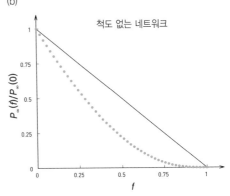

(b)

척도 없는 네트워크

$P_\infty(f)/P_\infty(0)$

f

그림 8.7 척도 없는 네트워크의 견고함

(a) 무작위로 f 비율의 라우터를 제거한 후에 거대 덩어리에 존재하는 인터넷 라우터의 비율. 비율은

$$P_\infty(f)/P_\infty(0)$$

이고, 거대 덩어리의 상대적인 크기를 알려준다. 이 시뮬레이션에서는 표 4.1에 나타난 라우터 단위의 인터넷 구조를 사용했다.

(b) $\gamma = 2.5, N = 10,000, k_{min} = 1$인 척도 없는 네트워크에서 f 비율의 노드를 제거한 후에 거대 덩어리에 속하는 노드의 비율.

인터넷과 일반적인 척도 없는 네트워크는 노드의 유한한 비율을 제거한 후에도 부분으로 나뉘지 않는다. 이 네트워크를 조각내기 위해서는 거의 모든 노드를 제거해야 한다(즉, $f_c = 1$).

온라인 자료 8.1
노드가 고장 났을 때의 척도 없는 네트워크

척도 없는 네트워크의 견고함을 설명하기 위해, 온라인 자료 4.1에서 만든 척도 없는 네트워크인 바라바시-알버트 모형을 생각해보자. 그런 다음 무작위로 노드를 하나씩 선택한 후 제거한다. 온라인 자료의 영상에서 알 수 있듯이, 엄청난 수의 노드를 제거한다고 하더라도 네트워크는 쪼개지지 않는다. 다슌 왕(Dashun Wang)의 허가하에 게재함

는 그 덩어리에 속한 노드를 전부 제거해야 한다. 이 결론은 격자에서 노드를 유한한 비율로 제거했을 때 네트워크가 조각나는 스미기 과정과 일치하지 않는다.

위에서 관찰된 기작은 인터넷에서만 발견되는 것은 아니다. 이를 보이고자, 링크수 지수 $\gamma = 2.5$인 척도 없는 네트워크에서 위의 측정을 반복했을 때도 동일한 결과가 나타났다(그림 8.7(b)). 거대 덩어리에서의 무작위 노드 제거는 유한한 f_c에서 네트워크를 무너뜨리지 못하고, $f = 1$ 근방에서 거대 덩어리가 없어지게 한다(온라인 자료 8.1). 이는 인터넷에서 관측된 견고함이 척도 없는 구조에 근거함을 보여준다. 이번 절에서는 이 놀라운 견고함의 근원을 밝히고 정량화하자.

8.3.1 몰로이-리드 기준

인터넷과 척도 없는 네트워크의 이례적으로 높은 f_c의 근원을 이해하기 위해 임의의 링크수 분포를 갖는 네트워크의 f_c를 계산해보자. 이를 위해서는 간단한 관찰로 얻은 사실을 활용해야 한다. 바로 네트워크에 거대 덩어리가 존재하려면, 그에 연결된 대부분의 노드가 최소 2개의 서로 다른 노드와 연결돼야 한다는 것이다(그림 8.8). 이를 통해 **몰로이-리드 기준**Molloy-Reed criteria을 얻을 수 있다(심화 주제 8.B). 몰로이-리드 기준은 무작위로 연결된 네트워크가 다음의 조건을 만족하면 거대 덩어리가 존재한다는 것이다.

$$\kappa = \frac{\langle k^2 \rangle}{\langle k \rangle} > 2 \qquad (8.4)$$

네트워크가 $\kappa < 2$이면, 거대 덩어리가 존재하지 않고 서로 연결되지 않은 작은 덩어리들로 쪼개진다. 식 (8.4)에 나타난 몰로이-리드 기준이 거대 덩어리의 존재 혹은 부재로 표현되는 네트워크의 온전함을 $\langle k \rangle$와 $\langle k^2 \rangle$으로 연결한다. 이는 모든 링크수 분포 p_k에 대해 유효하다.

식 (8.4)의 예측력을 설명하기 위해, 이를 무작위 네트워크에 적용해보자. 이 경우 $\langle k^2 \rangle = \langle k \rangle (1 + \langle k \rangle)$이고, 무작위 네트워크는 다음의 조건이 만족되면 거대 덩어리를 갖는다.

$$\kappa = \frac{\langle k^2 \rangle}{\langle k \rangle} = \frac{\langle k \rangle (1 + \langle k \rangle)}{\langle k \rangle} = 1 + \langle k \rangle > 2 \qquad (8.5)$$

$$\langle k \rangle > 1 \qquad (8.6)$$

이 예측은 거대 덩어리 존재를 위한 필요조건인 식 (3.10)과 일치한다.

그림 8.8 몰로이-리드 기준

사람들이 손을 잡아 사슬을 만들려면, 각 개인은 다른 두 개인과 손을 맞잡아야 한다. 이와 마찬가지로, 네트워크에서 거대 덩어리를 만들려면 평균적으로 개별 노드는 최소 2개의 이웃이 있어야 한다. 식 (8.4)의 몰로이-리드 기준은 이 성질을 이용해, 네트워크가 조각나게 되는 임계점을 계산할 수 있게 해준다. 이에 대한 유도를 확인하려면, [심화 주제 8.B]를 참고하라.

8.3.2 임계 문턱값

그림 8.7에서 확인한 견고함의 수학적 근원을 이해하기 위해, 척도 없는 네트워크가 어떤 문턱값에서 거대 덩어리를 잃는지 알아보고자 한다. 몰로이-리드 기준을 임의의 링크수 분포를 갖는 네트워크에 적용하면, 임계 문턱값이 다음을 따른다는 사실을 알 수 있다(심화 주제 8.C).

$$f_c = 1 - \frac{1}{\dfrac{\langle k^2 \rangle}{\langle k \rangle} - 1} \qquad (8.7)$$

식 (8.7)이 예측한 놀라운 점은 임계 문턱값 f_c가 오직 $\langle k \rangle$와 $\langle k^2 \rangle$에 의존한다는 것이다. 이 값은 링크수 분포 p_k로부터 유일하게 결정된다.

무작위 네트워크가 무너지는 문턱값을 계산해 식 (8.7)의 활용을 설명해보자. $\langle k^2 \rangle = \langle k \rangle (1 + \langle k \rangle)$를 사용하면 다음을 얻을 수 있다(심화 주제 8.D).

$$f_c^{ER} = 1 - \frac{1}{\langle k \rangle} \qquad (8.8)$$

따라서 무작위 네트워크의 밀도가 더 높아질수록, 해당 네트워크의 f_c도 더 높아진다(즉, 네트워크가 나눠지도록 더 많은 노드를 제거해야 한다). 더 나아가 식 (8.8)은 f_c가 항상 유한하며, 유한한 비율의 노드를 제거하면 무작위 네트워크가 반드시 쪼개진다는 것을 알려준다.

식 (8.7)을 통해 그림 8.7에서 관측된 향상된 견고함의 근원을 이해할 수 있다. 실제로, 지수가 $\gamma < 3$인 척도 없는 네트워크의 두 번째 모멘트 $\langle k^2 \rangle$은 $N \to \infty$ 극한에서 발산한다. 식 (8.7)에 $\langle k^2 \rangle \to \infty$를 대입하면, f_c가 $f_c = 1$로 수렴함을 알 수 있다. 이는 **척도 없는 네트워크를 조각내기 위해서는 모든 노드를 제거해야 한다**는 뜻이다. 다시 말해, 유한한 비율로 노드를 무작위로 지워서는 척도 없는 네트워크를 조각낼 수 없다.

이 결과를 더 잘 이해하기 위해, $\langle k \rangle$와 $\langle k^2 \rangle$을 척도 없는 네트워크의 특징적인 매개변수로 표현해보자. 링크수 지수 γ와 최소, 최대 링크수 $k_{\min}$, $k_{\max}$를 사용하면

$$f_c = \begin{cases} 1 - \dfrac{1}{\dfrac{\gamma - 2}{3 - \gamma} k_{\min}^{\gamma - 2} k_{\max}^{3 - \gamma} - 1} & 2 < \gamma < 3 \\[6mm] 1 - \dfrac{1}{\dfrac{\gamma - 2}{\gamma - 3} k_{\min} - 1} & \gamma > 3 \end{cases} \qquad (8.9)$$

를 얻는다. 식 (8.9)는 다음을 예측한다(그림 8.9).

- $\gamma > 3$일 때, 임계 문턱값 f_c는 오직 γ, $k_{\min}$에 의존하기 때문에 f_c는 네트워크의 크기 N과는 무관하다. 이 영역에서 척도 없는 네트워크는 무작위 네트워크처럼 동작한다. 즉, 유한한 비율의 노드가 제거되면 네트워크가 조각난다.

- $\gamma < 3$일 때, $k_{\max}$는 식 (4.18)을 따라 N이 크면 발산한다. 따라서 $N \to \infty$일 때 식 (8.9)를 통해 $f_c \to 1$임을 알 수 있다. 다시 말해, 무한한 크기의 척도 없는 네트워크를 쪼개기 위해서는 모든 노드를 지워야 한다.

식 (8.6) ~ 식 (8.9)는 이 장의 핵심 결과로, 척도 없는 네트워크가 임의적인 무작위 고장에도 분해되지 않고 버틸 수 있다는 사

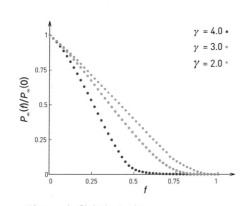

그림 8.9 견고함과 링크수 지수

링크수 지수 γ인 척도 없는 네트워크에서 노드를 f의 비율로 제거했을 때 임의의 노드가 거대 덩어리에 속할 확률. $\gamma = 4$인 경우, 식 (8.9)에서 예측한 것처럼 유한한 임계점 $f_c \simeq 2/3$을 얻는다. 하지만 $\gamma < 3$의 경우 $f \to 1$이 된다. 네트워크는 $k_{\min} = 2$와 $N = 10{,}000$인 구조 모형으로 만들었다.

실을 알려준다. 허브가 이 놀라운 견고함의 근원이다. 실제로, 정의상 무작위 노드의 고장은 링크수와 상관이 없어 작은 링크 수나 큰 링크수나 상관없이 동일한 확률로 발생한다. 그러나 척도 없는 네트워크에서는 링크수가 적은 노드가 허브보다 훨씬 많다. 따라서 무작위적인 노드의 제거는 대부분의 경우 아주 많은 작은 노드 중 하나를 지우게 되고, 몇 개 안 되는 허브 중 하나를 무작위로 선택할 확률은 아주 작아진다. 이 작은 노드들은 네트워크의 온전함에 미치는 영향이 아주 작기 때문에, 제거해도 네트워크에 거의 손상을 주지 않는다.

그림 4.6의 공항 비유로 돌아가 보자. 무작위로 임의의 공항을 폐쇄하면 수많은 작은 공항 중 하나를 골라 닫을 가능성이 크다. 이 공항의 부재는 세계의 다른 곳에서는 거의 알아챌 수 없다. 여전히 뉴욕에서 도쿄로, 혹은 로스앤젤레스에서 리우데자네이루로 여행할 수 있을 것이다.

8.3.3 유한한 네트워크의 견고함

식 (8.9)는 척도 없는 네트워크에서 $N \to \infty$ 극한에 해당하는 $k_{max} \to \infty$일 때, f_c가 1로 수렴함을 알려준다. 실제로 관심이 있는 다수의 네트워크는 크기가 크면서도 여전히 유한하기 때문에, 위에서 확인한 특수한 현상이 유한한 네트워크에서도 유의미한지 질문하게 한다. 이에 답하기 위해, 식 (4.18)을 식 (8.9)에 대입해 다음과 같이 f_c가 네트워크의 크기 N에 의존함을 확인할 수 있다(심화 주제 8.D).

$$f_c \approx 1 - \frac{C}{N^{\frac{3-\gamma}{\gamma-1}}} \qquad (8.10)$$

여기서 C는 N에 의존하는 모든 항을 포함한다. 식 (8.10)은 네트워크가 클수록 그 네트워크의 임곗값이 $f_c = 1$에 가까워짐을 보여준다.

어떻게 f_c가 이론적인 한계인 $f_c = 1$에 가까워지는지 확인하기 위해 인터넷의 f_c를 계산해보자. 라우터 수준의 인터넷 지도는 $\langle k^2 \rangle / \langle k \rangle = 37.91$이다(표 4.1). 이 비율을 식 (8.7)에 대입하면 $f_c = 0.972$를 얻는다. 따라서 인터넷 네트워크를 연결이 안 된 부분으로 조각내려면 97%의 라우터를 제거해야 한다. 전체 인터넷의 라우터 $N = 192,244$의 97%인 186,861개의 라우터가 동시에 고장 날 확률은 거의 0에 가깝다. 이것이 바로 인터넷의 구조가 무작위적인 고장에 강력한 이유다.

표 8.1 무작위 고장과 공격하에서의 무너짐 문턱값

아래 표는 10개 네트워크의 무작위 노드 고장에 대한 f_c(두 번째 열), 공격에 대한 f_c(네 번째 열)를 보여준다. [심화 주제 8.E]에서 f_c를 측정하는 과정을 자세히 설명하고 있다. 세 번째 열(무작위 네트워크)은 네트워크의 N과 L이 원본 네트워크와 동일하지만 노드가 서로 무작위로 연결되어 있는 네트워크의 f_c를 보여준다(무작위 네트워크, f_c^{ER}, 식 (8.8)에 의해 결정됨). 대부분의 네트워크에서 무작위 고장은 무작위 네트워크의 f_c^{ER}보다 큰 값을 갖는다. 이 네트워크들이 식 (8.11)을 만족시키면서 강화된 견고함을 갖는다는 사실을 알 수 있다. 이 중 세 네트워크에서는 이런 특성이 보이지 않는다. 전력망은 링크수 분포가 지수 분포를 따르기 때문이고(그림 8.31(a)), 배우와 인용 네트워크는 아주 높은 $\langle k \rangle$를 갖기 때문에 식 (8.7)에서 큰 $\langle k^2 \rangle$의 역할이 약화된다.

네트워크	무작위 고장 (실제 네트워크)	무작위 고장 (무작위 네트워크)	공격 (실제 네트워크)
인터넷	0.92	0.84	0.16
월드와이드웹	0.88	0.85	0.12
전력망	0.61	0.63	0.20
휴대전화 통화	0.78	0.68	0.20
이메일	0.92	0.69	0.04
과학 공동연구	0.92	0.88	0.27
배우 네트워크	0.98	0.99	0.55
인용 네트워크	0.96	0.95	0.76
대장균 물질대사	0.96	0.90	0.49
효모 단백질 상호작용	0.88	0.60	0.16

일반적으로 임의의 네트워크는 무너지는 임곗값이 무작위 네트워크에 대한 식 (8.8)의 예측값에서 벗어나면 **강화된 견고함** enhanced robustness을 보인다. 즉,

$$f_c > f_c^{ER} \qquad (8.11)$$

을 만족시킨다면 말이다.

강화된 견고함은 몇 가지 결과를 초래한다.

- 식 (8.11)의 부등식은 $\langle k \rangle(\langle k \rangle + 1)$에서 벗어난 $\langle k^2 \rangle$을 갖는 대부분의 네트워크에 대해 만족된다. 그림 4.8처럼, 가상적으로 고려된 모든 네트워크의 $\langle k^2 \rangle$은 무작위적인 기댓값보다 크다. 따라서 식 (8.7)로 예상되는 견고함은 실제적으로 관심 있는 거의 모든 네트워크에 영향을 준다. 이 내용이 표 8.1에 설명되어 있고, 이를 통해 대부분의 네트워크가 식 (8.11)을 만족시킴을 알 수 있다.

- 식 (8.7)을 통해 강화된 견고함을 위해 네트워크의 링크수 분포가 완벽한 거듭제곱 법칙을 따를 필요는 없음을 확인할 수 있다. 필요한 것은 비슷한 크기의 무작위 네트워크에서 기대되는 것보다 큰 $\langle k^2 \rangle$이다.

- 거듭제곱 법칙은 f_c만 바꾸는 것이 아니라, f_c 근방에서 임계 지수 γ_p, β_p, ν도 변화시킨다. 이 지수들의 링크수 지수 γ에 대한 의존도는 [심화 주제 8.A]에서 논의한다.

  강화된 견고함은 노드 제거에만 국한된 것이 아니고, 링크 제거에서도 나타난다(그림 8.10).

요약하자면, 이번 절에서는 실제 네트워크의 기본 특성을 살펴봤다. 이 네트워크의 무작위 고장에 대한 견고함이 바로 그것이다. 식 (8.7)은 임의의 네트워크가 무너지는 문턱값이 $\langle k \rangle$와 $\langle k^2 \rangle$에 의존함을 보여줬다. 이 값들은 네트워크의 링크수 분포에 따라 유일하게 결정된다. 따라서 무작위 네트워크는 유한한 문턱값을 갖지만, $\gamma < 3$인 척도 없는 네트워크의 경우 무너지는 문턱값이 1에 수렴한다. 다시 말해 척도 없는 네트워크를 작게

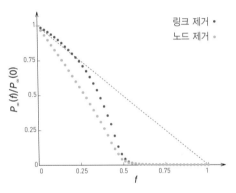

그림 8.10 견고함과 링크 제거

노드가 아니라 링크를 무작위로 제거하면 어떤 일이 일어날까? 계산을 통해 링크 제거로 인한 임계 문턱값 f_c와 노드 제거의 임계 문턱값이 동일함을 알 수 있다[16, 239]. 이를 설명하기 위해, $\langle k \rangle = 2$인 무작위 네트워크에서 무작위 링크와 노드의 제거로 인한 영향을 비교해봤다. 그래프는 해당 네트워크가 동일한 임계 문턱값 $f_c \simeq 0.5$일 때 나누어짐을 보여준다. 실제로, 노드 중 f의 비율만큼을 제거하는 것은 동일한 f 비율의 링크를 지우는 것보다 더 작은 거대 덩어리를 만든다. 이는 예상할 수 있는데, 평균적으로 개별 노드가 $\langle k \rangle$ 링크를 지우기 때문이다. 따라서 비율 f의 노드를 제거하는 것은 $f\langle k \rangle$의 링크를 지우는 것과 동일하며, 확실히 링크의 f만큼을 지우는 것보다 더 큰 손상을 일으킨다.

조각내기 위해서는 모든 노드를 제거해야 하고, 이를 통해 이런 네트워크가 무작위적 고장에 아주 견고함을 알 수 있다.

이 강력한 견고함의 근원은 큰 $\langle k^2 \rangle$이다. 주어진 대부분의 실제 네트워크에서 $\langle k^2 \rangle$은 무작위 네트워크에서 기대되는 값보다 크고, 강화된 견고함은 다수의 네트워크의 일반적인 특성이다. 이 견고함은 무작위 고장의 경우 다수의 아주 작은 노드에 주로 영향을 주지만, 이 노드들의 고장은 네트워크의 온전함을 유지하는 데 있어 아주 제한적인 영향만 미친다는 데 근거한다.

8.4 공격 내구성

척도 없는 네트워크를 붙들어 매고 있는 허브의 중요한 역할은 다음과 같은 질문을 제기한다. 무작위로 노드를 지우지 않고, 허브부터 제거하면 어떻게 될까? 즉, 가장 링크수가 큰 노드를 지운 다음, 그다음으로 링크수가 많은 노드를 지우고, 이 행동을 반복하는 것이다. 일반적인 상황에서 노드가 이런 특정한 순서로 무너질 경우는 거의 없을 것이다. 하지만 이 과정은 네트워크에서의 **공격**attack을 묘사하며, 허브를 목표로 세심하게 계획해 네트워크를 손상시키고자 하는 경우를 나타낸다[12].

하나의 허브가 제거된다고 해서 네트워크가 조각날 일은 거의 없다. 남아 있는 허브들이 네트워크를 유지하기 때문이다. 하지만 여러 개의 허브가 제거된 다음에는 노드의 큰 덩어리가 작게 나뉘기 시작한다(온라인 자료 8.2). 공격이 계속되면, 이로 인해 네트워크가 아주 작은 덩어리들로 빠르게 쪼개질 수 있다.

허브 제거의 영향은 척도 없는 네트워크에서 아주 분명하다(그림 8.11). 무작위 공격에서는 존재하지 않았던 임계점이 의도적인 공격하에서는 다시 나타난다. 다시 나타날 뿐만 아니라, 이 임곗값은 놀라울 정도로 작은 값이다. 따라서 허브 중 극히 일부를 제거하는 것만으로도 척도 없는 네트워크를 아주 작은 덩어리들로 나눌 수 있다. 이 절에서는 이러한 공격 취약성attack

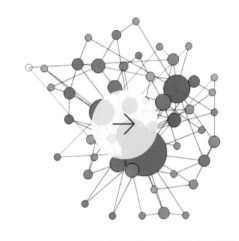

온라인 자료 8.2
공격받는 척도 없는 네트워크

네트워크에 최대 손상을 가하기 위해 공격을 하고자 한다. 이를 위해 링크수가 가장 큰 노드를 먼저 제거하고, 그다음에 두 번째로 링크수가 많은 노드를 제거하고, 이 과정을 반복한다. 동영상에서 설명하는 것처럼 몇 개의 허브만 공격해도 척도 없는 네트워크를 분리된 덩어리들로 나눌 수 있다. 이를 온라인 자료 8.1에 나타난 무작위 노드의 고장하에서 네트워크가 조각으로 나뉘지 않으려는 과정과 비교해보자. 다슌 왕의 허가하에 게재함

vulnerability을 정량화해보자.

8.4.1 공격받았을 때의 임계 문턱값

척도 없는 네트워크에 대한 공격은 두 가지 결과를 초래한다(그림 8.11).

- 임계 문턱값 f_c는 $f_c = 1$보다 작고, 이를 통해 척도 없는 네트워크가 공격받을 때 허브 중 유한한 비율의 제거만으로도 조각날 수 있다.
- 관측된 f_c는 아주 낮아서, 허브 중 아주 작은 비율만 제거해도 네트워크의 손상이 심각해질 수 있다.

이 과정을 정량화하기 위해, 공격받고 있는 네트워크에 대한 f_c를 분석적으로 측정할 수 있다. 이를 위해 허브의 제거가 네트워크를 두 가지 방식으로 변화시킬 수 있다는 사실을 활용하자 [240].

- 허브의 제거는 k'_{max}보다 큰 링크수를 갖는 모든 노드를 제거하기 때문에, 네트워크의 최대 링크수가 k_{max}에서 k'_{max}으로 바뀐다.
- 제거된 허브와 연결된 노드에 붙어 있던 링크가 모두 유실되면서 남아 있는 노드의 링크수가 달라지기 때문에 네트워크의 링크수 분포가 p_k에서 $p'_{k'}$으로 바뀐다.

이 두 가지 변화를 결합하여 공격 문제를 이전 절에서 논의한 견고함의 문제와 연결하고자 한다. 다시 말해, 공격을 조정된 k'_{max}과 $p'_{k'}$을 갖는 네트워크에서의 무작위로 선정된 노드의 제거로 생각하는 것이다. 이 계산은 척도 없는 네트워크가 공격받을 때의 임계 문턱값 f_c가 다음 식의 해임을 보여준다[240](심화 주제 8.F).

$$f_c^{\frac{2-\gamma}{1-\gamma}} = 2 + \frac{2-\gamma}{3-\gamma} k_{min}(f_c^{\frac{3-\gamma}{1-\gamma}} - 1) \qquad (8.12)$$

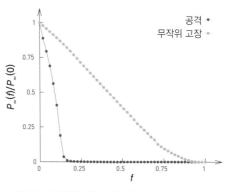

그림 8.11 공격받는 척도 없는 네트워크

척도 없는 네트워크가 공격받을 때(보라색)와 무작위 고장하에 있을 때(초록색) 임의의 노드가 최대 덩어리에 속할 확률. 공격이란 노드들의 링크수가 감소하는 순서로 노드를 지우는 것을 의미한다. 즉, 가장 큰 허브에서 시작하여 그다음 허브를 지우고, 이러한 과정을 계속하는 것이다. 고장일 때, 노드는 무작위로 선택되며 노드의 링크수와는 상관이 없다. 위의 그래프는 척도 없는 네트워크의 공격에 대한 극단적인 취약성을 보여준다. 지우는 노드의 비율 f가 작다는 것은 몇 개의 허브를 지우는 것만으로 네트워크를 조각낼 수 있다는 뜻이다. 초기 네트워크는 링크수 지수 $\gamma = 2.5$, $k_{min} = 2$, $N = 10,000$이다.

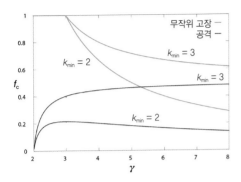

그림 8.12 공격받을 때의 임계 문턱값
최소 링크수 $k_{\min}$ = 2, 3인 척도 없는 네트워크의 무너짐 문턱값 f의 링크수 지수 γ에 대한 의존도. 해당 곡선들은 식 (8.12)로 예측된 공격(보라색)과 식 (8.7)로 예측된 무작위 고장(초록색)의 경우를 보여준다.

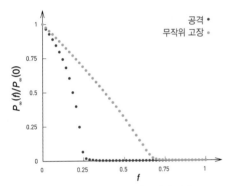

그림 8.13 무작위 네트워크에서의 공격과 고장
무작위 네트워크에서 f만큼의 노드를 무작위로 제거(초록색)한 경우와 노드의 링크수를 큰 것부터 순차적으로 제거했을 때(보라색) 거대 덩어리에 속하는 노드의 비율. 두 곡선 모두 무작위 고장에서 $f_c \to 1$인 척도 없는 네트워크와 다른 유한한 문턱값의 존재를 보여준다. 해당 시뮬레이션 결과는 N = 10,000이고 $\langle k \rangle$ = 3인 무작위 네트워크에서 수행됐다.

그림 8.12는 식 (8.12)의 수치적 해를 링크수 지수 γ에 대한 함수로 보여주며, 다음과 같은 결론을 이끈다.

- 지수 γ에 따라 고장에 대한 f_c는 단조 감소하지만, 공격에 대한 f_c는 단조롭지 않은 행동을 보일 수 있다. 이 값은 작은 γ일 때 증가하고, 큰 γ일 때 감소한다.

- 공격에 대한 f_c는 항상 무작위 고장에 대한 f_c보다 작다.

- γ가 클 때, 척도 없는 네트워크는 무작위 네트워크처럼 동작한다. 무작위 네트워크에 허브가 없기 때문에, 공격의 영향은 무작위 노드 제거의 영향과 비슷하다. 결과적으로, 큰 γ일 때 고장과 공격의 문턱값은 서로 일치한다. 실제로 $\gamma \to \infty$이면 $p_k \to \delta(k - k_{\min})$이 되며, 이는 모든 노드의 링크수가 $k_{\min}$으로 동일함을 의미한다. 따라서 $\gamma \to \infty$인 경우에 무작위 고장과 목표를 갖는 공격은 구분하기 어렵다. 이를 통해 다음을 얻을 수 있다.

$$f_c \to 1 - \frac{1}{(k_{\min}-1)} \qquad (8.13)$$

- 그림 8.13에서 확인할 수 있듯이 무작위 네트워크는 무작위 고장과 공격이 있을 때 유한한 스미기 문턱값을 갖는다. 그림 8.12와 식 (8.13)은 γ가 큰 경우의 f_c를 예측한 결과다.

공항 비유를 통해 척도 없는 네트워크의 공격에 대한 취약성을 이해하는 데 도움을 얻을 수 있다. 시카고의 오헤어 공항이나 애틀랜타 국제공항 같은 2개의 큰 공항이 단 몇 시간 동안일지라도 운영되지 않으면 뉴스의 헤드라인이 될 것이고, 미국 전역의 여행 경로를 변화시킬 것이다. 순차적으로 애틀랜타, 시카고, 덴버와 가장 큰 공항인 뉴욕 공항이 폐쇄될 것이고, 북미 대륙의 비행기를 통한 여행은 몇 시간 만에 멈추게 될 것이다.

요약하자면, 무작위적인 노드의 고장은 척도 없는 네트워크를 조각낼 수 없었지만 허브를 목표로 한 공격은 이런 네트워크를 쉽게 무너뜨릴 수 있다. 이러한 취약성은 인터넷에는 좋지 않은 소식이다. 인터넷이 선천적으로 세밀하게 계획된 공격에 취약함을 의미하기 때문이다(글상자 8.2). 반면 이러한 특성이 의학 분야에서는 좋은 소식일 수 있다. 박테리아의 허브 단백질 제거에 대한 취약성을 사용해 원하지 않는 박테리아를 제거할 길을 찾을 수 있기 때문이다.

8.5 연쇄 고장

지금까지는 각 노드의 고장을 무작위적 사건으로 보고, 네트워크의 노드가 서로서로 독립적으로 고장 난다고 가정했다. 실제로는, 개별 노드의 활동은 이웃 노드의 활동에 의존한다. 결과적으로, 노드의 고장은 노드에 연결된 다른 노드의 고장을 야기한다. 다음의 몇 가지 예를 살펴보자.

- 정전(전력망)

  노드나 링크가 고장 나면 전류는 남겨진 전력망으로 순식간에 재분배된다. 예를 들어, 1996년 무더웠던 8월 10일의 오리건주에서 1,300메가와트의 전력을 운송하는 전선이 나무에 가깝게 늘어지다 끊어졌다. 전기는 저장될 수 없기 때문에, 전선이 나르던 전류는 전압이 낮은 2개의 전선으로 옮겨갔다. 이 전선들은 초과 전류를 전송하려는 목적으로 설계되지 않았기 때문에 마찬가지로 고장 났다. 몇 초 만에, 초과된 전류는 13개 발전기의 고장을 야기했고 결국 미국의 11개 주와 캐나다 지역 두 군데에서 정전이 발생했다[242].

- 서비스 거부 공격(인터넷)

  라우터가 수신한 패킷packet의 전송에 실패하면 인터넷 프로토콜은 이웃한 라우터를 변경함으로써 대안적인 경로로 패킷을 재전송해 문제가 있는 장비를 피해간다. 결과적으로, 실패한 라우터는 다른 라우터의 통신량을 증가시켜, 잠재적으로 인터넷 전반에서의 연쇄적인 서비스 공격을 야기한다[243].

글상자 8.2 **폴 바란과 인터넷**

1959년 캘리포니아의 싱크탱크인 RAND는 젊은 엔지니어였던 폴 바란[Paul Baran]에게 구소련[Soviet]의 핵 공격에도 유지되는 통신 시스템을 개발하게 했다. 핵 공격이 폭파 범위 내에 있는 모든 기기에 장애를 일으키기 때문에 바란은 이 통신 시스템의 사용자 중 폭발 범위 밖에 있는 사람끼리 서로 연결이 가능한 시스템을 설계해야만 했다. 그는 그 시대의 언어로 이러한 의사소통 네트워크를 "더 큰 별의 형태로 서로 연결되어 있는 별들의 집합의 계층 구조"라고 설명하여, 현대에 척도 없는 네트워크라고 부르는 구조에 대한 초기적 설명을 했다[241]. 그는 이 구조가 공격이 있을 때 실행되기에는 지나치게 고도로 중앙화된 구조라고 결론지었다. 그는 또한 그림 8.14(a)에 나타난 허브-바큇살 구조를 파기하면서, "중심 노드가 제거되면 말단 노드들 사이의 소통을 파괴하기 때문에, 확실히 중앙화된 네트워크는 취약하다."고 설명했다.

바란은 이상적인 생존 가능한 구조는 탈중앙화된 그물 같은 네트워크라고 결론 냈다(그림 8.14(c)). 이 네트워크는 충분한 여분이 있어서, 노드 중 얼마가 고장 나더라도 대체 가능한 경로를 통해 남아 있는 노드끼리 연결될 수 있다. 군대는 바란의 아이디어를 무시했다. 그래서 10년 후 인터넷이 생겨났을 때 인터넷은 개별 노드가 누구와 연결할지 결정하는 분산적인 통신규약에 기반해야 했다. 이 탈중앙화된 철학은 바란이 구상했던 균등한 그물망 같은 구조가 아닌 척도 없는 네트워크 출현의 길을 열었다.

그림 8.14 바란의 네트워크
폴 바란이 1959년에 구상했던 의사소통 네트워크 구조들. 출처: [241]

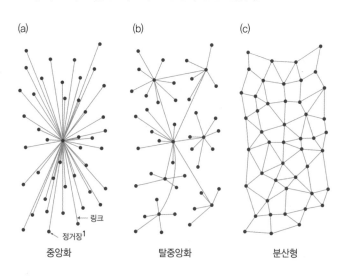

(a) (b) (c)

링크
정거장[1]

중앙화   탈중앙화   분산형

---

1 노드에 해당한다. – 옮긴이

- **금융 위기**

  연쇄적인 고장은 경제 시스템에서 흔하다. 예컨대, 2008년 미국의 집값 하락은 금융 네트워크의 링크를 따라 퍼져나갔고, 결국 은행과 기업, 국가의 연쇄적인 도산을 야기했다[244, 245, 246]. 이는 1930년대 대공황 이래 최악의 전 세계적인 금융 폭락의 원인이 됐다.

  연쇄적인 고장은 서로 다른 영역에서 나타났지만, 이 예들은 몇 가지 공통된 특징을 갖고 있다. 첫째, 초기 고장은 네트워크 구조에 제한적인 영향만을 주었다. 둘째, 초기 고장은 지엽적인 수준에만 머무르지 않고 네트워크의 링크를 통해 퍼져나가 추가적인 고장을 만들었다. 결과적으로, 여러 노드들이 일반적인 기능을 수행할 능력을 상실했다. 따라서 각각의 개별 시스템은 **연쇄 고장**cascading failure을 만들었고, 이는 대부분의 네트워크에 위협적인 현상이다[247]. 이번 절에서는 이러한 연쇄적 고장 같은 현상을 지배하는 실증적인 패턴을 논의할 것이다. 이러한 사건들에 대한 모형이 다음 절의 주제다.

8.5.1 실증적인 결과

연쇄 고장은 전력망, 정보 시스템과 지각운동의 경우 잘 정리가 되어 있어, 각각의 빈도와 크기에 대한 구체적인 통계를 알 수 있다(그림 8.15).

- **정전**

  정전은 발전소의 고장이나 전송선의 손상, 회로 합선 등의 이유로 발생할 수 있다. 부품들의 운영 한계가 초과되면, 전력망을 보호하기 위해 특정 부분과의 연결을 끊는다. 이러한 고장은 고장 난 부분을 통해 운반되던 전력을 다른 부분으로 재분배하여 전력의 흐름, 주파수, 전압과 전류의 위상, 제어, 모니터링, 경보 시스템의 운영 방식을 바꾼다. 이러한 변화는 다른 부분과의 분리를 야기할 수도 있어, 고장으로 인한 사태avalanche를 초래할 수 있다.

그림 8.15 도미노 효과

도미노 효과(domino effect)는 첫 번째 도미노가 무너지면서 시작되는 연쇄적인 도미노의 무너짐을 말한다. 이 용어는 종종 국소적인 변화가 전체 시스템으로 퍼져나가는 일련의 사건을 의미한다. 따라서 도미노 효과는 이번 절에서 이야기하고자 하는 연쇄 고장에 대한 가장 단순한 묘사를 대표한다고 할 수 있다.

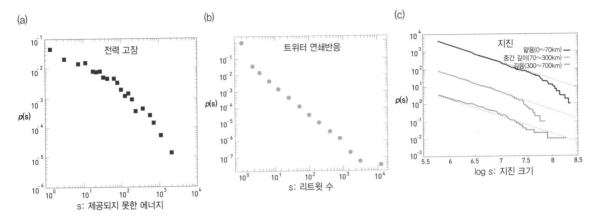

(a)

전력 고장

$p(s)$

s: 제공되지 못한 에너지

(b)

트위터 연쇄반응

$p(s)$

s: 리트윗 수

(c)

지진

얕음(0~70km)
중간 깊이(70~300km)
깊음(300~700km)

$p(s)$

log s: 지진 크기

그림 8.16 연쇄반응 크기의 분포

(a) 북미 전력 안정성 위원회(North American Electrical Reliability Council)가 정리한 1984년부터 1998년 사이 발생한 모든 북미 정전에서의 에너지 손실 분포. 이 분포는 식 (8.14)와 대체로 잘 맞는다. 보고된 여러 국가들의 지수는 표 8.2에 정리되어 있다. 출처: [248]

(b) 트위터에서의 연쇄반응 크기 분포. 대부분의 트윗들은 사람들이 알아주지 않지만, 아주 작은 비율의 트윗은 수천 번 공유되기도 한다. 전체적으로 리트윗 수는 식 (8.14)에 근사하며 $\alpha \simeq 1.75$다. 출처: [249]

(c) 1997년부터 2000년까지 기록된 지진 크기의 누적 분포. 점선은 지진학자들이 이 분포를 특징짓기 위해 사용한 식 (8.14)의 거듭제곱 분포다. 가로축에 나타난 지진의 크기는 s에 로그를 취한 값으로, 관측된 지진파의 진폭을 의미한다. 출처: [300]

표 8.2 실제 시스템에서의 사태 지수

여러 국가에서의 에너지 손실[248], 트위터 연쇄반응[249]과 지진 크기[250]에 대한 식 (8.14)의 거듭제곱 분포에 대해 보고된 사태 지수. 세 번째 열은 측정된 연쇄반응 크기의 특성을 보여준다. 여기서 연쇄반응의 크기는 제공되지 못한 전력이나 에너지, 일반적인 트윗에 대한 리트윗 개수, 지진파의 진폭에 해당한다.

근원	지수	연쇄반응
전력망(북미)	2.0	전력
전력망(스웨덴)	1.6	에너지
전력망(노르웨이)	1.7	전력
전력망(뉴질랜드)	1.6	에너지
전력망(중국)	1.8	에너지
트위터 연쇄반응	1.75	리트윗
지진	1.67	지진파

정전의 크기는 제공되지 못한 에너지양으로 자주 기록되곤 했다. 그림 8.16(a)는 1984년에서 1998년 사이 북미의 모든 정전에서 제공되지 못한 에너지양의 확률 분포 $p(s)$를 보여준다. 전기공학자들은 이렇게 얻은 분포를 거듭제곱 분포로 근사한다[248].

$$p(s) \sim s^{-\alpha} \qquad (8.14)$$

여기서 몇몇 국가에 대한 **사태 지수**avalanche exponent(α)가 표 8.2에 정리되어 있다. 이 분포의 거듭제곱 특징은 대부분의 정전이 다소 작은 크기로 주로 소수의 소비자에게만 영향을 준다는 것을 알려준다. 이와 동시에, 간혹 발생하는 아주 큰 정전으로 수백만 명의 소비자에게 전력 공급이 이뤄지지 않는다(그림 8.17).

정보의 연쇄반응

이메일부터 페이스북, 혹은 트위터에 이르는 현대 의사소통 시스템은 사회연결망의 링크를 따라 정보를 전달하는 연쇄반응과 유사한 전달을 가능케 한다. 전달 과정에 존재하는 각각의 사건들이 종종 디지털 흔적을 남기기 때문에, 이러한 플랫폼들을 통해 연구자는 그 이면에 깔린 연쇄반응을 발견할 수 있다.

이런 맥락에서 마이크로 블로깅 서비스인 트위터가 특별히 많이 연구됐다. 트위터에서 누가 누구를 팔로잉하는지를 나타내는 네트워크는 트위터의 팔로워 그래프를 크롤링하여 재구축할 수 있다. 사용자들이 웹 콘텐츠를 축약된 웹 페이지 주소를 통해 공유하기 때문에 개별적인 전파/공유 과정 역시 추적할 수 있다. 한 연구에서는 두 달 동안 7,400만여 개의 전달/공유 과정을 추적해 특정 노드에서 시작된 웹 페이지 주소가 재게시를 통해 퍼져나가는 것을 연구했다(그림 8.18). 그림 8.16(b)가 보여주는 것처럼 관찰된 연쇄반응 크기의 분포는 식 (8.14)의 거듭제곱 법칙을 따르고, 사태 지수 $\alpha \approx 1.75$다[249]. 거듭제곱 법칙은 방대한 양을 차지하는 대부분의 웹 페이지 주소는 전혀 전파되지 않음을 확인했고, 이 결과는 평균 연쇄반응 크기가 겨우 $\langle s \rangle = 1.14$라는 사실을 뒷받침한다. 하지만 웹 페이지 주소의 아주 작은 비율은 수천 번 재게시됐다.

지진

지질 단층의 표면은 불규칙적이고 쉽게 떨어지지 않아서 맞닿은 면들이 부드럽게 미끄러지기 어렵게 만든다. 단층이 움직이지 못하고 있으면, 지각판의 지속적인 상대적 운동이 축적되어 증가된 변형 에너지를 단층 표면에 축적한다. 이 압력이 거친 표면을 돌파할 정도로 충분히 축적되면, 갑작스럽게 미끄러짐이 일어나 저장된 에너지를 방출하면서 지진이 발생한다. 지진은 지질학적 단층의 자연적 파열, 화산 활동, 산사태, 광산 폭발 혹은 핵실험으로 시작되기도 한다.

그림 8.17 북동부의 2003년 정전

북미의 가장 큰 정전 중 하나가 2003년 8월 14일, 오후 4:10 바로 직전에 발생했다. 그 시작은 오하이오 퍼스트 에너지 운영회(First Energy Corporation)의 제어실 경보 시스템 소프트웨어 오류였다. 경보를 놓치면서 운영자들은 과부하된 전력 전송선이 나무로 떨어진 후에 전력을 재전송해야 하는 필요를 알아채지 못했다. 결과적으로, 일반적으로는 다룰 수 있는 수준의 국소적인 고장이 연쇄 고장이 되어 265개 발전소의 508개 발전 유닛을 멈춰버렸고, 온타리오의 천만 명 정도와 미국 8개 주의 4,500만 명에게 전기가 공급되지 못했다. 그림은 정전으로 영향을 받은 주를 강조해 표시했다. 정전의 위성 사진을 확인하려면 그림 1.1을 참고하라.

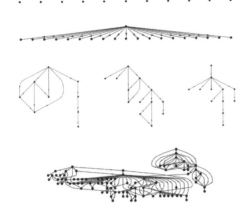

그림 8.18 정보 전달의 연쇄반응

트위터에서 정보 전달 연쇄반응의 예. 노드는 트위터 계정을 의미하고, 맨 위에 있는 노드는 축약된 웹 페이지 주소를 처음으로 공유한 계정이다. 링크는 이를 재게시한 계정과의 연결이다. 이 연쇄반응은 정보 전달 사태의 다양성을 보여준다. 대부분의 웹 페이지 주소는 전혀 재게시되지 않아, 그림에서 하나의 독립된 노드로 보인다. 하지만 몇몇 웹 페이지 주소는 거대한 재게시 연쇄반응을 보이며, 이는 맨 아래에 보이는 그림과 같이 나타난다. 출처: [249]

매해 500,000건의 지진이 감지된다. 그중 100,000건 정도만이 사람이 인지할 정도로 강력하다. 지진학자들은 지진 크기의 분포를 식 (8.14)에서 $\alpha \approx 1.67$인 거듭제곱 법칙으로 근사한다(그림 8.16(c))[250].

지진이 네트워크적 현상으로 고려되는 경우는 거의 없다. 지진 발생 사이의 상호 의존성을 구체적으로 연결하기가 어렵기 때문이다. 그렇지만 결과로 초래된 연쇄적 현상과 네트워크에 기반한 연쇄반응 사이에는 유사한 점이 많고, 이를 통해 비슷한 메커니즘을 생각해볼 수 있다.

식 (8.14)의 거듭제곱 법칙은 정전, 정보의 연쇄반응, 지진에서 동일하게 관측되며, 연쇄 고장이 상대적으로 적다는 것을 알려준다. 이 적은 양의 연쇄반응은 극소수 가구에서의 전력 손실, 대부분의 사용자가 거의 관심이 없는 트윗, 아주 민감한 기계 없이는 탐지하기 어려운 지진 등이다. 식 (8.14)는 이러한 대다수의 작은 사건들이 아주 적은 수의 예외적으로 큰 사건들과 공존함을 보여준다. 이러한 큰 규모의 연쇄반응에는 북미에서 발생한 2003년의 정전이나(그림 8.17), 1,399번 공유된 '이란 선거의 위기: 10개의 놀라운 유튜브 비디오'(http://bit.ly/vPDLo), 200,000명의 희생자가 발생한 2010년 1월에 발생한 아이티 지진 등이 있다. 흥미롭게도 전기공학자, 미디어 연구자와 지진학자가 보고한 사태 지수는 서로 놀라울 정도로 유사한 1.6에서 2 사이의 값이다(표 8.2).

연쇄 고장은 여러 다양한 환경에서 잘 정리되어 있다.

- 기상악화의 결과 혹은 기계적인 고장으로 항공편 일정의 연쇄반응이 일어나, 여러 항공편이 지연되거나 수천 명의 승객이 대기해야 할 수 있다(글상자 8.3)[252].
- 한 종이 사라짐으로써 생태계의 먹이 그물에 연쇄반응이 일어날 수 있다. 다른 여러 종이 멸종할 수도 있고, 서식지가 바뀔 수도 있다[253–256].
- 특정 부품의 부족이 공급망에 손상을 줄 수 있다. 예를 들어

글상자 8.3 항공편 혼잡의 연쇄반응

미국에서는 매해 항공편 연기로 400억 달러 이상의 경제적 손실이 발생한다[258]. 이러한 항공편 연기는 추가적인 운영, 승객들의 시간 손실, 생산성 감소와 사업상의 기회 및 여가 활용 기회의 손실을 낳기 때문이다. 항공편 연기는 항공편의 기대되는 출발/도착 시간과 실제 출발/도착 시간 사이의 차이다. 항공편 일정은 연속되는 비행편들 사이에서 발생하는 잠깐의 지연을 수용할 수 있는 완충적인 시간을 포함하고 있다. 이 완충적인 시간을 넘어 지연이 발생하면, 동일 항공기, 승무원, 게이트를 사용하는 이어지는 항공편에서도 지연이 발생한다. 결과적으로, 임의의 지연이 패션처럼 항공 네트워크를 통해 연쇄적으로 퍼져나가게 된다.

2010년에는 대부분의 항공편이 정시를 지켰지만, 37.5%는 늦게 도착하거나 출발했다[252]. 지연 시간의 분포는 식 (8.14)를 따라, 대부분의 비행편은 단지 몇 분만 지연되는 반면 소수의 항공편은 일정에서 몇 시간씩 지연되기도 했다. 이렇게 긴 지연 시간은 연관된 다른 지연 패턴들을 야기하고, 이는 항공교통 시스템에서의 연쇄적 혼잡의 특징이다(그림 8.19).

2010년 3월 12일의 극심한 혼잡

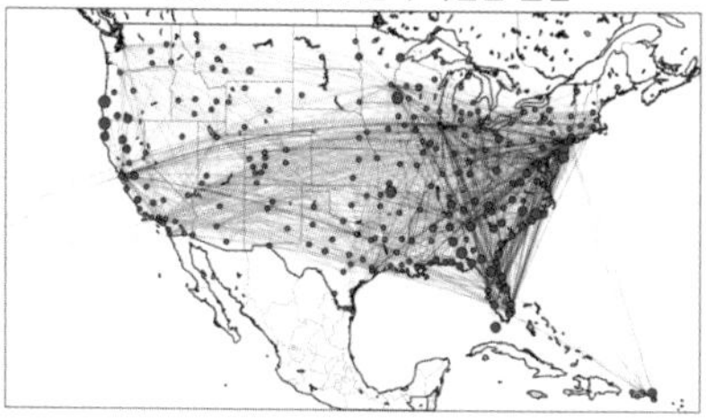

그림 8.19 혼잡한 공항의 덩어리
혼잡한 공항을 보라색 노드로, 정상적인 교통량을 녹색 노드로 표현한 미국의 항공 지도. 선들은 2010년 3월 12일 각 공항 사이의 직항 항공편이다. 혼잡한 공항들의 덩어리를 통해 지연이 상호 간 독립적이지 않고, 항공 네트워크를 통해 연쇄적으로 퍼져나감을 알 수 있다.
출처: [252]

태국에서 있었던 2011년의 홍수로 자동차 부품이 만성적으로 부족해졌고, 전 세계 1,000개가 넘는 자동차 공장의 생산 체인이 무너졌다. 홍수가 난 공장에만 피해가 국한되지 않아, 전 세계 보험사에서 200억 달러에 달하는 보상을 요청했다[257].

요약하자면, 연쇄 효과는 서로 다소 다른 특성을 갖는 시스템에서 관찰된다. 이 크기의 분포는 식 (8.14)의 거듭제곱 분포로 근사할 수 있으며, 이는 대부분의 연쇄반응은 알아채기에 너무 작지만 소수의 몇몇은 아주 커서 전 세계적인 영향을 준다는 것을 의미한다. 다음 절에서는 이러한 현상의 근원을 이해하고, 연쇄반응의 중요한 특성을 재현할 수 있는 모형을 구축해보자.

8.6 연쇄 고장의 모형화

연쇄적인 사건의 발생은 그 반응이 일어나는 네트워크의 구조부터 전달 과정의 특징, 개별 요소에 고장이 발생하는 기준 등 다양한 요인에 의존한다. 이러한 다양한 변수에도 불구하고, 실증적인 결과에서 관측된 사태 크기의 분포가 시스템의 특징적인 성질과 무관하게 보편적이라는 사실이 확인됐다. 이번 절에서는 연쇄 현상을 주관하는 메커니즘을 이해하고, 사태 크기 분포의 거듭제곱 특성을 설명해보고자 한다.

수많은 모형이 연쇄적 사건의 동역학을 설명하기 위해 제안됐다[248, 259-265]. 묘사하고자 하는 특정 현상에 얼마나 충실한지는 각 모형마다 다르지만, 연쇄반응을 만드는 시스템들이 다음의 세 가지 핵심적인 요소를 공유한다는 것을 알려준다.

(i) 해당 시스템은 네트워크 위에서의 어떤 흐름으로 설명될 수 있고, 예로는 전력망의 전류 흐름이나 의사소통 시스템의 정보 흐름을 들 수 있다.

(ii) 개별 요소들은 작동하지 않는 국소적인 규칙이 있어서, 이 규칙이 언제 연쇄반응을 만들지 등을 결정한다. 이는 고장일 수도 있고(전력망, 지진), 정보를 다른 곳으로 전달하는 것일 수도 있다(트위터).

(iii) 개별 시스템은 고장이 났거나 특정 부분이 활성화됐을 때 전달량을 다른 노드로 재분배하는 메커니즘을 갖는다.

다음으로, 다양한 수준으로 묘사된 연쇄 고장의 특징을 예측하는 두 모형에 대해 논의해보자.

8.6.1 고장 전파 모형

생각이나 의견 전파를 모형화하기 위해 소개된 후로[260] 고장 전파 모형은 연쇄적인 고장을 묘사하는 모형으로도 자주 사용돼왔다[265]. 이 모형은 다음과 같이 정의된다.

임의의 링크수 분포를 갖는 네트워크에서 개별 노드가 어떤 특성을 갖는다고 하자. 특성 i는 0의 상태(활성화 혹은 건강한 상태)이거나 1의 상태(비활성화 혹은 고장 난 상태)일 수 있고, 모든 노드 i는 동일한 값의 무너짐 문턱값 $\varphi_i = \varphi$를 갖는다.

초기에 모든 특성은 건강한 상태 0이다. 시간 $t = 0$일 때, 한 노드의 특성이 1로 바뀌어 초기의 고장 혹은 새로운 정보의 발생을 나타낸다. 이어지는 각 시간 단계마다 무작위로 하나의 행위자를 고르고, 그 상태를 다음에 설명된 문턱값 규칙을 따라 업데이트한다.

- 선택된 i의 특성이 0의 상태라면, 이 노드는 이웃한 k_i개 노드의 상태를 확인한다. 자신의 이웃 k_i 중 최소 φ 비율의 노드가 1의 상태에 있으면, i도 상태를 1로 바꾼다(즉, 이 노드도 고장 나는 것이다). 그렇지 않으면, 이 노드는 원래 상태인 0을 유지한다.
- 선택된 i의 특성이 1의 상태라면, 상태를 변경하지 않는다.

다시 말해, 건강한 노드 i는 본인의 상태를 이웃 노드 중 φ 비율만큼이 고장 났을 때 변경한다. 국소적인 네트워크의 구조에 따라, 초기의 동요가 금방 사라져 다른 노드의 고장을 야기하지 못할 수도 있다. 아니면, 그림 8.20(a), (b)처럼 여러 노드의 고장을 만들 수도 있다. 시뮬레이션은 구별된 특성을 갖는 세 가지 영역의 사태를 구분한다(그림 8.20(c)).

- **준임계 영역**

  평균 링크수 $\langle k \rangle$가 높으면 건강한 노드들이 다른 많은 건강한 노드와 이웃하기 때문에 임의 노드의 상태가 바뀐 것이 다른 노드들의 상태 1의 비율을 문턱값 이상으로 이동시키기는 어렵다. 이 영역에서 연쇄반응은 즉각적으로 사라지고, 연쇄반응의 크기는 지수 분포를 따른다. 따라서 시스템은 전역적인 연쇄반응에 도달하지 못한다(파란색 표시, 그림 8.20(c), (d)).

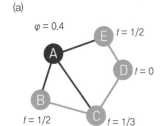

(a)

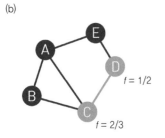

(b)

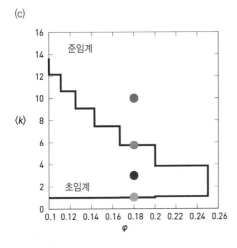

(c)

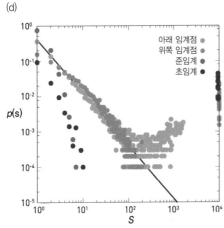

(d)

- **초임계 영역**

  평균 링크수 $\langle k \rangle$가 작으면, 하나의 노드 상태가 뒤집히는 것이 여러 다른 이웃을 임곗값 이상으로 끌어올리면서 전체적인 연쇄반응을 야기한다. 이 영역에서의 작은 변화는 심각한 무너짐 현상을 만든다(보라색 표시, 그림 8.20(c), (d)).

- **임계 영역**

  준임계와 초임계 영역의 경계에서 사태 현상은 다양한 크기로 나타난다. 수치적인 시뮬레이션은 이 영역에서의 사태 크기 s가 식 (8.14)를 따른다는 것을 보여준다(초록색과 주황색 표시, 그림 8.20(d)). 기반한 네트워크가 무작위 네트워크이면 $\alpha = 3/2$다.

8.6.2 가지치기 모형

고장 전파 모형이 복잡하기 때문에 거기서 얻은 사태의 눈금잡

그림 8.20 고장 전파 모형

(a, b) 각 노드의 무너짐 문턱값 $\varphi = 0.4$인 작은 네트워크에서 연쇄반응의 전개. 초기에 모든 노드는 0의 상태였고, 이를 초록색 원으로 표시했다. 노드 A가 1로 상태를 바꾼 다음(보라색), 그 이웃인 노드 B와 E는 이웃 중 상태가 1인 노드의 비율 $f = 1/2 > 0.4$가 된다. 결과적으로, (b)에서 볼 수 있듯이 이웃들도 고장이 나 상태가 1로 바뀐다. 다음 단계에서 C와 D의 $f > 0.4$이기 때문에 C와 D도 고장이 난다. 이런 연쇄반응이 전체 네트워크를 휩쓸어, 사태 크기 $s = 5$가 된다. 초기에 노드 B의 상태를 바꿨다면 이런 사태 현상이 나타나지 않았을 것이다.

(c) 사태가 퍼져나가는 네트워크의 문턱값 φ와 평균 링크수 $\langle k \rangle$의 함수로 살펴본 고장 전파 모형의 상태도. 연속된 실선은 무작위 네트워크에서 연쇄반응이 일어날 수 있는 $(\langle k \rangle, \varphi)$ 영역을 보여준다.

(d) 크기 $N = 10,000$이고 $\varphi = 0.18$, $\langle k \rangle = 1.05$(초록색), $\langle k \rangle = 3.0$(보라색), $\langle k \rangle = 5.76$(주황색), $\langle k \rangle = 10.0$(파란색)인 네트워크의 연쇄반응 크기 분포. 아래 임계점에서는 지수 $\alpha = 3/2$인 거듭제곱 분포 $p(s)$를 관찰할 수 있다. 초임계 영역에서는 작은 규모의 사태는 별로 없고, 대부분의 사태는 전체 시스템에 걸쳐 일어난다. 위쪽 임계점과 준임계 영역에서는 작은 사태 현상만 존재한다. 출처: [260]

기 행동을 해석적으로 예측하는 것은 어렵다. $p(s)$의 거듭제곱 특성을 이해하고, 전파 현상의 지수 α를 계산하기 위해 다시 가지치기 모형branching model으로 돌아가 보자. 이 모형은 가장 단순한 모형으로 연쇄반응의 기본적인 특성을 잘 잡아내고 있다.

이 모형은 개별 연쇄 고장이 가지치기 과정과 유사하다는 관찰에 기반한다. 실제로, 전체적인 전파 현상을 시작한 초기의 고장을 일으킨 노드를 **트리의 뿌리**root of the tree라고 부르자. 트리의 가지는 이 초기의 고장에 의해 추가적으로 고장이 야기된 노드들이다. 가령, 그림 8.20(a)와 (b)처럼 노드 A의 무너짐이 해당 사태를 시작하면 A는 트리의 뿌리가 된다. 노드 A의 고장으로 노드 B와 E가 고장이 나면서, 트리의 가지 2개가 형성된다. 연속적으로 E는 D의 고장을 이끌었고, B는 C의 고장을 이끌었다 (그림 8.21(a)).

가지치기 모형은 사태 전파avalanche propagation의 핵심적 특성을 잘 설명한다(그림 8.21). 모형은 하나의 활성화된 노드로 시작한다. 다음 단계에서 활성화된 각 노드는 k개의 자손을 생산하고, 여기서 k는 p_k에서 선택된다. 만약 한 노드가 $k = 0$을 골랐다면 해당 가지는 사라진다(그림 8.21(b)). 만약 $k > 0$이면 k개의 새로운 활성화된 노드가 생긴다. 사태의 크기는 활성화된 영역이 모두 사라진 트리의 크기다(그림 8.21(c)).

가지치기 모형은 연쇄 고장 모형에서 관측된 것과 같은 상태를 갖는다. 그 상태는 $\langle k \rangle$에 의해서만 결정되기 때문에, 결국 p_k에 의존한다고 할 수 있다.

- **준임계 영역**: $\langle k \rangle < 1$

  평균 링크수 $\langle k \rangle < 1$인 경우, 평균적으로 개별 가지는 하나 이하의 자손을 생산한다. 결과적으로, 개별 트리는 순식간에 종료된다(그림 8.21(d)). 이 영역에서 사태의 크기는 지수 분포를 따른다.

- **초임계 영역**: $\langle k \rangle > 1$

  평균 링크수 $\langle k \rangle > 1$일 때, 평균적으로 개별 가지는 하나 이

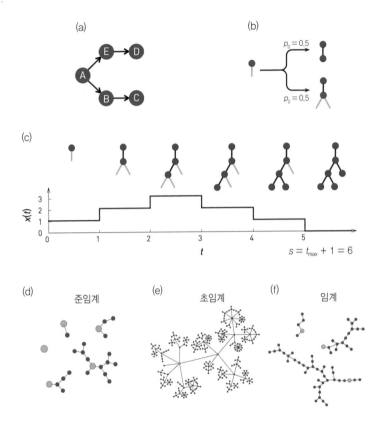

그림 8.21 가지치기 모형

(a) 가지치기 과정은 그림 8.20(a), (b)에 나타난 고장의 전파 과정을 반영한다. 작은 변화는 노드 A에서 시작하여 B와 E를 고장 상태로 바꾸었고, 이는 C와 D의 변화로 반복적으로 이어졌다.

(b) 기본적인 가지치기 과정. 각각의 활성 링크(초록색)는 확률 $p_0 = 1/2$로 비활성화되거나(위), 혹은 $p_2 = 1/2$로 2개의 새로운 활성화된 링크를 만들 수 있다(아래).

(c) 분석적으로 $p(s)$를 계산하기 위해 가지치기 과정을 확산 문제로 바꾸었다. 이를 위해, 활성화된 지역의 수 $x(t)$를 시간에 대한 함수로 확인했다. 0이 아닌 $x(t)$ 값은 사태가 지속됨을 의미한다. $x(t)$의 값이 0이 되면, 모든 활성화된 영역이 사라지고 사태가 종료된다. 그림에서 볼 수 있듯이 이 사라짐이 나타나는 지점은 $t = 5$이며, 사태의 크기는 $t_{max} + 1 = 6$이다.

가지치기 모형과 1차원 무작위 걷기를 정확하게 연결해 사태 지수를 계산하는 데 도움을 얻을 수 있다. 가지치기 과정이 하나의 활성화된 미연결 링크의 말단에서 시작한다고 생각해보자. 활성화된 영역이 비활성화되면, 활성화된 지역의 수가 줄어 $x \rightarrow x - 1$이 된다. 활성화된 지역이 가지를 늘리면, 새로운 2개의 활성화된 영역이 되어 $x \rightarrow x + 1$이 된다. 이 과정을 통해 사태의 크기 s를 $x = 1$에서 시작한 걷기가 $x = 0$에 도달할 때까지 걸린 시간 t와 연결할 수 있다. 이 과정은 무작위 걷기에서 깊게 연구된 과정으로, 돌아오는 데 걸린 시간이 지수가 3/2인 거듭제곱 법칙을 따른다는 사실이 알려져 있다[262]. 거듭제곱 분포 p_k에 해당하는 가지치기 과정에서 사태 지수는 그림 8.22와 같이 γ에 의존한다.

(d)~(f) 가지치기 모형으로 발생한 전형적인 사태의 준임계(d), 초임계(e), 임계(f) 영역. 각 연쇄반응의 초록색 노드는 트리의 뿌리로, 첫 번째로 시작한 변화를 보여준다. (d)와 (f)에서는 여러 트리를 확인할 수 있는데, (e)에서는 하나만 확인할 수 있다. 이는 개별 트리(사태[2])가 독립적으로 성장하기 때문이다.

---

2   사태는 사건이 진행되는 과정을 말한다. – 옮긴이

상의 자손을 생산한다. 결과적으로, 트리는 끝없이 성장할 수 있다(그림 8.21(e)). 따라서 이 영역에서 모든 전체 확산 현상은 전역적으로 발생한다.

- **임계 영역**: $\langle k \rangle = 1$

  평균 링크수 $\langle k \rangle = 1$일 때, 평균적으로 개별 가지는 정확히 하나의 자손을 생산한다. 결과적으로, 몇몇 트리들은 아주 크게 성장하지만 다른 트리들은 금방 성장을 멈춘다(그림 8.21(e)). 수치적인 시뮬레이션을 통해 이 영역에서 사태 크기 분포가 식 (8.14)의 거듭제곱 법칙을 따름을 알 수 있다.

가지치기 모형은 분석적으로 풀 수 있는데, 이를 통해 임의의 분포 p_k에 대한 사태 크기의 분포를 얻을 수 있다. 만약 p_k가 지수함수적으로 제한되어 있어서 지수함수적 꼬리를 갖는다면 이 계산에서 $\alpha = 3/2$를 얻을 수 있다. 하지만 p_k가 척도 없는 경우라면, 사태 지수는 아래처럼 거듭제곱 지수 γ에 의존한다(그림 8.22)[262, 263].

$$\alpha = \begin{cases} 3/2, & \gamma \geq 3 \\ \gamma/(\gamma-1), & 2 < \gamma < 3 \end{cases} \qquad (8.15)$$

이 예측은 표 8.2를 다시 살펴보게 한다. 이 표는 실증적으로 관측된 사태 지수가 모두 식 (8.15)에서 예측된 것과 같이 1.5와 2 사이에 존재함을 보여준다.

정리하면, 연쇄 고장의 동역학을 모사하는 두 가지 모형인 고장 전파 모형과 가지치기 모형을 논의했다. 다른 논문에서 **과부하 모형**overload model도 만날 수 있는데, 이 모형은 전력망에서의 고장을 설명하고자 설계됐다[248]. **모래더미 모형**sandpile model은 임계 영역에서의 연쇄 고장 기작을 설명한다[261, 262]. 다른 모형들은 노드와 링크가 각기 다른 운송 가능량을 갖는 경우를 설명하기도 한다[264]. 이 모형들은 사실에 가까운 정도, 조절 가능한 매개변수의 수와 특징에 따라 다양하다. 사태 지수 α는 사태가 전파되는 네트워크의 링크수 지수에 따라 유일하게 정

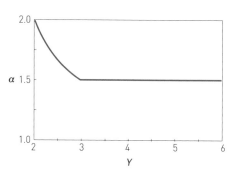

그림 8.22 사태 지수

식 (8.15)를 따르는 사태 전달에 대한 사태 지수 α의 네트워크 링크수 지수 γ에 대한 의존도. 이 그래프는 $2 < \gamma < 3$ 사이에서 사태 지수가 링크수 지수에 의존함을 보여준다. 하지만 지수 $\gamma = 3$을 넘어서면 사태가 무작위 네트워크에서 전파되어 지수 $\alpha = 3/2$를 얻었을 때와 같이 동작한다.

해진다. 전파 동역학과 고장 메커니즘이 다소 다른 모형들이 동일한 눈금잡기 법칙과 사태 지수를 갖는다는 사실을 통해 기저에 깔린 현상이 보편적이며, 모형에는 독립적이라는 사실을 알 수 있다.

8.7 견고함 만들기

네트워크의 견고함을 강화할 수 있을까? 이번 절에서는 무작위 고장이나 공격에 동시적으로 견고한 네트워크를 설계하는 데 영향을 주는 요소에 대한 지식을 이야기해보고자 한다. 먼저, 시스템의 동적 견고함을 향상하기 위해 어떻게 연쇄 고장을 멈출 수 있는지 논의하겠다. 마지막으로는 전력망에 대해 개발된 도구를 적용해 견고함과 안정성을 연결해보자.

8.7.1 견고한 네트워크 설계하기

의도적인 공격과 무작위 고장 '모두에' 강력한 네트워크를 설계하는 것은 상충되는 일처럼 보인다[266, 267, 268, 269]. 한 예로, 그림 8.23(a)에 나타난 허브-바큇살 네트워크는 무작위 고장에는 강력하지만 중심 허브의 고장으로는 독립된 부분들로 부숴질 수 있다. 따라서 무작위 고장으로 네트워크가 분해될 확률은 $1/N$이 되어 아주 큰 N일 때는 무시할 수 있다. 하지만 이 네트워크는 의도적 공격에는 취약해서, 제거된 하나의 노드가 중심 허브일 때 네트워크가 고립된 노드들로 나뉜다.

이 네트워크의 공격에 대한 내구성을 향상하기 위해 주변부 노드를 서로 연결할 수 있다(그림 8.23(b)). 이렇게 하여 중심 허브가 제거돼도 네트워크가 쪼개지지 않을 수 있다. 하지만 이를 통해 견고함을 향상하는 데는 비용이 든다. 링크의 수를 두 배로 증가시켜야 하기 때문이다. 평균 링크수 $\langle k \rangle$에 비례하여 네트워크를 만들고 유지하는 데 필요한 비용을 정의하면 그림 8.23(b)의 네트워크에 드는 비용은 24/7이고, 그림 8.23(a) 네트워크의

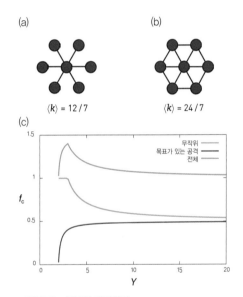

(a)

$\langle k \rangle = 12 / 7$

(b)

$\langle k \rangle = 24 / 7$

(c)

그림 8.23 견고함 강화하기

(a) 허브-바큇살 네트워크는 무작위 고장에는 강력하지만, 중심 허브를 제거하는 공격에는 내구성이 낮다.

(b) 링크수가 작은 여러 개의 노드를 연결함으로써 강화된 네트워크는 목표가 있는 공격에 대해 더 높은 내구성을 갖는다. 강화된 네트워크에서는 $\langle k \rangle$로 측정되는 비용이 증가되어 더 높은 값이 요구된다.

(c) 최소 링크수 $k_{min} = 3$인 거듭제곱 네트워크의 무작위 f_c^{rand}, 목표가 있는 공격 f_c^{targ}, 전체 f_c^{tot}에 대한 스미기 문턱값을 링크수 지수 γ에 대한 함수로 나타냄

비용은 그 두 배인 12/7이다. 증가한 비용은 다음과 같은 질문을 하게 한다. 무작위 고장과 목표를 가진 공격에 대한 견고함을 비용 증가 없이 최대화할 수 있을까?

무작위 고장에 대한 네트워크의 견고함은 스미기 문턱값 f_c로 얻을 수 있다. 스미기 문턱값은 네트워크를 분해하기 위해 반드시 제거해야 하는 노드의 비율이다. 네트워크의 견고함을 강화하기 위해서는 f_c를 증가시켜야 한다. 식 (8.7)에 따르면, f_c는 $\langle k \rangle$와 $\langle k^2 \rangle$에만 의존한다. 결과적으로, 비용 $\langle k \rangle$를 고정하려면 f_c를 최대화하는 링크수 분포는 $\langle k^2 \rangle$을 최대화해야 한다. 이는 양봉분포$^{bimodal\ distribution}$로 만족시킬 수 있는데, 이때의 네트워크는 링크수가 k_{min}이거나 k_{max}인 두 종류의 노드로만 이뤄진다(그림 8.23(a), (b)).

무작위 고장과 공격 두 가지 모두에 대해 최적화된 네트워크를 만들고자 할 때, 해당 구조는 다음의 총합(그림 8.24(c))을 최대화해야 한다.

$$f_c^{tot} = f_c^{rand} + f_c^{targ} \tag{8.16}$$

분석적인 결론과 수치적인 시뮬레이션의 결합을 통해 위의 식을 최적으로 만족시키는 분포는 양봉 링크수 분포임을 알 수 있다[266, 267, 268, 269].

$$p_k = (1-r)\delta(k-k_{min}) + r\delta(k-k_{max}) \tag{8.17}$$

위 식은 r만큼의 노드는 링크수 k_{max}를 갖고 나머지 $1-r$ 노드는 k_{min}을 갖는 네트워크를 의미한다.

[심화 주제 8.G]에 나타나 있듯이 f_c^{tot}의 최댓값은 $r = 1/N$일 때 얻어지며, 이 경우에 네트워크는 링크수가 k_{min}인 노드 하나와 링크수가 k_{max}인 나머지 노드로 이뤄진다. 이 경우 k_{max}의 비율은 시스템의 크기에 의존하며 다음과 같이 표현된다.

$$k_{max} = AN^{2/3} \tag{8.18}$$

다시 말해, 무작위 고장과 공격에 모두 강력한 네트워크는 링크

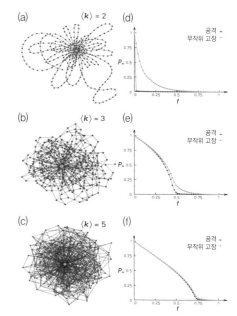

그림 8.24 공격과 고장 내구성의 최적화

식 (8.16)과 식 (8.17)을 통해 최적화된 네트워크 구조를 묘사한 그림. 이때 네트워크는 크기가 식 (8.18)을 따르는 하나의 허브를 가지며, 나머지 노드들은 $\langle k \rangle$로 결정되는 동일한 링크수 k_{min}을 갖는다. 왼쪽 그림들은 $N = 300$인 네트워크의 구조를 보여주며, 오른쪽 그림들은 $N = 10,000$인 네트워크의 고장/공격 곡선이다.

(a) 작은 $\langle k \rangle$일 때 허브가 네트워크를 하나로 붙들고 있다. 이 중심 허브를 제거하는 순간, 네트워크는 조각난다. 따라서 공격과 고장 곡선이 뚜렷하게 구분되며, 이를 통해 네트워크가 무작위 고장에는 강력하지만 공격에는 취약함을 알 수 있다.

(b) 큰 $\langle k \rangle$인 때 중심 허브가 없는 경우에도 거대 덩어리가 발현한다. 따라서 허브가 무작위 고장에 대한 네트워크의 견고함을 증가시키지만, 이것이 네트워크에 더 이상 핵심적이지 않다. 이 경우 공격 f_c^{targ}와 고장 f_c^{rand}가 모두 크다.

(c) 더 큰 $\langle k \rangle$에 대해서는 에러와 공격 곡선을 구분할 수 없다. 즉, 공격과 무작위 고장에 대한 네트워크의 반응이 동일하다. 이 경우 네트워크는 중심적인 허브 없이도 잘 연결되어 있다(글상자 8.4).

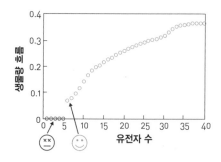

그림 8.25 나사로 효과

박테리아의 성장률은 박테리아가 세포벽과 DNA, 다른 세포적 산물을 생산하는 데 필요한 생물량을 생산하는 능력에 달려 있다. 몇 가지 핵심적 유전자가 사라지면 박테리아는 필수적인 생물량을 생산하지 못한다. 증식하지 못하면서 결국 박테리아는 죽게 된다. 부재하면 **생물량 흐름**(biomass flux)을 만들지 못하게 되는 유전자를 **필수적**(essential)이라고 한다.

그래프는 대장균의 생물량 흐름을 보여준다. 대장균은 생물학자들이 연구에 자주 사용하는 박테리아다. 원래의 돌연변이는 필수적인 유전자가 억제되어 수직축에서 살펴볼 수 있듯이 생물량 흐름이 0이다. 결과적으로 이 박테리아는 증식하지 못한다. 하지만 그림에서 볼 수 있듯이 5개의 추가적인 유전자를 제거함으로써 생물량 흐름을 다시 만들 수 있다. 따라서 반직관적으로 죽은 기관을 추가적인 유전자의 제거를 통해 다시 살릴 수 있으며, 이러한 현상을 **나사로 효과**라고 한다[271].

글상자 8.4 연쇄 고장 멈추기

연쇄 고장을 피할 수 있을까? 바로 떠오르는 첫 번째 방법은 네트워크에 새로운 링크를 추가해 강화하는 것이다. 대부분의 실제 네트워크에서 이 강화법의 문제는 바로 새로운 링크를 만드는 데 드는 시간이 연쇄 고장에 걸리는 시간보다 훨씬 오래 걸린다는 점이다. 예를 들어 여러 제재와 금전적, 법적 장벽 덕분에 전력망에서 새로운 전선을 건설하는 데 20년이 걸릴 수도 있다. 반면에, 연쇄 고장은 단 몇 초 만에 전력망을 무력화할 수 있다.

반직관적인 방식으로, 연쇄 고장의 영향을 선택적인 노드와 링크의 제거를 통해 줄일 수 있다[270]. 그렇게 하려면, 개별 연쇄 고장이 두 부분으로 이뤄져 있음을 기억할 필요가 있다.

(i) **초기 고장**^initial failure^은 첫 노드 혹은 링크의 고장으로, 이어지는 연쇄반응의 시발점이 된다.

(ii) **전파**^propagation^는 첫 고장이 추가적인 노드의 고장으로 이어지면서, 네트워크에 연쇄반응을 시작하는 것이다.

일반적으로, (i)과 (ii) 사이의 시간 간격은 네트워크가 강화되는 데 걸리는 시간 단위보다 훨씬 짧다. 하지만 시뮬레이션을 통해 첫 고장 (i)이 발생한 바로 다음, 연쇄반응이 시작되기 전에 적절한 노드나 링크를 의도적으로 제거하면 연쇄반응의 크기가 줄어들 수 있음을 확인 가능하다. 의도적인 노드나 링크의 제거가 네트워크에 추가적인 손상을 줄 수 있지만, 덩어리를 적절하게 선택해 제거하면 연쇄반응의 전파를 진압할 수 있다[270]. 연쇄반응의 크기를 제한하기 위해서는 초기 고장이 발생한 노드에서 가까운 작은 적재량을 갖는 노드나 큰 초과 적재량을 갖는 링크를 제거해야 함을 보여준다. 이 방식은 들불이 퍼지는 길에 의도적으로 통제 가능한 화재를 만들어 연료를 소진시키는 소방관의 방식과 유사하다.

이 접근의 극적인 효과는 **나사로 효과**^Lazarus effect^에서 볼 수 있다. 나사로 효과는 이전에 '죽은' 박테리아(즉, 성장하거나 증식하지 못하는 박테리아)를 다시 살리는 능력을 말한다. 이는 아주 적절히 선택된 유전자들을 쓰러뜨려서 얻어지는 효과다(그림 8.25)[271]. 따라서 연속적인 방식으로 통제되는 손상은 네트워크에 유익할 수 있다.

수가 식 (8.18)인 하나의 허브를 가지며, 나머지 노드들은 모두 k_{min}을 갖는다. 이 허브-바큇살 구조는 중심 허브가 제거될 수 있는 확률이 $1/N$인 무작위 고장에 대해 확실히 강력하다. 크기 N이 크면 이 확률은 아주 작아진다.

얻은 네트워크는 그 네트워크의 허브를 제거하는 공격에는 취약할 수 있지만, 반드시 그렇지는 않다. 실제로, 그 네트워크의 거대 덩어리는 중심 허브뿐만 아니라 $k_{min} > 1$인 k_{min}의 링크수를 갖는 다른 많은 노드에 의해서도 유지된다. 따라서 k_{max}인 허브가 제거되어 주요한 단 한 번의 손실을 만들지만, 남아 있는 다수의 낮은 링크수를 갖는 노드들이 연속적으로 이뤄지는 의도적 제거에 대한 내구성을 유지시켜준다(그림 8.24(c)).

8.7.2 사례 연구: 견고함 측정하기

유럽의 전력망은 34개 이상의 국가 단위 전력망의 조합이며, 3000개 이상의 발전소와 변전소(노드), 200,000km에 달하는 송전선으로 이뤄져 있다(그림 8.26(a)~(d)). 네트워크의 링크수 분포는 다음 수식으로 근사할 수 있다(그림 8.26(e))[272, 273].

$$p_k = \frac{e^{-k/\langle k \rangle}}{\langle k \rangle} \qquad (8.19)$$

위 식은 전력망 구조가 하나의 매개변수 $\langle k \rangle$로 특징지어질 수 있음을 보여준다. 이러한 지수함수적 p_k는 선호적 연결이 없는 성장하는 네트워크에서 나타난다(5.5절).

각 국가별 전력망의 $\langle k \rangle$를 알면, 공격에 대한 개별 네트워크의 임계 문턱값 f_c^{targ}를 예측할 수 있다. 그림 8.26(f)에서 확인할 수 있듯이 $\langle k \rangle > 1.5$인 국가 전력망에서는 관측한 f_c^{targ}와 예측한 f_c^{targ}가 꽤 잘 맞는다(그룹 1). 하지만 $\langle k \rangle < 1.5$(그룹 2)인 전력망에서는 예측된 f_c^{targ}가 실제 f_c^{targ}보다 낮은 값을 보인다. 이를 통해, 그룹 2에 속하는 네트워크들이 링크수 분포로 기대되는 것보다 실제 공격에 더 강력함을 알 수 있다. 다음에 보이겠지만, 이 강화된 견고함은 개별 국가 네트워크의 신뢰성과 연관되어 있다.

그림 8.26 전력망

(a) 전력망은 (1) 발전소, (2) 절환장치, (3) 고압 송전망, (4) 변압기, (5) 저전압 송전선, (6) 가정과 회사로 구성된 소비자로 구성된 복잡한 기반시설이다. 전력망의 배경이 되는 네트워크를 공부할 때는 이러한 많은 세부 요인이 생략된다.

(b)~(d) 생산과 소비의 세부사항이 표시된 이탈리아 전력망. 네트워크에서 이 세부 사항들을 떼어내면, (c)에 나타난 것과 같은 공간적 네트워크를 얻게 된다. 공간적인 정보마저 사라지면, (d)와 같은 네트워크를 얻게 된다. 이것이 네트워크 수준에서 연구되는 전형적인 형태다.

(e) 유럽 전력망의 상보적 누적 링크수 분포 (complementary cumulative degree distribution) P_k. 전체 네트워크(전력 전송 조직 연합(UCTE, Union for the Coordination of Transmission of Electricity))의 데이터와 이탈리아, 영국과 아일랜드의 연결된 네트워크를 따로 보여주고 있다. 국가 전력망의 P_k도 식 (8.19)를 따름을 보여준다.

(f) 공격이 있을 때 상관성이 없는 지수함수 네트워크의 상태 공간(phase space) (f_c^{targ}, $\langle k \rangle$). 여기서 f_c^{targ}는 네트워크를 조각내려 할 때 반드시 제거해야 하는 허브의 비율이다. 연속적인 곡선은 공격에 대한 임계 경계에 해당하며, 이 임계 경계 아래에서는 네트워크가 거대 덩어리를 유지한다. 유럽에 속한 총 34개의 국가 전력망 중 33개의 공격에 대해 추정된 $f_c^{targ}(\langle k \rangle)$가 원으로 표시됐다. 그래프를 통해 두 종류의 전력망이 있음을 확인할 수 있다. 평균 링크수 $\langle k \rangle > 1.5$(그룹 1)인 국가들의 경우, 분석적으로 예측된 f_c^{targ}가 수치적으로 관측된 값과 일치한다. 평균 링크수 $\langle k \rangle < 1.5$(그룹 2)인 국가들의 경우, 분석적으로 추정된 값이 수치적으로 관측된 값보다 작다. 따라서 그룹 2의 국가 전력망이 공격이 있을 때 강화된 견고함을 보이며, 이 네트워크들이 동일한 링크수 배열을 갖는 무작위 네트워크에서 기대되는 정도보다 강한 견고함을 갖는다는 사실을 알 수 있다.

출처: [272]

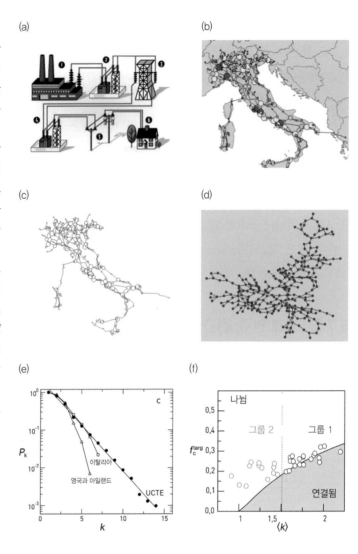

견고함과 신뢰성 사이의 관계를 시험해보기 위해 개별 전력 고장에 대해 수집 및 보고된 몇 가지 측정량을 사용한다. (1) 공급되지 못한 에너지, (2) 총 전력 손실, (3) 분 단위로 측정한 연간 발생한 평균 중단 시간이다. 이 측정값들을 통해 이론적인 f_c^{targ}와 실젯값이 일치하는 그룹 1에 속한 네트워크들이 전체 네트워크 크기의 2/3를 대표하며, 그룹 2 네트워크만큼의 전력과 에너지를 전송함을 알 수 있다. 하지만 그룹 1은 그룹 2 대비 5배 이상의 평균 중단 시간이 소요되며, 2배 이상의 전력 손실과

4배에 달하는 공급되지 못한 에너지를 발생시킨다[272]. 따라서 그룹 1에 속한 국가 전력망은 그룹 2에 속한 전력망보다 훨씬 더 취약하다. 이 결과는 구조적으로 더 견고한 네트워크가 더 안정적이라는 것에 대한 직접적인 증거다. 동시에, 이 발견은 다소 반직관적이다. 좀 더 밀도가 높은 네트워크가 더 견고하리라 생각했겠지만, 실제로는 더 듬성듬성한 전력망이 강화된 견고함을 보인다는 것을 확인했다.

요약하자면, 네트워크 구조에 대한 더 깊은 이해가 복잡계의 견고함을 강화하는 데 필수적이다. 무작위 고장과 공격 모두에 강력한 네트워크 구조를 설계하거나, 연쇄 고장의 전파를 제한하는 개입을 통해 견고함을 향상할 수 있다.

이 결과들은 인터넷 구조와 전력망의 견고함을 향상하기 위해 재설계를 제안하는 것일지도 모른다[274]. 그렇게 할 수 있는 기회가 주어지면 강화된 견고함을 얻을 수 있을 것이다. 하지만 이러한 기반 네트워크들은 수십 년에 걸쳐 점진적으로 지어졌고, 이전 장에서 살펴본 자기조직화를 따른 것이다. 개별 노드와 링크의 엄청난 비용을 생각할 때, 이 네트워크들을 다시 건설할 기회가 주어지지는 않을 것이다.

8.8 정리: 아킬레스건

2001년 9월 11일의 공격을 주도한 사람들은 목표물을 무작위로 선정하지 않았다. 뉴욕의 세계무역센터, 워싱턴의 미국방부와 백악관(의도적으로 설정된 목표)은 미국의 경제, 군사, 정치적 힘의 허브다[50]. 이 사건은 베트남전 이래로 미국이 경험했던 다른 어떤 사건보다 훨씬 큰 비극을 초래했지만, 네트워크를 무너뜨리는 데는 실패했다. 이 공격은 이라크전과 아프간 전쟁 같은 새로운 전쟁을 시작할 구실을 제공했고, 9/11 테러리스트들이 스스로에게 행한 것보다 훨씬 더 절망적인 결과를 초래한 연쇄적인 사건들을 야기했다. 하지만 경제부터 군사, 정치 네트워크에

글상자 8.5 견고함, 회복력, 잉여성

잉여성과 회복력은 견고함과 밀접하게 연관된 개념이다. 개념들의 차이를 명확히 하는 것이 유용할 것이다.

견고함 robustness

내부적, 외부적 에러에도 불구하고 어떤 시스템이 기본적인 기능을 유지할 수 있다면 그 시스템은 견고하다. 네트워크적 관점에서, 견고함은 시스템이 노드와 링크 중 얼마를 상실했을 경우에도 기본적인 기능을 수행할 수 있는 능력을 말한다.

회복력 resilience

시스템이 내부적, 외부적 에러에 적응해 기능할 수 있는 능력을 잃지 않으면서, 운영의 형태를 변형해 적응할 수 있다면 회복력이 있다고 할 수 있다. 따라서 회복력은 동적인 특성으로, 시스템의 핵심적인 활동에 변화를 요구한다.

잉여성 redundancy

잉여성은 필요하다면 사라진 부품이나 기능을 대체할 수 있는 평행적인 부품과 기능의 존재를 말한다. 네트워크에서는 두 노드 간의 정보 전달을 다룰 때 대부분의 노드 사이에 있는 다수의 독립적인 경로의 존재 덕분에 높은 수준의 잉여도를 갖는다.

이르는 모든 네트워크는 살아남았다. 따라서 9/11을 네트워크의 견고함과 안정성에 대한 이야기로 바라볼 수도 있을 것이다(글상자 8.5). 이 견고함의 근원은 이 장에서 밝혀졌다. 실제 네트워크는 계층적 허브를 갖는다는 점이다. 허브 중 하나를 제거하는 것으로는 바탕이 되는 네트워크를 무너뜨릴 수 없다.

실제 네트워크의 놀라운 견고함은 대부분의 복잡계에는 좋은 소식이다. 실제로, 인간 세포 안에는 단백질이 잘못 접히는 경우부터 전사인자가 늦게 도착하는 것 등의 셀 수 없는 에러가 존재한다. 그럼에도, 기반하는 세포 네트워크의 견고함을 통해 세포들은 정상적인 기능을 계속 수행한다. 네트워크의 견고함은 인터넷에서 라우터 에러의 영향을 거의 느끼지 못하는 이유와 어떤 종의 사라짐이 즉각적인 환경적 재앙으로 이어지지 않는 이유를 설명해준다.

하지만 이러한 견고함에는 비용이 따른다. 바로 공격에 대한 취약성이다. 이 장에서 살펴봤듯이, 여러 허브를 동시에 제거하면 어떤 네트워크라도 무너뜨릴 수 있다. 침입자들이 핵심적인 의사소통 시스템인 인터넷을 공격할 전략을 설계할 수 있도록 한다는 점에서 이는 나쁜 소식이다. 이는 경제 시스템에도 나쁜 소식인데, 2009년 금융 위기와 같은 생생한 예처럼 허브의 제거가 전체 경제 시스템을 무력화할 수 있기 때문이다. 하지만 약물 설계에 있어서는 좋은 소식이 될 수 있다. 세포 네트워크에 대한 정확한 지도가 원치 않은 박테리아나 암세포를 죽일 수 있는 약물 설계에 도움이 될 수 있기 때문이다.

이 장의 핵심 내용은 간단하다. 네트워크 구조, 견고함과 취약성은 서로 분리될 수 없다는 것이다. 오히려, 각 복잡계는 자신만의 아킬레스건을 갖고 있다. 이들의 밑바탕이 되는 네트워크는 무작위적 고장에는 강하지만 공격에는 취약하다(그림 8.27).

견고함을 생각할 때 대부분의 시스템은 고장과 실패에 대응하여 유지될 수 있도록 돕는 수많은 제어와 피드백 고리를 갖는다는 사실을 무시해서는 안 된다. 인터넷의 프로토콜은 '문제를 피해서 길을 찾도록' 설계되어, 문제가 생긴 라우터에서 통신량이 없도록 한다. 세포에는 문제가 있는 단백질을 분해하고, 잘못된 유전자를 억제하는 메커니즘이 있다. 이 장에서는 견고함에 기여하는 새로운 내용을 정리했다. 바로 밑바탕이 되는 네트워크의 구조가 다양한 실패에 대한 강화된 내구성을 제공한다는 것이다.

척도 없는 네트워크의 견고함을 통해 다음과 같은 질문을 할 수 있다. 이 강화된 견고함이 다수의 실제 네트워크가 척도 없는 형태를 띠는 원인일까? 아마 실제 시스템들은 척도 없는 구조를 발전시켜 견고함의 필요를 채워왔는지도 모른다. 이 가정이 옳다면, 견고함을 최적화 기준으로 정했을 때 척도 없는 네트워크를 얻어야 한다. 하지만 8.7절에서 살펴봤듯이, 최대 견고함을 갖는 임의의 네트워크는 허브-바퀴살 구조를 갖는다. 이 링크수

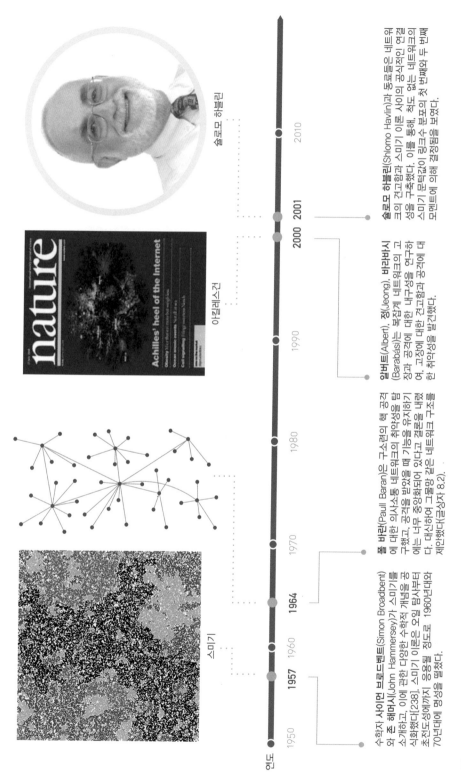

솔로모 하블린

Achilles' heel of the Internet

아렐레스건

스미기

1950 1957 1960 1964 1970 1980 1990 2000 2001 2010

연도

수학자 **사이먼 브로드벤트**(Simon Broadbent)와 **존 해머시**(John Hammersey)가 스미기를 소개하고, 이에 관한 다양한 수학적 개념을 공식화했다[238]. 스미기 이론은 오일 탐사부터 초전도 설비에까지 응용될 정도로 1960년대와 70년대에 명성을 얻었다.

폴 바란(Paull Baran)은 구소련의 핵 공격에 대한 미사소통 네트워크의 취약성을 탐구했고, 공격을 받았을 때 기능을 유지하기에는 나무 중앙화되어 있다고 결론을 내렸다. 대신하여 그물망 같은 네트워크 구조를 제안했다[글상자 8.2).

알버트(Albert), **정**(Jeong), **바라바시**(Barabasi)는 복잡계 네트워크의 고장과 공격에 대한 내구성을 연구하여, 고장에 대한 견고함과 공격에 대한 취약성을 발견했다.

솔로모 하블린(Shlomo Havlin)과 동료들은 네트워크의 견고함과 스미기 이론 사이의 연결성을 구축했다. 이를 통해, 척도 없는 네트워크의 스미기 문턱값이 링크수 분포의 첫 번째와 두 번째 모멘트에 의해 결정됨을 보였다.

그림 8.27 스미기부터 견고함까지: 간략한 역사

네트워크의 견고함에 대한 체계적인 연구는 「네이처」에 출판된 레카 알버트, 정하웅과 알버트 라슬로 바라바시의 논문에서부터 시작됐다[234]. 이 논문은 무작위 고장에 대해서는 척도 없는 네트워크의 견고함과 공격에 대한 취약성을 다뤘다. 하지만 네트워크의 견고함에 대한 분석적 이해는 스미기 이론에 기반한다. 이 맥락에서 솔로모 하블린과 동료들의 공로가 특별히 중요한 역할을 했다. 이들은 스미기 이론과 견고함 사이의 연결에 대한 공식적인 관계를 밝혔고, 척도 없는 네트워크의 스미기 문턱값이 링크수 분포의 모멘트에 의해 결정됨을 보였다. 이스라엘에의 통계물리학자인 하블린은 실제 네트워크의 자기 유사성 발견에서부터 다층 네트워크의 견고함 탐구[276]에 이르기까지 네트워크 과학에 많은 기여를 했다.

분포는 거듭제곱 형태가 아닌 쌍봉 형태다. 이를 통해 견고함이 실제 네트워크의 발전을 이끄는 원리가 아님을 알 수 있다. 네트워크가 척도 없는 형태를 띠는 것은 성장과 선호적 연결 덕분이다. 하지만 이 네트워크들이 설계할 수 있는 가장 튼튼한 네트워크는 아니다.

8.9 과제

8.9.1 무작위 고장: 척도 없는 네트워크를 넘어서

다음의 링크수 분포를 갖는 네트워크의 임계 문턱값 f_c를 계산하라.

(a) 지수함수 절단을 갖는 거듭제곱 법칙
(b) 로그 정규 분포
(c) 델타(모든 노드가 동일한 링크수를 가짐)

네트워크는 상관성이 없고 무한하다고 가정하라. 표 4.2에서 각 분포의 함수 꼴과 그에 해당하는 첫 번째, 두 번째 모멘트를 참고하라. 얻은 결과로 인한 네트워크의 견고함에 대해 논의하라.

8.9.2 상관관계가 있는 네트워크의 임계 문턱값

노드가 10^4인 세 네트워크를 만들어라. 하나는 끼리끼리, 다른 하나는 반대끼리, 나머지 하나는 중립적이고, 이 세 네트워크 모두 링크수 지수 $\gamma = 2.2$인 거듭제곱 링크수 분포를 따른다. 7.6.3절에서 설명한 줄비-브루넷과 소콜로프의 알고리듬을 사용해 네트워크를 만들어라. 컴퓨터의 도움을 받아서 무작위 고장에 대한 세 네트워크의 견고함에 대해 알아보고, 이 네트워크들의 $P_\infty(f)/P_\infty(0)$ 비율을 비교해보라. 어떤 네트워크가 가장 견고한가? 왜 그런지 설명할 수 있겠는가?

글상자 8.6 한눈에 보는 네트워크의 견고함

몰로이-리드 기준

거대 덩어리는 다음의 조건일 때 존재한다.

$$\frac{\langle k^2 \rangle}{\langle k \rangle} > 2$$

무작위 고장

$$f_c = 1 - \frac{1}{\dfrac{\langle k^2 \rangle}{\langle k \rangle} - 1}$$

무작위 네트워크

$$f_c^{ER} = 1 - \frac{1}{\langle k \rangle}$$

강화된 견고함: 공격

$$f_c > f_c^{ER}$$

공격

$$f_c^{\frac{2-\gamma}{1-\gamma}} = 2 + \frac{2-\gamma}{3-\gamma} k_{\min} \left(f_c^{\frac{3-\gamma}{1-\gamma}} - 1 \right)$$

연쇄 고장

$$p(s) \sim s^{-\alpha}$$

$$\alpha = \begin{cases} 3/2 & \gamma > 3 \\ \dfrac{\gamma}{\gamma - 1} & 2 < \gamma < 3 \end{cases}$$

8.9.3 실제 네트워크의 고장

표 4.1에 정리된 네트워크들을 못 무너뜨리는 데 필요한 노드의 수를 결정하라. 개별 네트워크는 상관성이 없다고 가정한다.

8.9.4 사회연결망에서의 음모

빅브라더[Big Brother]의 사회에서 경찰은 '나누고 정복하는[divide-and-conquer]' 전략을 따라 사회연결망을 독립적인 부분들로 조각내길 원할 것이다. 당신은 저항 세력에 속하여 그들의 계획을 좌절시키려고 한다. 루머에 의하면, 경찰은 친구가 많고 그 친구들끼리 서로 잘 아는 사람들을 잡아 구금하려고 한다. 저항 세력은 당신에게 어떤 사람을 보호할지 결정하라고 한다. 친구관계망[friendship circle]이 아주 촘촘히 서로 연결되어 있거나 친구가 많은 사람들을 보호해야 할 것이다. 결정하기 위해서 갖고 있는 네트워크에 대해 두 가지 서로 다른 공격인 (i) 가장 뭉침 계수가 높은 노드를 지운 경우와 (ii) 가장 링크수가 큰 노드를 지운 경우를 시뮬레이션해봤다. 다음의 네트워크에서 이 두 공격에서 제거된 노드의 비율에 대한 함수로 거대 덩어리의 크기를 살펴봤다.

(a) 구조 모형(4.8절)으로 만들어진 노드 개수 $N = 10^4$이고, 링크수는 링크수 지수 $\gamma = 2.5$인 거듭제곱 분포를 따르는 네트워크

(b) 노드 개수가 $N = 10^4$이고 그림 9.16과 [심화 주제 9.B]에 묘사된 계층 모형으로 만들어진 네트워크

어떤 네트워크가 가장 예민한 구조적 정보인가? 뭉침 계수인가, 링크수인가? 보호받는다면 무엇이 손상을 가장 제한할 수 있는가? 모든 사람의 정보(뭉침 계수, 링크수 등)가 비밀로 유지되면 더 나을까? 왜 그렇게 생각하는가?

8.9.5 네트워크에서의 사태

에르되시-레니의 $G(N, p)$ 모형을 따라 무작위 네트워크를 만들고, 구조 모형으로 $N = 10^3$의 노드로 이뤄지고 평균 링크수 $\langle k \rangle = 2$인 척도 없는 네트워크를 만들어보라. 개별 노드에는 해당 노드의 링크수만큼 모래알을 담을 수 있는 양동이가 있다고 가정한다. 다음의 과정을 시뮬레이션해보자.

(a) 각 단계마다 무작위로 선정된 노드 i에 모래알을 추가한다.

(b) 노드 i의 모래알 수가 양동이 크기에 도달하거나 넘어서면 그 노드는 불안정해져서 노드에 있는 모든 모래알이 이웃한 노드의 양동이로 넘어간다.

(c) 이러한 넘어감으로 인해 이웃한 노드의 양동이가 불안정해지면, 연속적인 넘어짐이 해당 노드들에서 발생하여 불안정한 양동이가 남지 않을 때까지 계속된다. 이러한 넘어짐의 과정을 사태avalanche라고 부르며, 이 크기 s는 초기의 작은 변화(하나의 모래알을 추가하는 것)로 인해 불안정해진 노드의 개수가 된다.

위의 (a)~(c) 과정을 10^4번 반복하라. 각 단계마다 10^{-4}개의 모래알이 전달 과정에서 손실된다고 가정하자. 따라서 이 네트워크는 모래알로 가득 차지 않는다. 사태 분포 $p(s)$를 탐구해보라.

8.10 [심화 주제 8.A]
척도 없는 네트워크에서의 스미기

척도 없는 네트워크가 식 (8.7)의 문턱값에 다가가면서 어떻게 무너지는지 이해하기 위해서는 이와 관련된 임계 지수 γ_p, β_p, ν를 결정해야 한다. 이 계산은 척도 없는 특성이 이 지수들의 값을 변화시키면서, 무작위 네트워크를 특징짓는 지수들과의 체계적인 차이를 만든다(8.2절).

무작위로 선택된 노드가 거대 덩어리에 속할 확률 P_∞에서 시작해보자. 식 (8.2)에 따르면, 이 값은 p_c 근방의 거듭제곱 법칙을 따른다(혹은 노드 제거의 경우 f_c). 이 계산은 척도 없는 네트워크의 경우 지수 β_p[16, 277-280]가 링크수 지수 γ에 의존함을 알려준다.

$$\beta_p = \begin{cases} \dfrac{1}{3-\gamma} & 2 < \gamma < 3 \\[2mm] \dfrac{1}{\gamma-3} & 3 < \gamma < 4 \\[2mm] 1 & \gamma > 4 \end{cases} \qquad (8.20)$$

따라서 무작위 네트워크($\gamma > 4$에 해당)의 경우 $\beta_p = 1$이었던 데 반해, 실제 관심이 있는 대부분의 척도 없는 네트워크에서 $\beta_p > 1$이다. 이 때문에 척도 없는 네트워크일 때 거대 덩어리는 임계점 근방에서 무작위 네트워크에서보다 더 빠르게 무너진다.

임계점 p_c 근방에서 평균 덩어리 크기를 결정하는 지수는 다음과 같다[277].

$$\gamma_p = \begin{cases} 1 & \gamma > 3 \\ -1 & 2 < \gamma < 3 \end{cases} \qquad (8.21)$$

지수 $\gamma < 3$인 경우 음의 γ_p를 갖는다는 것이 놀라울 수 있다. 하지만 $\gamma < 3$일 때는 항상 거대 덩어리가 존재함을 기억하자. 따라서 식 (8.1)의 발산divergence은 이 영역에서 관측할 수 없다.

임의의 링크수 분포를 가지면서, 무작위로 연결된 네트워크에서 유한한 덩어리의 크기 분포는 다음을 따른다[277, 279, 280].

$$n_s \sim s^{-\tau} e^{-s/s^*} \qquad (8.22)$$

여기서 n_s는 크기가 s인 덩어리의 개수이고 s^*는 교차하는 덩어리의 크기다. 임계점에서 s^*는 다음을 따른다.

$$s^* \sim |p - p_c|^{-\sigma} \qquad (8.23)$$

임계 지수는 다음과 같다.

$$\tau = \begin{cases} \dfrac{5}{2} & \gamma > 4 \\[2ex] \dfrac{2\gamma - 3}{\gamma - 2} & 2 < \gamma < 4 \end{cases} \qquad (8.24)$$

$$\sigma = \begin{cases} \dfrac{3 - \gamma}{\gamma - 2} & 2 < \gamma < 3 \\[2ex] \dfrac{\gamma - 3}{\gamma - 2} & 3 < \gamma < 4 \\[2ex] \dfrac{1}{2} & \gamma > 4 \end{cases} \qquad (8.25)$$

다시 한번 말하지만, 무작위 네트워크에서의 값 $\tau = 5/2$, $\sigma = 1/2$가 $\gamma > 4$에 대해 다시 얻어진다.

정리해보자. 척도 없는 네트워크의 무너짐을 설명할 수 있는 지수들은 링크수 지수 γ에 의존한다. 이 사실은 유한한 문턱값 f_c일 때 스미기 상전이가 일어나는 $3 < \gamma < 4$인 영역에서도 성립한다. 무한한 차원에서의 스미기에 대해 예측된 평균장$^{\text{mean-field}}$ 행동은 무작위 네트워크에서의 무작위 고장에 대한 반응을 보여주며, 이는 $\gamma > 4$일 때만 복구된다.

8.11 [심화 주제 8.B]
몰로이-리드 기준

이 절의 목적은 몰로이-리드 기준을 유도하는 것이다. 몰로이-리드 기준을 통해 임의 네트워크의 스미기 문턱값을 계산할 수 있다. 거대 덩어리가 존재하면, 이에 속한 개별 노드들은 평균적으로 최소 2개의 노드와 연결돼야 한다(그림 8.8). 따라서 임의로 선택된 거대 덩어리에 속한 노드 i의 평균 링크수 k_i는 최소 2가 돼야 한다. 네트워크의 노드 중 링크수가 k_i인 노드가 거대 덩어리에 속한 노드 j와 연결될 조건부 확률을 $P(k_i|i \leftrightarrow j)$로 표기하

자. 이 조건부 확률을 통해 노드 i의 기대 링크수를 결정할 수 있다[280].

$$\langle k_i \mid i \leftrightarrow j \rangle = \sum_{k_i} k_i P(k_i \mid i \leftrightarrow j) = 2 \qquad (8.26)$$

다시 말해, $\langle k_i \mid i \leftrightarrow j \rangle$는 2와 같거나, 2보다 커야 노드 i가 거대 덩어리에 속하는 조건이 만족된다. 식 (8.26)의 합에 나타난 확률 부분을 다음과 같이 기술할 수 있다.

$$P(k_i \mid i \leftrightarrow j) = \frac{P(k_i, i \leftrightarrow j)}{P(i \leftrightarrow j)} = \frac{P(i \leftrightarrow j \mid k_i) p(k_i)}{P(i \leftrightarrow j)} \qquad (8.27)$$

위 수식의 마지막 부분에서 베이즈 이론^{Bayes' theorem}을 사용했다. 링크수 분포가 p_k인 네트워크에 링크수 상관관계^{degree correlation}가 없을 때 다음과 같이 정리할 수 있다.

$$P(i \leftrightarrow j) = \frac{2L}{N(N-1)} = \frac{\langle k \rangle}{N-1}, \; P(i \leftrightarrow j \mid k_i) = \frac{k_i}{N-1} \qquad (8.28)$$

이 식은 $N-1$개의 노드 중 연결할 노드를 $1/(N-1)$의 개별적인 확률로 선택할 수 있고 이를 k_i번 수행할 수 있음을 알려준다. 다시 식 (8.26)으로 돌아가면 다음을 얻는다.

$$\sum_{k_i} k_i P(k_i \mid i \leftrightarrow j) = \sum_{k_i} k_i \frac{P(i \leftrightarrow j \mid k_i) p(k_i)}{P(i \leftrightarrow j)}$$

$$= \sum_{k_i} k_i \frac{k_i p(k_i)}{\langle k \rangle} = \frac{\sum_{k_i} k_i^2 p(k_i)}{\langle k \rangle} \qquad (8.29)$$

위 식을 통해 식 (8.4)의 몰로이-리드 기준을 얻을 수 있다. 이 기준은 거대 덩어리가 존재할 조건을 보여준다.

$$\kappa = \frac{\langle k^2 \rangle}{\langle k \rangle} > 2 \qquad (8.30)$$

8.12 [심화 주제 8.C]
무작위 고장이 있을 때의 임계 문턱값

이번 절에서는 무작위 노드 제거가 있을 때의 임계 문턱값에 대한 식 (8.7)을 유도해보자[16, 280]. 전체 노드 중 f 비율의 노드를 임의로 제거하면 두 가지 결과를 얻는다.

- 제거된 노드와 이미 연결되어 있던 노드들이 링크를 얼마쯤 잃기 때문에, 몇몇 노드의 링크수가 바뀐다$[k \rightarrow k' \leq k]$.
- 결과적으로, 사라진 노드의 이웃들의 링크수가 변경되면서 링크수 분포가 달라지게 된다$[p_k \rightarrow p'_k]$.

더 구체적으로 말하자면, 노드 중 f 비율을 무작위로 제거하면 링크수가 k인 노드가 다음의 확률로 k' 링크수를 갖는다.

$$\begin{pmatrix} k \\ k' \end{pmatrix} f^{k-k'}(1-f)^{k'} \quad k' \leq k \qquad (8.31)$$

식 (8.31)에서 첫 번째 f에 의존하는 항은 선택된 노드가 $(k - k')$ 링크를 각각 f의 확률로 잃게 됨을 설명한다. 그다음 항은 노드의 제거가 k' 링크를 $(1 - f)$의 확률로 남겨두는 것을 의미한다.

원본 네트워크에서 링크수가 k인 노드가 존재할 확률은 p_k다. 새로운 네트워크에서 링크수가 k'인 새로운 노드를 가질 확률은 다음과 같다.

$$p'_{k'} = \sum_{k=k'}^{\infty} p_k \begin{pmatrix} k \\ k' \end{pmatrix} f^{k-k'}(1-f)^{k'} \qquad (8.32)$$

원본 네트워크의 링크수 분포 p_k에 대한 $\langle k \rangle$와 $\langle k^2 \rangle$을 알고 있다고 가정하자. 총 노드 중 f 비율의 노드를 제거한 후에 얻은 새로운 링크수 분포 $p'_{k'}$의 $\langle k' \rangle$과 $\langle k'^2 \rangle$을 구해보자. 이를 구하기 위해 다음과 같이 쓸 수 있다.

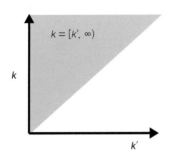

그림 8.28 적분 영역

식 (8.34)에서 두 번에 걸쳐 수행되는 합을 구하는 순서를 변형했다. 그림의 보라색 영역에 해당하는 삼각형 영역으로 두 합이 정의됐기 때문에 본문에서처럼 변형할 수 있다.

$$\langle k' \rangle_f = \sum_{k'=0}^{\infty} k' p'_k$$

$$= \sum_{k'=0}^{\infty} k' \sum_{k'=k}^{\infty} p_k \left(\frac{k!}{k'!(k-k')!} \right) f^{k-k'} (1-f)^{k'}$$

$$= \sum_{k'=0}^{\infty} \sum_{k=k'}^{\infty} p_k \frac{k(k-1)!}{(k'-1)!(k-k')!} f^{k-k'} (1-f)^{k'-1} (1-f) \quad (8.33)$$

위의 합은 그림 8.28에 나타난 삼각형에 전체적으로 적용된다. 합을 수행하는 순서와 어디까지 더할지에 대한 제한을 바꾸면, 동일한 합을 계산할 수 있다.

$$\sum_{k'=0}^{\infty} \sum_{k=k'}^{\infty} = \sum_{k=0}^{\infty} \sum_{k'=0}^{k} \quad (8.34)$$

이를 통해 다음을 얻는다.

$$\langle k' \rangle_f = \sum_{k=0}^{\infty} k' \sum_{k'=0}^{k} p_k \frac{k(k-1)!}{(k'-1)!(k-k')!} f^{k-k'} (1-f)^{k'-1} (1-f)$$

$$= \sum_{k=0}^{\infty} (1-f) k p_k \sum_{k'=0}^{k} \frac{(k-1)!}{(k'-1)!(k-k')!} f^{k-k'} (1-f)^{k'-1}$$

$$= \sum_{k=0}^{\infty} (1-f) k p_k \sum_{k'=0}^{k} \binom{k-1}{k'-1} f^{k-k'} (1-f)^{k'-1}$$

$$= \sum_{k=0}^{\infty} (1-f) k p_k$$

$$= (1-f) \langle k \rangle \quad (8.35)$$

이 식은 노드 중 f만큼의 노드가 제거된 후 $\langle k' \rangle$을 원본 네트워크의 $\langle k \rangle$와 연결한다.

유사한 방식으로 $\langle k'^2 \rangle$을 유도할 수 있다.

$$\langle k'^2 \rangle_f = \langle k'(k'-1) + k' \rangle_f$$

$$= \langle k'(k'-1) \rangle_f + \langle k' \rangle_f$$

$$= \sum_{k'=0}^{\infty} k'(k'-1)p'_{k'} + \langle k' \rangle_f \qquad (8.36)$$

이번에도 그림 8.28에 나타난 것처럼 합을 수행하는 순서를 변형해 다음을 얻는다.

$$\langle k'(k'-1) \rangle_f$$

$$= \sum_{k'=0}^{\infty} k'(k'-1)p'_{k'}$$

$$= \sum_{k'=0}^{\infty} k'(k'-1) \sum_{k'=0}^{\infty} \frac{k'(k'-1)}{k'!(k-k')!} f^{k-k'}(1-f)^{k'}$$

$$= \sum_{k=0}^{\infty} k'(k'-1) \sum_{k'=0}^{k} p_k \frac{k'(k'-1)}{k'!(k-k')!} f^{k-k'}(1-f)^{k'}$$

$$= \sum_{k=0}^{\infty} \sum_{k'=0}^{k} p_k \frac{k'!}{(k'-2)!(k-k')!} f^{k-k'}(1-f)^{k'-2}(1-f)^2$$

$$= \sum_{k=0}^{\infty} (1-f)^2 k(k-1) p_k \sum_{k'=0}^{k} \frac{(k'-2)!}{(k'-2)!(k-k')!} f^{k-k'}(1-f)^{k'-2}$$

$$= \sum_{k=0}^{\infty} (1-f)^2 k(k-1) p_k \sum_{k'=0}^{k} \binom{k-2}{k'-2} f^{k-k'}(1-f)^{k'-2}$$

$$= \sum_{k=0}^{\infty} (1-f)^2 k(k-1) p_k$$

$$= (1-f)^2 \langle k(k-1) \rangle \qquad (8.37)$$

정리하면 다음을 얻는다.

$$\langle k^2 \rangle_f = \langle k'(k'-1) + k' \rangle_f$$

$$= \langle k'(k'-1) \rangle_f + \langle k' \rangle_f$$

$$= (1-f)^2 \langle k(k-1) \rangle + (1-f) \langle k \rangle$$

$$= (1-f)^2 \left(\langle k^2 \rangle - \langle k \rangle \right) + (1-f) \langle k \rangle$$

$$= (1-f)^2 \langle k^2 \rangle - (1-f)^2 \langle k \rangle + (1-f) \langle k \rangle$$

$$= (1-f)^2 \langle k^2 \rangle - \left(-f^2 + 2f - 1 + 1 - f \right) \langle k \rangle$$

$$= (1-f)^2 \langle k^2 \rangle + f(1-f) \langle k \rangle \qquad (8.38)$$

이 식은 총 노드 중 f만큼의 노드가 제거된 후의 $\langle k'^2 \rangle$을 원본 네트워크의 $\langle k^2 \rangle$과 연결한다. 식 (8.35)와 식 (8.38)을 종합하면 다음과 같다.

$$\langle k' \rangle_f = (1-f) \langle k \rangle \qquad (8.39)$$

$$\langle k' \rangle_f = (1-f)^2 \langle k^2 \rangle + f(1-f) \langle k \rangle \qquad (8.40)$$

식 (8.4)의 몰로이-리드 기준을 따라, 무너짐 문턱값은 다음과 같이 주어진다.

$$\kappa = \frac{\langle k'^2 \rangle_f}{\langle k' \rangle_f} = 2 \qquad (8.41)$$

식 (8.38)과 식 (8.40)을 식 (8.41)에 대입하면 최종적인 결과로 식 (8.7)을 얻는다.

$$f_c = 1 - \frac{1}{\dfrac{\langle k^2 \rangle}{\langle k \rangle} - 1} \qquad (8.42)$$

이 식을 통해 임의의 p_k를 갖는 네트워크에서 무작위적인 노드 제거가 발생할 때의 무너짐에 대한 문턱값을 얻을 수 있다.

8.13 [심화 주제 8.D] 유한한 척도 없는 네트워크의 무너짐

이번 절에서는 식 (8.10)에 나타난 척도 없는 네트워크에서의 네트워크 크기 N과 무너짐 문턱값의 의존성을 유도해보자. 거듭제곱 분포의 m번째 모멘트를 계산하는 것에서 시작해보자.

$$\langle k^m \rangle = (\gamma - 1)k_{\min}^{\gamma - 1} \int\limits_{k_{min}}^{k_{\max}} k^{m-\gamma} dk$$

$$= \frac{(\gamma - 1)}{(m - \gamma + 1)} k_{\min}^{\gamma - 1} [k^{m-\gamma+1}]_{k_{\min}}^{k_{\max}} \tag{8.43}$$

식 (4.18)을 적용하면 다음과 같이 정리할 수 있다.

$$k_{\max} = k_{\min} N^{\frac{1}{\gamma - 1}} \tag{8.44}$$

이를 통해 다음의 수식을 얻는다.

$$\langle k^m \rangle = \frac{(\gamma - 1)}{(m - \gamma + 1)} k_{\min}^{\gamma - 1} [k_{\max}^{m-\gamma+1} - k_{\min}^{m-\gamma+1}] \tag{8.45}$$

무너짐 문턱값 f_c를 계산하기 위해서는 비율을 계산해야 한다.

$$\kappa = \frac{\langle k^2 \rangle}{\langle k \rangle} = \frac{(2 - \gamma)}{(3 - \gamma)} \frac{k_{\max}^{3-\gamma} - k_{\min}^{3-\gamma}}{k_{\max}^{2-\gamma} - k_{\min}^{2-\gamma}} \tag{8.46}$$

네트워크의 크기 N이 클 때(따라서 $k_{\max}$도 클 때) 이 비율은 γ에 의존하여 다음과 같이 쓸 수 있다.

$$\kappa = \frac{\langle k^2 \rangle}{\langle k \rangle} = \left| \frac{2 - \gamma}{3 - \gamma} \right| \begin{cases} k_{\min} & \gamma > 3 \\ k_{\max}^{3-\gamma} k_{\min}^{\gamma-2} & 3 > \gamma > 2 \\ k_{\max} & 2 > \gamma > 1 \end{cases} \tag{8.47}$$

무너짐 문턱값은 식 (8.7)에서 주어지고,

$$f_c = 1 - \frac{1}{\kappa - 1} \tag{8.48}$$

여기서 κ는 식 (8.46)을 통해 얻을 수 있다. 식 (8.43)을 식 (8.42)와 식 (8.47)에 대입하면

$$f_c \approx 1 - \frac{C}{N^{\frac{3-\gamma}{\gamma-1}}} \tag{8.49}$$

을 얻고, 이 식은 식 (8.10)과 같다.

8.14 [심화 주제 8.E]
실제 네트워크의 공격과 고장에 대한 내구성

이번 절에서는 표 4.1과 식 (8.2)의 논의에서 참고한 네트워크들의 공격과 고장에 대한 곡선을 살펴보자. 이에 해당하는 곡선은 그림 8.29에 나타나 있다. 이들을 살펴보면 몇 가지 패턴을 확인할 수 있는데 이를 통해 이 장에서 논의한 결과를 재확인할 수 있다.

- 모든 네트워크에서 고장과 공격 곡선은 분리되어 있다. 이는 아킬레스건 성질을 재확인해준다(8.8절). 즉, 실제 네트워크는 무작위 공격에는 강하지만 공격에는 취약하다는 것이다.

- 고장과 공격 곡선의 분리는 평균 링크수와 개별 네트워크의 링크수 다양성에 따라 달라진다. 한 예로, 인용과 배우 네트워크에서 공격에 대한 f_c는 각각 0.5와 0.75 근방에 각각 존재해 다소 큰 값을 가졌다. 이는 이 네트워크들의 밀도가 인용 네트워크의 경우 $\langle k \rangle = 20.8$, 배우 네트워크의 경우 $\langle k \rangle = 83.7$로 다소 높기 때문이다. 따라서 이 네트워크들은 아주 높은 비율의 허브가 제거돼도 살아남을 수 있다.

8.15 [심화 주제 8.F]
공격 문턱값

이번 절에서는 척도 없는 네트워크에서의 공격에 대한 문턱값을 설명하는 식 (8.12)를 유도해보자. 구조 모형으로 $p_k = c \cdot k^{-\gamma}$의 분포를 갖는 상관성이 없는 척도 없는 네트워크에서의 f_c를 유도할 것이다. 이때 $k = k_{\min}, \ldots, k_{\max}$이고, $c \approx (\gamma - 1)/(k_{\min}^{-\gamma+1} - k_{\max}^{-\gamma+1})$이다.

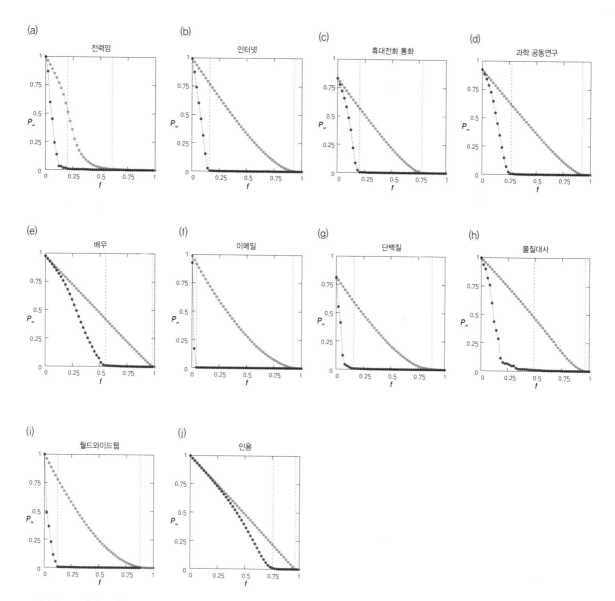

그림 8.29 고장과 공격 곡선

표 4.1에 나열된 10개의 참조 네트워크에 대한 고장(초록색)과 공격(보라색) 곡선. 초록색 수직선은 고장에 대해 예측된 f_c^{rand}이고, 공격에 대한 보라색 수직선은 f_c^{targ}에 해당한다. 측정된 f_c는 거대 덩어리의 크기가 원래 크기보다 1% 떨어지는 지점이다. 대부분의 시스템에서 이 과정으로 f_c를 잘 예측할 수 있다. 유일한 예외는 물질대사 네트워크로 $f_c^{\text{targ}} < 0.25$이지만, 작은 덩어리들이 유지되면서 알려진 f_c^{targ}를 $f_c^{\text{targ}} \simeq 0.5$로 밀어 올린다.

총 노드 중 f의 비율을 링크수가 큰 노드에서 작은 노드 순으로 제거하면(허브 제거) 두 가지 효과가 있다[240, 280].

(i) 네트워크의 최대 링크수가 $k_{\max}$에서 $k'_{\max}$으로 바뀐다.

(ii) 제거된 허브들과 연결됐던 링크들도 함께 제거되어, 남겨진 네트워크의 링크수 분포가 변한다.

남겨진 네트워크는 여전히 상관성이 없기 때문에, 몰로이-리드 기준을 적용해 거대 덩어리의 존재 여부를 판단할 수 있다.

먼저 (i)의 영향을 고려해보자. 새로운 상한값 $k'_{\max}$은 다음과 같이 주어진다.

$$f = \int_{k'_{\max}}^{k_{\max}} p_k dk = \frac{\gamma-1}{\gamma-1} \frac{k_{\max}'^{-\gamma+1} - k_{\max}^{-\gamma+1}}{k_{\min}^{-\gamma+1} - k_{\max}^{-\gamma+1}} \tag{8.50}$$

만약 $k_{\max} \gg k'_{\max}$와 $k_{\max} \gg k_{\min}$을 가정하면(자연 절단을 갖는 크기가 큰 척도 없는 네트워크의 경우에는 참이다), $k_{\max}$를 무시할 수 있어 다음을 얻는다.

$$f = \left(\frac{k'_{\max}}{k_{\min}} \right)^{-\gamma+1} \tag{8.51}$$

이를 통해 다음을 유도할 수 있다.

$$k'_{\max} = k_{\min} f^{\frac{1}{1-\gamma}} \tag{8.52}$$

식 (8.52)를 통해 허브를 f 비율만큼 제거한 후에 남겨진 네트워크의 최대 링크수를 구할 수 있다.

이제 허브의 제거가 링크수 분포를 $p_k \to p'_k$으로 바꾼다는 사실을 설명하는 (ii)를 살펴보자. 링크수의 상관성이 없다면, 제거된 허브들의 링크들이 선택된 미연결 링크들과 무작위로 연결됐다고 가정할 수 있다. 결과적으로는 허브 중 f만큼을 지움으로써 '무작위로' 링크 중 얼마의 비율 $\tilde{f}$가 사라지는지 계산하는 것이다.

$$\tilde{f} = \frac{\int\limits_{k'_{\max}}^{k_{\max}} k p_k dk}{\langle k \rangle} = \frac{1}{\langle k \rangle} c \int\limits_{k'_{\max}}^{k_{\max}} k^{-\gamma+1} dk$$

$$= \frac{1}{\langle k \rangle} \frac{1-\gamma}{2-\gamma} \frac{k'_{\max}{}^{-\gamma+2} - k_{\max}{}^{-\gamma+2}}{k_{\min}{}^{-\gamma+1} - k_{\max}{}^{-\gamma+2}} \qquad (8.53)$$

여기서 $k_{\max}$ 항을 다시 무시하고 $\langle k \rangle \approx \frac{\gamma-1}{\gamma-2} k_{\min}$ 으로 가정하면 다음을 얻는다.

$$\tilde{f} = \left(\frac{k'_{\max}}{k_{\min}} \right)^{-\gamma+2} \qquad (8.54)$$

식 (8.51)을 사용하면

$$\tilde{f} = f^{\frac{2-\gamma}{1-\gamma}} \qquad (8.55)$$

를 얻는다. 지수 $\gamma \to 2$이면 $\tilde{f} \to 1$이 된다. 즉, 아주 작은 비율로 허브를 제거하면 모든 링크가 제거되어 잠재적으로 네트워크가 파괴된다. 이는 4장에서 알게 된 $\gamma = 2$일 때 허브가 전체 네트워크를 독점한다는 사실과 연결된다.

일반적으로, 남겨진 네트워크의 링크수 분포는 다음과 같다.

$$p'_{k'} = \sum_{k=k_{\min}}^{k'_{\max}} \binom{k}{k'} \tilde{f}^{k-k'} (1-\tilde{f})^{k'} p_k \qquad (8.56)$$

[심화 주제 8.C]에서 링크수 분포에 대한 식 (8.32)를 얻었던 것을 기억하자. 이때 무작위 노드 제거에 대해 개발된 계산 방법을 확장할 수 있다. 구체적으로 말하면, 척도 없는 네트워크에서의 κ를 $k_{\min}$과 $k'_{\min}$, 그리고 식 (8.45)를 사용해 계산할 수 있다는 것이다.

$$\kappa = \frac{2-\gamma}{3-\gamma} \frac{k'_{\max}{}^{3-\gamma} - k_{\min}^{3-\gamma}}{k'_{\max}{}^{2-\gamma} - k_{\min}^{2-\gamma}} \qquad (8.57)$$

이를 식 (8.52)에 대입하면

$$\kappa = \frac{2-\gamma}{3-\gamma} \frac{k_{\min}^{3-\gamma} f^{(3-\gamma)/(1-\gamma)} - k_{\min}^{3-\gamma}}{k_{\min}^{2-\gamma} f^{(2-\gamma)/(1-\gamma)} - k_{\min}^{2-\gamma}} = \frac{2-\gamma}{3-\gamma} k_{\min} \frac{f^{(3-\gamma)/(1-\gamma)} - 1}{f^{(2-\gamma)/(1-\gamma)} - 1} \qquad (8.58)$$

을 얻는다. 간단한 변환을 통해 다음과 같이 정리할 수 있다.

$$f_c^{\frac{2-\gamma}{1-\gamma}} = 2 + \frac{2-\gamma}{3-\gamma} k_{\min} \left(f_c^{\frac{3-\gamma}{1-\gamma}} - 1 \right) \qquad (8.59)$$

8.16 [심화 주제 8.G] 최적 링크수 분포

이번 절에서는 8.7절에서 논의한 공격과 고장에 동시적으로 최적화된 네트워크 구조인 쌍봉 링크수 분포를 유도해보자[267]. 식 (8.17)에서 가정했던 것처럼 링크수 분포가 2개의 델타 함수로 구성된 쌍봉 링크수 분포라고 가정해보자.

$$p_k = (1-r)\delta(k - k_{\min}) + r\delta(k - k_{\max}) \qquad (8.60)$$

먼저 총 문턱값 f^{tot}을 r과 $k_{\max}$, 고정된 $\langle k \rangle$에 대한 함수로 계산해보자. 문턱값 f_c^{targ}, f_c^{rand}에 대한 해석적 표현을 얻기 위해 식 (8.60)에 나타난 쌍봉 분포의 모멘트를 계산한다.

$$\langle k \rangle = (1-r)k_{\min} + rk_{\max}$$

$$\langle k^2 \rangle = (1-r)k_{\min}^2 + rk_{\max}^2 = \frac{(\langle k \rangle - rk_{\max})^2}{1-r} + rk_{\max}^2 \qquad (8.61)$$

위 식을 식 (8.7)에 대입하면

$$f_c^{\text{rand}} = \frac{\langle k \rangle^2 - 2r\langle k \rangle k_{\max} - 2(1-r)\langle k \rangle + rk_{\max}^2}{\langle k \rangle^2 - 2r\langle k \rangle k_{\max} - (1-r)\langle k \rangle + rk_{\max}^2} \qquad (8.62)$$

를 얻는다. 목표가 있는 공격에 대한 문턱값을 정하기 위해서는 두 종류의 노드만 있다고 가정해야 한다. 비율 r로는 링크수가 k_{max}인 노드가 있고, 비율 $1 - r$로는 k_{min} 링크수를 갖는 노드가 있다. 따라서 허브의 제거는 모든 허브를 제거하거나((i)의 경우) 그중 일부만 제거하는 경우((ii)의 경우)다.

(i) $f_c^{targ} > r$: 이 경우 모든 허브가 제거되어, 목표가 있는 공격 후에 남겨진 노드들은 링크수 k_{min}을 갖는다. 이를 통해 다음을 얻는다.

$$f_c^{targ} = r + \frac{1-r}{\langle k \rangle - rk_{max}} \left\{ \langle k \rangle \frac{\langle k \rangle - rk_{max} - 2(1-r)}{\langle k \rangle - rk_{max} - (1-r)} - rk_{max} \right\} \quad (8.63)$$

(ii) $f_c^{targ} < r$: 이 경우 제거된 노드들은 모두 링크수가 높은 그룹에 속해 있고, 몇몇 k_{max}인 노드들이 남겨진다. 이를 통해 다음을 얻는다.

$$f_c^{targ} = \frac{\langle k \rangle^2 - 2r\langle k \rangle k_{max} - 2(1-r)\langle k \rangle}{k_{max}(k_{max} - 1)(1-r)} \quad (8.64)$$

식 (8.62) ~ 식 (8.64)의 문턱값을 통해 식 (8.16)의 전체 문턱값 f_c^{tot}을 계산할 수 있다. 최적화된 k_{max}에 대한 표현을 r에 대한 함수로 얻기 위해서는 f_c^{tot}을 최대화할 수 있는 k 값을 결정해야 한다. 식 (8.62)와 식 (8.64)를 사용해, 작은 r에 대해 최적화된 k_{max}를 다음과 같이 근사할 수 있다.

$$k_{max} \sim \left\{ \frac{2\langle k \rangle^2 (\langle k \rangle - 1)^2}{2\langle k \rangle - 1} \right\}^{1/3} r^{-2/3} = Ar^{-2/3} \quad (8.65)$$

이 결과와 식 (8.16)을 사용하면, 작은 r에 대해

$$f_c^{tot} = 2 - \frac{1}{\langle k \rangle - 1} - \frac{3\langle k \rangle}{A^2} r^{1/3} + O(r^{2/3}) \quad (8.66)$$

을 얻는다. 따라서 f_c^{tot}은 r이 0에 가까워지면서 이론적인 최대치에 근사한다. 총 N개의 노드로 이뤄진 네트워크에서 f_c^{tot}의 최댓값은 $r = 1/N$일 때 얻어지며, 이 값은 링크수가 k_{max}인 최소 하

나의 노드를 가질 확률과 같다. 이러한 r이 주어졌을 때 최적화된 중심 허브의 크기를 나타내는 k_{max}를 결정하는 방정식은 다음과 같다[267].

$$k_{max} = AN^{2/3} \qquad (8.67)$$

여기서 A는 식 (8.65)로 정의된다.

놈코어

옛날 사람들은 공동체에서 태어나 개성을 찾아야 했다.

오늘날 사람들은 개인으로 태어나 자신의 공동체를 찾아야 한다.

그림 9.0 예술과 네트워크: 케이모드

케이모드(K-Mode)는 다양한 컨셉에 대한 특이한 트렌드 보고서를 발행하는 예술집단이다. 그림은 'Youth Mode: A Report on Freedom'의 한 페이지를 보여주며, 기원과 커뮤니티 의미의 미묘한 전환을 이야기하고 있다. 커뮤니티는 이 장의 주제다[281].

제 9 장
커뮤니티

9.1   소개

벨기에는 두 개의 문화로 구성된 사회로 보인다. 시민의 59%는 네덜란드어를 하는 플레미시^{Flemish}이고, 40%는 프랑스어를 하는 왈론^{Walloon}이다. 전 세계적으로 다민족 국가들이 분열한 것을 볼 때, 다음의 질문을 할 수 있다. 어떻게 벨기에는 서로 다른 두 민족이 1830년 이래로 평화로이 공존하도록 해왔을까? 벨기에는 촘촘하고 밀집된 사회라 플레미시든 왈론이든 상관이 없을까? 아니면, 동일한 국경 안에 서로 접촉을 최소화하도록 배운 두 국가가 있는 것일까?

그 해답을 벨기에의 커뮤니티 구조를 밝히는 알고리듬을 개발한 빈센트 블론델$^{Vincent\ Blondel}$과 그의 학생들이 2007년에 밝혀냈다. 그들은 휴대전화 통화 네트워크로 시작하여 사람들을

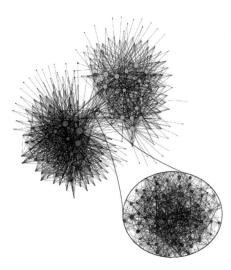

그림 9.1 벨기에 안의 커뮤니티들

벨기에의 가장 큰 휴대전화 회사 고객의 통화 패턴에서 뽑아낸 커뮤니티들. 네트워크는 2백만 휴대전화 사용자로 구성되어 있다. 노드는 커뮤니티를 나타내며, 노드의 크기는 해당 커뮤니티에 속한 사람의 수에 비례한다. 빨간색과 녹색으로 칠한 각 커뮤니티의 색은 커뮤니티에 속한 사람들이 말하는 언어를 나타낸다. 빨간색은 프랑스어를, 녹색은 네덜란드어를 의미한다. 100명 이상이 속한 커뮤니티만 표시했다. 두 주요 덩어리 사이를 연결하는 작은 커뮤니티들은 언어 사용이 덜 분명하게 분리되어 있고 문화적으로 섞여 있는 수도인 브뤼셀을 드러낸다. 출처: [282]

서로 자주 통화하는 사람 옆에 위치하게 했다[282]. 알고리듬은 벨기에가 2개의 큰 커뮤니티 덩어리로 쪼개져 있다는 것과 한 덩어리에 속해 있는 사람은 다른 덩어리 안의 사람과는 거의 소통하지 않는다는 사실을 밝혀냈다(그림 9.1). 이러한 분할의 기원은 각 개인이 사용하는 언어를 고려하면 명백해진다. 한 덩어리의 사람들은 거의 독점적으로 프랑스어만 사용하고 다른 덩어리의 사람들은 네덜란드어를 사용한다.

네트워크 과학에서는 다른 커뮤니티에 연결되는 것보다 서로 연결될 가능성이 높은 노드 그룹을 **커뮤니티**community라고 부른다. 커뮤니티 형성에 관한 직관을 얻기 위해 커뮤니티가 중요한 역할을 하는 두 분야를 논의해본다.

● **사회연결망**

사회연결망은 눈에 잘 띄는 커뮤니티로 가득하고, 학자들은 수십 년 전에 이를 알아봤다[283-286]. 실제로, 한 회사의 직원은 다른 회사 직원보다는 같은 회사 동료들과 더 많이 교류하기 쉽다[283]. 따라서 직장은 사회연결망에서 서로 밀접하게 연결된 커뮤니티로 나타난다. 커뮤니티는 또한 친구 공동체나 같은 취미를 향유하는 사람들의 그룹, 이웃한 동네에 사는 사람들의 그룹 등을 나타낼 수도 있다.

커뮤니티를 찾는 맥락에서 특히 관심을 받은 사회연결망은 34명의 가라데 클럽 회원들 사이의 연결을 표현한 **재커리 가라데 클럽**Zachary's Karate Club(그림 9.2)[286]이다. 클럽의 크기가 작기 때문에 모든 클럽 회원은 서로 알았다. 클럽 회원들 사이의 진짜 관계를 밝히기 위해 사회학자 웨인 재커리Wayne Zachary는 클럽 밖에서 자주 교류하는 78쌍의 회원들을 문서로 정리했다(그림 9.2(a)).

이 데이터는 클럽 회장과 사범 사이의 불화로 인해 클럽이 둘로 나뉜 사건으로 인해 관심을 받았다. 거의 절반의 회원이 사범을 따랐고, 나머지 절반이 회장을 따랐으며, 이렇게 둘로 나뉜 그룹이 클럽 내부의 진짜 커뮤니티 구조를 보여준다(그림 9.2(a)). 현재 커뮤니디 찾기 알고리듬의 성능을

(a)

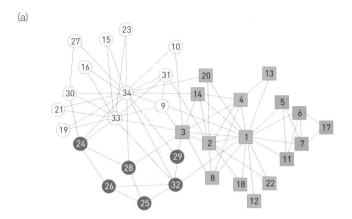

(b)

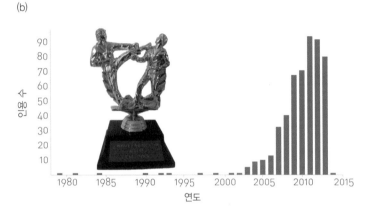

그림 9.2 재커리 가라데 클럽

(a) 재커리 가라데 클럽의 회원 34명 사이의 연결. 링크는 클럽 회원들 사이의 클럽 밖에서의 교류를 나타낸다. 원형과 사각형은 클럽이 쪼개져 발생한 두 그룹을 표시한다. 색깔은 모듈도 계수 M을 최적화하는 알고리듬으로 분석한 최적 커뮤니티 분할을 표시하고 있다(9.4절). 커뮤니티 경계가 실제 분할 양상에 근접하게 나타나 있다. 하얀색과 보라색 커뮤니티가 하나의 부분, 녹색과 주황색 커뮤니티가 나머지 부분에 해당한다. 출처: [287]

(b) 재커리 가라데 클럽 논문[286]의 인용 역사는 네트워크 과학에서 커뮤니티 찾기 연구의 역사를 반영한다. 실제로, 거번(Girvan)과 뉴만(Newman)[47]이 2002년에 가라데 클럽 네트워크를 커뮤니티 찾기의 기준으로 사용하기 전에는 사실상 아무도 흥미를 갖지 않았다. 그 이후 해당 가라데 클럽 논문의 인용 수는 폭발했고, 이는 척도 없는 네트워크(그림 3.15)의 발견 이후 인용이 폭발했던 에르되시와 레니의 연구를 연상시킨다.

재커리 가라데 클럽 네트워크가 커뮤니티 찾기의 기준으로 자주 사용된 것이 재커리 가라데 클럽의 클럽에 영감을 주었다. 우스갯소리로 재커리 가라데 클럽의 클럽은 다음과 같은 규칙이 있다. "네트워크에 대한 어느 학회에서든 가장 처음으로 재커리 가라데 클럽을 예시로 사용한 과학자에게 재커리 가라데 클럽의 클럽(Zachary Karate Club Club) 트로피를 상으로 수여한다."

그래서 상은 발표의 우수성을 바탕으로 하지 않고 단순히 참여 행위를 기반으로 한다. 그러나 이전 수상자들은 촉망받는 네트워크 과학자들이다(http://networkkarate.tumblr.com/). 사진은 재커리 가라데 클럽 트로피인데 가장 마지막 수상자가 보관한다. 마리안 보구냐(Marián Boguñá)의 허가하에 게재함

시험할 때 종종 쪼개지기 전의 재커리 가라데 클럽 네트워크 구조에서 이 두 커뮤니티를 찾아내는지를 살펴본다.

- **생물학적 네트워크**

커뮤니티는 세포 네트워크에서 특정한 생물학적 기능이 어떻게 암호화되는지를 이해하는 데 있어 특히 중요한 역할을 수행한다. 노벨 의학상을 받기 2년 전, 리 하트웰$^{Lee\ Hartwell}$은 생물학이 개별 유전자에 집중하는 것을 넘어서야 한다고 주장했다. 분자 그룹들이 특정한 세포 기능을 수행하는 기능성 모듈을 어떻게 형성하는지를 탐구해야 한다는 것이다[288]. 라바즈^{Ravasz}와 동료들[289]은 물질대사 네트워크에서 이런 모듈을 체계적으로 찾아내려는 첫 시도를 했다. 이를 위해 국소적으로 밀접한 커뮤니티를 형성하는 분자 그룹을 찾아내는 알고리듬을 만들어 수행했다(그림 9.3).

커뮤니티는 사람의 질병을 이해하는 데 특히 중요한 역할을 한다. 실제로, 동일한 질병에 관여하는 단백질은 서로 상호작용하는 경향이 있다[290]. 이 발견은 개별 질병이 잘 정의된 이웃한 세포 네트워크와 연결될 수 있다는 **질병 모듈** disease module 가설[29]에 영감을 주었다.

위에서 언급한 예들은 커뮤니티를 식별하는 다양한 동기를 설명한다. 커뮤니티의 존재는 누가 누구와 연결됐는가를 기반으로 하기 때문에, 링크수 분포 하나만으로는 설명될 수 없다. 커뮤니티를 추출하기 위해서는 네트워크의 자세한 연결 상태를 조사해야 한다. 위의 예들은 이 장을 시작하는 가설에 영감을 준다.

[H1: 근본 가설]
네트워크의 커뮤니티 구조는 네트워크의 연결 상태에 고유하게 암호화되어 있다.

근본 가설에 따르면, 네트워크의 커뮤니티 구성에 대한 근원적인 답이 있고 이는 A_{ij}를 살펴 알아낼 수 있다.

이 장의 목적은 복잡한 네트워크의 커뮤니티 구조를 이해하

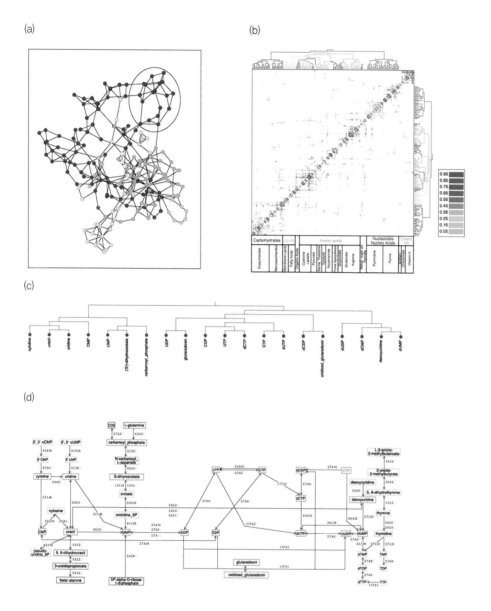

그림 9.3 물질대사 네트워크의 커뮤니티들

대장균 물질대사는 생물학적 시스템의 커뮤니티 구조를 탐구하기에 풍부한 기반을 제공한다[289].

(a) 라바즈 알고리듬으로 확인한 생물학적 모듈(커뮤니티)(9.3절). 각 노드가 속한 우세한 생화학적 유형에 따라서 노드의 색을 표시하면, 각기 다른 기능적 유형별로 네트워크가 분명하게 나뉘어 있음을 알 수 있다. 강조한 영역은 예측된 커뮤니티 중 하나인 피리미딘(pyrimidine) 대사 부분이다.

(b) 대장균 물질대사 구조의 중첩 행렬과 이에 해당하는 계통도에서 (a)에 드러난 모듈을 식별할 수 있다. 탄수화물(파란색), 뉴클레오티드와 핵산(노란색) 그리고 지질(청록색)이 포함된 분자들의 우세한 생화학적 역할이 가지(branch)의 색에 나타나 있다.

(c) (b)에 있는 계통도 트리 오른쪽의 빨간 가지는 피리미딘 모듈을 보여줌

(d) 피리미딘 모듈 안의 자세한 물질대사 반응. 반응 주변의 상자들은 라바즈 알고리듬으로 예측한 커뮤니티들을 나타내고 있다.

고 밝히는 데 필요한 개념을 소개하는 것이다. 커뮤니티를 어떻게 정의하는지 질문하고, 다양한 커뮤니티의 특성을 탐험하며, 다양한 원리로 커뮤니티를 식별하는 일련의 알고리듬을 소개할 것이다.

9.2 커뮤니티의 기초

커뮤니티란 실제로 무엇을 의미하는가? 하나의 네트워크에 몇 개의 커뮤니티가 있는가? 얼마나 다양한 방법으로 하나의 네트워크를 커뮤니티로 분할할 수 있는가? 이 절에서는 커뮤니티를 탐색할 때 빈번하게 생기는 이런 질문들을 살펴본다.

9.2.1 커뮤니티 정의하기

커뮤니티에 대한 우리의 감각은 두 번째 가설을 기초로 한다(그림 9.4).

[H2: 연결성과 밀도 가설]

커뮤니티는 네트워크에서 국소적으로 빽빽하게 연결된 부분그래프다.

즉, 한 커뮤니티 안의 모든 구성원은 같은 커뮤니티 안의 다른 구성원을 통해서도 반드시 도달할 수 있어야 한다(연결성). 동시에, 임의의 커뮤니티에 속한 노드는 서로 다른 커뮤니티보다 동일한 커뮤니티에 속한 다른 노드와 연결될 확률이 더 클 것으로 기대한다(밀도). 이 가설은 커뮤니티로 간주될 수 있는 것의 범위를 매우 좁히기는 하지만 커뮤니티를 특정하게 정의하지는 않는다. 실제로, 아래에서 논의하겠지만 여러 커뮤니티 정의들이 H2와 일치한다.

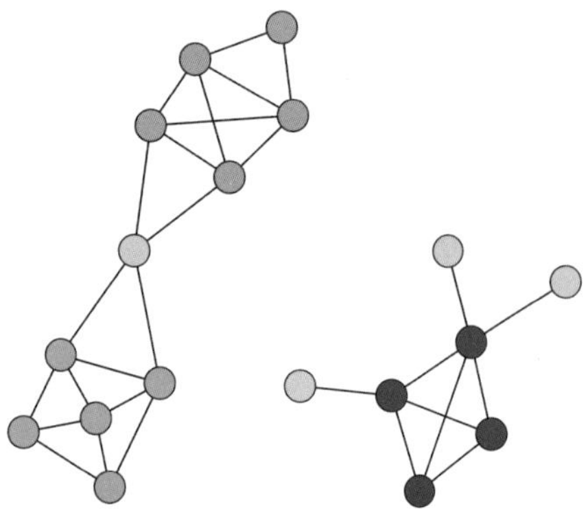

최대 클리크

커뮤니티 구조에 대한 초기 논문 중 1949년에 출판된 논문에서는 커뮤니티를 모든 구성원이 서로를 알고 있는 사람들의 집합

그림 9.4 연결성과 밀도 가설

커뮤니티는 네트워크 안에 국소적으로 빽빽하게 연결된 부분그래프다. 이러한 예상은 다음의 두 가지 가설을 바탕으로 한다.

연결성 가설(connectedness hypothesis)

그림의 주황색, 녹색, 보라색 노드들로 구성된 부분그래프처럼, 각 커뮤니티는 서로 연결된 부분그래프다. 결과적으로 만약 하나의 네트워크가 2개의 분리된 덩어리로 구성되어 있다면 각 커뮤니티는 그중 한 덩어리에만 속해야 한다. 또한 이 가설은 하나의 동일한 덩어리에서 서로 링크로 연결되지 않은 두 부분그래프가 하나의 커뮤니티를 구성할 수 없음을 의미한다. 따라서 주황색과 녹색 노드는 서로 분리된 커뮤니티다.

밀도 가설(density hypothesis)

커뮤니티에 속한 노드는 다른 커뮤니티보다 같은 커뮤니티 안에 있는 다른 노드와 연결될 가능성이 크다. 주황색, 녹색, 보라색 노드들은 이런 예상을 만족시키고 있다.

424

이라고 정의했다. 그래프 이론 용어로 보자면, 이것은 커뮤니티가 **완전한 부분그래프**complete subgraph 또는 **클리크**clique임을 의미한다. 클리크는 자동으로 H2를 만족시키는데, 클리크는 최고의 링크 밀도로 연결된 부분그래프다. 그러나 커뮤니티를 클리크로 보는 데는 다음과 같은 단점이 있다.

- 네트워크에서 삼각형 연결은 빈번하나 큰 클리크는 희귀하다.
- 커뮤니티가 완전한 부분그래프이기를 바라는 것은 다른 적합한 커뮤니티들을 놓치기 때문에 너무 제한적이다. 예를 들어, 그림 9.2와 그림 9.3에 있는 어떤 커뮤니티도 완전한 부분그래프는 아니다.

강한 커뮤니티와 약한 커뮤니티

클리크의 엄밀함을 완화하여, 네트워크 안에 있는 N_C개의 노드로 구성된 연결된 부분그래프 C를 생각해보자. 노드 i의 **내부 링크수**internal degree k_i^{int}는 노드 i를 C 안의 다른 노드에 연결하는 링크의 수다. **외부 링크수**external degree k_i^{ext}는 노드 i를 해당 커뮤니티가 아닌 네트워크의 나머지 부분에 연결하는 링크의 수다.[1] 만약 $k_i^{ext} = 0$이면 i의 모든 이웃이 C 안에 있다는 것이고, 그래서 C는 노드 i에게는 좋은 커뮤니티가 된다. 만약 $k_i^{int} = 0$이면 노드 i는 다른 커뮤니티에 할당돼야 한다. 이런 정의는 두 가지 커뮤니티 유형을 구분할 수 있게 해준다(그림 9.5).

- **강한 커뮤니티**

  만약 C 안의 모든 노드가 그래프의 나머지 부분보다 같은 커뮤니티 안에 더 많은 링크로 연결되어 있다면 C는 **강한 커뮤니티**strong community다[291, 292]. 구체적으로 말하면, 모든 노드 $i \in C$가 다음 식을 만족시키는 경우 부분그래프 C는 강한 커뮤니티를 형성한다.

---

[1] 즉, 노드 i가 자신이 속한 커뮤니티가 아닌 다른 커뮤니티에 속한 노드와 연결된 링크 수 – 옮긴이

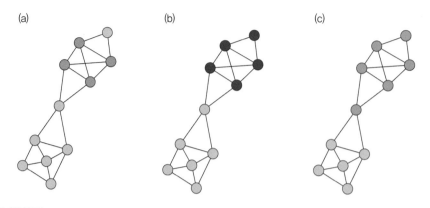

그림 9.5 커뮤니티 정의하기

(a) **클리크**

클리크는 완전한 부분그래프에 해당한다. 이 네트워크에서 가장 고차원의 클리크는 주황색으로 표시된 사각형이다. 이 네트워크에 노드 3개로 구성된 클리크는 여럿 존재한다. 찾을 수 있겠는가?

(b) **강한 커뮤니티**

강한 커뮤니티는 식 (9.1)에서 정의한 대로, 다른 커뮤니티에 속한 노드보다 같은 커뮤니티에 속한 노드와 더 많은 링크로 연결된 노드들로 연결된 부분그래프다. 이런 강한 커뮤니티는 보라색으로 구분되어 있다. 그래프에는 보라색 말고도 추가적인 강한 커뮤니티가 존재한다. 최소한 2개 이상을 더 찾을 수 있겠는가?

(c) **약한 커뮤니티**

약한 커뮤니티는 식 (9.2)에서 정의한 바와 같이, 소속된 노드의 내부 링크수의 총합이 외부 링크수의 총합을 초과하는 부분그래프다. 녹색 노드들이 이 네트워크에 있을 수 있는 여러 약한 커뮤니티들 중 하나를 보여준다.

$$k_i^{\text{int}}(C) > k_i^{\text{ext}}(C) \tag{9.1}$$

• **약한 커뮤니티**

만약 부분그래프의 전체 내부 링크수의 합이 외부 링크수의 합을 초과하면 C는 **약한 커뮤니티**weak community다[292]. 구체적으로는, 만약 다음 식을 만족시킨다면 부분그래프 C는 약한 커뮤니티를 형성한다.

$$\sum_{i \in C} k_i^{\text{int}}(C) > \sum_{i \in C} k_i^{\text{ext}}(C) \tag{9.2}$$

약한 커뮤니티는 몇몇 노드가 식 (9.1)을 어기는 것을 허용하여 강한 커뮤니티의 조건을 완화한다. 다시 말해, 식 (9.2)의 부등식은 개별 노드 단위가 아니라 커뮤니티 전체에 적용된다.

모든 클리크는 강한 커뮤니티이고 모든 강한 커뮤니티는 약한 커뮤니티임을 염두에 두자. 역은 일반적으로 성립하지 않는다(그림 9.5).

위에서 언급한 커뮤니티의 정의들(클리크, 강한 커뮤니티, 약한 커뮤니티)은 커뮤니티에 대한 우리의 개념을 세밀하게 정리한다. 동시에, 우리가 커뮤니티를 정의하는 데 어느 정도 자유도가 있다는 것도 암시한다.

9.2.2 커뮤니티의 수

얼마나 다양한 방법으로 네트워크의 노드를 커뮤니티로 나눌 수 있을까? 이 질문에 답하기 위해, 가장 간단한 커뮤니티 찾기 문제인 **그래프 이분법**graph bisection을 생각해보자. 네트워크를 겹치지 않는 두 부분그래프로 나누어, 두 그룹에 있는 노드 사이의 링크수, 즉 **컷의 크기**cut size를 가장 작게 하는 방법이다(글상자 9.1).

그래프 분할

그래프 이분법 문제는 네트워크를 두 그룹으로 나누는 모든 가능한 분할을 조사하여, 그중 컷의 크기가 가장 작은 것을 고르면 풀 수 있다. 이렇게 막무가내로 모두 조사하는 방법의 컴퓨터 계산 비용을 결정하기 위해, N개의 노드가 있는 네트워크를 각각 N_1개와 N_2개의 노드를 가진 그룹으로 나누는 방법의 수는 다음과 같음을 기억하자.

$$\frac{N!}{N_1!N_2!} \tag{9.3}$$

스털링Stirling의 공식 $n! \simeq \sqrt{2\pi n}(n/e)^n$을 사용해 식 (9.3)을 다음과 같이 쓸 수 있다.

$$\frac{N!}{N_1!N_2!} \simeq \frac{\sqrt{2\pi N}(N/e)^N}{\sqrt{2\pi N_1}(N_1/e)^{N_1}\sqrt{2\pi N_2}(N_2/e)^{N_2}} \sim \frac{N^{N+1/2}}{N_1^{N_1+1/2}N_2^{N_2+1/2}} \tag{9.4}$$

(a)

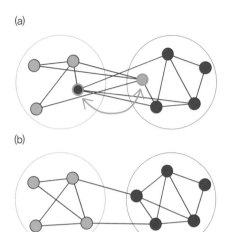

(b)

그림 9.6 커닝한-린 알고리듬

가장 잘 알려진 그래프 분할 알고리듬은 1970 년에 제안됐다[294]. 이 알고리듬을 네트워크를 사전에 크기가 정해진 두 그룹으로 무작위로 나누는 것으로 시작하는 그래프 이분으로 표현했다. 그런 다음, i와 j가 서로 다른 그룹에 속해 있는 노드 쌍 (i, j)를 고르고 둘을 바꾼 뒤 컷 크기의 변화를 기록한다. 모든 (i, j) 쌍을 테스트하여, (a)에 강조되어 있는 노드 쌍처럼 컷 크기를 가장 크게 감소시키는 쌍을 찾아낸다. 그 둘을 바꾸면 (b)에 나타난 분할을 얻을 수 있다. 이 알고리듬을 적용했을 때 아무 쌍도 컷 크기를 감소시키지 않으면 컷 크기를 가장 적게 증가시키는 쌍을 바꾼다.

글상자 9.1 그래프 분할

칩 디자이너들은 대단히 복잡한 문제를 마주한다. 25억 개의 트랜지스터를 하나의 칩 위에 배선이 서로 교차하지 않게 하여 올려야 한다. 문제를 간단히 하기 위해 우선 집적회로$^{IC, Integrated Circuit}$의 회로도를 작은 부분그래프들로 분할하는데, 이때 부분그래프 사이의 링크 수가 최소가 되도록 한다. 그 후 각각의 집적회로 블록을 개별적으로 처리한 다음 이 블록들을 다시 연결한다. 이와 비슷한 문제는 규모가 큰 컴퓨터 문제를 소규모 과업으로 쪼개어 개별 칩에 할당하는 병렬 컴퓨팅에서도 맞닥뜨리게 된다. 처리장치 사이의 정보 전달은 보통 느리기 때문에, 이를 최소화하도록 작업을 할당해야 한다.

칩 디자이너 또는 소프트웨어 엔지니어가 당면하는 이런 문제는 컴퓨터 과학에서는 **그래프 분할**$^{graph partitioning}$[293]이라고 부른다. 널리 사용되는 커닝한-린$^{Kerninghan-Lin}$ 알고리듬(그림 9.6)처럼 이런 목적으로 개발된 알고리듬은 이 장에서 논의하는 커뮤니티 찾기 알고리듬의 전신이다.

그래프 분할과 커뮤니티 찾기 사이에는 중요한 차이점이 있다. 그래프 분할은 네트워크를 사전에 정해진 개수의 부분그래프로 나누는 반면, 커뮤니티 찾기는 네트워크에 내재한 커뮤니티 구조를 찾고자 한다. 따라서 대부분의 커뮤니티 찾기 알고리듬에서는 커뮤니티의 개수와 크기가 미리 정해지지 않고 네트워크의 연결 상태를 살펴 알아내야 한다.

문제를 단순화하기 위해, 네트워크를 서로 동일한 크기 $N_1 = N_2 = N/2$로 나누는 것을 목표로 해보자. 이 경우 식 (9.4)는

$$\frac{2^{N+1}}{\sqrt{N}} = e^{(N+1)\ln 2 - \frac{1}{2}\ln N} \tag{9.5}$$

이 되고, 네트워크를 2개로 나누는 경우의 수는 네트워크의 크기가 커질수록 지수적으로 증가한다는 사실을 알 수 있다.

식 (9.5)의 의미를 설명하기 위해 10개의 노드를 가진 네트워크를 $N_1 = N_2 = 5$개의 노드를 가진 두 부분그래프로 나누는 것을 생각해보자. 식 (9.3)에 따르면, 가장 작은 컷의 크기를 찾기 위해 252가지의 이분 방법을 살펴야 한다. 컴퓨터가 252가지의 이분법을 살피는 데 1밀리초(10^{-3}초)가 걸린다고 가정하자. 만약 다음으로 100개의 노드를 가진 네트워크를 $N_1 = N_2 = 50$개의 그룹으로 이분하려면, 식 (9.3)에 따라 대략 10^{29}가지의 분할을 살펴야 하고, 같은 컴퓨터를 사용한다면 10^{16}년의 시간이 필요하다. 그러므로 막무가내식의 방법은 실패할 수밖에 없고, 보통 크기의 네트워크라고 할지라도 2개로 나누는 모든 경우의 수를 살피는 것은 불가능하다.

커뮤니티 찾기

그래프 분할에서는 커뮤니티의 크기와 개수가 사전에 정해지는데 반해, 커뮤니티 찾기에서는 두 매개변수가 알려져 있지 않다. 네트워크가 임의의 개수로 나뉘어 각 노드는 단 하나의 그룹에만 소속되는 것을 분할이라고 부른다. 가능한 분할의 수는 다음을 따른다[295-298].

$$B_N = \frac{1}{e} \sum_{j=0}^{\infty} \frac{j^N}{j!} \qquad (9.6)$$

그림 9.7에서 볼 수 있듯이, B_N은 네트워크의 크기 N에 따라 지수보다 빠르게 증가한다.

식 (9.5)와 식 (9.6)은 커뮤니티 식별의 근원적인 어려움을 드러내고 있는데, 네트워크를 분할할 수 있는 방법의 수는 네트워크의 크기 N에 대해 지수적으로 혹은 그보다 빠르게 증가한다. 그러므로 거대한 네트워크를 나눌 수 있는 모든 분할 방법을 조사하는 것은 불가능하다(글상자 9.2).

요약하자면, 커뮤니티에 대한 개념은 각 커뮤니티가 국소적으로 빽빽하게 연결된 부분그래프에 해당한다는 기대를 바탕으로 하고 있다. 이 가설은 클리크부터 약한 커뮤니티나 강한 커뮤

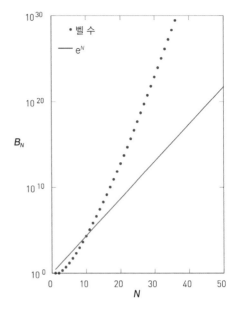

그림 9.7 분할의 개수

크기 N인 네트워크를 분할하는 방법의 수는 벨 수 (Bell number, 식 (9.6))로 제공된다. 그림은 지수 함수와 벨 수를 비교하는데, 가능한 분할의 수는 지수보다 빠르게 증가한다. 네트워크 크기 $N = 50$의 네트워크에는 10^{40}을 넘는 가능한 분할이 존재하고, 모든 가능한 커뮤니티를 조사하는 것을 목표로 하는 막무가내식의 방법은 계산적으로 불가능한 수준이다.

그림 9.8 영화에서의 밤

영화 〈트래블링 세일즈맨(Traveling Sales-man)〉은 P 대 NP 문제를 해결한 네 명의 수학자에 대한 지적 스릴러로, 2012년 작품이다. 이영화에서 수학자들은 그들의 발견이 어떤 의미인지에 대해 논의한다. P 대 NP 문제는 다항 시간으로 해를 입증할 수 있는 모든 문제는 다항 시간으로 해를 구할 수 있는지 묻는다. 이문제는 일곱 가지 밀레니엄 상 문제(Millennium Prize Problems) 중 하나이며, 백만 달러의 상금이 가장 처음으로 정확한 해를 구하는 사람을 기다리고 있다. 여행하는 외판원은 여러 도시를 정확히 한 번만 방문하고 마지막에는 출발한 도시로 돌아오는 가장 짧은 경로를 찾는 판매원을 의미한다. 문제는 간단해 보이지만 사실 이 문제는 NP 완전 문제로, 최단 경로를 찾으려면 모든 조합의 경로를 분석해야한다.

알고리즘을 실행하는 데 얼마나 오래 걸리는가? 실행 시간은 우리가 알고리즘을 실행하는 컴퓨터의 속도에 달려 있기 때문에, 이에 대한 답은 분이나 시간으로 주어지지 않는다. 대신 알고리즘이 수행하는 컴퓨팅의 횟수가 고려된다. 예를 들면, N개의 숫자로 구성된 리스트에서 가장 큰 숫자를 찾는 알고리즘은 리스트의 숫자 하나하나를 비교 순간까지 가장 크다고 알려진 숫자와 비교해야 한다. 일반적으로 알고리즘의 실행 시간이 N^x을 따르면 **다항적**polynomial이라고 한다.

실행 시간이 N^3에 비례하는 알고리즘은 실행 시간이 N을 따르는 알고리즘보다 느리다. 그러나 이 차이는 실행 시간이 2^N처럼 지수적으로 증가하는 알고리즘에 비하면 무시할 만하다. 예를 들면, 실행 시간이 N에 비례하는 알고리즘이 $N = 100$의 요소들을 대상으로 한 계산에 1초가 걸린다고 한다면, N^3을 따르는 알고리즘은 같은 컴퓨터로 거의 세 시간이 걸린다. 그러나 지수(2^N) 알고리즘은 완료하기까지 10^{20}년이 걸릴 것이다.

알고리즘이 다항적 시간 안에 풀 수 있는 문제는 P 유형 문제라고 한다. 네트워크 과학에서 만나는 몇 가지 컴퓨터 계산 문제는 이를 풀 수 있는 알려진 다항적 알고리즘이 없고, 사용 가능한 알고리즘은 지수적인 실행 시간을 필요로 한다. 다만, 결과의 정확성은 빠르게 다항 시간 안에 확인할 수 있다. 여행하는 외판원 문제(그림 9.8), 그래프 색칠 문제, 최대 클리크 판별, 그래프를 특정한 유형과 노드로 분할하는 문제(글상자7.4)를 포함하는 **NP 완전**NP complete 문제의 경우에 그렇다.

NP 완전성의 영향은 대중매체의 관심도 사로잡았다. CBS TV 시리즈 〈Numbers〉의 주요 등장인물인 샤를 앱스Charlie Epps는 어머니의 삶에서 마지막 세 달의 시간을 NP 완전 문제를 푸는 데 보냈다. 문제의 해법이 질병을 치료할 것이라고 확신했기 때문이다. 이와 유사하게, CBS TV 시리즈 〈Elementary〉에서의 이중 살인사건의 동기가 NP 완전 문제의 해를 찾는 것이다. 이는 NP 완전 문제가 갖는 암호 작성술에서의 엄청난 가치 때문이다.

니티처럼 다양하게 커뮤니티를 정의할 여지를 남긴다. 일단 하나의 정의를 채택하면, 네트워크에서 가능한 모든 분할을 조사하고 그중 정의에 가장 부합하는 경우를 골라낼 수 있다. 그러나 가능한 분할의 수는 네트워크의 크기에 대해 지수보다 빠르게 증가하기 때문에, 그런 막무가내식 접근 방법은 계산적으로 실현 불가능하다. 그러므로 우리는 모든 분할을 조사하지 않고서도 커뮤니티를 찾아낼 수 있는 알고리듬이 필요하다. 이것이 바로 다음 절의 주제다.

9.3 계층적 뭉치기

거대한 실제 네트워크의 커뮤니티 구조를 밝히기 위해서는 실행 시간이 N에 대해 다항식으로 증가하는 알고리듬이 필요하다. 이 절의 주제인 **계층적 뭉치기**hierarchical clustering는 이러한 목적을 달성하는 것을 돕는다.

계층적 뭉치기는 **유사도 행렬**similarity matrix에서 시작하는데, 유사도 행렬의 성분 x_{ij}는 노드 i와 노드 j 사이의 거리를 의미한다. 커뮤니티 찾기에서 유사도는 네트워크 안의 노드 i와 j의 상대적인 위치에서 추출한다.

일단 x_{ij}를 확보하면 계층적 뭉치기는 높은 유사도를 가진 노드 그룹을 반복적으로 찾아낸다. 이를 위해 두 가지 접근 방법을 사용할 수 있다. **병합 알고리듬**agglomerative algorithm은 유사도가 높은 노드를 같은 커뮤니티로 합쳐가는 반면, **분리 알고리듬**divisive algorithm은 커뮤니티를 연결하는 경향이 있는 낮은 유사도를 가진 링크를 제거함으로써 커뮤니티를 고립시켜간다. 두 과정 모두 계통도dendrogram라 부르는 계층 트리hierarchical tree를 만들어 내는데, 여기서 가능한 커뮤니티 분할을 예측할 수 있다. 다음으로는 네트워크에서 커뮤니티를 판별하기 위해 병합 알고리듬과 분리 알고리듬을 사용하는 방법을 탐색해보자.

9.3.1 병합하는 방법: 라바즈 알고리듬

물질대사 네트워크에서 기능성 분자를 판별하기 위해 제안한 **라바즈 알고리듬**Ravasz algorithm[289]을 논의하면서 **병합하는 계층적 뭉치기**agglomerative hierarchical clustering의 사용에 대해 알아보자. 알고리듬은 다음의 단계로 이뤄진다.

- **1단계: 유사도 행렬 정의**

  병합 알고리듬에서 유사도는 같은 커뮤니티에 속한 노드 쌍에서는 높아야 하고 서로 다른 커뮤니티에 속한 노드 쌍에서는 낮아야 한다. 네트워크 맥락에서 서로 연결되어 있거나 공통의 이웃과 연결된 노드들은 같은 커뮤니티에 속할 공산이 크고, 따라서 둘 사이의 x_{ij}는 커야 한다. 다음의 수식으로 표현되는 구조적인 중첩 행렬(그림 9.9)은 이런 예측을 보여준다.

$$x_{ij}^0 = \frac{J(i,j)}{\min(k_i, k_j) + 1 - \Theta(A_{ij})} \tag{9.7}$$

  여기서 $\Theta(x)$는 헤비사이드 계단 함수Heaviside step function로, $x \le 0$인 경우 0이고 $x > 0$인 경우에는 1이다. $J(i,j)$는 노드 i와 j 사이의 공통 이웃의 수이며, i와 j 사이에 직접 연결 링크가 있다면 여기에 하나를 추가(+1)한다. $\min(k_i, k_j)$는 링크수 k_i와 k_j 중 작은 수다. 따라서 만약 노드 i와 j 사이에 링크가 있고 그림 9.9(a)의 A와 B처럼 같은 이웃이 있다면

그림 9.9

(a) **라바즈 알고리듬**

작은 네트워크의 구조적인 중첩 x_{ij}^0을 나타내고 있다. 각 노드 쌍 (i,j)에 대해 중첩을 계산한다(식 (9.7)). 연결된 노드 쌍별로 얻은 x_{ij}^0이 각 링크 위에 나타나 있다. x_{ij}^0이 서로 직접 연결된 링크는 없으나 공통의 이웃이 있을 경우 0이 아닌 값을 가질 수 있음에 유의하자. 예를 들어, C와 E의 경우 $x_{ij}^0 = 1/3$이다.

(b) **구조적인 중첩 행렬**

(a)에 있는 네트워크의 구조적인 중첩 행렬 x_{ij}. 평균 연결 뭉치기를 적용한 뒤에 가장 높은 구조적인 중첩을 인접하게 두도록 행렬의 행과 열을 다시 정렬했다. 색깔은 (a)에서 계산한 각각의 노드 쌍 사이의 구조적인 중첩 정도를 나타낸다. 계통도를 주황색 선을 기준으로 자르면 네트워크를 구성하는 3개의 모듈을 만들 수 있다. 계통도는 EFG와 HIJK 모듈이 ABC 모듈보다 서로에게 더 가깝다는 것을 보여준다.

출처: [289]

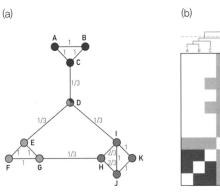

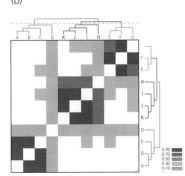

432

$x_{ij}^0 = 1$이다.

만약 A와 E처럼, i와 j에게 공동 이웃이 없거나 서로 연결되어 있지 않다면 $x_{ij}^0 = 0$이다.

노드 H, I, J, K 또는 E, F, G처럼 빽빽한 동일 지역에 있는 네트워크 이웃들은 구조적인 중첩이 높다.

- **2단계: 그룹 유사도 결정**

노드들이 작은 커뮤니티로 뭉쳤기 때문에 이제는 두 커뮤니티가 얼마나 닮았는지 측정할 수 있어야 한다. 노드 유사도 행렬 x_{ij}에서 커뮤니티 유사도를 계산하는 데는 **단일**single, **완전**complete, **평균 뭉침 유사도**average cluster similarity라고 부르는 세 가지 접근 방법을 주로 사용한다(그림 9.10). 라바즈 알고리듬은 **평균 뭉침 유사도** 방법을 사용하는데, 이는 두 커뮤니티의 유사도를 서로 다른 커뮤니티에 속한 모든 노드 쌍 i와 j로부터 얻은 x_{ij}의 평균으로 정의한다(그림 9.10(d)).

- **3단계: 계층적 뭉치기 적용**

라바즈 알고리듬은 커뮤니티를 판별하기 위해 다음의 절차를 수행한다.

1. 모든 노드에 자기 자신을 커뮤니티로 할당하고 모든 노드 쌍에 대해 x_{ij}를 계산한다.
2. 가장 높은 유사도를 가진 커뮤니티 쌍이나 노드 쌍을 찾고 둘을 하나의 커뮤니티로 뭉친다.
3. 새로운 커뮤니티와 다른 커뮤니티들 사이의 유사도를 계산한다.
4. 2단계와 3단계를 모든 노드가 하나의 커뮤니티를 형성할 때까지 반복한다.

- **4단계: 계통도**

3단계에서 쌍으로 뭉쳐가는 과정은 결국 모든 노드를 단일한 커뮤니티로 몰아간다. 계통도를 사용해서 밑바탕이 되는 커뮤니티 조직을 뽑아낼 수 있다.

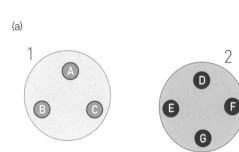

(a)

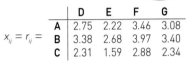

$$x_{ij} = r_{ij} =$$

	D	E	F	G
A	2.75	2.22	3.46	3.08
B	3.38	2.68	3.97	3.40
C	2.31	1.59	2.88	2.34

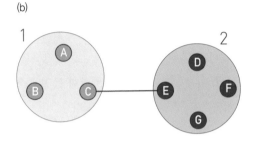

(b)

단일 연결: $x_{12} = 1.59$

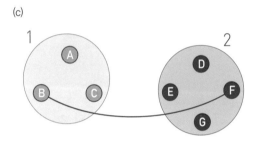

(c)

완전 연결: $x_{12} = 3.97$

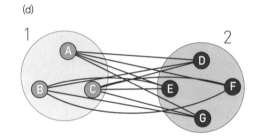

(d)

평균 연결: $x_{12} = 2.84$

그림 9.10 뭉침 유사도

병합하는 뭉치기에서는 노드 유사도 행렬 x_{ij}에서 두 커뮤니티 사이의 유사도를 결정할 필요가 있다. 이 절차를 점들의 집합으로 표현했는데, 두 점 사이의 유사도 x_{ij}는 둘 사이의 물리적인 거리 r_{ij}다. 네트워크에서 x_{ij}는 식 (9.7)에서 정의된 x_{ij}^0처럼 네트워크 기반의 거리 측정량에 해당한다.

(a) **유사도 행렬**(similarity matrix)

7개의 노드가 2개의 구분되는 커뮤니티를 형성한다. 표는 각 노드 쌍 사이의 거리 r_{ij}를 보여주고, 유사도 x_{ij}로 역할한다.

(b) **단일 연결 뭉치기**(single-linkage clustering)

커뮤니티 1과 2 사이의 유사도는 서로 다른 커뮤니티에 속한 노드 i와 j의 모든 쌍에서 얻은 x_{ij} 중 가장 작은 값으로 한다. 그러므로 유사도는 $x_{12} = 1.59$이며 이는 C와 E 사이의 거리에 해당한다.

(c) **완전 연결 뭉치기**(complete-linkage clustering)

두 커뮤니티 사이의 유사도는 서로 다른 커뮤니티에 속한 노드 i와 j의 모든 쌍에서 얻은 x_{ij} 중 최댓값으로 한다. 그러므로 $x_{12} = 3.97$이다.

(d) **평균 연결 뭉치기**(average-linkage clustering)

두 커뮤니티 사이의 유사도는 서로 다른 커뮤니티에 속한 노드 i와 j의 모든 쌍에서 얻은 모든 x_{ij}의 평균으로 한다. 이 방법이 라바즈 알고리듬에 적용됐고, 여기서의 $x_{12} = 2.84$다.

계통도는 노드를 특정 커뮤니티에 할당하는 순서를 시각화한다. 예를 들면, 그림 9.9(b)의 계통도는 노드 쌍이 $x_{ij}^0 = 1$ 값을 갖는 A와 B, K와 J, E와 F를 알고리듬이 먼저 뭉치는 것을 말해준다. 다음으로 노드 C를 (A, B) 커뮤니티에 추가하고 I는 (K, J)에, G는 (E, F)에 추가한다.

커뮤니티를 찾으려면 계통도를 잘라야만 한다. 계층적 뭉치기는 어디를 잘라야 하는지를 알려주지는 않는다. 예를 들어, 그림 9.9(b)에 표시된 점선을 사용하면 3개의 뚜렷한 커뮤니티(ABC, EFG, HIJK)를 얻을 수 있다.

대장균의 물질대사 네트워크(그림 9.3(a))에 적용된 라바즈 알고리듬은 박테리아 물질대사의 포개진 커뮤니티$^{nested community}$ 구조를 찾아낸다. 커뮤니티 구조의 생물학적 관련성을 검토하기 위해, 계통도의 가지를 각 대사물질의 알려진 생화학적 유형에 따라 색을 칠했다. 그림 9.3(b)에 보이는 바와 같이, 비슷한 생화학적 역할을 하는 기질은 트리의 같은 가지에 있는 경향이 있다. 다시 말해, 기존에 알려진 이들 대사물질의 생화학적인 유형은 네트워크 구조에서 얻어낸 커뮤니티의 생물학적 관련성을 확인한다.

계산 복잡도

라바즈 알고리듬을 실행하려면 얼마나 많은 컴퓨터 계산이 필요할까? 라바즈 알고리듬은 네 단계로 구성되어 있고, 각 단계는 각자의 계산 복잡도를 갖는다.

- **1단계**: 유사도 행렬 x_{ij}^0의 계산은 N^2 노드 쌍을 비교하도록 요구하기 때문에, 계산 횟수는 N^2 규모다. 다른 말해, **계산 복잡도**는 $O(N^2)$이다.

- **2단계**: 그룹 유사도는 각 단계마다 새 덩어리부터 다른 덩어리 사이의 거리를 결정해야 한다. 이 과정을 N번 하려면 $O(N^2)$ 계산이 필요하다.

- **3, 4단계**: 계통도를 그리는 것은 $O(N \log N)$번으로 수행할 수 있다.

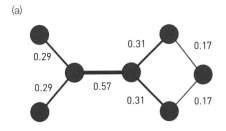

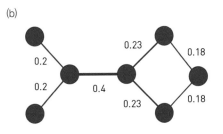

그림 9.11 중심성 측도

분리 알고리듬은 서로 다른 커뮤니티에 속한 노드들에게는 높고, 같은 커뮤니티 안에 있는 노드들 사이에는 낮은 중심성 측도가 필요하다. 이를 달성하기 위한 두 가지 측도가 있다.

(a) 링크 사이 중심도

링크 사이 중심도는 정보 전달에 있어 각 링크의 역할을 포착한다. 따라서 x_{ij}는 모든 노드 쌍 사이의 최단 경로가 링크 (i, j)를 지나는 개수에 비례한다. 그러므로 그림에서 $x_{ij} = 0.57$인 중앙의 링크처럼 커뮤니티 사이에 있는 링크가 높은 사이 중심도를 갖는다. 링크 사이 중심도의 계산은 성긴 네트워크의 경우 $O(LN)$ 또는 $O(N^2)$ 규모를 따른다[299].

(b) 마구걷기 사이 중심도

무작위로 노드 m과 n을 선택한다. 걷는 사람이 노드 m에서 시작해서 동일한 확률로 인접한 링크를 따라 노드 n에 도달할 때까지 이동한다. 마구걷기 사이 중심도(random-walk betweenness) x_{ij}는 가능한 시작 노드 m과 n의 조합을 모두 평균했을 때 마구걷기가 링크 $i \to j$를 거쳐갈 확률이다. 이를 계산하려면 $O(N^3)$의 계산 복잡도로 $N \times N$ 행렬의 역행렬을 구하고 $O(LN^2)$의 복잡도로 모든 노드 쌍의 흐름을 평균하는 과정이 필요하다. 따라서 마구걷기 사이 중심도의 총 계산 복잡도는 성긴 네트워크의 경우 $O[(L+N)N^2]$ 또는 $O(N^3)$이다.

1~4단계를 합치면, 필요한 컴퓨터 계산은 $O(N^2) + O(N^2) + O(N \log N)$의 규모를 따르는 것을 알 수 있다. 가장 느린 단계는 $O(N^2)$ 규모를 따르기 때문에, 이 알고리듬의 계산 복잡도는 $O(N^2)$이다. 그러므로 계층적 뭉치기는 일반적으로 $O(e^N)$을 따르는 마구잡이식 접근보다 훨씬 빠르다.

9.3.2 분리하는 방법: 거번-뉴만 알고리듬

분리하는 절차는 시스템적으로 서로 다른 커뮤니티를 연결하는 링크를 제거하여 결국에는 네트워크를 고립된 커뮤니티들로 분리한다. 이러한 방법을 어떻게 사용하는지 다음의 단계들로 구성된 미셸 거번$^{Michelle\ Girvan}$과 마크 뉴만$^{Mark\ Newman}$이 제안한 알고리듬[47, 299]을 소개하면서 설명하고자 한다.

- **1단계: 중심도 정의**

  병합 알고리듬은 같은 커뮤니티에 속하는 노드 쌍을 선택해 x_{ij}를 분석하는 데 반해, 분리 알고리듬에서 **중심도**^{centrality}라 부르는 x_{ij}는 서로 다른 커뮤니티에 있는 노드 쌍을 선택한다. 그래서 노드 i와 j가 다른 커뮤니티에 속해 있다면 x_{ij}의 값이 높고, 같은 커뮤니티에 있다면 낮길 기대한다. 이런 기대를 만족하는 두 중심성 측도를 그림 9.11에서 이야기한다. 둘 중 가장 빠른 것은 **링크 사이 중심도**$^{link\ betweenness}$로서, 링크 (i, j)를 지나는 최단 경로의 개수로 x_{ij}를 정의한다. 서로 다른 커뮤니티를 연결하는 링크는 높은 x_{ij}를 갖는 반면, 한 커뮤니티 안에 있는 링크는 낮은 x_{ij}를 가질 것으로 예상한다.

- **2단계: 계층적 뭉치기**

  분리 알고리듬의 마지막 단계는 병합하는 뭉치기에서 사용했던 것을 반영한다(그림 9.12).

  1. 각 링크의 중심도 x_{ij}를 계산한다.
  2. 가장 높은 중심도를 가진 링크를 제거한다. 동률일 경우 단 하나의 링크만 무작위로 제거한다.

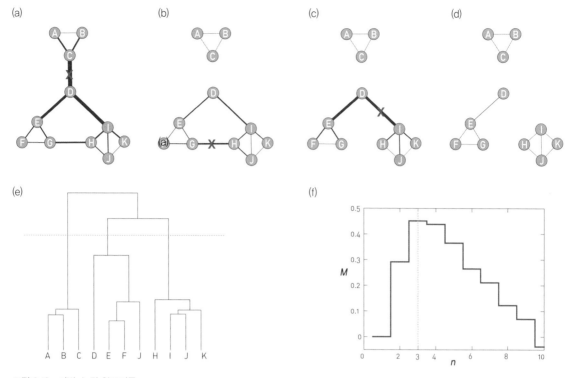

(a) (b) (c) (d) (e) (f)

그림 9.12 거번–뉴만 알고리듬

(a) 거번과 뉴만의 계층적 분리 알고리듬은 링크 사이 중심도를 중심성 측도로 사용한다(그림 9.11(a)). 그림에서 x_{ij}에 비례하게 매겨진 링크 가중치는 서로 다른 커뮤니티를 연결하는 링크가 가장 높은 x_{ij}를 갖는 것을 보여준다. 실제로 커뮤니티들 사이의 최단 경로는 모두 그 링크를 지나야 한다.

(b)~(d) 일련의 그림은 알고리듬이 어떻게 가장 높은 x_{ij} 값을 갖는 링크를 하나씩 제거하면서 3개의 단절된 커뮤니티를 남기는지를 보여준다. 사이 중심도는 링크를 제거할 때마다 매번 다시 계산해야 한다는 것을 유의하라.

(e) 거번–뉴만 알고리듬으로 생성한 계통도. 주황색 점선으로 표시된 3단계에서 자르면 네트워크에 나타난 세 커뮤니티를 볼 수 있다.

(f) 9.4절에서 소개한 모듈도 M은 최적으로 자르는 지점을 정하는 데 도움을 준다. 최적으로 자르는 지점이 3단계라는 예측과 모듈도의 최대치가 (e)에서 보이는 것처럼 일치한다.

3.   바뀐 네트워크에서 각 링크의 중심도를 다시 계산한다.

4.   모든 링크가 제거될 때까지 2단계와 3단계를 반복한다.

거번과 뉴만은 그들의 알고리듬을 재커리의 가라데 네트워크(그림 9.2(a))에 적용하여, 예측한 커뮤니티가 분열된 두 그룹과 거의 완벽하게 들어맞는다는 사실을 발견했다. 단지 세 노드만 부정확하게 분별됐다.

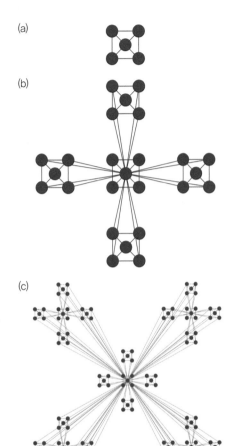

(a)

(b)

(c)

그림 9.13 계층적 네트워크

결정론적인 계층적 네트워크가 반복적으로 만들어지는 과정

(a) 5개의 노드가 완전히 연결된 모듈에서 시작한다. 그림에는 드러나지 않았지만 대각선 위치에 있는 노드도 역시 연결되어 있음을 유의하자.

(b) 시작 모듈과 동일한 4개의 복제품을 만들고 각 모듈의 주변부에 있는 노드들을 원본 모듈의 가운데에 있는 노드에 연결한다. 이 방식으로 $N = 25$ 노드인 네트워크를 얻는다.

(c) 25개 노드를 가진 모듈의 복제품을 4개 만들고, 주변부 노드들을 다시 원본 모듈의 가운데에 있는 노드에 연결해 $N = 125$ 노드인 네트워크를 만든다. 이 과정을 무한히 계속한다.

출처: [303]

계산 복잡도

분리 알고리듬에서 속도를 제한하는 단계는 중심도를 계산하는 부분이다. 따라서 분리 알고리듬의 계산 복잡도는 어떤 중심도를 사용하는지에 따라 달라진다. 가장 효율적인 것은 $O(LN)$의 계산 복잡도를 가진 링크 사이 중심도[300, 301, 302](그림 9.11(a))다. 링크 사이 중심도를 사용하는 알고리듬의 3단계는 실행 시간에 새로운 요소인 L을 추가하고, 결과적으로 성긴 네트워크의 경우 전체 알고리듬은 $O(L^2N)$이나 $O(N^3)$을 따른다.

9.3.3 실제 네트워크에서의 계층

계층적 뭉치기는 두 가지 근본적인 질문을 불러일으킨다.

포개진 커뮤니티

첫째, 작은 모듈이 더 큰 모듈 안에 포개져 있다고 가정한다. 이런 **포개진 커뮤니티**nested community는 계통도에서 잘 드러난다(그림 9.9(b)와 그림 9.12(e)). 그런데 어떤 네트워크에 계층이 실제로 존재한다는 것을 어떻게 알 수 있을까? 알고리듬을 통해 내재한 네트워크가 포개진 커뮤니티 구조를 보이는지 아닌지, 이러한 계층성을 드러낼 수 있을까?

커뮤니티와 척도 없는 특성

둘째, 밀도 가설은 네트워크가 부분그래프들이 서로 약하게 연결된 집합이라고 말한다. 척도 없는 네트워크에서 허브가 예상한 대로 여러 커뮤니티와 연결되었을 때는 커뮤니티가 어떻게 서로 분절될까?

그림 9.13에 구조가 나타나 있는 **계층적 네트워크 모형**hierarchical network model이 커뮤니티와 척도 없는 특성 사이의 충돌을 해결하고, 포개진 계층적 커뮤니티 구조에 대한 직관을 제공한다. 이렇게 얻은 네트워크는 몇 가지 핵심 특성을 보인다.

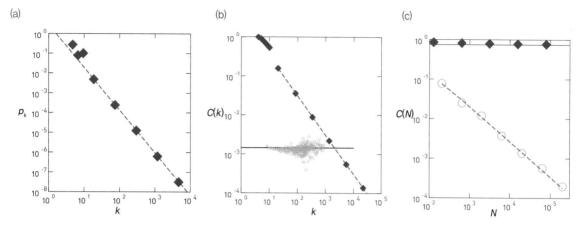

그림 9.14 계층적 네트워크의 눈금잡기

그림 9.13에 있는 계층적 네트워크의 특성을 세 가지 지표로 나타낼 수 있다.

(a) **링크수 분포**

생성된 네트워크의 척도 없는 특성이 기울기 $\gamma = \ln 5/\ln 4$인 p_k로 드러나며, 그림에 점선으로 표시되어 있다. 링크수 지수를 유도하는 방법은 [심화 주제 9.A]를 참고하라.

(b) **계층적 뭉치기**

$C(k)$는 점선으로 보이는 것처럼 식 (9.8)을 따른다. 원래 네트워크의 링크수를 보존하며 무작위로 재연결한 척도 없는 네트워크의 $C(k)$는 원형으로 표시했다. 척도 없는 특성이 사라진 것은 재연결 과정이 계층 구조를 사라지게 했음을 말해준다. 즉, $C(k)$는 링크수 분포 이상의 특성을 포착한다.

(c) **네트워크 크기와 무관한 뭉침 계수**

뭉침 계수 C의 네트워크 크기 N에 대한 의존성. 계층 모형의 경우 C는 N(채워진 도형)에 대해 독립적이지만, 바라바시-알버트 모형의 경우 $C(N)$이 감소한다(속이 빈 도형).

출처: [303]

척도 없는 특성

계층 모형이 생성한 척도 없는 네트워크의 링크수 지수(그림 9.14(a), [심화 주제 9.A])는 다음과 같다.

$$\gamma = 1 + \frac{\ln 5}{\ln 4} = 2.161$$

크기와 무관한 뭉침 계수

에르되시-레니 모형과 바라바시-알버트 모형에서는 뭉침 계수가 N에 따라 감소하는 반면(5.9절), 계층적 네트워크에서는 네트워크의 크기와 상관없이 $C = 0.743$이다(그림 9.14(c)). N과 무관한 뭉침 계수는 물질대사 네트워크에서 관찰한 바 있다[289].

계층적 모듈도

거대한 커뮤니티를 형성하는 수많은 작은 커뮤니티로 구성된 모형은 다시 더 큰 커뮤니티로 합쳐지기도 한다. 이런 포개진 계층적 모듈도의 정량적인 신호는 노드의 뭉침 계수가 링크수에 따라 다음의 관계를 따른다는 것이다[289, 303, 304].

$$C(k) \sim k^{-1} \tag{9.8}$$

다시 말해, 노드의 링크수가 클수록 뭉침 계수는 더 작아진다.

식 (9.8)은 네트워크에서 커뮤니티가 형성되는 방법을 표현한다. 실제로, 링크수가 작은 노드는 빽빽한 커뮤니티에 속해 있기 때문에 높은 C를 갖는다. 링크수가 큰 노드는 다양한 커뮤니티에 연결되어 있기 때문에 낮은 C 값을 갖는다. 예를 들면, 그림 9.13(c)에서 노드 5개로 된 모듈의 가운데에 있는 노드는 $k = 4$이고 $C = 4$다. 25개의 노드를 가진 모듈에서 가운데에 있는 노드는 $k = 20$이고 $C = 3/19$다. 125개의 노드가 있는 모듈에서는 가운데에 있는 노드가 $k = 84$이고 $C = 3/83$이다. 노드의 링크수가 더 높을수록 C는 작아지는 것이다.

계층적 네트워크 모형은 $C(k)$를 조사하면 네트워크가 계층적인지 아닌지를 결정할 수 있음을 보여준다. 하지만 에르되시-레니와 바라바시-알버트 모형에서 $C(k)$는 k에 독립적이며, 계층적 모듈도를 보이지 않는다. 실제 시스템에 계층적 모듈도가 존재하는지 보기 위해, 10개의 참고 네트워크에서 $C(k)$를 계산해 다음을 발견했다(그림 9.36).

- 오직 전력망만이 계층적 모듈도가 없었고, 전력망의 $C(k)$는 k에 대해 독립적이었다(그림 9.36(a)).
- 나머지 9개의 네트워크는 $C(k)$가 k에 따라 감소한다. 따라서 이런 네트워크들에서 링크수가 작은 노드들은 빽빽한 작은 커뮤니티의 일부인 데 반해, 허브들은 서로 분리된 커뮤니티들을 연결한다.
- 과학 공동연구, 물질대사, 인용 네트워크에서 $C(k)$는 k가 높은 영역에서는 식 (9.8)을 따른다. 인터넷, 휴대전화, 이메일,

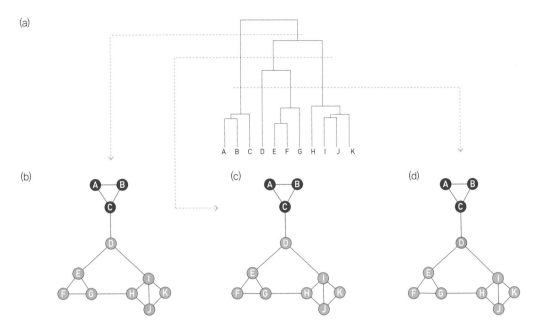

그림 9.15 계층적 뭉치기의 모호함

계층적 뭉치기는 계통도의 어느 곳을 잘라야 하는
지 말해주지는 않는다. 실제로, 그림 9.9(a)의 어디
를 자르는지에 따라, 커뮤니티를 (b) 2개, (c) 3개,
또는 (d) 4개를 얻을 수 있다. 작은 네트워크는 눈
으로 보고 가장 적절한 커뮤니티를 결정할 수 있
으나, 거대한 네트워크에서는 불가능하다. 다음
절에서는 최적으로 자르는 데 도움을 줄 수 있는
모듈도에 대해 논의한다.

단백질 상호작용, 월드와이드웹 네트워크의 $C(k)$는 식 (9.8)
을 따르지 않기 때문에 개별적으로 다뤄야 한다. 더 자세한
네트워크 모형들은 β가 0과 2 사이에 있는 $C(k) \sim k^{-\beta}$일 것
으로 예측한다[303, 304].

요약하자면, 원칙적으로 계층적 뭉치기는 커뮤니티의 크기나 개
수에 대한 사전 정보를 필요로 하지 않는다. 실제에서는 계층적
뭉치기는 계통도를 생성하며, 연구하는 네트워크의 특징을 알
수 있는 일련의 커뮤니티 분할 계통을 제공한다. 이 계통도 어떤
분할이 내재한 커뮤니티 구조를 가장 잘 드러내는지를 말해주
지는 않는다. 실제로 계층 트리를 어떻게 잘라도 잠재적으로 유
효한 분할을 만들어낸다(그림 9.15). 이런 특징은 모든 네트워크
에는 정답과 같은 고유의 커뮤니티 구조가 있을 것이라는 기대
에는 상충된다.

　네트워크의 계층에 대해서는 다양한 개념이 있지만[305,
306], $C(k)$를 조사하는 것은 네트워크에 계층적 모듈도가 존재
하는지를 결정하는 데 도움이 된다. 대부분의 실제 네트워크에
서는 $C(k)$가 감소한다는 사실을 찾았고, 이는 대부분의 실제 시

스템은 계층적 모듈도를 보인다는 뜻이다. 동시에, 에르되시-레니 모형이나 바라바시-알버트 모형에서 $C(k)$는 k와 무관하다. 이는 이런 고전적인 모형에는 계층 조직이 결여되어 있음을 의미한다.

9.4 모듈도

노드가 무작위로 이어진 네트워크에서는 노드 사이의 연결 패턴이 네트워크의 링크수 분포와 무관하게 일정할 것이라고 예상된다. 따라서 이런 네트워크에서는 우리가 커뮤니티라고 해석할 수 있을 만큼 밀도가 지역에 따라 체계적으로 달라질 것이라고 기대되지는 않는다. 이런 추측은 커뮤니티 구성에 대한 세 번째 가설에 영감을 주었다.

[H3: 무작위 가설]
무작위로 이어진 네트워크는 내재한 커뮤니티 구조가 없다.

이 가설에는 몇 가지 실행 가능한 요소가 있다. 커뮤니티의 링크 밀도를 동일한 노드 그룹을 가졌으나 무작위로 재연결한 네트워크의 링크 밀도와 비교하면, 커뮤니티가 조밀한 부분그래프에 해당하는지 아니면 연결 패턴이 우연히 나타난 것인지를 결정할 수 있다.

이 절에서는 무작위 구조에서 체계적으로 벗어난 정도를 통해 각 분할의 품질을 측정하는 **모듈도**modularity를 정의해본다. 즉, 모듈도는 어떤 특정한 커뮤니티 분할이 다른 경우들보다 더 나은지를 알게 해준다. 최종적으로 모듈도 최적화는 커뮤니티를 찾는 새로운 접근법을 제공한다.

9.4.1 모듈도

노드 N개와 링크 L개가 n_c 커뮤니티로 분할되어 있는 네트워크를 생각해보자. 각 커뮤니티는 N_c개의 노드가 서로 L_c개의 링크로 연결되어 있고, 여기서 $c = 1, ..., n_c$다. 만약 N_c 노드들의 사이를 잇는 L_c가 동일한 링크수 배열을 가진 네트워크에서 기대되는 양보다 많다면, H2 가설에 따라 부분그래프 C_c의 노드들은 실제로 진짜 커뮤니티의 부분이라고 볼 수 있을 것이다(그림 9.2). 그래서 i와 j 사이의 실제 네트워크에서의 연결 상태(A_{ij})와 무작위로 연결된 네트워크에서 예상되는 연결 상태(p_{ij})의 차이를 비교해 측정하면 다음과 같다.

$$M_c = \frac{1}{2L} \sum_{(i,j) \in C_c} (A_{ij} - p_{ij}) \tag{9.9}$$

여기서 p_{ij}는 원본 네트워크를 각 노드의 기대 링크수expected degree는 보존한 채 무작위화하여 결정할 수 있다. 링크수를 보존하는 영 모형null model(식 (7.1))을 사용하면 다음을 얻을 수 있다.

$$p_{ij} = \frac{k_i k_j}{2L} \tag{9.10}$$

만약 M_c가 양수라면 부분그래프 C_c는 우연히 얻어질 것이라고 예상되는 값보다 많은 링크를 가진 것이고, 따라서 잠재적으로 커뮤니티라고 볼 수 있다. 만약 M_c가 0이라면, N_c 노드들 사이의 연결은 무작위이고, 링크수 분포로 완전히 설명할 수 있다. 마지막으로 M_c가 음수라면 C_c의 노드들은 커뮤니티를 형성하지 않는다.

식 (9.10)을 사용해 모듈도 식 (9.9)의 더 간단한 형태를 유도할 수 있으며(심화 주제 9.B),

$$M_c = \frac{L_c}{L} - \left(\frac{k_c}{2L} \right)^2 \tag{9.11}$$

여기서 L_c는 커뮤니티 C_c 안에 있는 전체 링크의 수이고, k_c는 그 커뮤니티 안에 있는 모든 노드의 링크수의 합이다.

이 아이디어를 전체 네트워크에 일반화하기 위해, 네트워크를 n_c개의 커뮤니티로 나눈 완벽한 분할을 떠올리자. 분할된 부분그래프 안의 링크 밀도가 링크를 무작위로 재연결한 네트워크에서 예상되는 밀도와 다른지 살펴보기 위해, 그 분할 자체의 **모듈도**는 모든 n_c 커뮤니티에 대한 식 (9.11)의 값을 모두 더한 합으로 정의한다[299].

$$M = \sum_{c=1}^{n_c} \left[\frac{L_c}{L} - \left(\frac{k_c}{2L} \right)^2 \right] \qquad (9.12)$$

모듈도는 다음과 같은 핵심 특성이 있다.

• **높은 모듈도는 더 우수한 분할을 의미한다.**

분할의 모듈도 M이 높으면 해당하는 커뮤니티 구조는 더 우수하다. 실제로, 그림 9.16(a)에서 최대 모듈도($M = 0.41$) 사

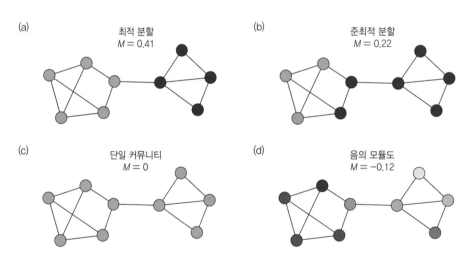

그림 9.16 모듈도

모듈도를 더 잘 이해하기 위해 명백한 2개의 커뮤니티를 가진 네트워크를 다양하게 분할해 각 방법별로 식 (9.12)에서 정의한 모듈도 M을 구해본다.

(a) **최적 분할**

최대 모듈도 $M = 0.41$을 보이는 방법으로 분할하면 2개의 뚜렷한 커뮤니티와 일치한다.

(b) **준최적 분할**

준최적으로 양의 모듈도 $M = 0.22$를 보이는 분할은 네트워크의 커뮤니티를 정확히 판별하는 데 실패했다.

(c) **단일 커뮤니티**

모든 노드를 동일한 커뮤니티로 지정하면 $M = 0$이고, 네트워크 구조와는 무관해진다.

(d) **음의 모듈도**

각 노드를 모두 다른 커뮤니티로 할당하면 음수인 모듈도 $M = -0.12$를 얻는다.

례가 명백한 2개의 커뮤니티를 정확하게 포착한다. 더 낮은 모듈도를 보이는 분할은 이 경우에서 명백하게 벗어나 있다(그림 9.16(b)). 분할의 모듈도는 1을 넘을 수 없음을 유의하라 [307, 308].

- **0인 모듈도와 0보다 낮은 모듈도**

  전체 네트워크를 하나의 커뮤니티로 취급하면 식 (9.12)의 괄호 안 두 성분이 동일하기 때문에 $M = 0$이다(그림 9.16(c)). 만일 개별 노드가 모두 각자의 커뮤니티라고 한다면, $L_c = 0$이고 식 (9.12)의 합은 n_c개의 음수 항을 갖기 때문에 M은 0보다 낮은 값이 된다(그림 9.16(d)).

계층적인 방법으로 얻을 수 있는 다양한 분할 방안 중 커뮤니티 구조를 가장 잘 설명하는 것을 선택하기 위해서는 M이 최대인 경우를 고르면 된다. 그림 9.12(f)에 계통도를 자르는 방법별로 해당 M 값이 나타나 있으며, 커뮤니티를 셋으로 나눌 때 M이 최댓값임을 명확히 알 수 있다.

9.4.2 탐욕 알고리듬

높은 모듈도를 보이는 분할이 내재한 커뮤니티 구조를 더 정확하게 찾아내리라는 기대는 마지막 가설을 고안하게 한다.

[H4: 최대 모듈도 가설]
주어진 네트워크에 대해, 최대의 모듈도를 보이는 분할이 최적의 커뮤니티 구조에 해당한다.

예상되는 커뮤니티가 최대 M일 때 잘 맞았던 작은 네트워크들에 대한 탐구 결과가 이 가설을 뒷받침한다(그림 9.12와 그림 9.16). 최대 모듈도 가설은 여러 커뮤니티 찾기 알고리듬의 시작점이고, 각 알고리듬은 모듈도가 가장 최대일 때의 분할을 탐색한다. 이론적으로는 모든 가능한 분할의 M을 확인하고, 그중 M이 최댓값일 때를 선택해 최적의 분할을 판별할 수 있다. 그러나 기하급수적으로 증가하는 분할의 경우의 수를 고려할 때, 이러한 마구잡이식 분석은 컴퓨터 시뮬레이션 관점에서 가능하지 않다. 다음으로는 모든 분할을 검사할 필요 없이 최대의 M에 가까운 분할을 찾아내는 알고리듬을 알아본다.

탐욕 알고리듬

뉴만[309]이 처음으로 제안한 모듈도 최대화 알고리듬은 반복적으로 분할의 모듈도가 높아지는 방향으로 커뮤니티 쌍을 합쳐간다. 이 알고리듬은 다음의 단계를 따른다.

1. 각 노드를 개별 커뮤니티로 지정하여 하나의 노드를 가진 N개의 커뮤니티로 시작한다.

2. 최소 하나 이상의 링크로 연결된 커뮤니티 쌍을 각각 조사하여 둘을 합칠 경우 모듈도가 얼마나 달라지는지에 대한 ΔM을 조사한다. ΔM이 가장 큰 커뮤니티 쌍을 찾아서 둘을 합친다. 모듈도는 항상 전체 네트워크를 대상으로 계산하는 것을 유의하라.

3. 모든 노드가 하나의 커뮤니티로 합쳐질 때까지 2단계를 반복하고 각 단계마다 M을 기록한다.

4. 그중 M이 최대인 분할을 선택한다.

탐욕 알고리듬의 예측력을 알아보기 위해, arxiv.org에 논문을 발표한 물리학 전 분야의 과학자 N = 56,276명으로 구성된 물리학자 공동연구 네트워크를 살펴보자(그림 9.17). 탐욕 알고리듬은 최대 모듈도 M = 0.713으로 600여 개의 커뮤니티를 예측한다. 이 중 네 커뮤니티는 매우 거대하고, 합쳐서 전체 77%의 노드를 포함한다(그림 9.17(a)). 가장 거대한 커뮤니티의 저자 중 93%가 응집물질물리에 관한 논문을 출판한 반면 두 번째로 큰 커뮤니티의 87%에 해당하는 저자는 고에너지물리학에 관한 논문을 출판했으며, 각 커뮤니티가 유사한 전문 분야에 흥미를 가진 물리학자들로 구성되어 있음을 보여준다. 탐욕 알고리듬의 정확성은 그림 9.2(a)에도 나타나 있는데, 재커리 가라데 클럽의 가장 높은 M을 갖는 분할이 클럽의 분열을 정확하게 잡아낸다.

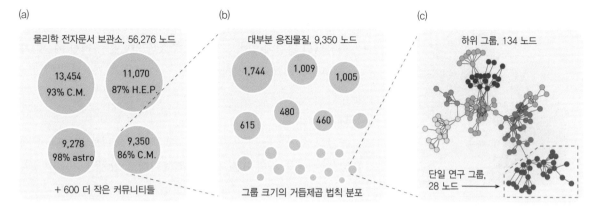

그림 9.17   탐욕 알고리듬

(a) **물리학자 뭉치기**

물리학자들의 공동연구 네트워크의 커뮤니티 구조. 탐욕 알고리듬은 4개의 거대한 커뮤니티를 예측했는데, 각 커뮤니티는 비슷한 흥미를 가진 물리학자들로 구성되어 있다. 이를 각 커뮤니티별로 보기 위해, 같은 분야에 속한 물리학자들의 백분율을 나타냈다. 전문 분야는 전자문서 저장소에 공개된 개별 논문의 소분류를 따라 정했다. C.M.은 응집물질(condensed matter)을 의미하고, H.E.P.는 고에너지물리학(high-energy physics)을 뜻하며, astro는 천체물리학(astrophysics)을 말한다. 이 4개의 거대한 커뮤니티는 600여 개의 더 작은 커뮤니티들과 공존하며 전체 모듈도는 $M = 0.713$이다.

(b) **하위 커뮤니티 판별**

개별 커뮤니티를 독립된 네트워크로 간주하고 탐욕 알고리듬을 적용하면 하위 커뮤니티를 찾아낼 수 있다. 이런 방법으로 응집물질 커뮤니티를 더 작은 하위 커뮤니티로 나눌 수 있고, 전체 분할의 모듈도는 $M = 0.807$로 증가한다.

(c) **연구 그룹**

작은 커뮤니티들 중 하나를 더 분할하여 개별 연구자들과 그들이 속한 연구 그룹을 드러낸다.

출처: [309]

계산 복잡도

각각의 ΔM을 계산하는 것이 동일한 시간이 걸리기 때문에, 탐욕 알고리듬의 2단계는 $O(L)$의 계산을 필요로 한다. 어떤 커뮤니티를 합칠지 결정한 후, 행렬을 갱신하는 것은 최악의 경우 $O(L)$의 시간이 걸린다. 탐욕 알고리듬은 $N - 1$번의 커뮤니티 병합을 요구하기 때문에, 이 과정의 복잡도는 성긴 네트워크의 경우 $O[(L + N)N]$ 또는 $O(N^2)$이다. 이 알고리듬을 최적화하면 계산 복잡도는 $O(N \log^2 N)$이다(온라인 자료 9.1).

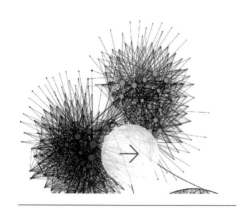

온라인 자료 9.1
모듈도 기반 알고리듬

커뮤니티를 찾는 데 광범위하게 사용되는 모듈도
를 최대화하는 알고리듬들이 있다.

최적화된 탐욕 알고리듬(optimized greedy algorithm)

성긴 행렬의 데이터 구조를 사용하면 탐욕 알고
리듬의 계산 복잡도를 $O(N \log^2 N)$으로 낮출 수
있다[310]. 코드는 http://cs.unm.edu/~aaron/
research/fastmodularity.htm을 참고하라.

루뱅 알고리듬(Louvain algorithm)

이 모듈도 최적화 알고리듬의 계산 복잡도는
$O(L)$이다[282]. 따라서 그림 9.1처럼 수백만 개
의 노드가 있는 네트워크에서도 커뮤니티를 찾아
낼 수 있다. [심화 주제 9.C]에 알고리듬이 자세
히 설명되어 있다. https://sites.google.com/site/
findcommunities/를 참고하라.

9.4.3 모듈도의 한계

커뮤니티 판별에 있어 모듈도의 중요한 역할을 고려할 때, 몇 가
지 한계도 반드시 알아야 한다.

해상도 한계

모듈도 최적화는 작은 커뮤니티들을 더 큰 하나로 만든다. 실제
로, 커뮤니티 A와 B를 하나의 커뮤니티로 합치면, 네트워크의
모듈도는 다음을 따라 바뀐다(심화 주제 9.B).

$$\Delta M_{AB} = \frac{l_{AB}}{L} - \frac{k_A k_B}{2L^2} \tag{9.13}$$

여기서 l_{AB}는 총 링크수 합이 k_A인 커뮤니티 A 안에 있는 노드
들을 총 링크수 합이 k_B인 커뮤니티 B 안에 있는 노드들과 연결
하는 링크의 수다. 만약 A와 B가 구별되는 커뮤니티라면, M이
최대로 되었을 때 둘이 구분된 채로 남아야 한다. 그러나 다음에
살펴보겠지만 이것이 항상 그렇지는 않다.

두 커뮤니티 A와 B 사이에 최소 하나의 링크가 존재할 때(l_{AB}
≥ 1), 식 (9.13)은 $k_A k_B / 2L < 1$인 경우 $\Delta M_{AB} > 0$이라고 예측한
다. 이 경우 모듈도를 최대화하려면 A와 B를 하나로 합쳐야 한
다. 간단히 하기 위해 $k_A \sim k_B = k$라고 가정하고, 커뮤니티들의
총 링크수가 다음을 만족하면

$$k \leq \sqrt{2L} \tag{9.14}$$

A와 B가 실제로 서로 다른 커뮤니티라고 할지라도 서로 합쳤
을 때 모듈도가 증가한다. 이것이 모듈도의 한계다. 만약 k_A와 k_B
가 문턱값 식 (9.14)보다 낮으면, 둘 사이를 연결할 것이라고 **기
대되는**expected 링크의 수는 1보다 작다. 따라서 단 하나의 링크라
도 둘 사이에 있다면, M을 최대화하기 위해 커뮤니티를 합치도
록 강제할 수 있다. 이러한 해상도 한계는 여러 파급 효과를 낳
는다.

- 모듈도 최대화 방법은 식 (9.14)의 해상도 한계보다 작은 커

뮤니티를 찾지 못한다. 예를 들어, $L = 1,497,134$인 WWW 표본의 경우(표 2.1), 모듈도 최대화는 전체 링크수가 $k_C \lesssim$ 1,730인 커뮤니티를 찾는 데 어려움을 겪는다.

- 실제 네트워크는 수많은 작은 커뮤니티들을 갖는다[311, 312]. 식 (9.14)의 해상도 한계 아래에서 작은 커뮤니티들이 체계적으로 하나의 큰 커뮤니티로 합쳐지기 때문에, 밑바탕에 깔린 커뮤니티 구조를 잘못 특성화할 수 있다.

해상도 한계를 넘어서기 위해, 모듈도 최적화로 구한 큰 커뮤니티들을 추가로 더 작게 나눠볼 수 있다[309, 313]. 예를 들면, 그림 9.17(a)의 작은 응집물질 그룹을 독립된 네트워크로 간주하고 탐욕 알고리듬에 넣어보면 100여 개의 작은 커뮤니티들을 얻으면서, 모듈도를 $M = 0.807$로 향상할 수 있다(그림 9.17(b)) [309].

최대 모듈도

모듈도 최대화를 기반으로 하는 모든 알고리듬은 네트워크에 뚜렷한 커뮤니티 구조가 있다면, 최대 M 값을 가질 때 가장 최적으로 분할될 것이라는 가정에 기대고 있다[314]. 실제에서는 M_{max}가 찾기 쉬운 최댓값이며, M_{max}에 해당하는 분할을 다른 분할 방법들과 구별할 수 있기를 바란다. 그러나 다음에 살펴보겠지만, 최적의 분할을 최적에 가까운 다양한 분할들 사이에서 구별하기는 어렵다.

부분그래프 n_c개와 링크 밀도 $k_C \approx 2L/n_c$로 구성된 네트워크를 생각해보자. 최상의 분할은 각 덩어리가 개별 커뮤니티인 형태로(그림 9.18(a)), $M = 0.867$이다. 그러나 만약 이웃 덩어리들을 쌍으로 합쳐 하나의 커뮤니티를 만든다면 더 높은 모듈도인 $M = 0.87$을 얻는다(그림 9.18(b)). 일반적으로 식 (9.13)과 식 (9.14)는 두 덩어리 쌍을 합치는 경우에 모듈도가

$$\Delta M = \frac{l_{AB}}{L} - \frac{2}{n_c^2} \tag{9.15}$$

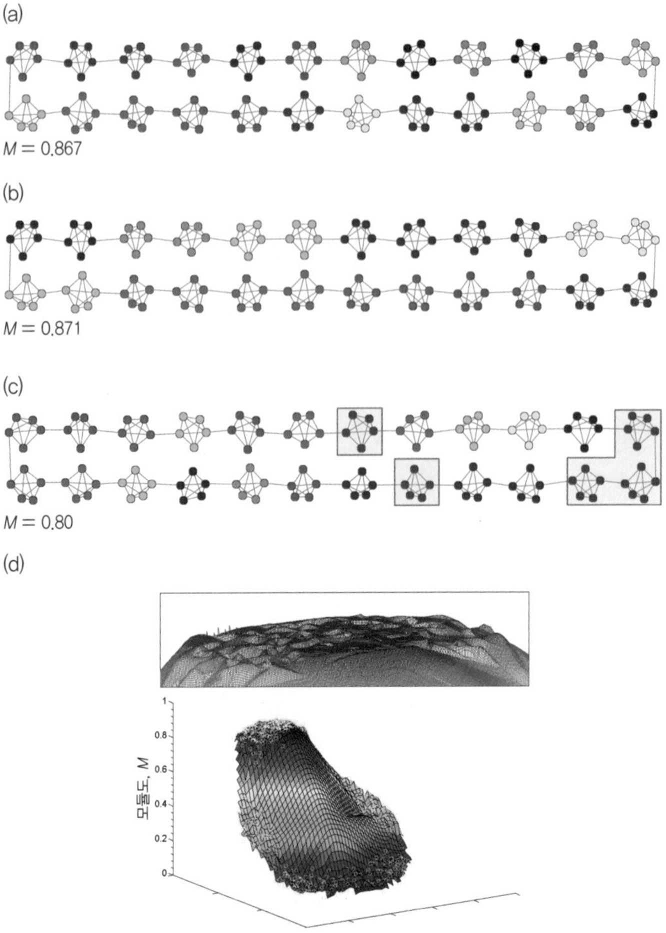

그림 9.18 최대 모듈도

각각 5개의 노드로 구성된 클리크 24개로 만든 고리 네트워크

(a) **직관적인 분할**

가장 좋은 분할은 개별 덩어리가 각각의 커뮤니티로 분리되는 형태다. 이 경우 모듈도 $M = 0.867$이다.

(b) **최적 분할**

노드 색으로 나타난 것처럼 각 덩어리를 쌍으로 묶으면 직관적으로 분할한 (a)보다 높은 값인 모듈도 $M = 0.871$을 얻는다.

(c) **무작위 분할**

비슷한 모듈도를 가진 분할은 다소 다른 커뮤니티 구조를 보였다. 한 예로 개별 클러스터를 무작위로 커뮤니티에 할당하면, 강조된 5개의 덩어리들처럼 서로 연결된 링크가 없는 경우라도 하나의 커뮤니티로 지정될 수도 있다. 이 무작위 분할의 경우 최적 모듈도인 0.87과 그리 크게 차이 나지 않는 모듈도 $M = 0.80$을 기록했다.

(d) **모듈도 평원**

총 997개의 분할에서 재구성한 네트워크의 모듈도 함수. 세로축으로 모듈도 M을 나타내는데, 높은 모듈도 평원으로 보이는 곳에도 낮은 모듈도를 가진 분할이 수없이 섞여 있다. 그러므로 분명한 모듈도 최댓값은 찾을 수 없고, 모듈도 함수는 높은 축퇴(degenerate)를 보인다.

출처: [314]

(a)

$M = 0.867$

(b)

$M = 0.871$

(c)

$M = 0.80$

(d)

를 따르며 변할 것이라고 예상한다.

다시 말해, 모듈도의 하락은 $\Delta M = -2/n_c$보다 작다. 커뮤니티의 수 $n_c = 20$인 네트워크에서 이 변화는 최대로 잡아도 $\Delta M = -0.005$이고, 최대 모듈도 $M \simeq 0.87$(그림 9.18(b))에 비하면 무시할 수준이다. 그룹의 수가 증가하면 ΔM_{ij}가 0으로 가고, 최적의 분할을 실제적으로 M_{max}에 가까운 수많은 준최적의 대안들과 구분하는 것은 점점 더 어려워진다. 다시 말해, 모듈도 함수는 단일의 최적 분할에서 치솟는 것이 아니라 높은 모듈도 평원을 형성한다(그림 9.18(d)).

정리하자면, 모듈도는 네트워크의 커뮤니티 구조를 이해하는 첫 원리를 제공한다. 실로 식 (9.12)는 커뮤니티의 의미가 무엇이며 어떻게 적절한 영 모형을 선택하는지, 특정 분할이 얼마나 좋은지를 어떻게 측정할 것인가 같은 여러 핵심 질문을 간결한 형태로 포함한다. 따라서 모듈도 최적화는 커뮤니티 찾기 문헌에서 중심 역할을 담당한다.

그와 동시에, 모듈도는 몇 가지 잘 알려진 한계가 있다. 먼저, 작고 약하게 연결된 커뮤니티들을 합치도록 강제한다. 둘째, 네트워크에는 명확한 최대 모듈도가 결여되어 있고, 대신 분간하기 어려운 모듈도를 갖는 수많은 분할들로 구성된 모듈도 평원을 만들어낸다. 이 평원은 왜 수많은 모듈도 최대화 알고리듬이 높은 M을 갖는 분할을 찾아내는지를 설명한다. 그 알고리듬들은 최적 M에 가까운 수많은 분할 중 하나를 찾아내기 때문이다. 마지막으로, 해석적인 계산이나 수치적인 시뮬레이션 모두 무작위 네트워크에조차 높은 모듈도를 갖는 분할이 있음을 나타내는데, 이는 모듈도 개념을 촉발한 가설 H3과 잘 맞지 않는다 [315, 316, 317].

모듈도 최적화는 더 넓은 범위의 문제, 즉 품질 함수 Q를 최적화하여 커뮤니티를 찾는 것의 특별한 경우다. [심화 주제 9.C]에서 설명하는 탐욕 알고리듬과 루뱅 알고리듬은 $Q = M$이라고 가정하고 최대 모듈도를 탐색한다. [심화 주제 9.C]에서 함께 설명하는 인포맵^{Infomap} 알고리듬은 맵 방정식 L을 최소로 하여 커뮤니티를 찾는 엔트로피 기반의 분할 품질 측정법이다[318, 319, 320].

9.5 중첩된 커뮤니티

하나의 노드가 하나의 커뮤니티에 한정되는 경우는 드물다. 과학자를 떠올려보면, 일단 전문적인 흥미를 공유하는 과학자 커뮤니티에 속해 있다. 그러나 가족과 친지로 구성된 커뮤니티에도 속해 있고, 아마도 취미를 공유하는 사람들과도 또 다른 커뮤니티를 이루고 있을 것이다(그림 9.19). 각 커뮤니티는 여러 커뮤

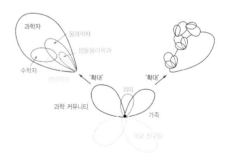

그림 9.19 중첩된 커뮤니티

중첩된 커뮤니티의 개념을 소개한 타마스 빅섹을 둘러싼 커뮤니티들을 나타낸 그림. 과학자 커뮤니티를 확대해 들어가면, 그의 과학적 흥미의 중첩되고 포개진 구조를 볼 수 있다. 출처: [311]

니티에 속해 있는 사람들로 구성되어 결과적으로 복잡하게 겹치고 포개진 커뮤니티를 형성할 것이다[311]. 중첩된 커뮤니티overlapping community는 사회연결망에만 한정되지 않는다. 같은 유전자가 종종 여러 질병에 연루되어 있고, 이는 다른 질병의 모듈이 중첩된다는 것을 나타낸다[29].

사회학자들과[321] 그래프 분할에 관심 있는 공학자들에 의해 포개진 커뮤니티 구조의 존재가 오랫동안 언급돼온 것에 반해, 지금까지 논의한 알고리듬들은 노드에 단 하나의 커뮤니티만 강제한다. 중첩된 커뮤니티를 찾는 알고리듬을 제안한 타마스 빅섹Tamás Vicsek과 동료들의 연구[311, 322]가 전환점이 되어이 문제가 네트워크 과학자 커뮤니티의 관심을 끌었다. 이 절에서는 중첩된 커뮤니티를 찾을 수 있는 클리크 스미기와 링크 뭉치기를 살펴본다.

9.5.1 클리크 스미기

클리크 스미기 알고리듬clique percolation algorithm은 종종 CFinder(온라인 자료 9.2)로 불리며, 하나의 커뮤니티를 중첩된 클리크들의 합집합으로 간주한다[311].

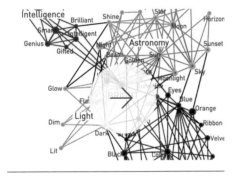

온라인 자료 9.2
CFinder

중첩된 커뮤니티를 찾을 수 있는 CFinder 소프트웨어는 www.cfinder.org에서 다운로드할 수 있다.

- 두 k-클리크가 $k - 1$개의 노드를 공유하면 인접한 것으로 간주한다(그림 9.20(b)).

    k-클리크 커뮤니티는 인접한 모든 k-클리크를 합쳐서 얻은 가장 큰 연결된 부분그래프다(그림 9.20(c)).
- 특정 k-클리크에서 도달할 수 없는 k-클리크는 다른 k-클리크 커뮤니티에 속한다(9.20(c), (d)).

CFinder 알고리듬은 모든 클리크를 찾은 다음 $N_{clique} \times N_{clique}$의 클리크-클리크 중첩 행렬 O를 만든다. 여기서 N_{clique}는 클리크의 개수이고, O_{ij}는 클리크 i와 클리크 j가 공유하는 노드의 수다(그림 9.39). CFinder 알고리듬의 전형적인 결과물이 단어 'bright'의 커뮤니티 구조를 보여주는 그림 9.21에 나타나 있다. 네트워크 안에서 두 단어가 연관된 의미를 갖는다면 링크

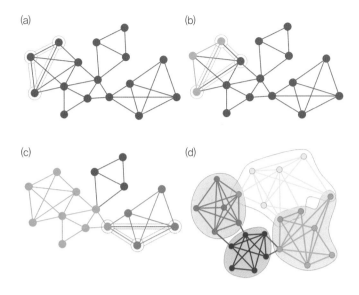

(a)   (b)

(c)   (d)

그림 9.20 클리크 스미기 알고리듬(CFinder)

네트워크에서 k = 3-클리크 커뮤니티를 찾기 위해 삼각형을 굴린다. 연이은 삼각형이 이전 삼각형과 하나의 링크(노드 2개)를 공유한다.

(a, b) **클리크 굴리기**

그림의 (a)에 녹색으로 표시한 삼각형에서 시작했을 때, 알고리듬의 두 번째 단계는 (b)에 나타나 있다.

(c) **k = 3에 해당하는 클리크 커뮤니티들**

녹색 커뮤니티의 마지막 삼각형이 추가되면 알고리듬을 멈춘다. 더 이상 그 어떤 삼각형도 녹색 삼각형과 링크를 공유하지 않기 때문에 녹색 커뮤니티는 완료됐다. 단, 동일한 네트워크에 여러 k-클리크 커뮤니티가 있을 수 있음을 유의하라. 이것은 두 번째 커뮤니티를 파란색으로 칠해서 나타냈다. 그림에서는 파란 커뮤니티의 마지막 삼각형을 추가한 순간을 보여주고 있다. 파란색과 녹색 커뮤니티는 중첩되고 주황색 노드를 공유한다.

(d) **k = 4에 해당하는 클리크 커뮤니티들**

최소한 3개의 노드를 공유하는 노드 4개짜리 완전한 부분그래프로 구성된 k = 4 커뮤니티 구조. 주황색 노드는 여러 커뮤니티에 속한다.

저글리 팔라(Gergely Palla)의 허가하에 게재함

로 서로 연결되어 있다. 알고리듬으로 찾은 중첩된 커뮤니티가 의미가 있는지는 쉽게 확인할 수 있다. 단어 'bright'는 'glow'나 'dark'처럼 빛과 관련된 단어를 가진 커뮤니티, 'yellow', 'brown'처럼 색에 대한 커뮤니티, 'sun'이나 'ray'처럼 천문학과 관련된 커뮤니티, 'gifted'나 'brilliant'처럼 지능에 관련된 커뮤니티에 중복해서 속해 있다. 이 예는 또한 이전 알고리듬으로 이 네트워크의 커뮤니티를 분석하는 게 얼마나 어려운지 보여준다. 기존 알고리듬들은 'bright'를 네 커뮤니티 중 하나에 강제로 할당하고 다른 세 커뮤니티에서는 제거한다. 따라서 커뮤니티들은 핵심 단어를 잃어버리게 되고 해석하기 어려운 결과를 내어놓게 된다.

CFinder로 식별된 커뮤니티가 우연히 나타날 수 있을까? 실

그림 9.21 중첩된 커뮤니티

남플로리다해방연합(South Florida Free Association) 네트워크에서 단어 'bright'를 가진 커뮤니티들을 나타낸 그림. 노드는 단어이며, 서로 의미가 관련되면 링크로 연결했다. CFinder 알고리듬으로 찾은 커뮤니티 구조는 빛, 색깔, 천문학 용어, 지능을 언급할 때 사용될 수 있는 'bright'의 여러 의미를 정확히 드러냈다. 출처: [311]

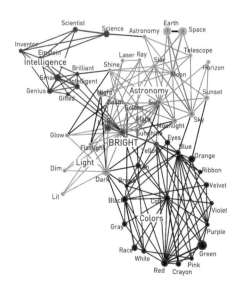

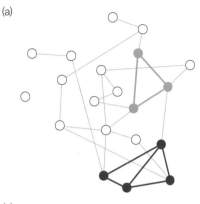

(a)

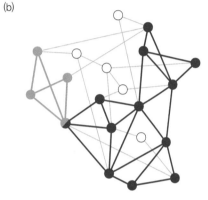

(b)

그림 9.22 클리크 스미기 알고리듬(CFinder)

확률 (a) $p = 0.13$과 (b) $p = 0.22$로 만든 무작위 네트워크들. 두 확률 모두 링크 스미기 문턱값 ($N = 20$인 경우 $p_c = 1/N = 0.05$)보다 크고, 두 사례 모두 대부분의 노드가 거대 덩어리에 포함되어 있다.

(a) **준임계 커뮤니티**(subcritical community)

식 (9.16)에 따르면 3-클리크(삼각형) 스미기 문턱값은 $p_c(3) = 0.16$이고, $p = 0.13$은 그보다 낮은 상태. 그래서 단지 2개의 작은 3-클리크 스미기 덩어리만이 관찰되며 각각은 연결되어 있지 않다.

(b) **초임계 커뮤니티**(supercritical community)

$p = 0.22$인 경우는 $p_c(3)$보다 높기 때문에, 거대한 3-클리크 스미기 덩어리(보라색)를 형성하는 다수의 3-클리크를 발견할 수 있다. 이 네트워크도 중첩된 두 번째 3-클리크 커뮤니티(녹색)를 갖고 있다.

출처: [322]

제 k-클리크 커뮤니티와 순수하게 높은 링크 밀도로 생성된 커뮤니티를 구별하기 위해, 무작위 네트워크에서 k-클리크의 스미기 특성을 탐구해보자[322]. 3장에서 논의한 바와 같이 무작위 네트워크가 충분히 조밀하다면 다양한 클리크가 존재한다. 무작위 네트워크에서는 연결 확률 p가 다음의 문턱값을 넘을 경우에만 k-클리크가 발생한다(심화 주제 9.D).

$$p_c(k) = \frac{1}{[(k-1)N]^{1/(k-1)}} \qquad (9.16)$$

만일 연결 확률 p가 $p_c(k)$에서보다 작을 경우에는 소수의 고립된 k-클리크만 기대할 수 있다(그림 9.22(a)). 연결 확률 p가 $p_c(k)$를 넘어서면, k-클리크 커뮤니티를 형성하는 다양한 클리크들을 관찰할 수 있다(그림 9.22(b)). 다시 말해, 각 k-클리크 커뮤니티는 각자의 문턱값을 갖는다.

- $k = 2$일 경우, k-클리크는 링크들이고 식 (9.16)은 에르되시-레니 네트워크에서 거대한 연결된 덩어리가 발생하는 조건인 $p_c(k) \sim 1/N$까지 작아진다.
- $k = 3$일 경우, 클리크는 삼각형이고(그림 9.22(a), (b)) 식 (9.16)은 $p_c(k) \sim 1/\sqrt{2N}$으로 예측된다.

즉, k-클리크 커뮤니티는 충분히 조밀한 네트워크에서는 자연적으로 발생한다. 그렇기 때문에, 네트워크의 중첩된 커뮤니티 구조를 해석하려면 반드시 원래 네트워크에서 링크수를 무작위로 했을 경우 찾아지는 커뮤니티 구조와 비교해야 한다.

계산 복잡도

네트워크에서 클리크를 찾는 알고리듬의 실행 시간은 N에 대해 지수적으로 증가한다. 반면, CFinder의 커뮤니티 정의는 다항 시간이 걸리는 최대 클리크가 아닌 클리크를 기반으로 하고 있다[323]. 하지만 네트워크에 거대한 클리크가 존재한다면 모든 클리크는 $O(e^N)$을 따르는 알고리듬을 사용해 훨씬 더 효율적으로 찾아낼 수 있다[311]. 이런 높은 계산 복잡도에도 불구하고 알고리듬은 상대적으로 빠르고, 4백만 휴대전화 사용자의 휴대전화 네트워크를 하루 이내에 분석할 수 있다[324](그림 9.28도 참고하라).

9.5.2 링크 뭉치기

노드는 종종 여러 커뮤니티에 속하는 반면, 링크는 커뮤니티에 특화되는 경향이 있다. 링크는 노드 사이의 정확한 관계를 드러내며, 커뮤니티 안 노드의 소속감을 정의하는 정확한 관계를 드러낸다. 예를 들어, 두 사람을 연결하는 링크는 그들이 같은 가족이거나 함께 일하거나 취미를 공유한다는 것을 의미할 수 있고, 이것은 거의 겹치지 않는다. 마찬가지로 생물학에서 각각의 단백질 결합반응은 서로 다른 기능을 담당하고, 세포에서 단백질의 기능을 특이적으로 정의한다. 이런 링크의 특이성은 노드가 아닌 링크를 뭉치는 커뮤니티 찾기 알고리듬을 개발하는 데 영감을 주었다[325, 326].

안용열, 바그로우Bagrorw, 레만Lehmann[325]이 제안한 **링크 뭉치기 알고리듬**link-clustering algorithm 은 다음의 단계를 거친다.

- **1단계: 링크 유사도 정의**

  링크 한 쌍의 유사도는 링크로 연결하는 노드의 이웃들로 결정한다. 예를 들어, 동일하게 노드 k에 연결되어 있는 링크 (i, k)와 (j, k)를 생각해보자. 두 링크의 유사도는 다음의 공식으로 정의한다(그림 9.23(a)~(c)).

$$S((i, k), (j, k)) = \frac{|n_+(i) \cap n_+(j)|}{|n_+(i) \cup n_+(j)|} \tag{9.17}$$

여기서 $n_+(i)$는 자기 자신을 포함한 노드 i의 이웃들 명단이다. 따라서 S는 i와 j가 가진 공통 이웃의 상대적인 수를 측정한다. 그러므로 만약 i와 j가 동일한 이웃을 갖는다면(그림 9.23(c)) $S = 1$이다. 두 링크 사이에 중첩되는 이웃이 적어지면 S는 더 작아진다(그림 9.23(b)).

그림 9.23 링크 커뮤니티 찾기

링크 뭉치기 알고리듬은 네트워크에서 비슷한 구조적인 역할을 하는 링크들을 찾아낸다. 이를 위해 각 링크 양쪽에 연결된 노드들의 연결 패턴을 분석한다. 라바즈 알고리듬[289](그림 9.19)의 유사도 함수에 영감을 받아서, 같은 그룹의 노드를 연결한 링크에는 더 높은 유사도 S를 할당한다.

(a) 노드 k에 연결되어 있는 링크 (i, k)와 (j, k)의 유사도 S는 이 두 링크가 같은 노드 그룹에 속해 있는지를 탐지한다. 노드 i 자신을 포함한 이웃들 명단을 $n_+(i)$로 표시하여, $|n_+(i) \cup n_+(j)| = 12$ 그리고 $|n_+(i) \cap n_+(j)| = 4$를 얻고 식 (9.17)에 따라 $S = 1/3$을 얻는다.

(b) 세 노드가 단절되어 연결된 경우($k_i = k_j = 1$) $S = 1/3$이다.

(c) 삼각형 연결일 경우 $S = 1$이다.

(d) 그림 (e)와 (f)에 있는 네트워크의 유사도 행렬. 더 어두운 영역은 더 높은 유사도 S를 보여준다. 그림에서는 또한 계통도 결과도 보여준다.

(e) 계통도를 주황색 점선으로 잘라서 얻은 **링크 커뮤니티 구조**(link community structure)

(f) 그림 (e)에 나타난 링크 커뮤니티에서 얻은 **중첩된 노드 커뮤니티**(overlapping node community)

출처: [325]

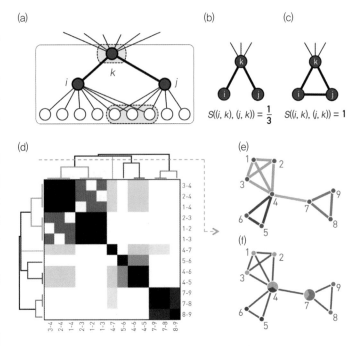

$$S((i, k), (j, k)) = \frac{1}{3} \qquad S((i, k), (j, k)) = 1$$

(d)

(e)

(f)

2단계: 계층적 뭉치기 적용

유사도 행렬 S는 링크 커뮤니티를 찾기 위해 계층적 뭉치기를 할 수 있게 해준다(9.3절). 단일 연결 절차single-linkage procedure를 사용해 반복적으로 커뮤니티를 결합한다. 이때 커뮤니티는 가장 큰 유사도를 가진 링크 쌍을 갖는다(그림 9.10).

종합해보면, 그림 9.23(e)에 있는 네트워크에 대해 식 (9.17)은 (d)에 나타난 유사도 행렬을 보여준다. 단일 연결 계층적 뭉치기single-linkage hierarchical clustering는 (d)에 나타난 계통도를 만들어내고, 이를 적절하게 자르면 (e)에 나타난 링크 커뮤니티를 얻을 수 있고, (f)에서 볼 수 있듯이 중첩된 노드 커뮤니티를 얻을 수도 있다.

그림 9.24는 빅토르 휴고Victor Hugo의 소설 『레미제라블』의 커뮤니티 구조를 링크 뭉치기 알고리듬으로 찾아낸 결과다. 이 소설에 익숙한 사람이라면 누구라도 커뮤니티가 각 등장인물의 역할을 정확하게 드러내는 것을 납득할 수 있을 것

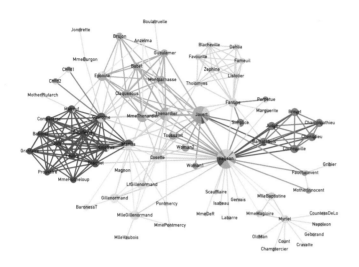

그림 9.24 링크 커뮤니티

빅토르 휴고의 1862년 소설 『레미제라블』의 등장
인물 네트워크. 두 등장인물이 이야기에서 서로 직
접 교류했다면 링크로 연결한다. 링크의 색깔이 덩
어리를 나타내고, 밝은 회색 노드는 단일 링크 덩
어리에 해당한다. 여러 커뮤니티에 속한 노드는 각
커뮤니티에 대한 소속감을 표현하여 파이 그래프
로 나타냈다. 당연하게도 주인공인 장발장은 가장
다양한 커뮤니티 소속을 갖고 있다. 출처: [325]

이다. 등장인물 몇몇은 여러 커뮤니티에 속해 있는데, 이는
그들이 소설에서 여러 역할을 맡은 것을 반영하고 있다. 그
러나 각 커뮤니티에 대해 링크는 유일하게 속한다.

계산 복잡도

링크 뭉치기는 시간이 걸리는 단계인 유사도 계산과 계층적 뭉
치기 두 가지 단계를 포함한다. 링크수 k_i와 k_j를 가진 두 노드에
연결된 링크 쌍의 유사도(식 (9.17))를 계산하는 데는 $\max(k_i, k_j)$
단계가 필요하다. 링크수 지수 γ를 가진 척도 없는 네트워크에
서는 유사도를 계산하는 복잡도가 $O(N^{2/(\gamma-1)})$로 가장 큰 노드의
크기 $k_{\max}$에 의존한다. 계층적 뭉치기는 $O(L)$의 단계가 필요하
다. 따라서 전체 계산 복잡도는 $O(N^{2/(\gamma-1)}) + O(L^2)$이며, 성긴
네트워크의 경우 마지막 항이 압도적이기 때문에 $O(N^2)$을 따
른다.[2]

중첩된 커뮤니티를 찾아야 하는 필요는 여러 알고리듬에 많
은 영감을 제공했다[327]. 예를 들어, CFinder 알고리듬은 가중
치 그래프[328]와 방향성 이분 그래프[329, 330]로 확장됐다.
9.4절에서 언급한 모듈도 함수처럼, 링크 뭉치기의 품질 함수를
유도할 수도 있다[326].

---

2 일반적으로 $L = \langle k \rangle N$일 때 $O(L^2) = O(N^2)$이다. – 옮긴이

요약하자면, 이 절에서 알아본 알고리듬들은 노드가 본질적으로 여러 커뮤니티에 속한다는 사실을 바탕으로 한다. 그러므로 이전 절에서 했던 바와 같이 각 노드를 단 하나의 커뮤니티에 강제하는 것은 커뮤니티 구조에 대한 오해를 불러일으킬 수 있다. 링크 커뮤니티는 각 링크가 두 노드 사이의 관계를 잘 잡아낸다는 사실을 반영한다. 보너스로, 링크 뭉치기도 역시 네트워크의 중첩된 커뮤니티 구조를 예측한다.

9.6 커뮤니티 시험하기

커뮤니티를 탐지하는 알고리듬은 실제 네트워크의 국지적인 구조를 특성화할 수 있게 하는 강력한 진단 도구를 제공한다. 그러나 예상한 커뮤니티를 해석하고 사용하려면 알고리듬의 정확도에 대해 이해해야 한다. 유사하게, 거대한 네트워크에 대한 분석 필요는 알고리듬의 계산 효율성을 알아보게 한다. 이 절에서는 정확성을 이해하는 데 필요한 개념과 커뮤니티 찾기의 빠르기에 집중해보자.

9.6.1 정확도

만약 커뮤니티 구조가 네트워크의 연결 상태에 따라 고유하게 심어져 있다면, 각 알고리듬은 정확히 동일한 커뮤니티를 예측해내야 한다. 그러나 다양한 알고리듬이 채택한 가설이 다르기 때문에 알고리듬이 찾아낸 분할이 다를 수 있다. 이 부분에서 의문이 떠오르게 된다. 어떤 커뮤니티 찾기 알고리듬을 사용해야 하는가?

커뮤니티 찾기 알고리듬의 성능을 측정하기 위해 네트워크에서 이미 알려진 커뮤니티 구조를 밝혀낼 수 있는 능력인 **정확도** accuracy를 평가할 필요가 있다. 사전에 네트워크 구조가 결정되어, 커뮤니티 찾기 알고리듬의 정확도를 시험하는 데 사용할 수 있는 네트워크인 **기준 모형** benchmark을 논의하며 시작해보자.

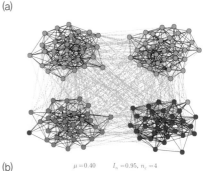

(a)

$\mu = 0.40$ $I_n = 0.95, n_c = 4$

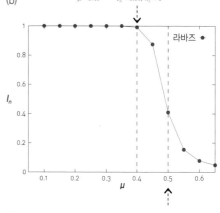

(b)

$\mu = 0.50$ $I_n = 0.56, n_c = 6$

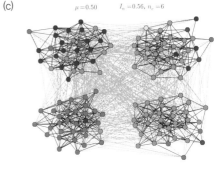

(c)

그림 9.25   GN 기준 모형의 정확도 시험

(a)와 (c)의 각 노드의 위치는 GN 기준 모형에 각각 $N_c = 32$개의 노드를 가진 4개의 커뮤니티가 심어졌음을 보여준다.

(a) 식 (9.18)에서 얻은 섞음 매개변수 $\mu = 0.40$을 사용한 라바즈 알고리듬으로 예상한 커뮤니티 분할을 노드 색으로 나타냈다. 이 경우 커뮤니티가 잘 나뉘어 있고, 심어진 커뮤니티와 찾아낸 커뮤니티가 서로 훌륭하게 맞아 떨어진다.

(b) 라바즈 알고리듬의 섞음 매개변수 μ의 함수로 살펴본 정규화된 상호 정보량. 작은 μ에서 $I_n = 1$이고 $n_c = 4$이며, (a)에 나온 것과 같이 알고리듬이 잘 분리된 커뮤니티를 쉽게 찾아낼 수 있다는 것을 알 수 있다. μ를 증가시키면 커뮤니티 사이와 커뮤니티 내부의 링크 밀도 차이가 적어진다. 따라서 커뮤니티를 찾는 것은 점점 더 어려워지고 I_n은 감소한다.

(c) $\mu = 0.50$인 라바즈 알고리듬은 상당한 비율의 노드를 커뮤니티에 잘못 배치하고 커뮤니티는 제대로 분할되지 않으며 올바른 커뮤니티 구조를 밝히는 게 어려워진다.

라바즈 알고리듬은 여러 분할을 생성해낸다는 것을 떠올리자. 그래서 각 μ별로 가장 큰 모듈도 M을 보이는 분할을 표시했다. (a)와 (c) 옆에 해당 분할과 커뮤니티 개수 n_c에 해당하는 정규화된 상호 정보량을 표시했다. 중첩되지 않은 커뮤니티를 위해 개발된 정규화된 상호 정보량(식 (9.23))을 중첩된 커뮤니티에도 잘 확장해서 적용할 수 있다[333].

GN 기준 모형

거번-뉴만$^{\text{GN, Girvan-Newman}}$ 기준 모형은 $N = 128$ 노드가 $N_c = 32$개 노드씩 $n_c = 4$개의 커뮤니티로 분할되어 있다[47, 331]. 각 노드는 p^{int}의 확률로 $N - 1$개의 노드와 연결하고, p^{ext}의 확률로는 다른 커뮤니티에 있는 $3N_c$개의 노드와 연결한다. 제어 매개변수는 다음을 따른다.

$$\mu = \frac{k^{\text{ext}}}{k^{\text{ext}} + k^{\text{int}}} \tag{9.18}$$

같은 커뮤니티에 있는 노드에 대한 연결 확률이 다른 커뮤니티에 있는 노드에 연결할 확률보다 커서 작은 μ 값을 가질 때도 커뮤니티 찾기 알고리듬이 잘 작동할 것이라고 기대한다(그림 9.25(a)). 커뮤니티 내부의 링크 밀도가 네트워크 내 나머지 부분

그림 9.26 LFR 기준 모형

노드 링크수와 커뮤니티 크기가 모두 거듭제곱 법칙을 따르는 네트워크를 생성하는 LFR 기준 모형의 구축. 기준 모형은 [332]를 따라 만든다.

(a) 고립된 N개의 노드로 시작한다.

(b) 각 노드를 크기가 N_c인 커뮤니티에 할당한다. 여기서 N_c는 거듭제곱 분포 $P_{N_c} \sim N_c^{-\zeta}$를 따르고, ζ는 커뮤니티 지수다. 또한 링크수 지수 γ와 거듭제곱 분포 $p_k \sim k^{-\gamma}$로부터 선택한 링크수 k_i를 할당한다.

(c) 노드 색깔과 일치하게 칠해진 링크들에서 보이는 바와 같이 한 커뮤니티 안의 각 노드 i는 내부 링크수 $(1 \sim \mu)k_i$를 부여받는다. 검은색으로 표시된 남은 링크수 μk_i는 다른 커뮤니티와 연결된다.

(d) 같은 커뮤니티 안의 노드들의 모든 미연결 링크는 더 이상 연결해야 할 것이 없을 때까지 서로 무작위로 연결된다. 이런 방식으로 커뮤니티의 각 노드의 내부 링크수 순서를 유지한다. 남은 μk_i개의 미연결 링크는 다른 커뮤니티의 노드와 무작위로 연결한다.

(e) LFR 기준 모형에 $N = 500$, $\gamma = 2.5$, $\zeta = 2$로 생성한 전형적인 네트워크와 커뮤니티 구조

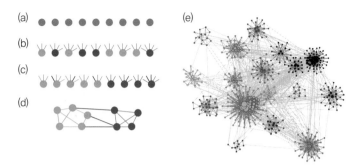

의 링크 밀도와 비슷한 수준이라면, 큰 μ 값을 갖게 되고 모든 알고리듬의 성능은 뚝 떨어진다(그림 9.25(b)).

LFR 기준 모형

GN 기준 모형은 모든 노드가 비슷한 링크수를 갖고 모든 커뮤니티가 동일한 크기를 갖는 무작위 그래프를 생성한다. 그러나 대부분 실제 네트워크의 링크수 분포는 꼬리가 길고, 커뮤니티 크기의 분포도 그러하다(그림 9.29). 따라서 어쩌면 GN 기준 모형에서 잘 작동하는 알고리듬이 실제 네트워크에서는 잘 작동하지 않을지도 모른다. 이런 한계를 극복하고자, 란치키네티-포르투나토-라디키^{LFR, Lancichinetti-Fortunato-Radicchi} 기준 모형(그림 9.26)은 노드의 링크수 분포와 심어진 커뮤니티 크기의 분포가 모두 거듭제곱 법칙을 따르도록 네트워크를 만든다[332].

알려진 커뮤니티 구조를 만들어내고 나면, 다음으로는 특정한 커뮤니티 찾기 알고리듬으로 예상한 분할의 정확도를 측정할 도구가 필요하다. 측정할 때, 위에서 논의한 두 기준 모형은 특정한 커뮤니티 정의에 부합한다는 것을 기억해야 한다. 따라서 커뮤니티에 대한 다른 개념을 바탕으로 한 클리크 스미기나 링크 뭉치기는 여기에 잘 맞지 않을 수도 있다.

정확도 측정

기준 모형에 심어진 커뮤니티와 알고리듬으로 예상한 커뮤니티를 비교하기 위해, 임의의 중첩되지 않은 분할을 생각해보자. 각 단계마다 무작위로 노드를 고르고 그 노드가 소속된 커뮤니티

의 이름표를 기록한다. 결과물은 무작위로 고른 노드가 커뮤니티 C에 속할 확률을 나타내는 $p(C)$ 분포를 따르는 일련의 무작위적인 커뮤니티 이름 목록이다.

동일한 네트워크에 두 가지 분할이 있다고 가정하자. 하나는 기준 모형(참값)이고 다른 하나는 커뮤니티 찾기 알고리듬으로 찾은 분할이다. 각 분할은 저마다의 $p(C_1)$과 $p(C_2)$ 분포를 갖고 있다.

결합 분포 $p(C_1, C_2)$는 무작위로 고른 노드가 첫 번째 분할에서는 커뮤니티 C_1에 속하고, 두 번째 분할에서는 C_2에 속할 확률이다. 두 분할의 유사도는 정규화된 상호 정보량으로 파악할 수 있다.

$$I_n = \frac{\sum\limits_{C_1, C_2} p(C_1, C_2) \log_2 \frac{p(C_1, C_2)}{p(C_1)p(C_2)}}{\frac{1}{2}H(\{p(C_1)\}) + \frac{1}{2}H(\{p(C_2)\})} \qquad (9.19)$$

식 (9.19)의 분자는 **상호 정보량**^{mutual information} I이고, 두 커뮤니티 할당 사이에 공유된 정보량을 측량한다. 만약 C_1과 C_2가 서로에 독립적이라면 $I = 0$이다. I는 두 분할이 동일할 때 최댓값인 $H(\{p(C_1)\}) = H(\{p(C_2)\})$이며,

$$H(\{p(C)\}) = -\sum_C p(C) \log_2 p(C) \qquad (9.20)$$

는 섀넌 엔트로피^{Shannon entropy}다.

만약 모든 노드가 같은 커뮤니티에 속한다면, 다음 커뮤니티 이름에 대해 확신할 수 있고 $H = 0$이다. 다음 노드가 속하는 커뮤니티를 조사한다 해도 새로운 정보를 얻을 수 없기 때문이다. 만일 $p(C)$가 균등 분포한다면 H는 최대다. 이 경우에는 다음 커뮤니티가 무엇이 올지 전혀 알 수 없고 각 새로운 노드마다 H비트의 새로운 정보를 가져오게 되기 때문이다.

요약하면, 만약 기준 모형과 찾아낸 분할이 동일하다면 $I_n = 1$이고, 서로 독립적이라면 $I_n = 0$이다. 그림 9.25(b)에서 I_n의 활용을 보여주고 있는데, GN 기준 모형에 대한 라바즈 알고리듬

그림 9.27 기준 모형으로 시험하기

중첩되지 않은 커뮤니티를 찾는 커뮤니티 찾기 알고리듬을 GN과 LFR 기준 모형으로 시험했다. 그래프는 정규화된 상호 정보량 I_n과 μ를 다섯 가지 알고리듬에 대해 보여준다. 각각의 이류은 표 9.1을 참고하라.

(a) **GN 기준 모형**

가로축은 서로 다른 커뮤니티를 잇는 링크의 비율인 섞음 변수(식 (9.18))를 보여준다. 세로축은 정규화된 상호 정보량(식 (9.19))이다. 각 곡선은 100번의 독립적인 시행의 평균이다.

(b) **LFR 기준 모형**

(a)에서와 동일하나 LFR 기준 모형을 사용함. 기준 모형의 변수는 $N = 1,000$, $\langle k \rangle = 20$, $\gamma = 2$, $k_{max} = 50$, $\zeta = 1$, 최대 커뮤니티 크기 = 100, 최소 커뮤니티 크기 = 20이다. 각 곡선은 25번의 독립적인 시행의 평균이다.

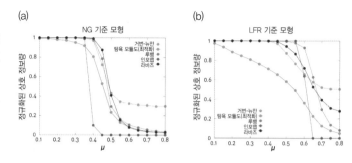

의 정확도가 나타나 있다. 그림 9.27에서는 각 알고리듬의 GN과 LFR 기준 모형에 대한 성능을 시험하는 데 I_n을 사용하고 있다. 이 결과들을 통해 몇 가지 결론을 내릴 수 있다.

- $\mu < 0.5$인 경우 $I_n = 1$이다. 커뮤니티 안의 링크 밀도가 주변 대비 높을 때, 대부분의 알고리듬은 정확하게 심어진 커뮤니티를 찾아낸다. $\mu = 0.5$를 넘어서부터는 각 알고리듬의 정확도가 급락한다.
- 정확도는 기준 모형에 의존한다. 좀 더 실제 같은 LFR 기준 모형에서 루뱅과 라바즈 방법은 최고의 성능을 보여주는 반면 탐욕 모듈도는 형편없다.

9.6.2 빠르기

이미 9.2절에서 논의했듯이, 가능한 분할의 수는 N에 대해 지수보다 빠르게 증가하고, 대부분의 실제 네트워크에서는 천문학적으로 많다. 커뮤니티를 찾는 알고리듬이 모든 분할을 확인하는 것은 아니지만, 계산 비용은 여전히 매우 다양하고 알고리듬의 빠르기와 다룰 수 있는 네트워크의 크기를 결정한다. 이 장에서 논의한 알고리듬의 계산 복잡도는 표 9.1에 정리했다. 그에 따르면, 가장 효율적인 것은 루뱅과 인포맵 알고리듬이며 둘 다 $O(N \log N)$의 규모를 갖는다. 가장 덜 효율적인 것은 $O(e^N)$인 CFinder다.

그러나 이런 추정치는 실제로 걸리는 시간을 잡아내지는 못한다. 단지 N에 대해 실행 시간이 어떻게 달라질지를 보여줄 뿐

표 9.1 알고리듬 복잡도

이 장에서 논의한 커뮤니티 찾기 알고리듬의 계산 복잡도. 계산 복잡도는 N과 L 모두에 영향을 받지만, 성긴 네트워크의 경우에는 $L \sim N$이라고 간주할 수 있다. N에 대해 정리한 계산 복잡도는 다음과 같다.

이름	속성	복잡도	참고문헌
라바즈	계층적으로 병합	$O(N^2)$	[289]
거번-뉴만	계층적으로 분리	$O(N^3)$	[457]
탐욕 모듈도	모듈도 최적화	$O(N^2)$	[309]
탐욕 모듈도(최적화)	모듈도 최적화	$O(N \log^2 N)$	[310]
루뱅	모듈도 최적화	$O(L)$	[282]
인포맵	흐름 최적화	$O(N \log N)$	[318]
클리크 스미기(CFinder)	중첩된 커뮤니티	$\exp(N)$	[322]
링크 뭉치기	계층적으로 병합하는; 중첩된 커뮤니티	$O(N^2)$	[325]

이다. 만약 굉장히 거대한 네트워크에서 커뮤니티를 찾고자 한다면 이런 추정이 중요하다. 커뮤니티 찾기 알고리듬들의 실제 빠르기에 대한 감을 잡기 위해 단백질 상호작용 네트워크(N = 2,018), 전력망(N = 4,941), 과학 공동연구 네트워크(n = 23,133)로 실행 시간을 동일한 컴퓨터로 측정해봤다. 그 결과는 그림 9.28에 나와 있듯이 다음의 사항을 알려준다.

* 모든 네트워크에 대해 루뱅 방법이 가장 적은 실행 시간이 필요하다. CFinder는 중간 크기 네트워크에 대해서는 그만큼 빠르고, 더 큰 협업 네트워크에서는 다른 알고리듬들과 비슷한 수준이다.
* GN 알고리듬은 각 네트워크에서 가장 느렸고, 예상된 높은 계산 복잡도와 일치한다(표 9.1). 예를 들어, 과학 공동연구 네트워크에서는 7일 안에 커뮤니티를 찾는 데 실패했다.

요약하자면, 기준 모형은 가용한 알고리듬의 정확도와 빠르기를 비교할 수 있게 해준다. 가장 빠르고 정확한 커뮤니티 찾기 도구의 개발이 아직 활발한 경쟁에 있는 것을 볼 때, 이 주제에 관심 있는 사람은 여러 측면에서 알고리듬을 비교한 문헌들을 참고

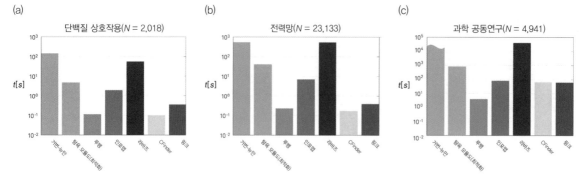

그림 9.28 실행 시간

커뮤니티 찾기 알고리듬의 빠르기를 비교하기 위해 개발자들에 의해 공개된 버전이나 igraph 소프트웨어 패키지에서 사용 가능한 버전을 활용해 각 알고리듬을 파이썬(Python)에서 사용했다. 라바즈 알고리듬은 파이썬으로 전환했는데, 이 과정에서 최적화되지 않아 이상적으로 가능한 것보다 큰 실행 시간을 보인다. 각 알고리듬은 동일한 컴퓨터에서 실행했다. 도표는 각 알고리듬의 세 네트워크에 대한 실행 시간을 초 단위로 나타낸다. 과학 공동연구 네크워크는 GN 알고리듬이 7일 이후에도 끝나지 않아 유일하게 실행 시간의 한계를 설정했다. 과학 공동연구 네트워크에서 관찰된 긴 실행 시간은 이 네트워크의 큰 크기 때문이다.

해야 한다[307, 332, 334, 335].

9.7 커뮤니티 특성화

어떻게 네트워크가 형성되고 어떻게 구성되는지, 그 근본 원리를 측정하고자 하는 것이 네트워크 과학의 연구들을 이끌어왔다. 이런 구성 원칙들이 커뮤니티 구조에 영향을 주고, 그것을 알아내려는 능력에도 영향을 준다. 이런 면에서, 커뮤니티 형성에 대한 일반적인 원리를 드러내게 해줄 커뮤니티의 변화, 커뮤니티 크기 분포의 특성, 그리고 커뮤니티 찾기에서 링크 가중치의 역할에 대해 논의한다.

9.7.1 커뮤니티 크기 분포

근본 가설(H1)에 따르면, 한 네트워크 안에서 커뮤니티의 개수와 크기는 네트워크의 연결 구조에 의해 특이적으로 결정된다. 반드시 질문해야 하는 것은 이런 커뮤니티들의 크기 분포가 무엇인가 하는 점이다.

많은 연구가 커뮤니티 크기 분포는 두꺼운 꼬리를 갖는다고 보고했고, 이는 수많은 작은 커뮤니티들이 소수의 매우 큰 커뮤니티와 공존한다는 것을 의미한다[292, 309, 310, 311, 334]. 이러한 패턴이 얼마나 광범위하게 퍼져 있는지 살펴볼 수 있도록 그림 9.29에서 세 가지 네트워크의 p_{N_c}를 다양한 커뮤니티 찾기 알고리듬으로 예측해 보여준다. 도표는 몇 가지 패턴을 암시한다.

- 단백질 상호작용과 과학 공동연구 네트워크에서는 모든 알고리듬이 대략적으로 두꺼운 꼬리의 p_{N_c}를 예상한다. 따라서 이 네트워크에서는 수많은 작은 크기의 커뮤니티들이 소수의 거대한 커뮤니티들과 함께 존재한다.

- 전력망에서는 서로 다른 알고리듬은 다른 결과를 낳았다. 모듈도 기반 알고리듬은 커뮤니티를 비교 가능한 크기 $N_c \simeq 10^2$으로 예상했다. 반대로, 라바즈 알고리듬과 인포맵은 수많은 크기 $N_c \simeq 10$인 작은 커뮤니티들과 소수의 거대한 커뮤니티를 예측했다. 마지막으로, 클리크 스미기와 링크 뭉치기 알고리듬은 대략적으로 두꺼운 꼬리의 커뮤니티 크기 분포를 예상했다.

이러한 차이는 두꺼운 꼬리를 가진 커뮤니티 크기 분포는 특정 알고리듬의 부산물이 아니라는 것을 말한다. 오히려, 단백질 상호작용이나 과학 공동연구 네트워크 같은 어떤 네트워크에 내재되어 있는 속성이다. 전력망의 다양한 결과는 이 네트워크에 독특하고 탐지 가능한 커뮤니티 구조가 결여되어 있음을 말해준다.

9.7.2 커뮤니티와 링크 가중치

링크 가중치는 커뮤니티 구조와 깊게 연관되어 있다. 그러나 다음에 논의하겠지만, 이 상관관계의 근원은 시스템에 따라 다르다.

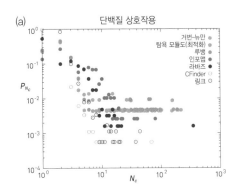

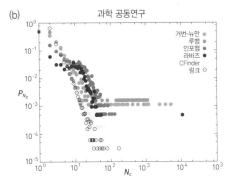

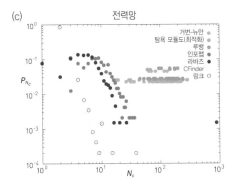

그림 9.29 커뮤니티 크기 분포

이 장에서 알아본 커뮤니티 찾기 알고리듬들로 예상한 커뮤니티들의 크기 분포 p_{N_c}. 알고리듬의 관용적인 이름은 표 9.1에 있다. (a) 단백질 상호작용 네트워크와 (b) 과학 공동연구 네트워크의 경우 모든 알고리듬이 대략적인 두꺼운 꼬리를 가진 커뮤니티 크기 분포로 예측했고, 결과가 대체로 서로 들어맞는다. (c)에 나타난 대로, 전력망에 대해서는 알고리듬들이 서로 충돌하는 결과를 내어놓았다.

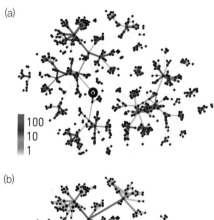

(a)

100
10
1

(b)

그림 9.30 커뮤니티와 링크 가중치

휴대전화 통화 네트워크는 링크 가중치와 커뮤니티 사이의 상관관계를 드러내는 것을 도와준다. 링크는 사용자 사이의 상호적인 통화를 나타낸다. 노드는 (a)에서 검은 원으로 강조된 사람들로부터 6단계 이하의 거리에 있는 노드들만 보여준다.

(a) 실제 가중치

링크의 색깔은 통화 지속 시간을 분 단위로 나타낸다(범례를 보라). 약한 연결 가설과 같은 선상에서, 강한 연결은 대개 커뮤니티 안에 있고 약한 연결은 커뮤니티 사이에 있다[24].

(b) 사이 중심성

만약 기술적이거나 생물학적인 시스템에서 종종 그러하듯이 링크 가중치가 정보나 물자를 운송하려는 필요에 의해 발생한다면, 가중치는 사이 중심성으로 잘 추정할 수 있다(그림 9.11). 그림에서 각 링크의 색은 사이 중심성에 기반하여 칠했다. 그림이 나타내듯이, 커뮤니티 사이를 연결하는 링크는 높은 사이 중심성을 갖고(빨간색), 커뮤니티 내부의 링크들은 낮은 사이 중심성을 갖는다(녹색).

출처: [115]

사회연결망

두 사람이 더 오랜 시간을 같이 보내면, 둘이 더 많은 친구를 공유할 공산이 커지고 이는 둘이 같은 커뮤니티에 속할 확률을 증가시킨다. 따라서 사회연결망에서의 커뮤니티는 강한 연결 주위로 어울림핵을 형성하는 경향이 있다. 휴대전화 네트워크에서 보이는 이런 패턴[115]이 그림 9.30(a)에 나타나 있으며, **약한 연결 가설**weak tie hypothesis[24]로 알려져 있다. 강한 연결은 실로 주로 수많은 작은 커뮤니티 안에 있고, 커뮤니티를 연결하는 링크는 시각적으로 더 약하다는 것을 관찰했다.

교통 시스템

많은 기술 네트워크와 생물학적인 네트워크의 목적은 재료나 정보를 운송하는 것이다. 이런 경우 링크 가중치가 네트워크에서 운송으로 발생한 지역적인 통행량의 지표인 사이 중심도와 상관관계가 있는 것으로 예상된다[336, 337]. 서로 다른 커뮤니티를 연결하는 링크는 반드시 막대한 통행을 발생시키기 때문에, 교통 네트워크에서 강한 연결은 커뮤니티 사이에 있다. 반대로, 커뮤니티 내부의 링크는 비교적 더 약하다(그림 9.30(b)).

링크 가중치와 커뮤니티 구조 사이의 연관은 링크 가중치를 고려하면 커뮤니티 찾기 알고리듬의 정확도를 높일 수 있음을 암시한다. 그러나 사회연결망과 기술적 시스템에서의 연관이 갖는 근원적인 차이를 고려하면 다음을 주의해야 한다. 동일한 커뮤니티 안에 강한 연결로 이어진 노드를 배치하는 것을 목표로 하는 알고리듬은 오직 사회 시스템에서만 효과적일 수도 있다. 그런 알고리듬은 강한 연결이 서로 다른 커뮤니티를 연결하는 기술 및 생물학적인 시스템에서는 잠재적으로 잘못된 결과를 낼 수 있다.

9.7.3 커뮤니티 진화

네트워크의 연결 구조에 변화가 생기면 커뮤니티에 여러 영향을 가져올 수 있다. 새로운 커뮤니티의 탄생을 야기할 수도 있고, 기존 커뮤니티가 성장하거나 수축할 수도 있으며, 커뮤니티들이 서로 합쳐지거나 하나의 커뮤니티가 여러 작은 커뮤니티로 쪼개질 수도 있고, 커뮤니티가 죽을 수도 있다(그림 9.31)[324]. 사회연결망과 의사소통 네트워크에 대한 연구들은 커뮤니티가 겪게 되는 변화들에 대한 여러 영감을 제공한다[324, 338-344].

성장

한 노드가 어떤 커뮤니티에 합류할 확률은 그 노드가 해당 커뮤니티의 구성 노드들에 연결된 링크 수에 따라 높아진다[344].

수축

속해 있는 커뮤니티의 다른 노드들에 단지 몇 개의 링크로 연결되어 있는 노드는 여러 링크로 커뮤니티 일원들에 연결되어 있는 노드보다 높은 확률로 그 커뮤니티를 떠난다[344]. 가중치 네트워크에서 어떤 노드가 커뮤니티를 떠나는 확률은 그 노드를 커뮤니티 밖의 노드들과 연결한 링크 가중치의 합에 따라 증가한다.

쪼개짐 또는 죽음

커뮤니티가 붕괴할 확률은 커뮤니티 밖의 노드에 연결된 링크 가중치 총합에 따라 증가한다.

나이

커뮤니티의 나이와 크기 사이에는 양의 상관관계가 있고, 이는 오래된 커뮤니티가 더 큰 경향이 있음을 의미한다[324].

커뮤니티 안정성

큰 커뮤니티의 구성원은 작은 커뮤니티의 구성원보다 시간에 대해 빠르게 변화한다. 실로, 사회연결망에서 큰 커뮤니티는 종종 기관들이나 회사들, 또는 학교들에 해당하는데, 새로운 사람을 받아들이거나 신입 사원을 뽑거나 새 학생이 등록하면서 커

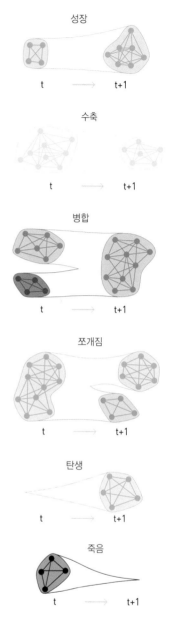

그림 9.31 변화하는 커뮤니티

네트워크가 시간에 대해 변화할 때, 내재된 커뮤니티 구조도 변화한다. 커뮤니티 구조의 모든 변화는 그림에 나타난 바와 같이 커뮤니티 일생의 기본적인 여섯 가지 이벤트의 결과다. 커뮤니티는 자라거나 줄어들 수 있고, 커뮤니티는 합치거나 쪼개질 수 있으며, 다른 커뮤니티가 사라지는 와중에도 새 커뮤니티가 태어날 수 있다. 출처: [324]

뮤니티를 새롭게 갱신한다. 작은 커뮤니티에게는 안정성을 위해 안정적인 구성원 유지가 필요하다[324].

이런 결과들은 사회 시스템의 맥락에서 얻어졌다. 기술적이거나 생물학적인 시스템에서 커뮤니티의 변화를 포괄하는 패턴의 이해는 아직 제한적이다.

요약하자면, 몇 가지 반복적인 패턴이 커뮤니티의 구성과 변화를 특성화한다. 커뮤니티 크기 분포는 일반적으로 두꺼운 꼬리를 갖고, 여러 작은 커뮤니티와 소수의 큰 커뮤니티가 공존한다는 것을 의미한다. 커뮤니티 구조와 링크 가중치 사이에서는 시스템에 의존하는 상관관계를 발견했다. 강한 연결이 사회 시스템에서는 주로 커뮤니티 안에 존재하는 반면, 교통 시스템에서는 커뮤니티 사이에 위치한다. 마지막으로, 커뮤니티 변화를 관장하는 동적인 패턴에 대한 이해를 얻을 수 있었다.

9.8   정리

다른 네트워크에도 어디에나 존재하는 커뮤니티의 특성은 커뮤니티 찾기를 네트워크 과학에서 역동적으로 발전하는 분야로 만들었다. 개발된 많은 알고리듬이 소프트웨어 패키지로 현재 사용 가능하며 네트워크를 진단하는 데 즉시 사용할 수 있다. 그러나 이러한 알고리듬의 효율적인 사용과 예측된 결과를 해석하려면 알고리듬이 가정하고 있는 사항을 인지해야 한다. 이 장에서는 커뮤니티 찾기에 관한 지식과 정량적인 공식화 과정을 제공했고, 가장 빈번하게 사용되는 알고리듬들의 기원과 가정들을 이해하는 것을 도왔다.

커뮤니티 찾기의 성공에도 불구하고, 이 분야는 아직 수많은 열린 질문을 대면하고 있다.

진짜로 커뮤니티가 있는가?

이 장에서는 지금까지 근본적인 질문을 회피해왔다. 특정 네트워크에 실제로 커뮤니티가 있다는 사실을 어떻게 알 수 있는가?

다시 말해, 네트워크에서 우선 커뮤니티 찾기를 하지 않고 커뮤니티가 있다는 것을 결정할 수 있는가? 이 질문에 대한 답이 결여된 것은 아마도 커뮤니티 찾기 문헌 중 가장 눈에 띄는 공백일 것이다. 커뮤니티 찾기 알고리듬은 커뮤니티가 실제로 있든 없든 커뮤니티를 찾아내기 위해 고안됐다.

가설 또는 정리?

커뮤니티 찾기는 글상자 9.3에 요약한 네 가지 가설에 기대고 있다. 이것이 맞는지 증명할 수 없기 때문에 우리는 이를 가설이라고 부른다. 더 나아간 발전은 아마도 이 근본적인 사항들, 즉 무작위와 최대 모듈도 가설을 정리로 바꿀 수 있을 것이다. 아니면 이미 최대 모듈도 가설의 사례에서처럼(9.6절), 이 가설들의 한계를 배우게 될 수도 있다.

반드시 모든 노드가 커뮤니티에 속해야 하는가?

커뮤니티 찾기 알고리듬은 모든 노드를 커뮤니티에 할당한다. 이것이 대부분의 실제 세상 네트워크에서는 과잉 처리일 수 있다. 어떤 노드는 하나의 커뮤니티에 속하고, 또 어떤 노드는 여러 커뮤니티에 속할 수 있으며, 많은 노드가 어떠한 커뮤니티에도 속하지 않을 수도 있기 때문이다. 커뮤니티를 찾는 대부분의 알고리듬은 이런 사항을 전혀 구분하지 않고, 대신 모든 노드를 몇 개의 커뮤니티로 할당한다.

빽빽한 커뮤니티와 듬성한 커뮤니티

이 책에서 살펴본 대부분의 네트워크는 조밀하지 않다. 그러나 데이터 수집의 발달과 함께 많은 실제 세상 네트워크가 수많은 링크를 얻게 될 것이다. 빽빽한 네트워크에서는 많이 중첩된 커뮤니티들을 자주 보게 되고, 다양한 가설의 유효성과 이 장에서 살펴본 커뮤니티 찾기 알고리듬의 적절성에 대해 다시 평가하게 한다. 예를 들어 많이 중첩된 커뮤니티에서는 노드의 외부 링크수가 내부 링크수보다 많을 수 있고, 밀도 가설의 유효성이 제한된다.

글상자 9.3 한눈에 보는 커뮤니티

커뮤니티 찾기는 커뮤니티의 속성과 관련이 있는 몇 가지 가설을 바탕으로 한다.

근본 가설
커뮤니티는 네트워크의 연결 구조에 특이적으로 존재한다. 커뮤니티에는 적절한 알고리듬을 통해 발견될 수 있는 정답 같은 구조가 있다.

연결성과 밀도 가설
커뮤니티는 국지적으로 빽빽하게 연결된 부분그래프다.

무작위 가설
무작위로 연결된 네트워크는 커뮤니티가 없다.

최대 모듈도 가설
모듈도가 최대일 때의 최적 분할 커뮤니티 구조를 제공하고, 모듈도는 다음과 같이 정의한다.

$$M = \sum_{c=1}^{n_c} \left[\frac{l_c}{L} - \left(\frac{k_c}{2L} \right)^2 \right]$$

커뮤니티가 중요한가?

이 질문에 답하기 위해 하나의 예를 사용해보자. 그림 9.32(a)는 휴대전화 네트워크에서 링크 뭉치기 알고리듬(9.5절)으로 찾아낸 4개의 커뮤니티를 강조하여 국지적인 이웃들을 보여주고 있다. 그림은 또한 (b) 정오의 통화 빈도와 (c) 자정의 통화 빈도도 보여주며, 하루의 다른 시간에 각기 다른 통화 습성을 보여주고 있다. (a)에서 갈색 노드로 표시된 오른쪽 위에 위치한 노드들이 (b) 자정에 활발하지만 (c) 정오에는 서로 간의 통화를 멈춘다는 사실을 확인했다. 반대로, 짙은 파란색과 밝은 파란색 노드들은 정오에 활발한데 자정에는 잠을 잔다. 이것은 네트워크의 연결 구조로만 파악한 것이며, 커뮤니티마다 특정한 활동 패턴이 담겨 있음을 알 수 있다.

　그림 9.32는 커뮤니티가 일단 존재한다면 네트워크의 행동에 깊은 영향을 미친다. 수많은 측정들이 이를 뒷받침한다. 정보는 커뮤니티 안에서 더 빠르게 이동하고 다른 커뮤니티에 이르는

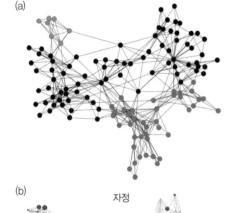

(a)

(b) 자정

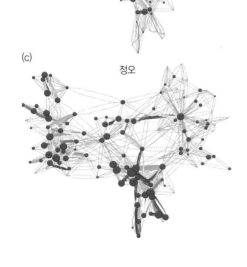

(c) 정오

그림 9.32　커뮤니티와 통화 패턴

커뮤니티가 구성원의 활동에 미치는 직접적인 영향이 커뮤니티 구조와 사용자 활동성에 대한 정보를 제공해주는 휴대전화 통화 네트워크로 설명되어 있다.

(a) **커뮤니티 구조**

휴대전화 네트워크의 네 가지 커뮤니티. 각 커뮤니티는 색으로 구분했다. 이들 커뮤니티는 고객 백만 명 이상의 통화 기록에서 링크 뭉치기 알고리듬(9.5절)으로 찾아낸 국소적인 이웃들을 나타내고 있다. 휴대전화 네트워크의 나머지 부분은 표시하지 않았다.

(b) **자정 활동성**

(a)에 나타난 네 가지 커뮤니티에 속한 사용자들의 통화 패턴. 링크의 색깔은 자정 근처에 시간 단위로 통화를 한 빈도수를 나타낸다. 빨간색 링크는 수많은 통화가 자정 근처에 이뤄진다는 것을 보여준다. 하얀색 링크나 링크가 없는 경우는 이 시간대에 사용자들이 너무 적게 이야기했거나 서로 통화를 하지 않았음을 의미한다.

(c) **정오 활동성**

(b)와 동일하나 정오를 대상으로 한다.

수네 레만(Sune Lehmann)의 허가하에 게재함

데 어려움을 겪고, 커뮤니티는 링크 가중치에 영향을 주며, 커뮤니티의 존재는 링크수 상관관계에 영향을 줄 수 있다.

동일하게 커뮤니티는 잠재적인 응용 분야에서도 주목할 만하다. 예를 들어, WWW에서 같은 커뮤니티에 속한 클라이언트 사이의 링크를 강화하는 것으로 웹 기반 서비스의 성능을 향상할 수 있다[345]. 마케팅에서는 커뮤니티를 찾으면 비슷한 흥미나 구매 습성을 가진 고객들을 찾아낼 수 있기 때문에 좀 더 효과적인 상품 추천 시스템을 설계하는 데 도움을 줄 수 있다[346]. 커뮤니티는 데이터 구조를 생성하는 게 자주 사용되어 검색어를 적절하게 처리할 수 있다[347, 348]. 마지막으로 커뮤니티 찾기 알고리듬은 많은 페이스북Facebook, 트위터Twitter, 링크드인LinkedIn 같은 사회연결망 사이트 뒤에서 작동해, 이러한 서비스가 잠재적인 친구 관계, 관심 있는 게시물, 목표 광고를 발견하도록 돕는다.

커뮤니티 찾기가 사회과학과 컴퓨터 과학에 깊게 뿌리내리고 있지만, 네트워크 과학에서는 상대적으로 젊은 주제다(글상자 9.4). 그러므로 커뮤니티의 조직에 대한 이해는 아직 급속히 발달하고 있고, 거대한 네트워크에서 국지적인 구조를 진단하기에 점점 더 정확한 도구를 제공한다.

9.9 과제

9.9.1 계층적 네트워크

그림 9.33에 나타난 계층적 네트워크의 링크수 지수를 계산하라.

9.9.2 원형에서의 커뮤니티

원형을 이루는 N개의 노드로 구성된 1차원 격자를 떠올려보자. 각 노드는 두 이웃과 연결되어 있다. 연결된 선을 n_c개의 연이은

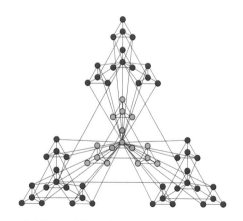

그림 9.33 계층적 네트워크
색깔은 네트워크 구축의 연속적 단계를 나타낸다.

글상자 9.4 커뮤니티 찾기: 역사 개요

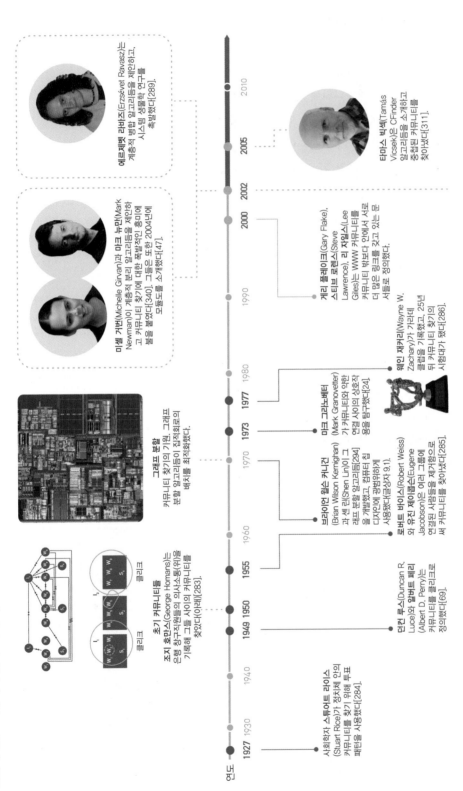

기원

커뮤니티 찾기에 사용된 많은 개념은 그 기원을 네트워크 과학에 앞서 사회과학과 컴퓨터 과학에 두고 있다.

폭발

지금의 커뮤니티 찾기에 대한 흥미는 사회 시스템과 생물학적 시스템에서 커뮤니티를 찾는 알고리듬을 제안한 두 논문이 붐을 지폈다.

크기 $N_c = N/n_c$자리의 덩어리로 분할하라.

(a) 얻은 분할의 모듈도를 계산하라.

(b) 최대 모듈도 가설에 따르면(9.4절), 최대 M_c가 최고의 분할에 해당한다. 최고 분할에 해당하는 커뮤니티 크기 n_c를 구하라.

9.9.3 모듈도 해상도 한계

n_c개의 클리크 고리들로 구성된 네트워크를 생각해보자. 각 클리크는 N_c개의 노드를 갖고 있고 $m(m-1)/2$개의 링크를 갖는다. 이웃 클리크들과는 단 하나의 링크로 연결되어 있다(그림 9.34). 이 네트워크는 각 클리크가 하나의 커뮤니티에 해당하는 명백한 커뮤니티 구조를 갖고 있다.

(a) 이 자연스러운 분할의 모듈도 M_{single}을 구하고, 그림 9.34에 점선으로 표시한 것과 같이 인접한 두 이웃 클리크가 하나로 합쳐진 분할의 모듈도 M_{pairs}를 구하라.

(b) 오직 $n_c < \sqrt{2L}$인 경우에만 최대 모듈도가 직관적으로 정확한 커뮤니티 분할을 예상한다는 것을 보여라. 여기서

$$L = n_c m(m-1)/2 + n_c$$

(c) 위의 부등식을 위반하게 될 경우 발생하는 결과를 논하라.

9.9.4 최대 모듈도

식 (9.12)에서 정의한 모듈도 M의 최댓값이 1을 넘을 수 없음을 보여라.

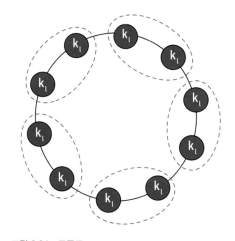

그림 9.34 모듈도

9.10 [심화 주제 9.A]
계층적 모듈도

이 절에서는 그림 9.13에서 소개한 계층 모형의 척도 특성^{scaling}

이 절에서는 그림 9.13에서 소개한 계층 모형의 척도 특성scaling

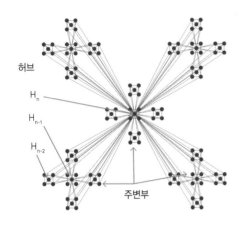

그림 9.35 링크수 지수의 계산

계층적 네트워크의 구조와 허브를 칭하는 이름을 정하는 방법. 출처: [289]

property을 논의한다. 링크수 분포와 링크수 의존적인 뭉침 계수를 계산하고 식 (9.8)을 유도한다. 마지막으로, 열 가지 실제 네트워크에서 계층의 존재를 알아본다.

9.10.1 링크수 분포

모형의 링크수 분포를 계산하기 위해 링크수마다 노드의 개수를 센다. 그림 9.13(a) 첫 번째 모듈의 다섯 노드부터 시작해서, 중앙에 있는 노드에 **허브**hub 이름표를 붙이고 나머지 네 노드를 **주변부**peripheral라고 부른다. 허브의 모든 복제물도 **허브**라고 부르고, 주변부 노드의 복제물도 여전히 **주변부**라고 한다(그림 9.35).

네트워크의 중앙에 있는 가장 큰 허브는 n번의 반복 동안 4^n개의 링크를 획득한다. 중앙에 있는 허브를 H_n이라 부르고, 이 허브의 사본 4개를 H_{n-1}이라고 하자(그림 9.35). 나머지 모듈 4×5개의 중앙을 H_{n-2}라 부르는데, 이 모듈의 크기는 $(n-2)$번째 반복 시행일 때 네트워크의 크기와 동일하다.

N번째 반복에서 허브 H_i의 링크수는 다음을 따르는데

$$k_n(H_i) = \sum_{l=1}^{i} 4^l = \frac{4}{3}\left(4^i - 1\right) \tag{9.21}$$

여기서

$$\sum_{l=0}^{i} x^l = \frac{x^{i+1} - 1}{x - 1} \tag{9.22}$$

또는

$$\sum_{l=1}^{i} x^l = \frac{x^{i+1} - 1}{x - 1} - 1 \tag{9.23}$$

을 사용한다. 모듈 H_i의 개수는 $i < n$일 때

$$N_n(H_i) = 4 \cdot 5^{n-i-1} \tag{9.24}$$

이고, 즉 $i = n - 1$일 때 모듈이 4개 존재하며, $i = n - 2$일 때

4×5개의 모듈이 있고, $i = n$일 때 $4 \times 5^{n-2}$개의 모듈이 존재한다. 링크수가 $k_n(H_i)$인 $4 \times 5^{n-i-1}$개의 H_i 유형 허브를 갖고 있기 때문에 식 (9.21)과 식 (9.24)에 의해 다음을 유도할 수 있다.

$$\ln N_n(H_i) = C_n - i \cdot \ln 5 \qquad (9.25)$$

$$\ln k_n(H_i) \simeq i \cdot \ln 4 + \ln(4/3) \qquad (9.26)$$

여기서

$$C_n = \ln 4 + (n-1)\ln 5 \qquad (9.27)$$

식 (9.26)에서 어림계산으로 $4^i - 1 \simeq 4^i$를 사용했음을 기억하자.

모든 $k > n + 2$에 대해 식 (9.26)과 식 (9.27)을 합치면

$$\ln N_n(H_i) = C'_n - \ln k_i \frac{\ln 5}{\ln 4} \qquad (9.28)$$

또는

$$N_n(H_i) \sim \ln k_i^{-\frac{\ln 5}{\ln 4}} \qquad (9.29)$$

을 얻을 수 있다. 링크수 분포를 계산하려면 $N_n(H_i)$를 다음의 비율을 계산함으로써 정규화해야 한다.

$$p_{k_i} \sim \frac{N_n(H_i)}{k_{i+1} - k_i} \sim k_i^{-\gamma} \qquad (9.30)$$

다음을 사용해

$$k_{i+1} - k_i = \sum_{l=1}^{i+1} 4^l - \sum_{l=1}^{i} 4^l = 4^{i+1} = 3k_i + 4 \qquad (9.31)$$

아래 식을 얻는다.

$$p_{k_i} = \frac{k_i^{-\frac{\ln 5}{\ln 4}}}{3k_i + 4} \sim k_i^{-1 - \frac{\ln 5}{\ln 4}} \qquad (9.32)$$

다시 말해, 계층적 네트워크의 링크수 지수는 다음과 같다.

$$\gamma = 1 + \frac{\ln 5}{\ln 4} = 2.16 \qquad (9.33)$$

9.10.2 뭉침 계수

H_i 허브의 뭉침 계수를 계산하는 것은 어느 정도 분명하다. $\sum_{l=1}^{i} 4^l$ 개의 링크가 사각형으로 연결된 노드에서 오기 때문에, 그 사이의 연결은 그 수와 같다. 따라서 H_i의 이웃 사이의 링크 수는

$$\sum_{l=1}^{i} 4^l = k_n(H_i) \qquad (9.34)$$

이고, 이를 통해 다음을 알 수 있다.

$$C(H_i) = \frac{2k_i}{k_i(k_i - 1)} = \frac{2}{k_i - 1} \qquad (9.35)$$

다시 말해

$$C(k) \simeq \frac{2}{k} \qquad (9.36)$$

를 얻을 수 있고, 이는 식 (9.8)에 따라 허브의 $C(k)$가 k^{-1}으로 변한다는 것을 의미한다.

9.10.3 실증적 결과

그림 9.36은 열 가지 참고 네트워크의 $C(k)$ 함수를 보여준다. 또한 각 네트워크의 링크수를 유지한 채 무작위 처리한 경우의 $C(k)$(녹색 기호)로 보여주며, 다음의 사항들을 관찰할 수 있다.

- 작은 k에 대해 모든 네트워크는 무작위 사례보다 자릿수가 더 큰 $C(k)$를 갖고 있다. 따라서 링크수가 작은 노드는 우연히 그럴 것이라고 예측되는 것보다 더 이웃이 빽빽하게 연결된 곳에 존재한다.
- 과학 공동연구 네트워크, 물질대사 네트워크, 인용 네트워크는 근사를 잘할 경우 $C(k) \sim k^{-1}$을 얻을 수 있는 반면, 무직

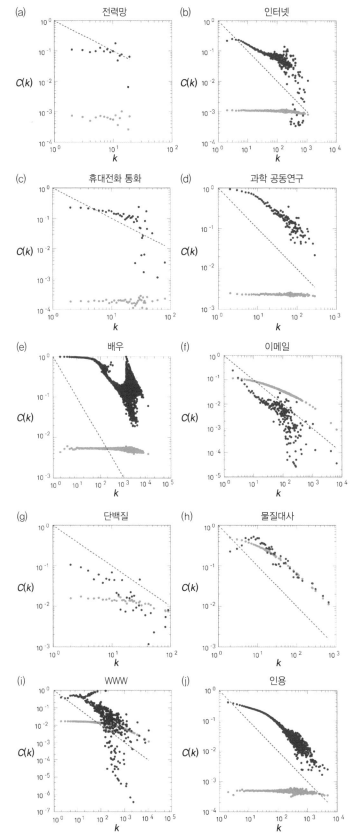

그림 9.36 실제 세상 네트워크의 계층

10가지 네트워크에서 본 $C(k)$의 k에 대한 변화(보라색 기호). 녹색 기호는 각 네트워크의 링크수를 보존한 채 무작위로 섞어서, 지역적인 밀도 차이를 없앤 버전에서 측정한 $C(k)$를 나타낸다. 이 때문에 커뮤니티와 내재한 계층이 사라진다. 방향성 네트워크는 $C(k)$를 계산하기 위해 방향성 없는 네트워크로 간주했다. 각 그림의 점선은 기울기 −1인 선이고 식 (9.8)을 따르는 시각적 이해를 돕는 보조선으로 역할을 한다.

위 처리한 $C(k)$는 평평하다. 그래서 이들 네트워크는 그림 9.13에 있는 모형의 계층적 모듈도를 보여준다.

- 인터넷, 휴대전화 통화, 배우, 이메일, 단백질 상호작용, WWW의 경우 $C(k)$는 k에 대해 감소하는 반면, 무작위 버전에서는 $C(k)$가 k에 독립적이다. 따라서 이들 네트워크가 계층적 모듈도를 보이기는 하지만, 관찰한 $C(k)$는 간단한 계층 모형에서는 찾아볼 수 없다. 이들 시스템에 $C(k)$를 더 잘 맞게 하려면 그 진화를 잘 잡아내는 모형을 만들 필요가 있다. 그런 모형은 β가 1과 다를 수 있을 때 이를 예측할 수 있다 [303].

- 전력망에 대해서만 평평하고 k에 독립적인 $C(k)$를 관찰할 수 있다. 계층적 모듈도가 존재하지 않음을 의미한다.

이를 함께 고려하면, 그림 9.36은 대부분의 실제 세상 네트워크는 뻔하지 않은 계층적 모듈도를 보인다는 것을 나타낸다.

9.11 [심화 주제 9.B] 모듈도

이 절에서는 식 (9.12)와 식 (9.13)을 유도하고 모듈도 함수와 그 변화를 특성화한다.

9.11.1 커뮤니티 합으로서의 모듈도

식 (9.9)와 식 (9.10)을 사용해 전체 네트워크의 모듈도를 다음과 같이 기술할 수 있다.

$$M = \frac{1}{2L} \sum_{i,j=1}^{N} (A_{ij} - \frac{k_i k_j}{2L}) \delta_{c_i, c_j} \qquad (9.37)$$

여기서 C_i는 노드 i가 속한 커뮤니티의 이름표다. 오직 같은 커뮤니티에 속한 노드 쌍만 식 (9.37)의 합에 기여하기 때문에, 앞

부분을 커뮤니티 모두에 대한 합으로 다시 기술할 수 있다.

$$\frac{1}{2L}\sum_{i,j=1}^{N} A_{ij}\delta_{c_i,c_j} = \sum_{c=1}^{n_c}\frac{1}{2L}\sum_{i,j\in C_c} A_{ij} = \sum_{c=1}^{n_c}\frac{L_c}{L} \qquad (9.38)$$

여기서 L_c는 커뮤니티 C_c 안의 링크 개수다. 모든 링크는 A_{ij}에서 두 번 세기 때문에 2는 사라진다.

비슷한 방법으로, 식 (9.37)의 두 번째 항은

$$\frac{1}{2L}\sum_{i,j=1}^{N}\frac{k_i k_j}{2L}\delta_{c_i,c_j} = \sum_{c=1}^{n_c}\frac{1}{(2L)^2}\sum_{i,j\in C_c} k_i k_j = \sum_{c=1}^{n_c}\frac{k_c^2}{4L^2}$$

$$(9.39)$$

이고, 여기서 k_c는 커뮤니티 C_c 안의 모든 노드의 링크수 총합이다. 실제로, 구조 모형에서는 전체 네트워크에 $2L$개의 미연결 링크가 있기 때문에, 어떤 미연결 링크가 무작위로 선택된 다른 미연결 링크에 $\frac{1}{2L}$ 확률로 연결된다. 따라서 미연결 링크가 그 커뮤니티 안에 있는 다른 미연결 링크에 연결될 확률은 $\frac{k_c}{2L}$이다. 이 절차를 커뮤니티 C_c 안의 모든 k_c개의 미연결 링크에 대해 반복하고 중복을 피하기 위해 1/2를 추가하면, 식 (9.39)의 마지막 항을 얻을 수 있다.

식 (9.38)과 식 (9.39)를 종합하면 식 (9.12)를 얻을 수 있다.

9.11.2 두 커뮤니티 합치기

두 커뮤니티 A와 B가 있을 때 각 커뮤니티의 링크수 총합을 각각 k_A와 k_B라고 하자(위의 k_c와 동등함). 두 커뮤니티를 합쳤을 경우 모듈도가 어떻게 달라지는지 계산해보자. 식 (9.12)를 사용하면 이 변화량은 다음과 같이 기술할 수 있다.

$$\Delta M_{AB} = \left[\frac{L_{AB}}{L} - \left(\frac{k_{AB}}{2L}\right)^2\right] - \left[\frac{L_A}{L} - \left(\frac{k_A}{2L}\right)^2 + \frac{L_B}{L} - \left(\frac{k_B}{2L}\right)^2\right]$$

$$(9.40)$$

여기서

$$L_{AB} = L_A + L_B + l_{AB} \tag{9.41}$$

이고, l_{AB}는 커뮤니티 A와 B 사이를 직접 잇는 링크의 수이며

$$k_{AB} = k_A + k_B \tag{9.42}$$

이다. 식 (9.41)과 식 (9.42)를 식 (9.40)에 대입하면,

$$\Delta M_{AB} = \frac{l_{AB}}{L} - \frac{k_A k_B}{2L^2} \tag{9.43}$$

를 얻을 수 있고 이는 식 (9.13)이다.

9.12 [심화 주제 9.C] 커뮤니티를 찾는 빠른 알고리듬

이 장에서 논의한 알고리듬들은 커뮤니티 찾기에 관련된 근본적인 아이디어와 개념을 잘 보여주기 위해 선택됐다. 따라서 그 알고리듬들이 가장 빠르거나 가장 정확하다는 것을 보장하지는 않는다. 최근 **루뱅 알고리듬**Louvain algorithm과 **인포맵**Infomap이라 불리는 두 알고리듬이 유명해졌는데, 이는 그 두 알고리듬이 이 장에서 다룬 다른 알고리듬들의 정확도와 비슷한 수준을 보이면서도 규모가 큰 네트워크에도 적용될 수 있었기 때문이다. 그래서 매우 거대한 네트워크의 커뮤니티를 찾는 데 두 알고리듬을 사용할 수 있다.

루뱅 알고리듬과 인포맵 사이에는 많은 공통점이 있다.

- 둘 모두 품질 함수 Q를 최적화하는 것을 목적으로 한다. 루뱅 알고리듬에서 Q는 모듈도 M이고 인포맵에서 Q는 엔트로피 기반으로 측정한 맵 방정식 또는 L이다.
- 두 알고리듬 모두 동일한 최적화 방법을 사용한다.

이런 유사성을 바탕으로 두 알고리듬을 함께 논의한다.

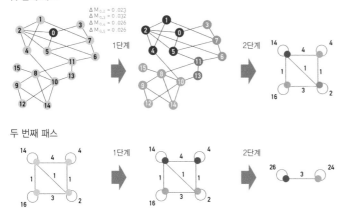

첫 번째 패스

$\Delta M_{0,2} = .023$
$\Delta M_{0,3} = .032$
$\Delta M_{0,4} = .026$
$\Delta M_{0,5} = .026$

1단계

2단계

두 번째 패스

1단계

2단계

그림 9.37 루뱅 알고리듬

루뱅 알고리듬의 주요 단계. 각 패스(pass)는 두 가지 단계(step)로 구성되어 있다.

1단계

모듈도는 국지적인 변화를 바탕으로 최적화된다. 노드 하나를 골라서 만일 그 노드가 이웃 중 하나의 커뮤니티에 소속될 경우 모듈도 변화량(식 (9.44))을 계산한다. 그림은 노드 0의 예상되는 모듈도 변화량 $\Delta M_{0,i}$를 보여준다. 따라서 노드 0은 노드 3의 커뮤니티로 옮기는데, 이 변화가 $\Delta M_{0,3} = 0.032$로 가장 크기 때문이다. 이 과정을 각 노드에 반복하고, 노드의 색깔은 결과적인 커뮤니티를 나타낸다.

2단계

1단계에서 얻은 커뮤니티가 합쳐지고 커뮤니티로 구성된 새로운 네트워크를 만든다. 같은 커뮤니티에 속한 노드들은 오른쪽 위에 나타난 것처럼 하나의 단일한 노드로 병합된다. 이 과정은 자기 연결도 생성하고, 이는 하나의 노드로 합쳐진 동일한 커뮤니티 안에 있던 노드들 사이의 링크를 나타낸다.

1단계와 2단계를 합쳐 **패스**라 부른다. 각 패스 이후에 얻은 네트워크로 다시 반복하고(패스 2), 이를 가능한 모듈도 증가가 더 이상 없을 때까지 반복한다.

출처: [282]

9.12.1 루뱅 알고리듬

계산 복잡도가 $O(N^2)$인 탐욕 알고리듬은 매우 거대한 네트워크에는 금지될 만한 알고리듬이다. 더 좋은 규모 확장성을 가진 모듈도 최적화 알고리듬을 블론델[Blondel]과 동료들[282]이 제안했다. **루뱅 알고리듬**은 두 가지의 반복적이고 단계적인 과정으로 구성되어 있다(그림 9.37).

1단계

노드가 N개인 가중치 네트워크에서 시작하면서 처음에는 각 노드를 모두 다른 커뮤니티로 할당한다. 각 노드 i에 대해, 노드 i의 이웃 중 하나인 노드 j의 커뮤니티로 옮겼을 경우 모듈도 변화를 계산한다. 그런 다음 모듈도 변화가 양수인 경우에만 그 변화가 가장 큰 커뮤니티로 노드 i를 옮긴다. 만약 모듈도가 높아지는 경우를 발견할 수 없다면 i는 원래 커뮤니티에 그대로 남는다. 이 과정은 모든 노드에 적용해 더 이상의 개선이 얻어지지 않을 때까지 반복하고, 1단계를 완료한다.

고립된 노드 i를 커뮤니티 C에 옮기면서 얻은 모듈도 변화량 ΔM은 다음으로 계산할 수 있다.

$$\Delta M = \left[\frac{\Sigma_{in} + 2k_{i,in}}{2W} - \left(\frac{\Sigma_{tot} + k_i}{2W} \right)^2 \right]$$

$$- \left[\frac{\Sigma_{in}}{2W} - \left(\frac{\Sigma_{tot}}{2W} \right)^2 - \left(\frac{k_i}{2W} \right)^2 \right] \quad (9.44)$$

여기서 Σ_{in}은 C 안에 있는 링크들의 가중치 총합이다(가중치 없는 네트워크의 경우에는 L_C다). Σ_{tot}은 C 안에 있는 모든 노드의 링크의 가중치 총합이다. k_i는 노드 i에 연결된 링크들의 가중치 총합이다. $k_{i,in}$은 노드 i에서 C 안에 있는 노드들에 연결된 링크 가중치의 총합이다. W는 네트워크에 존재하는 모든 링크의 가중치 총합이다.

커뮤니티 A와 B를 합칠 경우의 모듈도 변화량을 제공하는 ΔM은 식 (9.13)의 특수한 경우임을 염두에 두자. 이 경우 B는 고립된 노드다. 노드 i가 이전에 속했던 커뮤니티에서 제거됐을 때 ΔM을 모듈도 변화를 정하는 데 사용할 수 있다. 노드 i를 원래 커뮤니티에서 제거한 뒤, 노드 i를 커뮤니티 C에 합칠 경우 ΔM을 계산한다. 노드 i를 제거하고 나서의 변화는 $-\Delta M$이다.

2단계

1단계에서 찾은 커뮤니티들이 노드로 구성된 네트워크를 구축한다. 두 노드 사이의 링크 가중치는 각 노드에 해당하는 커뮤니티에 속한 노드들 사이를 연결하는 링크의 가중치 총합이다. 동일한 커뮤니티에 속한 노드 사이의 링크는 자기 연결self-link 가중치다.

2단계가 완료되면, 1단계와 2단계를 반복하고, 이 둘의 조합을 패스pass라고 하자(그림 9.37). 매 패스마다 커뮤니티의 개수가 줄어든다. 더 이상 아무 변화가 없고 최대 모듈도를 달성할 때까지 패스를 반복한다.

계산 복잡도

루뱅 알고리듬은 계산 시간보다는 저장 용량에 더 제한된다. 계산 횟수는 가장 시간이 오래 걸리는 첫 번째 패스에서 L에 대해 선형으로 증가한다. 이어지는 패스에서는 노드와 링크가 줄어들어, 알고리듬의 복잡도는 최대 $O(L)$이다. 그래서 수백의 노드를 가진 네트워크에서도 커뮤니티를 찾을 수 있게 해준다.

9.12.2 인포맵

마틴 로스발Martin Rosvall과 칼 버스트롬Carl T. Bergstrom이 소개한 인포맵Infomap은 커뮤니티 찾기에 데이터 압축을 활용한다(그림 9.38)[318, 319, 320]. 이 과정은 방향성과 가중치가 있는 네트워크에서 **맵 방정식**map equation이라 부르는 품질 함수를 최적화하는 방식으로 진행한다.

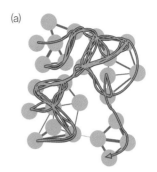

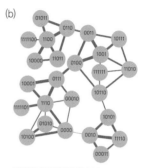

그림 9.38 데이터 압축에서 커뮤니티까지

인포맵은 네트워크 위에서 무작위로 걷는 이동을 압축해 커뮤니티를 찾는다.

⒜ 주황색 선은 작은 네트워크 위에서 무작위로 걷는 궤적을 보여준다. 이 궤적을 가장 적은 수의 기호로 기술하고자 한다. 이는 여기에 자주 사용되는 구조(커뮤니티)에 짧고 고유한 이름을 할당하면 가능하다.

⒝ 각 노드에 고유의 코드를 부여하는 것으로 시작한다. 이 과정에는 무작위 걸음이 노드를 방문할 확률을 측정해 각 노드에 코드를 할당하는 허프만(Huffman) 코딩을 사용한다. 네트워크 아래 표시된 314비트의 정보는 ⒜에 나타난 무작위 걷기의 궤적 예를 기술하고 있다. 첫 노드로서 왼쪽 위에 위치한 1111100에서 시작하여 1100을 두 번째로 지나, 오른쪽 아래 모퉁이에 위치한 마지막 노드 00011에서 걸음이 끝난다.

⒞ 그림에서는 각 커뮤니티가 고유의 이름을 받는 무작위 걷기의 두 단계 인코딩을 보여준다. 커뮤니티 안에 있는 노드들의 이름은 다른 커뮤니티에서 다시 사용할 수 있다. 이 코드는 평균적으로 32% 더 짧다. 커뮤니티 이름을 나타내는 코드와 각 커뮤니티를 탈출하는 것을 나타내는 데 사용하는 코드는 네트워크 아래에 화살표 모양 왼쪽과 오른쪽에 각각 나타냈다. 이 코드를 사용하면, ⒜의 걸음을 ⒞의 네트워크 아래 나타난 것처럼 243비트로 기술할 수 있다. 첫 세 비트 111은 보라색 커뮤니티에서 걷기를 시작하는 것을 나타내고, 코드 0000은 걸음을 시작하는 첫 노드를 나타낸다.

⒟ 커뮤니티 안의 각 노드의 위치가 아니라, 오직 커뮤니티 이름을 보고하여 효과적으로 뭉쳐진 네트워크를 얻을 수 있고 이것이 커뮤니티 구조에 해당한다.

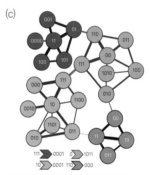

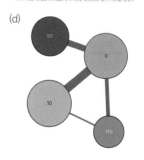

n_c개의 커뮤니티로 분할된 네트워크를 떠올려보자. 이 네트워크에서 무작위로 걷는 궤적을 가장 효율적인 방법으로 암호화하고 싶다. 다시 말해, 가장 적은 기호로 궤적을 기술하려고 한다. 이상적인 코드는 무작위 걸음은 커뮤니티 안에 걸려들어 갇히고 오랜 시간을 머무는 경향이 있다는 사실을 이점으로 활용해야 한다(그림 9.38(c)).

이를 달성하기 위해 다음을 할당한다.

- 커뮤니티마다 코드를 할당한다(색인 코드북$^{index\ codebook}$). 예를 들어, 그림 9.38(c)의 보라색 커뮤니티는 코드 111을 부여한다.

- 각 커뮤니티 안의 노드들에 코드를 부여한다. 예를 들어, (c) 안의 왼쪽 위에 위치한 노드에 001을 할당한다. 같은 노드 코드를 다른 커뮤니티에서 반복해서 사용할 수 있음을 유의하라.

- 무작위로 걷다가 어떤 커뮤니티에서 벗어날 때는 (c)의 보라색 커뮤니티의 경우 0001로 표기한 것처럼 탈출 코드로 표시한다.

그러므로 목표는 무작위 걸음을 가장 짧게 기술하는 코드를 만들어 제공하는 것이다. 이 코드를 갖게 되면, 각각의 커뮤니티에 고유하게 부여한 색인 코드북을 읽는 것으로 네트워크의 커뮤니티 구조를 파악할 수 있다(그림 9.38(c)).

최적의 코드는 아래 **맵 방정식**의 최솟값을 찾으면 얻을 수 있다.

$$\mathcal{L} = qH(Q) + \sum_{c=1}^{n_c} p_{\circlearrowright}^c H(P_c) \qquad (9.45)$$

간단히 말하면, 식 (9.45)의 첫 항은 '커뮤니티 사이를' 움직이는 것을 기술하는 데 필요한 평균 비트 수를 제공한다. 여기서 q는 무작위 걸음이 주어진 횟수의 걸음 동안 커뮤니티를 바꾸는 확률이다.

두 번째 항은 '커뮤니티 안에서' 움직이는 것을 기술하는 데 필요한 평균 비트 수를 나타낸다. 여기서 $H(P_c)$는 커뮤니티 안에서의 움직임에 대한 엔트로피이며, 커뮤니티 i에서 떠나는 것을 알려주는 '탈출 코드'를 포함한다.

맵 방정식의 특정 용어와 네트워크에서 무작위로 걷는 움직임을 포착하는 확률에 대한 계산은 어느 정도 연관이 있다. 이에 대해서는 [318, 319, 320]에 자세히 설명되어 있다. 온라인 자료 9.3은 식 (9.45)의 기작과 활용을 알려주는 상호작용이 되는 도구를 제공한다.

끝으로, $\mathcal{L}$은 특정한 값을 내어주면서 네트워크를 커뮤니티로 나누는 특정한 분할의 품질 함수로 기능한다. 최고의 분할을 찾기 위해 모든 가능한 분할에 대해 $\mathcal{L}$을 최소로 해야 한다. 이 최적화 과정을 수행하는 유명한 방법은 루뱅 알고리듬의 1단계와 2단계를 따르는 것이다. 각 노드를 개별 커뮤니티로 할당하고 체계적으로 노드를 이웃 커뮤니티에 $\mathcal{L}$을 감소시키는 방향으로 합쳐간다. 매번 움직일 때마다 식 (9.45)를 사용해 $\mathcal{L}$을 갱신한다. 이렇게 얻은 커뮤니티는 슈퍼 커뮤니티로 합쳐지고, 한 패스가 끝난다. 이후 크기가 줄어든 새 네트워크에서 알고리듬을 다시 시작한다.

계산 복잡도

인포맵의 계산 복잡도는 맵 방정식 $\mathcal{L}$을 줄이는 데 사용된 방법에 달려 있다. 루뱅 과정을 사용한다면, 계산 복잡도는 루뱅 알고리듬과 동일하게 성긴 그래프일 경우 최대 $O(L \log L)$ 또는 $O(N \log N)$이다.

요약하면, 루뱅 알고리듬과 인포맵은 커뮤니티를 찾는 빠른 방법을 제공한다. 기준 모형으로 본 정확도는 이 장을 통해 논의했던 다른 알고리듬들과 비교할 만하다(그림 9.28).

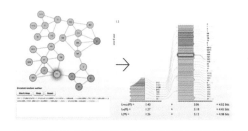

온라인 자료 9.3
인포맵의 맵 방정식

맵 방정식의 작동 방식에 대한 동적인 시각화를 http://www.tp.umu.se/~rosvall/livemod/mapequation/에서 볼 수 있다.

9.13 [심화 주제 9.D] 클리크 스미기의 문턱값

이 절에서는 무작위 네트워크에서 클리크 스미기를 위한 스미기 문턱값 식 (9.16)을 유도하고 CFinder 알고리듬의 주요 과정을 논의한다(그림 9.39).

k-클리크를 구성하는 노드 중 하나를 재배치하면서 인접한 k-클리크로 굴려갈 때, 원판 k-클리크를 더 접어갈 수 있는 인접한 k-클리크의 수는 스미기 문턱값(그림 9.20)에서 정확히 1이어야 한다. 실제로 1보다 작으면, 어느 k-클리크에서 시작해도 접어가는 과정이 금새 끝나기 때문에 k-클리크 스미기 덩어리가 덜 성숙한 채로 끝날 수 있다. 따라서 덩어리의 크기는 지수적으로 감소할 것이다. 반대로, 예측값이 1보다 크면, 시스템에 거대 덩어리가 존재한다는 것을 보장할 수 있다.

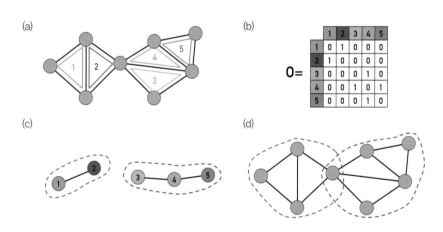

그림 9.39 CFinder 알고리듬

CFinder 알고리듬의 주요 단계

(a) 그림에 나타난 네트워크에서 시작하여 모든 클리크를 찾고자 한다. $k = 3$인 5개의 모든 클리크가 네트워크에 표시되어 있다.

(b) $k = 3$ 클리크의 중첩 행렬 O. 이 중첩 행렬은 노드가 원래 네트워크의 클리크를 나타내는 네트워크의 인접 행렬로 해석한다. 중첩 행렬에서 두 성분이 연결되어 있고, 그중 하나는 클리크 (1, 2)이며 다른 하나는 클리크 (3, 4, 5)로 구성되어 있다. 이 네트워크의 연결된 성분은 원본 네트워크의 커뮤니티를 반영한다.

(c) 인접 행렬로 예측된 두 클리크 커뮤니티

(d) (c)에서 나타난 두 클리크 커뮤니티를 원본 네트워크에 반영했다.

예측치는 다음의 식으로 구할 수 있다.

$$(k-1)(N-k-1)^{k-1} \qquad (9.46)$$

여기서 $(k-1)$ 부분은 다음 재배치에서 선택할 수 있는 원판 k-클리크의 노드 개수를 세고, $(N-k-1)^{k-1}$은 재배치의 잠재적인 종착지 개수인데, (재배치와 관련된) 매 새로운 $(k-1)$ 링크는 새로운 k-클리크를 얻기 위해 반드시 존재해야 하기 때문에, 이 밖으로는 p^{k-1}만큼의 비율만 허용 가능하다. 크기 N이 충분히 클 때, 식 (9.46)은 간단히

$$(k-1)Np_c^{k-1} = 1$$

로 쓸 수 있고 식 (9.16)이 된다.

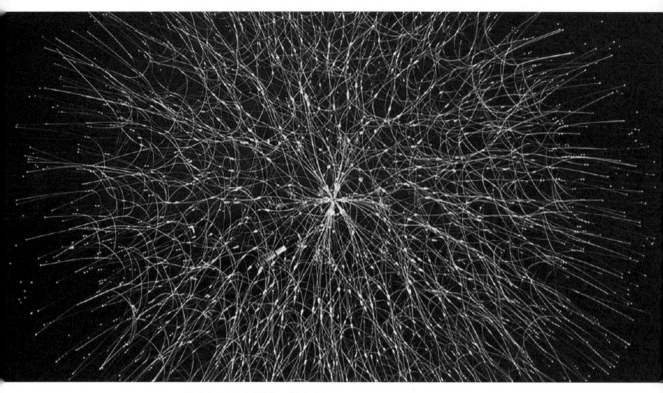

그림 10.0 예술과 네트워크: 빌 스미스

'완벽한 전염병의 역학 모형(진화된 성장 시스템)'은 일리노이를 기반으로 활동하는 아티스트
빌 스미스(Bill Smith)의 작품이다(http://www.widicus.org).

제10장
확산 현상

10.1 소개

2003년 2월 21일 밤, 중국 남부 광동성에서 온 한 의사가 홍콩의 메트로폴 호텔에 체크인했다. 그는 이전에 명확한 진단 없이 비정형 폐렴atypical pneumonia이라 불리는 질병으로 고통받는 환자들을 치료했다. 다음 날 그는 호텔을 나와 지역 병원에 갔는데, 이번엔 환자로서였다. 그리고 며칠 후 폐렴으로 사망했다[349].

그가 아무런 흔적 없이 호텔을 떠난 건 아니었다. 그날 밤 메트로폴 호텔의 투숙객 16명과 방문객 한 명도 이 병에 걸렸다. 이 병은 결국 중증급성호흡기증후군SARS, Severe Acute Respiratory Syndrome으로 다시 이름 붙여졌다. 이 투숙객들이 SARS 바이러스를 하노이, 싱가포르, 토론토로 옮기고 각 도시에서 발병을 촉

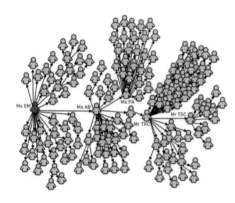

그림 10.1 슈퍼 전파자들

싱가포르에서 진단받은 206명의 SARS 환자들 중 144명을 연결된 다섯 명으로부터 찾았는데, 그중에 네 명의 **슈퍼 전파자**가 포함되어 있다. 이들 중가장 중요한 **최초 감염자**(Patient Zero)는 메트로폴호텔에 이 질병을 가져온 중국 광동성의 그 의사다. 출처: [349]

발했다. 이후 전염병 학자들이 추적한 결과 기록된 8,100건의 SARS 사례 중 절반가량이 메트로폴 호텔에서 시작됐다. 이로써 홍콩에 바이러스를 가져온 그 의사는 전염병 동안 엄청난 수의 감염에 책임이 있는 개인으로 **슈퍼 전파자**super-spreader의 예가되었다.

네트워크 이론 연구자는 질병이 퍼져나간 접촉 네트워크에서 예외적으로 많은 수의 링크가 있는 노드인 슈퍼 전파자를 허브로 인식한다. 허브가 많은 네트워크에 등장하듯, 천연두smallpox에서 에이즈AIDS에 이르기까지 많은 전염병의 사례에서 슈퍼 전파자가 기록됐다[350]. 이 장에서는 이런 허브의 진정한 영향을 이해하고 예측하기 위해 전염병 현상에 대한 네트워크 기반 접근 방식을 소개한다. **네트워크 전염학**network epidemics이라 부르는 이런 체계는 전염병의 확산을 정량화하고 예측하기 위한 분석 및 수치 해석 체계를 제공한다.

감염성 질병은 건강한 삶을 잃은 햇수로 보자면 전 세계 질병 부담의 43%를 차지한다. 이 질병들은 아픈 사람이나 그들의 분비물에 접촉함으로써 전파되기 때문에 **전염성** 질병이라 부른다. 치료제와 백신은 감염성 질병을 멈추기에 충분치 않다. 이 질병의 원인이 되는 **병원체**pathogen가 인구 집단에 어떻게 퍼지는지를 이해하는 것이 중요하다. 이는 결국 사용 가능한 치료법이나 백신을 투여하는 방식을 결정한다.

종종 네트워크에서의 확산 현상으로 설명되는 현상들의 다양함이 놀랍다.

생물학적 현상

병원체가 해당 접촉 네트워크에서 퍼져나가는 현상이 이 장의 주요 주제다. 예를 들어 두 사람이 같은 방에서 공기를 호흡할 때 전염되는 인플루엔자, SARS 또는 결핵 같은 공기 매개 질병, 사람들이 서로 만질 때 전염되는 전염병과 기생충, 환자의 체액과의 접촉을 통해 전염되는 에볼라 바이러스, 성관계 중에 전염되는 HIV 및 기타 성병이 포함된다. 감염성 질병에는 또한

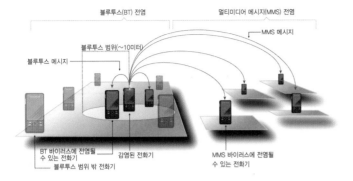

블루투스(BT) 전염   멀티미디어 메시지(MMS) 전염

블루투스 메시지

블루투스 범위(~10미터)

MMS 메시지

BT 바이러스에 전염될 수 있는 전화기
블루투스 범위 밖 전화기

감염된 전화기

MMS 바이러스에 전염될 수 있는 전화기

그림 10.2 휴대폰 바이러스

프로그램과 데이터를 서로 공유할 수 있는 스마트폰은 바이러스 작성자에게 비옥한 토양을 제공한다. 실제로 2004년 이후로 수백 개의 스마트폰 바이러스가 식별되어 컴퓨터 바이러스가 약 20년 걸려서 달성한 정도를 몇 년 만에 도달했다[351]. 모바일 바이러스는 두 가지 주요 통신 메커니즘을 사용해 전송된다[35].

BT 바이러스

블루투스(BT, bluetooth) 바이러스는 감염된 전화기의 BT 범위(약 10~30미터) 내에서 발견된 모든 전화기를 감염시킨다. 물리적으로 인접하는 것이 BT 연결에 필수적이므로 BT 바이러스의 전파는 소유자의 위치와 이런 위치들을 이동한 개인들로 연결된 근저의 이동 네트워크에 의해 결정된다(10.4절). 따라서 BT 바이러스는 인플루엔자와 유사한 확산 패턴을 따른다.

MMS 바이러스

멀티미디어 메시징 서비스(MMS, Multimedia Messaging Services)에 의해 전달되는 바이러스는 감염된 전화의 전화번호부에 있는 전염 가능한 모든 전화를 감염시킬 수 있다. 따라서 MMS 바이러스는 감염된 전화의 물리적 위치와 무관하게 장거리 확산 패턴을 따라 사회연결망 위에서 확산된다. 결과적으로 MMS 바이러스의 확산은 컴퓨터 바이러스를 특징짓는 패턴과 유사하다.

HPV나 EBV 같은 암 유발 바이러스에 의해 전달되는 암과, 빈대나 말라리아 같은 기생충에 의해 전달되는 질병이 포함된다.

디지털 현상

컴퓨터 바이러스는 컴퓨터에서 컴퓨터로 자신의 복사본을 전송할 수 있는 스스로 복제하는 프로그램이다. 그 확산 패턴은 병원체의 확산과 닮은 점이 많이 있지만, 디지털 바이러스는 특정 바이러스 뒤에 있는 기술에 의해 결정되는 고유한 특징이 많다. 휴대폰이 휴대용 컴퓨터로 변모하면서 최근에는 스마트폰을 감염시키는 모바일 바이러스 및 웜의 출현도 목격된다(그림 10.2).

사회적 현상

혁신, 지식, 사업 관행, 제품, 행동, 소문, 밈meme의 확산 및 수용에서 사회연결망과 직업 네트워크의 역할은 사회과학, 마케팅, 경제학에서 많이 연구된 문제다[352, 353]. 트위터 같은 온라인 환경은 이러한 현상을 추적할 수 있는 전례 없는 가능성을 제공한다. 결과적으로 엄청난 수의 연구가 사회적 확산에 초점을 맞춘다. 예를 들면, 일부 메시지는 수백만 명의 개인에게 도달하는 반면 다른 메시지는 주목받지 못하는 이유를 물을 수 있다.

위에서 논의한 예에서 생물학적 바이러스에서 컴퓨터 바이러스, 아이디어, 제품에 이르기까지 다양한 확산 에이전트agent가 관여하여 사회연결망에서 컴퓨터 및 직업적 전문 네트워크에

표 10.1 네트워크와 확산 에이전트

병원체, 밈 또는 컴퓨터 바이러스의 확산은 확산 에이전트가 전파되는 네트워크, 그리고 해당 에이전트의 전송 메커니즘에 의해 결정된다. 이 표에는 특정 확산 에이전트의 특성 및 에이전트가 확산되는 네트워크와 함께 많이 연구된 여러 확산 현상이 나열되어 있다.

현상	에이전트	네트워크
성병	병원체	성관계 네트워크
소문 확산	정보, 밈	소통 네트워크
혁신의 확산	아이디어, 지식	소통 네트워크
컴퓨터 바이러스	악성 소프트웨어, 디지털 바이러스	인터넷
휴대폰 바이러스	모바일 바이러스	사회연결망/근접 네트워크
빈대	기생충	호텔-여행자 네트워크
말라리아	말라리아원충	모기-인간 네트워크

이르기까지 다양한 유형의 네트워크에서 퍼진다. 서로 다른 시간 척도를 특징으로 하며 서로 다른 전송 메커니즘을 따른다(표 10.1). 이런 다양성에도 불구하고 이 장에서 보여주듯이 이런 확산 과정은 공통의 패턴을 따르고 동일한 네트워크 기반 이론 및 모형화 체계를 통해 설명할 수 있다.

10.2 전염병 모형

역학^{epidemiology}은 병원체의 확산을 모형화하기 위해 강력한 분석적, 수치적 체계를 개발해왔다. 이 체계는 두 가지 기본 가설에 의존한다.

(i) **칸으로 나눔**^{compartmentalization}

전염병 모형에서는 영향을 미치는 질병의 단계에 따라 각 개인을 분류한다. 가장 단순한 분류는 개인이 세 가지 **상태**^{state} 또는 **구획**^{compartment} 중 하나에 있을 수 있다고 가정한다.

- **전염될 수 있는 상태**^{susceptible}(S): 아직 병원체와 접촉한 적이 없는 건강한 개인(그림 10.3)

- **감염시킬 수 있는 상태**^{infectious}(I): 병원체와 접촉하여 남을 감염시킬 수 있는 전염력이 있는 개인
- **회복된 상태**^{recovered}(R): 전에 감염됐지만 질병에서 회복하여, 감염시킬 수 없는 개인

일부 질병의 모형화에는 감염될 수 없는 **면역을 가진**^{immune} 개인 또는 질병에 노출됐지만 아직 전염시키지 않는 **잠복기의**^{latent} 개인과 같은 추가 상태가 필요하다.

개인은 구획 사이를 이동할 수 있다. 예를 들어, 새로운 인플루엔자 발병이 시작될 때 모든 사람은 전염될 수 있는 취약한 상태에 있다. 개인이 감염된 사람과 접촉하면 전염될 수 있다. 결국 면역력을 회복하고 좋아져서 특정 인플루엔자 변종에 대한 감수성^{susceptibility}을 잃게 된다.[1]

(ii) **골고루 섞임**$^{homogenous\ mixing}$

완전 혼합$^{fully\ mixed}$ 또는 **대단위 작용 근사**$^{mass-action\ approximation}$라고도 불리는 골고루 섞임 가설은 각 개인이 감염된 타인과 접촉할 기회가 동일하다고 가정한다. 이 가설은 질병이 퍼지는 정확한 접촉 네트워크를 알아야 할 필요성을 없애고 누구나 다른 사람을 감염시킬 수 있다는 가정으로 대체한다.

이 절에서는 이 두 가지 가설을 기반으로 만들어진 전염병 모형틀을 소개한다. 구체적으로 전염병 모형의 기본 구성요소를 이해하는 데 도움이 되는 SI, SIS, SIR 모형이라는 자주 사용되는 세 가지 전염병 모형의 동역학을 탐색한다.

10.2.1 SI 모형

N명의 개인이 있는 인구 집단에서 퍼지는 질병을 고려하자. 시간 t에서 전염될 수 있는(건강한) 개인의 수를 $S(t)$로 표시하고, 이미 감염된 개인의 수를 $I(t)$로 표시한다. 시간 $t = 0$에서 모든

---

1 감수성을 잃었다는 것은 전염병에 덜 걸리게 됐다는 뜻이다. – 옮긴이

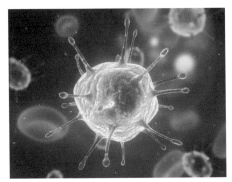
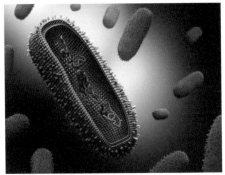

그림 10.3 병원체

병원체(pathogen)는 그리스어로 '고통, 열정'을 뜻하는 'pathos'와 '생산자'를 뜻하는 'genes'에 뿌리는 둔 단어로, 감염원 또는 세균을 나타낸다. 병원체는 바이러스(virus), 박테리아(bacterium), 프리온(prion), 곰팡이(fungus)와 같은 질병을 유발하는 미생물일 수 있다. 이 그림은 AIDS의 원인이 되는 HIV, 인플루엔자 바이러스, C형 간염 바이러스와 같이 많이 연구된 여러 병원체를 보여준다. 출처: http://www.livescience.com/18107-hiv-therapeutic-vaccines-promise.html, http://www.huffingtonpost.com/2014/01/13/deadly-viruses-beautiful-photos_n_4545309.html

사람이 전염될 수 있는 상태이고($S(0) = N$), 아무도 감염되지 않았다($I(0) = 0$). 일반적인 개인이 $\langle k \rangle$번의 접촉이 있고, 단위 시간 내에 감염자로부터 전염될 수 있는 개인에게 질병이 전파될 가능성이 β라고 가정하자. 만일 한 개인이 시간 $t = 0$에 감염됐을 때(즉, $I(0) = 1$), 좀 지난 시간 t에 얼마나 많은 개인이 감염될 것인가가 질문이다.

골고루 섞임 가설 내에서 감염된 사람이 전염될 수 있는 개인을 만날 확률은 $S(t)/N$이다. 따라서 감염자는 단위 시간에 $\langle k \rangle S(t)/N$명의 전염될 수 있는 개인과 접촉하게 된다. 감염된 $I(t)$명의 개인이 각각 β의 비율로 병원체를 전파하기 때문에 시간 간격 dt 동안 새로운 감염의 평균 $dI(t)$는 다음과 같다.

$$\beta \langle k \rangle \frac{S(t)I(t)}{N} dt$$

결과적으로 $I(t)$는 다음과 같은 비율로 변한다.

$$\frac{dI(t)}{dt} = \beta \langle k \rangle \frac{S(t)I(t)}{N} \tag{10.1}$$

이 장 전체에서 시간 t에서 전염될 수 있는 인구의 비율과 감염된 인구의 비율을 표시하기 위해 다음 변수들을 사용할 것이다.

$$s(t) = S(t)/N, \qquad i(t) = I(t)/N \tag{10.2}$$

간단히 하기 위해 $i(t)$와 $s(t)$에서 (t) 변수도 생략하여 식 (10.1)을 다시 적으면 다음과 같다(심화 주제 10.A).

$$\frac{di}{dt} = \beta \langle k \rangle si = \beta \langle k \rangle i(1 - i) \tag{10.3}$$

여기서 $\beta \langle k \rangle$ 곱을 **전파율**transmission rate 또는 **전파도**transmissibility라 한다. 식 (10.3)은 다음과 같이 푼다.

$$\frac{di}{i} + \frac{di}{(1 - i)} = \beta \langle k \rangle dt$$

양변을 적분하여 다음을 얻는다.

$$\ln i - \ln(1-i) + C = \beta\langle k\rangle t$$

$i_0 = i(t = 0)$ 초기 조건으로부터 $C = i_0/(1 - i_0)$이고, 시간에 따른 감염된 개인의 비율을 다음과 같이 얻는다.

$$i = \frac{i_0 e^{\beta\langle k\rangle t}}{1 - i_0 + i_0 e^{\beta\langle k\rangle t}} \tag{10.4}$$

식 (10.4)는 다음을 예상한다.

- 초기에 감염된 개인의 비율은 지수적으로 증가한다(그림 10.4(b)). 실제로 초기에 감염된 개인은 항상 전염될 수 있는 개인과만 만나므로 병원체가 쉽게 퍼질 수 있다.
- 모든 전염될 수 있는 개인의 비율이 $1/e$(약 36%)가 되는 데 필요한 **특성 시간**characteristic time은 다음과 같다.

$$\tau = \frac{1}{\beta\langle k\rangle} \tag{10.5}$$

따라서 τ는 병원체가 인구 집단에 퍼지는 속도의 역수다. 식 (10.5)는 링크 밀도 $\langle k\rangle$나 β를 증가시키면 병원체의 전파 속도를 빠르게 하고 특성 시간을 줄일 것이라는 걸 예상한다.

- 시간이 지남에 따라 감염된 개인은 점점 더 적은 전염될 수 있는 개인과 마주친다. 따라서 i의 증가는 긴 시간 t에 대해 느려진다(그림 10.4(b)). 모두 감염되어 $i(t \to \infty) = 1$ 그리고 $s(t \to \infty) = 0$일 때 전염병은 끝난다.

10.2.2 SIS 모형

대부분의 병원체는 결국 면역 체계나 치료에 의해 사멸된다. 이러한 사실을 포착하기 위해 감염된 개인이 회복되어 질병 확산이 멈출 수 있도록 해야 한다. 이렇게 SIS$^{Susceptible-Infected-}$

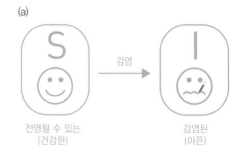

전염될 수 있는 (건강한)　　감염된 (아픈)

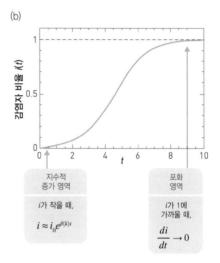

그림 10.4 SI 모형

(a) SI 모형에서 개인은 전염될 수 있는(건강한) 상태 또는 감염된(아픈) 상태 두 가지 중 하나에 있을 수 있다. 이 모형은 전염될 수 있는 개인이 감염된 개인과 접촉하면 β의 비율로 감염된다고 가정한다. 화살표는 개인이 감염되면 계속 감염되어 회복할 수 없음을 나타낸다.

(b) 식 (10.4)에 의해 예측된 감염된 개인의 비율이 시간에 따라 변한다. 초기에 감염된 개인의 비율이 지수적으로 증가한다. 결국 감염되어 시간이 충분히 흘렀을 때는 $i(\infty) = 1$이다.

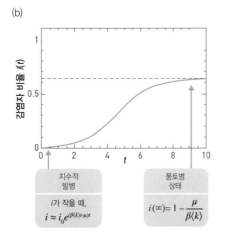

(a)

S 전염될 수 있는
(건강한)

감염 →
← 회복

I 감염된
(아픈)

(b)

그림 10.5 SIS 모형

(a) SIS 모형은 SI 모형과 동일하게 전염될 수 있는 상태와 감염된 상태를 갖는다. 감염된 개인이 μ의 비율로 치료되어 다시 전염될 수 있는 상태가 되는 회복을 허용한다는 점이 다르다.

(b) 식 (10.7)에 의해 예측된 SIS 모형에서 감염된 개인의 비율이 시간에 따라 변한다. 회복이 가능하기 때문에 식 (10.8)에 의해 주어진 감염된 개인의 비율 $i(\infty)$가 일정한 풍토병 상태에 도달한다. 따라서 풍토병 상태에서는 유한한 비율의 개인만이 감염된다. 높은 회복률 μ의 경우 감염된 개체의 수가 지수적으로 감소하고 질병이 사라진다.

Susceptible 모형에 도달할 수 있다. 전염될 수 있는 상태와 감염된 상태 두 가지를 갖는 것은 SI 모형과 동일하다. 차이점은 이제 감염된 개인이 어떤 고정된 비율 μ로 회복되어 다시 전염될 수 있는 상태가 된다는 것이다(그림 10.5(a)). 이 모형의 동역학을 설명하는 방정식은 식 (10.3)을 확장해 얻을 수 있다.

$$\frac{di}{dt} = \beta\langle k \rangle i(1-i) - \mu i \tag{10.6}$$

여기서 μ는 회복률$^{\text{recovery rate}}$이고, μi 항은 질병으로부터 회복되는 인구의 비율을 표현한다. 식 (10.6)의 해는 시간의 함수로 감염된 개인의 비율을 알려준다(그림 10.5(b)).

$$i = \left(1 - \frac{\mu}{\beta\langle k \rangle}\right) \frac{Ce^{(\beta\langle k \rangle - \mu)t}}{1 + Ce^{(\beta\langle k \rangle - \mu)t}} \tag{10.7}$$

초기 조건 $i_0 = i(t=0)$로부터 $C = i_0/(1 - i_0 - \mu/\beta\langle k \rangle)$를 얻는다.

SI 모형에서는 결국 모두 감염되는 반면, 식 (10.7)은 SIS 모형의 두 가지 가능한 전염병 결과를 예상한다.

- **풍토병 상태**($\mu < \beta\langle k \rangle$)

  낮은 회복률에서 감염된 개인의 비율 i는 SI 모형에서 관찰된 것과 유사한 로지스틱 곡선$^{\text{logistic curve}}$을 따른다.[2] 하지만 아직 모두 감염된 것이 아님에도 i가 일정한 상숫값($i(\infty) < 1$)에 도달한다(그림 10.5(b)). 이는 어느 순간에 인구의 유한한 비율만이 감염된다는 것을 뜻한다. 이 변하지 않는 상태 혹은 **풍토병 상태**$^{\text{endemic state}}$에서 새로 감염된 개인의 수는 질병에서 회복되는 개인의 수와 같아 인구 집단의 감염된 비율은 시간에 따라 변하지 않는다. $i(\infty)$는 식 (10.6)에서 $di/dt = 0$으로 둠으로써 계산할 수 있다.

---

2 로지스틱 곡선(logistic curve)은 흔히 S자 곡선이라 불리는 성장 곡선 모양을 뜻한다. – 옮긴이

$$i(\infty) = 1 - \frac{\mu}{\beta\langle k \rangle} \qquad (10.8)$$

- **질병이 없는 상태**$(\mu > \beta\langle k \rangle)$

  충분히 높은 회복률에서 식 (10.7)의 지수는 음수가 된다. 따라서 i가 시간에 따라 지수적으로 **감소**한다. 이는 초기 감염이 지수적으로 사멸되는 것을 나타낸다. 이 상태에서는 단위 시간 동안 치료되는 개인의 수가 새롭게 감염되는 개인의 수를 초과하기 때문이다. 그러므로 시간이 지남에 따라 병원체는 인구 집단에서 사라진다.

다시 말해, SIS 모형은 일부 병원체는 인구 집단에 지속되는 반면 다른 병원체는 곧 사멸한다는 것을 예측한다. 이 두 결과의 차이를 결정하는 것이 무엇인지 이해하기 위해 병원체의 특성 시간을 적어보면 다음과 같다.

$$\tau = \frac{1}{\mu(R_0 - 1)} \qquad (10.9)$$

$$R_0 = \frac{\beta\langle k \rangle}{\mu} \qquad (10.10)$$

여기서 R_0는 **기초감염재생산수**basic reproductive number다. 이것은 온전히 전염될 수 있는fully susceptible 인구 집단에서 한 감염된 개인이 해당 감염 기간 동안 감염시킬 수 있는 평균적인 전염될 수 있는 개인의 수를 나타낸다. 즉, R_0는 이상적인 상황에서 감염된 각 개인이 유발하는 새로운 감염의 수다. 기초감염재생산수는 이런 예측력의 가치가 있다.

- $R_0 > 1$로 τ가 양수인 경우 전염병이 풍토병 상태에 있다. 실제로 감염된 각 개인이 한 명 이상의 건강한 사람을 감염시킨다면, 병원체는 인구 집단에 퍼지고 지속할 태세다. 더 높을수록 확산 과정이 빠르다.

- $R_0 < 1$로 τ가 음수인 경우 전염병이 사라진다. 실제로 감염된 각 개인이 한 명 미만을 추가로 감염시킨다면 병원체는

표 10.2 기초감염재생산수 R_0

기초감염재생산수(식 (10.10))는 모든 접촉자가 전염될 수 있는 경우 감염된 개인이 감염시키는 개인의 수를 나타낸다. $R_0 < 1$인 경우 회복된 개인의 수가 새로운 감염의 수를 초과하므로 병원체가 자연적으로 사멸한다. $R_0 > 1$인 경우 병원체는 인구 집단에서 확산이 지속된다. R_0가 높을수록 확산 과정이 빠르다. 표에는 잘 알려진 여러 병원체에 대한 R_0 값이 나열되어 있다. 출처: [354]

질병	전파	R_0
홍역	공기 중 운반	12~18
백일해	공기 중 비말	12~17
디프테리아	침, 타액	6~7
천연두	사회적 접촉	5~7
소아마비	대변-구강 경로	5~7
풍진	공기 중 비말	5~7
볼거리	공기 중 비말	4~7
HIV/AIDS	성적인 접촉	2~5
SARS	공기 중 비말	2~5
인플루엔자 (1918년 변이)	공기 중 비말	2~3

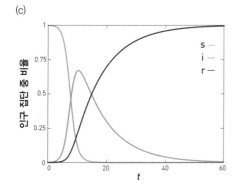

(a)

S
전염될 수 있는
(건강한)

감염 →

I
감염된
(아픈)

제거 →

R
제거된
(면역/사망)

(b)

$$\frac{ds}{dt} = -\beta \langle k \rangle i \, [1 - r - i]$$

$$\frac{di}{dt} = -\mu i + \beta \langle k \rangle i \, [1 - r - i]$$

$$\frac{dr}{dt} = \mu i$$

(c)

그림 10.6 SIR 모형

(a) SIS 모형과 대조적으로 SIR 모형에서 회복된 개인은 다시 전염될 수 있는 상태가 아닌 면역이 생겨 '회복된' 상태로 들어온다. 독감, SARS, 흑사병은 이 속성을 가진 질병이므로 SIR 모형을 사용해 그 확산을 설명해야 한다.

(b) 전염될 수 있는 개인의 비율 s, 감염된 개인의 비율 i, 제거된 개인의 비율 r 각 상태의 시간에 대한 변화를 지배하는 미분 방정식들.

(c) (b)에 보인 방정식에 의해 예측된 s, i, r의 시간 의존 양상. 이 모형에 따르면 모든 개인은 전염될 수 있는(건강한) 상태에서 감염된(아픈) 상태로 바뀐 다음 회복된(면역) 상태로 진환된다.

인구 집단에서 지속될 수 없다.

결과적으로 기초감염재생산수는 전염병 학자들이 새로운 병원체에 대해 직면한 문제의 심각성을 측정하기 위해 추정하는 첫 번째 기준 척도다. 몇몇 잘 연구된 병원체의 R_0가 표 10.2에 나열되어 있다. 이러한 병원체 중 일부의 높은 R_0는 그것들이 제기하는 위험의 근간이다. 예를 들어, 홍역에 감염된 각 개인은 12명 이상의 후속 감염을 유발한다.

10.2.3 SIR 모형

대부분의 인플루엔자 변종과 같이 많은 병원체의 경우 개인은 감염에서 회복된 후 면역이 생긴다. 따라서 다시 전염될 수 있는 상태로 돌아가는 대신 인구 집단에서 '제거'된다. 이 회복된 개인은 감염될 수 없고 다른 사람을 감염시킬 수도 없기 때문에 더 이상 병원체의 관점에서 계산하지 않는다. 그림 10.6에서 특징을 논의한 SIR^Susceptible-Infected-Recovered 모형은 이런 과정의 동역학을 포착한다.

요약하면, 병원체의 특성에 따라 전염병 발생의 동역학을 포착하기 위해 다른 모형이 필요하다. 그림 10.7에서 볼 수 있듯이 SI, SIS, SIR 모형의 예측은 전염병의 초기 단계에서 서로 일치한다. 감염자가 적을 때 질병이 자유롭게 퍼지고 감염자가 지수적으로 증가한다. 긴 시간에서는 결과가 다르다. SI 모형에서는 모든 사람이 감염된다. SIS 모형은 유한한 비율의 개인이 항상 감염되는 풍토병 상태에 도달하거나 감염이 소멸된다. SIR 모형에서는 모든 사람이 결국 회복한다. 기초감염재생산수는 전염병의 장기적인 운명을 예측한다. $R_0 > 1$인 경우 병원체가 인구 집단에 지속되는 반면, $R_0 < 1$인 경우 병원체가 자연적으로 사라진다.

지금까지 논의한 모형에서는 개인이 질병과 연관된 접촉 네트워크에서 네트워크의 이웃과만 접촉한다는 사실을 고려하지 않았다. 대신 골고루 섞이는 것을 가정했는데, 이는 감염된 개인

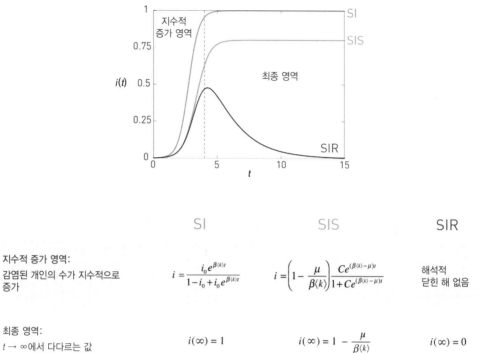

	SI	SIS	SIR
지수적 증가 영역: 감염된 개인의 수가 지수적으로 증가	$i = \dfrac{i_0 e^{\beta \langle k \rangle t}}{1 - i_0 + i_0 e^{\beta \langle k \rangle t}}$	$i = \left(1 - \dfrac{\mu}{\beta \langle k \rangle}\right) \dfrac{C e^{(\beta \langle k \rangle - \mu) t}}{1 + C e^{(\beta \langle k \rangle - \mu) t}}$	해석적 닫힌 해 없음
최종 영역: $t \to \infty$에서 다다르는 값	$i(\infty) = 1$	$i(\infty) = 1 - \dfrac{\mu}{\beta \langle k \rangle}$	$i(\infty) = 0$
전염병 문턱값: 질병이 항상 퍼지지는 않음	문턱값 없음	$R_0 = 1$	$R_0 = 1$

그림 10.7 SI, SIS, SIR 모형 비교

그림은 SI, SIS, SIR 모형에서 감염된 개인의 비율 i의 증가를 보여준다. 두 가지 다른 영역이 두드러진다.

지수적 증가 영역

모형들이 전염병의 초기 단계에서 감염된 개인의 수가 지수적으로 증가할 것으로 예측한다. 동일한 β에 대해, SI 모형이 가장 빠른 증가를 예측한다(가장 작은 τ, 식 (10.5) 참고). SIS와 SIR 모형의 경우 회복에 의해 증가가 느려지고 식 (10.9)에서 예측한 것과 같이 결과적으로 더 큰 τ를 갖는다. 충분히 큰 비율의 μ에 대해 SIS와 SIR 모형은 감염된 개인의 수가 시간이 지남에 따라 지수적으로 감소하는 질병이 없는(disease-free) 상태를 예측한다.

최종 영역

세 가지 모형은 서로 다른 장기적 결과를 예측한다. SI 모형에서는 모든 사람이 감염된다($i(\infty) = 1$). SIS 모형에서는 유한한 비율의 개인이 감염된다($i(\infty) < 1$). SIR 모형에서는 감염된 모든 노드가 회복되므로 감염된 개인의 수는 0으로 간다($i(\infty) = 0$). 그림의 표에서는 각 모형의 주요 특징을 요약했다.

이 어떤 다른 개인도 감염시킬 수 있음을 뜻한다. 또한 감염된 개인이 노드 링크수의 차이를 무시하고 오직 $\langle k \rangle$명의 다른 개인을 감염시킨다는 것을 뜻한다. 전염병의 동역학을 정확하게 예측하려면 전염병 현상에서 접촉 네트워크의 정확한 역할을 고려해야 한다.

10.3 네트워크 전염학

수백만 명이 매일 대륙을 횡단할 수 있는 항공 여행의 편리함으로 인해 병원체가 전 세계를 여행하는 속도가 극적으로 가속됐다. 중세 시대에는 바이러스가 한 대륙을 휩쓰는 데 몇 년이 걸렸지만(그림 10.8), 오늘날 새로운 바이러스는 며칠 만에 여러 대륙에 퍼질 수 있다. 따라서 병원체가 전 세계에 퍼질 때 따르는 패턴을 이해하고 예측하는 것이 절실히 필요하다.

이전 절에서 논의한 전염병 모형은 병원체의 확산을 가능케 하는 접촉 네트워크의 구조를 포함하지 않았다. 대신 모든 개인이 다른 개인과 접촉할 수 있고(골고루 섞임 가설), 모든 개인이 비슷한 수의 접촉을 $\langle k \rangle$번 한다고 가정한다. 둘 다 사실이 아니다. 개인은 접촉하는 사람에게만 병원체를 전달할 수 있으므로 병원체는 접촉 복잡계 네트워크를 통해 퍼진다. 또한 이러한 접촉 네트워크는 종종 척도 없는 네트워크이므로 $\langle k \rangle$는 네트워크 구조를 특징짓기 충분하지 않다.

기본 가설의 실패는 전염병 모형화 체계의 근본적인 수정을 촉발했다. 이런 변화는 로무알도 파스토어-자토라스Romualdo Pastor-Satorras와 알레산드로 베스피냐니Alessandro Vespignani의 업적에서 시작됐으며, 이들은 2001년 기본 전염병 모형을 확장하여 밑바탕에 있는 접촉 네트워크의 구조적 특성을 일관된 방식으로 통합했다[18]. 이 절에서는 **네트워크 전염학**network epidemics과 익숙해지면서 그들이 개발한 방식을 소개한다.

그림 10.8 대역병

인류 역사상 가장 파괴적인 대유행병 중 하나인 흑사병(Black Death)은 페스트균(Yersinia pestis) 박테리아에 의한 림프절 페스트(bubonic plague)의 발병이었다. 이 그림은 유럽 전역에서 질병이 점진적으로 진행되어 대륙을 휩쓸기까지 수년이 걸렸음을 보여준다. 중국에서 시작하여 1346년경에 실크로드를 따라 여행하여 크림 반도에 도달했다. 그곳에서 상선의 항시 '승객'이었던 검은쥐의 몸에 있는 오리엔탈 쥐벼룩이 이를 옮겨 지중해와 유럽 전역에 퍼졌다. 느린 확산은 그 시대의 느린 이동 속도를 반영한다. 흑사병은 유럽 인구의 30~60%를 죽게 한 것으로 추정된다[355]. 그 결과 발생한 황폐화는 일련의 종교적, 사회적, 경제적 격변을 일으켰으며 유럽 역사에 지대한 영향을 미쳤다. 출처: 로저 젠너(Roger Zenner), 위키백과

10.3.1 네트워크 SI 모형

병원체가 네트워크에 퍼지면 링크가 더 많은 개인이 감염된 개인과 접촉할 가능성이 높기 때문에 감염될 가능성 또한 더 높다. 따라서 수학적 표현은 각 노드의 링크수를 내제 변수로 고려해야 한다. 링크수에 따라 노드를 구별하고 동일한 링크수를 가진 노드가 통계적으로 동일하다고 가정하는 **링크수 블록 근사**degree-block approximation로 가능하다(그림 10.9). 따라서 다음과 같이 링크수를 고려해 표시한다.

$$i_k = \frac{I_k}{N_k} \tag{10.11}$$

네트워크에서 링크수가 k인 모든 N_k의 노드 중 감염된 링크수 k인 노드의 비율이다. 전체 감염된 노드의 비율은 모든 감염된 링크수 k인 노드에 대한 합으로 다음과 같다.

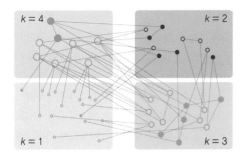

그림 10.9 링크수 블록 근사

10.2절에서 논의한 전염병 모형은 각 노드를 상태에 따라 구획으로 그룹을 만들고 전염될 수 있거나, 감염됐거나, 회복된 구획에 배치했다. 네트워크 구조의 역할을 설명하기 위해 **링크수 블록 근사**는 추가 구획 세트를 넣어 **같은 링크수를 갖는 모든 노드를 한 블록에** 배치한다. 다시 말해, 같은 링크수를 가진 노드들이 비슷하게 행동한다고 가정하는 것이다. 이는 식 (10.13)에서 했던 것처럼 각 링크수에 대해 별도의 비율 방정식(rate equation)을 쓸 수 있게 한다. 링크수 블록 근사는 개인의 상태를 기반으로 한 구획을 없애지 않는다. 링크수에 관계없이 개인은 질병에 전염될 수 있고(비어 있는 원), 감염됐을 수 있다(채워진 원).

$$i = \sum_k p_k i_k \qquad (10.12)$$

주어진 다른 노드 링크수에 대해 각 링크수 k별로 SI 모형을 쓸 수 있다.

$$\frac{di_k}{dt} = \beta(1 - i_k)k\Theta_k \qquad (10.13)$$

이 방정식은 식 (10.3)과 같은 구조를 하고 있다. 감염률은 β에 비례하고 아직 감염되지 않은 링크수가 k인 노드의 비율은 $(1 - i_k)$다. 그러나 몇 가지 주요 차이점이 있다.

- 식 (10.3)의 평균 링크수 $\langle k \rangle$가 각 노드의 실제 링크수 k로 대체된다.
- 밀도 함수density function Θ_k는 링크수 k인 전염될 수 있는 노드의 감염된 이웃의 비율이다. 골고루 섞임 가정에서는 단순히 감염된 노드의 비율 i다. 하지만 네트워크 환경에서 노드 주변에 감염된 노드 비율은 노드의 링크수 k와 시간 t에 따라 달라질 수 있다.
- 식 (10.3)이 단 하나의 방정식으로 전체 시스템의 시간 의존 양상을 표현하는 반면 식 (10.13)은 네트워크에 존재하는 각 링크수별 하나의 방정식으로 k_{max}개의 결합 방정식들로 쓰이는 시스템을 나타낸다.

이론적 관심과 실질적 고려사항 모두에 의한 선택으로 i_k의 초기 양상을 탐색하는 것부터 시작하자. 실제로 새로운 병원체에 대한 백신, 치료법 및 기타 의학적 개입을 개발하는 데 몇 달에서 몇 년이 걸릴 수 있다. 만약 치료제가 없다면 전염병의 경로를 바꿀 수 있는 유일한 방법은 조기에 검역, 여행 제한 등 전파를 늦추는 조치를 사용해 확산을 막는 것이다. 각 개입의 성격, 시기, 규모에 대해 올바른 결정을 내리려면 전염병 초기 단계에 감염된 개인의 수를 정확하게 추정해야 한다.

전염병 초기에 i_k는 작아서 $\beta(1 - i_k)k\Theta_k$에서 높은 차수의 항

은 무시할 수 있다. 따라서 식 (10.13)을 다음과 같이 근사할 수 있다.

$$\frac{di_k}{dt} \approx \beta k \Theta_k \qquad (10.14)$$

[심화 주제 10.B]에서 살펴보듯이, 링크수 사이에 상관관계가 없는 네트워크에 대해 밀도 함수 Θ_k는 k에 의존하지 않는다. 식 (10.40)을 사용하면 식 (10.14)는 다음과 같다.

$$\frac{di_k}{dt} \approx \beta k i_0 \frac{\langle k \rangle - 1}{\langle k \rangle} e^{t/\tau^{SI}} \qquad (10.15)$$

여기서 τ^{SI}는 병원체 확산에 대한 특성 시간으로 다음과 같다.

$$\tau^{SI} = \frac{\langle k \rangle}{\beta\left(\langle k^2 \rangle - \langle k \rangle\right)} \qquad (10.16)$$

식 (10.15)를 적분하여 링크수 k를 갖는 감염된 노드의 비율을 얻는다.

$$i_k = i_0 \left(1 + \frac{k \langle k \rangle - 1}{\langle k^2 \rangle - \langle k \rangle} (e^{t/\tau^{SI}} - 1) \right) \qquad (10.17)$$

식 (10.17)은 몇 가지 중요한 예측을 한다.

- 노드의 링크수가 크면 감염될 가능성이 크다. 실제로 어떤 시간 t에 대해 식 (10.17)을 $i_k = g(t) + k f(t)$와 같이 쓸 수 있는데, 이는 큰 링크수를 갖는 노드 그룹의 감염된 노드의 비율이 더 높다는 것을 뜻한다(그림 10.10).

- 식 (10.12)에 따라 시간에 따른 전체 감염된 노드의 비율은 다음과 같다.

$$i = \int_0^{k_{max}} i_k p_k dk = i_0 \left(1 + \frac{\langle k \rangle^2 - \langle k \rangle}{\langle k^2 \rangle - \langle k \rangle} (e^{t/\tau^{SI}} - 1) \right) \qquad (10.18)$$

식 (10.16)에 따라 특성 시간 τ는 $\langle k \rangle$뿐만 아니라 네트워크 링크

수 분포의 $\langle k^2 \rangle$에도 의존한다. 식 (10.16) 예측의 중요성을 완전히 이해하도록 다른 네트워크에 대해 τ^{SI}를 유도해보자.

- **무작위 네트워크**

  무작위 네트워크에서는 $\langle k^2 \rangle = \langle k \rangle (\langle k \rangle + 1)$이므로 다음을 얻을 수 있다.

$$\tau_{ER}^{SI} = \frac{1}{\beta \langle k \rangle} \tag{10.19}$$

  균일한 네트워크에 대한 식 (10.5)의 결과를 다시 얻는다.

- **$\gamma \geq 3$인 척도 없는 네트워크**

  질병이 퍼져나가는 접촉 네트워크가 $\gamma \geq 3$인 링크수 지수를 갖는 척도 없는 네트워크인 경우, $\langle k \rangle$와 $\langle k^2 \rangle$ 모두 유한하다. 결과적으로 τ^{SI} 또한 유한한 값으로, 질병 확산 동역학은 무작위 네트워크에서 예측하는 양상과 비슷하다. 다만, τ^{SI} 값이 변한다.

- **$\gamma \leq 3$인 척도 없는 네트워크**

  $\gamma < 3$인 경우, $N \to \infty$인 극한에서 $\langle k^2 \rangle \to \infty$이다. 따라서 식 (10.16)에서 $\tau^{SI} \to 0$이다. 다시 말해, **척도 없는 네트워크에서 병원체의 확산은 즉각적이다.** 이것이 아마도 네트워크 전염학의 예측 중 가장 예상하지 못했던 일일 것이다.

  0이 되어 사라지는 특성 시간은 전염병 현상에서 허브가 하는 중요한 역할을 반영한다. 실제로 그림 10.10과 같이 척도 없는 네트워크에서 허브가 가장 먼저 감염된다. 허브가 가진 많은 링크를 통해 감염된 노드와 접촉할 가능성이 매우 높기 때문이다. 허브가 감염되면 나머지 네트워크에 질병을 '전파^{broadcast}'하여 슈퍼 전파자로 변한다.

- **불균일한 네트워크**

  네트워크 링크수의 불균일성^{heterogeneity}의 영향을 알기 위해 엄격히 꼭 척도 없는 네트워크일 필요는 없다. 사실 식

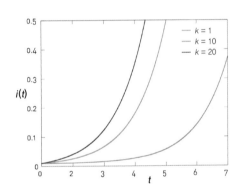

그림 10.10 SI 모형에서 감염된 노드의 비율

각기 다른 링크수를 갖는 노드들에서 병원체의 전파 속도가 다른 것을 식 (10.17)로 알 수 있다. 구체적으로 $i_k = g(t) + kf(t)$로 쓸 수 있는데, 이는 어느 때라도 감염된 노드 중 큰 링크수 노드의 비율이 작은 링크수 노드의 비율보다 크다. 그림은 평균 링크수 $\langle k \rangle = 2$인 에르되시-레니 네트워크에서 링크수 $k = 1, 10, 100$인 감염된 노드의 비율을 보여준다. 여기서 $t = 3$일 때 $k = 1$ 노드는 3% 미만이 감염된 반면, $k = 10$ 노드는 20%, $k = 20$ 노드는 30% 가까이 된다. 결과적으로 언제든지 거의 모든 허브가 감염되지만 링크수가 작은 노드는 질병이 없는 경향이 있다. 따라서 질병은 허브에서 유지되고 거기서 차례로 네트워크의 나머지로 질병이 퍼져나간다.

(10.16)은 $\langle k^2 \rangle > \langle k \rangle (\langle k \rangle + 1)$인 한 τ^{SI}가 감소한다고 예측한다. 따라서 불균일한 네트워크는 어떤 병원체든 확산 속도를 증가시킨다.

SI 모형에서 시간이 지남에 따라 병원체는 모든 개인에 도달한다. 결과적으로 링크수 불균일도는 특성 시간에만 영향을 미치며, 이는 결국 병원체가 인구 집단을 휩쓰는 속도를 결정한다. 네트워크의 모든 영향을 이해하려면 네트워크에서 SIS 모형의 양상을 살펴봐야 한다.

10.3.2 SIS 모형과 사라지는 전염병 문턱값

네트워크에서 SIS 모형의 동역학을 설명하는 연속 방정식 continuum equation은 10.2절에서 논의한 SI 모형에서 바로 확장이 가능하다.

$$\frac{di_k}{dt} = \beta(1 - i_k)k\Theta_k(t) - \mu i_k \qquad (10.20)$$

식 (10.13)과 식 (10.20)의 차이는 회복을 뜻하는 항인 $-\mu i_k$의 존재다. 이는 전염병의 특성 시간을 바꾼다(심화 주제 10.B).

$$\tau^{SIS} = \frac{\langle k \rangle}{\beta \langle k^2 \rangle - \mu \langle k \rangle} \qquad (10.21)$$

충분히 큰 μ에 대해 특성 시간은 음수이므로 i_k는 지수적으로 붕괴된다. 붕괴의 조건은 회복률과 $\langle k \rangle$뿐만 아니라 $\langle k^2 \rangle$으로 표현되는 네트워크 불균일도에도 의존한다. 인구 집단에서 병원체가 지속되는 시기를 예측하기 위해 **확산율**spreading rate을 다음과 같이 정의한다.

$$\lambda = \frac{\beta}{\mu} \qquad (10.22)$$

확산율은 병원체의 생물학적 특성, 즉 전파율transmission probability β와 회복률recovery rate μ에만 의존한다. λ가 높을수록 질병이 퍼질 확률이 높아진다. 하지만 감염된 개인의 수는 λ에 따라 점진적으로 늘어나지 않는다. 오히려 병원체는 확산율이 **전염병 문턱값**epidemic threshold인 λ_c를 넘어야 퍼질 수 있다. 다음으로 무작위 네트워크와 척도 없는 네트워크에 대해 λ_c를 계산해보자.

* **무작위 네트워크**

무작위 네트워크에서 병원체가 퍼지면 식 (10.21)에 $\langle k^2 \rangle > \langle k \rangle (\langle k \rangle + 1)$을 사용할 수 있고, 병원체가 인구 집단에 지속되는 조건을 얻을 수 있다.

$$\tau_{\mathrm{ER}}^{\mathrm{SIS}} = \frac{1}{\beta(\langle k \rangle + 1) - \mu} > 0 \qquad (10.23)$$

식 (10.22)를 이용해 다음 조건을 얻는다.

$$\lambda > \frac{1}{\langle k \rangle + 1} \qquad (10.24)$$

무작위 네트워크의 전염병 문턱값을 얻을 수 있다.

$$\lambda_c = \frac{1}{\langle k \rangle + 1} \qquad (10.25)$$

$\langle k \rangle$가 유한한 이상, 무작위 네트워크는 0이 아닌 전염병 문턱값을 갖고 다음과 같은 주요 결과를 갖는다(그림 10.11).

* 확산율 λ가 전염병 문턱값 λ_c를 초과하면, 병원체는 어느 때에도 인구 집단 중 유한한 비율 $i(\lambda)$가 감염되어 있는 풍토병 상태가 될 때까지 퍼질 것이다.
* $\lambda < \lambda_c$라면, 병원체는 사라지고 $i(\lambda) = 0$이다.
* 따라서 전염병 문턱값은 병원체가 인구 집단에 지속될지 여부를 결정할 수 있게 한다. 확산율 λ가 증가함에 따라 전염병 발병이 없는 상태에서 나타나는 상태로의 전이transition는 병원체 확산을 막기 위한 캠페인 대부분의 기초가 된다(10.6절).

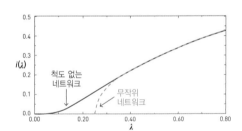

그림 10.11 전염병 문턱값

SIS 모형의 풍토병 상태에 감염된 개인의 비율 $i(\lambda) = i(t \to \infty)$. 그림의 곡선은 무작위 네트워크(녹색)와 척도 없는 네트워크(보라색)에서의 결과다. 무작위 네트워크는 유한한 전염병 문턱값 λ_c를 갖는다. 이는 작은 확산율($\lambda < \lambda_c$)을 갖는 병원체는 반드시 사라짐을 뜻한다($i(\lambda_c) = 0$). 그러나 만약 병원체의 확산율이 λ_c를 넘으면, 그 병원체는 풍토병이 되고 인구 집단의 유한한 비율이 항시 감염되어 있다. 척도 없는 네트워크의 경우에는 $\lambda_c = 0$이므로 아주 작은 확산율 λ를 갖는 바이러스도 인구 집단에 계속 머물 수 있다.

- **척도 없는 네트워크**

  임의의 링크수 분포를 갖는 네트워크에 대해 식 (10.21)에 $\tau^{\mathrm{SIS}} > 0$ 조건으로 전염병 문턱값을 얻는다.

$$\lambda_c = \frac{\langle k \rangle}{\langle k^2 \rangle} \tag{10.26}$$

척도 없는 네트워크에서는 $N \to \infty$인 극한에서 $\langle k^2 \rangle$이 발산하므로, 큰 네트워크에서는 전염병 문턱값이 사라질 것이라고 기대할 수 있다(그림 10.11과 그림 10.12). 이는 **개인에서 개인으로 거의 전파되지 않는 바이러스라도 성공적으로 퍼져나갈 수 있다는 뜻**이다. 네트워크 전염학의 두 번째 핵심 예측이다(표 10.3).

사라지는 전염병 문턱값은 허브의 직접적인 결과다. 실제로 감염된 개인이 회복되기 전에 다른 노드를 감염시키지 못한 병원체는 인구 집단에서 천천히 사라질 것이다(심화 주제 10.A). 무작위 네트워크에서 모든 노드는 비슷한 정도의 $k \approx \langle k \rangle$를 가지므로 확산율이 전염병 문턱값 미만이면 병원체가 확산할 길이 없다. 그러나 척도 없는 네트워크에서는

표 10.3 네트워크 전염병 모형들

표에서는 임의의 $\langle k \rangle$와 $\langle k^2 \rangle$을 갖는 네트워크에서 세 가지 기본 전염병 모형(SI, SIS, SIR)의 비율 방정식과 해당 특성 시간 τ, 전염병 문턱값 λ_c를 보여준다. $\lambda_c = 0$인 SI 모형의 경우 회복율의 부재($\mu = 0$)로 병원체는 모든 전염 가능한 개인에 도달할 때까지 퍼진다. 나열된 τ와 μ_c는 [심화 주제 10.B]에서 유도한다.

모형	연속 방정식	τ	λ_c
SI	$\frac{di_k}{dt} = \beta[1 - i_k]k\theta_k$	$\frac{\langle k \rangle}{\beta(\langle k^2 \rangle - \langle k \rangle)}$	0
SIS	$\frac{di_k}{dt} = \beta[1 - i_k]k\theta_k - \mu i_k$	$\frac{\langle k \rangle}{\beta\langle k^2 \rangle - \mu\langle k \rangle}$	$\frac{\langle k \rangle}{\langle k^2 \rangle}$
SIR	$\frac{di_k}{dt} = \beta s_k \theta_k - \mu i_k$ $s_k = 1 - i_l - r_k$	$\frac{\langle k \rangle}{\beta(\langle k^2 \rangle - (\mu + \beta)\langle k \rangle)}$	$\frac{1}{\frac{\langle k^2 \rangle}{\langle k \rangle} - 1}$

$2 < \gamma < 3$	$\lambda_c = 0$ $\Theta(\lambda) \sim (k_{\min}\lambda)^{(\gamma-2)/(3-\gamma)}$ $i(\lambda) \sim \lambda^{1/(3-\gamma)}$
$\gamma = 3$	$\lambda_c = 0$ $\Theta(\lambda) \approx \frac{e^{-1/k_{\min}\lambda}}{\lambda k_{\min}}(1 - e^{-1/k_{\min}\lambda})^{-1}$ $i(\lambda) \sim 2e^{-1/k_{\min}\lambda}$
$3 < \gamma < 4$	$\lambda_c > 0$ $i(\lambda) \sim \left(\lambda - \frac{\gamma - 3}{k_{\min}(\gamma - 2)}\right)^{1/(\gamma-3)}$
$\gamma > 4$	$\lambda_c > 0$ $i(\lambda) \sim \lambda - \frac{\gamma - 3}{k_{\min}(\gamma - 2)}$

그림 10.12 SIS 모형의 점근적 양상

풍토병 상태에서 감염된 개인의 비율 $i(\lambda) = i(t \to \infty)$는 기저의 네트워크 구조와 질병의 매개변수 β, μ에 의존한다. 그림은 링크수 지수 λ를 갖는 척도 없는 네트워크의 전염병 문턱값 λ_c, 밀도 함수 $\Theta(\lambda)$, 그리고 $i(\lambda)$의 주요 특징을 요약한다. 오직 $\gamma > 4$인 경우에만 척도 없는 네트워크에서의 전염병이 전통적인 전염병 모형의 결과에 수렴하는 모습을 볼 수 있다. 출처: [356]

병원체가 약한 전염성만 있어도 허브를 감염시키면 허브가 많은 다른 노드에 이를 전달할 수 있어 병원체가 인구 집단에 지속되도록 한다.

요약하면, 이 절의 결과는 네트워크 구조에 대한 고려가 전염병 모형의 예측력을 중대하게 바꾼다는 것을 보여준다. 다음과 같은 두 가지 근본적인 결과를 도출했다.

- 크기가 큰 척도 없는 네트워크에서 $\tau = 0$이고, 이는 바이러스가 즉시 대부분의 노드에 도달할 수 있음을 뜻한다.
- 크기가 큰 척도 없는 네트워크에서 $\lambda_c = 0$이고, 이는 확산율이 작은 바이러스라도 인구 집단에서 지속될 수 있음을 뜻한다.

두 결과 모두 병원체를 많은 다른 노드에 전파하는 허브 능력의 결과다.

이러한 결과는 척도 없는 네트워크에 한정되지 않는다. 오히려 식 (10.26)은 τ와 λ_c 모두 $\langle k^2 \rangle$에 의존한다고 예측하므로 위에서 논의한 영향은 링크수 불균일도가 큰 어떤 네트워크에도 적용될 것이다. 즉, $\langle k^2 \rangle$이 무작위 기대치인 $\langle k \rangle (\langle k \rangle + 1)$보다 크다면 향상된 확산 과정을 보게 될 것이고, 기존 전염병 모형에서 예측한 것보다 τ와 λ_c가 더 작아진다. 이는 기존 전염병 모형에서 예측한 것보다 병원체가 더 빠르게 확산된다는 것을 의미하므로 전염병을 통제하려는 노력에서 이런 차이를 무시할 수 없다.

이 절의 결과는 평균장mean-field 방식으로 시간에 따른 감염 과정을 자세히 다루는 링크수 블록 근사를 기반으로 한다. 이런 근사가 표현을 단순하게 하지만 꼭 필요한 것은 아니다. 근저의 확률적인 문제는 완전한 수학적 복잡성으로 다룰 수 있다[357, 358, 359, 360]. 이러한 계산은 허브가 SIS 모형에서 재감염될 수 있다는 사실로 인해 평균장 접근법으로 얻은 유한한 문턱값과 대조적으로 $\gamma > 3$인 경우에도 전염병 문턱값이 사라지는 것을 보여준다(그림 10.12). 따라서 허브는 이전 계산이 나타내는 것보다 훨씬 더 중요한 역할을 한다.

10.4 접촉 네트워크

네트워크 전염학은 병원체가 전파되는 속도가 관련된 접촉 네트워크의 링크수 분포에 달려 있다고 예측한다. 실제로 $\langle k^2 \rangle$이 특성 시간 τ와 전염병 문턱값 λ_c 모두에 영향을 미친다는 사실을 발견했다. 병원체가 퍼지는 네트워크가 무작위 네트워크인 경우 이러한 발견 중 어느 것도 같은 결과가 아니다. 이 경우 네트워크 전염병의 예측은 10.2절에서 마주친 전통적인 전염병 모형의 예측과 구별할 수 없다. 이 절에서는 근저의 링크수 불균일성의 중요성에 대한 직접적인 경험 증거를 제공하고 전염병 현상에서 접하는 여러 접촉 네트워크의 구조를 조사한다.

10.4.1 성병

에이즈^{AIDS}를 일으키는 병원체인 HIV 바이러스는 주로 성관계를 통해 퍼진다. 결과적으로 관련 접촉 네트워크는 누가 누구와 성관계를 가졌는가를 포착한다. 이 섹스 웹$^{sex\ web}$의 구조는 스웨덴 인구의 성 습관을 조사한 연구에서 처음으로 밝혀졌다 [361]. 인터뷰와 설문지를 통해 연구자들은 18세에서 74세 사이의 스웨덴인 4,781명을 무작위로 선택해 정보를 수집했다. 참가자들은 성관계 파트너의 신원을 밝히지 않고 평생 동안 있었던 성관계 파트너의 수를 추정하라는 요청을 받았다. 따라서 연구자들은 성관계 네트워크의 링크수 분포를 재구성할 수 있었고[109], 거듭제곱 법칙에 의해 잘 근사된다는 사실을 발견했다 (그림 10.13). 이는 척도 없는 네트워크가 병원체 확산과 관련 있다는 최초의 경험적 증거였다. 이러한 발견은 영국, 미국, 아프리카에서 수집된 데이터에 의해 다시 한번 확인됐다[362].

성관계 네트워크의 척도 없는 특성은 대부분의 개인은 성관계 파트너가 상대적으로 얼마 안 된다는 것을 나타낸다. 그러나 소수의 개인이 일생 동안 수백 명의 성관계 파트너를 가졌다(글상자 10.1). 결과적으로 성관계 네트워크는 높은 $\langle k^2 \rangle$ 값을 가지며, 이는 τ와 λ_c 모두 낮춘다.

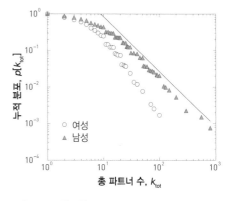

그림 10.13 섹스 웹

1996년 스웨덴 성관계 패턴에 관한 연구에서 인터뷰한 개인들에 대한 성관계를 처음 시작한 이후, 총 성관계 파트너 k의 누적 확률 분포[361]. 여성의 경우 $k > 20$인 꼬리 부분에 맞는 거듭제곱 법칙은 $\gamma = 3.1 \pm 0.3$을 나타낸다. 남성의 경우, $20 < k < 400$ 범위에서 $\gamma = 2.6 \pm 0.3$이다. 남성의 경우 평균 파트너 수가 여성보다 많다. 이 차이는 보고하는 성관계 파트너 수를 남성은 과장하고 여성은 억제하는 사회적 선입견에 뿌리를 두고 있을 수 있다. 출처: [109]

글상자 10.1   성관계 허브

일화적 증거는 성관계 허브가 실제임을 시사한다. 예를 들어, 1980년대 명예의 전당에 오른 농구 선수인 월트 체임벌린$^{Wilt\ Chamberlain}$은 20,000명이라는 엄청난 수의 파트너와 성관계를 가졌다고 주장했다. 그는 자서전에 이렇게 적었다[363]. "예, 맞습니다. 2만 명의 다른 여성들이 있습니다.""지금까지 제가 15세였을 때부터 매일 1.2명의 여성과 성관계를 한 것과 같습니다." AIDS 문헌에 250명의 동성애 파트너를 둔 승무원인 기탄 두가스$^{Geetan\ Dugas}$의 이야기가 잘 기록되어 있다[364]. 그는 종종 **최초 감염자**$^{Patient\ Zero}$라 불리는데, 광범위한 여행을 통해 게이 커뮤니티 내에서 AIDS의 슈퍼 전파자가 됐다. 허브는 고등학교 이성교제 네트워크$^{romantic\ network}$에서도 관찰된다(그림 10.14).

그림 10.14 고등학교 이성교제 링크

미국 중서부 고등학생 사이의 이성교제 및 성관계 링크. 각 원은 학생을 나타내고, 링크는 인터뷰 전 6개월 동안의 이성교제 관계를 나타낸다. 숫자는 각 서브그래프의 빈도를 나타낸다. 네트워크의 나머지 부분과 격리된 63쌍이 있다. 출처: [365]

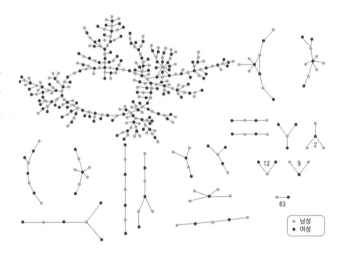

10.4.2 공기 매개 질병

인플루엔자, SARS, H1N1과 같은 공기 매개 질병의 경우, 접촉 네트워크는 사람이 물리적으로 가까이 한 일련의 개인들을 포착한다.

이 접촉 네트워크의 구조를 두 가지 수준에서 살펴본다. 첫째, 세계 여행 네트워크$^{global\ travel\ network}$는 몇몇 대규모 전염병 예측 모형(10.7절)의 입력값으로 병원체의 전 세계 확산을 예측하도록 한다. 둘째, 디지털 배지는 사람들이 직접 상호작용하는 개인의 수인 접촉 네트워크의 지역적 특성을 조사한다.

세계 여행 네트워크

병원체 확산을 예측하려면 감염된 개인의 이동 거리를 알아야 한다. 개인의 이동 패턴에 대한 이해는 개인의 이동성^{mobility}에 대한 직접적인 정보를 제공하는 휴대전화 정보의 사용으로 폭발적으로 증가했다[366, 367, 368, 369]. 전염병 현상의 맥락에서 가장 많이 연구된 이동성 데이터는 항공 여행 데이터다. 이는 병원체가 전 세계적으로 이동하는 속도를 결정하는 운송 수단이다. 결과적으로 공항과 직항편을 연결하는 **항공 운송 네트워크**^{air} $^{transportation\ network}$는 병원체 확산을 모형화하고 예측하는 데 중요한 역할을 한다[370, 34, 371]. 그림 10.15에서 볼 수 있듯이 이 네트워크는 링크수 지수가 $\gamma = 1.8$인 척도 없는 네트워크다. 이 낮은 값은 두 공항 사이에 여러 항공편이 있으므로 가능하다. 이는 단순 네트워크$^{simple\ network}$가 아니다. 링크 가중치에 대한 유사한 거듭제곱 법칙 분포가 발견되어, 두 공항 사이를 이동하는 승객의 수가 보통은 적지만 일부 공항 사이의 통행량은 비정상적일 수 있음을 나타낸다. 10.5절에서 논의한 바와 같이 이러한 불균일성은 특정 병원체의 확산에 중요한 역할을 한다.

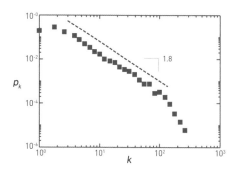

그림 10.15 항공 운송 네트워크

항공 운송 네트워크의 링크수 분포는 $\gamma = 1.8 \pm 0.2$인 거듭제곱 법칙으로 잘 근사된다. 이 그림은 2002년 세계 공항 목록과 공항 간 직항편이 포함된 국제항공운송협회(International Air Transportation Association) 데이터베이스를 사용해 만들어졌다. 결과 네트워크는 $N = 3,100$개의 큰 공항을 노드로 가지고 전 세계 운송량의 99%를 차지하는 $L = 17,182$개의 직항편 링크로 연결된 가중치 그래프다. 출처: [370]

지역적 접촉 패턴

많은 공기 매개 질병이 대면 상호작용 덕분에 퍼진다[372, 373, 374, 375]. 이러한 상호작용 패턴은 무선 주파수 식별 장치$^{RFID:}$ $^{radio\text{-}frequency\ identification\ device}$[373, 375], 휴대폰 기반 사회관계 측정 배지$^{mobile\ phone\text{-}based\ sociometric\ badges}$[376], 기타 무선 기술 [377]을 사용해 모니터링할 수 있다.

RFID는 배지를 착용한 다른 개인의 근접도^{proximity}를 감지하는 디지털 배지다(온라인 자료 10.1). 예를 들어, 3개월 동안 과학관을 방문한 14,000명 이상의 방문자 혹은 사흘 동안 진행된 콘퍼런스에서 참가자 100명 간의 상호작용을 포착하는 등 다양한 환경에 배포됐다[373]. 그림 10.16의 RFID 매핑 네트워크는 이틀 동안 고등학생과 선생님 사이의 상호작용을 포착한다. 다음 몇 가지 발견이 두드러진다.

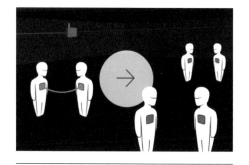

온라인 자료 10.1

RFID를 통한 네트워크 감지

RFID 기술과 이를 사회적 상호작용 매핑에 사용하는 방법을 소개하는 영상

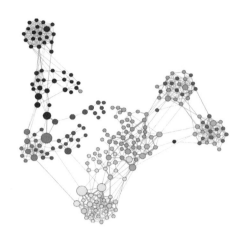

그림 10.16　대면 상호작용

RFID 태그를 사용해 매핑된 대면 접촉 네트워크는 학교에서 10개 학급에 걸쳐 학생 232명과 선생님 10명 사이의 상호작용을 포착한다[375]. RFID 태그로 얻은 관계도의 구조는 수집된 맥락에 의존한다. 예를 들어, 여기에 나타난 학교 네트워크는 분명한 커뮤니티의 존재를 나타낸다. 대조적으로, 박물관을 방문한 개인 사이의 상호작용을 포착한 연구는 거의 선과 같은 네트워크를 보여준다[373]. 마지막으로, 소규모 콘퍼런스의 참석자 네트워크는 대부분의 참석자가 대부분의 다른 참석자와 상호작용하기 때문에 다소 조밀하다[373].
출처: [375]

- RFID 태그는 같은 배지를 착용하고 서로 마주한 개인과만 상호작용을 감지하여 인식된 접촉의 수를 제한한다. 결과적으로 이러한 연구들에서 매핑된 접촉 네트워크는 일반적으로 지수 링크수 분포exponential degree distribution를 갖는다.

- 각 대면 상호작용의 지속 시간은 몇십 배 이상의 구간에서 거듭제곱 분포를 따른다. 따라서 대부분의 접촉은 짧지만 몇몇 긴 상호작용이 있다. 이는 병원체 확산에 핵심적인 결과로 폭발적 시간적 패턴[378]으로 기록된다(10.5절).

- 두 개인이 함께 보낸 **누적 시간**cumulative time을 포착하는 링크 가중치도 거듭제곱 법칙 분포를 따른다. 따라서 개인은 대부분의 시간을 소수의 다른 사람과만 보낸다. 다시 한번 확산 패턴에서 중요한 의미를 갖는다(10.5절).

- 대부분의 공기 전염 병원체의 경우 공간적 근접은 전염에 충분하다. 예를 들어, 엘리베이터에서 감염된 개인 옆에 서 있는 것은 SARS나 H1N1이 전파되기에 충분하지만 RFID 태그에는 기록되지 않는다.

요약하면 RFID 태그는 지역적 접촉에 대한 매우 상세한 시간적 공간적 정보를 제공한다. 이러한 연구가 유용하려면 예를 들어 휴대폰 기반 기술 등을 사용해 확장돼야 한다[379].

10.4.3　위치 네트워크

많은 공기 전염 병원체의 경우 관련 접촉 네트워크는 소위 **위치 네트워크**location network이며, 노드는 그 사이를 자주 이동하는 개인이 연결하는 위치다. 행위자 기반 시뮬레이션agent-based simulation과 결합된 측정은 위치 네트워크가 두꺼운 꼬리 분포를 갖고 있음을 보여준다[380]. 쇼핑몰, 공항, 학교, 슈퍼마켓은 허브 역할을 하며 집과 사무실 같은 수많은 소규모 위치에 연결된다. 따라서 병원체가 허브를 감염시키면 질병이 다른 많은 위치에 빠르게 도달할 수 있다.

10.4.4 디지털 바이러스

컴퓨터와 스마트폰을 감염시키는 디지털 바이러스에 대한 연구는 전염병 현상에서 점점 더 중요한 응용 분야에 해당한다. 다음에 논의하듯 관련 접촉 네트워크는 각 디지털 병원체의 확산 방식에 따라 결정된다.

컴퓨터 바이러스

컴퓨터 바이러스는 생물학적 바이러스만큼 다양성을 보인다. 바이러스의 특성과 확산 메커니즘에 따라 관련 접촉 네트워크가 크게 달라질 수 있다. 많은 컴퓨터 바이러스가 이메일 첨부 파일로 퍼진다. 사용자가 첨부 파일을 열면 바이러스가 사용자의 컴퓨터를 감염시키고 컴퓨터에 있는 이메일 주소로 자신의 복사본을 보낸다. 따라서 관련 접촉 네트워크는 표 4.1에서 논의한 바와 같이 척도 없는 이메일 네트워크다[113]. 다른 컴퓨터 바이러스는 다양한 통신 프로토콜을 악용해 인터넷의 상호 연결 패턴을 반영한 네트워크 위에서 확산된다. 이 또한 척도 없는 네트워크다(표 4.1). 마지막으로 일부 악성 소프트웨어^{malware}는 IP 주소를 스캔하여 완전히 연결된 네트워크^{fully connected network} 위에서 퍼진다.

휴대폰 바이러스

휴대폰 바이러스는 MMS와 블루투스를 통해 전파된다(그림 10.2). MMS 바이러스는 전화기의 연락처 목록에 있는 모든 전화번호로 자신의 복사본을 보낸다. 따라서 MMS 바이러스는 이동 통신 뒤에 있는 사회연결망을 악용한다. 표 4.1에서 볼 수 있듯이 이동 전화 네트워크는 링크수 지수가 큰 척도 없는 네트워크다. 모바일 바이러스는 또한 블루투스를 통해 확산될 수도 있으며 물리적으로 근접한 BT 연결이 있는 모든 전염될 수 있는 전화기에 자신의 복사본을 전달한다. 위에서 논의한 바와 같이 이와 같은 위치^{colocation} 네트워크는 매우 불균일하다[35].

요약하면, 지난 10년 동안 기술 발전으로 생물학적 또는 디지

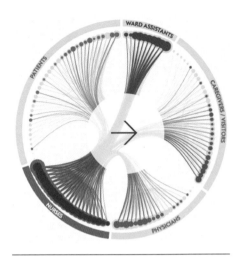

온라인 자료 10.2
병원 발병

현재의 항생제에 내성이 있는 박테리아는 세계 보건에 중요한 위협이 된다. 이러한 박테리아는 병원 및 의료 시설에서 특히 만연하다. 「사이언티픽 아메리칸(Scientific American)」에서 만든 대화형 기사(Interactive Feature)는 병원에서의 세균 발병 추적에 대해 기술한다.

털 바이러스의 확산을 떠받치고 있는 성관계 접촉 네트워크에서 근접 기반 접촉 네트워크에 이르기까지 여러 네트워크 구조를 매핑할 수 있었다(온라인 자료 10.2 참고). 이메일 네트워크, 인터넷, 성관계 네트워크와 같은 다수가 척도 없는 네트워크다. 위치 네트워크 같은 경우, 링크수 분포가 단순한 거듭제곱 법칙에 딱 맞지 않을 수 있지만, 여전히 큰 $\langle k^2 \rangle$ 값으로 상당한 링크수 불균일성을 보일 수 있다. 이는 이전 절에서 얻은 해석적 결과가 대부분 네트워크에서 병원체의 확산과 관련이 있음을 의미한다. 결과적으로, 기저의 불균일한 접촉 네트워크는 덜 치명적인 바이러스라도 인구 집단에 쉽게 퍼질 수 있도록 한다.

10.5 링크수 분포 너머

지금까지 모형을 단순하게 유지해왔다. 병원체가 링크수 분포에 의해 유일하게 정의된 가중치 없는 네트워크에서 퍼진다고 가정했다. 그러나 실제 네트워크에는 링크수 상관관계나 커뮤니티 구조와 같이 p_k만으로 포착되지 않는 여러 특성이 있다. 또한 일반적으로 링크에 가중치가 부여되며 상호작용은 유한한 시간 지속된다. 이 절에서는 이러한 특성이 병원체 확산에 미치는 영향을 살펴본다.

10.5.1 시간에 따라 변하는 네트워크

사회적 연결로 인식하는 대부분의 상호작용은 짧고 드물게 발생한다. 병원체는 실제 접촉이 있어야만 전염될 수 있으므로 정확한 모형화 체계는 각 상호작용의 시기와 기간도 고려해야 한다. 상호작용의 시기를 무시하면 잘못된 결론을 내릴 수 있다 [381, 382, 383]. 예를 들어, 그림 10.17(b)의 고정 네트워크는 그림 10.17(a)에 나타낸 대로 개별 상호작용을 모두 합쳐 얻는다. 합쳐진 네트워크에서 감염은 A에서 D로 확산되는 것과 같은 확률로 D에서 A로 확산된다. 그러나 각 상호작용의 시기를 조사하면 A에서 시작된 감염이 D를 감염시킬 수 있지만, D에서 시작된 감염이 A에 도달할 수 없음을 알 수 있다. 따라서 전염병 과정을 정확하게 예측하려면 네트워크 과학에서 점점 관심 갖는 주제인 **시간에 따라 변하는 네트워크**^{temporal network} 위에서 병원체가 확산된다는 사실을 고려해야 한다[382, 383, 384, 385]. 이러한 접촉 패턴의 시간성^{temporality}을 무시하여 대체로 발병의 속도와 범위를 과대평가하게 된다[384, 385].

10.5.2 폭발적인 접촉 패턴

10.2절과 10.3절에서 논의한 이론적인 접근은 연결된 두 노드 사이의 상호작용 타이밍이 무작위라고 가정한다. 이것은 연속적인 접촉 사이의 이벤트 사이^{inter-event} 시간간격이 지수 분포를 따르고, 이는 무작위적이지만 이벤트의 배열이 균일함을 의미한다(그림 10.18(a)~(c)). 하지만 측정 결과는 다르다. 대부분의 사회 시스템에서 이벤트 사이 시간 간격은 거듭제곱 법칙 분포를 따른다[378, 386](그림 10.18(d)~(f)). 이는 두 개인 사이의 일련의 접촉이 비교적 짧은 시간 내에 여러 번 이어지는 빈번한 상호작용이 있는 시기로 특징지어짐을 의미한다. 그러나 거듭제곱 법칙은 때때로 두 접촉 사이에 매우 긴 시간 간격이 있음을 의미한다. 따라서 접촉 패턴은 시간에 따라 고르지 않고 '폭발적인^{bursty}' 특징을 갖고 있다(그림 10.18(d), (e)).

폭발적인 상호작용은 이메일 연락에서 통화 패턴과 성적 접촉에 이르기까지 전염병 현상과 관련된 여러 접촉 과정에서 관찰된다. 일단 존재한다면, 폭발성^{burstiness}은 확산 과정의 동역학을 바꾼다[385]. 구체적으로 말해, 거듭제곱 법칙을 따르는 이벤트 사이 시간 간격은 특성 시간 τ를 증가시키고, 결과적으로 감염된 개인의 수가 무작위 접촉 패턴에 의해 예측된 것보다 느리게 감소한다. 예를 들어, 연이은 이메일 사이의 시간 간격이 푸아송 분포^{Poisson distribution}를 따른다면 이메일 바이러스는 감쇠 시간^{decay time} $\tau \approx 1$ 하루로 $i(t) \sim \exp(-t/\tau)$를 따르며 소멸

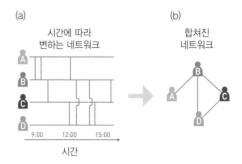

그림 10.17 시간에 따라 변하는 네트워크

네트워크에서 대부분의 상호작용은 연속적이지 않고 유한한 지속 시간을 갖는다. 따라서 기저의 네트워크를 네트워크 과학에서 점점 더 활발히 연구하는 주제인 시간에 따라 변하는 네트워크로 바라봐야 한다.

ⓐ **시간에 따라 변하는 네트워크**

네 사람 사이의 상호작용의 시간 순서. 수직으로 그은 각 선은 두 개인이 서로 접촉하는 순간을 표시한다. A가 먼저 감염되면 병원체가 A에서 B로, 그다음에는 C로 확산되어 결국 D에 도달할 수 있다. 그러나 D가 가장 먼저 감염되면 질병이 C와 B에 도달할 수 있지만 A에는 아니다. A에서 D로 가는 시간적 경로(temporal path)가 없기 때문이다.

ⓑ **합쳐진 네트워크**

ⓐ에 나타낸 시간적 상호작용을 합쳐 얻은 네트워크. 만약 이렇게 합쳐진 표현에만 접근할 수 있다면, 병원체는 출발점과 상관없이 모든 개인에게 도달할 수 있다.

출처: [382]

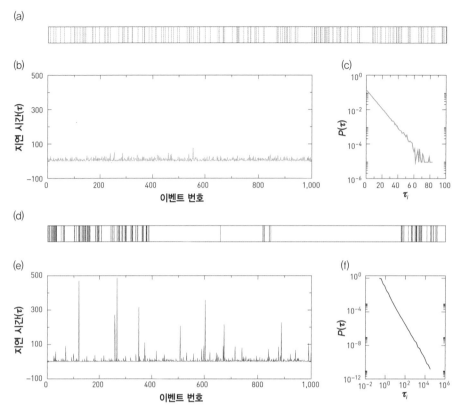

그림 10.18 폭발적인 상호작용

(a) 개인의 활동 패턴이 무작위적인 경우 이벤트 사이의 시간 간격은 푸아송 과정(Poisson process)을 따르고, 이는 어떤 순간에 사건이 동일한 확률 q로 발생한다고 가정한다. 가로축은 시간을 나타내고 각각의 세로선은 시기가 임의로 선택된 이벤트에 해당한다. 관찰된 이벤트 사이 시간 간격은 서로 비슷하며 매우 긴 지연은 드물다.

(b) 1,000개의 연속적인 무작위 이벤트에 대해 이벤트 사이 시간 간격 τ를 표시하면 긴 지연이 없음을 알 수 있다.[3] 각 수직선의 높이는 (a)에 보이는 간격에 해당한다.

(c) 정해진 시간 간격 안에 정확히 n개의 이벤트를 발견할 확률은 푸아송 분포 $P(n, q) \sim e^{-qt}(qt)^n/n!$을 따르며, 이벤트 사이 시간 간격 분포가 $P(\tau_i) \sim e^{-qt}$를 따를 것을 알 수 있다. 그림은 로그 선형 축에 그려졌다.

(d) 이벤트 사이 시간 간격이 거듭제곱 법칙 분포를 따르는 연속된 이벤트의 시간적 패턴. 대부분의 이벤트가 서로 가까이 이어지며 폭발적 활동을 하지만, 접촉 패턴에서 긴 간격에 해당하는 예외적으로 긴 이벤트 사이 시간 간격이 몇 있다. 시간적 배열은 (a)와 같이 균일하지 않고 폭발적인 특성이 있다.

(e) 평균 이벤트 시간 간격이 (b)에서 보인 푸아송 과정의 평균 이벤트 시간 간격과 일치하도록 선택된 1,000개의 연속된 이벤트의 대기 시간(waiting time) τ_i. 큰 뾰족한 스파이크는 예외적으로 긴 지연에 해당한다.

(f) (d)와 (e)에 나타낸 폭발적 과정에 대한 지연 시간(delay time) 분포 $P(\tau_i) \sim \tau_i^{-2}$를 보여준다.

출처: [378]

---

3 이벤트 사이 시간 간격을 표시하는 기호로 τ를 사용해 앞선 전염병의 특성 시간 기호와 같으나, 다른 논의를 하고 있다. – 옮긴이

할 것이다. 하지만 실제 데이터에서 감쇠 시간은 $\tau \approx 21$일로, 훨씬 느린 과정으로 거듭제곱 법칙을 따르는 이벤트 사이 시간 간격을 사용하면 이론에 의해 정확하게 예측된다[385].

10.5.3 링크수 상관관계

7장에서 논의한 바와 같이 많은 사회연결망은 동류적assortative4 이기 때문에 링크수가 많은 노드가 링크수가 많은 다른 노드와 연결되는 경향이 있다. 이러한 링크수 상관관계는 병원체의 확산에 영향을 줄까? 계산에 따르면 링크수 상관관계는 네트워크 전염학의 주요 관점을 그대로 유지하지만 병원체가 네트워크에서 확산되는 속도를 다르게 한다.

- 링크수 상관관계는 전염병의 문턱값 λ_c를 바꾼다. 동류적 상관관계assortative correlation는 λ_c를 낮추고, 반대인 이종 상관관계disassortative correlation5는 문턱값을 크게 한다[387, 388].

- SIS 모형의 문턱값 λ_c를 바꾼다는 사실에도 불구하고 네트워크가 동류적이든, 중립적이든, 이종적이든 상관없이 이차 모멘트second moment6의 발산과 함께 척도 없는 네트워크의 경우 전염병 문턱값이 0이 되어 없어진다. 따라서 10.3절의 기본 결과는 링크수 상관관계의 영향을 받지 않는다.

- 허브가 네트워크에서 가장 먼저 감염된다는 점을 감안할 때, 동류성assortativity은 병원체의 확산을 가속한다. 반대로 이종성disassortativity은 확산 과정을 늦춘다.

- 마지막으로, SIR 모형에서 동류적 상관관계가 전염병의 창궐은 낮추지만 전염병 발병의 평균 지속 시간lifetime은 늘리는 것으로 밝혀졌다[389].

---

4 여기서 동류적으로 해석한 'assortative'는 앞선 다른 장에서도 설명했듯이 링크수가 많은 노드가 링크수가 많은 다른 노드와 연결되는 특징을 말한다. – 옮긴이

5 'assortative'의 반대말인 'disassortative'를 다른 종류라는 의미로 '이류', '이종' 등으로 옮긴다. 원서에서도 'dissasortative'로 철자를 틀릴 정도로 생소한, 학문 분야에서 쓰이는 단어다. – 옮긴이

6 링크수 제곱의 평균인 $\langle k^2 \rangle$을 말한다. – 옮긴이

10.5.4 링크 가중치와 커뮤니티 구조

이 장 전체에서 모든 링크의 가중치가 동일하다고 가정했고 가중치가 없는 네트워크 위에서 퍼지는 병원체에 집중했다. 실제로 링크 가중치는 각기 상당히 다르고, 불균일성은 확산 현상에서 중요한 역할을 한다. 실제로 개인이 감염된 개인과 시간을 더 많이 보낼수록 감염될 가능성이 높아진다.

같은 맥락에서 이전에 병원체가 퍼지는 네트워크의 커뮤니티 구조를 무시했다. 그러나 커뮤니티의 존재(9장)는 동일한 커뮤니티 내의 노드 사이에 반복적인 상호작용으로 이어져 확산 동역학을 변하게 한다.

휴대전화 네트워크를 통해 확산 현상에 있어 연결 관계의 강도^{tie strength}와 커뮤니티 구조의 역할을 살펴볼 수 있다[115]. 무작위로 선택된 개인에서 $t = 0$인 시각에 몇 가지 주요 정보를 보낸다고 가정하자. 각 시간 단계에서 이 '감염된' 개인 i는 확률 $p_{ij} \sim \beta w_{ij}$로 그 이웃 j에게 전달한다. 여기서 β는 확산 확률이고, w_{ij}는 i와 j가 전화상으로 서로 보낸 시간을 분으로 환산해 포착한 연결 강도다. 실제로 두 사람이 더 많은 시간을 이야기할수록 정보를 전달할 가능성이 높아진다. 확산 과정에서 링크 가중치의 역할을 이해하기 위해 동일한 연결 구조를 갖고 있지만 모든 연결 강도가 $w = \langle w_{ij} \rangle$로 동일하게 설정된 **대조 네트워크**^{control network}에서 확산이 일어나는 상황을 고려한다.

그림 10.19(a)에서 볼 수 있듯이 정보는 대조 네트워크에서 훨씬 더 빠르게 이동한다. 실제 시스템에서 관찰되는 줄어든 속도는 정보가 커뮤니티 내에 갇혀 있음을 나타낸다. 실제로 9장에서 논의한 것처럼 강한 결합^{strong tie}은 커뮤니티 내에서 발생하는 경향이 있고, 약한 결합^{weak tie}은 커뮤니티 사이에 있는 경향이 있다[24]. 따라서 정보가 커뮤니티의 한 구성원에게 도달했을 때 구성원 사이에 강한 결합이 있다면, 같은 커뮤니티 안의 다른 모든 구성원에 정보가 빠르게 도달할 수 있다. 하지만 커뮤니티 사이의 연결이 약하기 때문에 정보가 커뮤니티 밖으로 빠져나가기가 어렵다. 결과적으로, 커뮤니티로의 빠른 침입 뒤에

그림 10.19 휴대전화 네트워크에서의 정보 확산

가중치가 있는 휴대전화 통화 그래프 위 정보의 확산에서 한 노드가 이웃 중 하나로 정보를 보낼 확률은 그 둘 사이의 연결 강도에 비례한다. 연결 강도는 두 개인이 전화로 통화한 시간(분)이다.

(a) 시간에 대한 함수로 감염된 노드의 비율. 보라색 원은 실제 연결 강도가 있는 네트워크에서 확산을 포착하고, 녹색 기호는 모든 연결 강도가 동일한 경우의 대조군을 나타낸다.

(b) 실제 네트워크의 링크 가중치에 따른 일부 이웃에서 확산 과정. 화살표의 가중치는 연결 강도를 나타낸다. 빨간색 노드에서 정보가 퍼져나간다. 시뮬레이션은 1,000번 반복된다. 화살표의 화살촉 크기는 해당 방향으로 정보가 지나간 횟수에 비례하고, 화살표의 색깔은 해당 링크를 따라 전달된 횟수를 나타낸다. 배경의 윤곽으로 표시된 화살표는 실제 네트워크에서의 시뮬레이션과 대조군에서 정보가 흐른 방향의 차이를 강조해서 보여준다.

(c) (b)와 같지만 각 링크가 동일한 가중치 $w = \langle w_{ij} \rangle$를 갖는 것(대조군)을 가정한다.

출처: [345]

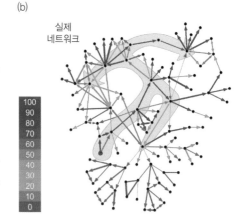

(a)

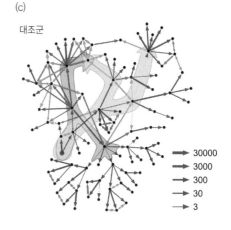

(b) 실제 네트워크

(c) 대조군

감염이 커뮤니티 안에 갇혀 있는 긴 시간 간격이 따른다. 모든 링크 가중치가 같을 때(대조군)에는 커뮤니티 사이의 연결^{bridge}이 강화되어 갇히는 일이 없게 된다.

실제 확산 과정과 대조군의 차이점은 그림 10.19(b)와 (c)에 나타나 있다. 이는 휴대전화 통화 네트워크의 일부 이웃에서 확산 패턴을 보여준다. 대조군 시뮬레이션에서 정보는 최단 경로^{shortest path}를 따르는 경향이 있다. 링크 가중치를 고려할 때 정보는 강한 연결로 이어진 좀 더 긴 백본^{backbone7}을 따라 흐른다. 예를 들어, 정보는 그림 10.19(b)에서 네트워크의 아래쪽 절반에 거의 도달하지 않지만, 이 부분은 (c)에서 볼 수 있듯이 대조군 시뮬레이션에서는 항상 도달하는 영역이다.

10.5.5 복합 전염

커뮤니티는 세계적인 연속된 발병^{global cascade}[390, 391]에서 개인의 활동량 변화[392]에 이르기까지 확산 과정의 여러 결과를

---

7 백본(backbone)을 정보의 고속도로라 표현하기도 한다. – 옮긴이

지니고 있다.

개인에서 개인으로 퍼져가는 아이디어나 행동을 나타내는 밈의 확산은 커뮤니티 구조의 중요한 역할을 강조한다[393]. 밈의 확산은 마케팅[352, 394]에서 네트워크 과학[395, 396], 커뮤니케이션[397], 소셜 미디어[398, 399, 400]에 이르기까지 상당한 주목을 받아왔다. 병원체와 밈은 서로 다른 확산 패턴을 따를 수 있으므로 단순 전염과 복합 전염을 체계적으로 구별해야 한다[393, 401].

단순 전염simple contagion은 앞서 살펴본 확산 과정이다. 감염되기 위해 감염된 개인과 접촉하는 것으로 충분하다. 밈, 제품, 행동의 확산은 종종 **복합 전염**complex contagion으로 설명하는데, 대부분의 개인이 첫 접촉에서는 새로운 밈, 제품, 행동 양식을 채택하지 않는다는 사실을 포착한다. 오히려 채택에는 이미 채택한 여러 개인과 반복적으로 접촉하는 강화reinforcement가 필요하다[402]. 예를 들어, 휴대전화가 있는 친구의 비율이 높을수록 휴대전화를 구매할 가능성이 높아진다.

단순 전염에서 커뮤니티는 정보나 병원체를 가두어 확산을 늦춘다(그림 10.19(a)). 복합 전염에서는 그 효과가 역전된다. 커뮤니티는 중복된 연결이 있기 때문에 사회적 강화social reinforcement가 일어난다. 개인은 채택 사례에 다중으로 노출된다. 따라서 커뮤니티는 밈, 제품, 행동 양식을 배양incubate하여 커뮤니티 내 채택을 향상할 수 있다.[8]

단순 전염과 복합 전염의 차이는 트위터 데이터에 잘 나타나 있다. 트윗 또는 짧은 메시지는 종종 밈의 역할을 하는 키워드인 **해시태그**hashtag로 표시된다. 트위터 사용자는 다른 사용자를 팔로우하고 그들의 메시지를 받아볼 수 있다. 사용자들은 그 트윗을 그들의 팔로워들에게 보내거나(**리트윗**retweet), 트윗에서 이들을 언급할 수 있다. 측정 결과는 복합 전염의 신호라 할 수 있는 대부분의 해시태그가 특정 커뮤니티에 갇혀 있음을 나타낸다

---

8 복합 전염에서 강화의 효과가 있으나 커뮤니티 내부에서 일어나는 향상으로 전체 네트워크의 확산에는 오히려 이득이 없다. 저자가 이 부분에서 헷갈리게 기술했다. – 옮긴이

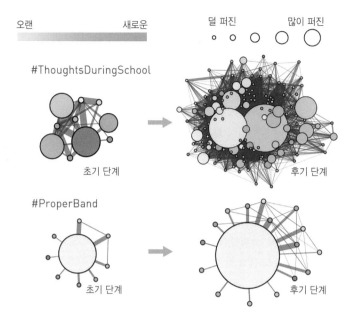

오랜　　　　　새로운　　　　덜 퍼진　　많이 퍼진

#ThoughtsDuringSchool

초기 단계　　　　　　　　　　　후기 단계

#ProperBand

초기 단계　　　　　　　　　　　후기 단계

그림 10.20 단순 전염과 복합 전염

트위터 팔로워 네트워크의 커뮤니티 구조. 각 원은 커뮤니티에 해당하며 크기는 해당 커뮤니티에서 만들어내는 트윗의 수에 비례한다. 커뮤니티의 색상은 연구된 해시태그(밈)가 커뮤니티에서 처음 사용된 시기를 나타낸다. 밝은 색상일수록 해시태그를 사용한 첫 커뮤니티를 나타내고, 어두울수록 이를 채택한 마지막 커뮤니티를 나타낸다.

(a) **단순 전염**

#ThoughtsDuringSchool 해시태그로 포착된 바이럴 밈의 초기 단계(30개 트윗, 왼쪽)에서 후기 단계(200개 트윗, 오른쪽)까지. 밈은 생물학적 병원체의 경우에 마주하는 전염 패턴에 따라 커뮤니티 사이를 쉽게 이동해 많은 커뮤니티를 감염시킨다.

(b) **복합 전염**

#ProperBand 해시태그로 포착된 바이럴이 아닌 밈의 초기 단계(왼쪽)에서 마지막 단계(65개 트윗, 오른쪽)까지. 이 트윗은 몇몇 커뮤니티에 갇혀 탈출에 어려움을 겪고 있다. 이것은 강화의 특성이며 밈이 복합적인 전염을 따른다는 표시다.

출처: [393]

[393]. 특정 커뮤니티 내 밈의 집중이 높은 것은 강화의 증거다. 대조적으로 바이럴 밈$^{viral meme9}$은 생물학적 병원체에서 발생하는 것과 유사한 패턴을 따라 커뮤니티를 건너 전체에 퍼진다. 일반적으로 밈이 더 많은 커뮤니티에 도달할수록 더 많은 바이럴이 된다(그림 10.20).

　요약하자면, 링크수 상관관계에서 링크 가중치와 접촉 패턴의 폭발적 속성에 이르기까지 여러 네트워크 특성이 네트워크에서 병원체가 퍼져나가는 데 영향을 미칠 수 있다. 이 절에서 논의한 것처럼 일부 네트워크 특성은 병원체의 확산을 느리게 하고 다른 특성은 이를 돕는다. 따라서 실제 병원체의 확산을 예측하려면 이러한 영향을 고려해야 한다. 이런 패턴은 전염병과 분명한 관련이 있지만 비만 같은 비감염성 질병의 확산에도 영향을 미친다(글상자 10.2).[10]

9　입소문이나 이메일 등으로 퍼지는 밈으로 바이러스와 같이 퍼진다 하여 이런 이름이 붙었다. – 옮긴이

10　해당 주장은 여전히 논란이 있다. 「The New England Journal of Medicine」에 게재된 니콜라스 크리스타키스(Nicholas Christakis)의 원 논문과 이를 인용한 최근 연구를 균형 있게 살펴볼 필요가 있다. – 옮긴이

온라인 자료 10.3
사회연결망에서의 확산

"친구가 비만이면 비만 위험이 45% 더 높아집니다. … 만약 친구의 친구가 비만이면 비만 위험이 25% 높아집니다. … 친구의 친구의 친구, 아마도 당신이 알지도 못하는 누군가가 비만이라면 당신의 비만 위험은 10% 더 높습니다. 친구의 친구의 친구의 친구에 다다라서야 더 이상 그 사람의 신체 크기와 당신의 신체 크기 사이의 관계가 없습니다."

사회연결망에서 니콜라스 크리스타키스 (Nicholas Christakis)가 건강 패턴의 확산을 설명하는 영상을 보라.

글상자 10.2 우리 친구들이 우리를 뚱뚱하게 만드는가?

인플루엔자, SARS, AIDS 같은 전염병은 병원체의 전파를 통해 퍼진다. 하지만 사회연결망이 비감염성 질병의 확산에도 도움이 될 수 있을까? 최근 측정 결과에 따르면 사회연결망이 비만, 행복, 금연과 같은 행동 양상의 확산에 영향을 미칠 수 있다는 증거를 제시한다[403, 404].

비만은 유전에서 식이요법, 운동에 이르기까지 수많은 요인에 의해 결정되는 개인의 체질량지수$^{BMI, Body-Mass Index}$를 통해 진단한다. 측정 결과에 따르면 친구들도 중요한 역할을 한다. 5,209명의 남녀를 대상으로 사회연결망을 분석한 결과 친구 중 한 명이 비만인 경우 향후 2~4년 동안 체중이 증가할 위험이 57% 증가하는 것으로 나타났다[403]. 이 위험은 가장 친한 친구가 과체중이면 3배가 된다. 이 경우 체중 증가 가능성이 171% 증가한다(그림 10.21). 사실 비만을 전염시키는 '비만 병원체'가 없다는 사실에도 불구하고 비만은 인플루엔자나 에이즈처럼 전염성이 있는 것으로 보인다 (온라인 자료 10.3).

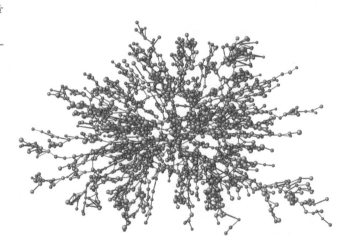

그림 10.21 비만 웹

프레이밍햄 심장 연구(Framingham Heart Study)에 등록된 2,200명의 개인 사이의 친구 관계를 포착한 사회연결망 중 가장 큰 연결 덩어리. 각 노드는 개인을 나타낸다. 파란색 테두리 노드는 남성이고, 빨간색 테두리 노드는 여성이다. 각 노드의 크기는 그 사람의 BMI에 비례하며, 노란색 노드는 비만인 사람(BMI ≥ 30)을 나타낸다. 보라색 링크는 친구 관계 혹은 결혼한 관계이고, 주황색 링크는 형제 자매와 같은 가족 관계. 비만과 비만이 아닌 개인의 클러스터(덩어리)가 네트워크에 보인다. 분석은 이런 클러스터가 신체 크기가 유사한 개인이 서로 친구가 될 수 있다는 사실인 동종선호(homophily)의 결과로 볼 수 없음을 나타낸다. 대신 사회연결망의 링크를 따라 비만의 '확산'을 포착하는 복합 전염 과정으로 보고한다.
출처: [393]

10.6 면역 전략

면역 전략$^{immunization strategy}$은 백신, 치료제 또는 약물을 인구 집단에 배포하는 방식을 말한다. 이상적으로는 치료제나 백신이 존재하는 경우 모든 감염된 개인이나 병원체에 접촉할 위험에 있는 사람들에게 제공돼야 한다. 그러나 종종 비용적 고려, 위험에 놓인 모든 개인에게 접근하기 어려움, 치료의 실재하는 혹은 알려진 부작용으로 인해 완전히 모두에게 배포하기가 어렵다. 이러한 제약을 감안할 때, 면역 전략은 사용 가능한 백신 또는 치료법을 가장 효과적으로 배포해 전염병의 위협을 최소화하는 것을 목표로 한다.

면역 전략은 전통적인 전염병 모형의 중요한 예측에 따라 진행된다. 병원체의 확산율 λ가 임계 문턱값 λ_c 아래로 감소하면 바이러스는 자연적으로 사멸한다(그림 10.11). 그러나 척도 없는 네트워크에서는 전염병 문턱값이 0으로 사라지게 되어 이 전략의 효율성에 의문을 제기하게 된다. 실제로 전염병 문턱값이 사라지면, 면역 전략으로 λ를 λ_c 아래로 움직일 수 없다. 이번 절에서는 네트워크 구조를 이해하여 전염병 문턱값이 사라지는 영향에 대응하는 효과적인 네트워크 기반 면역 전략을 설계하는 방법을 논의한다.

10.6.1 마구잡이 면역 전략

면역 전략의 주요 목적은 예방접종으로 개인을 감염으로부터 보호하는 것이다. 그러나 마찬가지로 중요한 예방접종의 이차적인 역할은 인구 집단에서 병원체가 퍼지는 속도를 감소시키는 것이다. 이 효과를 설명하기 위해 무작위로 선택된 개인의 비율 g가 인구 집단에서 면역을 획득하는 상황을 고려해보자[355].

병원체가 SIS 모형(식 (10.3))을 따른다고 가정하자. 면역된 노드는 병원체에게 보이지 않으며 나머지 $(1 - g)$ 비율의 노드만이 질병과 접촉하고 감염될 수 있다. 결과적으로 전염될 수 있는 노드의 유효 링크수$^{effective degree}$는 $\langle k \rangle$에서 $\langle k \rangle(1 - g)$로 바뀌며,

이는 병원체의 확산율을 $\lambda = \beta / \mu$에서 $\lambda' = \lambda (1 - g)$로 감소시킨다. 다음으로 무작위 네트워크와 척도 없는 네트워크에서 모두 이러한 감소 결과를 알아본다.

- **무작위 네트워크**

  병원체가 무작위 네트워크에서 퍼지면, 충분히 큰 g에서 확산율 λ'이 전염병 문턱값(식 (10.25)) 아래로 떨어질 수 있다. 이를 위해서는 면역률$^{\text{immunization rate}}$ g_c가 다음을 달성해야 한다.

  $$\frac{(1-g_c)\beta}{\mu} = \frac{1}{\langle k \rangle + 1}$$

  $$g_c = 1 - \frac{\mu}{\beta} \frac{1}{\langle k \rangle + 1} \qquad (10.27)$$

  결과적으로, 예방접종으로 면역을 획득한 개인의 비율을 g_c 이상으로 올리면 확산율은 전염병 문턱값 λ_c 아래로 내려가게 된다. 이런 경우 τ가 음수가 되어 병원체는 자연스럽게 사멸한다. 이는 보건 당국이 인구의 되도록 많은 비율이 인플루엔자 백신을 접종하도록 권장하는 이유를 설명한다. 백신은 병원체의 확산율을 감소시켜 개인뿐만 아니라 나머지 인구도 보호한다. 마찬가지로, 콘돔은 그것을 사용하는 개인이 HIV 바이러스에 접촉하는 것을 보호할 뿐만 아니라 성관계 네트워크에서 에이즈가 퍼지는 속도를 감소시킨다. 따라서 무작위 네트워크의 경우 충분히 높은 면역률은 인구 집단에서 병원체를 제거할 수 있다.

- **불균일한 네트워크**

  병원체가 높은 $\langle k^2 \rangle$의 값을 갖는 네트워크에 퍼지고, 마구잡이 면역 전략으로 λ에서 $\lambda(1 - g)$로 바뀐다면, 임계 면역률 g_c를 결정하기 위해 식 (10.26)을 사용할 수 있다.

  $$\frac{\beta}{\mu}(1-g_c) = \frac{\langle k \rangle}{\langle k^2 \rangle} \qquad (10.28)$$

$$g_c = 1 - \frac{\mu \langle k \rangle}{\beta \langle k^2 \rangle} \qquad (10.29)$$

무작위 네트워크에서 식 (10.29)는 식 (10.27)이 된다. $\gamma < 3$인 척도 없는 네트워크에서 $\langle k^2 \rangle \rightarrow \infty$이므로 식 (10.29)는 $g_c \rightarrow 1$을 예측한다. 즉, 접촉 네트워크의 $\langle k^2 \rangle$이 높으면 **전염병을 멈추기 위해 거의 모든 노드를 예방접종해야 한다**. 이 예측은 많은 질병에 대해 병원체를 박멸하기 위해 인구의 80~100%를 예방접종해야 하는 것과 일치한다. 예를 들어, 홍역은 인구의 95%가 예방접종을 받아야 한다[355]. 디지털 바이러스의 경우 마구잡이 면역 전략에 의존하는 경우 거의 100%의 컴퓨터에 적절한 바이러스 백신 프로그램을 설치해야 한다.

면역 전략에서 링크수 불균일성의 역할을 설명하기 위해 이메일 네트워크에서 확산되는 디지털 바이러스를 고려해 보자. 이메일 네트워크를 방향성 없는 무작위 네트워크로 만들면 $\langle k \rangle = 3.26$이다. 식 (10.27)의 $\lambda = 1$을 이용해 $g_c = 0.76$을 얻는다. 즉, 바이러스 근절을 위해 컴퓨터 사용자의 76%가 바이러스 백신 프로그램을 업데이트하도록 설득해야 한다. 그러나 이메일 네트워크는 $\langle k^2 \rangle = 1,271$(방향성이 없는 경우)인 척도 없는 네트워크이므로 식 (10.27)이 적용되지 않는다. 이 경우 식 (10.29)는 $\lambda = 1$에 대해 $g_c = 0.997$을 예측한다. 즉, 사용자의 99.7% 이상이 이메일 바이러스를 차단하기 위해 소프트웨어를 설치해야 한다. 이 수준의 규정 준수를 달성하기란 사실상 불가능하다. 많은 사용자가 단순히 모든 경고를 무시한다. 이것이 바로 이메일 바이러스가 수년 동안 남아 있다가 이를 지원하는 운영체제가 단계적으로 없어진 후에 사라지는 이유다.

10.6.2 척도 없는 네트워크에서의 백신 전략

마구잡이 면역 전략의 비효율성은 전염병 문턱값이 없어지는

글상자 10.3   전염병을 멈추는 방법

보건 안전 담당자는 전염병 발생을 통제하거나 지연시키기 위해 여러 가지 개입에 의존한다. 가장 일반적인 중재에는 다음이 포함된다.

전파 감소 개입transmission-reducing intervention
안면 마스크, 장갑, 손 씻기는 공기 또는 접촉 기반 병원체의 전파율을 줄인다. 마찬가지로, 콘돔은 성매개 병원체의 전파율을 낮춘다.

접촉 감소 개입contact-reducing intervention
건강에 심각한 영향을 미치는 질병의 경우, 보건 담당자는 환자를 격리하고 학교를 폐쇄하고 영화관과 쇼핑몰처럼 자주 방문하는 공공장소에 대한 접근을 제한할 수 있다. 이는 개인 간의 접촉 수를 줄여 네트워크를 듬성하게 만들고 전파율을 감소시킨다.

백신 접종vaccination
백신 접종은 네트워크에서 예방접종된 노드를 영구적으로 제거해 해당 노드는 감염될 수도 없고 질병을 퍼뜨릴 수도 없다. 백신 접종은 또한 확산율을 줄여 병원체가 사멸할 가능성을 높인다.

것에 뿌리를 두고 있다(글상자 10.3). 결과적으로 불균일한 네트워크에서 병원체를 성공적으로 근절하려면 전염병 문턱값을 높이는 방법을 찾아야 한다. 이를 위해 접촉 네트워크의 분산인 $\langle k^2 \rangle$을 줄여야 한다.

허브는 불균일한 네트워크에서 분산값이 큰 원인이다. 따라서 (링크를 일부 미리 선택해 정한 k'_{max}을 넘는 모든 노드인) 허브를 예방접종하면, 분산이 줄어들고 식 (10.26)에 따라 전염병 문턱값은 높일 수 있다[405, 406]. 실제로, 링크수 $k > k'_{max}$인 노드가 없으면 전염병 문턱값이 다음과 같이 바뀐다(심화 주제 10.C).

$$\lambda'_c \approx \frac{\gamma - 2}{3 - \gamma} \frac{k_{min}^{2-\gamma}}{(k'_{max})^{\gamma-3}} \qquad (10.30)$$

따라서 $\gamma < 3$인 경우, 더 많은 허브를 치료하여(즉, k'_{max}을 더 작게 잡아) 전염병 문턱값은 더 크게 할 수 있다(그림 10.22). 충분한 비율의 허브를 예방접종하여 λ_c를 병원체에 따라 결정되는 $\lambda = \beta/\mu$ 아래로 떨어뜨릴 수 있다. 이런 과정은 기저의 네트워크를 바꾸는 것과 같다. 허브를 예방접종하여 접촉 네트워크를 산산이 부서지게 하여 병원체가 다른 덩어리의 노드에 도달하는 것을 더 어렵게 만든다(그림 10.23).

허브 면역은 마구잡이 면역을 사용해 확산율을 낮추려고 하는 대신 면역 전략의 관점 변화를 나타낸다. 접촉 네트워크의 구조를 변경해야 하며, 그러면 λ_c를 생물학적으로 결정되는 $\lambda = \beta/\mu$ 이상으로 높게 한다.

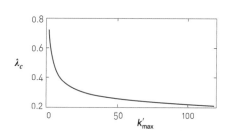

그림 10.22   허브 예방접종하기
불균일한 네트워크에서 허브를 예방접종하여 전염병 문턱값을 증가시키고 바이러스를 뿌리 뽑을 수 있다. 그림은 링크수가 k'_{max}보다 큰 노드를 예방접종할 경우 예상되는 전염병 문턱값을 보여준다. 더 많은 허브가 보호되면 (즉, 더 작은 k'_{max}), λ_c가 더 커지고 질병이 사라질 가능성이 높아진다. 허브를 예방접종하면 병원체에 허브가 보이지 않게 하여 질병이 퍼지는 네트워크가 바뀐다(그림 10.23).

(a)　　　　　　　　　(b)

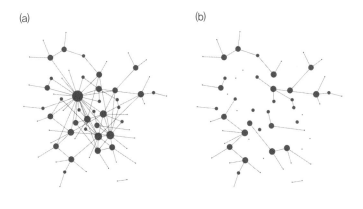

그림 10.23　견고함과 면역

척도 없는 네트워크는 임의의 노드 및 링크 장애에 대해 놀라운 견고함을 보여준다(8장). 동시에 공격에는 취약하여, 가장 많이 연결된 노드를 제거하면 척도 없는 네트워크는 산산이 조각난다. 이 현상은 면역 전략 문제와 많은 유사점이 있다. 마구잡이 예방접종은 질병을 근절할 수 없지만, 허브를 대상으로 하는 선택적 면역은 유한한 임계 문턱값을 복원하여 질병을 뿌리 뽑는 데 도움이 된다. 이런 유사점이 우연은 아니다. 견고함과 면역 전략 문제 둘 다 발산하는 $\langle k^2 \rangle$과 연결될 수 있다. 실제로, 전염병의 문턱값이 없어지는 문제는 마구잡이 노드 제거 문제의 스미기 문턱값이 1로 수렴하는 것과 같다(심화 주제 10.D). 마찬가지로, 허브 면역 전략으로 전염병 문턱값이 다시 생기는 것은 척도 없는 네트워크가 공격에 대해 작은 문턱값을 갖는 특징과 같다. 따라서 공격과 목표 맞춤 면역 문제는 동전의 양면과 같다. 공격과 목표 맞춤 면역의 대등함을 보이기 위해 (a)의 네트워크를 보자. 5개의 가장 큰 허브를 제거하는 공격은 (b)와 같이 네트워크를 여러 개의 고립된 섬으로 나눈다. 목표 맞춤 면역은 이와 같은 역할을 한다. 허브를 질병으로부터 면역되게 하여 병원체가 퍼지는 네트워크를 (b)와 같이 조각난 네트워크가 되게 한다. 면역된 네트워크가 작은 섬으로 부서지면서 병원체는 작은 클러스터 중 하나에 갇혀 다른 클러스터의 노드를 감염시킬 수 없을 것이다.

　　허브 기반 면역 전략의 문제는 대부분의 전염병 과정에서 접촉 네트워크에 대한 자세한 지도가 부족하다는 것이다. 실제로 각 개인이 인구 집단에서 얼마나 많은 성관계 파트너를 갖고 있는지 알지 못하며, 인플루엔자 발병 동안 슈퍼 전파자를 정확하게 식별할 수도 없다. 즉, 허브를 식별하기가 어렵다. 그러나 여전히 네트워크를 활용해 좀 더 효율적인 면역 전략을 설계할 수 있다. 그렇게 하기 위해, 평균적으로 노드의 이웃이 노드 자체보다 더 높은 링크수를 갖는다는 사실인 친구 관계 역설을 필요로 한다(글상자 7.1). 따라서 마구잡이로 선택된 개인의 지인을 면역시켜 어떤 개인이 허브인지 정확히 알 필요 없이 허브를 조준할 수 있다. 과정은 다음과 같은 단계로 구성된다[407].

1.　마구잡이 면역 전략에서 하는 것과 같이 마구잡이로 p 비율의 노드를 고른다. 이 노드를 그룹 0이라 하자.

2.　그룹 0의 각 노드에 대한 링크를 무작위로 선택한다. 이 링크들이 연결된 노드들의 집합을 그룹 1이라 부른다. 예를 들어, 그룹 0의 각 개인에게 병원체의 전파를 초래할 수 있는 활동에 관여한 지인 중 한 명을 지명하도록 요청한다. HIV의 경우 성관계 파트너의 이름을 말하도록 요청하라.

3.　그룹 1의 개인이 면역이 되도록 하라.

이 전략에는 네트워크의 전체적인 구조에 대한 정보가 필요하지 않다. 그러나 식 (7.3)에 따르면 k개의 링크를 가진 노드가 그

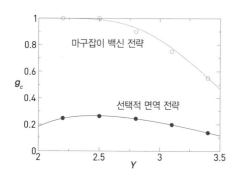

그림 10.24 척도 없는 네트워크의 선택적 면역 전략
SIS 모형에 따라 병원체가 퍼지는 접촉 네트워크
링크수 지수 γ의 함수로 나타낸 임계 면역 문턱값
g_c. 곡선은 **마구잡이 면역 전략**(녹색)과 **선택적 면역
전략**(보라색) 두 면역 전략에 해당한다. 선택적 면
역 전략은 마구잡이로 선택된 노드의 첫 번째 이
웃이 면역을 갖도록 하는 전략이다. 연속된 선은
해석적 결과를 나타내고, 기호는 $N = 10^6$, $m = 1$
인 네트워크에 대한 시뮬레이션 데이터를 나타낸
다. 인구 집단의 크기가 유한하므로 $\gamma < 3$인 경우
에 마구잡이 면역 전략에 대해서도 $g_c < 1$이다. 출
처: [407]

룹 1에 속할 확률은 kp_k에 비례한다. 결과적으로 그룹 1의 개인
은 그룹 0의 개인보다 평균 링크수가 더 높다. 이 편향의 의미는
그림 10.24에 나와 있다. 이는 링크수 지수 γ인 척도 없는 네트
워크에서 병원체를 박멸하는 데 필요한 임계 문턱값을 보여준
다. 이 그림은 몇 가지 주요한 통찰을 준다.

1. **마구잡이 면역 전략**

    상단의 곡선은 마구잡이 면역 전략에 대한 g_c를 보여준다.
    (γ가 작은) 불균일한 네트워크의 경우 $g_c \approx 1$임을 알 수 있
    고, 이는 질병을 뿌리 뽑기 위해 모든 노드를 예방접종해야
    함을 나타낸다. γ가 3에 접근함에 따라 네트워크는 유한한
    전염병 문턱값을 갖게 되고 g_c는 떨어진다. 따라서 큰 γ의
    경우 인구 집단의 충분히 큰 비율을 보호하면 병원체를 근
    절할 수 있다.

2. **선택적 면역 전략**

    선택적 전략의 경우 g_c는 꾸준히 30% 미만이다. 따라서 노
    드의 30%에서 마구잡이로 선택된 이웃이 면역을 얻도록
    함으로써 질병을 근절할 수 있다. 이 전략의 효율성은 γ에
    약하게만 의존한다. 선택적 면역 전략은 허브가 덜 눈에
    띄는 높은 γ에 대해서도 마구잡이 면역 전략보다 효율적
    이다.

요약하자면, 병원체와 접촉할 위험이 있는 모든 사람을 예방할
수 있는 자원이 있다면 박멸 캠페인 전략과 같이 해야 한다(글상
자 10.4). 대대적인 예방접종이 가능하지 않은 경우에는 자원의
효과를 최대가 되도록 하기 위해 다양한 면역 전략을 사용해야
한다. 각 전략의 효과는 병원체가 퍼지는 접촉 네트워크의 구조
에 따라 다르다. 일반적으로 마구잡이 면역 전략은 불균일한 네
트워크에서 퍼지는 병원체에 대해 비효율적이다. 마구잡이 면역
전략이 성공하려면 전염될 수 있는 노드의 거의 100%에 달하는
예방접종을 해야 한다. 이는 대부분의 상황에서 불가능하다. 대
표적으로, 허브를 보호하는 면역 선략은 높은 효율성을 갖고 있

글상자 10.4 병원체를 박멸할 수 있을까?

1960년대 말에 천연두smallpox는 여전히 아프리카와 아시아에 널리 퍼져 있었다. 1967년 이전에 천연두 박멸 전략은 대량 백신 접종에 의존했는데, 이는 인구 밀도가 높은 지역에서는 효과가 없었다. 보건 당국은 결국 감염된 개인과 접촉한 모든 사람을 찾아 치료하는 네트워크 기반 프로토콜을 개발해 전파를 차단했다. 이 전략을 통해 천연두는 공식적으로 박멸된 첫 번째 질병이 됐다(그림 10.25).

박멸eradication은 인구 집단에서 병원체를 완전히 제거하는 것이다. 박멸할 감염병을 선택하기 위해 보건 당국은 표적 병원체에 사람이 아닌 저장소는 없는지, 그래서 사람들의 백신 접종으로 정말로 박멸할 수 있는지 확인해야 한다. 또한 전파를 차단하기 위한 효율적이고 실용적인 백신 또는 약물이 필요하다. 지금까지 박멸 캠페인은 절반의 성공을 거두었다. 천연두와 우역rinderpest은 박멸에 성공했지만, 십이지장충hookworm, 말라리아malaria, 황열병yellow fever을 목표로 한 프로그램은 실패했다.

그림 10.25 천연두 박멸

1976년 방글라데시에서 마지막 천연두에 감염된 라히마 바누(Rahima Banu). 출처: [408]

다. 마구잡이로 선택된 노드의 이웃이 면역을 갖도록 하는 선택적 면역 전략은 접촉 네트워크의 정확한 지도 없이도 효율성을 크게 향상할 수 있다. 이 전략은 무작위 네트워크와 불균일한 네트워크 모두에 효율적이다.

10.7 전염병 예측

역사의 상당 부분 동안 인류는 전염병에 직면했을 때 무력했다. 약과 백신이 부족해 전염병이 반복적으로 전 세계 인구를 휩쓸었다. 최초의 백신은 1796년에야 시험됐고, 1990년대가 돼서야 새로운 병원체에 대한 백신과 치료제의 체계적인 개발이 가능해졌다. 눈부신 의학적 발전에도 불구하고 소수의 병원체에 대해서만 효과적인 백신을 보유하고 있다. 결과적으로, 전파 감소 transmission-reducing 및 검역 기반quarantine-based 조치가 새로운 병원체 퇴치를 위한 의료 전문가의 주된 도구로 남았다. 백신, 치료법, 검역 기반 조치의 조합이 효과적이기 위해서는 병원체가 다음에 언제 어디에서 나타날지 예측해 지역 보건 담당자들이 자원을 가장 잘 사용할 수 있도록 해야 한다.

전염병 발생의 실시간 예측은 매우 최근에 개발됐다. 기반은 1980년대 전염병 모형화 체계의 개발[409]과 진행 중인 발병에 대한 전 세계 보고 지침이 만들어진 2003년 SARS 전염병에 의해 설정됐다. 팬데믹과 관련된 데이터의 차후 체계적인 이용 가능성[349]은 모형화 노력에 실시간 입력이 가능하게 했다. 2009년 H1N1 발병은 이러한 발전의 첫 수혜자였으며, 실시간으로 확산이 예측된 첫 번째 전염병이 됐다.

새로운 병원체의 출현은 몇 가지 중요한 질문을 제기한다.

- 병원체는 어디에서 시작됐는가?
- 새로운 사례가 예상되는 곳은 어디인가?
- 전염병이 언제 인구가 밀집된 여러 지역에 도달할 것인가?
- 얼마나 많은 감염이 예상되는가?
- 확산을 늦추기 위해 무엇을 할 수 있는가?
- 어떻게 근절할 수 있는가?

오늘날 이러한 질문들은 인구 통계, 이동 데이터(온라인 자료 10.4), 역학 데이터를 입력으로 고려하는 강력한 전염병 시뮬레이터를 사용해 해결한다[410, 411, 412]. 이러한 도구 뒤에 있는 알고리듬은 확률론적 메타 인구 모형[413, 414, 415]에서 수백만 개인의 행동과 상호작용을 포착하는 행위자 기반 컴퓨터 시뮬레이션[416]에 이르기까지 다양하다. 이 절에서는 이러한 도구의 능력을 요약하고, 이러한 개발에서 네트워크 과학의 역할을 강조한다.

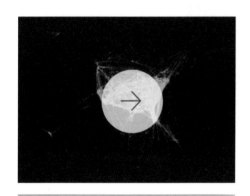

온라인 자료 10.4
북미 지역 비행 패턴

미연방항공국(Federal Aviation Administration)에서 발표한 데이터에 기반한 북미 전역의 실시간 비행. 이 전 세계적 운송 네트워크는 대륙 전체에 병원체를 퍼뜨리는 역할을 한다. 결과적으로 비행 일정은 전염병 예측에 대한 입력을 대표한다. 아론 코블린(Aaron Koblin)이 제작한 이 영상은 순전히 과학적인 일러스트레이션으로 쉽게 볼 수도 있지만 예술 커뮤니티에서는 디지털 아트로 간주된다. 실제로 이 영상은 현재 뉴욕 현대미술관(MoMA)의 미디어 아트 컬렉션에 있다.

10.7.1 실시간 예측

전염병 예측은 병원체의 실시간 확산을 예측해 각 주요 도시에 매주 예상되는 감염된 개인의 수를 예측하는 것을 목표로 한다 [416, 417]. 네트워크 과학을 기반으로 한 최초의 성공적인 실시간 전염병 예측은 전 세계 인구 통계 및 이동에 대한 고해상도 데이터를 입력으로 사용하는 확률적 체계인 GLEAM^{Global Epidemic and Mobility} 계산 모형[417]으로 가능했다(그림 10.26, 온라인 자료 10.5). GLEAM은 네트워크 기반 계산 모형을 사용한다.

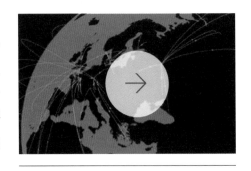

온라인 자료 10.5
GLEAM
전염병 예측 GLEAM 소프트웨어 패키지를 설명하는 영상

- GLEAM은 각각의 지리적 위치를 네트워크 노드로 매핑한다.
- 링크로 표현되는 이러한 노드 사이의 운송은 항공 일정과 같은 전 세계 운송 데이터에 의해 제공된다(온라인 자료 10.4).
- GLEAM은 네트워크 기반 접근 방식을 사용해 전파율^{transmission rate}이나 재생산지수^{reproduction number} 같은 전염병 매개변수를 추정한다. 이는 의료 보고서가 아닌 전염병의 전

(a)

```
3월 31일 이전
4월 1일~4월 15일
4월 16일~5월 30일
5월 1일~5월 15일
```

(b)

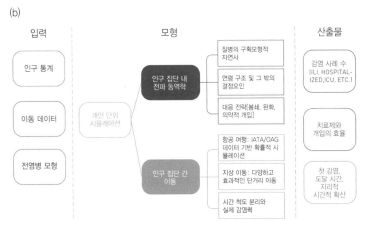

그림 10.26 2009년 H1N1 전염병 모형화

(a) 2009년 발병 초기 단계에서 H1N1 바이러스의 확산. 화살표는 이전에 영향을 받지 않던 국가에 첫 번째 감염의 도착을 나타낸다. 색상 코드는 바이러스가 도착한 시간을 나타낸다.

(b) H1N1 또는 에볼라(Ebola) 같은 병원체의 실시간 확산을 예측하는 데 사용되는 GLEAM 계산 모형. 왼쪽 열(입력)은 인구 통계, 이동 및 역학 정보를 포착하는 입력 데이터베이스를 나타낸다. 가운데 열(모형)은 각 시간 단계에서 모형화되는 네트워크 기반 동적 프로세스를 설명한다. 오른쪽 열(산출물)은 모형이 예측할 수 있는 수량들의 예를 보여준다. 출처: [418]

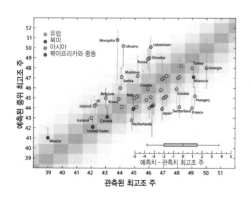

그림 10.27 H1N1의 활동 최고조기

여러 국가에서 H1N1 바이러스에 대한 예측 및 관측 최고조기. 최고조기는 대부분의 개인이 병원체에 감염되는 주에 해당하며, 전염병이 시작된 후 몇 주 후에 측정된다. 모형 예측은 발병에 대한 2,000개의 확률론적 구현을 분석하여 얻고, 그림의 오차 막대(error bar)를 생성했다. 출처: [418]

세계적인 확산을 포착하는 발생 시간 순서chronological 데이터에 의존한다[33].

GLEAM은 10.3절에서 설명한 네트워크 기반 전염병 체계를 구현하여 다가올 몇 달 동안 병원체의 전 세계적 진행에 대한 많은 잠재적 결과를 생성한다. H1N1의 경우 예측을 팬데믹의 전체 과정 동안 48개국의 감시 및 바이러스 출처에서 수집한 데이터와 비교해 몇 가지 주요 결과를 얻었다.

- **최고조기**peak time

  최고조기는 특정 국가에서 대부분의 개인이 감염되는 주week에 해당한다. 최고조기를 예측하면 보건 당국이 배포하는 백신이나 치료제의 시기와 양을 결정하는 데 도움이 된다. 최고조기는 첫 감염자의 도착 시간과 각 국가의 인구 통계 및 이동 특성에 따라 다르다. 관측된 최고조기는 87%의 국가에서 예측 구간 내에 들어왔다(그림 10.27). 나머지 경우에 실제 최고조기와 예측 시기 차이는 최대 2주였다.

- **이른 최고조**early peak

  GLEAM은 H1N1 전염병이 인플루엔자 유사 바이러스의 전형적인 최고조기인 1월이나 2월이 아니라 11월에 최고조에 이를 것이라 예측했다. 이 예상치 못한 예측이 결국 이 모형의 예측력을 확인하는 정확한 결과가 됐다. 이른 최고조기는 H1N1이 많은 독감 바이러스가 유래하는 곳인 남아시아가 아닌 멕시코에서 유래했기 때문에 바이러스가 북반구에 도달하는 데 더 적은 시간이 걸렸다는 사실의 결과였다.

- **백신의 영향**

  여러 국가에서 전염병 감소를 가속화하기 위해 예방접종 캠페인을 시행했다. 시뮬레이션 결과 이러한 대규모 백신 접종 캠페인이 전염병의 진행 과정에 미치는 영향은 미미한 수준에 불과했다. 그 이유는 이러한 캠페인의 시기가 최고조기에 대한 예상으로부터 지침이 내려져 2009년 11월 최고조를 지난 이후에 백신 배포를 홍보하여 강력한 효과를 내기에 너무 늦었기 때문이다[419].

10.7.2 가정 예상 분석

각 봉쇄와 완화 절차의 시간과 속성을 통합해 시뮬레이션은 특정 비상 계획의 효율성을 추정할 수 있다[410, 411, 412, 414, 420]. 다음으로 이러한 두 가지 개입의 영향을 논의한다.

- **여행 제한**

  에볼라 발병(그림 10.28)과 같은 위험한 전염병에 직면해 있는 병원체의 확산에서 항공 여행이 중요한 역할을 한다는 점을 감안할 때, 처음으로 본능적으로 하게 되는 일은 여행을 제한하는 것이다. 그러나 주요 자원이 항공으로 이동하는 세계에서 여행 금지는 전염병을 다룬 소설과 같은 설명에서

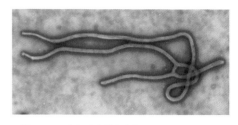

그림 10.28 가장 치명적인 발병

치사율이 80%에 육박하는 에볼라 바이러스는 인간에게 알려진 가장 치명적인 바이러스 중 하나다. 처음 알려진 발병은 1976년 자이르(Zaire)에서 발생해 고열과 출혈 장애의 조합인 출혈열(hemorrhagic fever)로 감염된 312명 중 280명이 사망했다. 바이러스는 감염된 개인의 혈액이나 분비물과의 접촉을 통해 전염될 수 있다.

글상자 10.5 영화의 밤

주요 전염병에 대한 소설 같지만 그럴듯한 묘사를 보려면, 스티븐 소더버그[Steven Soderbergh]가 감독하고 마리옹 코티야르[Marion Cotillard], 브라이언 크랜스턴[Bryan Cranston], 맷 데이먼[Matt Damon], 로런스 피시번[Laurence Fishburne], 주드 로[Jude Law], 귀네스 팰트로[Gwyneth Paltrow], 케이트 윈슬렛[Kate Winslet], 제니퍼 일리[Jennifer Ehle]가 출연한 2011년 의학 스릴러 영화 〈컨테이젼[Contagion]〉을 참고하라. 이 영화는 바이러스를 막기 위한 공중 보건 당국의 필사적인 시도와 이어지는 전 세계를 휩쓰는 공황을 따라가며, 생물학적, 사회적 전염 모두의 영향을 다룬다. 볼프강 페테르젠[Wolfgang Petersen]이 감독하고 더스틴 호프먼[Dustin Hoffman], 르네 루소[Rene Russo], 모건 프리먼[Morgan Freeman]이 주연을 맡은 1995년 의학 재난 영화 〈아웃브레이크[Outbreak]〉(그림 10.29)는 자이르의 작은 마을에서 시작하여 미국에 도달하는 치명적인 에볼라 유사 바이러스에 초점을 맞추고 있다. 두 영화 모두 치명적인 병원체의 확산을 억제하기 위해 민간 및 군사 기관이 취해야 하는 어려운 선택을 보여준다.

그림 10.29 아웃브레이크: 허구와 진실

전염병과 관련된 두 편의 영화인 〈컨테이젼〉과 〈아웃브레이크〉의 극장 개봉 영화 포스터

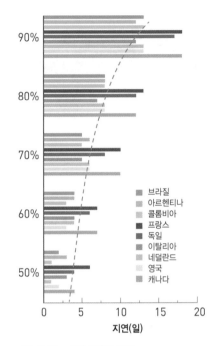

그림 10.30 여행 제한의 영향
멕시코에서 출발한 H1N1 바이러스가 다양한 국가에 도착한 시간에 미친 여행 감소의 영향. 여행 감소가 없는 기준 시나리오와 비교했다. 세로축의 백분율은 전 세계적으로 시행된 여행 감소 정도를 나타낸다. 가장 큰 지연은 20일 미만이며 90% 여행 제한에서 관찰된다. 출처: [414]

흔히 볼 수 있듯이 경제 붕괴로 이어질 수 있다(글상자 10.5). 따라서 여행 금지에 의지하기 전에 여행 제한이 전염병에 유익한 영향을 미치는지 확인해야 한다. 이를 위해 바이러스 발병에 대한 인식이 스스로 알아서 여행을 줄이는 결과로 이어진다는 사실을 인식해야 한다. 예를 들어, 2009년 5월 멕시코를 오가는 여행이 40% 감소했는데, 이는 H1N1 발병 기간 동안 개인이 감염된 지역에서 불필요한 사업과 여가 활동을 취소했기 때문이다. 모형화는 이런 40% 감소가 전 세계 여러 국가에서 첫 감염의 도착을 3일 미만으로 지연시켰음을 나타낸다[417, 418]. 또한 여행이 90% 감소하더라도 최고조기는 20일 미만으로 지연된다(그림 10.30).

가장 중요한 것은 여행 제한이 감염된 개인의 수를 줄이지 않는다는 점이다. 이는 단지 발병을 지연시킬 뿐이며, 지역 당국이 전염병에 대비할 수 있는 더 많은 시간을 제공한다. 따라서 여행 제한은 이로 인한 지연이 지역 백신 접종 수준을 높이거나 치료제 배포에 도움이 되는 경우에만 유효하다.

- **항바이러스 치료**

2009년 H1N1 대유행 동안 캐나다, 독일, 홍콩, 일본, 영국, 미국은 질병의 영향을 완화하기 위해 항바이러스제를 배포했다[421]. 이에 따라 치료약 비축량이 있는 모든 국가에서 이를 인구 집단에 배포했다면 어떤 영향을 미쳤을 것인지 궁금했다[422]. 시뮬레이션에 따르면 최고조기는 약 3~4주 지연되어 전염병이 최고조에 도달하기 전에 더 많은 인구가 면역을 가질 수 있는 시간을 제공한다.

10.7.3 유효 거리

자동차와 비행기 이전에 병원체는 도보 또는 기껏해야 말의 속도로 이동했다. 따라서 유럽의 흑사병 같은 전염병은 단순한 반응–확산reaction-diffusion 모형[423, 424]으로 설명되는 확산 과정에 따라 마을에서 마을로 천천히 이동했다(그림 10.8). 다음 감염은 항상 이전 감염의 지리적 근접성에서 나타났기 때문에 발병 시점과 발병 근원으로부터의 물리적 거리 사이에는 강한 상관관계가 있었다.

오늘날에는 항공 여행으로 인해 물리적 거리는 전염병 현상과 관련성을 잃었다. 맨해튼에서 발생하는 병원체는 맨해튼에서 차로 1시간 거리에 있는 뉴욕주 개리슨 마을만큼 영국 런던으로 쉽게 이동할 수 있다. 이것은 우리에게 다음과 같은 질문을 던진다. 물리적 공간보다 전염병의 확산을 볼 수 있는 더 좋은 공간이 있는가? 이러한 공간은 기존의 지리적 거리를 이동 네트워크mobility network[425]에서 파생된 유효 거리effective distance로 대체하면 존재한다. 이동 네트워크의 노드는 도시이고 링크는 도시 사이의 이동량을 나타낸다. 각 링크는 노드 i를 떠나 노드 j에 도달하는 여행자의 비율인 유동량flux 비율 $0 \leq p_{ij} \leq 1$로 특징지어지는 방향성 가중치 링크다. p_{ij}의 값은 항공 스케줄에서 추출하며, i에서 j로 직접 여행할 수 있는 경우에만 $p_{ij} > 0$ 값을 갖는다.

사람이 두 도시 사이를 이동할 수 있는 여러 경로가 주어지면 병원체는 이동 네트워크에서 여러 경로를 따를 수 있다. 그러나 그 확산은 이동성 행렬mobility matrix p_{ij}에 의해 예측된 가장 가능성이 있는 경로에 의해 결정된다. 이를 통해 다음과 같이 연결된 두 위치 i와 j 사이의 **유효 거리** d_{ij}를 정의할 수 있다.

$$d_{ij} = (1 - \ln p_{ij}) \geq 0 \qquad (10.31)$$

만약 p_{ij}가 작다면, i를 떠나 j로 여행하는 개인의 비율이 작다는 의미로 i와 j 사이의 유효 거리는 크다. $d_{ij} \neq d_{ji}$다. 대도시 j 근처에 위치한 작은 마을 i의 경우 i에서 j로 가는 많은 여행자가 있으므로 d_{ij}가 작을 것으로 예상한다. 그러나 대도시를 떠나 작은 마을로 향하는 여행자는 극소수에 불과하기 때문에 d_{ji}는 크다. 식 (10.31)의 로그는 유효 거리가 가산적additive이지만 여러 단계 경로에 따른 확률은 승산적multiplicative임을 설명한다.

그림 10.31 유효 거리

홍콩에서의 초기 발병과 팬데믹의 확산. 감염이 많은 지역은 빨간색 노드로 표시된다. 각 패널은 기존의 지리적 표현(아래)과 유효 거리 표현(위)으로 시스템 상태를 비교한다. 지리적 표현에서 관찰된 복잡한 공간 패턴은 유효 거리 표현에서 일정한 속도로 바깥쪽으로 이동하는 원형 파동이 된다(온라인 자료 10.6 참고). 출처: [425]

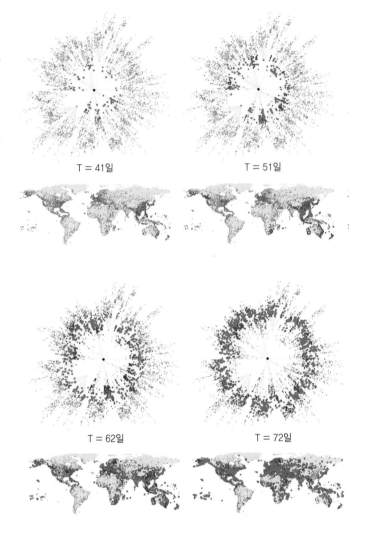

T = 41일 　　　　 T = 51일

T = 62일 　　　　 T = 72일

그림 10.31에서 알 수 있듯이(온라인 자료 10.6 참고), 식 (10.31)을 이용해 전염병의 근원지에서 각 도시의 거리를 나타내면 병원체는 원형의 파면을 따른다. 이는 지리적 공간에서 전염병을 볼 때 관찰되는 복잡한 확산 패턴과 대조된다. 더욱이, H1N1의 도착 시간은 물리적 거리의 함수로 표시하면 무작위로 보이지만, 유효 거리와 강한 상관관계가 있다(그림 10.32). 따라서 유효 거리를 사용해 병원체의 속도를 결정할 수 있다(온라인 자료 10.6).

전염병 예측의 놀랍지만 반가운 측면은 서로 다른 이동 데이

터(항공 스케줄[370] 또는 달러 지폐의 이동[369])와 전염병 매개변수
(회복률, 전파율 등)에 대한 서로 다른 가정을 사용한다는 사실에
도 불구하고 서로 다른 모형의 예측이 다소 유사하다는 점이다.
유효 거리는 다양한 모형 예측이 수렴하는 이유를 이해하는 데
도움이 된다. 실제로, a 위치의 병원체 도착 시간을 다음과 같이
쓸 수 있다[425].

$$T_a = \frac{d_{\text{eff}}(P)}{V_{\text{eff}}(\beta, R_0, \gamma, \varepsilon)} \qquad (10.32)$$

따라서 도착 시간은 유효 거리 d_{eff}와 유효 속도 V_{eff}의 비율이다.
유효 속도는 병원체의 역학적 매개변수에 의해서만 결정되는
반면, 유효 거리 d_{eff}는 p_{ij}로 인코딩된 이동 네트워크의 구조에만
의존한다. 새로운 발병에 직면했을 때 병원체에 특화된 역학적
매개변수는 초기에 알려지지 않는다. 그러나 식 (10.32)는 **상대
적 도착 시간**relative arrival time**이 역학적 매개변수와 무관하다**고 예측한
다. 예를 들어, 노드 i에서 시작하는 확산의 경우 노드 j와 l에 대
한 도착 시간의 비율은 다음과 같다.

$$\frac{T_a(j/i)}{T_a(l/i)} = \frac{d_{\text{eff}}(j/i)}{d_{\text{eff}}(l/i)}$$

이는 유효 거리에만 의존하는 비율이다. 따라서 질병의 상대적
도착 시간은 이동 네트워크의 구조에만 의존한다. 전 세계의 이
동성 패턴이 고유하고 모형에 독립적이기 때문에 역학 매개변
수의 선택과 관계없이 다양한 모형의 예측이 수렴한다.

　　요약하자면, 데이터 수집과 네트워크 전염학이 공동으로 발
전하여 병원체의 실시간 확산을 예측하는 능력을 제공했다. 개
발된 모형은 대응 및 완화 시나리오를 설계하고, 보건 및 응급
요원을 교육하고, 검역에서 여행 제한에 이르기까지 다양한 개
입의 영향을 탐색하고, 치료법 및 백신 배포를 최적화하고, 전염

11　250km/day의 속력은 약 10km/h로, 이는 조깅을 하는 정도의 속력이다. 다른 자료를 참고
해봐도 저자가 여기서 단위를 잠깐 착각을 했던 것이 분명하다. – 옮긴이

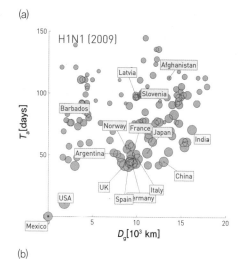

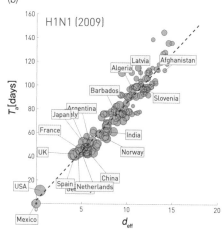

그림 10.32 유효 거리와 도착 시간

(a) **지리적 거리**

2009년 H1N1 대유행의 도착 시간 대 발원지(멕
시코)로부터의 지리적 거리. 각 원은 영향을 받는
140개 국가 중 하나를 나타내며 크기는 각 국가의
총 이동량을 나타낸다. 도착 시간은 2009년 3월
17일 발병이 시작된 이후 특정 국가에서 첫 확진
자가 발생한 날짜다. 이 표현에서 도착 시간과 지
리적 거리는 서로 크게 관계가 없다($R_0 = 0.0394$).

(b) **유효 거리**

H1N1에 대한 전염병 도착 시간 T_a 대 유효 거리
d_{eff}. 유효 거리(식 (10.31))와 도착 시간 사이의 강
한 상관관계를 보여준다.

출처: [425]

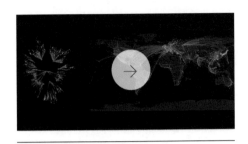

온라인 자료 10.6
팬데믹의 속도

GLEAM이 예측한 3개의 초기 발병 위치에서부터 병원체의 확산. 지리적 확산 패턴은 해석하기 어렵지만 유효 거리 표현에서 전염병은 규칙적인 방사형 패턴을 따른다(그림 10.31).

확산 패턴은 다음과 같은 질문을 던진다. 전 세계적으로 확산되는 일반적인 병원체의 속도는 얼마인가? 속도는 세 가지 주요 매개변수에 따라 달라진다.

1. 기초감염재생산수(R_0): 인플루엔자형 바이러스의 경우 2에 가깝다(표 10.2).

2. 회복률: 인플루엔자의 경우 약 3일 정도다.

3. 이동률: 하루 동안 이동하는 인구의 전체 비율을 나타낸다. 이 매개변수는 0.01~0.001 범위에 있다.

이러한 매개변수로 GLEAM(그림 10.26)을 실행하면 도착 시간과 전염병 근원지까지의 지리적 거리 사이의 상관관계를 계산해 약 250~300km/day의 속도를 얻을 수 있다. 따라서 인플루엔자 바이러스는 스포츠카나 소형 비행기의 속도로 대륙을 이동한다[425].[11]

병의 근원을 식별하는 데 사용할 수 있다(글상자 10.6).

흥미롭게도 전염병 예측의 최근 성공은 감염성 병원체의 근본적인 생물학에 대한 이해가 향상됐기 때문이 아니다. 대신 병원체의 확산과 관련하여 전염병 매개변수가 두 번째로 중요하다는 운 좋은 상황에 기인할 수 있다. 가장 중요한 요소는 이동 네트워크의 구조다. 여행 일정에서 정확하게 추정할 수 있으므로 인간의 이동 패턴을 전염병 진행 과정에 대한 정확한 예측으로 전환할 수 있다.

10.8 정리

대부분의 네트워크는 신뢰, 지식, 습관, 정보(사회연결망), 전기(전력망), 돈(금융 네트워크), 상품(무역 네트워크) 등이 링크를 따라 전송되게 한다. 이러한 현상을 이해하려면 네트워크가 이런 동적 프로세스에 어떻게 영향을 미치는지 이해해야 한다. 이 장에서는 동역학적 현상과 네트워크 사이의 상호작용에 대한 이해가 가장 발전된 영역인 네트워크의 링크를 따라 병원체가 퍼져나가는 확산 현상에 초점을 맞췄다. 네트워크 구조가 확산 과정의 동역학에 아주 큰 영향을 미치며 무작위 네트워크와 척도 없는 네트워크 위에서의 확산에 대한 분명한 예측을 제공한다는 것을 보였다. 이런 발견은 좀 더 광범위한 문제를 해결하기 위한 토대를 마련했다. 네트워크 과학에서 점점 더 활발해지는 분야인 네트워크가 다양한 동역학적 과정[436]에 미치는 영향을 체계적으로 이해할 필요가 있다[437, 438].

병원체의 확산을 모형화하는 것 또한 네트워크 과학의 중요한 실제 적용 사례다. 이 분야의 발전은 10년 전에는 꿈만 같았던 정확한 전염병 예측을 낳아 상당히 멋지다. 두 가지 발전이 이를 가능하게 했다. 첫 번째는 네트워크 기반 전염병을 설명하기 위한 강력한 이론적 체계의 출현이다. 두 번째는 사람의 여행 및 인구 통계에 대한 정확한 실시간 데이터에 접근하여 병원체

글상자 10.6 팬데믹의 근원 찾기

전염병의 근원을 찾는 것은 전염병 통제의 중요한 요소다. 근원은 접촉 네트워크의 첫 번째 개인이거나 이동 네트워크에서 병원체가 처음 등장한 도시일 수 있다. 문제의 수학적 공식화[427]는 이 주제에 대한 연구의 폭발적 증가를 일으켰다[428-435].

근원을 찾는 데 있어 어려움은 감염 과정의 확률론적 특성에 뿌리를 두고 있다. 초기 조건이 다름에도 관찰 시간에 유사한 감염 패턴이 나타날 수 있다. 접근 방식은 갖고 있는 전염병에 대한 정보에 따라 다르다.

그림 10.33 전염병의 근원

전염병의 근원을 찾는 것은 물결의 근원을 찾는 것과 같다. 병원체가 균일한 매질에서 퍼지는 것이 아니기에 이동 네트워크에서 적절한 '파문(ripple)'을 찾는 것이 도전 과제다.

- 가장 간단한 경우, 주어진 순간 t에서 감염된 노드와 병원체가 퍼지는 네트워크를 안다. 과제는 근원 i를 찾는 것이다[427](그림 10.33).

- 또한 각 노드에 대한 감염 시간이 있다면 전염병의 동역학을 재구성하여 근원을 탐지할 가능성을 크게 향상할 수 있다.

- 가장 좋은 전략은 발병에 대한 가장 빠르고 정확한 정보가 있는 허브를 모니터링하는 것이다. 예를 들어, 척도 없는 네트워크에 있는 병원체의 경우 링크수가 많은 상위 18% 노드의 상태를 모니터링하면 근원을 찾는 데 90%의 성공률을 얻을 수 있다. 대조적으로 모니터링할 노드를 무작위로 선택하며 동일한 수준의 정확도를 달성하려면 노드의 41%를 모니터링해야 한다[429].

- 유효 거리 표현(그림 10.31)에서 감염은 올바른 발병 위치를 사용하는 경우에만 원형 패턴을 따른다. 그렇지 않으면 관찰된 패턴이 비대칭이다. 따라서 발병 패턴이 가장 방사형을 나타내는 위치(노드)를 찾아 근원을 찾아낼 수 있다[425].

의 전 세계적인 확산에 원인이 되는 이동 네트워크를 재구성할 수 있도록 한 것이다. 10.7절에서 살펴봤듯이 생물학적 매개변수와 관측된 예측력의 정확도에 대한 네트워크의 기여는 분리되어 있다. 결과적으로, 정확한 예측을 위해 주로 이동 네트워크에 대한 정확한 지식이 필요하다.

네트워크 전염병의 분석 체계는 많은 예상치 못한 결과를 제

글상자 10.7 한눈에 보는 네트워크 전염학

감염률: β

회복률: μ

전파율: $\lambda = \dfrac{\beta}{\mu}$

(기초감염)재생산수: $R_0 = \dfrac{\beta\langle k \rangle}{\mu}$

SI 모형

$$i(t) = \frac{i_0 e^{\beta\langle k \rangle t}}{1 - i_0 + i_0 e^{\beta\langle k \rangle t}}$$

SIS 모형

$$i(t) = \left(1 - \frac{\mu}{\beta\langle k \rangle}\right)\frac{C e^{(\beta\langle k \rangle - \mu)t}}{1 + C e^{(\beta\langle k \rangle - \mu)t}}$$

특성 시간

$$\text{SI: } \tau = \frac{\langle k \rangle}{\beta(\langle k^2 \rangle - \langle k \rangle)}$$

$$\text{SIS: } \tau = \frac{\langle k \rangle}{\beta(\langle k^2 \rangle - \mu\langle k \rangle)}$$

$$\text{SIR: } \tau = \frac{\langle k \rangle}{\beta\langle k^2 \rangle - (\mu + \beta)\langle k \rangle}$$

전염병 문턱값

$$\text{SIS: } \lambda_c = \frac{\langle k \rangle}{\langle k^2 \rangle}$$

$$\text{SIR: } \lambda_c = \frac{1}{\frac{\langle k^2 \rangle}{\langle k \rangle} - 1}$$

면역 문턱값(SIS 모형)

$$g_c = 1 - \frac{\mu}{\beta}\frac{\langle k \rangle}{\langle k^2 \rangle}$$

공했다. 가장 중요한 것은 불균일한 네트워크에서 특성 확산 시간과 전염병 문턱값이 사라지는 특징이다. 전염병 과정에서 접하는 대부분의 접촉 네트워크는 넓은 링크수 분포를 갖고 있어 이러한 결과는 계속 이어지며 당면한 이론적, 실제적 관심이 있다.

면역 전략에 대해 네트워크 역학network epidemiology이 제공하는 통찰도 동일하게 중요하다. 10.6절에서 살펴봤듯이 마구잡이 면역 전략은 무작위 네트워크에서 퍼지는 바이러스를 근절할 수는 있지만, 이 전략은 척도 없는 네트워크에서는 차선책에 불과하다. 대부분의 접촉 네트워크가 불균일하므로 이는 다소 우울한 결말이다. 그러나 선택적 면역 전략이 전염병 문턱값을 다시 만들어주고 병원체의 유행을 억제할 수 있음을 보여주었다. 선택적 면역은 병원체가 퍼지는 네트워크의 구조를 체계적으로 바꿨기 때문에 성공적이다.

10.9 과제

10.9.1 네트워크상의 전염병

다음의 링크수 분포를 갖는 네트워크에 대해 SI, SIS, SIR 모형의 특성 시간 τ와 전염병 문턱값 λ_c를 계산하라.

(a) 지수적 링크수 분포exponential degree distribution

(b) 펼쳐진 지수 링크수 분포stretched exponential degree distribution

(c) 델타 분포delta distribution(모든 노드가 같은 링크수를 갖는다.)

링크수 상관관계가 없고, 무한히 큰 네트워크를 가정하라. 분포의 함수 모양과 해당 분포의 일차, 이차 모멘트는 표 4.2를 참고하라.

글상자 10.8 역사적 사실: 네트워크 전염학

로무알도 파스토어-자토라스와 알레산드로 베스피냐니가 기저의 접촉 네트워크의 속성을 설명할 수 있도록 연속체 이론을 도입한 후 전염병 현상은 네트워크 과학의 중심 주제가 됐다(그림 10.34). 그들은 또한 네트워크 전염학의 중심 결과라 할 수 있는 전염병 문턱값과 특성 시간이 링크수 분포의 이차 모멘트에 의존하는 것을 발견했다. 그후 베스피냐니와 그의 연구 그룹은 병원체의 확산에 대한 실시간 예측을 제공하는 계산 프로그램인 GLEAM을 개발했다.

그림 10.34 로무알도 파스토어-자토라스와 알레산드로 베스피냐니

척도 없는 네트워크 특성이 전염병 문턱값에 미치는 영향을 발견했을 때, 물리학자로 교육받은 파스토어-자토라스는 트리에스테(Trieste)의 ICTP에서 베스피냐니의 박사후연구원이었다. 결과적으로 두 연구자는 링크수 상관관계의 발견(7장)에서 가중치 네트워크에 대한 이해에 이르기까지 네트워크 과학에 큰 공헌을 했다.

10.9.2 사회연결망에서의 무작위적인 비만

노드의 50%가 비만이고 링크수 분포 p_k를 갖는 사회연결망을 고려하라. 비만 노드가 네트워크 안에 무작위로 분포되어 있다고 가정하자.

(a) 네트워크에 결합 확률$^{joint\ probability}$ e'_{kk}으로 링크수 상관관계가 있다면, 비만이 아닌 개인(ø)과 비만인 개인(o)이 서로 친구일 확률 $P(\text{øo})$는 얼마인가? 그리고 비만인 개인 두 명이 친구일 확률 $P(\text{oo})$는 얼마인가?

(b) 네트워크에 링크수 상관관계가 없다고 가정하라. 링크수 k 노드의 이차 이웃 중 얼마나 많은 수가 비만인가?

비만인 노드가 70%에 이를 때 (a), (b)를 계산하라.

10.9.3 면역 전략

표 4.1에서 4개의 네트워크를 고르고(방향성 네트워크는 방향성을 없애고($p_k = p_{k_{in}}$) 상관관계가 없는 네트워크로 가정하라), 이 위에서 전염병 과정이 퍼지는 것을 고려하라. 병원체뿐만 아니라 아이디어 또는 의견도 네트워크 위에서 퍼질 수 있음을 기억하라! 마구잡이 면역 전략으로 g_c 비율의 노드를 보호할 때, 전염병을 멈추는 데 필요한 임계 비율 g_c를 각 네트워크에 대해 결정하라. 만일 링크수가 1,000 이상인 모든 노드가 면역을 갖도록 한다면, 전염병 문턱값 λ_c는 어떻게 변하는가?

10.9.4 이분 네트워크에서의 전염병

남성(M)과 여성(F)으로 표시되는 두 가지 유형의 노드가 있는 이분 네트워크^{bipartite network}를 고려하라. 이 네트워크에서 병원체는 한 집합의 노드에서 다른 집합의 노드로만 전파된다. M 노드에서 F 노드로 전파되는 전파율 $\beta_{M \to F}$는 F 노드에서 M 노드로 퍼지는 전파율 $\beta_{F \to M}$과 다르다고 가정하자. 링크수 블록 근사와 네트워크 링크수가 상관관계가 없음을 가정하여, 해당 SI 모형의 방정식을 써보라.

10.10 [심화 주제 10.A]
전염병 과정의 미시 모형

10.2절과 10.3절에서 전염병 현상을 설명할 때 연속체 접근법을 따랐다. 이 절에서는 미시 모형^{microscopic model}과 확률 기반 추론^{probability-based reasoning}으로 주요 결과를 유도할 수 있음을 보인다. 이런 논의는 연속체 접근법의 기원을 이해하고 전염병 현상을 이해하는 데 도움이 된다.

10.10.1 전염병 방정식의 유도

두 개인이 상호작용하는 미시 과정으로부터 식 (10.3)의 연속체 모형을 유도하는 것으로 시작한다[437]. 전염될 수 있는 개인이 감염된 개인과 접촉하여 dt의 시간 간격 동안 βdt의 확률로 감염된다. 전염될 수 있는 개인이 dt 시간 간격 동안 감염되지 않을 확률은 $(1 - \beta dt)$다. 전염될 수 있는 개인 i가 k_i의 링크수를 갖고 있다면, 원칙적으로 k_i 링크 각각이 감염시킬 수 있다. 따라서 개인이 감염되지 않을 확률은 $(1 - \beta dt)^{k_i}$이다. 마침내, 노드 i가 시간 dt 동안 감염될 확률은 $1 - (1 - \beta dt)^{k_i}$로 1에서 감염되지 않을 전체 확률을 뺀 것이다. $\beta dt \ll 1$을 가정하여 전염될 수 있는 개인이 감염되는 확률의 선행 차수는 다음과 같다.

$$1 - (1 - \beta dt)^{k_i} \approx \beta k_i dt \qquad (10.33)$$

무작위 네트워크에서 모든 노드는 대략 $\langle k \rangle$ 이웃을 갖고 있다. 식 (10.33)에서 k_i를 $\langle k \rangle$로 바꾸어 식 (10.3) 연속체 방정식의 첫 번째 항을 얻는다. k_i를 $\langle k \rangle$로 대체하지 않는다면, 식 (10.13)의 첫 번째 항을 얻는데, 이는 불균일한 네트워크에서 병원체의 확산을 포착한다.

10.10.2 전염병 문턱값과 네트워크 구조

10.3절의 주요 결과는 연속체 이론을 사용해 네트워크 구조와 전염병 문턱값 λ_c를 연결한다. 전염병 문턱값과 네트워크 구조 사이의 연결을 설명하는 원리적인 논의로 동일한 결과에 도달할 수 있다.

단위 시간 동안 β의 확률로 전파되는 병원체를 고려하자. 따라서 링크수 k인 감염된 노드는 단위 시간 동안 βk 이웃을 감염시킬 것이다. 감염된 각 노드가 μ의 비율로 회복되면, 한 노드가 감염되어 있을 특성 시간은 $1/\mu$다. 병원체는 이 $1/\mu$ 시간 간격 동안, 감염된 노드 하나가 적어도 하나의 다른 노드를 감염시켜야만 인구 집단에 지속될 수 있다. 그렇지 않으면 병원체가 점차 사라진다.

즉, $\beta k/\mu < 1$이면, 링크수 k인 노드가 다른 노드를 감염시키기 전에 회복한다. 대부분의 노드가 비슷한 링크수 $k \sim \langle k \rangle$를 갖는 무작위 네트워크를 고려하면, $\beta k/\mu = 1$ 조건으로부터 전염병 문턱값을 계산할 수 있다. $\lambda = \beta/\mu$를 이용해 $\lambda_c = 1/\langle k \rangle$를 얻는다. 이것은 무작위 네트워크에서 유도한 식 (10.25) 결과의 큰 k에 대한 극한값이다. 이는 병원체가 퍼질 가능성은 병원체의 역학적 특성들(β와 μ)과 네트워크 연결 구조($\langle k \rangle$)의 상호작용에 의해 결정된다.

척도 없는 네트워크에서 노드의 링크수는 크게 다르다. 따라서 네트워크의 평균 링크수가 $\beta \langle k \rangle/\mu < 1$을 만족시켜서 바이러스가 사멸할 것으로 예측해도, $k > \langle k \rangle$인 모든 노드에서 $\beta k/\mu > 1$이다. 이런 링크수가 큰 노드가 감염되면, 확산율 λ가 문턱값 $1/\langle k \rangle$보다 작더라도 질병이 허브에 유지되며 퍼져나갈 수 있다. 이것이 바로 전염병 문턱값이 $\langle k^2 \rangle$ 값이 큰 네트워크에서 사라지는 이유다.

10.11 [심화 주제 10.B]
SI, SIS, SIR 모형의 해석적 풀이

이 절에서는 네트워크 위에서 SI, SIS, SIR 모형을 풀고, 표 10.3에 요약된 각 모형의 특성 확산 시간 τ와 전염병 문턱값 λ_c 결과를 유도한다.

10.11.1 밀도 함수

밀도 함수 Θ_k는 링크수 k인 전염될 수 있는 노드의 이웃 중 감염된 노드의 비율을 제공한다. 10.3절에서 논의한 대로, i_k를 계산하기 위해 먼저 Θ_k를 결정해야 한다. 네트워크에 링크수 상관관계가 없으면, 한 링크가 링크수 k인 노드로부터 링크수 k'인 노드를 가리키는 확률은 k에 무관하다. 따라서 마구잡이로 고른 링크가 링크수 k'인 노드를 가리키는 확률은 식 (7.3)의 남은 링크수^{excess degree}다.

$$\frac{k'p_{k'}}{\sum_k kp_k} = \frac{k'p_{k'}}{\langle k \rangle}$$

감염된 각 노드에서 적어도 하나의 링크는 감염을 전파한 다른 한 감염된 노드와 연결되어 있다. 따라서 미래의 전파를 위해 가능한 링크의 수는 $(k' - 1)$이고, 다음과 같이 쓸 수 있다.

$$\Theta_k = \frac{\sum_{k'}(k'-1)p_{k'}i_{k'}}{\langle k \rangle} = \Theta \tag{10.34}$$

즉, 링크수 상관관계가 없을 때 Θ_k는 k에 무관하다. 식 (10.34)를 미분하여 다음 식을 얻는다.

$$\frac{d\Theta}{dt} = \sum_k \frac{(k-1)p_k}{\langle k \rangle}\frac{di_k}{dt} \tag{10.35}$$

좀 더 나아가려면 병원체가 따르는 특정 모형을 고려해야 한다.

10.11.2 SI 모형

식 (10.13)과 식 (10.35)를 이용해 다음을 얻는다.

$$\frac{d\Theta}{dt} = \beta \sum_k \frac{(k^2-k)p_k}{\langle k \rangle}[1-i_k]\Theta \tag{10.36}$$

전염병의 초기 동향을 예측하기 위해, t가 작을 때 감염된 개인의 비율이 1에 비해 아주 작다는 사실을 고려하라. 따라서 식 (10.36)의 이차 계수 항을 무시할 수 있고 다음을 얻는다.

$$\frac{d\Theta}{dt} = \beta\left(\frac{\langle k^2 \rangle}{\langle k \rangle} - 1\right)\Theta \tag{10.37}$$

이 식은 다음 해를 갖고 있다.

$$\Theta(t) = Ce^{t/\tau} \tag{10.38}$$

여기서

$$\tau = \frac{\langle k \rangle}{\beta(\langle k^2 \rangle - \langle k \rangle)} \tag{10.39}$$

초기 조건은 다음과 같은데 처음에 i_0 비율의 노드가 감염되어 골고루 퍼져 있음을 뜻한다(그래서 모든 k에 대해 $i_k(t=0) = i_0$이다).

$$\Theta(t=0) = C = i_0 \frac{\langle k \rangle - 1}{\langle k \rangle}$$

시간에 의존하는 Θ는 다음과 같다.

$$\Theta(t) = i_0 \frac{\langle k \rangle - 1}{\langle k \rangle} e^{t/\tau} \tag{10.40}$$

이를 식 (10.13)에 넣어 식 (10.15)에 도달한다.

10.11.3 SIR 모형

SIR 모형에서 감염된 노드의 밀도는 다음을 따른다.

$$\frac{di_k}{dt} = \beta(1 - i_k - r_k)k\Theta - \mu i_k \tag{10.41}$$

여기서 r_k는 링크수 k인 회복된 노드의 비율이다. 일차 계수 항만을 유지하여(1보다 아주 작은 t에 대해 괄호 속의 i_k와 r_k 항을 무시한다는 뜻이다) 다음을 얻는다.

$$\frac{di_k}{dt} = \beta k\Theta - \mu i_k \tag{10.42}$$

위 방정식에 $(k-1)p_k/\langle k \rangle$를 곱하고 k에 대해 모두 더하면 다음이 된다.

$$\frac{d\Theta}{dt} = \left(\beta \frac{\langle k^2 \rangle - \langle k \rangle}{\langle k \rangle} - \mu \right)\Theta \tag{10.43}$$

식 (10.43)의 해는 다음과 같다.

$$\Theta(t) = Ce^{t/\tau} \qquad (10.44)$$

여기서 SIR 모형의 특성 시간 τ는 다음과 같다.

$$\tau = \frac{\langle k \rangle}{\beta \langle k^2 \rangle - \langle k \rangle (\beta + \mu)} \qquad (10.45)$$

전 세계적 발병은 오직 $\tau > 0$일 때만 가능하다. 이때 감염된 노드의 수는 시간에 대해 지수적으로 커진다. 전 세계적 발병을 위한 다음 조건을 준다.

$$\lambda = \frac{\beta}{\mu} > \frac{\langle k \rangle}{\langle k^2 \rangle - \langle k \rangle} \qquad (10.46)$$

SIR 모형의 전염병 문턱값을 다음과 같이 쓸 수 있다(표 10.3).

$$\lambda_c = \frac{1}{\dfrac{\langle k^2 \rangle}{\langle k \rangle} - 1} \qquad (10.47)$$

10.11.4 SIS 모형

SIS 모형에서는 감염된 노드의 밀도가 식 (10.18)에 의해 주어진다.

$$\frac{di_k}{dt} = \beta(1 - i_k)k\Theta - \mu i_k \qquad (10.48)$$

SIS 모형의 밀도 함수에는 작지만 중요한 차이가 있다. SI 모형과 SIR 모형에서 한 노드가 감염되면 이웃 중 적어도 한 노드가 감염됐거나 회복됐어야만 한다. 따라서 많아야 이웃 중 $(k - 1)$ 노드가 전염될 수 있다. 식 (10.34)의 괄호 안에 (-1) 항이 있는 이유다. 하지만 SIS 모형에서는 이전에 감염된 이웃이 다시 전염될 수 있는 노드로 바뀔 수 있다. 따라서 한 노드의 모든 k 링크가 질병을 퍼뜨리는 데 사용될 수 있다. 따라서 식 (10.34)의 정의를 수정해 다음을 얻는다.

$$\Theta_k = \frac{\sum_{k'} k' p_k i_{k'}}{\langle k \rangle} = \Theta \tag{10.49}$$

다시 일차 계수 항만을 유지하여 다음을 얻는다.

$$\frac{di_k}{dt} = \beta k \Theta - \mu i_k \tag{10.50}$$

방정식에 $(k - 1)p_k/\langle k \rangle$를 곱하고 k에 대해서 더하면 다음과 같다.

$$\frac{d\Theta}{dt} = \left(\beta \frac{\langle k^2 \rangle}{\langle k \rangle} - \mu \right) \Theta \tag{10.51}$$

이는 다시 다음의 해를 얻는다.

$$\Theta(t) = Ce^{t/\tau} \tag{10.52}$$

여기서 SIS 모형의 특성 시간 τ는 다음과 같다.

$$\tau = \frac{\langle k \rangle}{\beta \langle k^2 \rangle - \langle k \rangle \mu} \tag{10.53}$$

전 세계적인 발병은 $\tau > 0$일 때 가능하다. 이로부터 전 세계적 발병의 다음 조건을 얻는다.

$$\lambda = \frac{\beta}{\mu} > \frac{\langle k \rangle}{\langle k^2 \rangle} \tag{10.54}$$

그리고 SIS 모형의 전염병 문턱값은 다음과 같다(표 10.3).

$$\lambda_c = \frac{\langle k \rangle}{\langle k^2 \rangle} \tag{10.55}$$

10.12 [심화 주제 10.C]
표적 면역 전략

이 절에서는 허브가 면역을 갖도록 하는 전략에 대해 척도 없는 네트워크에서 SIS 모형과 SIR 모형의 전염병 문턱값을 유도한다. 링크수 상관관계가 없는 거듭제곱 링크수 분포 $p_k = c \cdot k^{-\gamma}$을 갖는 네트워크에서 시작한다(단, $c \approx (\gamma - 1)/k_{\min}^{-\gamma+1}$, $k \geq k_{\min}$이다). 10.16절에서 임계 확산율은 각 모형에 대해 다음과 같다.

$$\lambda_c = \frac{\langle k \rangle}{\langle k^2 \rangle} = \frac{1}{k} \qquad \text{(SIS 모형)}$$

$$\lambda_c = \frac{1}{\dfrac{\langle k^2 \rangle}{\langle k \rangle} - 1} = \frac{1}{k-1} \qquad \text{(SIR 모형)}$$

허브가 면역을 갖도록 하는 면역 전략에서는 링크수가 k_0보다 큰 모든 노드를 보호한다. 전염병의 관점에서 이는 네트워크에서 링크수가 큰 노드를 제거하는 것과 같다. 따라서 허브를 제거한 뒤에 새로운 임계 확산율을 계산하기 위해 평균 링크수 $\langle k' \rangle$과 이차 모멘트 $\langle k'^2 \rangle$을 결정할 필요가 있다. 이 문제는 공격으로부터 네트워크의 견고함을 연구하는 [심화 주제 8.F]에서 다뤘다. 허브 제거는 두 가지 효과가 있다.

(1) 네트워크의 최대 링크수가 k_0로 변한다.
(2) 허브에 연결된 링크 또한 제거되어, 마구잡이로 다음 비율만큼 링크를 제거한 것과 같다.

$$\tilde{f} = \left(\frac{k_0}{k_{\min}} \right)^{-\gamma+2} \tag{10.56}$$

결과 네트워크의 링크수 분포는 다음과 같다.

$$p'_{k'} = \sum_{k=k_{\min}}^{k_0} \binom{k}{k'} \tilde{f}^{k-k'} (1-\tilde{f})^{k'} p_k$$

식 (8.39)와 식 (8.40)에 따라서 다음을 얻는다.

$$\langle k' \rangle = (1 - \tilde{f}) \langle k \rangle$$

$$\langle k'^2 \rangle = (1 - \tilde{f})^2 \langle k^2 \rangle + \tilde{f}(1 - \tilde{f}) \langle k \rangle$$

여기서 $\langle k \rangle$와 $\langle k^2 \rangle$은 각각 최대 링크수 k_0로 링크를 제거하기 전 링크수 분포의 평균 링크수와 이차 모멘트다. SIS 모형에 대해 이는 임계 확산율이 다음과 같이 변한다는 뜻이다.

$$\lambda_c' = \frac{(1 - \tilde{f}) \langle k \rangle}{(1 - \tilde{f})^2 \langle k^2 \rangle + \tilde{f}(1 - \tilde{f}) \langle k \rangle} = \frac{1}{(1 - \tilde{f})\kappa + \tilde{f}} \quad (10.57)$$

여기서 γ는 식 (8.47)에 따라, $2 < \gamma < 3$에 대해 다음과 같다.

$$\kappa = \frac{\gamma - 2}{3 - \gamma} k_0^{3-\gamma} k_{\min}^{\gamma-2} \quad (10.58)$$

식 (10.56), (10.57), (10.58)을 결합해 다음을 얻는다.

$$\lambda_c' = \left[\frac{\gamma - 2}{3 - \gamma} k_0^{3-\gamma} k_{\min}^{\gamma-2} - \frac{\gamma - 2}{3 - \gamma} k_0^{5-2\gamma} k_{\min}^{2\gamma-4} + k_0^{2-\gamma} k_{\min}^{\gamma-2} \right]^{-1} \quad (10.59)$$

SIR 모형에 대해서도 비슷한 계산으로부터 다음을 얻는다.

$$\lambda_c' = \left[\frac{\gamma - 2}{3 - \gamma} k_0^{3-\gamma} k_{\min}^{\gamma-2} - \frac{\gamma - 2}{3 - \gamma} k_0^{5-2\gamma} k_{\min}^{2\gamma-4} + k_0^{2-\gamma} k_{\min}^{\gamma-2} - 1 \right]^{-1} \quad (10.60)$$

SIR 모형과 SIS 모형 모두에 대해 $k_0 \gg k_{\min}$이라면 λ_c'은 다음과 같다.

$$\lambda_c' \approx \frac{3 - \gamma}{\gamma - 2} k_0^{\gamma-3} k_{\min}^{2-\gamma} \quad (10.61)$$

10.13 [심화 주제 10.D]
SIR 모형과 결합선 스미기

SIR 모형은 네트워크에서 감염의 시간에 따른 확산을 포착하는 동역학 모형이다. 그러나 정적인 결합선 스미기^{bond percolation} 문제로 매핑될 수 있다[280, 439, 440, 441]. 이런 매핑은 모형의 양상을 예측하는 데 도움이 되는 분석 도구를 제공한다.

네트워크에서의 전염병 과정을 고려해보자. 감염된 각 노드가 병원체를 β의 비율로 각 이웃에 전파하고, 회복 시간^{recovery time} $\tau = 1/\mu$ 뒤에 회복한다. 감염은 평균 이벤트 사이 시간^{inter-event time} $\beta\tau$를 갖는 일련의 마구잡이 접촉 과정으로 푸아송 과정으로 볼 수 있다. 따라서 감염된 노드 하나가 전염될 수 있는 이웃에게 병원체를 전파하지 않을 확률은 시간에 대해 지수적으로 감소하여 $e^{-\beta\tau}$이다. 감염된 노드는 $\tau = 1/\mu$ 시간 안에 회복될 때까지 감염된 상태로 있는다. 따라서 병원체가 전파될 전체 확률은 $1 - e^{-\beta\tau}$이다.

이 과정은 같은 네트워크 위에서 결합선 스미기와 동일하다. 각 방향성 링크가 $p_b = 1 - e^{-\beta\tau}$의 확률로 채워진다(그림 10.35). 각 노드에 대해 β와 τ가 같다면, 네트워크는 방향성이 없는 것으로 간주될 수 있다. 비록 이런 매핑이 전염병 과정의 시간적 동역학 정보를 잃긴 하지만 다음과 같은 장점이 있다.

- 풍토병 상태에 있는 감염된 노드의 전체 비율은 스미기 문제의 거대 덩어리^{giant component} 크기로 매핑된다.

- 병원체가 풍토병 상태에 도달하기 전에 사라질 확률은 스미기 문제에서 마구잡이로 선택된 유한한 크기의 덩어리에 있는 노드의 비율과 같다.

- 결합선 스미기의 알려진 특성을 이용해 전염병 문턱값을 결정할 수 있다. 링크가 도달할 수 있는 노드에서 나가는 평균 링크수를 고려해보자. 이를 통해 전염병의 과정을 추적할 수 있다. 감염된 개인이 평균적으로 적어도 한 명의 다른 개인

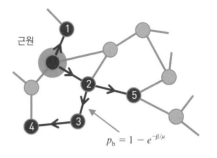

$$p_b = 1 - e^{-\beta/\mu}$$

그림 10.35 전염병을 스미기로 매핑

전염병이 퍼지는 접촉 네트워크를 고려해보자. 확산 과정을 스미기로 매핑하기 위해 병원체의 생물학적 특성으로 결정된 확률인 $p_b = 1 - e^{-\beta/\mu}$으로 각 링크를 제자리에 둔다. 따라서 링크는 $e^{-\beta/\mu}$의 확률로 제거된다. 남아 있는 네트워크의 덩어리 크기 분포가 정확히 발병의 크기로 매핑된다. β/μ가 클 때 거대 덩어리가 있을 가능성이 크고, 이는 전 세계적인 발병을 직면할 수 있음을 나타낸다. 작은 β/μ는 퍼지기 어려운 바이러스에 해당하고 수많은 작은 덩어리가 생기는데, 이는 병원체가 사멸할 가능성이 있음을 나타낸다.

을 감염시키면 전염병이 풍토병 상태에 도달할 수 있다. 노드는 k개의 링크 중 하나를 통해 도달할 수 있으므로 다다를 확률은 $kp_k/N\langle k \rangle$이다. 각 $k - 1$개의 나가는 링크가 이웃을 감염시킬 확률은 p_b다.

네트워크가 무작위로 연결되어 있어 전염병이 아직 퍼지지 않는 한 선택한 노드에 의해 감염된 평균 이웃의 수는 다음과 같다.

$$\langle R_i \rangle = p_\text{b} \sum \frac{p_k k(k-1)}{\langle k \rangle}$$

풍토병 상태는 $\langle R_i \rangle > 1$일 때에만 도달할 수 있어, 풍토병의 조건을 다음과 같이 얻는다[16, 239].

$$\left(\frac{\langle k^2 \rangle}{\langle k \rangle} - 1 \right) > \frac{1}{p_\text{b}} \tag{10.62}$$

식 (10.62)는 앞서 동역학적 모형로 유도한 식 (10.46)의 결과와 일치한다. $\gamma \leq 3$인 척도 없는 네트워크는 발산하는 이차 모멘트를 가지므로 $p_\text{b} \rightarrow 0$에서도 스미기 상전이를 겪는다. 즉, 감염 확률 β가 얼마나 작든, 회복 시간 τ가 얼마나 작든 상관없이 이 네트워크에 바이러스가 퍼질 수 있다.

참고문헌

[1] A.-L. Barabási. Invasion Percolation and Global Optimization. *Physical Review Letters*, 76:3750, 1996.

[2] B. Bollobás. *Random Graphs*. Cambridge: Cambridge University Press, 2001.

[3] P. Erdős and A. Rényi. On random graphs, I. *Publicationes Mathematicae (Debrecen)*, 6:290–297, 1959.

[4] S. Kaufmann. *Origins of Order: Self-Organization and Selection in Evolution*. Oxford: Oxford University Press, 1993.

[5] A.-L. Barabási. Dynamics of Random Networks: Connectivity and First Order Phase Transitions. http://arxiv.org/abs/cond-mat/9511052, 1995.

[6] I. de Sola Pool and M. Kochen. Contacts and influence. *Social Networks*, 1:5–51, 1978.

[7] S. Milgram. The Small World Problem. *Psychology Today*, 2: 60–67, 1967.

[8] D. J. Watts and S. H. Strogatz. Collective dynamics of 'small-world' networks. *Nature*, 393: 409–410, 1998.

[9] H. Jeong, R. Albert and A. L. Barabási. Internet: Diameter of the worldwide web. *Nature*, 401:130–131, 1999.

[10] A.-L. Barabási and R. Albert. Emergence of scaling in random networks. *Science*, 286:509–512, 1999.

[11] A.-L. Barabási, H. Jeong, R. Albert. Mean-field theory for scale-free random networks. *Physica A*, 272:173–187, 1999.

[12] R. Albert, H. Jeong and A.-L. Barabási. Error and attack tolerance of complex networks. *Nature*, 406: 378–482, 2000.

[13] S. N. Dorogovtsev, J. F.F. Mendes, and A. N. Samukhin. Structure of growing networks with preferential linking, *Physical Review Letters*, 85: 4633, 2000.

[14] P. L. Krapivsky and S. Redner. Statistics of changes in lead node in connectivity-driven networks, *Physical Review Letters*, 89:258703, 2002.

[15] B. Bollobás, O. Riordan, J. Spencer, and G. Tusnády. The degree sequence of a scale-free random graph process. *Random Structures and Algorithms*, 18:279–290, 2001.

[16] R. Cohen, K. Erez, D. ben-Avraham and S. Havlin. Resilience of the Internet to random breakdowns. *Physical Review Letters*, 85:4626, 2000.

[17] B. Bollobás and O. Riordan. Robustness and Vulnerability of Scale-Free Random Graphs. *Internet Mathematics*, 1, 2003.

[18] R. Pastor-Satorras and A. Vespignani. Epidemic spreading in scale-free networks. *Physical Review Letters*, 86:3200–3203, 2001.

[19] R. Albert and A.-L. Barabási. Statistical Mechanics of Complex Networks. *Reviews of Modern Physics*, 74: 47, 2002.

[20] H. Jeong, B. Tombor, R. Albert, Z. N. Oltvai, and A.-L. Barabási. The large-scale organization of metabolic networks. *Nature*, 407:651–655, 2000.

[21] H. Jeong, S.P. Mason, A.-L. Barabási, and Z. N. Oltvai. Lethality and centrality in protein networks. *Nature*, 411:41–42, 2001.

[22] A.-L. Barabási, and Z. N. Oltvai. Network biology: understanding the cell's functional organization. *Nature Reviews Genetics*, 5:101–113, 2004.

[23] J. Richards and R. Hobbs. *Mark Lombardi: Global Networks*. New York: Independent Curators International, 2003.

[24] M. S. Granovetter. The strength of weak ties. *American Journal of Sociology*, 78: 1360, 1973.

[25] S. W. Oh et.al. A mesoscale connectome of the mouse brain. *Nature*, 508: 207–214, 2014.

[26] International Human Genome Sequencing Consortium. Initial sequencing and analysis of the human genome. *Nature*, 409: 6822, 2001.

[27] J. C. Venter et al. The Sequence of the Human Genome. *Science*, 291: 1304, 2001.

[28] A. L. Hopkins, Network Pharmacology. Nature *Biotechnology*, 25: 1110–1111, 2007.

[29] N. Gulbahce, A.-L. Barabási, and J. Loscalzo. Network medicine: A network-based approach to human disease. *Nature Reviews Genetics*, 12: 56, 2011.

[30] C. Wilson. Searching for Saddam: A five-part series on how the US military used social networking to capture the Iraqi dictator. 2010. www. slate.com/id/2245228/.

[31] J. Arquilla and D. Ronfeldt. *Networks and Netwars: The Future of Terror, Crime, and Militancy*. Santa Monica, CA, RAND, 2001.

[32] A. L. Barabási, Scientists must spearhead ethical use of big data. Politico.com, September 30, 2013.

[33] D. Balcan, H. Hu, B. Goncalves, P. Bajardi, C. Poletto, J. J. Ramasco, D. Paolotti, N. Perra, M. Tizzoni, W. Van den Broeck, V. Colizza, and A. Vespignani. Seasonal transmission potential and activity peaks of the new influenza A(H1N1): a Monte Carlo likelihood analysis based on human mobility. *BMC Medicine*, 7: 45, 2009.

[34] L. Hufnagel, D. Brockmann, and T. Geisel. Forecast and control of epidemics in a globalized world. *PNAS*, 101: 15124, 2004.

[35] P. Wang, M. Gonzalez, C. A. Hidalgo, and A.-L. Barabási. Understanding the spreading patterns of mobile phone viruses. *Science*, 324: 1071, 2009.

[36] O. Sporns, G. Tononi, and R. Kötter. The Human Connectome: A Structural Description of the Human Brain. *PLoS Computational Biology*, 1: 4, 2005.

[37] L. Wu, B. N. Waber, S. Aral, E. Brynjolfsson, and A. Pentland. *Mining Face-to-Face Interaction Networks using Sociometric Badges: Predicting Productivity in an IT Configuration Task*. Proceedings of the International Conference on Information Systems, Paris, France, December 14-17, 2008.

[38] E. N. Lorenz. Deterministic Nonperiodic Flow. Journal of the Atmospheric Sciences, 20: 130, 1963.

[39] K. G. Wilson. The renormalization group: Critical phenomena and the Kondo problem. *Reviews of Modern Physics*, 47: 773, 1975.

[40] S. F. Edwards and P. W. Anderson. Theory of Spin Glasses. *Journal of Physics, F* 5: 965, 1975.

[41] B. B. Mandelbrot. *The Fractal Geometry of Nature*. New York: W.H. Freeman and Company. 1982.

[42] T. Witten, Jr. and L. M. Sander. Diffusion-Limited Aggregation, a Kinetic Critical Phenomenon. *Physical Review Letters*, 47: 1400, 1981.

[43] J. J. Hopfield. Neural networks and physical systems with emergent collective computational abilities. *PNAS*, 79: 2554, 1982.

[44] P. Bak, C. Tang, and K. Wiesenfeld. Self-organized criticality: an explanation of $1/f$ noise. *Physical Review Letters*, 59: 4, 1987.

[45] M. E. J. Newman. The structure and function of complex networks. *SIAM Review*. 45: 167, 2003.

[46] S. Chandrasekhar. Stochastic Problems in Physics and Astronomy. *Reviews Modern Physics*, 15: 1, 1943.

[47] M. Girvan and M. E. J. Newman. Community structure in social and biological networks. *PNAS*, 99: 7821, 2002.

[48] National Research Council. *Network Science*. Washington, DC: The National Academies Press, 2005.

[49] National Research Council. *Strategy for an Army Center for Network Science, Technology, and Experimentation*. Washington, DC: The National Academies Press, 2007.

[50] A.-L. Barabási. *Linked: The New Science of Networks*. New York: Perseus, 2002.

[51] M. Buchanan. *Nexus: Small Worlds and the Groundbreaking Science of Networks*. Norton, 2003.

[52] D. Watts. *Six Degrees: The Science of a Connected Age.* New York: Norton, 2004.

[53] N. Christakis and J. Fowler. *Connected: The Surprising Power of Our Social Networks and How They Shape Our Lives.* New York: Back Bay Books, 2011.

[54] M. Schich, R. Malina, and I. Meirelles (eds). Arts, Humanities, and Complex Networks [Kindle Edition], 2012.

[55] K.-I. Goh, M. E. Cusick, D. Valle, B. Childs, M. Vidal, and A.-L. Barabási. The human disease network. *PNAS,* 104:8685–8690, 2007.

[56] H.U. Obrist. *Mapping it out: An alternative atlas of contemporary cartographies.* London: Thames and Hudson, 2014.

[57] I. Meirelles. *Design for Information.* Beverley, MA: Rockport, 2013.

[58] K. Börner. *Atlas of Science: Visualizing What We Know.* Boston, MA: MIT Press, 2010.

[59] L. B. Larsen. *Networks: Documents of Contemporary Art.* Boston, MA: MIT Press. 2014.

[60] L. Euler, Solutio Problemat is ad Geometriam Situs Pertinentis. *Commentarii Academiae Scientiarum Imperialis Petropolitanae* 8:128–140, 1741.

[61] G. Alexanderson. Euler and Königsberg's bridges: a historical view. *Bulletin of the American Mathematical Society* 43: 567, 2006.

[62] G. Gilder. *Metcalfe's law and legacy.* Forbes ASAP, 1993.

[63] B. Briscoe, A. Odlyzko, and B. Tilly. Metcalfe's law is wrong. *IEEE Spectrum,* 43:34–39, 2006.

[64] Y.-Y. Ahn, S. E. Ahnert, J. P. Bagrow and A.-L. Barabási. Flavor network and the principles of food pairing, *Scientific Reports,* 196, 2011.

[65] A. Barrat, M. Barthélemy, R. Pastor-Satorras, and A. Vespignani. The architecture of complex weighted networks. *PNAS,* 101:3747–3752, 2004.

[66] J. P. Onnela, J. Saramäki, J. Kertész, and K. Kaski. Intensity and coherence of motifs in weighted complex networks. *Physical Review E,* 71:065103, 2005.

[67] B. Zhang and S. Horvath. A general framework for weighted gene coexpression network analysis. *Statistical Applications in Genetics and Molecular Biology,* 4:17, 2005.

[68] P. Holme, S. M. Park, J. B. Kim, and C. R. Edling. Korean university life in a network perspective: Dynamics of a large affiliation network. *Physica A,* 373:821–830, 2007.

[69] R. D. Luce and A. D. Perry. A method of matrix analysis of group structure. *Psychometrika,* 14:95–116, 1949.

[70] S. Wasserman and K Faust. *Social Network Analysis: Methods and Applications.* Cambridge: Cambridge University Press, 1994.

[71] B. Bollobás and O. M. Riordan. Mathematical results on scale-free random graphs. In Bornholdt S., Schuster H. G., *Handbook of Graphs and Networks: From the Genome to the Internet.* Wiley-VCH Verlag, 2003.

[72] P. Erdős and A. Rényi. On the evolution of random graphs. *Publications of the Mathematical Institute of the Hungarian Academy of Sciences,* 5:17–61, 1960.

[73] P. Erdős and A. Rényi. On the evolution of random graphs. *Bulletin of the International Statistical Institute,* 38:343–347, 1961.

[74] P. Erdős and A. Rényi. On the Strength of Connectedness of a Random Graph, *Acta Mathematica Academiae Scientiarum Hungaricae,* 12: 261–267, 1961.

[75] P. Erdős and A. Rényi. Asymmetric graphs. *Acta Mathematica Academiae Scientiarum Hungaricae,* 14:295–315, 1963.

[76] P. Erdős and A. Rényi. On random matrices. *Publications of the Mathematical Institute of the Hungarian Academy of Sciences,* 8:455–461, 1966.

[77] P. Erdős and A. Rényi. On the existence of a factor of degree one of a connected random graph. *Acta Mathematica Academiae Scientiarum Hungaricae,* 17:359–368, 1966.

[78] P. Erdős and A. Rényi. On random matrices II. *Studia Scientiarum Mathematicarum Hungarica,* 13:459–464, 1968.

[79] E. N. Gilbert. Random graphs. *The Annals of Mathematical Statistics,* 30:1141–1144, 1959.

[80] R. Solomonoff and A. Rapoport. *Connectivity of random nets. Bulletin of Mathematical Biology*, 13:107–117, 1951.

[81] P. Hoffman. *The Man Who Loved Only Numbers: The Story of Paul Erdős and the Search for Mathematical Truth.* New York: Hyperion Books, 1998.

[82] B. Schechter. *My Brain is Open: The Mathematical Journeys of Paul Erdős.* New York: Simon and Schuster, 1998.

[83] G. P. Csicsery. N is a Number: A Portrait of Paul Erdős, 1993.

[84] L. C. Freeman and C. R. Thompson. Estimating Acquaintanceship. In Kochen, M. (ed.), *The Small World,* Norwood, NJ: Ablex, 1989.

[85] H. Rosenthal. Acquaintances and contacts of Franklin Roosevelt. Unpublished thesis. Massachusetts Institute of Technology, 1960.

[86] L. Backstrom, P. Boldi, M. Rosa, J. Ugander, and S. Vigna. *Four degrees of separation. In ACM Web Science 2012: Conference Proceedings,* p. 45–54. ACM Press, 2012.

[87] S. Lawrence and C.L. Giles. Accessibility of information on the Web. *Nature,* 400:107, 1999.

[88] A. Broder, R. Kumar, F. Maghoul, P. Raghavan, S. Rajagopalan, R. Stata, A. Tomkins, and J. Wiener. Graph structure in the web. *Computer Networks,* 33:309–320, 2000.

[89] J. Travers and S. Milgram. An Experimental Study of the Small World Problem. *Sociometry,* 32:425–443, 1969.

[90] F. Karinthy, "Láncszemek." In R. T. Kiadasa (ed.) *Minden másképpen van.* Budapest: Atheneum Irodai es Nyomdai, 1929, pp. 85–90. English translation available in [91].

[91] M. Newman, A.-L. Barabási, and D. J. Watts. *The Structure and Dynamics of Networks.* Princeton, NJ: Princeton University Press, 2006.

[92] J. Guare. *Six Degrees of Separation.* New York: Dramatist Play Service, 1992.

[93] T. S. Kuhn. *The Structure of Scientific Revolutions.* Chicago: University of Chicago Press, 1962.

[94] M. Newman. *Networks: An Introduction.* Oxford: Oxford University Press, 2010.

[95] K. Christensen, R. Donangelo, B. Koiller, and K. Sneppen. Evolution of Random Networks. *Physical Review Letters,* 81:2380–2383, 1998.

[96] H. E. Stanley. *Introduction to Phase Transitions and Critical Phenomena.* Oxford: Oxford University Press, 1987.

[97] D. Fernholz and V. Ramachandran. The diameter of sparse random graphs. *Random Structures and Algorithms,* 31:482–516, 2007.

[98] V. Pareto. *Cours d'Économie Politique: Nouvelle édition.* Geneva: Librairie Droz, 299–345, 1964.

[99] M. Faloutsos, P. Faloutsos, and C. Faloutsos. On power-law relationships of the internet topology. Proceedings of SIGCOMM. *Computer Communication Review,* 29: 251–262, 1999.

[100] R. Pastor-Satorras and A. Vespignani. *Evolution and Structure of the Internet: A Statistical Physics Approach.* Cambridge: Cambridge University Press, 2004.

[101] D. J. De Solla Price. Networks of Scientific Papers. *Science* 149: 510–515, 1965.

[102] S. Redner. How Popular is Your Paper? An Empirical Study of the Citation Distribution. *European Physics Journal,* B 4: 131, 1998.

[103] R. Kumar, P. Raghavan, S. Rajalopagan, and A. Tomkins. *Extracting Large-Scale Knowledge Bases from the Web.* Proceedings of the 25thVLDBConference, Edinburgh, Scotland, pp. 639–650, 1999.

[104] A. Wagner, A. and D.A. Fell. The small world inside large metabolic networks. *Proceedings of the Royal Society London, Series B,* 268: 1803–1810, 2001.

[105] W. Aiello, F. Chung, and L.A. Lu. Random graph model for massive graphs, *Proceedings of the 32nd ACM Symposium on Theoretical Computing,* 2000.

[106] A. Wagner. How the global structure of protein interaction networks evolves. *Proceedings of the Royal Society London, Series B,* 270: 457–466, 2003.

[107] M. E. J. Newman. The structure of scientific collaboration networks. *Proceedings of the National Academy of Science,* 98: 404–409, 2001.

[108] A.-L. Barabási, H. Jeong, E. Ravasz, Z. Néda, A. Schubert, and T. Vicsek. Evolution of the social network of scientific collaborations. *Physica A* 311: 590–614, 2002.

[109] F. Liljeros, C.R. Edling, L.A.N. Amaral, H.E. Stanley, and Y. Aberg. The Web of Human Sexual Contacts. *Nature* 411: 907–908, 2001.

[110] R. Ferrer i Cancho and R.V. Solé. The small world of human language. *Proceedings of the Royal Society London, Series B*, 268: 2261–2265, 2001.

[111] R. Ferrer i Cancho, C. Janssen, and R.V. Solé. Topology of technology graphs: Small world patterns in electronic circuits. *Physical Review E*, 64: 046119, 2001.

[112] S. Valverde and R.V. Solé. Hierarchical Small Worlds in Software Architecture. arXiv:cond-mat/0307278, 2003.

[113] H. Ebel, L.-I. Mielsch, and S. Bornholdt. Scale-free topology of e-mail networks. *Physical Review E*, 66: 035103(R), 2002.

[114] J.P.K. Doye. Network Topology of a Potential Energy Landscape: A Static Scale-Free Network. *Physical Review Letters*, 88: 238701, 2002.

[115] J.-P. Onnela, J. Saramaki, J. Hyvonen, G. Szabó, D. Lazer, K. Kaski, J. Kertesz, and A.-L. Barabási. Structure and tie strengths in mobile communication networks. *Proceedings of the National Academy of Sciences, USA,* 104: 7332–7336 (2007).

[116] H. Kwak, C. Lee, H. Park, and S. Moon. What is Twitter, a social network or a news media? Proceedings of the 19th International Conference on World Wide Web, 591-600, 2010.

[117] M. Cha, H. Haddadi, F. Benevenuto and K. P. Gummadi. Measuring user influence in Twitter: The million follower fallacy. Proceedings of International AAAI Conference on Weblogs and Social, 2010.

[118] J. Ugander, B. Karrer, L. Backstrom, and C. Marlow. The Anatomy of the Facebook Social Graph. ArXiv:1111.4503, 2011.

[119] L.A.N. Amaral, A. Scala, M. Barthelemy and H.E. Stanley. Classes of small-world networks. *Proceedings of the National Academy of Sciences, USA*, 97:11149–11152, 2000.

[120] R. Cohen and S. Havlin. Scale free networks are ultrasmall. *Physical Review Letters*, 90, 058701, 2003.

[121] B. Bollobás and O. Riordan. The Diameter of a Scale-Free Random Graph. *Combinatorica*, 24: 5–34, 2004.

[122] R. Cohen and S. Havlin. *Complex Networks - Structure, Robustness and Function*. Cambridge: Cambridge University Press, 2010.

[123] K.-I. Goh, B. Kahng, and D. Kim. Universal behavior of load distribution in scale-free networks. *Physical Review Letters*, 87: 278701, 2001.

[124] P.S. Dodds, R. Muhamad and D.J. Watts. An experimental study to search in global social networks. *Science* 301: 827–829, 2003.

[125] P. Erdős and T. Gallai. Graphs with given degrees of vertices. *Matematikai Lapok*, 11:264–274, 1960.

[126] C.I. Del Genio, H. Kim, Z. Toroczkai, and K.E. Bassler. Efficient and exact sampling of simple graphs with given arbitrary degree sequence. *PLoS ONE*, 5: e10012, 04 2010.

[127] V. Havel. A remark on the existence of finite graphs. *Časopis pro pěstováni matematiky a fysiky*, 80:477–480, 1955.

[128] S. Hakimi. On the realizability of a set of integers as degrees of the vertices of a graph. SIAM *Journal of Applied Mathematics*, 10: 496–506, 1962.

[129] I. Charo Del Genio, G. Thilo, and K.E. Bassler. All scale-free networks are sparse. *Physical Review Letters*, 107:178701, 10 2011.

[130] B. Bollobás. A probabilistic proof of an asymptotic formula for the number of labelled regular graphs. *European Journal of Combinatorics*, 1: 311–316, 1980.

[131] M. Molloy and B. A. Reed. Critical Point for Random Graphs with a Given Degree Sequence. *Random Structures and Algorithms*, 6: 161–180, 1995.

[132] S. Maslov and K. Sneppen. Specificity and stability in topology of protein networks. *Science*, 296:910–913, 2002.

[133] G. Caldarelli, I. A. Capocci, P. De Los Rios, and M.A. Muñoz. Scale-Free Networks from Varying Vertex Intrinsic Fitness. *Physical Review Letters*, 89: 258702, 2002.

[134] B. Söderberg. General formalism for inhomogeneous random graphs. *Physical Review E*, 66: 066121, 2002.

[135] M. Boguñá and R. Pastor-Satorras. Class of correlated random networks with hidden variables. *Physical Review E*, 68: 036112, 2003.

[136] A. Clauset, C.R. Shalizi, and M.E.J. Newman. Power-law distributions in empirical data. *SIAM Review* S1: 661–703, 2009.

[137] S. Redner. Citation statistics from 110 years of physical review. *Physics Today*, 58:49, 2005.

[138] F. Eggenberger and G. Pólya. Über die Statistik Verketteter Vorgänge. *Zeitschrift für Angewandte Mathematik und Mechanik*, 3:279–289, 1923.

[139] G.U. Yule. A mathematical theory of evolution, based on the conclusions of Dr. J. C. Willis. *Philosophical Transactions of the Royal Society of London. Series B*, 213:21–87, 1925.

[140] R. Gibrat. *Les Inégalités économiques*. Paris Librairie du Recueil Sirey, 1931.

[141] G. K. Zipf. *Human behavior and the principle of least resort*. Oxford: Addison-Wesley Press, 1949.

[142] H. A. Simon. On a class of skew distribution functions. *Biometrika*, 42:425–440, 1955.

[143] D. De Solla Price. A general theory of bibliometric and other cumulative advantage processes. *Journal of the American Society for Information Science*, 27:292–306, 1976.

[144] R. K. Merton. The Matthew effect in science. *Science*, 159:56–63, 1968.

[145] P.L. Krapivsky, S. Redner, and F. Leyvraz. Connectivity of growing random networks. *Physical Review Letters*, 85:4629–4632, 2000.

[146] H. Jeong, Z. Néda. A.-L. Barabási. Measuring preferential attachment in evolving networks. *Europhysics Letters*, 61:567–572, 2003.

[147] M.E.J. Newman. Clustering and preferential attachment in growing networks. *Physical Review E*, 64:025102, 2001.

[148] S.N. Dorogovtsev and J.F.F. Mendes. *Evolution of networks*. Oxford: Clarendon Press, 2002.

[149] J.M. Kleinberg, R. Kumar, P. Raghavan, S. Rajagopalan, and A. Tomkins. The Web as a graph: measurements, models and methods. Proceedings of the International Conference on Combinatorics and Computing, 1999.

[150] R. Kumar, P. Raghavan, S. Rajalopagan, D. Divakumar, A.S. Tomkins, and E. Upfal. The Web as a graph. Proceedings of the 19th Symposium on principles of database systems, 2000.

[151] R. Pastor-Satorras, E. Smith, and R. Sole. Evolving protein minteraction networks through gene duplication. *Journal of Theoretical Biology*, 222:199–210, 2003.

[152] A. Vazquez, A. Flammini, A. Maritan, and A. Vespignani. Modeling of protein interaction networks. *ComPlexUs* 1:38–44, 2003.

[153] G.S. Becker. *The economic approach to Human Behavior*. Chicago: Chicago University Press, 1976.

[154] A. Fabrikant, E. Koutsoupias, and C. Papadimitriou. *Heuristically optimized trade-offs: a new paradigm for power laws in the internet*. In Proceedings of the 29th International Colloquium on Automata, Languages, and Programming (ICALP), Malaga, Spain, July 2002, pp. 110–122.

[155] R.M. D'Souza, C. Borgs, J.T. Chayes, N. Berger, and R.D. Kleinberg. Emergence of tempered preferential attachment from optimization. *PNAS* 104, 6112–6117, 2007.

[156] F. Papadopoulos, M. Kitsak, M. Angeles Serrano, M. Boguna, and D. Krioukov. Popularity versus similarity in growing networks. *Nature*, 489: 537, 2012.

[157] A.-L. Barabási. Network science: luck or reason. *Nature*, 489: 1–2, 2012.

[158] B. Mandelbrot. An Informational Theory of the Statistical Structure of Languages. In W. Jackson (ed.), *Communication Theory*, pp. 486–502. Woburn, MA: Butterworth, 1953.

[159] B. Mandelbrot. A note on a class of skew distribution function: analysis and critique of a Paper by H.A. Simon. *Information and Control*, 2: 90–99, 1959.

[160] H.A. Simon. Some Further Notes on a Class of Skew Distribution Functions. *Information and Control* 3: 80–88, 1960.

[161] B. Mandelbrot. Final Note on a Class of Skew Distribution Functions: Analysis and Critique of a Model due to H.A. Simon. *Information and Control*, 4: 198–216, 1961.

[162] H.A. Simon. Reply to final note. *Information and Control*, 4: 217–223, 1961.

[163] B. Mandelbrot. Post scriptum to final note. *Information and Control*, 4: 300–304, 1961.

[164] H.A. Simon. Reply to Dr. Mandelbrot's Post Scriptum. *Information and Control*, 4: 305–308, 1961.

[165] K. Klemm and V.M. Eguluz. Growing scale-free networks with small-world behavior. *Physical Review E*, 65:057102, 2002.

[166] G. Bianconi and A.-L. Barabási. Competition and multiscaling in evolving networks. *Europhysics Letters*, 54: 436–442, 2001.

[167] A.-L. Barabási, R. Albert, H. Jeong, and G. Bianconi. Power-law distribution of the world wide web. *Science*, 287: 2115, 2000.

[168] C. Godreche and J. M. Luck. On leaders and condensates in a growing network. *Journal of Statistical Mechanics*, P07031, 2010.

[169] J. H. Fowler, C. T. Dawes, and N. A. Christakis. Model of Genetic Variation in Human Social Networks. *PNAS*, 106: 1720–1724, 2009.

[170] M. O. Jackson. Genetic influences on social network characteristics. *PNAS*, 106:1687–1688, 2009.

[171] S.A. Burt. Genes and popularity: Evidence of an evocative gene environment correlation. *Psychological Science*, 19:112–113, 2008.

[172] J. S. Kong, N. Sarshar, and V. P. Roychowdhury. Experience versus talent shapes the structure of the Web. *PNAS*, 105:13724–9, 2008.

[173] A.-L. Barabási, C. Song, and D. Wang. Handful of papers dominates citation. *Nature*, 491:40, 2012.

[174] D. Wang, C. Song, and A.-L. Barabási. Quantifying Long term scientific impact. *Science*, 342:127–131, 2013.

[175] M. Medo, G. Cimini, and S. Gualdi. Temporal effects in the growth of networks. *Physical Review Letters*, 107:238701, 2011.

[176] G. Bianconi and A.-L. Barabási. Bose-Einstein condensation in complex networks. *Physical Review Letters*, 86: 5632–5635, 2001.

[177] C. Borgs, J. Chayes, C. Daskalakis, and S. Roch. *First to market is not everything: analysis of preferential attachment with fitness.* STOC'07, San Diego, California, 2007.

[178] C. Godreche, H. Grandclaude, and J.M. Luck. Finite-time fluctuations in the degree statistics of growing networks. *Journal of Statistical Physics*, 137:1117–1146, 2009.

[179] Y.-H. Eom and S. Fortunato. Characterizing and Modeling Citation Dynamics. *PLoS ONE*, 6: e24926, 2011.

[180] R. Albert, and A.-L. Barabási. Topology of evolving networks: local events and universality. *Physical Review Letters*, 85:5234–5237, 2000.

[181] G. Goshal, L. Chi, and A.-L Barabási. Uncovering the role of elementary processes in network evolution. *Scientific Reports*, 3:1–8, 2013.

[182] J.H. Schön, Ch. Kloc, R.C. Haddon, and B. Batlogg. A superconducting field-effect switch. *Science*, 288: 656–8. 2000.

[183] D. Agin. *Junk Science: An Overdue Indictment of Government, Industry, and Faith Groups That Twist Science for Their Own Gain.* New York: Macmillan, 2007.

[184] S. Saavedra, F. Reed-Tsochas, and B. Uzzi. Asymmetric disassembly and robustness in declining networks. *PNAS*, 105:16466–16471, 2008.

[185] F. Chung and L. Lu. Coupling on-line and off-line analyses for random power-law graphs. *Internet Mathematics*, 1: 409–461, 2004.

[186] C. Cooper, A. Frieze, and J. Vera. Random deletion in a scalefree random graph process. *Internet Mathematics*, 1, 463–483, 2004.

[187] S. N. Dorogovtsev and J. Mendes. Scaling behavior of developing and decaying networks. *Europhysics Letters*, 52: 33–39, 2000.

[188] C. Moore, G. Ghoshal, and M. E. J. Newman. Exact solutions for models of evolving networks with addition and deletion of nodes. *Physical Review E*, 74: 036121, 2006.

[189] H. Bauke, C. Moore, J. Rouquier, and D. Sherrington. Topological phase transition in a network model with preferential attachment and node removal. *The European Physical Journal B*, 83: 519–524, 2011.

[190] M. Pascual and J. Dunne, (eds). *Ecological Networks: Linking Structure to Dynamics in Food Webs.* Oxford: Oxford University Press, 2005.

[191] R. Sole and J. Bascompte. *Self-Organization in Complex Ecosystems.* Princeton: Princeton University Press, 2006.

[192] U. T. Srinivasan, J. A. Dunne, J. Harte, and N. D. Martinez. Response of complex food webs to realistic extinction sequencesm. *Ecology*, 88:671–682, 2007.

[193] J. Leskovec, J. Kleinberg, and C. Faloutsos, Graph evolution: Densification and shrinking diameters. *ACM Transactions on Knowledge Discovery from Data*, 1:1, 2007.

[194] S. Dorogovtsev and J. Mendes. Effect of the accelerating growth of communications networks on their structure. *Physical Review E*, 63: 025101(R), 2001.

[195] M. J. Gagen and J. S. Mattick. Accelerating, hyperaccelerating, and decelerating networks. *Physical Review E*, 72: 016123, 2005.

[196] C. Cooper and P. Prałat. Scale-free graphs of increasing degree. *Random Structures & Algorithms*, 38: 396–421, 2011.

[197] N. Deo and A. Cami. Preferential deletion in dynamic models of web-like networks. *Information Processing Letters*, 102: 156–162, 2007.

[198] S.N. Dorogovtsev and J.F.F. Mendes. Evolution of networks with aging of sites. *Physical Review E*, 62:1842, 2000.

[199] K. Klemm and V. M. Eguiluz. Highly clustered scale free networks, *Physical Review E*, 65: 036123, 2002.

[200] X. Zhu, R. Wang, and J.-Y. Zhu. The effect of aging on network structure. *Physical Review E*, 68: 056121, 2003.

[201] P. Uetz, L. Giot, G. Cagney, T. A. Mansfield,R.S. Judson, J.R. Knight, D. Lockshon, V. Narayan, M. Srinivasan, P. Pochart, A. Qureshi-Emili, Y. Li, B. Godwin, D. Conover, T. Kalbfleisch, G. Vijayadamodar, M. Yang, M. Johnston, S. Fields, J. M. Rothberg. A comprehensive analysis of protein- protein interactions in Saccharomyces cerevisiae. *Nature*, 403: 623–627, 2000.

[202] I. Xenarios, D. W. Rice, L. Salwinski, M. K. Baron, E. M. Marcotte, D. Eisenberg, DIP: the database of interacting proteins *Nucleic Acids Research,* 28: 289–29, 2000.

[203] R. Pastor-Satorras, A. Vázquez, and A. Vespignani, Dynamical and correlation properties of the Internet. *Physical Review Letters*, 87: 258701, 2001.

[204] A. Vazquez, R. Pastor-Satorras, and A. Vespignani. Large-scale topological and dynamical properties of Internet. *Physical Review E*, 65: 066130, 2002.

[205] S.L. Feld. Why your friends have more friends than you do. *American Journal of Sociology*, 96: 1464–1477, 1991.

[206] E.W. Zuckerman and J.T. Jost. What makes you think you're so popular? Self evaluation maintenance and the subjective side of the "friendship paradox". *Social Psychology Quarterly*, 64: 207–223, 2001.

[207] M. E. J. Newman, Assortative mixing in networks. *Physical Review Letters*, 89: 208701, 2002.

[208] M. E. J. Newman, Mixing patterns in networks. *Physical Review E*, 67: 026126, 2003.

[209] S. Maslov, K. Sneppen, and A. Zaliznyak. Detection of topological pattern in complex networks: Correlation profile of the Internet. *Physica A*, 333: 529–540, 2004.

[210] M. Boguna, R. Pastor-Satorras, and A. Vespignani. Cut-offs and finite size effects in scale-free networks. *European Physics Journal, B*, 38: 205, 2004.

[211] M. E. J. Newman and Juyong Park. Why social networks are different from other types of networks. *Physical Review E*, 68: 036122, 2003.

[212] M. McPherson, L. Smith-Lovin, and J. M. Cook. Birds of a feather: homophily in social networks. *Annual Review of Sociology*, 27:415–444, 2001.

[213] J. G. Foster, D. V. Foster, P. Grassberger, and M. Paczuski. Edge direction and the structure of networks. *PNAS*, 107: 10815, 2010.

[214] A. Barrat and R. Pastor-Satorras, Rate equation approach for correlations in growing network models. *Physical Review E*, 71: 036127, 2005.

[215] S. N. Dorogovtsev and J. F. F. Mendes. Evolution of networks. *Advanced Physics*, 51: 1079, 2002.

[216] J. Berg and M. Lässig. Correlated random networks. *Physical Review Letters*, 89: 228701, 2002.

[217] R. Xulvi-Brunet and I. M. Sokolov. Reshuffling scale-free networks: From random to assortative. *Physical Review E*, 70: 066102, 2004.

[218] R. Xulvi-Brunet and I. M. Sokolov. Changing correlations in networks: assortativity and dissortativity. *Acta Physica Polonica B*, 36: 1431, 2005.

[219] J. Menche, A. Valleriani, and R. Lipowsky. Asymptotic properties of degree-correlated scale-free networks. *Physical Review E*, 81: 046103, 2010.

[220] V. M. Eguíluz and K. Klemm. Epidemic threshold in structured scale-free networks. *Physical Review Letters*, 89:108701, 2002.

[221] M. Boguñá and R. Pastor-Satorras. Epidemic spreading in correlated complex networks. *Physical Review Letters*, 66: 047104, 2002.

[222] M. Boguñá, R. Pastor-Satorras, and A. Vespignani. Absence of epidemic threshold in scale-free networks with degree correlations. *Physical Review Letters*, 90: 028701, 2003.

[223] A. Vázquez and Y. Moreno. Resilience to damage of graphs with degree correlations. *Physical Review E*, 67: 015101R, 2003.

[224] S.J. Wang, A.C. Wu, Z.X. Wu, X.J. Xu, and Y.H. Wang. Response of degree-correlated scale-free networks to stimuli. *Physical Review E*, 75: 046113, 2007.

[225] F. Sorrentino, M. Di Bernardo, G. Cuellar, and S. Boccaletti. Synchronization in weighted scale-free networks with degree–degree correlation *Physica D*, 224: 123, 2006.

[226] M. Di Bernardo, F. Garofalo, and F. Sorrentino. Effects of degree correlation on the synchronization of networks of oscillators. *International Journal of Bifurcation and Chaos in Applied Sciences and Engineering*, 17: 3499, 2007.

[227] A. Vazquez and M. Weigt. Computational complexity arising from degree correlations in networks. *Physical Review E*, 67: 027101, 2003.

[228] M. Posfai, Y Y. Liu, J-J Slotine, and A.-L. Barabási. Effect of correlations on network controllability. *Scientific Reports*, 3: 1067, 2013.

[229] M. Weigt and A. K. Hartmann. The number of guards needed by a museum: A phase transition in vertex covering of random graphs. *Physical Review Letters*, 84: 6118, 2000.

[230] L. Adamic and N. Glance. The political blogosphere and the 2004 U.S. election: Divided they blog (2005).

[231] J. Park and M. E. J. Newman. The origin of degree correlations in the Internet and other networks. *Physical Review E*, 66: 026112, 2003.

[232] F. Chung and L. Lu. Connected components in random graphs with given expected degree sequences. *Annals of Combinatorics*, 6: 125, 2002.

[233] Z. Burda and Z. Krzywicki. Uncorrelated random networks. *Physical Review E*, 67: 046118, 2003.

[234] R. Albert, H. Jeong, and A.-L. Barabási. Attack and error tolerance of complex networks. *Nature*, 406: 378, 2000.

[235] D. Stauffer and A. Aharony. *Introduction to Percolation Theory*. London: Taylor and Francis. 1994.

[236] A. Bunde and S. Havlin. *Fractals and Disordered Systems*. Berlin: Springer-Verlag, 1996.

[237] B. Bollobás and O. Riordan. *Percolation*. Cambridge: Cambridge University Press. 2006.

[238] S. Broadbent and J. Hammersley. Percolation processes I. Crystals and mazes. *Proceedings of the Cambridge Philosophical Society*, 53: 629, 1957.

[239] D. S. Callaway, M. E. J. Newman, S. H. Strogatz. and D. J. Watts. Network robustness and fragility: Percolation on random graphs. *Physical Review Letters*, 85: 5468–5471, 2000.

[240] R. Cohen, K. Erez, D. ben-Avraham, and S. Havlin. Breakdown of the Internet under intentional attack. *Physical Review Letters*, 86: 3682, 2001.

[241] P. Baran Introduction to Distributed Communications Networks. Rand Corporation Memorandum, RM-3420-PR, 1964.

[242] D.N. Kosterev, C.W. Taylor, and W.A. Mittlestadt. Model Validation of the August 10, 1996 WSCC System Outage. *IEEE Transactions on Power Systems* 14: 967–979, 1999.

[243] C. Labovitz, A. Ahuja and F. Jahasian. *Experimental Study of Internet Stability and Wide-Area Backbone Failures. Proceedings of IEEE FTCS*. Madison, WI, 1999.

[244] A. G. Haldane and R. M. May. Systemic risk in banking ecosystems. *Nature*, 469: 351–355, 2011.

[245] T. Roukny, H. Bersini, H. Pirotte, G. Caldarelli, and S. Battiston. Default Cascades in Complex Networks: Topology and Systemic Risk. *Scientific Reports*, 3: 2759, 2013.

[246] G. Tedeschi, A. Mazloumian, M. Gallegati, and D. Helbing. Bankruptcy cascades in interbank markets. *PLoS One*, 7: e52749, 2012.

[247] D. Helbing. Globally networked risks and how to respond. *Nature*, 497: 51–59, 2013.

[248] I. Dobson, B. A. Carreras, V. E. Lynch, and D. E. Newman. Complex systems analysis of series of blackouts: Cascading failure, critical points, and self-organization. *CHAOS*, 17: 026103, 2007.

[249] E. Bakshy, J. M. Hofman, W. A. Mason, and D. J. Watts. *Everyone's an influencer: quantifying influence on Twitter. Proceedings of the fourth ACM international conference on Web search and data mining (WSDM '11)*. New York: ACM, pp. 65–74, 2011.

[250] Y. Y. Kagan, Accuracy of modern global earthquake catalogs. *Physics of the Earth and Planetary Interiors*, 135: 173, 2003.

[251] M. Nagarajan, H. Purohit, and A. P. Sheth. *A Qualitative Examination of Topical Tweet and Retweet Practices*. ICWSM, 295–298, 2010.

[252] P. Fleurquin, J.J. Ramasco, and V.M. Eguiluz. Systemic delay propagation in the US airport network. *Scientific Reports*, 3: 1159, 2013.

[253] B. K. Ellis, J. A. Stanford, D. Goodman, C. P. Stafford, D.L. Gustafson, D. A. Beauchamp, D. W. Chess, J. A. Craft, M. A. Deleray, and B. S. Hansen. Long-term effects of a trophic cascade in a large lake ecosystem. *PNAS*, 108: 1070, 2011.

[254] V. R. Sole, M. M. Jose. Complexity and fragility in ecological networks. *Proceedings of the Royal Society London, Series B*, 268: 2039, 2001.

[255] F. Jordán, I. Scheuring and G. Vida. Species Positions and Extinction Dynamics in Simple Food Webs. *Journal of Theoretical Biology*, 215: 441–448, 2002.

[256] S.L. Pimm and P. Raven. Biodiversity: Extinction by numbers. *Nature*, 403: 843, 2000.

[257] World Economic Forum, *Building Resilience in Supply Chains*. Geneva: World Economic Forum, 2013.

[258] Joint Economic Committee of US Congress. Your flight has been delayed again: Flight delays cost passengers, airlines and the U.S. economy billions. Available at http://www.jec.senate.gov, May 22. 2008.

[259] I. Dobson, A. Carreras, and D.E. Newman. A loading dependent model of probabilistic cascading failure. *Probability in the Engineering and Informational Sciences*, 19: 15, 2005.

[260] D.J. Watts. A simple model of global cascades on random networks. *PNAS*, 99: 5766, 2002.

[261] K.-I. Goh, D.-S. Lee, B. Kahng, and D. Kim. Sandpile on scale-free networks. *Physical Review Letters*, 91: 148701, 2003.

[262] D.-S. Lee, K.-I. Goh, B. Kahng, and D. Kim. Sandpile avalanche dynamics on scale-free networks. *Physica A*, 338: 84, 2004.

[263] M. Ding and W. Yang. Distribution of the first return time in fractional Brownian motion and its application to the study of onoff intermittency. *Physical Review E*, 52: 207–213, 1995.

[264] A. E. Motter and Y.-C. Lai. Cascade-based attacks on complex networks. *Physical Review E*, 66: 065102, 2002.

562

[265] Z. Kong and E. M. Yeh. Resilience to Degree-Dependent and Cascading Node Failures in Random Geometric Networks. *IEEE Transactions on Information Theory*, 56: 5533, 2010.

[266] G. Paul, S. Sreenivas, and H. E. Stanley. Resilience of complex networks to random breakdown. *Physical Review E*, 72: 056130, 2005.

[267] G. Paul, T. Tanizawa, S. Havlin, and H. E. Stanley. Optimization of robustness of complex networks. *European Physical Journal B*, 38: 187–191, 2004.

[268] A.X.C.N. Valente, A. Sarkar, and H. A. Stone. Two-peak and three- peak optimal complex networks. *Physical Review Letters*, 92: 118702, 2004.

[269] T. Tanizawa, G. Paul, R. Cohen, S. Havlin, and H. E. Stanley. Optimization of network robustness to waves of targeted and random attacks. *Physical Review E*, 71: 047101, 2005.

[270] A.E. Motter, Cascade control and defense in complex networks. *Physical Review Letters*, 93: 098701, 2004.

[271] A. Motter, N. Gulbahce, E. Almaas, and A.-L. Barabási. Predicting synthetic rescues in metabolic networks. *Molecular Systems Biology*, 4: 1–10, 2008.

[272] R.V. Sole, M. Rosas-Casals, B. Corominas-Murtra, and S. Valverde. Robustness of the European power grids under intentional attack. *Physical Review E*, 77: 026102, 2008.

[273] R. Albert, I. Albert, and G.L. Nakarado. Structural Vulnerability of the North American Power Grid. *Physical Review E*, 69: 025103 R, 2004.

[274] C.M. Schneider, N. Yazdani, N.A.M. Araújo, S. Havlin, and H.J. Herrmann. Towards designing robust coupled networks. *Scientific Reports*, 3: 1969, 2013.

[275] C.M. Song, S. Havlin, and H.A. Makse. Self-similarity of complex networks. *Nature*, 433: 392, 2005.

[276] S.V. Buldyrev, R. Parshani, G. Paul, H.E. Stanley, and S. Havlin. Catastrophic cascade of failures in interdependent networks. *Nature*, 464: 08932, 2010.

[277] R. Cohen, D. ben-Avraham, and S. Havlin. Percolation critical exponents in scale-free networks. *Physical Review E*, 66: 036113, 2002.

[278] S. N. Dorogovtsev, J. F. F. Mendes, and A. N. Samukhin. Anomalous percolation properties of growing networks. *Physical Review E*, 64: 066110, 2001.

[279] M. E. J. Newman, S. H. Strogatz, and D. J. Watts. Random graphs with arbitrary degree distributions and their applications. *Physical Review E*, 64: 026118, 2001.

[280] R. Cohen and S. Havlin. *Complex Networks: Structure, Robustness and Function.* Cambridge: Cambridge University Press. 2010.

[281] B. Droitcour. Young Incorporated Artists. Art in America, 92-97, April 2014.

[282] V. D. Blondel, J.-L. Guillaume, R. Lambiotte, and E. Lefebvre. Fast unfolding of communities in large networks. *Journal of Statistical Mechanics:* P10008, 2008.

[283] G.C. Homans. *The Human Groups.* New York: Harcourt, Brace & Co, 1950.

[284] S.A. Rice. The identification of blocs in small political bodies. *American Political Science Review*, 21:619–627, 1927.

[285] R.S. Weiss and E. Jacobson. A method for the analysis of the structure of complex organizations. *American Sociology Review*, 20:661–668, 1955.

[286] W.W. Zachary. An information flow model for conflict and fission in small groups. *Journal of Anthropological Research*, 33:452–473, 1977.

[287] L. Donetti and M.A. Muñoz. Detecting network communities: a new systematic and efficient algorithm. *Journal of Statistical Mechanics*, P10012, 2004.

[288] L.H. Hartwell, J.J. Hopfield, and A.W. Murray. From molecular to modular cell biology. *Nature*, 402:C47–C52, 1999.

[289] E. Ravasz, A. L. Somera, D. A. Mongru, Z. N. Oltvai, and A.-L. Barabási. Hierarchical organization of modularity in metabolic networks. *Science*, 297:1551–1555, 2002.

[290] J. Menche, A. Sharma, M. Kitsak, S. Ghiassian, M. Vidal, J. Loscalzo, A.-L. Barabási. Oncovering disease-disease relationships through the human interactome. 2014.

[291] G. W. Flake, S. Lawrence, and C.L. Giles. Efficient identification of web communities. *Proceedings of the sixth ACM SIGKDD international conference on Knowledge discovery and data mining*, 150-160, 2000.

[292] F. Radicchi, C. Castellano, F. Cecconi, V. Loreto, and D. Parisi. Defining and identifying communities in networks. *PNAS*, 101:2658–2663, 2004.

[293] A.B. Kahng, J. Lienig, I.L. Markov, and J. Hu. *VLSI Physical Design: From Graph Partitioning to Timing Closure.* Berlin: Springer-Verlag, 2011.

[294] B.W. Kernighan and S. Lin. An efficient heuristic procedure for partitioning graphs. *Bell Systems Technical Journal*, 49:291-307, 1970.

[295] G.E. Andrews. *The Theory of Partitions.* Boston: Addison-Wesley, 1976.

[296] L. Lovász. *Combinatorial Problems and Exercises.* Amsterdam: North-Holland, 1993.

[297] G. Pólya and G. Szegő. *Problems and Theorems in Analysis I.* Berlin: Springer-Verlag, 1998.

[298] V. H. Moll. *Numbers and Functions: From a classical-experimental mathematician's point of view. American Mathematical Society*, 2012.

[299] M.E.J. Newman and M. Girvan. Finding and evaluating community structure in networks. *Physical Review E*, 69:026113, 2004.

[300] M.E.J. Newman. A measure of betweenness centrality based on random walks. *Social Networks*, 27:39–54, 2005.

[301] U. Brandes. A faster algorithm for betweenness centrality. *Journal of Mathetical Sociology*, 25:163–177, 2001.

[302] T. Zhou, J.-G. Liu, and B.-H. Wang. Notes on the calculation of node betweenness. *Chinese Physics Letters*, 23:2327–2329, 2006.

[303] E. Ravasz and A.-L. Barabasi. Hierarchical organization in complex networks. *Physical Review E*, 67:026112, 2003.

[304] S. N. Dorogovtsev, A. V. Goltsev, and J. F. F. Mendes. Pseudofractal scale-free web. *Physical Review E*, 65:066122, 2002.

[305] E. Mones, L. Vicsek, and T. Vicsek. Hierarchy Measure for Complex Networks. *PLoS ONE*, 7:e33799, 2012.

[306] A. Clauset, C. Moore, and M. E. J. Newman. Hierarchical structure and the prediction of missing links in networks. *Nature*, 453:98–101, 2008.

[307] L. Danon, A. Díaz-Guilera, J. Duch, and A. Arenas. Comparing community structure identification. *Journal of Statistical Mechanics*, P09008, 2005.

[308] S. Fortunato and M. Barthélemy. Resolution limit in community detection. *PNAS*, 104:36–41, 2007.

[309] M.E.J. Newman. Fast algorithm for detecting community structure in networks. *Physical Review E*, 69:066133, 2004.

[310] A. Clauset, M.E.J. Newman, and C. Moore. Finding community structure in very large networks. *Physical Review E*, 70:066111, 2004.

[311] G. Palla, I. Derényi, I. Farkas, and T. Vicsek. Uncovering the overlapping community structure of complex networks in nature and society. *Nature*, 435:814, 2005.

[312] R. Guimerà, L. Danon, A. Díaz-Guilera, F. Giralt, and A. Arenas. Self- similar community structure in a network of human interactions. *Physical Review E*, 68:065103, 2003.

[313] J. Ruan and W. Zhang. Identifying network communities with a high resolution. *Physical Review E* 77: 016104, 2008.

[314] B. H. Good, Y.-A. de Montjoye, and A. Clauset. The performance of modularity maximization in practical contexts. *Physical Review E*, 81:046106, 2010.

[315] R. Guimerá, M. Sales-Pardo, and L.A.N. Amaral. Modularity from fluctuations in random graphs and complex networks. *Physical Review E*, 70:025101, 2004.

[316] J. Reichardt and S. Bornholdt. Partitioning and modularity of graphs with arbitrary degree distribution. *Physical Review E*, 76:015102, 2007.

[317] J. Reichardt and S. Bornholdt. When are networks truly modular? *Physica D*, 224:20–26, 2006.

[318] M. Rosvall and C.T. Bergstrom. Maps of random walks on complex networks reveal community structure. *PNAS*, 105:1118, 2008.

[319] M. Rosvall, D. Axelsson, and C.T. Bergstrom. The map equation. *European Physics Journal Special Topics*, 178:13, 2009.

[320] M. Rosvall and C.T. Bergstrom. Mapping change in large networks. *PLoS ONE*, 5:e8694, 2010.

[321] A. Perey. Oksapmin Society and World View. *Dissertation for Degree of Doctor of Philosophy*. Columbia University, 1973.

[322] I. Derényi, G. Palla, and T. Vicsek. Clique percolation in random networks. *Physical Review Letters*, 94:160202, 2005.

[323] J.M. Kumpula, M. Kivelä, K. Kaski, and J. Saramäki. A sequential algorithm for fast clique percolation. *Physical Review E*, 78:026109, 2008.

[324] G. Palla, A.-L. Barabási, and T. Vicsek. Quantifying social group evolution. *Nature*, 446:664–667, 2007.

[325] Y.-Y. Ahn, J. P. Bagrow, and S. Lehmann. Link communities reveal multiscale complexity in networks. *Nature*, 466:761–764, 2010.

[326] T.S. Evans and R. Lambiotte. Line graphs, link partitions, and overlapping communities. *Physical Review E*, 80:016105, 2009.

[327] M. Chen, K. Kuzmin, and B.K. Szymanski. Community Detection via Maximization of Modularity and Its Variants. *IEEE Transactions on Computational Social Systems*, 1:46–65, 2014.

[328] I. Farkas, D. Ábel, G. Palla, and T. Vicsek. Weighted network modules. *New Journal of Physics*, 9:180, 2007.

[329] S. Lehmann, M. Schwartz, and L.K. Hansen. Biclique communities. *Physical Review E*, 78:016108, 2008.

[330] N. Du, B. Wang, B. Wu, and Y. Wang. *Overlapping community detection in bipartite networks*. IEEE/WIC/ACM International Conference on Web Intelligence and Intelligent Agent Technology, IEEE Computer Society, Los Alamitos, CA, pp. 176–179, 2008.

[331] A. Condon and R.M. Karp. Algorithms for graph partitioning on the planted partition model. *Random Structures and Algorithms*, 18:116–140, 2001.

[332] A. Lancichinetti, S. Fortunato, and F. Radicchi. Benchmark graphs for testing community detection algorithms. *Physical Review E*, 78:046110, 2008.

[333] A. Lancichinetti, S. Fortunato, and J. Kertész. Detecting the overlapping and hierarchical community structure of complex networks. *New Journal of Physics*, 11:033015, 2009.

[334] S. Fortunato. Community detection in graphs. *Physics Reports*, 486:75–174, 2010.

[335] D. Hric, R.K. Darst, and S. Fortunato. Community detection in networks: structural clusters versus ground truth. *Physical Review E*, 90:062805, 2014.

[336] A. Maritan, F. Colaiori, A. Flammini, M. Cieplak, and J.R. Banavar. Universality Classes of Optimal Channel Networks. *Science*, 272:984–986, 1996.

[337] L.C. Freeman. A set of measures of centrality based upon betweenness. *Sociometry*, 40:35–41, 1977.

[338] J. Hopcroft, O. Khan, B. Kulis, and B. Selman. Tracking evolving communities in large linked networks. *PNAS*, 101:5249–5253, 2004.

[339] S. Asur, S. Parthasarathy, and D. Ucar. *An event-based framework for characterizing the evolutionary behavior of interaction graphs*. KDD '07: Proceedings of the 13th ACM SIGKDD International Conference on Knowledge Discovery and Data Mining, New York: ACM, pp. 913–921, 2007.

[340] D.J. Fenn, M.A. Porter, M. McDonald, S. Williams, N.F. Johnson, and N.S. Jones. Dynamic communities in multichannel data: An application to the foreign exchange market during the 2007–2008 credit crisis. *Chaos*, 19:033119, 2009.

[341] D. Chakrabarti, R. Kumar, and A. Tomkins. *Evolutionary clustering*, in: KDD '06: Proceedings of the 12th ACM SIGKDD International Conference on Knowledge Discovery and Data Mining, New York: ACM, pp. 554–560, 2006.

[342] Y. Chi, X. Song, D. Zhou, K. Hino, and B.L. Tseng. *Evolutionary spectral clustering by incorporating temporal smoothness*. KDD '07: Proceedings of the 13th ACM SIGKDD International Conference on Knowledge Discovery and Data Mining, New York: ACM, pp. 153–162, 2007.

[343] Y.-R. Lin, Y. Chi, S. Zhu, H. Sundaram, and B.L. Tseng. *Facetnet: a framework for analyzing communities and their evolutions in dynamic networks.* in: WWW '08: Proceedings of the 17th International Conference on the World Wide Web, New York: ACM, pp. 685–694, 2008.

[344] L. Backstrom, D. Huttenlocher, J. Kleinberg, and X. Lan. *Group formation in large social networks: membership, growth, and evolution.* KDD '06: Proceedings of the 12th ACM SIGKDD International Conference on Knowledge Discovery and Data Mining, New York: ACM, pp. 44–54, 2006.

[345] B. Krishnamurthy and J. Wang. On network-aware clustering of web clients. *SIGCOMM Computer Communication Review*, 30:97–110, 2000.

[346] K.P. Reddy, M. Kitsuregawa, P. Sreekanth, and S.S. Rao. *A graph based approach to extract a neighborhood customer community for collaborative filtering.* DNIS '02: Proceedings of the Second International Workshop on Databases in Networked Information Systems, London: Springer-Verlag, pp. 188–200, 2002.

[347] R. Agrawal and H.V. Jagadish. Algorithms for searching massive graphs. *Knowledge and Data Engineering*, 6:225–238, 1994.

[348] A.Y. Wu, M. Garland, and J. Han. *Mining scale-free networks using geodesic clustering.* KDD '04: Proceedings of the Tenth ACM SIGKDD International Conference on Knowledge Discovery and Data Mining, New York: ACM Press, 2004, pp. 719–724, 2004.

[349] D. Normile. The Metropole, Superspreaders and Other Mysteries. *Science*, 339:1272–1273, 2013.

[350] J.O. Lloyd-Smith, S.J. Schreiber, P.E. Kopp, and W.M. Getz. Superspreading and the effect of individual variation on disease emergence. *Nature*, 438:355–359, 2005.

[351] M. Hypponen. Malware Goes Mobile. *Scientific American*, 295:70, 2006.

[352] E.M. Rogers. *Diffusion of Innovations.* New York: Free Press, 2003.

[353] T.W. Valente. *Network models of the diffusion of innovations.* Hampton Press, Cresskill, NJ, 1995.

[354] The CDC and the World Health Organization. History and Epidemiology of Global Smallpox Eradication From the training course titled "Smallpox: Disease, Prevention, and Intervention". Slides 16–17.

[355] R.M. Anderson and R.M. May. *Infectious Diseases of Humans: Dynamics and Control.* Oxford: Oxford University Press, 1992.

[356] R. Pastor-Satorras and A. Vespignani. Epidemic dynamics and endemic states in complex networks. *Physical Review E*, 63:066117, 2001.

[357] Y. Wang, D. Chakrabarti, C, Wang, and C. Faloutsos. Epidemic spreading in real networks: an eigenvalue viewpoint. Proceedings of 22nd International Symposium on Reliable Distributed Systems, pg. 25–34, 2003.

[358] R. Durrett. Some features of the spread of epidemics and information on a random graph. *PNAS*, 107:4491–4498, 2010.

[359] S. Chatterjee and R. Durrett. Contact processes on random graphs with power law degree distributions have critical value 0. *Annals of Probability*, 37:2332–2356, 2009.

[360] C Castellano, and R Pastor-Satorras. Thresholds for epidemic spreading in networks. *Physical Review Letters*, 105:218701, 2010.

[361] B. Lewin. (ed.), Sex i Sverige. *Om sexuallivet i Sverige 1996 [Sex in Sweden. On the Sexual Life in Sweden 1996].* Stockholm: National Institute of Public Health, 1998.

[362] A. Schneeberger, C. H. Mercer, S. A. Gregson, N. M. Ferguson, C. A. Nyamukapa, R. M. Anderson, A. M. Johnson, and G. P. Garnett. Scale-free networks and sexually transmitted diseases: a description of observed patterns of sexual contacts in Britain and Zimbabwe. *Sexually Transmitted Diseases*, 31:380–387, 2004.

[363] W. Chamberlain. *A View from Above.* New York: Villard Books, 1991.

[364] R. Shilts. *And the Band Played On.* New York: St. Martin's Press, 2000.

[365] P. S. Bearman, J. Moody, and K. Stovel. Chains of affection: the structure of adolescent romantic and sexual networks. *American Journal of Sociology*, 110:44–91, 2004.

[366] M. C. González, C. A. Hidalgo, and A.-L. Barabási. Understanding individual human mobility patterns. *Nature*, 453:779–782, 2008.

[367] C. Song, Z. Qu, N. Blumm, and A.-L. Barabási. Limits of Predictability in Human Mobility. *Science*, 327:1018–1021, 2010.

[368] F. Simini, M. González, A. Maritan, and A.-L. Barabási. A universal model for mobility and migration patterns. *Nature*, 484:96–100, 2012.

[369] D. Brockmann, L. Hufnagel, and T. Geisel. The scaling laws of human travel. *Nature*, 439:462–465, 2006.

[370] V. Colizza, A. Barrat, M. Barthelemy, and A. Vespignani. The role of the airline transportation network in the prediction and predictability of global epidemics. *PNAS*, 103:2015, 2006.

[371] R. Guimerà, S. Mossa, A. Turtschi, and L. A. N. Amaral. The worldwide air transportation network: Anomalous centrality, community structure, and cities' global roles. *PNAS*, 102:7794, 2005.

[372] C. Cattuto, et al. Dynamics of Person-to-Person Interactions from Distributed RFID Sensor Networks. *PLoS ONE*, 5:e11596, 2010.

[373] L. Isella, C. Cattuto, W. Van den Broeck, J. Stehle, A. Barrat, and J.-F. Pinton. What's in a crowd? Analysis of face-to-face behavioral networks. *Journal of Theoretical Biology*, 271:166–180, 2011.

[374] K. Zhao, J. Stehle, G. Bianconi, and A. Barrat. Social network dynamics of face-to-face interactions. *Physical Review E*, 83:056109, 2011.

[375] J. Stehlé, N. Voirin, A. Barrat, C Cattuto, L. Isella, J-F. Pinton, M. Quaggiotto, W. Van den Broeck, C. Régis, B. Lina, and P. Vanhems. High-resolution measurements of face-to-face contact patterns in a primary school. *PLoS ONE*, 6:e23176, 2011.

[376] B.N. Waber, D. Olguin, T. Kim, and A. Pentland. *Understanding Organizational Behavior with Wearable Sensing Technology*. Academy of Management Annual Meeting. Anaheim, CA. August, 2008.

[377] M. Salathé, M. Kazandjievab, J.W. Leeb, P. Levisb, M.W. Feldmana, and J.H. Jones. A high-resolution human contact network for infectious disease transmission. *PNAS*, 107:22020–22025, 2010.

[378] A.-L. Barabási. The origin of bursts and heavy tails in human dynamics. *Nature*, 435:207–11, 2005.

[379] V. Sekara, and S. Lehmann. Application of network properties and signal strength to identify face-to-face links in an electronic dataset. Proceedings of CoRR, 2014.

[380] S. Eubank, H. Guclu, V.S.A. Kumar, M.V. Marathe, A. Srinivasan, Z. Toroczkai, and N. Wang. Modelling disease outbreaks in realistic urban social networks. *Nature*, 429:180–184, 2004.

[381] M. Morris, and M. Kretzschmar. Concurrent partnerships and transmission dynamics in networks. *Social Networks*, 17:299–318, 1995.

[382] N. Masuda and P. Holme. Predicting and controlling infectious diseases epidemics using temporal networks. *F1000 Prime Reports*, 5:6, 2013.

[383] P. Holme, and J. Saramäki. Temporal networks. *Physics Reports*, 519:97–125, 2012.

[384] M. Karsai, M. Kivelä, R. K. Pan, K. Kaski, J. Kertész, A.-L. Barabási, and J. Saramäki. Small but slow world: how network topology and burstiness slow down spreading. *Physical Review E*, 83:025102(R), 2011.

[385] A. Vazquez, B. Rácz, A. Lukács, and A.-L. Barabási. Impact of non-Poissonian activity patterns on spreading processes. *Physical Review Letters*, 98:158702, 2007.

[386] A. Vázquez, J.G. Oliveira, Z. Dezsö, K.-I. Goh, I. Kondor, and A.-L. Barabási. Modeling bursts and heavy tails in human dynamics. *Physical Review E*, 73:036127, 2006.

[387] A.V. Goltsev, S.N. Dorogovtsev, and J.F.F. Mendes. Percolation on correlated networks. *Physical Review E.*, 78:051105, 2008.

[388] P. Van Mieghem, H. Wang, X. Ge, S. Tang and F. A. Kuipers. Influence of assortativity and degree-preserving rewiring on the spectra of networks. *The European Physical Journal B*, 76:643, 2010.

[389] Y. Moreno, J. B. Gómez, and A.F. Pacheco. Epidemic incidence in correlated complex networks. *Physical Review E*, 68:035103, 2003.

[390] A. Galstyan, and P. Cohen. Cascading dynamics in modular networks. *Physical Review E*, 75:036109, 2007.

[391] J. P. Gleeson. Cascades on correlated and modular random networks. *Physical Review E*, 77:046117, 2008.

[392] P. A. Grabowicz, J. J. Ramasco, E. Moro, J. M. Pujol, and V. M. Eguiluz. Social features of online networks: The strength of intermediary ties in online social media. *PLOS ONE*, 7:e29358, 2012.

[393] L. Weng, F. Menczer and Y.-Y. Ahn. Virality Prediction and Community Structure in Social Networks. *Scientific Reports*, 3:2522, 2013.

[394] S. Aral, and D. Walker. Creating social contagion through viral product design: A randomized trial of peer influence in networks. *Management Science*, 57:1623–1639, 2011.

[395] J. Leskovec, L. Adamic, and B. Huberman. The dynamics of viral marketing. *ACM Transactions on the Web*, 1, 2007.

[396] L. Weng, A Flammini, A. Vespignani, and F. Menczer. Competition among memes in a world with limited attention. *Scientific Reports*, 2:335, 2012.

[397] J. Berger, and K. L. Milkman. What makes online content viral? *Journal of Marketing Research*, 49:192–205, 2009.

[398] S. Jamali, and H. Rangwala. Digging digg: Comment mining, popularity prediction and social network analysis. Proceedings of the International Conference on Web Information Systems and Mining (WISM), 32–38, 2009.

[399] G. Szabó and, B. A. Huberman. Predicting the popularity of online content. *Communications of the ACM*, 53:80–88, 2010.

[400] B. Suh, L. Hong, P. Pirolli, and E. H. Chi. Want to be retweeted? Large scale analytics on factors impacting retweet in Twitter network. Proceedings of IEEE International Conference on Social Computing, pp. 177–184, 2010.

[401] D. Centola. The spread of behavior in an online social network experiment. Science, 329:1194–1197, 2010.

[402] M. Granovetter. Threshold Models of Collective Behavior. *American Journal of Sociology*, 83:1420–1443, 1978.

[403] N.A. Christakis, and J.H. Fowler. The Spread of Obesity in a Large Social Network Over 32 Years. *New England Journal of Medicine*, 35:370–379, 2007.

[404] N. A. Christakis and J. H. Fowler. The collective dynamics of smoking in a large social network. *New England Journal of Medicine*, 358:2249–2258, 2008.

[405] Z. Dezső and A-L. Barabási. Halting viruses in scale-free networks. *Physical Review E*, 65:055103, 2002.

[406] R. Pastor-Satorras and A. Vespignani. Immunization of complex networks. *Physical Review E*, 65:036104, 2002.

[407] R. Cohen, S. Havlin, and D. ben-Avraham. Efficient Immunization Strategies for Computer Networks and Populations. *Physical Review Letters*, 91:247901, 2003.

[408] F. Fenner et al. *Smallpox and its Eradication*. WHO, Geneva, 1988. http://www.who.int/features/2010/smallpox/en/

[409] L. A. Rvachev, and I. M. Longini Jr. A mathematical model for the global spread of influenza. *Mathematical Biosciences*, 75:3–22, 1985.

[410] A. Flahault, E. Vergu, L. Coudeville, and R. Grais. Strategies for containing a global influenza pandemic. *Vaccine*, 24:6751–6755, 2006.

[411] I. M. Longini Jr, M. E. Halloran, A. Nizam, and Y. Yang. Containing pandemic influenza with antiviral agents. *American Journal of Epidemiology*, 159:623–633, 2004.

[412] I.M. Longini Jr, A. Nizam, S. Xu, K. Ungchusak, W. Hanshaoworakul, D. Cummings, and M. Halloran. Containing pandemic influenza at the source. *Science*, 309:1083–1087, 2005.

[413] V. Colizza, A. Barrat, M. Barthélemy, A.-J. Valleron, and A. Vespignani. Modeling the world-wide spread of pandemic influenza: baseline case and containment interventions. *PLoS Med*, 4:e13, 2007.

[414] T. D. Hollingsworth, N.M. Ferguson, and R.M. Anderson. Will travel restrictions control the International spread of pandemic influenza? *Nature Med.*, 12:497–499, 2006.

[415] C.T. Bauch, J.O. Lloyd-Smith, M.P. Coffee, and A.P. Galvani. Dynamically modeling SARS and other newly emerging respiratory illnesses: past, present, and future. *Epidemiology*, 16:791–801, 2005.

[416] I. M. Hall, R. Gani, H.E. Hughes, and S. Leach. Real-time epidemic forecasting for pandemic influenza. *Epidemiology and Infection*, 135:372–385, 2007.

[417] M. Tizzoni, P. Bajardi, C. Poletto, J. J. Ramasco, D. Balcan, B. Gonçalves, N. Perra, V. Colizza, and A. Vespignani. Real-time numerical forecast of global epidemic spreading: case study of 2009 A/H1N1pdm. *BMC Medicine*, 10:165, 2012.

[418] P. Bajardi, et al. Human Mobility Networks, Travel Restrictions, and the Global Spread of 2009 H1N1 Pandemic. *PLoS ONE*, 6:e16591, 2011.

[419] P. Bajardi, C. Poletto, D. Balcan, H. Hu, B. Gonçalves, J. J. Ramasco, D. Paolotti, N. Perra, M. Tizzoni, W. Van den Broeck, V. Colizza, and A. Vespignani. Modeling vaccination campaigns and the Fall/Winter 2009 activity of the new A/H1N1 influenza in the Northern Hemisphere. *EHT Journal*, 2:e11, 2009.

[420] M.E. Halloran, N.M. Ferguson, S. Eubank, I.M. Longini, D.A.T. Cummings, B. Lewis, S. Xu, C. Fraser, A. Vullikanti, T.C. Germann, D. Wagener, R. Beckman, K. Kadau, C. Macken, D.S. Burke, and P. Cooley. Modeling targeted layered containment of an influenza pandemic in the United States. *PNAS*, 105:4639–44, 2008.

[421] G. M. Leung, A. Nicoll. Reflections on Pandemic (H1N1) 2009 and the international response. *PLoS Med*, 7: e1000346, 2010.

[422] A.C. Singer, et al. Meeting report: risk assessment of Tamiflu use under pandemic conditions. Environmental Health Perspectives, 116:1563–1567, 2008.

[423] R. Fisher. The wave of advance of advantageous genes. Annals of Eugenics, 7:355–369, 1937.

[424] J. V. Noble. Geographic and temporal development of plagues. *Nature*, 250:726–729, 1974.

[425] D. Brockmann and D. Helbing. The Hidden Geometry of Complex, Network-Driven Contagion Phenomena. *Science*, 342:1337–1342, 2014.

[426] J. S. Brownstein, C. J. Wolfe, and K. D. Mandl. Empirical evidence for the effect of airline travel on inter-regional influenza spread in the United States. *PLoS Med*, 3:e40, 2006.

[427] D. Shah and T. Zaman, in SIGMETRICS'10, Proceedings of the ACM SIGMETRICS international conference on Measurement and modeling of computer systems, pp. 203–214, 2010.

[428] A. Y. Lokhov, M. Mezard, H. Ohta, L. Zdeborová. Inferring the origin of an epidemy with dynamic message-passing algorithm. *Physical Review E*, 90:012801, 2014.

[429] P. C. Pinto, P. Thiran, M. Vetterli. Locating the Source of Diffusion in Large-Scale Networks. *Physical Review Letters*, 109:068702, 2012.

[430] C. H. Comin and L. da Fontoura Costa. Identiying the starting point of a spreading process in complex networks. *Physical Review E*, 84:056105, 2011.

[431] D. Shah and T. Zaman. Rumors in a Network: Who's the Culprit? *IEEE Transactions on Information Theory*, 57:5163, 2011.

[432] K. Zhu and L. Ying. Information source detection in the SIR model: A sample path based approach. Information Theory and Applications Workshop (ITA); 1-9, 2013.

[433] B. A. Prakash, J. Vreeken, and C. Faloutsos. Spotting culprits in epidemics: How many and which ones? ICDM'12; Proceedings of the IEEE International Conference on Data Mining, 11:20, 2012.

[434] V. Fioriti and M. Chinnici. Predicting the sources of an outbreak with a spectral technique. *Applied Mathematical Sciences*, 8:6775–6782, 2012.

[435] W. Dong, W. Zhang and C.W. Tan. Rooting out the rumor culprit from suspects. Proceedings of CoRR, 2013.

[436] B. Barzel, and A.-L. Barabási. Universality in network dynamics. *Nature Physics*, 9:673, 2013.

[437] A. Barrat, M. Barthélemy and A. Vespignani. *Dynamical Processes on Complex Networks*. Cambridge: Cambridge University Press, 2012.

[438] S. N. Dorogovtsev, A.V. Goltsev, and J. F. F. Mendes. Critical phenomena in complex networks. *Reviews of Modern Physics* 80, 1275, 2008.

[439] P. Grassberger. On the critical behavior of the general epidemic process and dynamical percolation. *Mathematical Biosciences*, 63:157, 1983.

[440] M. E. J. Newman. The spread of epidemic disease on networks. *Physical Review E*, 66:016128, 2002.

[441] C. P. Warren, L. M. Sander, and I. M. Sokolov. Firewalls, disorder, and percolation in networks. *Mathematical Biosciences*, 180:293, 2002.

찾아보기

네트워크 사이언스

발 행 | 2023년 4월 28일

옮긴이 | 이 미 진 · 윤 진 혁 · 이 상 훈 · 이 은 · 조 항 현 · 김 희 태 · 손 승 우
지은이 | 알버트 라슬로 바라바시

펴낸이 | 권 성 준
편집장 | 황 영 주
편 집 | 김 진 아
　　　　임 지 원
디자인 | 윤 서 빈

에이콘출판주식회사
서울특별시 양천구 국회대로 287 (목동)
전화 02-2653-7600, 팩스 02-2653-0433
www.acornpub.co.kr / editor@acornpub.co.kr

한국어판 ⓒ 에이콘출판주식회사, 2023, Printed in Korea.
ISBN 979-11-6175-732-2
http://www.acornpub.co.kr/book/network-science

책값은 뒤표지에 있습니다.